福音を説くウィッチ
ウガンダ・パドラにおける「災因論」の民族誌

梅屋　潔

風響社

はじめに

同じ事実／異なる解釈の「災因論」

　同じ事実に立場によって異なる解釈が加えられることはよくある。しかし、多くの場合、異なる解釈を許す状況は限定的である。おそらくは同じ現象に直面していながら、その肝心の「事実」がわかりにくい場合、あるいは事実に対する距離感が異なる場合などが想定されよう。ことに、人間の死、という現象に対する解釈には、そういった「立場の違い」が入り込みやすい。誰もがその現象に立ち会っていながら、1人称として未経験であることはもちろん、2人称、3人称としてもユニークだ。死者に近しい人物と、面識もない人物が同じ距離感を持ってある故人の死について語ることはありえない。それぞれの立場から、死という社会的に重要な、1度きりの、その不可逆的現象を経験し、解釈するのである。

　逆に、であればこそ、たいていの葬儀の会場では、バイオグラフィが読まれて故人の事績を讃えるとともに、その死亡までの経緯についても公式的に発表され、その双方を追認する機会が組み込まれているのかもしれない。その意味では、特定の人間の死という現象に対しては、どの社会でも慎重に合意が求められるような因果関係であるようにも思える。

　死んだ人が生前社会的に重要な地位についていた場合には、その死の公共性ゆえに関心も高まる。そのような人物の死は、社会集団にとって深刻な欠損である。一方、その人物に属していた権力や財産、あるいは名声のようなもの——有形無形のもの——がその所属先を変更する、場合によっては再配分される契機でもある。その意味では社会の再編成の大きな機会であると言ってもいい。重要人物の死の経緯、死の原因について、想像力も含めてさまざまな風説が飛び交うのも当然であろう。過去の歴史的な人物の死ということになると、長い間に渡って、あるいはいつまでたっても、もはや時を経てしまって得られなくなった傍証をもとめて探索がなされ、歴史家も交えてその事実を固定しよ

写真1 ACKとアミン、イスラエル空軍とも蜜月だった

写真2 蜜月時代、アミンの後方はHenry Kyemba

うとする。そのなかで、飛び交った風説のうちのあるものは淘汰され、あるものは固定して定説となる。

　しかし、ほとんどの人々を満足させる定説がすでにあるのにもかかわらず、特定の一地域でのみ通じる、あからさまに異なる解釈が唱えられるのはいったいどういうことなのか。しかも異を唱えているのは、そろって「個人の立場」ではあるが、その実「民族」と言ってよいほどの人間のまとまりである。その解釈には、われわれの言葉で近似的なものを探すとすれば、「祟り」「呪詛」あるいは「死霊」とでも呼びうるようなエージェントがその死を引きおこした犯人に仕立て上げられ、英雄視さえされたりする。そこでは、世間を納得させたはずの定説もまったく力をもたない。

　本書でとりあげるのは、抽象的に言えば、この問題についての民族誌的探求である。

「アミン政権」の政治家

　2015年7月25日、ウガンダ大統領ヨウェリ・カグタ・ムセベニ（His Excellency, the President of the Republic of Uganda, Yoweri Kaguta Museveni 1944-）は、ヘリコプターでウガンダ東部トロロ県のアルファクサド・チャールズ・コレ・オボス＝オフンビ（Arphaxad Charles Kole Oboth-Ofumbi、以下基本的にACKと表記する）[1]邸を訪れた。大統領

1　1932年7月12日にトロロ県トロロ市街地のはずれアグルルで生まれ、同日ムランダで受洗。オボスとは、「耕したばかりの畑で生まれた子」の意である（ランギ民族におけるオボテと同意味）。キソコ初等学校（1942-1947）、ムバララ高校（1948-1950）、キングズ・

2

は、故人の妻エリザベス・ミリカ・ナマゲンバ
(Elithabeth Mirika Namagemba 1937-) と息子、娘たちに
むかえられ、故人の生前の国家に対する貢献を讃
え、その墓に花を供えた。屋敷にはトロロ県の元
CAO（Chief Administrative Officer）、シルヴェスター・
オボス（Sylvester Oboth）など地元の名士が顔をそろ
えていた。そしてあの『血塗られた国家』の著者
であり、故人とはアミン政権閣僚として同僚でも
あったヘンリー・チェンバ (Henry Kyemba, 1939-)
もスピーチをした。

その様子は、国営放送 UBC (Uganda Broadcasting

写真3　ヒースロー空港に政府専用
機で降り立つ ACK

カレッジ・ブド（1951-1953）を経て、マケレレ・
カレッジへの進学を希望していたが、父セム・コレ・オフンビの死により断念。エン
テベの協同組合アシスタント・コース（1954）修了後ブケディ協同組合にアシスタント
（1954-8）。ブケディ県弁務官室（1958-60）。弁務官を補佐していたゼファニア・オチェ
ンの助力を得て Dhopadhola（当該民族の現地語であるアドラ語）で民族誌『パドラ』を
出版したのはこのころである。エンテベのンサミジ地方行政職のコース修了後（1960）
に地方行政職に転じ（1961）、行政官（1960）の資格取得後、アチョリ・ランゴ県の県副
弁務官（1961年1月30日付け）。アチョリ県弁務官（1963年7月7日からはグル市議会
書記も兼任）。1962年の総選挙で大勝したウガンダ人民会議（UPC: Uganda People's Con-
gress）の党首で総理大臣となったオボテ（Apollo Milton Obote 1924-2005、第3部で詳しく
扱う）によって、独立（1962年10月9日）後の1963年12月10日には総理大臣室秘書
官補佐（1964）、同上級秘書官補佐（1964）。1964年からは4月27日付けで兼任の他方
行政省地方監査官、8月20日付けで内閣書記官、9月1日付けで総理大臣室上級書記官
長補佐長。そして総理大臣室書記官長（1965）、国防省次官（1971）に就く。さらにクー
デターにより成立したアミン政権下で国防担当大臣（1971）、国防大臣（1971-1973）、財
務大臣（1974-1976、内務大臣と兼任）、内務大臣（1974-1977）を務め、大統領外遊時の
大統領代行。妻のエリザベス・ミリカ・ナマゲンバ（Elithabeth Mirika Namagemba 1937-）
との間に、ルース・アプワ・ニャケチョ・オフンビ（Ruth Apuwa Nyakecho Ofumbi 1956-
1958、2歳で夭折）、マイケル・ジョージ・スティーヴン・セム・オフンビ（Michael
George Stephen Semu Ofumbi 1957-）、サミュエル・ロバート・オボ・オフンビ（Samuel
Robert Obbo Ofumbi 1960-）、エスター・グライス・ニャゴリ・オフンビ（Esther Grace
Nyagoli Ofumbi 1962-）、ゴドフリー・ヨラム・オティティ・オボス＝オフンビ（Godfrey
Yolamu Otiti Oboth-Ofumbi 1964-）、エリザベス・エヴリン・プリシキラ・オリャナ・オフ
ンビ（Elizabeth Evelyn Pulisikira Olyana Ofumbi 1965-）、スーザン・サーラ・マンジェリ・
アロウォ・オフンビ（Susan Sarah Manjeri Aliwo Ofumbi 1970-）、マーガレット・ジェーン・
ナスワ・ニャディポ・オフンビ（Margaret Jane Naswa Nyadipo Ofumbi 1972-）クレア・ロ
ビナ・アウォリ・オフンビ（Clare Lovina Awor Ofumbi 1977-、オボス＝オフンビ死後の出
生）ら、3男6女をもうけた。1977年2月16日歿。

3

Channel）で大々的に報道されたほか、代表的な英字新聞『ニュー・ヴィジョン（New Vision）』紙や『デイリー・モニター（Daily Monitor）』紙にも写真入りで報じられた[2]。なかでも『デイリー・モニター』のヘンリー・ルベガ記者は、それにそなえて特集記事を前日分も含む2回にわたって掲載したほどである[3]。とくに注目すべきは、ACKの日記（現存）にもとづいて、アミン（Idi Amin Dada[4]）政権の大統領代行を務めた9日間を再構成した記事である。このことは、大統領代行という職以上に彼がいかにアミン政権、あるいはアミン大統領にとって頼りにされていたかを物語るものだった。前述の記事では、アミンのとくにブガンダでの人気を不動のものにしたイギリスからのムテサⅡ[5]の遺体搬送と国葬が、ACKの提案だったことが夫人の口から語られている。ルオ系民族に支持者の多いUPC

2　"Musevani heils slain minister." *New Vision*. Monday, July 27, 2015。"Museveni honors former minister." *Daily Monitor*. Monday, July 27, 2015。

3　"Losing my husband in the Amin era and life after." *Sunday Monitor,* Sunday, July 10, 2015,［http://www.monitor.co.ug/Magazines/Life/Losing-husband-Amin-era-life/-/689856/2793414/-/w7rnbt/-/index.html 2015年9月2日閲覧］、"Oboth Ofumbi's nine days as acting president." *Sunday Monitor*, Sunday, July 26, 2015［http://www.monitor.co.ug/Magazines/PeoplePower/Oboth-Ofumbi-s-nine-days-as-acting-president/-/689844/2807992/-/item/0/-/26qo9w/-/index.html2015年9月2日閲覧］。

4　Idi Amin Dada Oumee（1925年 - 2003年8月16日）。幼名はイディ・アウォ＝オンゴ・アンゴー Idi Awo-Ongo Angoo。生年については諸説あり、1924年あるいは1928年という記述もある。西ナイル県とスーダンの国境近辺のコボコ出身と言われる。カクワ人の父とルグバラ人の母の間に生まれた。民族をまたがりイスラム教を紐帯とするコミュニティに、通称ヌビとして育った。1946年よりKAR（King's African Rifles）に在籍し、ビルマ戦線に参加、世界大戦終戦まで前線にいたと称していたこともあるが現在は否定されている。マウマウ運動鎮圧に参加（1952-1956）。中尉となり、保護領時代に大英帝国より将校の職権を与えられていた2人のウガンダ人のうちの1人である。彼があるときから自称し、他にも強要した呼称は、His Excellency, President for Life, Field Marshal Al Hajji Doctor Idi Amin Dada, VC, DSO, MC, Conqueror of the British Empire in Africa in General and Uganda in Particular。VC（Victoria Cross）はヴィクトリア十字勲章、DSO（Distinguished Service Order）は殊勲章、MC（Military Cross）は従軍十字勲章の略。ただし、アミンがこれらの勲章を実際に授けられた記録はどこにもないと言われる。大統領としての任期は、シンガポールにおける英連邦会議出席中のオボテ大統領からクーデターにより政権奪取した1971年1月25日から、オボテ元大統領がタンザニア軍の協力を得た反乱軍によって敗走する1979年4月11日まで。その後サウディ・アラビアに亡命。亡命時の約束を遵守し長らく沈黙を守った。2003年7月下旬危篤が伝えられた。当時その体重は220キロを上回っていると言われ、透析を受けながら意識不明と回復を繰り返し、2回の腎臓移植を実施されるが功を奏さず、2003年8月16日午前7時（東アフリカ標準時間）死亡。ウガンダの歴代元首としては唯一国葬の対象とならなかった。

5　Edward Frederick William David Walugembe Mutebi Luwangula Mutesa II（1924-1969）は、第35代ブガンダ王（カバカ *Kabaka*）であり、ウガンダ初代大統領（任期は1963-1966年）。

(Uganda People's Congress ＝ウガンダ人民会議。オボテが党首だった政党）系と噂される『デイリー・モニター』にふさわしい突っ込みである。

　もちろんこのような綿密な取材を可能としたのは、一朝一夕の関係ではない。すでに 2005 年の紙面刷新以前の『モニター』紙は 2002 年に「ウガンダ・ジャーナル」と題して特集を組んでいた。2 月 16 日の「大主教ルウム、大臣オフンビ、オリエマは殺害された」とする[6]記事と、翌 17 日の「イディ・アミンは親友チャールズ・オボス＝オフンビを殺した」と題する記事である[7]。ここでは、オドーボ・C・ビチャチ（Odoobo C. Bichachi）なる記者が、署名入りの記事を書いている。

　ムセベニ大統領の訪問は、家族にも事前に予告はあったものの、最終的な告知があったのは前日のことであった。事前予告を受けて、長子マイケル、次男サミュエルらは亡命して定住した米国から 1 ヶ月間の予定で帰国していた。

　オフンビ邸の訪問は、2014 年 9 月 18 日にムウォヤ県で行われたエリナヨ・オリエマ ErinayoWilson Oryema（1917-1977）[8] の再埋葬と、それに続いてムチウニで

---

[6] *The Monitor* は 1992 年創刊。2005 年 6 月に *Daily Monitor* と改名して紙面刷新。

[7] "Archbishop Luwum, Ministers Ofumbi and Oryema Murdered." *The Monitor*、2002 年 2 月 16 日号、pp.24-25、"Idi Amin Murders Ex-bosom Friend Charles Oboth-Ofumbi." *Sunday Monitor*、2002 年 2 月 17 日、pp.26-27。

[8] Erinayo Wilson Oryema（1917-1977）は、旧アチョリ県キラカ郡、アナカ・パイラ出身。グル高校、ブワラシ TTC、英国での研修を経て 1939 年、ウガンダ警察に就職。1940 年 KAR に出向。1951 年警部、1952 年（英国）、1958 年（英国）、1963 年（英国・米国）での研修を経て、1963 年副警視総監（アフリカ人として初めて）、1964 年から警視総監（1964-1971）として辣腕を振るった。1958 年には英国政府から植民地警察メダルを受賞。ケイ・アドロアとアミンが結婚時（1966）にはベスト・マン（新郎付添い役）をつとめたほどだったが、クーデター後は鉱物水資源大臣（1971-1977）というそれまでのキャリアを全く生かせない閑職に追いやられていた。ケイ・アミンは、後にバラバラ死体となって発見されることになる。オリエマの息子ジェオフリー・オリエマ（Geoffrey Oryema 1953- ）は、フランスを拠点に「アフリカン・オデッセイ」として歌手活動を続ける。父の死は彼の音楽活動にも大きな影響を与えているようで、代表曲のなかには父の霊を歌い込んだ "Spirits of My Father" というのもある。
　オリエマの再埋葬には、ACK の息子、ゴドフリー・オフンビが父の代理として招待され、出席してその様子を私に語った。
　「他に周りに人家はなかった。野生動物がいる国立公園のような場所の近くに、わずかな墓標があるだけの墓だった。オリエマの家族はあたりにもう住んでおらず、荒れ果てていた。埋葬時にコンクリートでカロートはつくられなかったので、棺はすべて腐敗してかたちをとどめていなかった。ビニールのテントのような布にくるまれた遺体は、頭蓋骨の一部と、体幹のものと思われるわずかな骨が確認できただけで、確認できた骨は少しだった。勲章などの着いていない普通の軍服が着せられていたが、驚いたのは、それに血のしみがついていたことだ。38 年も経っているというのに。医者に聞いて知ったのだが、血液というのはそのように長く痕跡をとどめるものだという。」（2015 年 8 月 30 日、

2015年2月16日に行われたジャナニ・ルウム（Janani Jakaliya Luwum (1922-1977)）[9]記念式典に連なる一連のものである（ここで大統領は2月16日を「ジャナニ・ルウムの日」として国民の休日とした[10]）。3人は同日のほぼ同時間帯に時の大統領アミンに殺されたとされているからである。

　暴政として知られるアミン政権（1971-1979）による、30万人とも推計される膨大な犠牲者の中には政治家、宗教的指導者、ジャーナリスト、学者など各界の著名人が含まれていたのが特徴的だった。特に1977年に、ウガンダ・ルワンダ・ブルンジ・ボガ＝ザイールの大主教ジャナニ・ルウムに加え、オリエマとACKの2人の現役閣僚が殺害された（私は「大主教殺人事件」と呼んでいる）とされる1件は、世界を震撼させた。この事件は、本書でもくわしく触れるように、アミンの弾圧に屈することなく、人権問題として抗議を繰り返していた大主教ルウムが連行中に「自動車事故」で死んだ、とされている事件のことである。事件前日には、前大統領オボテからクーデターの命を受け、兵器を受けとっていたというでっちあげの告発を受けていた。「自動車事故」という政府スポークスマンの発表を素直に信じた者はほとんどいなかったが、政府見解として「自動車事故」はごく最近まで「生きていた」。私が「大主教殺害事件」と呼ぶまで、こういった用語はなかったのはそのためである。事件を扱ったドキュメンタリーや書物は大量に出ているのだが、いずれも「殺害」の認定は回避し、何が起こったのかを断片的につなぎ合わせたものが多い。

　　　　　　　　　　＊　＊　＊

　この一連の記念式典の挙行は、一般的には来る選挙にそなえて、北部・東部

　　ムブヤ（Mbuya）でのインタヴュー）。
9　旧アチョリ県ムチウィニ出身。グル高校、1948年ボロボロ教員養成学校を経て教員。1948年受洗。1949年ブワラシ神学校。1955年執事。1956年牧師、1966年ウガンダ教会州事務局長、1969年に北部の主教となる。エリカ・サビティ（Erica Sabiti 1903-1988、大主教としての任期は1966-1974）の後を襲ってウガンダ人としては2人目の大主教（第3代。1974-1977在任）。20世紀10大殉教者の1人として、ウェストミンスター寺院にその像が置かれている。現地では聖人とみなしてトロロ県ナゴンゲラに聖ジャナニ・ルウム教会の建設がウガンダ教会第5代大主教ヨナ・オコスによって計画されたが、2001年ヨナ・オコスが他界した折りには、まだ志半ばであった。
10　"Museveni declares February 16 public holiday." Daily Monitor, Monday, February 16, 2015, "February 16 named Janani Luwum Day" Daily Monitor, Tuesday, February17, 2015。

のナイル系民族に多い UPC 支持層をけん制するためのものと考えられている[11]。近隣ではこれに霊的な色合いが付け加えられて、「今回の選挙では苦戦が予想されるので、勝利を得るために強力な死霊を随所で集めてまわっているのだ」という噂となっていることを紹介しておこう。

しかし、大統領が、2015 年 2 月 16 日に「ジャナニ・ルウムの日」を国民の休日として制定したのは、アミン政権の公式見解を覆して、アミンによる「殺害」を認めたこととなり、直接であれ間接であれ、アミンの命令が 3 人の犠牲者の命を奪ったことが定説となった。

このオフンビ邸の主であり、本書で後半部に重点的に取り上げる ACK が、この「事件」で死んだことは、誰もが認める「事実」である。彼はアミンの右腕とされ、一時期大統領代行もつとめた側近だった。内務大臣在任中のことだった。オリエマも現役閣僚のまま殺害されたが、アミン政権の閣僚はかなりの比率で殺害されたので、恐ろしいことに、「現役閣僚殺害」という点ではさして注目を集めていない。アミン政権の閣僚で現在も生き残っている人物はモンドー将軍はじめ、数えるほどしかいない。

この「事件」によって亡命を決めた人は多いという。この「事件」は、宗教指導者さえもあっさり殺害してしまうアミンの暴君ぶりを象徴するものとなった。こうした経緯があって、ACK の「死因」は、暴君アミンに殺された事例の 1 つとして数えあげられるのが一般的である。細かいことはいろいろ指摘できる。前大統領オボテの右腕でもあったし、オボテと系統の同じ民族でもあったし（アドラとランギの区別はナイル系以外の民族に属しているとつきにくい）、宗教的にも（アミンの毛嫌いする）キリスト教徒でもあり、国防省次官時代にアミンやオボテが関わったいわゆる「ゴールド・スキャンダル」[12]からの「知りすぎた男」でもあっ

---

11 アパッチの県弁務官（RDC: Residence District Commissioner）として前回の選挙に協力した Mrs. Mary Nyakecho Owor は、先の選挙で大統領を村落に案内して得票率を上げ、大統領から直々の褒め言葉を得たことを語った。「一生に一度大統領を見ることができるかどうかという人々が住む村落の直接巡行は、現政権の支持層が多い都市部を回るよりもずっと効果があるのだ」。またウガンダ人民会議（UPC: Uganda People's Congress）の党首だったオトゥヌ（Olara Otunu 1950- ）は、インテリらしく同じ政治的活動を出版で行った。つまりジャナニ・ルウムの伝記を出版したのである［Otunu 2015］。

12 「ゴールド・スキャンダル」とそれに続く「66 年危機」といえば、その後ながく続いたウガンダにおける政治的混乱の端緒にして象徴的な出来事として記憶されている。1964 年ごろから激化したコンゴの内戦にウガンダ軍は秘密裏に介入した。1964 年 7 月に首相に就任したモイーズ・チョンベ（Moise Kapenda Tsombe 1919-1969）は西側諸国の傀儡である、というのが当時のウガンダ首相、アポロ・ミルトン・オボテの判断だった。チョ

て、「思い当たる節」は数え切れないほどあった。ほとんどのウガンダ人にとって、彼の突然の死に結びついた「災因」は、「アミンによる粛清」で十分以上に説明がつくことだったのである。

アドラの解釈

しかし、ACKの出身地では、そのような一般的解釈では人々は納得しなかった。彼らにとり、彼の死は必然だった。少なくとも現在から遡って眺めることのできる風景のなかでは、彼は死ぬことを期待され、ある意味では死すべき人物として認識されていた。そうした物語を語るとき、人々の語りのなかで持ち出されるのは、ティポ *tipo*（死霊）、そしてラム *lam*（呪詛）などの語彙である。それはいったいなぜなのか。どうしてそのような「物語」のほうが「アミンの粛清」

ンベ支持の右翼は内閣の内部にもいたため、一部の閣僚にも伏せられていた。コンゴ産の金と象牙を売って武器弾薬を調達するのが、アミン大佐（当時）の役回りだった。

一説によると、郵便局のミスで別のボックスに入っていた残高通知書から、アミンの銀行口座に48万UGX（ウガンダシリング。当時のレートで約2万4000イギリス・ポンドに相当）もの膨大な預金があることが漏れた。すでに癌で死を宣告されていたカバカ・イエッカ（KY）書記長、ダウディ・オチェン Daudi Ocheng (1925-1967) は、この事実をもとに、アミン大佐がコンゴ東部から金と象牙、コーヒーを密輸入しており、首相を含む4人で12万5000ポンドを分け合っている疑いがあると国会で告発した。1965年2月5日に1500ドル、2月15日に9000ドル、2月17日に3000ドル、2月26日に2万8250ドル、3月2日に3250ドルの振り込みがあったという。当時アミンは副業をもっていなかった。オチェンは国防大臣オナマに調査を求めた。オボテは、2月22日に5人の閣僚を閣議の席で逮捕。裁判も行わなかった。

2月26日にはアミンを軍司令官に任命。3月3日には大統領、副大統領を解任して憲法を停止。4月15日には、軍に包囲された国会で野党議員全員と与党議員が抗議して退席したのちに暫定憲法を強行採決し、自ら大統領に就任した。新憲法は大統領に全権を集中させるものだった。これらの一連の事件は、5月24日アミン司令官が指揮する軍によるカバカ宮殿の砲撃に象徴される「66年危機」につながっていく。調査委員会に出席するため海外から帰ったオチェンは「腹痛」を訴え、入院先のムラゴで6月1日、41歳で死亡した。ルオ系の名を持つオチェンがKY書記長なのもオボテ政権に対する強力な反対勢力となったのも謎とされているが、オチェンの父親はアチョリに育てられたがマディ出身で、ランギの妻との間にもうけられたオチェンは常にアチョリの中で居心地の悪さを感じていたという。キングズ・カレッジ、ブドでムテサⅡ（註5参照）と出会い友情をはぐくんだことがのちにブガンダ王国のために忠誠を誓う素地となったという [Ingham 1994: 104]。ムテサⅡとの友情と、ムテビⅡ (Ronald Edward Frederick Kimera Muwenda Mutebi II 1955-) への忠誠心は周囲を驚かせるほどで、タブロイド紙などは、実の父なのではないかとスキャンダラスに騒ぎ立てたことがあったほどである。

という「物語」よりも地域的な説明力をもつのだろうか。この問いに答えるためには、まず、歴史的事実として「いったいなにが起こったのか」を知らなければならないことは言うまでもない。また、その解釈が立ち上がってくる現地の「世界観」をも、同時に探求する必要がある。つまり、ティポとかラムとかは何なのか。特定社会の「災因論」のシステムを明らかにすることがもとめられるのである。その探求だけでも手間のかかる重要な仕事である。

一方ですでに述べたとおり、ACKは歴史的人物であり、実在する。だから、当然（始めから、人々の解釈を間違っている、事実から乖離したものであると断定するのでなければ）、実在の人物としてのACKについて知らなければならない。どのような死に方をしたのか、その時の政治的状況や立場など知りうる限りのウガンダ近代史についての知見を得る必要がある。これも、ウガンダ近代史の一コマとして、追求するに足るテーマである。欲張りかもしれないが、2つの方向から攻めていくしかない。指針はすぐに立った。しかし、2つのルート、2つの資料は文脈がかなり異なる。ウガンダの私の助手は、あるいはインフォーマントたちは、この2つの方向がいったいどのようなかたちで結びつくのか、なかなかイメージできないようだった。私もイメージできないまま、彼らの世界観を構成するエージェントを録音資料から丁寧に文章化し、立体化することを続けてきた。着手からまとめるまでに20年近くもの時間がかかった理由の一端はここにある。

こうして、私は、アドラという1民族の秩序概念を構成するさまざまなエージェントの性格を解きほぐしていく作業を行う一方で、ACKとそれをとりまく人々のバイオグラフィーを集めて回った。またACKが生きた時代の歴史的事象についてもあちこちで聞いて回った。その上で、どういった「災因」が選ばれたのかを検討しようとした。暗中模索であった。

説得的な議論をするためには、問いと答えはシンプルな対応関係で成り立っているほうがいい。それはわかっていた。しかし、この2つは切り離すのが非常に難しいものだった。後に検討するように、1980年代から「ウィッチクラフトと政治」というテーマが国際的にもホットなテーマであることもあって、その文脈に落とし込むことも可能ではあった。モダニティの象徴であるコロニアル・エリート／ポストコロニアル・エリートが、オカルト化していく「再魔術化」のスキームに載せてしまえばいいのだ。しかし、フィールドワークをすればするほど、それでは納得がいかないようになっていった。説明力の範囲は狭くとも、現地のことばから立ち上がってくる説明が欲しい。リアリティのある説明

が欲しい。言い古されているが、「複雑なことは複雑なまま」「まるごと」理解したいという欲望を、私はついに放棄できなかったのである。成功したかどうかはわからない。

複数のサイドストーリー

　さて、話をもどそう。
　ウガンダの通常の解釈＝「災因」が、ACKの宗教や出自（出身民族）あるいは「知りすぎた男」という定説に収斂していくものであるとするならば、パドラの人々が導き出したACKの死因＝「災因」は1940年代に起こった殺人事件や、ACKの60年代から70年代の事績だった。それぞれ、裏付けをとらなければならない。どの程度本当のことなのか、あるいはちっぽけな類似の事実に想像力で肉付けした「話を盛った」「つくり話」に近いものなのか。
　結論を先取りして言えば、この間の調査の結果得られた「災因」は、この２つの事件にまつわるものだけではなかった。このほかにも多数の「災因」が、それぞれ正当性を主張して百花繚乱となったのである。ときとともに、パドラのローカルな「思い当たる節」が多数報告されるようになってきた。詳細は十分な説明を踏まえないと了解しづらいだろうが、列挙しておこう。
　たとえば、ACKの父親が通常あるべき埋葬場所に埋葬されなかったこと、殺人によって発生する敵対関係を無視して婚姻関係を結んだことは、必ずしも共通認識ではないが複数のマイナーな「災因」とされうることがわかってきた。複雑なことに、ACKがアドラとは歴史的に実際的にも呪術的にも敵対するニョレの女性と結婚したことと、その彼女の希望による周辺の土地の買い占めと接収が近隣住民の反感を招き、もともとアドラがニョレに対して持っていた「呪詛」イメージを増幅させたことなども指摘できる。土地問題に焦点を絞れば、いわゆる「モダニティ論」の論者たちが説くように、まさに「モダニティ」（この場合には貨幣による土地の売買）によってオカルト的「災因」が先鋭化したものであるとも言える。キリスト教受容の過程で、「骨割り」に代表される、パドラにおいて行われるべきであると認識されていた儀礼の執行を回避したことも、ネガティヴな噂を強化したであろう。近隣住民は、彼らが入手できる情報、埋葬場所や目にする巨大な十字架などの建造物、すべてをウィッチ（「妖術師」の訳語をあてることが多い）のしわざと見なすようになったのであろう。
　このようなサイドストーリーが（決して時間的には短期間の間とは言えないが）、次

はじめに

から次へと明らかになってきたのである。

　また、当初から予想したとおり、エリートの誰もがオカルト化するわけではないとの確証も、フィールドから得られるようになってきた。エリートのもつ「力」がオカルト的「力」と親縁性が高く、オカルト化する傾向にあるだけである。ACKと同じような条件を満たしている人物——つまりコロニアル・エリート、あるいはポストコロニアル・エリート——でも、ティポや「呪詛」の噂は一切報告されていない例が複数確認できた。数は少ないが、国際的な舞台や中央政府の表舞台で一時期華々しく活躍しながらもごく普通にリタイアして農民に戻る例もあったのである。だから近代的エリートが即座に、あるいはかならずそのような対象となるわけではない。なりやすいだけだ。その意味では近代化やポストコロニアルな社会変化に対する地域社会には、思いのほか柔軟性があると言える。

　ただ、今はもう錆びて跡形もない、広さ5000エーカーにも及ぶACKの地所を取り囲んでいた「有刺鉄線」を幻視しつつ考えてしまうのは、シンボリックにも現実的にもこの近代の産物がきわめて有効な「境界」として機能したということである。外部の人々は「有刺鉄線の内部」に対する想像力をたくましくし、解釈をエスカレートさせた。「内部」と「外部」との直接の接触経験が少ないところに、補正の機会はない。オカルトの「物語」は、砂埃を巻き上げて走って行く車を眺めながら、作りあげられたイメージを増殖させていくのである。

　本書は、一義的には、そうした、当初不可能とも思えたような多様な要素や原因、複数のサイドストーリーをできるだけ細部も捨てずに描きだそうと試みた「災因論の民族誌」である。もちろん、すべてを描ききれるわけもない。しかし、本書が提出する「蜘蛛の巣」のイメージのように、あらゆる方向に伸びていく可能性のある関連性のあるストーリーをできるだけ断ち切らないようにし、むしろ読者が手近な糸をたぐり寄せて解釈の網の目を望めば広げることができるようこころがけたつもりである。

　くどいが、つけ加えよう。そうした個別社会の「災因論」の民族誌としての展開を本書のいわば「蜘蛛の巣」の「縦糸」とするなら、その「縦糸」を支点として「横糸」が螺旋状に張り巡らされていると考えていただいてよい。実際の「蜘蛛の糸」ほどには、幾何学的に美しいかたちで構造化されているとは到底言えないが、ACKの噂にさまざまなサイドストーリーがあるように、本書にもさまざまなサイドストーリーがあるということである。それらの文脈をはじめに提示しておくことは、この決して読みやすくはないだろう著作には、こと

11

によると必要なガイドラインかもしれない。
　まず、「横糸」の1つとして辿ることができるのは、「大主教殺害事件」による ACK の死とは異なるレヴェルで焦点化されうる、アフリカの宗教研究一般という、より広い文脈における「災因論」という概念と、それにかかわる研究の理論的見直しがある。日本語で本書が書かれる以上、日本語で書かれた先行研究を検討する中で、「災因」「物語論」「アブダクション」など類似のテーマを考える際の分析枠組について改めて整理する必要があった。このことは、このテーマでこの地域の民族誌を書く上で回避できない義務のようなものであっただろう。また、資料論として、「テキスト」という語彙で呼ばれる資料についての議論を整理してある立場を提示したという側面もある。これが第2に目につく「横糸」として指摘できるであろう。また、第3に、アドラはもちろんだが、ランギ、アチョリなどの西ナイル系の民族誌を参照することで、しかもジョク jok、あるいはジュオク juok の観念を扱うという比較民族誌の試みが、またべつの場所に「横糸」として張られている。これは、古典的な民族誌の再評価の側面ももたせうる部分かも知れない。
　そのほかにもキリスト教の土着化、というテーマも重要なものの1つだし、やや控えめながら「事例素」という考え方も比較のための可能性を開くものとして提示している。また、言うまでもないことだが、Commaroff & Commaroff [1993, 2001] や Geschiere [1997] の考え方に対する賞賛と批判も、「災因論」の民族誌とは別なルートで張られた主要な「縦糸」の1つである。
　このように縦横の糸によってなる複雑な網を張った、欲張りなコンテンツを含む本書は、以下の構成をとっている。

本書の構成

　本書は全16章よりなり、序章と総括をのぞく14章を3部に分けた構成をとっている。まず、「序章」では、「目的」「対象」「資料と方法」により、本書の目的と対象の外延を明確にしたうえで、「災因論」という問題の所在とその輪郭について、批判の検討も含めて多少の考察をし、その後、調査地域パドラと調査対象であるアドラについて、そして「テキスト」を中心とした方法論について概観する。また、「テキスト」について学史的な展開を踏まえたうえで本書での扱い方をここで規定する。
　第1部は、アドラの世界観を構成する観念についての記述であり、第1章か

ら第9章までがそれにあたる。

　第1章「トウォ *tuwo*―病いのカテゴリー」では、アドラ語でトウォ *tuwo* という「病気」の観念についてのアドラ人の一般的見解を88の病名とそれに対する対処によって叙述する。

　第2章「「災因論」」では、1人のアドラ人の語りをとりあげて、いったいどのような「災因」が語られるのか、その予備的考察を行う。具体的には、ジュウォギ *jwogi*、ティポ *tipo*（殺害された者の霊）、アイラ *ayira*（毒）を中心に検討する。また、相互の関係についても簡単に予備的に考察することにする。そこでそれらの災因の体系が複数併存するという実態がテキストから抽出される。

　第3章「ジャジュウォキ *jajwok* の観念」では、ジャジュウォキの観念について、テキストを編集し、それに解説を加えるかたちで紹介する。近隣民族の、語根が類似した概念との比較を踏まえて、その種類、その存在論、宗教なのか性癖なのか、伝承されるのか、自覚があるのかなど、得られた資料の文脈に沿ったかたちで検討していく。また、地域住民がこの存在と具体的にどのように関わっていくかもみていくことになる。

　第4章「ジャミギンバ *jamigimba* の観念」では、第3章と同様の手順で、ジャミギンバについて語るテキストを検討する。ジャミギンバの存在論、その能力と売買も含めた流通、その儀礼や能力を担保するワン・コスというモノについて、さらには彼らをとらえ拷問する様子や、喧嘩するさまなどを通じて、ジャミギンバという観念がどのように認識されているのかを考えていく。

　第5章「ティポ *tipo* の観念」では、ティポの観念についてテキストにもとづいて詳細な検討を加える。「殺人」を契機にして発現するティポが、近隣民族と対比してどのような特徴を持っているのかを比較民族誌的に検討することもこの章の中で行われる。それは、死者の霊に対するアドラの社会の特徴をランギなどの近隣民族の民族誌と比べて浮き彫りにしていくことにもなる。

　第6章「「呪詛」、ラム *lam* の観念」では、アドラでもっとも頻出する「災因」である「呪詛」についての検討である。「呪詛」と訳したラムという観念についてのテキストを通じて、どういった文脈で「呪詛」が行われ、どういった効果を示し、またどのような対処が期待されるのか、解呪の方法までをくわしく追っていく。ジャラーミが死んだらどうやって解呪すればよいのか、その謎を解き明かしていく。

　第7章「ルスワ *luswa*」では「ルスワ」の概念を扱う。ルスワは「インセスト・タブー」である、と簡単にまとめられることもあるが、それだけではない。ク

13

ラン外婚や「性」の濫用を防ぐために、性にまつわる社会的な規範としてきわめて重要な位置を占めており、現在もクラン・コートでの訴訟のテーマとしては非常にホットなものである。

第8章「12の事例の検討と分析」は、それまでの概念「についての」記述を踏まえて、概念「によって」どういった事件が叙述されるのかを検討するために12の事例を検討する。そのことで、辞書的な意味の「説明」ではなくて、実際の出来事を語るときの「用法」のなかで描き出す側面を、第3章から第7章までより強く押し出そうとしてみた。その作業を通じて、それぞれの観念が立体的に立ち上がってくることを期待してのことである。

第9章「聖霊派教会の指導者たちとの対話」では、ウガンダでも勢力を急速に伸ばしている聖霊派教会の中心人物たちに行ったインタヴューを検討しながら、実際に彼らがキリスト教の教義をどのように解釈し、いかに既存の「災因」に対処しているかをみようとする。その過程で、宗教者の「召命」のプロセスや、「災因」の枠組みでは検討の枠に入りにくかった「夢」や「ヴィジョン」の問題にも、断片的であるが触れることになる。

第1部でみた世界観を構成するうえで重要な機能をはたす葬送儀礼を中心とした資料と考察をまとめて第2部とした。

第10章「葬儀の語られ方」は、あらゆる「災因」のなかでも一般的な「死霊」が発生する場である葬儀について、言語情報をもとに予備的な紹介を行う。そこでは、オケウォの親族のなかでの特権的な儀礼的位置を確認する。

第11章「あるポストコロニアル・エリートの死」では、私が参列した埋葬儀礼のなかではもっとも盛大なものの進行を録音をもとに再現しつつ、葬儀儀礼のコンポーネントを描写することを目的としている。

第12章「葬儀の実際」では、前2章を踏まえつつ、主に村落地域で私が実際に参列した葬儀を具体的に記述し、「酒」にまつわる人間模様を描くことで、その地域における「モダニティ」のかたちを素描する。言語で表現される「葬儀」の「説明」を中心に扱うのが第10章と第11章だとすれば、第12章は「行為」「実践」についての観察にもとづいた記述が中心となっている。

第3部では、非業の死を遂げたアドラ出身の国務大臣を中心的な事例として「災因論」の複数性について考える。

まず第13章「ある遺品整理の顛末」では、フィールドワークをはじめて2年目に出会った、パドラ出身の国務大臣ACKについて、聞き取りを続けるプロセスを描くことでその地域のコロニアル・エリートたちの実態をも描写し、さら

はじめに

にACKの人物像を、「有刺鉄線の内側」に焦点を絞って描写する。「有刺鉄線」は、ACKがある時期敷地の周りに張り巡らさせたもので、「プロテスタント」と「非プロテスタント」、「エリート」と「非エリート」、「モダン」と「伝統」などを象徴的に切断しようとするものではある。しかし実際には、そんなに簡単に切断はなされないのだが。

第14章「福音を説くウィッチ」では、「有刺鉄線の外側」ではACKがどのように見えていたのか、その立場からの言説を中心としながら、ACKの死の原因として語られる「災因」を検討することで、その「原因」が単一のものに収斂することなく、多数の解釈をゆるしていること、そしてその解釈が成立するためには、事前にいくつもの伏線のような出来事や規則その他が網の目のように存在すること、「災因」と呼ぼうと「物語の筋」と呼ぼうと、あるいは「アブダクション」と呼ぼうと、それらは、それぞれのコンテキストで論理的な妥当性を主張しうることを描こうとする。

総括では、要約的にここまでの民族誌的な資料を検討して言えることを確認しつつ、本書の到達点と今後の課題を確認することにしたい。

調査期間

調査期間はだいたいテーマと調査体制によって以下の4期に分けられる。

第1期：1997年3月28日〜7月25日（カンパラでの準備期間含む）、1998年3月31日〜1999年3月30日。この段階では、言語的にも環境的にも不安定だった。主なトピックは病気と伝統治療とした。この段階では調査基地であるグワラグワラに地域医療のプロジェクトが入っていたこともあって、近代医療とニャパドラ（nyapadhola「パドラ独自の」の意）の語彙で呼ばれる土着の医療との接合状況をあきらかにしようとした。一方でニャパドラの医療の施術師の一翼を担うジャシエシ jathieth も訪問しつつ、メディカル・アシスタントのワンデラらと相談しながら調査を行った。アドラ語では、近代医療の従事者も非近代の医療従事者も区別せず、ミレルワ mileruwa という語彙であらわす。

第2期：1999年9月14日〜2000年2月25日。別の調査プロジェクト（「JICA＝マケレレ大共同研究―貧困撲滅戦略の構築と農村の総合的発展にかかる研究協力」研究代表者長島信弘、エドワード・キルミラ）のかたわら、週末を利用して調査地を訪問するぐらいで調査はできていないが、後で考えると、ネットワークの維持と調査方法論の見直しには著しく役に立った。

第 3 期：2001 年 7 月 5 日～9 月 26 日、2002 年 9 月 24 日～11 月 22 日、2003 年 8 月 9 日～9 月 2 日。「伝統的」な諸観念のリストが充実するとともに 1999 年に知った ACK の事例（第 4 部参照）に興味を持ち、特に 2001 年 9 月 5 日に、ACK の息子の 1 人、ゴドフリー・オティティ・オボス＝オフンビ (1964-) の知己を得て、ACK のバイオグラフィカルな情報も集めることになる。具体的事実として歴史的人物 ACK をとりまくことどもに関心を寄せるようになった。この時期から自動車を移動に用いるようになり、広域にわたる調査をするようになったほか、録音資料を書き起こす作業が軌道に乗った時期でもある。

　第 4 期：2004 年 8 月 19 日～9 月 16 日、2006 年 8 月 8 日～9 月 7 日、2007 年 8 月 10 日～9 月 10 日、2008 年 8 月 7 日～9 月 5 日、2009 年 8 月 19 日～8 月 28 日、2010 年 8 月 27 日～9 月 23 日、2011 年 8 月 31 日～9 月 20 日、2012 年 8 月 15 日～9 月 19 日、2013 年 8 月 30 日～9 月 26 日。2014 年 12 月 25 日～2015 年 1 月 7 日、2015 年 8 月 12 日～9 月 10 日。基本的には、伝統的な「災因論」についての細部を固めることを、ACK についての地元の言説を重点的に蒐集した。この段階で重要な発見はいくつもあったが、いまのところ本研究の方向性に本質的な影響を与えるものではなかったと思われる。その点では、10 年間に渡りながら補足調査の域を出るようなめざましい発見はなかったと言ってよいのかもしれないが、何より資料の整理に時間が必要であった。また、折々の新しいインタヴューでは、それまでの成果を追認するいくつかの資料を得ることができた。

　その後、2016 年 3 月 10 日～22 日、8 月 22 日～9 月 5 日、2017 年 3 月 8 日～3 月 15 日、8 月 13 日～8 月 25 日に、短期間のウガンダ滞在において本書の骨子を確認する作業を行っている。

目次

はじめに……………………………………………………………… 1

    凡　　例　27

序章…………………………………………………………………… 29

    Ⅰ　目的　29
        1　「災因論」　29
        2　「災因論」研究の3つのコンテキスト　37
        3　「災因」の「非＝原因性」　42
        4　アブダクションとしての「災因」　49
        5　複数の「災因」、複数の「物語」　57
        6　経験主義と合理主義　59
        7　蜘蛛の巣モデルと、その側面　63
        8　本書の方針　66

    Ⅱ　対象　72
        1　パドラとアドラ　72
        2　アドラという人々　73
        3　歴史　77
        4　アドラ・ユニオン　83
        5　父系クラン、ノノ *nono*　85
        6　キリスト教受容と政治学　86
        7　ウェレ信仰の概要　88
        8　アドラについての先行研究　92

    Ⅲ　資料と方法　97
        1　現地調査の方法　97
        2　テキスト　104

●第1部

第1章　トゥォ *tuwo*── 病いのカテゴリー ……………… 123

    Ⅰ　はじめに　123
    Ⅱ　資料　125
        1　リフォリとトゥォ　125
        2　トゥォ *tuwo* の種類　126
    Ⅲ　資料の分析と考察　144
        1　身体化された「衛生学」　144
        2　病因論　145

　　　　3　ボソ・トウォ・ニャパドラ botho tuwo nyapadhola と
　　　　　　ヤーシ・ニャパドラ yath nyapadhola　*147*

　Ⅳ　まとめ　*150*

第2章　「災因論」………………………………… *153*

　Ⅰ　はじめに　*153*

　Ⅱ　テキスト　*154*
　　　1　ジュウォギ jwogi　*154*
　　　2　殺害された者の死霊（ティポ tipo）　*165*
　　　3　アイラ ayira（毒）　*168*
　　　4　「呪詛」（ラム lam）　*169*

　Ⅲ　資料の分析と考察　*175*

第3章　ジャジュウォキ jajwok の観念 ………… *191*

　Ⅰ　はじめに　*191*

　Ⅱ　テキスト　*194*
　　　1　ジャジュウォキの種類　*194*
　　　2　ナイト・ダンサーとは誰か　*199*
　　　3　ナイト・ダンサーには自覚がない　*203*
　　　4　きまった拷問と処刑の仕方　*205*
　　　5　ナイト・ダンサーの目撃事例　*206*
　　　6　ナイト・ダンサーを捕獲する　その1　*208*
　　　7　ナイト・ダンサーを捕獲する　その2　*212*
　　　8　正体が知れないジャジュウォキ　*213*

　Ⅲ　考察とまとめ　*217*

第4章　ジャミギンバ jamigimba の観念 ………… *225*

　Ⅰ　はじめに　*225*

　Ⅱ　テキスト　*226*
　　　1　ジャミギンバはいる　*226*
　　　2　ジャミギンバの能力　*227*
　　　3　継承か売買か　*229*
　　　4　ジャミギンバの儀礼　*231*
　　　5　ワン・コス wang koth（雨の目）　*232*

　　　　　　6　ジャミギンバ狩り　　234
　　Ⅲ　まとめ　238

第5章　ティポ tipo の観念 …………………………… 243

　　Ⅰ　はじめに　243
　　Ⅱ　ティポ　247
　　　　　　1　ティポという用語　247
　　　　　　2　ティポとはなにか　249
　　　　　　3　「不運」もティポのせい　250
　　　　　　4　ティポを送りつける　250
　　　　　　5　関与していないのに　251
　　　　　　6　症状としてのティポ　対話その1　253
　　　　　　7　症状としてのティポ　対話その2　254
　　　　　　8　戦死者の霊、事故、自殺者の霊　257
　　　　　　9　人の死、葬儀とティポ　261
　　　　　　10　チェン、ムウォンジョとティポ　263
　　Ⅲ　「骨囀り」の儀礼──カヨ・チョコ kayo choko　266
　　Ⅴ　まとめと考察　268

第6章　「呪詛」、ラム lam の観念 ………………………… 277

　　Ⅰ　はじめに　277
　　Ⅱ　テキスト　280
　　　　　　1　「呪詛」とは何か　280
　　　　　　2　霊の次元か生きた人間の力か　298
　　　　　　3　「呪詛」の状況　300
　　　　　　4　解呪の方法　313
　　　　　　5　ニャキリガと「呪詛」　323
　　　　　　6　キリスト教徒の「呪詛」　325
　　Ⅲ　まとめと考察　328

第7章　ルスワ luswa ………………………………… 335

　　Ⅰ　はじめに　335
　　Ⅱ　テキスト　336

　　　　1　2つの「ルスワ」　*336*
　　　　2　自身の体験から　*337*
　　　　3　ベッドを使うと「ルスワ」に　*337*
　　　　4　ヤーシ・ルスワはあるか？　*339*
　　　　5　「災因」を祓う　*341*
　　　　6　薬とキリスト教　*343*
　　　　7　信念の呪縛　*346*
　　Ⅲ　まとめ　*348*

第 8 章　12の事例の検討と分析 ……………………………… *351*

　　Ⅰ　はじめに　*351*
　　Ⅱ　事例　*352*
　　　　1　ジュウォギの憑依　*352*
　　　　2　死霊の祟り　*356*
　　　　3　ブラの憑依　*358*
　　　　4　毒を盛られた事例　*360*
　　　　5　オジを侮辱して「呪詛」　*362*
　　　　6　酒がやめられなくなる「呪詛」　*365*
　　　　7　ぬれぎぬをきせられたジョセフ　*367*
　　　　8　3年間続いた「呪詛」　*372*
　　　　9　子供が授からない「呪詛」　*373*
　　　　10　育ての親であるオジの「呪詛」　*375*
　　　　11　「呪詛」をかけられたら　*377*
　　　　12　堕胎する娘を浄める　*379*
　　Ⅲ　まとめ　*382*

第 9 章　聖霊派教会の指導者たちとの対話 ……………… *387*

　　Ⅰ　はじめに　*387*
　　Ⅱ　聖霊派教会の指導者たちとの対話　*388*
　　　　1　マライカジェニファーの話　*388*
　　　　2　オドンゴ・ジョン・マーティン・アドラ主教の話　*396*
　　　　3　レジオ・マリア教会のマリア・アディキニの話　*403*
　　　　4　夢（レック lek）の観念　*408*
　　Ⅲ　まとめと考察　*411*

●第2部

第10章　葬儀の語られ方 ……………………………………… *417*

　Ⅰ　はじめに　*417*

　Ⅱ　テキスト　*418*

　　　1　埋葬（イキロキ *yikiroki*）　*418*
　　　2　リエド *liedo* 儀礼　*423*
　　　3　ムシカ *musika* とムクザ *mukuza* の指名　*427*
　　　4　喪の禁忌と喪明け　*429*
　　　5　ジョウォ・ブル *jowo buru* 儀礼　*432*

　Ⅲ　結論　*435*

第11章　あるポストコロニアル・エリートの死 ……… *437*
　　　　　──ウガンダ東部パドラにおける葬儀の記録　*437*

　Ⅰ　はじめに　*437*

　Ⅱ　テキスト　*439*

　　　1　式次第と席次案内　*439*
　　　2　弔辞　クラン関係　*442*
　　　3　アドラ到着　*447*
　　　4　弔辞　姻族　*449*
　　　5　医師の診断と弔辞　*452*
　　　6　弔辞　TASOと技術訓練校　*455*
　　　7　弔辞　地方行政関係　*460*
　　　8　弔辞　飛び入り　*464*
　　　9　バイオグラフィ朗読　*468*
　　　10　弔辞　アドラ・ユニオン関係　*471*
　　　11　教会のサーヴィス　*476*

　おわりに　*485*

第12章　葬儀の実際 …………………………………………… *487*

　Ⅰ　響き渡るブリ *buli*　*487*

　Ⅱ　パドラ飲酒事情と身近な「死」　*488*

　Ⅲ　オポウォの「埋葬儀礼」（イキロキ *yikiroki*）　*490*

22

Ⅳ　「呪詛」で酒が手放せなくなった男——オドウェ　*507*
　　Ⅴ　バジルの死とアディンの病　*509*
　　Ⅵ　モダニティの邪術　*513*

　●第3部

第13章　ある遺品整理の顛末 ……………………………… *519*

　　Ⅰ　序論　*519*
　　　　1　問題の所在　*519*
　　　　2　背景となる状況　*521*
　　　　3　交錯する解釈　*525*
　　Ⅱ　ACKとの出会い　*532*
　　Ⅲ　国務大臣と死霊、そして予言者　*535*
　　Ⅳ　再訪　*539*
　　Ⅴ　ゼファニア・オチェンの墓　*543*
　　Ⅵ　ゴドフリー・オボス゠オフンビと2人のムゼー *Mzee*（長老）　*546*
　　Ⅶ　レヴランド・キャノン・ミカ・オマラ　*551*
　　Ⅷ　アディオマという補助線　*554*
　　Ⅸ　オフンビ邸と遺品　*556*
　　Ⅹ　ACKの墓　*560*

第14章　福音を説くウィッチ ……………………………… *567*

　　Ⅰ　有刺鉄線の外から　*567*
　　Ⅱ　ミカ・オマラの証言　*575*
　　Ⅲ　オクムのティポとセム・K・オフンビのチェン　*583*
　　　　1　何が問題となるのか　*583*
　　　　2　セム・K・オフンビの埋葬　*585*
　　Ⅳ　コロブディのロリ・クラン　*586*
　　　　1　墓の建て替えとチャペルの建造　*586*
　　　　2　土地問題とロリ・クランとのクウォル関係　*590*
　　Ⅴ　もう1人のティポ　*598*

23

　　　　1　時事を歌い込む　*598*
　　　　2　ジェームズ・オチョラのティポ　*603*
　　Ⅵ　ACKの死　*619*
　　　　1　ACKの埋葬とその受け止め方　*619*
　　　　2　「有刺鉄線の外側」で現在も続く噂　*626*
　　Ⅶ　結論　*631*

総括 ･･･ *641*

　　Ⅰ　序　*641*
　　Ⅱ　「災因論」の予備的検討　*642*
　　Ⅲ　ジャジュウォキとジャミギンバ　*643*
　　Ⅳ　ティポと「呪詛」、そしてルスワ　*645*
　　Ⅴ　概念によって事例を語る　*650*
　　Ⅵ　聖霊派キリスト教　*652*
　　Ⅶ　葬儀のテキストと実態　*653*
　　Ⅷ　ACKの事例から　*655*
　　おわりに　*660*

あとがき ･･･ *667*

　　●附録

Appendix I　*679*
　　第2章と第10章で扱ったテキストのアドラ語版　*679*
　　第2章のテキスト　*679*
　　　1　霊（*jwogi*）　*679*
　　　2　*tipo*　*681*
　　　3　毒（*ayira*）　*682*
　　　4　「呪詛」（*lam*）　*682*
　　第10章のテキスト　*685*
　　　1　死の知らせ　*685*
　　　2　埋葬儀礼　*685*

3　「リエド」儀礼　　685
　　　4　後継者と後見人　　687
　　　5　「喪」（*pido*）の禁忌　　688
　　　6　「灰を集める」儀礼　　691

Appendix II　アドラ・ユニオン（Adhola Union）、
　　　　　　　Tieng Adhola に登録されているクラン一覧　　693

Appendix III　2人の調査助手との饗宴　　695
　　　1　夜道でスタックした夜　　695
　　　2　続く失敗　　696
　　　3　再起を期して　　699
　　　4　調査助手との出会いと関係の深化　　700
　　　5　調査範囲の拡大　　702
　　　6　方法論についての葛藤と調査の実態　　704
　　　7　トラブルとその克服　　706
　　　8　調査助手の得るもの　　707
　　　9　得がたい異文化体験　　709
　　　10　経験を積んだ助手たちからの提言　　709

参照文献　　711

基本用語リスト　　735

写真と図、資料一覧　　739

索引　　743

装丁：オーバードライブ・前田幸江

凡　例

1. 現地語は、基本的には、現地語の音をカタカナ表記したあとに、アルファベットでイタリック表記し、括弧内にもっとも適当と思われる近似的な日本語訳を付す。

    例　ジュウォキ *jwok*（霊）

2. 民族名、言語名は接頭辞をはずした語根をカタカナ表記し、民族名であることを明示するため適宜「民族」を後記、言語名であることを明示するため「語」を後記する。丸括弧内に文脈に応じた語根を付与した民族名、言語名をアルファベット表記し、必要に応じて数の別を (*pl. sing.*) で表記する。なお現地語表記で単語自体がイタリックになっているときには平体で記す。

    例：アドラ（Jopadhola *pl.* ／ Japadhola *sing.*）、アドラ語（Dhopadhola）
    　　グウェノ *gweno* sing. ／ pl. *gwendi*（鶏）

3. 地名、人名など固有名や英語語彙はカタカナで表記し、原則として初出のさいにアルファベット表記を記載する。とくに著名人の場合には、できうる限り生没年を併記する。

    例：アルファクサド・チャールズ・コレ・オボス
    　　＝オフンビ Arphaxad Charles Kole Oboth-Ofumbi（1932-1977）

4. 文献からの引用文や聞き書きの会話文において筆者が補足を行うときは丸括弧内に表記する。

5. 録音資料からの逐語的な翻訳は「テキスト」として、括弧で囲む。テキストであることをその都度明記しないことがある。

6. 図表と写真は出典表記がないものは、筆者が作成および撮影したものである。

7. 本書の登場人物の個人名は、原則として実名で記載してある。敬称は略す。

序章

I　目的

1　「災因論」

　本書の目的は、東アフリカ、ウガンダ東部トロロ県を中心に住むアドラ (Jopadhola, *pl. / sing.* Japadhola) という1集団が、自身や仲間の病や死、あるいはその他の「不幸」に直面して、その出来事をいかに解釈し、対処しているかという実態を報告することである（地図1、2）。個別社会の1つの側面に焦点を絞った民族誌的研究である。

　こうした特定集団の「不幸」についての認識とそれに対する対処は、1980年代から一般に「災因論」[1]とよばれ、80年代まで盛んだった「コスモロジー（宇宙論）」研究の1つの側面を形成してきた。コスモロジーにかわって「（文化的）説明体系」(たとえば長島［1995: 51］) と言いかえたり、「秩序」の語を用いたり（たとえば浜本［2001］）することがあるが、「任意の人間集団が全体として保有している、人間と事物、時間と空間、存在と力に関するさまざまな理論とそれに基づいた行動様式の集合体」［長島 1987: 1］を指す。

　本書がめざすのは、アドラという1社会を例にとり、個別民族の複雑な「災因論」を1つのシステムとして描くことである。

　コスモロジーを構成する諸観念の研究分析が、その社会の独特な思考様式

---

[1] 管見する限り、「災因論」という語は『ヌアー』訳本の解説文である長島［1982: 539］が初出である。長島［1983b］では「病因論」の語を用いているが、そのもととなった学会シンポジウムに出席したほかのパネリストやコメンテーター（例えば渡辺［1983: 343］掛谷［1983: 368］野田［1983: 371］）は「災因論」の語を用いているので、当時すでにある程度一般的になっていたものと思われる。狭義の「災因論」研究は、日本語として存在しなかったわけだから1982年より遡ることはないはずだが、しばしば、それ以前の研究の類似した考え方を拡大して「災因論」と呼ぶ論考に遭遇することがある。これは、後に触れる災いの原因などをたとえば宗教的観念などが「説明」する、とする考え方との混同であろう。

地図1 アフリカ大陸とウガンダ共和国（筆者作成）

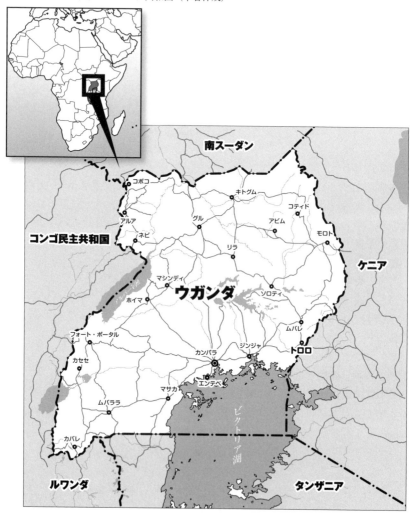

（「哲学」"philosophy"）を明らかにする手がかりとなることを説得的に示したのは、イギリスの社会人類学者エヴァンズ＝プリチャードである。エヴァンズ＝プリチャードが重視したのが、「病気その他の不幸とその原因」を何に求め、どのような手段をもってそれに対処しているかということであった。

　1956年にエヴァンズ＝プリチャードは、次のように述べた。この叙述が「災

地図2　ウガンダ共和国とトロロ県（筆者作成）

因論」の基本的な認識の出発点となっている。

　……アフリカのすべての民族において、有神的信仰、マニズム信仰、妖術の諸観念、超自然的制裁を伴う禁忌、呪術行為などの諸観念が独自の結びつき方をしているがゆえに、各民族の哲学は独特な性格を示している。たとえば、一部の諸民族——バントゥ諸族の大部分——では、祖先祭祀が支配的なモチーフとなっている。スーダン系諸族では、妖術が支配的モチーフとなっており、それに呪術や託宣の技術が加わっている。また他の諸民族、たとえばヌアー族では「霊」が中心に位置し、その周辺にマニズムや妖術の観念がみられる。そしてまた他の諸民族では他の概念が中心的位置を占めている、という具合である。何が支配的モチーフであるかは、ふつう、そしておそらくつねに、危険や病気やその他の不幸に際して人々がそれらの原因を何に求め、それから逃れたりそれらを排除したりするためにいかなる手段をとっているかを調べることによってわかる……［エヴァン

ズ=プリチャード 1982: 494-495] [2]。

この議論を踏襲し、「災因論」としてそのテーマの資料を整理する枠組みを基礎づけた長島信弘［1983a］は、自らが代表を務めた調査団の長期目標を「災因論の比較研究」とし、その第1段階として各社会の死霊と邪術に関する解釈と行動の体系を概観することを目指す報告書を『一橋論叢』特集号（「ケニアの6社会における死霊と邪術―災因論研究の視点から」）として公刊した。

その報告書「序」において、長島は「災因論」について次のように規定している。

> ……このエヴァンズ=プリチャードの叙述（エヴァンズ=プリチャードからの引用部：梅屋注）の前段にある「哲学」を我々は「コスモロジー」と言い換え、後段の「不幸の原因の追及とそれに対処する手段」を「災因論」とよぶことにする。災因論は、個人による個別的解釈と行動を規定する、個人に外在する集合表象としての文化システムとして考える……［長島 1983a: 595］

また、その報告書で扱う6つの民族は、それぞれ複雑な災因論のシステムをもっており、相互に交流のある隣接社会でも、その内容は共通要素よりも独自性のほうが著しいとしたうえで、個別民族の1つの災因について、その観念と行動を詳述しようとすればそれだけで長い論文になってしまうし、いわんや、災因論全体を1つのシステムとして描くには1冊の民族誌を必要とする、と嘆息する［長島 1983a: 596］。

複数の災因がどのように相互排他的に、あるいは相互補完的に関係しているかを明らかにするために「死霊」と「邪術」[3]に焦点をあてた当該の報告書は、

---

2 Okazaki［1984］は、多くの民族誌を貫くこの問題提起を継承しつつも、再考すべき点をあげている。閉じられて、静態的なものを前提とした信念体系のタイポロジーをたんに再生産するのでは意味がなく、文化的ヴァリエーションと歴史的変化を説明できるものでなければならないと説く。そのための有効な方法の1つは、特定の状況の細部にこだわることである。そのことによって社会のなかで隠された未解決のコンフリクトを暴き出すことができるのだと言う［Okazaki 1984: 95］。本書の主眼は、未解決のコンフリクトを暴き出すことにはないが、特定状況の細部にまでこだわることの重要性に関しては、認識を共有しているつもりである。

3 「邪術」が、sorceryの訳として、また「妖術」がwitchcraftの訳として提出されたのは馬淵東一によるところが大きい［馬淵 1937, 1970］。長島［2008: 292-293］も同じように推測する。馬淵［1970］自身、「妖術という後は当時の日本の学術書にみえぬわけでもなかったが、それは明確な限定なしに用いられていたようである。この語をwitchcraftの訳語に

序章

いまなおコスモロジー研究の里程標として位置付けることができる。この問題関心は、その後出版された『死と病の民族誌 — ケニア・テソ族の災因論』[長島 1987] にも引き継がれるものとなった。

　長島［1987: 1］は、「災因論」は、宇宙論の一部であるとし、非常に幅広く規定する。「災いについての観念と行動の社会・文化複合を私は「災因論の体系」とよぶことにする。それは広義の宇宙論の重要な構成要素である。宇宙論というのは、任意の人間集団が全体として保有している、人間と事物、時間と空間、存在と力にかんするさまざまな理論とそれに基づいた行動様式の集成体を意味する。それは「宗教」「哲学」「科学」「俗信」などといったことばで指示されるような理解と行動をすべて含むものとする」[長島 1987: 1]。まことに幅広い現象をその視野にふくんでいると言えよう。

　　……災因論は、実際にすでに発生したか、あるいは理論的に想定しうる災いを受けた状態（マイナスの状態）をいかに元に戻す（ゼロにする）かについての理論と行動の体系といえる。これと対照的なのが、いかにして現状より恵まれた状態（プラスの状態）を獲得するかについての理論と行動の体系であり、これを「福因論の体系」とよぶことにする。

　　極端な場合には、災因論の体系と福因論の体系はほぼ一致する。それは、人間の幸福な状態とは災いのない状態であるという人生観が一般的であるような人間集団においてである。言いかえれば、それは、人間は本来幸福なはずだという楽天的な人生観ということになる。本書で取りあげるテソ社会の場合、伝統的には、このような人生観が支配的だったように思われる。したがって、彼らの文化においては、積極的な福因論よりも、一見消極的に見える災因論が文化的に大いに発達し、洗練されてきたように思われる。それがケニアのテソ民族誌をまとめていくにあたって、災因論の体系を最初に取り上げた理由である……［長島 1987: 1-2］。

この長島のモデルは、リーチ［1985: 2-7］の提唱した抽象的公式——リーチは

あてた積極的な理由は筆者（馬淵：梅屋注）にも記憶がなく、おそらく苦しまぎれの訳語だったのであろう」と言う［馬淵 1970: 288］。この文脈で長島［1983a: 596］は、「邪術」と「妖術」の総称として「ウィッチクラフト」の語を提唱するが、その後、そうした提言の追随者は少なく、自らもその提言の通りに実行することはなかった。また浜本［2014: 31］などはこの区別を（とくに分析対象とする社会においては）意味がないと考えて一貫して「妖術」の語を用いている。

33

「構造主義」の名で知られている人類学の一種が問題としていることのすべてであると言う——モデルを援用したものであろうが（訳者は長島である）、きわめて広範なアクターと行為を網羅的に包含できる点で、現実の日常世界では多様なかたちで立ち現れる民族誌の資料を整理する際にきわめて有用である。

リーチは、以下のように述べる。

> ……理論はある。それは、数学において多方面で採用されているごく簡単な理論である。要約すれば、「＋」、「－」、「0」という三つの記号の関係は図のような三角関係で示されるということである。「＋／－」は一組の二元対立を形成する。この二つは、あらゆる点で「対等かつ反対」で、また分離不可能なのである。というのは、一方は他方の認識なしには理解しえないからである。しかし「ゼロ」は「中間に」、「どっちつかずの状態」にあるばかりではなく、違った種類のものである。「プラス1」と「マイナス1」の間を線で結び、すべての数を含むその想像の線上を動いていくことにすると、途中で必ず「ゼロ」と記された点を通ることになるが、その「ゼロ」点は、プラスでもなければマイナスでもなく、またプラスであり同時にマイナスなのである……［リーチ 1985: 3-4］

長島［1987］にとり、マイナスとゼロとの間の「力」の働きに特化した「災因論」はケニアのテソを対象にしたからこそ強調された考え方であることがわかる。だから、広義の「災因論」は、実際には福因論も含めてマイナス、ゼロ、プラスの状態を移動する社会ないし個人の状態をもたらす力だけを想定した非常に広範な理論、現象、行為を包含する図式の一部なのである。

あまり詳しく長島は主張してくれてはいないが、このことによって、「妖術・邪術」研究は、語彙の定義やもともとの自前のカテゴリーの自文化中心的なバイアスから中立とは言わないが、かなりの程度、自文化のカテゴリーの束縛を逃れたかたちでの資料収集と編集が可能となったのである。

要するに、こういうことである。あらかじめウィッチクラフトやソーサリー[4]

4 　この概念は周知のように、意図的なソーサリーと意図を伴わないウィッチクラフトという、アザンデ民族誌のためには必要だった区別にもとづくものである［Evans-Pritchard 1937］。その後包括的観念として長島［1983a: 596］が「ウィッチクラフト」を提案する以前にも、wizardry が提案されたり［Middleton & Winter 1963: 3］しており、そのことは米山［1965: 90］により紹介されていたが、この提言も「ウィッチクラフト」同様、根付くことはなかった。また黒川［2001, 2002］は歴史学の立場からこの翻訳についての文

序章

という概念に対象を絞って資料を集めたり、編集したりすると、絶えずあらかじめ準備した枠組みに拘束されることになる。しかしながら、この「災因論」の枠組みでは、既存の概念への依存を相対的にではあるが、少なくしながら、得た行為や観念、その他の民族誌的な情報をプラス、マイナスなどの相対的な価値観のみで配列することが可能となるのである。

その「病因」に限定したモデルを、長島［1983b］に見いだすことができる。「病因論」は、以下のように規定されている。

> ……心身ともに正常な状態をゼロ状態とすれば、病気はマイナスの状態である。病状はさまざまだからそれをXという記号で現わす。ゼロから負の方向にXへと変化させた力が病因であり、それをZとする。YはXに規定され、ZはYに規定されるが、その規定の仕方は占師の個人的判断を含めて文化現象である。このX（症状）Y（病因）Z（治療）から成る全体システムSが病気の文化複合といえるものである。このSは死因論や福因論とさらに複合して当該文化のコスモロジーの重要な部分を構成するものである。しかもこのSは歴史的に変化しやすい性質をもっている。テソの場合は、死霊観の導入と発展が、西洋医学のバクテリア病因論の部分的導入と相まって、YとZの情報量を飛躍的に増大させ、その結果従来は見落とされていた現象が症状として認識されるようになり（たとえばエムセベ症候群）、Xの情報量も増大させるにいたっている。こうした整理は、単純すぎる図式化ではあるが、流行としての病気や治療法を文化の動態として把握するための出発点となりうるものである……［長島 1983b: 323-335］

長島［1983b: 335］の図式（図1）を、福因論も含めてモデル化したのが図2である。これにより、多様な「幸」「不幸」というそれ自体が文化的な価値観とそれをめぐる解釈を大きく含む民族誌的事実が、いちおうの図式のなかに少なくとも位置づけを措定できることになる。

民族誌的な研究をする場合に、研究者の自前の概念、つまりバイアスから完全に自由になることは困難であるだけではなく、まったく不可能なことだろうが、できるだけ既存の概念を当てはめて分類してしまう、ということはもっとも避けたいことの1つである。「呪術」「宗教」「科学」「妖術」、なんでもそうだが、

化的バイアスについて鋭い分析を示している。

図1 「病因論」の図式   図2 「災因論」と「福因論」

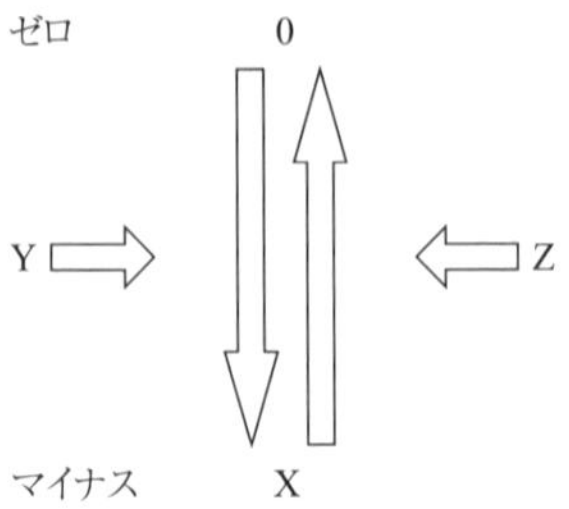

出所：長島［1983b: 335］

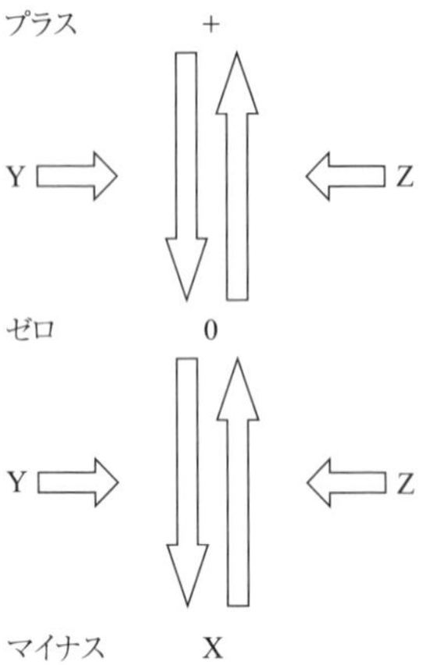

　眼前にある生きられた民族誌的事実は、既存のそれらのカテゴリーのどれかに似てはいるかもしれないし、該当する要素が多いものもあるかも知れない。しかし、あるカテゴリーの1例のような扱いをされたとき、民族誌的事実は、絶望的なほど無味乾燥な、1つのタイプに堕してしまう。

　この語の提唱者である長島信弘が最後にこの語について規定したのは2004年のことである。そこで長島［2004a］は、「「災因論」は、理論ではなく、資料収集・編集のための視点である」［長島 2004a: 535］という。事実、そういった「資料収集・編集」の観点からの有効性は、理論的背景やディシプリンの異なる立場から認められたようで、宗教学、民俗学など分野を問わず広く使用されるようになった。「災因」は、そもそも「病因」をもふくみこむ。宮家［1985］、小田［1989］、塩月［1993］、嶋田［2001］など多方面で「災因論」の語が用いられて分析の枠組みとなっている。今日では、もはやこの用語を用いる際に長島信弘の造語であることに言及されることも稀となったほどである。

　私が本書で試みるのは、こういった「災因論」の枠組みで1つの個別社会の「哲学」の構成要素を民族誌的に記述することである。エヴァンズ＝プリチャードの提言に立ち戻り、「災いの原因を何に求めるのか」という視点で資料を蓄積し提示することが、アドラ社会の民族誌的理解に極めて有効であると判断したからでもある。このことは、長島のいう「資料収集・編集のための視点」［2004a: 535］を採用したことになる。

36

2 「災因論」研究の3つのコンテキスト

「災因論」について今日語るとき、即座に少なくとも3つのコンテキストが想定できる。それらすべてに対して全方位的な議論を展開することは困難であるので、本書でのそれぞれへの対応は若干ばらつきがあるものにならざるをえない。

第1には、民族誌的なコンテキストである。民族誌的研究に不可欠なこの部分の検討は、具体的な調査地の説明と併せて本章の後半部分から扱う。先行研究として充実した民族誌がない、ということは、本書にとっては非常に大きな意味をもっている。アドラに限った先行の民族誌的研究がきわめて限定されているという限界の一方で、母集団を共有する近隣民族の優れた民族誌を参照することができた。したがってランギやアチョリ、テソなど近隣民族の民族誌を参照しながら比較民族誌的な考察も随所で試みることになった。

第2には、「災因論」を広義の「妖術・邪術研究」の一部としてみると、1980年代から活発となった「妖術の近代性」をめぐる一連のコンテキストを指摘しないわけにはいかない [Ciekawy & Geschiere 1998; Commaroff & Commaroff 1999; Douglas 1999; Geschiere 1997; Moor & Sanders 2001; Meyer & Pels 2003; Kiernan 2006; Geschiere, Meyer & Pels 2008]。この問題については、関連する先行研究も多く、それだけで1つの研究史として研究することができそうなほどである。最大公約数をおおざっぱに言うならば、妖術を伝統的なもの、あるいはいわゆる近代化によって消滅していくものとしてとらえるのではなく、むしろ近代化の過程で起こる社会変化に直結したかたちで活性化するものと考える立場である。あらわれ方は、南アフリカ、ポスト・アパルトヘイト下での「ゾンビ」の噂や、臓器売買などさまざまだが、いずれも「モダニティ」による経済的な社会変化が妖術に活力を与えている、というテーゼを前提としている。その概要については、溝口 [2004]、近藤 [2007] を参照すれば、流れはおおむね把握することができるが、ここでは近藤 [2007] のまとめを参考にしながら、ごくかいつまんで要点を紹介するにとどめる。

この系譜に位置づけられるアフリカ妖術研究は、近藤 [2007] によれば、2つの軸に沿って展開している。1つの軸はポスト・アパルトヘイトの南アフリカにおける事例にもとづいて Commaroff & Commaroff [1993, 2001] が提唱するスキームである。つまり、近代化と脱植民地化そしてアパルトヘイトからの脱却に伴う政策の帰結である「千年紀資本主義」の浸透による世代間などの貧富の格差と階級間格差の拡大が、妖術の質を変え、妖術にまつわる、とりわけ暴力的な

事件の温床となっているというものである。彼らの調査対象であるザイオニスト教会での儀礼は、この状態をローカルな視点から「飼い慣らす」ための抵抗の側面をもつという。このスキームで妖術を分析する追随者は多いが[5]、それぞれが分析対象とする社会は急激な社会変化を経験した特徴的な社会がほとんどで、しかも教団やカルトなど集合的な社会の動態に焦点が絞られている。

いま1つの軸は、カメルーンにおけるフィールドワークにもとづいてGeschiere[1997]が推進するいわゆる「モダニティ」論である。Geschiere[1997]は、カメルーンにおいて資本主義の浸透と近代国家システムの導入が、そこに資本が蓄積されるエリート層を形成し、貧富の格差の増大を生んだことを重視する。この現象は、カメルーンのマカの人々にとってはエリートが妖術を使って富を蓄積したと考えられる契機となった。このように、妖術はモダニティのなかでむしろ活気づいてくる、と Geschiere[1997]は説く。調査の対象となったカメルーンのマカ社会は、資本主義が浸透してもなお切断されえない血縁関係が妖術を媒介とする関係として維持されていた地域だった。そこでの妖術告発は、エリートを巻き込んだモダンな社会問題を次々と生み出した。Geschiere[1997]は同じカメルーンでも、西部カメルーンでは、妖術の力が王権にコントロールされ、マカのような新しい妖術が認知されない事例を報告している。地域によって妖術の活性化の質に偏差がみられるところに目配りしている点は、Geschiere[1997]の議論のなかでもとりわけ高く評価されるべきである。

Ranger[2007]は、これらの研究の隆盛を目の当たりにしてむしろつのる危機感を吐露している。つまり、メタレヴェルでの分析にこだわりすぎると妖術の本質を見失ってしまう可能性がある、と Ranger[2007]は警告する。安易に脱植民地化やグローバル化に妖術を結びつけることの可否を問うているのである[Ranger 2007]。同様に Niehaus[2006: 104]は、このような「妖術のモダニティ」のようなメタ・ナラティヴによって、親族関係やモラリティ、そして微細な政治学に関する民族誌的関心が回収されてしまうことに警句を発している。Flikke[2006]は、Gaschiere や Commaroff らの研究を評価しながらも、妖術のグローバルな現れよりも日常生活への視点を、「歴史的事件」よりも生活世界のなかでの決定的な出来事が重要だとする[Flikke 2006: 208]。また出口[2007]は、対象

5 　近藤［2007］があげるのは、ニジェールのボリ憑依カルト［Masquelier 1993］、急激に都市化の進んだナイジェリア［Bastian 1993］、かつて銅で繁栄したザンビアのンゴニ社会［Auslander 1993］などである。これらは急激な社会変化を経験した特徴的な社会がほとんどで、しかも教団やカルトなど集合的な社会の動態に焦点が絞られている。

社会を実際以上に閉鎖的な社会として考え、「千年紀資本主義」以前と以後、「コロニアル」と「ポストコロニアル」を質的な違いと前提とする点を問題視する。しかしながらこのような批判があってもなお、この2つの立場は当該分野の研究では依然として無視できない仮説であることは間違いない。

　私のみるところ、これらの一連の研究は評価すべき点が多いものの、理論的には、以下の弱点があるように思われる。(1) 妖術を不平等の拡大など特定の社会状況だけに関連づけて説明しようとする点、(2) 資本主義の浸透に伴う格差拡大が妖術の増殖の原因であるという因果関係の証明の不足[6]、(3) 妖術が喚起するはずの個人の不幸の解釈を考慮せずにひとしなみに一枚岩の1つの階層としてのみ現地の人々を取り扱い、さらに教会内部の儀礼など特殊事例に対象を絞っている点、(4) 植民地化と脱植民地化以前があたかも閉鎖された伝統文化の純粋培養であるかのようにみて、植民地化以前の異種混交を過小評価している点などである。

　総じて言えば、2つの軸に乗った仮説は、ともにあまりにマルクス主義的で、人々の生を一枚岩の階級論的な存在としてしか扱っていないという欠点がある。

　浜本［2014］は、これらの一連の研究が「妖術信仰という信念・実践系そのものの仕様と生態を明らかにすることよりも、短絡的にそれが見出される歴史的コンテキストとのつながりにばかり目を向けることで、かえってこの種のオカルト的信念・実践系の意味を捉えそこなっている」［浜本 2014: 8］と一蹴する。

　　……妖術信仰が常に特定の具体的な歴史状況のなかで生きられているものである以上、それがそのときどきの状況の特徴と密接に関係していることは当たり前であり、妖術信仰が個別の状況の特徴に応じてその性格を変えるだろうことも、ある意味当たり前のことである。妖術は、近隣や親族内の憎悪や嫉妬、敵意と密接に絡み合っているので、近代化がもたらした

6　社会変化と信仰の変化を結びつけて考える研究は多々あるが、妖術と類似した信仰にかんしては、身近なところで、経済史家の速水保孝が、近世の中期、貨幣経済の浸透にともなって、日本村落の経済構造と「憑きもの」筋の成立を関係づける仮説を提出し、それが定説となっているのは有名である［速水 1954, 1976］。それまでの米ベース、土地ベースで「貧富」が格差として固定されていた状況から、貨幣の蓄積により急激に富を蓄えることができるようになったことが、「憑きもの」筋の成立につながったと考えられている。しかしながら、これは「憑きもの」と特定の家筋とを結びつける考え方が成立した、とするものであり、「憑きもの」が指し示す「憑依」とか、使い魔としての神秘的力とかといった信仰自体の隆盛の原因として社会変化を捉えるような単純なものではなく、その意味では、空理空論に終わっていない。

> 新たな富の偏りや、新たな権力のアンバランスや、新たな性愛の領域が、こうした憎悪や嫉妬を激化させたり、そうした憎悪や嫉妬が表れる人間関係の領域をシフトさせたりすることに伴って、〈すでに妖術信仰が生きられているところでは〉、妖術がらみの実践が活発化したり、妖術告発や暴力が現れる局面に変化がもたらされたりするとしても驚くには及ばない。... [浜本 2014: 6-7]

また、「妖術の近代性」という視点自体、かつての「妖術の非近代性」という常識を逆転したものにすぎず、「近代／非近代」の区別にこだわりすぎていると言う。さらにそのうえで、「むしろこのこだわり自体が、妖術を理解するうえで無用な（有害な）区別だったとは考えられないだろうか。妖術が現実的可能性として捉えられたり、妖術信仰が持続する条件にとって、近代／非近代という違いは本当に重要だったのだろうか」[浜本 2014: 8] と問う。

確かに、少なくとも本書のテーマであるアドラの「災因論」の領域に関する限り、アドラの人たちにとり、「近代化」や「植民地化」（正確にはウガンダは保護領であった）「脱植民地化」は、非常に大きな社会変化であったことは疑いないが、それが質的な変化だったかどうかは、ある意味では未決問題である。本論にみるように、「災因論」に残る変化の痕跡を見る限り、それらの「出来事」が、近隣民族との紛争や、クラン同士の諍いと「質」的に全く違うことを裏づける証拠はそれほどないと考えている[7]。

Southall [2004 (1956)] の『アルル社会』で、レンドゥが、「アルルはゆっくり、ゆっくり来た。イギリス人がそうだったように。彼らは友好的に訪れて、食料を交換し、そうやってチーフになった」[Southall 2004 (1956): 202] と表現しているように、彼らは過去の多くの類似した「出来事」の1つとして「独立」や「独立後」（いわゆるポストコロニアル）などの歴史的事象をとらえているにすぎないと

---

7 阿部・小田・近藤 [2007] のもとになった集中セミナー「現代アフリカの宗教と呪術」（2003年11月、埼玉大学）において、妖術の事件が「減っているとアドラの人は言っている」とした私の発言は、無知をあざわらうかのような先達たちの冷笑とフロアからの集中砲火を浴びた。ネイティヴ・コートでの妖術告発などの案件が増加しているなどの事実がその根拠だったが、あたかも「独立後は増えるのが当然だ」「活性化するのが常識だ」というような論調であった。しかし、その後10年以上経った今も私の印象は変わっていない。アドラでは独立などを契機に活性化して変質したと断定できる証拠を私は持っていない。ただ、本書で扱うように、キリスト教が妖術的に見なされたり、あるいは妖術と同じ目的で用いられたりしたと考えられたり、近代化によって土地争いが先鋭化してその争いのドメインが変化したりしたことは十分あったと思われる。

思えることがある。彼らは 1902 年に獄中で死んだマジャンガの事績を見てきたように語ったかと思えば、次の瞬間、現在のムセベニ政権を批判する、ある意味連続した時空を生きているのである。考えてみれば当たり前の話である。確かに、独立以後の会話になるとアドラ語の頻度が減り、代わりに英語の頻度が増えるなどの外形的な変化はインタヴューを行っていて感じることはある。しかし、それが本質的に「質的」な断絶であると考える根拠は、結局のところなかったと言ってもよい（逆に質的に同質なのだ、と強弁するほどの根拠もないのだが）。ここまで堂々と無視されると、むしろこうした伝統／近代、コロニアル／ポストコロニアルなどの二分法が、西洋由来のそれ自体が「オリエンタリズム」的なものなのかもしれないとすら思えてくる。そういった意味では、「構造」こそ明確にとらえたり提示することはできてはいないが[8]、プレコロニアル、ポストコロニアルを際立たせる、植民地化（この場合保護領化の根拠となる、1900 年の Buganda Agreement に代表される、多くの場合 1900 年に締結された条約の締結）や独立など歴史をしるしづけるはずのいずれの「出来事」も不可視の「構造」に吸収されてしまっているようにも思える。

　本書では、こうした第 2 のコンテキストに連なる立場の先行研究のいくつかを、終盤の 2 つの章で、アドラの民族誌的な資料に関連する限りにおいて限定的に扱うこととする。それゆえ、全体的なこの分野の研究史のなかに本書をどのように位置づけるか、は今後の重要な仕事の 1 つとして残されたままである。

　第 3 のコンテキストは、ここでどうしても取り上げておく必要がある。それは、「災因論」という言葉が提唱された当初からあった、「災因論」批判とも言うべき一連の理論的な文脈である。この問題は、より広くは「合理性論争」[9]との関連も指摘されようが、それは、いくつもの分野をまたいだ数多くの論者の寄稿する論集が世に出ている論点の拡散された問題なので、ここで私が扱うことは到底できそうもない[10]。ここでとり組むことができるのは、もっと狭い問題と

8　この「構造」と「出来事」の比喩は言うまでもなく、「熱い社会／冷たい社会」を対比させ、前者の特徴を「出来事」が「構造」を変化させ、後者は「出来事」が「構造」に吸収されるとするレヴィ＝ストロース［レヴィ＝ストロース 1970, 1976, シャルボニエ 1970］の歴史観を念頭に置いている。ただし、念のために注記しておくが、私には「災因論」のモデルをもって「構造」と言い切る考えはない。

9　Wilson［1970］、Horton & Finnegan［1973］、Hollis and Lukes［1982］、Overing［1985］、Lloyd［1990］、Tambiah［1990］、Kapferer［2002］、Laidlaw［2010］、Mills［2013］など。

10　もっとも、本書の議論も梅屋［1995］同様、テーマを絞り、さらに民族誌的な資料との関係に限定したうえで「合理性論争」に参画しているとみることはできる。いずれも私の立場は、ローカルな「論理」の存在を認め、普遍的な「合理性」の存在を否定するか、

して「災因論」という問題設定に対する直接的批判についてである。「災因論」という言葉を使い続ける以上、これらの批判については、やや丁寧に概観し、一定の立場を表明しておいた方がよいであろう。

民族誌的な記述に入る前に、本章では、この第3の「災因論」批判を導きの糸として検討していくことにする。

3 「災因」の「非＝原因性」

「災因論」という考え方には、その成立当初から議論があった。そのうちの1つでしか代表的なものは、「原因」という考え方を巡るものである。「災因論」という語を造語した長島信弘も司会および報告者の1人として出席した日本民族学会第22回研究大会（於、埼玉大学）のシンポジウム（もう1人の司会は阿部年晴）で、渡辺公三［1983］は、病気の「原因」という考え方に違和感を示した［渡辺1983］。そこでは、当時医療人類学（たとえば波平［1982: 74-77］）が受容しつつあったMorley［1978］らの「超自然的／自然の原因」「直接的原因／究極の原因」といった「原因」の多層性をある程度考慮した立場も含めて、病の解釈を因果論の枠のうちで扱うことの正当性をも疑っている［渡辺1983: 337］。それは、従来型の何かを「意味」する「シンボリズム」[11] を想定して共通テーマとして打ち出したシンポジウム主催者の思惑を裏切って、シンボリズムという分析枠組みの不備をも鋭く指摘するものであった。

そこでは、病や不幸を問題にする場合に当該社会の「原因」観にまで踏み込んだ洞察が必要であることが訴えられ［渡辺1983: 340］、病の経験が語りうる「物語」として構造化されることが、意味ある経験となるのだ、との側面が強調され、「時間の上での先行は即ち「原因」という観念にぴたりと対応するだろうか」［渡辺1983: 340］という疑念が表明された。

また、渡辺［1984］は、病や不幸という経験がいかにコードという枠組みから外れた、秩序を欠いたものであるか、むしろその経験を「語ることによって世界を再組織化する手段」［渡辺1984: 166］であると述べた。

ここで注目すべきは、病いの経験を語る際に「物語」の象徴的場にある語り

あるいは非常に常識的な汎用性の高い共通項に限って認める、という程度の穏健派のそれである。そのことは本書の行論を追うごとに明らかになるだろう。

11 象徴が、「意味作用ではない」「コード」に基づいていない、などというスペルベル［1979; 1982］の議論が一部の象徴人類学の前提に致命的な衝撃を与えはじめていたころのことであると推測する。

手が行う病の原因の推論は、「因果性」「原因」という枠において議論を組み立てても説得的ではないとする渡辺［1984］が、代わりに、チャールズ・サンダース・パース（Charles Sanders Peirce 1839-1914）の「仮説的推論」(アブダクション abduction)との類縁性を指摘していることである。

　エーコ［1980］(Eco［1976］) によりつつ、渡辺［1984］は、次のように言う。

　　……論理的演繹の場合は、一つの規則があって、ある事例が与えられた場合それに基づいて結果が引き出される。この袋から出る豆はすべて白い──ここにある豆はこの袋から出たものだ──ここにある豆は白い。
　　帰納の場合には、事例と結果が与えられて規則を推定する。ここにある豆はこの袋から出たものだ──ここにある豆は白い──（多分）この袋から出た豆はすべて白い。
　　仮説ないし仮説的推論の場合は、規則と結果から事例の推論が行なわれる。この袋から出る豆はすべて白い──ここにある豆は白い──（多分）ここにある豆はこの袋から出たものだ。……［渡辺 1984: 170］

　渡辺は、この問題を展開することなく、「いかに語られるか」から「語っているのは誰なのか」に関心をシフトさせていったため、渡辺の「原因」と語りに関する議論は直接的にはここで尽きているようだ[12]。
　その後、「災因論」という語を巡って議論を理論的に展開した代表的な論者には、浜本［1989］がいる。浜本は渡辺［1983, 1984］と同じく「災因論」が含意する「原因」概念について疑問を表明する。

　　……長島信弘が指摘しているように、不幸の「原因」についての語りのなかには、社会的な含意に直結するような両義性が含まれていたのである。……つまり不幸の「原因」についての語りは、個別的な不幸や災いの出来事を、人々のコスモロジーと社会的な葛藤劇の双方に関係づけるものである。この後者に対する強調は、一方で数多くのすぐれた研究を生んだが、その反面、宗教的諸観念は単に社会的葛藤劇のコンテキストのようなものとして描き出されるにとどまり、各民族の「災因論」が、不幸や災いにつ

12　他に、渡辺［1993］があるが、これは、関一敏のすすめで 1982 年の渡辺［1981］の割愛部分の原稿を掲載したものである。1994 年の私信で渡辺公三は、「着手しながら途中で投げ出した」と表現している。

いての人々の経験をいかに形づくり組織しているかという、文字どおりそのコスモロジーとしての側面に切り込む分析がなおざりにされてしまったのである。……［浜本 1989: 57］[13]

　浜本［1989］は、妖術信仰の特定の 1 部分、1 側面を抜き出して分析する手法に対して常に鋭い批判を繰り出す。思えば「妖術の近代性」を批判する場合にもそうだったように、関係のある別のドメインの分析に、その労力を傾注しすぎると、批判の刃を浴びることになるのである。この場合に想定されているのは、マンチェスター学派の紛争理論であろう[14]。もともと憎悪や対立あるいは嫉妬と深く結びついた妖術が、そうした対立の関係として捉えられるのは当然としても、そうした対立関係が解明されたからといって、妖術信仰自体は解明されたわけでは全くない、というのである。

　この浜本［1989］の社会関係への還元論批判とでも言うべきものは、その最初期の論文［加藤・浜本 1982］にすでに認められるもので、浜本［2014］まで続く非常に息の長いものである。その主旨は次のような部分からも明快である。

　　……エヴァンズ＝プリチャードには、妖術信仰を人々が世界を把握する

13　浜本の批判が気づかせてくれたことの重要性ははかりしれないほど大きい。とくに「災因論」という便利な枠組みのなかで自動書記のような調査を開始する誘惑のなかで、エピゴーネンが増殖する 1 歩手前でその陥穽に気づかせてくれた功績はどれだけ評価してもしすぎにはならない。その意味に限っては Okazaki［1984］とも（すくなくとも本書で引用した前半部までは）平仄が合っている。しかしながら、浜本が参照した現象学的社会学やエスノメソドロジーが、その研究対象を何に設定しようと「いま、ここ、すでに、つねに」というリアリティ構築の側面をのみ指摘し続けるのを数十年のオーダーでみるときに、その粘り強い理論的関心の持続力に深い敬意を感じる一方でまた、当時の人類学および民族誌に与えたインパクトが今日なお同じ論拠で有効であるかは疑わしいと言わざるをえない。また、民族誌が、エスノメソドロジーなどとは違って、別の側面——単に other culture の構成的側面だけを言いつのるのではなく、構成された暫定的な結果を読めるように書く——に注目するときには、両者の性格にまた異なった側面があることも確かである。現象学的社会学やエスノメソドロジーは［既知の］ありふれた日常のなかの［いま、ここ、すでに、つねに］というリアリティ構築の細部に注目するのだが、民族誌の対象はすくなくとも多くの場合［既知の］「ありふれた日常」ではない。浜本のこの批判は、警句として有効であり、またその提唱する物語論という枠組みは、言説としての「災因論」をとらえなおすのに非常に優れた考え方ではあることにも慎重に留保をつけつつも、こと当初の定義通りの「災因論」に対する批判としては一定の役割を終えた感がある。このことは、本書を通じて検証することになるだろう。
14　註には、Turner［1957］、Middleton［1960］、Gluckman (ed.)［1972］が挙げられている。

知覚ないし認知方法として捉える見方と、それを社会関係における葛藤の表現あるいは処理の方法として捉える見方とが共存していた。もちろん彼に続いて妖術現象の問題を扱った人類学者はそのことを承知していたが、主に発展させられ分析が進められたのは後者の側面である。いい換えれば、社会関係ないし社会構造の維持、統合、解体に妖術信仰がどのように機能させられているかという分析であり、議論が出つくしたとの感を抱かせるのはこの側面についてである。しかし、これらの研究の中に妖術信仰自体の詳細な記述と分析を見つけ出すのは意外に難しいことがわかる。人々が世界を把握する方法としての妖術信仰の側面はまだ十分に明らかにされているとは言い難い。……［加藤・浜本 1982: 55］

社会関係云々の部分を近代化による資本主義の浸透とそれに続く社会階層格差の拡大、などとすれば、そのまま先に引いた近年の妖術理論に対する批判の骨子となるであろう。

しかし浜本［1989］は、前者の側面に分析の大部分の精力を傾注する「災因論」にも批判の刃を向けるのである。先の社会関係の葛藤を重視する従来の妖術研究を批判したあとで、「こうした研究の不備の源泉は、「災因論」という問題構成そのものにあった」とし、「種々の宗教的観念が指しているものを、不幸や災いに対する「原因」の一語で片づけてしまったところに、これらの宗教的観念が人々の経験をどのようなものとして組織しているかという問題に対する人類学者の接近を阻む最大の障碍があったのだ」［浜本 1989: 57-58］と言うのである。

浜本［1989］は、この概念について、おおよそ以下の3つの問題を指摘している。

まず、(1) 特定の出来事に対する「問い」とセットになって、「説明」がなされているわけではない点（「原因の非＝原因性」）。続いて、(2) こうした不幸の出来事の語りの本当のねらいは、出来事の経験の個別性、独特性、異常性を際立たせることである点（「物語による出来事の異常性の叙述」という「物語性」）、そして、(3) それゆえに、なぜの問いに答えるかたちをとってはいるが、「原因」とは呼びにくい側面が認められる点である（民族誌に描かれる人々による、問うまでもない、「当然性という態度」）［浜本 1989: 86］である。

さらに、出来事が語りの中で経験としてのリアリティを持つためには物語の形式を取らざるを得ないとし、妖術、憑依霊、占いなどの観念は直接経験できるような経験の要素ではなく、経験をそこを支点として組織するような中心点である［浜本 1993: 18］と述べる。

浜本がその物語論に追加した指摘のなかで重要なもののいくつかは、現象学的社会学の一派であるエスノメソドロジーに由来する概念を理論的な支柱としている。それは、語りのインデックス性、語りのリフレキシヴィティ、そして語りのコンテキスト性などである。本書での今後の記述や議論のために要約して述べれば、以下のようになる。エスノメソドロジストにとり、コミュニケーションは「論理的」には不可能である。しかし「実際上」可能なことであるとする。つまり、「語られたもの」の意味はコンテキストに依存し、しかもコンテキストの組上げには原理的に際限がないという「語りのインデックス性」、そしてそのコンテキストの構築は逆に「語られたもの」によってしか根拠をあたえられないという「語りのリフレキシヴィティー」があるからである［浜本 1985: 114-117］。

　このことを説得的に説明するために引かれるのが Garfinkel ［1967］や McHugh ［1968］の実験である。浜本［1983］はこのことを「卜占」に応用し、卜占の答えが仮にランダムであろうとも、そこにクライアントが意味を見いだしうる可能性について鮮やかに説明した。

　Garfinkel らの実験とは、以下のようなものである。学生に「新しい心理療法」の実験である、と告知し、インターフォン越しの「カウンセラー」に悩みを相談するように求め、その後、「イエス／ノー」で答えられる 10 回の質問で「カウンセラー」に相談させる。そのやり取りはテープに録音された。インターフォンのむこうの「カウンセラー」は質問の内容にかかわらず乱数表に従って応答していた。しかし、ランダムな回答であると気付いた学生はごくわずかだったという。

　Zeitlyn［1990］はカメルーンのマンビラ族の蜘蛛の卜占を分析する際に、同じ Garfinkel らの業績を応用している。彼によれば、Garfinkel は以下の 11 の性質と、疑いを処理する 3 つの方法をを明らかにした［Zeitlyn 1990］。彼の言う機械的卜占［Zeitlyn 1987］のようにランダムな「イエス／ノー」フォーマット（つまり 1 ビットの情報）に限ったカウンセリングでは、以下のような定式化が可能であると言う。

1) 質問は後の回答から遡って再規定される。
2)『同一の発言が幾つもの異なった質問に同時に答えうるし、1 つの、あるいは独立した「イエス／ノー」で答えられない厳密な命題論理としての複合的質問の回答となることもできる。』
3) 1 つの応答がそれ以前のいくつかの質問についての回答でもあると受けと

られることがある。
4)『その場の回答が問われていない更に突っ込んだ質問に対する回答となる。』
5)『回答が不十分だったり不完全なとき、質問者は前の回答の意味を限定するような回答が後にくるのを待つ。』
6)「イエス／ノー」で回答するという手段の不十分さ、あるいは卜占のように回答者の不完全な把握に帰せられるべき回答の不完全さは、逆に、質問の立て方が不十分であったとされる。
7) 理性は『不適当な』回答があることを前提にしている。理性は与えられた回答を説明し、その意味を限定する。
8)『回答が質問とつりあわなかったり矛盾していたりするとき、主体は、「アドヴァイザー」がそうこうするあいだに学習したり、意見を変えたりすることを見出したり、問題の複雑さを十分に知らないのだ、質問に間違いがあり、言い換えることが必要なのだ、などと考えることで継続することができる。』
9)『質問とつりあわない回答は「アドヴァイザー」の知識のせいにされたり、あるいは「アドヴァイザー」が意図的にそうしているのだ、とされたりする。』
10) 矛盾が生じると、その回答を説明するために、質問の再解釈を強いるような質問に関する更に突っ込んだ意味が加えられ、矛盾は解消される。
11) 矛盾した回答が生じると、『回答の矛盾と無意味さを取り除き、回答者が信頼するに足りないのだ、という考えを払拭するために回答の考え得る意図をみなおす。』……［Zeitlyn 1990: 656］

また、疑いが生じたとしても、……

12) 回答がランダムなものかもしれない、という可能性は主体の考えに生じうるが、テストはされない。疑いは回答が『意味をなす』かのようにして払拭される。
13) 疑いは『回答』を『ただの出来事』に転換することで、続ける意味をなくす。
14) 疑うようになったものは続けようとはしない。……［Zeitlyn 1990: 656］

　カウンセラーからの回答がいかなるものであろうとも、これらの14の過程を経てそれはシステマティックに処理される。画期的な定式化である。おそらくはエスノメソドロジストは、こういったことを論証しようと試み続けて「会話分析」を継続しているのであろうから、ある意味ではZeitlyn［1990］は、（エスノメソドロジストの）「役割は終わった」かの扱いをしているに等しいのだが、そのこ

とは措く。

　このように、発話の理解にはコンテキストが極めて重要な役割を果たしており、実際は発話が矛盾していようと、コンテキストが解体され、組み替えられることによってその矛盾はなかったかのように処理されるのである。すなわち、矛盾の存在はなにもぶちこわしはしなかった。逆に言うと、矛盾は解釈の網を広げる修辞的装置なのだ、というわけだ。

　形式論理上での考察では矛盾が生じたら前提を棄却するが、通常の会話においてはそのようなことはなく、むしろ無視、ないし棚上げの形を取る。そのような意味で、会話分析の経験的技法は問題となっている前提の同定と、それを再定式化する過程の研究を可能にする、と Zeitlyn［1990: 658］は主張する。

　もちろん、卜占や実験室でのカウンセリングのような、ある意味では特殊な状態の相互作用の仕組みをそのまま普遍化することには無理があるが、ここにはコミュニケーションの本質の1つが確実に素描されていることは確かであろう。

　日本の民俗宗教を対象として梅屋［1995］は、浜本［1983, 1985, 1989］やZeitlyn［1990］を敷衍し、こうした特徴は、「妖術」や「卜占」に限定されず、いわゆる宗教的観念にかなり広く見られる考え方であると論じる。このような宗教的観念は、あるときは不幸の出来事を「説明」するかのような形で、さまざまな経験に筋書きを与えている。つまり人々の経験を1つの「物語」として構成するイディオムであり、通常の説明、解釈、疑問とは異なる側面をもつと主張した［梅屋1995，梅屋・浦野・中西2001］。

　記号論、リクールの解釈学、そしてエスノメソドロジーから活力を得た「物語論的アプローチ」は、1980年代から1990年代にかけてその適用範囲を拡大したもの、あるいは「物語」という用語の導入のメリットが不可解なものも含め、一時、かなり人口に膾炙するようになった。その後、一部の分野では、ナラティヴ・アプローチという出自は違うようだが、主旨のよく似た考え方が残存するものの[15]、表だってこの考え方を前面に出す研究者は最近では見当たらない。

　浜本［2014］は次のように嘆息する。

　　……分析概念としての「物語」の概念は1980年以降、多くの著者によって用いられ、ある意味では使い古された感すらある。しかし人間の経験が

15　最近「ナラティヴ・アプローチ」［野口 1996, 2002］、野口編［2009］として「物語論」を展開しようとする動きが見られるが、ここではひとまず区別する。

48

言語を媒介として成り立っており、それが主として経験の時間的統合に関する側面であるという事実に加え、「物語」という形式が単にその表示・表現形式であるだけではなく、まさにそうした統合を経験にもたらす道具あるいは装置であるという認識は、もっと広く共有されてもいいのではないかと思う。もしこの基本認識が人間理解の基礎として確立しないまま、「物語」概念が単なる流行語として消費されつくしたのだとすると（日本ではこういうことが頻繁に起こるのだ）、残念だと言わねばならない。……［浜本 2014: 312, f.n.2］

「災因論」も、と私は思う。みてきたように、「災因論」にはいくつかの批判が提出されてきた。しかし、十分に無効を宣言されたわけでもないのに、単に使用される頻度は減ってきた。たんに消費され尽くしてしまったのだろうか。そのことは、この節の最後にまた検討することにする。その前に、多少の迂回が必要である。

4　アブダクションとしての「災因」

私もこうした理論の流行や、根本的な批判や検討抜きでの栄枯盛衰については批判的な一人であるつもりだが[16]、実際には、こうした理論的な語彙に流行り廃りがあることを承知してもいる。ときにリヴァイヴァルなどもあることを考えると、とり組んでいる現象自体に変化がある場合、とり組んでいる問題系に時間の経過による変化がある場合もあるだろうが、ない場合もありそうだ。

ある「理論」的立場が用いられなくなるのには、いったいどのような経緯があるのだろうか。

(1) 理論で説明しきれないような現象が多数指摘された。
(2) 論理的矛盾を露呈した。
(3) 他にもっと説明力のある理論が開発された。
(4) そのテーマを論じるのをやめた。

この4つに当てはまらなければ、したがって、同じ現象に対して説明力がある限りは、理論的な立場、あるいはモデルは使い続けられてよいし、あるいは

---

[16] だから今なお「災因論」の語彙を使い続けようとするのであろう。たとえば梅屋［2014］を参照。

併用されてよいはずである。

しかし、実際にはそうはならないことがほとんどだ。十分な批判を浴びたわけでも、説明力を失ったわけでもないのに、「消費」[浜本　2014: 312] されてしまったかのようにみえる理論的立場が数知れないのも確かである。

私は答えを持っているわけではないが、たとえば、「物語」概念について浜本 [2014: 312] が嘆息する状況の原因には、以下の可能性があると考えている。もっとたくさんの可能性はあるだろうが、とっさに思いつくのは、以下の4点ぐらいである。

(1) 浜本 [2014: 312] の言うようなこと（つまり「物語論」）は、ある程度このテーマを扱う人間にとっては常識的なものとなった。
(2) 批判を受けて不適切な部分があったので、用いる人が少なくなった。
(3) 目に見えた批判は行われていないが、単に忘れ去られた。
(4) そもそもあまり理解されなかった。

私は、めだった批判を受けて「物語論」が撤退を余儀なくされたような場面を見たことがないので、(2) は、私の知る限り、ない。ごく最近まで (1) かと思っていたのだが、提唱者の浜本が嘆息するところをみると、どうもそうではないようだ。この概念の誤用については私も指摘したことがあるが [梅屋 1994: 90; 1995: 359]、このごろになって (4)、あるいは、ことによると (3) なのかもしれない、と怪しむようになった。だから最近はまた意識的に積極的に用いようとしている。仮に (1) だとしてみよう。それには、次の一文がつくのではないか。「従って声高にその事実のみを言いつのることだけでは、「ニューネス」を主張できなくなった。」これではたんなる流行を追うことを肯定するにひとしい。ただし、とつけ加えておくべきだろう。どんな優れたモデルでも、それに事実だけをつけ加えて「これも〜の一種です」という研究が濫発されたとき、もとのモデルが現実や現象の写像足らんとして持っていたはずの志は著しく毀損される。これは特に説明力の広汎な理論や用語にとくに当てはまる。だから、「これも「物語」です。あれも「物語」です。」というある概念についてのリストを列挙するような研究があらわれたときに、それは賞味期限がすぎたもののように、登場した当初の鮮烈が忘れ去られてしまう。こういうことは往々にしてあることである。そして、また、これらほとんどが「災因論」にもあてはまるようにも思える。それでもなお、次のように問う余地は残されているように思われる。す

でに見たいくつかの批判は「災因論」を退陣、あるいは沈黙させるほどの批判だったのかどうか。

*　*　*

さて、渡辺［1984］は、「災因論」のうちの「因果論」的なインプリケーションに当惑しつつも、「仮説的推論」という意味でならば、というような譲歩を示したようにも思われる。ただし、渡辺自身はその後この問題から遠ざかっていったことはすでに述べた。しかし、全く別の議論で、Eco［1976］の同一箇所の議論を援用して展開された例がある。それは、最近の人類学の物への関心のたかまりのなかで注目される議論のうちの1つ、アルフレッド・ジェル Alfred (Antony Francis) Gell (1945-1997) の「アート・ネクサス」の考え方である[17]。

「人類学の静かな革命」［Henare, Holbraad & Wastell 2007: 7］によってあらためてその重要性をみいだされるまでのジェルを、「風変わりな議論で好事家を喜ばせる異端」［春日 2011: 10］とする向きもある。他方で、広義の「呪術論」では、ジェルの名はよく知られていた。ロンドン・スクール・オブ・エコノミクスで行われたセミナーをまとめた *Symbols and Sentiments*［Lewis 1977］に収められるはずだったセミナー原稿は、編者のルイスから「理論的すぎる」'too theoretical'（何という理由だろう！）としてリジェクトされた。ジェルはすぐに差し替え原稿を用意し、リジェクトされた論文を左翼系哲学誌 *Radical Philosophy* に掲載したことはあまりにも有名な挿話だった［Gell 1974］。表題は「オカルトを理解する」'Understanding the Occult'。当時の人類学で「オカルト」の語の使用はめだっ

17　同じエージェンシーの語彙を用いていても、アルフレッド・ジェルの考え方は、ラトゥールのものと比べると、一般の民族誌的事象とも親和性が高い。これは、コートジボワールでのフィールドワーク経験が履歴に記録されているとはいえ、科学人類学というやや特殊なフィールド体験を基本にするラトゥールと、キャリアとしてはオーソドックスな人類学者としてのそれを歩んだジェルとの違いかもしれない。その意味ではラトゥールはスペルベルとかなり似た立ち位置にいる。ジェルの volt sorcery などの一連の議論［Gell 1998: 96-154］をここで参照しないのは、偶像を媒介とする議論よりは広義の「因果論」のコンテキストで考える方が妥当だと考えたからである。また、「災因論」概念導入の意図として「呪術」「妖術」「邪術」などの既存概念を用いないで民族誌的資料の整理・編集・検討が可能になる、ということが従来よりあったため、「呪術」というキーワードでの接続はありえなかった。逆に、同様に中立的な分析を可能にするために編み出されたであろうエージェンシーの概念を用いながら「宗教」「呪術」などのジャンルの枠組みのなかで分析を行おうとすることには違和感を禁じ得ない。「宗教」を「科学」に置き換えても同じである。

ていたはずである。論文がリジェクトされたこと、その理由が「理論的すぎる」というものだったことを、註とはいえ、ルイス編の同書に記載している［Gell 1977: 35-36, f.n.1］ことは、まさしく「好事家」たちのあつまりかもしれないこの分野——当時は「妖術・邪術研究」と呼んでいたと記憶する——研究者たちを楽しませ、そのカルトの間では、ジェルは大変な人気者だった。

　ジェルの議論をあらためてこれまでみてきた「災因論」や「物語論」の文脈で読みかえることで、もちろんこれらは強調点も守備範囲も異なるが、それぞれの概念の守備範囲を見直してみよう。ここでは『アートとエージェンシー——人類学的な一つの理論』［Gell 1998］をとりあげる。「革命」と呼ぶことの妥当性はひとまず措くとしても、すくなくとも1980年代には今日のような含意で「エージェンシー」が語られることはなかったから、相対的には新しい理論的動向であることは確かであろう[18]。

　なかでも、ここで特にとりあげたいのは、ジェルがパースから流用した「アブダクション」である[19]。なお「art」には「芸術」の意味ももちろんあり、ジェルの『アートとエージェンシー——人類学的な一つの理論』［Gell 1998］には、間違いなくそう解釈したほうがいい事例が扱われているが、ジェルの「アート・ネクサス」を考える場合、「人間の手による」とか「人工的な」という含意も重要である。何よりも、「理論」(theory)に単数の不定冠詞「an」がついている点にジェ

18　社会学では（例えばGiddens［1979］）、1970年代に社会構造論と行為論のなかにあっさり組み込まれている「エージェンシー」が、人類学ではモノとの関係で特殊変化を遂げている点は興味深い。

19　この概念の用法にはLeach［2007］の批判があるが、ここでそれを詳細に検討することはできない。久保［2011: 47］の指摘にしたがえば、ジェルのパース理解は伊藤［1985］など本邦のパース研究の文脈から考えると標準的なものとは言えないとされる。このことを検証するためには、Hartshorne & Weiss［1934］などにあたることが必要かもしれないが、本書の範囲を超える。そもそも、久保［2011:47］がパース研究の文脈で違和感を感じるのも当然で、ジェルのパース理解は、すでにみた渡辺［1984］同様エーコ［Eco 1976］経由である［Gell 1998: 14］（Gell［1998］には、参照文献にエーコはあげられているが、パースのものはない）。ということは、少なくともジェルの用法を検討する限りにおいて、「パースに戻る」ことがどれほどの意味をもつのかは疑わしいことになる。本書のもとになった博士論文に対し、審査委員会は、「アブダクションにおいても、パースにもどることなく、その概念を使用したジェルの手法を借用するというだけに終わり、これらのアプローチに対して独自性を示す批判的検討がされていないことが気がかりである」と表明していることを付言しておく。また春日［2004］が、歴史研究におけるパースの「アブダクション」概念の重要性を指摘し、「日常生活を解読する基本的な思考方法」［春日 2004: 375］として人類学者にもっと注目されるべき概念であると指摘していることもここで想起したい。

ルの行き届いた精神が感じられる。

　久保［2011］がきわめて要領よくジェルの考え方をまとめているのでここではそれに従って概観する。ジェル［Gell 1998: 28-65］の「アブダクション」概念は、久保［2011］によれば、次のように要約される。

　　……再選を狙うサッチャー首相の微笑みを前面に押し出して制作された選挙ポスター（B）は、物理的な存在であると同時にそれが促すアブダクション（仮説的な推論）を通じて彼女の人柄や人々への好意を表す記号（指標）となり、有権者（C）を魅了しようとする首相陣営のポスター制作者（A）の行為を媒介する……［久保 2011: 43-48］。

　　……この際に「指標が喚起するアブダクションは、存在者のネットワーク（アート・ネクサス）に「部分＝全体」関係を設定することに」なるので、この場合では、指標としての「ポスターがサッチャーの政治的エージェンシーという全体に位置づけられる。この推論が反復される限り、ポスターへのいかなる介入も政治的な含意をおびる。例えばポスターを切り裂く反サッチャー主義者の行為は、ポスターを通じて「非難されるサッチャー」というプロトタイプを流通させ、有権者に働きかける。たとえ反サッチャー主義者など存在せず、暴風雨がポスターを破っただけだとしても、サッチャーの政治的エージェンシーは打撃を受けうる。仮説された作用連関が実践を通じて具体化するとき、他の想定されうる関係性（例……暴風雨→破れたポスター）は後景に退く。……［久保 2011: 43-48］

　改めて指摘するまでもないことだが、このアブダクションは先の引用で渡辺［1984］がいう「仮説的推論」と同じものである。単純な比較はできないが、ジェルが到達したのとほとんど同じ問題にとり組み、ほぼ同じ結論にまで渡辺［1984］も到達していたことになる。逆に言えば、「物語」の語彙でこの間の「アート・ネクサス」の仕組みは、かなりのところ記述しうる、ということでもある。すこしパラフレーズしてみよう。

　　……再選を狙うサッチャー首相の微笑みを前面に押し出して制作された選挙ポスター（B）は、物理的な存在であると同時にそれが「物語生成装置」の引き金となり、彼女の人柄や人々への好意といった筋書きで語られる「物語」を発動させる記号となる。首相陣営のポスター制作者（A）は、その「物

語」に有権者（C）を乗せようと、「物語」に合致した製作をする。

　この際に指標が喚起する「物語」は、存在者のなかでその筋書きに沿って解釈されることになるので、この場合では、指標としてのポスターはサッチャーの政治的な物語のなかで意味あるものとして位置づけられる。この推論が反復される限り、ポスターへのいかなる介入も政治的な含意をおびる。例えばポスターを切り裂く反サッチャー主義者の行為は、ポスターを通じて「非難されるサッチャー」という「物語」を流通させ、有権者に働きかける。たとえ反サッチャー主義者など存在せず、暴風雨がポスターを破っただけだとしても、サッチャーは政治的な「物語」のなかでダメージを受けうる。仮説された筋書きが実践を通じて具体化するとき、他の想定されうる筋書き（例……暴風雨→破れたポスター）は後景に退く……。

「災因論」的な文脈で読みかえるためには、現象を先行させる必要があるかもしれない。いくつかパラフレーズのパターンは考えられそうだが、この場合には、「破れたポスター」を最初のしるしとしよう。

　……「破れたポスター」を発見したサッチャー陣営は、暴風雨で破れた可能性も考えたが、結局は反サッチャー主義の仕業と結論づける。なぜなら、サッチャーを政界におしあげるためには選挙で対立候補を上回る得票が必要であり、微笑みを強調したポスターは当選のための「福因論」の一環だったのだから。それを毀損することは、その「福因論」を無効化し、ゼロ、あるいはマイナスにまで引き下げて落選させようという意図のあらわれに違いない、という推論がなされる。

　「ポスターをなぜ破るか」という行為を反サッチャー主義者は、「微笑み」などを通じて流布されようとしている偽善的なイメージを毀損しようとしたと答えるかもしれない。呪いの藁人形と同じく、サッチャー自身は直接は痛くも痒くもないのだが、それが選挙の妨害となり、「破れたポスター」は（日本語ならば「破れる」と選挙に「敗れる」という同音異義語による「言霊」や「忌み言葉」めいた機能まで追加されうる）、実際に有権者に、とくに浮動票に対して「これだけ反対者がいるのだ」というイメージを植え付けるのには効果があるだろう。だから実際には選挙ではポスターを人為的に破ることは、イメージ操作的にあまりに効果的な行為であるがゆえに禁止されているのである。もし、サッチャーが、選挙に敗れたとしよう。その支持者たちは、

「破れたポスター」を敗因と位置づけるかもしれない。そこに至る解釈はさまざまだろうが、この場合にも「災因論」は、枠組みとしては十分機能するのである……。

それほどうまくいったとは思えないが、3つの枠組みで同様の事例を記述しようと試みて、かなり近いところまで現象を記述できることは確かだろう。とくに「物語論」の「筋書き」による解釈を限定する仕組みについては、かなり近い意味領域にまで描写の精密さが迫っていないだろうか。ポスターが破れるという現象が、サッチャーが選挙に敗れるという筋書きの「物語」をアブダクトさせるわけである。

このように、「物語論」や「災因論」の語彙で同じような現象をかなりの程度記述できるということ、そしてこれらの理論的立場とジェルのエージェンシーや「アート・ネクサス」をめぐる構図は、ときに非常に近接した問題系の分析にとりくみ、非常に似通った側面を指摘しようとしていることがかなりの部分まで示されたはずである。とすると、こうしたエージェンシーの議論にその場所の少なくとも一部を譲ったかたちになった、というのが実態に近いのかもしれない。実際、一部のエージェンシーをめぐる議論は、かつてならば「呪力」とか「力」とか「マナ」と呼んでいたような語彙を巧みに回避して立論されている、と思われることがある。

何より重要なことは、渡辺［1984］も気づいていたであろうように、「アブダクション」の概念は、彼らの批判する「災因」の「非・原因性」の少なくとも一部を、正当化はしないまでも「説明」する役割も果たしうるということである。

春日［2004: 377］は、自らの歴史的研究において行った推論を反省的に検証しながら、アブダクションの性格を、パースによりつつ確実性の減少と実り豊かさの増大に帰している。

春日［2004］は、自身も関わった研究テーマ、つまり、資本主義への包括が進む過程、そして呪術が富と悪のイメージに結びつく変化についてそれぞれの推論の形式をかえて丁寧に例示してくれている。

まず、演繹の推論形式では、以下の手順を踏む。

1.「すべての社会において、資本の運動が自己展開していくと、呪術を富や悪のイメージへと結びつけるようになる」
2.「ところで、フィジーでは、資本の運動は自己展開を遂げている」

3.「ゆえに、フィジーでは呪術を富や悪のイメージと結びつけるようになった」

さらに、帰納的な推論では、まず観察事実があり、つづいて仮説が引き出されてから、検証に移る。

1.「フィジーにおいて、資本の運動は自己展開を遂げている。また呪術は富や悪のイメージへと結びつけられるようになった」
2.「ゆえに、資本の運動が自己展開を遂げると、呪術は富や悪のイメージと結びつくらしい」
3.「確かに、他のオセアニア地域でも同類の事例がみつかる。中南米でもみつかる。アフリカでもみつかる。そして東南アジアでも …………」

そして春日自身のとる推論は以下のようなものである。

1.「フィジーにおいて、呪術は富や悪のイメージと結びつけられるようになった」
2.「きっと、資本の運動が自己展開を遂げると、呪術は富や悪のイメージと結びつくようになる」
3.「ゆえに、フィジーの呪術が富や悪のイメージと結びつけられるようになったのは、資本の運動が自己展開したからである」

このように、観察事実と規則をつきあわせ、直接観察できないものを想定して結果から原因へと推論を展開させるわけである［春日 2004: 376-377］。

春日［2004］が意図しているのは、歴史研究を展開させるうえでのアブダクションという考え方のみなおしだが、この考え方はそのまま、現地で民族誌の対象となっている人々が日々紡ぎ出している解釈の過程のなかでの推論の形式をみごとに言い当てたものであると言える。

病の経験にせよ、不幸の出来事にせよ、またそれによって紡ぎ出される、あるいはそれらを広く含む世界観を「宇宙論」やコスモロジーとよぶにせよ、「哲学」とよぶにせよ、これら観念の体系は、本来直接観察不可能なことばかりが論議の対象となっている分野である。

確実性の減少と実り豊かさの増大、それがアブダクションの代価であるならば、アブダクションの次元で論じる限り、病の症状、死という出来事、不幸の

出来事について、「原因」という概念を用いることにも、さしたる問題はなかったことになる。

5 複数の「災因」、複数の「物語」

ところで、私が後の議論との関連でここで強調して指摘しておきたいのは、久保［2011］の言葉で言えば「後景に退く」という考え方である。この考え方を用いると、複数の仮説も同時にありうることを考慮しつつ、1つの物語に収斂していくという言説を説明することができるようになる。言い方を変えると、ある所与の環境下で考えられる「災因」を1つに限定せずともよくなり、複数の「災因」、複数の「物語」、あるいは複数の「物語の筋」について描写する可能性が開かれてくる。このことは副産物の1つとして、厳密な意味での「原因」論にもとづく「災因論」批判を無効化する側面も持つ。

たとえば教室で小一時間、議論に没頭していたとする。しばらくして窓の外を眺めてみたら、アスファルトが濡れていた。「おや、こんな短時間に雨が降ったのか」という推論が成り立つだろうが、そのとき後景に退いた可能性は、無限に想定しうる。ありそうもないことまで含めていくつか列挙してみると、「濡れている」ことを客観的現実であるとして前提しても (1) 用務員あるいは管理員などが仕事上、水をまいた、(2) 学生がいたずらや何らかの活動の一環として水をまいた、などのその場のコンテキストに見合った可能性が推論でき、場合によってはアスファルトが「濡れている」ことまで疑って、(3) アスファルトが濡れているという錯覚を覚えるほどに視覚が衰えたなど、無限の可能性を想定することができる。それぞれ、その都度コンテキストが作り替えられて別の条件が整えば、前景に浮かび上がってくるはずのものなのである。

このように複数の「因果関係」の可能性があり、そのなかの1つが前景化される、というプロセスは、「災因論」の変化を考える際にきわめて重要な要素であると思われる。そのことは、本書のなかで非常に大きな理論的支柱となっている。

例えばある人間の死や病などの「不幸の出来事」が、さまざまな「原因」を想定されるものであったとき、それがコンテキストによって競合する／しうるシチュエーションが想定されるのである。

このことをもう少し詳しく議論するために、浜本［1989］が「災因論」を論じて引くカーの挿話を紹介しよう。

……ジョーンズがあるパーティでいつもの分量を越えてアルコールを飲んでの帰途、ブレーキがいかれかかった自動車に乗り、見通しが全く利かぬブラインド・コーナーで、その角の店で煙草を買おうとして道路を横断していたロビンソンを轢き倒して殺してしまいました。混乱が片づいてから、私たちは——例えば、警察署——に集まって、この事件の原因を調査することにしました……[20]。

　この例が卓抜して優れているのは、数多くのありうる因果関係が、この出来事のなかにごく自然に盛り込まれていることだ。読者はそれぞれにさまざまなコンテキストを想像することができる。
　おそらくは、パーティの主催者は、自分のパーティの後にそのような事故が起こったことを嘆くだろう。ことによると、ジョーンズに酒をしつこく勧めた友人は、事故の知らせを受けて後悔の念に駆られているかもしれない。逆にジョーンズは、酒を勧めた友人に恨みを持つかもしれないし、直前に車検を行った自動車工場の技術者には直接責任を問おうとするかもしれない。近隣の住民は、ブラインドコーナーの危険性を訴えてミラーの設置を地方自治体に訴え出るかもしれない。数多くの因果関係が、立場やコンテキストを設定し直すことによって成立しうる事件なのである。
　浜本のまとめに従えば、運転手の酩酊状態、ブレーキの故障、ブラインド・コーナーのいずれかを、あるいはすべてを事故の原因とすることには意味がある。しかし、「ロビンソンの煙草への欲求」を死の原因とすることには、カーによれば、意味がないというのである。浜本［1989］はそこから敷衍して、「原因」となる「出来事」を選び出して「筋」をつけて統合する「物語」の性格に叙述をすすめる。
　しかし、この例示によってくみ取ることができることは、もう1つある。果たして、「意味がない」というカーの判定は常に正しいだろうか。ここでは、「意味がない」という言葉尻だけをとらえてあえて言挙げするのだが、本当に「誰にとっても意味がない」のだろうか。コンテキストや立場上、彼の喫煙習慣は「後景」に退くだけで、常日頃その禁煙を勧めていた家族にとっては、それらが「前景」になる可能性が残されてはいないだろうか。もちろん、「警察署」の文脈ではそれは無視され、カーの紹介でもそういった主張は鄭重に無視されることに

20　カー［1962: 151-155］、浜本［1989: 76］。

なっている。しかし、民族誌の対象となる人々、あるいは民族誌を書こうとする民族誌家は、全員が、カーの想定するような状況――つまり、「警察署」に集まって「正しい」原因を調査しているような状況――にいるわけではない。実際には、いわゆる「羅生門」状態――記述に焦点をあてれば、「羅生門式手法」［ルイス 1970: 15］だが、これは当の対象がその境遇にいるので状態――が本当のところではないだろうか。超越的真理や、警察的リアリズムなどとは無縁の、もっとふつうの日常生活（'mundane every-day life' [Flikke 2006: 208]）では、それがあたりまえなのではないだろうか。

この問題は本書で、ある現役大臣の死――おそらくは、当時の大統領の命令による殺害――というウガンダ現代史においては有名な具体的な事例にもとづいて検討することになるだろう。

6 経験主義と合理主義

議論を「災因論」批判に戻す。

さて、「災因論」の提唱者は、すでに見たいくつかの批判には全くこたえないままである。ただ、「災因論」の語の使用頻度を下げていった。いったいどういうことだろうか[21]。

「災因論」の語は用いられていないが、1995年の論考に、「災因論」提唱者のその後の基本的な考え方をみることができよう。「オウム事件と現代社会」において、長島［1995］は、ヒトの動物としての特徴として、以下の3つを指摘する。まず第1に、ヒトはその行動にあたって遺伝子によるプログラミングに多くを依っていないことを指摘し、それを初期化だけされてソフトが入っていない状態にたとえる。しかも、たとえば、「人間性」という普遍的ソフトは存在せず、そこでヒトは、個別世界、個別文化、個別社会において個体の外に形成し集積

---

21 浜本満は私の知る限り1995年ごろまでは、自分の研究を「災因論」の研究と位置づけていた。長島の定義から「行動」を抜き、言説レベル（後の彼の語彙では「言説空間」［浜本 2001: 23-53］）に限ってのことである。それはおそらく、彼の儀礼論と接続している。儀礼の有縁性の背後に究極の無根拠性をみる彼［浜本 2001］は、それを「因果」の言葉で語ることは回避したかったのではないかと想像する。管見するに、小田亮は2004年［佐々木・村武 1994: 279; 関・大塚 2004: 232］になっても「災因論」の語を自分のテーマとしてあげている例外的な存在である。なお、この文章には、長島信弘から、どういう意味なのか、との問い合わせがあった（2014年2月、電子メールによる私信）。私は研究史をまとめるうえで、浜本［1989］、渡辺［1983, 1984］らの批判に長島が反応していないことを指していると回答したが、それに対し長島は、「単に知らなかったから」と回答した。ある意味で衝撃的な発言だが、ミクロな研究史の1コマとして記録しておく。

していったソフト——文化を学習によって身につけるのである。

　第2に、ヒトは、知的混沌状態には長くは耐えられないために、文化的「説明体系」[22]に依存する。その体系には、「AとBは関連する」とする「相関論」、「A

---

[22] 常識的に考えると、宗教的な観念が不幸の出来事を「説明」すると捉える考え方を積極的に打ち出し、先鞭をつけたのは1937年に出版されたエヴァンズ＝プリチャードの『アザンデ人の世界』、とりわけ第4章の「「妖術の概念は不幸の出来事を説明する」[Evans-Pritchard 1937: 63-83]である。同年それに呼応したかたちで、馬淵東一による『アザンデにおける妖術・託宣・呪術』の紹介文［馬淵 1937: 525-544］が『民族學研究』に掲載される。こうした少数の例外を除けば、日本語の言説空間において、特定の宗教的観念がなにがしかの出来事に「説明」の語彙が用いられるようになるのは70年代に入ってからのことである。

　たとえば、吉田[1965]は、不作や病気の蔓延は、「祖霊への首の捧げ方がたりないからだと考えた」[吉田 1965: 247]とか、「オランダ人が来てからの不作や不幸は、首狩りをしなくなったからだと信じた」[吉田 1965: 247]としているが、明確なかたちで宗教的観念を記述する際に「説明」の語彙を用いてはいない。「「妖術」がなによりもまず説明するのは、人間の不幸の一般的特質よりも、むしろ個人個人にあらわれた不幸である」[リーンハート 1967: 177]というG.リーンハートの議論が翻訳され、日本語の文献で読まれるようになったのも60年代の終わりから70年代の初めであるという事実も注目に値する。吉田が『呪術』[吉田 1970]において妖術をあつかうとき、それは社会的均衡の「機能」にもっぱら重点を置いたものであって、「不幸の原因を説明してくれる」[吉田 1970: 184]という項目は、苦痛に耐えるための説明、というエリアーデ的なものであった。その後彼が主な研究対象の1つとした「憑きもの」に関して、「不幸を説明する機能」として1節をもうけ、高知県の村で、「祈祷し、かつ薬や医療に頼れ」という意味で唱えられる「祈れ、くすれ」という言葉を引く。しかし、こうした「祈祷」と「医療」を同列に並べた併存を貫く「説明」機能には進むことなく、ふたたびエリアーデに依拠して、「科学では説明できないことにある種の意味を与え、説明を与える」[吉田 1972：167]と述べるのである。この「説明」は、80年代のいわゆる「災因論」的なものとはみなしにくい。

　「説明」の語が宗教の機能として用いられはじめてからまもなく、1972年に、たとえば小松和彦[小松 1972]は、レヴィ＝ストロースのマナ論を援用しつつ、「実際には何も説明されていない」ことに注意を喚起した[小松 1972: 115, 119-124]。その後小松[1979]は、不幸の出来事を説明するいわゆる「災因論」的な側面だけではなく、家の盛衰や、宗教者の力の説明にまで関連させて、「憑きもの」という信仰体系をさまざまなものをいろいろなレヴェルで「説明」する「説明体系」として提示した[小松 1979]。宗教観念や実践を単なる「説明」ではなく1つの「体系」（システム）として、「説明体系」と捉える考え方をより一般的なものにしたのは、この論文であろう。「体系」の語を冠するギアーツの有名な論文、「文化体系としての宗教」のなかで3つのカオスの1つとして「分析能力の限界」を指摘し、エヴァンズ＝プリチャードのアザンデの事例をあげたのは、1965年のことだった[Geertz 1965]。それは、「宗教研究における人類学的アプローチ」と題する、ラドクリフ＝ブラウンに捧げられたASAモノグラフスの1巻だった[Banton 1965]。「序」を寄せたグラックマンとエガンが、マリノフスキーやラドクリフ＝ブラウンよりも緩い意味で「社会体系」という語を用いている、とモノグラフスの全体的特徴

はBの原因である」「こうしたらこうなる」という「因果論」、「AはBに始まった」とする「起源論」、「AはBになるだろう」という「未来論」という論理構成があげられる。これらの論理構成とは別に、「善悪」「生」「死」「楽園」「地獄」「前世」「来世」「神霊」「運命」「運勢」「正義」「邪悪」といった観念が歴史的に独自にあるいは相互影響のもとに形成されてきた。基本的論理と重なり合ってこれらが作り出す体系をコスモロジー、あるいは、「文化的説明体系」と呼ぶ［長島 1995: 51-52］。

　第三に、ヒトは生活において絶えず何かを決めなければならない。その決定には相当の自由度があり、そこに社会にストックされていた文化的説明体系が対応する。この説明体系は、個人の体験にあてはめられてそれに解釈を与える。その説明体系は、発明され、伝えられ、修正され、組み合わさって、それに対応する行動様式も複雑化してくる。このように、一般的で普遍的な「説明体系」はない、というのが長島の基本的な考え方である［長島 1995: 51-52］。

　要するに、この普遍的ではない複雑な文化的説明体系の一部が「災因論」なのである。だからこそ［長島 1987］は、歴史的変化をあつかうことができるのだ。普遍論理ならば、歴史的変化を遂げてはおかしなことになってしまう。

　「災因論」の「原因」概念を批判する浜本の一時期の議論（たとえば浜本［1989］）は、より広く言えば社会構成説、とりわけ現象学的社会学のリアリティ構築論に連なる議論に位置づけることができる。一方で、長島は、すくなくとも民族誌的な研究に関する限り、徹頭徹尾字義通りの意味での（たぶんデュルケム的な）「客観的事実」を対象にしていたのである。長島は、こう説明する。

　　……ある出来事をどう解釈するかは判断当事者のたちの主観の相互作用によって暫定的に客観的事実になる。私はこのプロセスに関与していない。
　　私は彼らの発言・行動を記録する。この作業での誤りは客観的修正が可能である。私の理解・解釈は本書（梅屋注：長島［1987］のこと）では主観性がきわめて薄い。本書はテソ人の理解・解釈を編集したもので、私の主観的構成物（理論）ではないからである。といって私は客観至上主義者ではない。主観と客観の間の境界は広大で複雑だと言いたいだけである。……［長島 2004a: 536］

　この立場からすると、相互行為のレヴェルならばともかく、観察できない、

――――――
として指摘しているが［Gluckman & Egan 1965: xxx］、もともとパーソンズの学生だったギアーツにとっては、それよりももっと積極的な意味を持っていたかもしれない。

外在化されていない「経験の組織化」は常にこの「災因論」の視野からは外れることになる。多分、「おまえは経験が組織されるところを実際に見たのか」というところだろう。しかも、この表明は、「現地の人間が「原因」と言っている。私はそれを記録しただけである」という表明でもある。だから「原因」であるかどうか「こちら側」だけで話をしている議論は、「向こう側」の議論にはまったく関係がないだろう、とも述べているのである[23]。

つまり、従来の提唱者による「災因論」は徹頭徹尾、個人に外在化された集合表象としての社会的事実を対象にしているのであり、いわゆる「経験主義」の立場を堅持しようとしているわけである。外在する集合表象を内面化したり、あるいは集合表象がリアリティとして構成される「相互主観的」inter-subjectiveなプロセス、現象学的社会学の提唱する構成説とは常に距離を置き、場合によってはねじれの関係にとどまらざるを得ないものなのかもしれない。

一連の災因論批判、あるいは一時まで提唱された改善案は、それとは異なる側面を「災因論」の対象とされた概念が持っていることを指摘することで、「因果論」には該当しない「物語」である、と位置づけた。「物語」が「災因論」にかわって最適解としての位置を主張したと言えよう。この一連の議論を通じて、確かに、「不幸の経験をめぐる語りを通じて人々の経験が組織化される過程への視点が災因論研究のなかに築かれる」[奥野 2004: 9] 可能性はあった[24]。しかし一方で長島 [1995: 51] は、「因果論」も説明体系の基本論理の1つ——しかも20世紀の「因果論」と言う「説明体系」は真理を装う傾向はあっても真理ではない——と位置付ける。その意味で、ことの初めから議論は物別れに終ることは運命づけられていたと言えるのである。

人類学史をひもとけば、類似の対立は至るところでみられる。突き詰めて言えば、この物別れは経験主義と合理主義の対立という、非常に古典的で根本的な対立のなかに解消するものだったのだ[25]。

ただ、もう1つ別な指摘もできるように思われる。おそらく「災因論」と「物

---

23 かといって、フィールドワークにおいて対象となる人々との相互行為や相互浸透を無視したり軽視したり、ということではもちろんないはずである。
24 実際にはその可能性はあったのだが、残念ながら放棄されたと考えている。浜本 [2014] は、「物語」のなかの効果の1つの側面であり、主知主義的にすぎるとして、その知的伝統からは距離を置き、説明を求めるという知的な欲求は副次的で、むしろ現実がひとたび物語に絡みとられはじめると、物語を生き始める人々の行動がますます物語に合致した現実を生成していく「呪縛」のプロセスを重視する [浜本 2014: 505]。
25 経験主義と合理主義については吉田 [1985]、梅屋 [2010a] 参照。

語論」はともに、似てはいるがちがう側面を記述しているのではないか、ということである。ここでは、議論を先取りすることになるが、1つのモデルを提唱したい。

7 蜘蛛の巣モデルと、その側面

「災因論」と「物語論」とのもっとも大きな違いは、私の見るところ、「災因」論では、当該社会のアクターが比較的自由に「災因」特定のための解釈行為を行い、儀礼に代表されるような実践でその「災因」に対処する点である。それに対し、「物語論」のメリットは、「原因」と「出来事」が認識論上不可分であるので、少なくとも当該社会の当事者であるアクターにとり、その「物語」の「筋」が選択可能性のあるものとして開かれているというよりは、狭いポイントに落としどころが限定されているという現象を記述できる、というところにある。また、「アブダクション」概念は、トピックを「災い」や「不幸」に限定する必要がない点で「物語論」と類似関係にあるが、行為者の主体性がある程度担保されている点では、「災因論」とむしろ近いであろう。

また、むしろ現代社会でよく見る問題は、こうした「災因論」「物語論」「アブダクション」をシステムとして考えた場合、それが、別の（とくに近代化のプロセスによって浸透する外部の）システムによって修正されたり、変更されたり、あるいは棄却したりする場合がある、ということである。

たとえば、私がかつて調査した佐渡村落においては、1990年の調査時に、何十年も前の出来事として、夜、炭焼きの帰りに見知らぬ人の姿を見ることがあったということがよく語られた。その経験は、「トンチボ（ムジナの異名）に化かされた」として人に語るのが常であった［梅屋・浦野・中西　2001］。

この場合、「人影を目撃した」という経験と、それが「ムジナ」と呼ばれる動物の変身したものである、という推論には、部外者には受け入れがたい飛躍があるように見受けられる。ただし、その時代の周辺環境を思いおこすならば、この推論の蓋然性がかなり高まることは事実である。「人影」＝「ムジナの変化(へんげ)」という同一性には、命題それ自体としては何の証明もなされていない。私自身はそういった言説に触れたことはないが、これらの物語が成立するプロセス、あるいは崩壊する寸前の段階で、「アブダクション」的な営みが行われただろうことは想像に難くない。たとえば、周囲の村々の人間は皆顔見知りで、「山道で見知らぬ人に会うわけはない」。あるいは、こんな時間にこんな場所に、「よそ者が来るわけがない」のだから、それらの可能性は後景に退き、「人間ではな

い何か」である仮説が前景化されるのである。こういったそのとき、その場所のコンテキストが、この推論の蓋然性を高め、この「物語」を可能にしていたことだろう。ひとたび「物語」が成立すると、その内部は「ブラックボックス化」されるので、その内部を検討する「アブダクション」は当面不要である。「山道で人影にあったらそれは人間ではなくムジナ」というプロットにそっていけばおおむね大丈夫な状況が可能となるのである。

現在、その物語を可能にしていた舞台装置、すなわち「炭焼き」も「暗い夜道」も「顔見知りばかりの村落社会」も現実の生活から遠いものとなってしまった。そこではこの物語は不発に終わり、あれは「迷信だった」「錯覚だった」という近代の物語がそれに取って代わることになる。

ちょうど「蜘蛛の巣」のように、そこに捕らえられているものはそこに呪縛され、「物語の内部」しか見えない構造がたしかにある。多くの民族誌は、そうした側面が信念にはあることを教えてくれる。しかしもう一方で、蜘蛛の巣に捕らえられていない状態にたとえられる人がいること、そういった現象もまた、しばしば観察、報告されている。

たとえば、目前に「不可解」な現象が横たわっていて、そこに解釈の余地がある場合、あるいはできあいの「物語」の「筋」がア・プリオリなかたちで社会的に用意されていない場合、あるいは複数の選択可能な「筋」を辿ることができそうな場合などがある。現象がきわめて個人的な次元に属する場合、とくにそれが「災い」などのような場合には、きわめて活発な知的探求が行われるようにも思われる。人間は「災い」や「病」などにはインスタントに対処しようとすることを私たちは経験的に知っている。そういった事例も、あちこちの民族誌から容易に引くことができるだろう。病気の原因を特定しようと、さまざまな施術師を渡り歩いたり、近代医療を含めてさまざまな判断や解釈、そしてまたそれに対応した治療や解決方法を求めたりする場合などがこれにあたる。こうした場合には、「アブダクション」と呼ぶにふさわしい知的活動の末に、その都度の落としどころを、当事者とその行為に関わる人々は見つけようとしているのではないか、と思える。その場合には当事者であるアクターは「蜘蛛の巣」に捕らわれていない状態にたとえることができそうである。「蜘蛛の巣」の隙間にいる場合、あるいはそのほころびの場所にいた場合にたとえられようか。

このモデル自体を実際の「蜘蛛の巣」の構造に厳密に対応させようとすることにはさほどの意味はないかもしれないが、「蜘蛛の巣」の中心から広がる「縦糸」は粘性を持っておらず、蜘蛛が接触するのはこの部分だという。「縦糸」を

辿る分には、その筋道に呪縛されたり、身動きがとれなくなることはない。粘性を持っているのは「縦糸」から多くの螺旋状に展開された「横糸」であり、蜘蛛の獲物はこの「横糸」に捕らわれてしまうのである。

　つまり、隙間にいたり、ほころびの部分に位置していたり、あるいは「蜘蛛の巣」のまっただ中にいたりしたとしても、「縦糸」だけをたぐることができている場合がありうるように思うのだ。そういった場合には、「物語」の外部やそれに並列しうる「物語」の存在を認めうる状態にあり、既存の「物語」もそのプロットの内部構成も批判的に考えることができるし、場合によっては新しい「物語」に乗り換えることができる選択性も可能性ももった状態にあると言えるだろう。「災因論」を語るとき、アクターの「アブダクション」や主体的解釈能力がどの程度積極的に発揮されるか。それは、この蜘蛛の巣状に張り巡らされた「物語」の「筋」、あるいは必然の「因果関係」に見える複数の「体系」が折り重なったような体系のどこにアクターがいるのかによって大きく展開が異なってくるように思われる。

　浜本［2014: 11-14］は、妖術信仰を「信じる者」と「信じられない者」とのギャップについて「分水嶺」という説得的なたとえを用いて説明する。私が誤解していなければ、同じような状況を私は、「蜘蛛の巣」によってたとえようとしているのかもしれない。ある民族誌的な記述の対象になった人が尾根のどのあたりを歩いているかによって、またその主体が「蜘蛛の巣」の「縦糸」や隙間にいるのか「横糸」に絡め取られてしまっているのかによって、その行為や言説の説明に有効な概念が微妙にかわる。「災因論」「物語論」「アブダクション」のどの分析が妥当性をもつのか、対象となる相手が完全に当該のシステムに呪縛され、他のシステムには気づかない状態なのか、他のシステムの存在にも気づきつつ選択させられているのか、しているのか、あるいは他のシステムとの間で選ぶ主体性をもっており、あるものを捨てあるものを採用しているのか、対象の態度にも、記述にも、濃淡があり得るように思われる。

　そのように考えていくとますます、「災因論」と「物語論」と「アブダクション」は、それぞれ少しずつ違った側面を描写するためにいずれも必要な語彙であるようにも思えてくる。一般に折衷主義は、みっともない。しかし、そのみっともなさを自覚しながらも放棄し得ない程度には、この３点セットは、それぞれに必然性がある概念だということは言ってもよさそうである。

8　本書の方針

ここまでの議論を踏まえて、本書の方針を提示する。私は、民族誌的な資料を描き出すのに、利用できる分析資源は何でも利用したいと思う。「物語」概念が適当だと考えるときには「物語」と記述することにし、「アブダクション」と書いた方が理解を得られそうならばそのように記述していきたい。そうするためにもこの「序章」で、これらの概念を一瞥しておくことがどうしても必要だった。その土台をつくるための最初の根本的な民族誌資料の整理の方針は「災因論」に多くを負っている。

後に確認することだが、私の調査地となったフィールドで、「ウィッチクラフト」の用語は、忌避されるというほどではないが、ある響きをもって捉えられる。それは「未開・野蛮」の色彩をもった、ある意味ではさげすみの声色をふくんだものとして聞きとられることが多かったようである。実際、「かつてはあったが、今はない」という返事をどれだけ聞かされたことだろう。また、他の多くの社会と同様、「ウィッチクラフト」とぴったり重なる用語などはなかったのである。近似的にはジャジュウォキ *jajwok* あるいはジャイド *jayido*（字義通りには、「踊る人」の意）だが、これは、ナイト・ダンサー、毒殺をしようとする反社会的人間、邪術師（いわゆる人類学のジャーゴンで言う sorcerer）の営みすべてを含むものである。だから、その単語を用いないで、関連する観念を考えるには、「災い」「不幸」「死」の原因を尋ねるのは非常に有効な方法だった。私は、「神秘的力」や「超自然的」などの語彙を用いずに、「災い」「不幸」「死」「病」そして「霊」の話から入ることにした。このことは一定の成功を収めたと思う。

人類と1パーセントか2パーセントほどしかDNAレヴェルでの差異を持たない霊長類が、「葬送」の習慣や「死後の世界」の観念をもたないらしいということは、非常に大きな意味をもつ。この分野が、人類とその他の霊長類との分水嶺なのだ。どんなに現象面での現れは多様であろうとも、そこはある意味では人類にとって「普遍」である。通文化的な橋頭堡になりうるジャンルである。「ウィッチクラフト」や「オカルト」は、こうした「死後の世界」や「異界」を通じた作用の1つのある歴史的な背景を持ったカテゴリーにすぎない。はじめから「ウィッチクラフト」というラベルの語彙を集めていたら、その範囲に入るものについての聞き書きしかできなかったかもしれない。

そのカテゴリーの多くが「物語」的な側面をもっていたとしても、とりわけフィールドワーク初期には、その見極めは難しい。少なくとも私にはできなかった。私にできたのは、愚直な事実確認をしながら、自分ならどんな筋の「物語」

が受け入れられ、受け入れられないか、という区別ぐらいである。

　言うまでもないことだが、合理的な分析は「既知」のものに対して首尾よく行うことができる。それは、それぞれの要素のコンポーネントがよく理解され、包含関係、近接関係、因果関係、背反関係など、論理の構成要素を整合的に配列できるためである[26]。当たり前の話である。

　しかし、民族誌的な研究の材料は多くの場合未知の事象や考え方、あるいは語り口からできている。だから私は本書に着手するにあたって、「物語」からはじめようとは考えなかった。それは無理なことのように思えた。かれらの「経験」に対して、最初から「物語論的」な合理的説明はできるはずがない。いくら寄り添おうとしても、彼らの経験は彼らの経験である。その組織化のプロセスは外部から想像するしかない。どんなときに物語がとどこおりなく紡ぎ出され、どんなときに失敗するのか、私は、ただ立ち尽くして見て、それを記述するしかないのだった。私がこの民族誌的研究に着手しようとしたときに、私の目の前にあったのは、「既知」とは言えない「生きられた現実」だったのである。

　もちろん、はじめは、協力などなかなか得られるものではない。何しろ、こちら側の「質問」が具体化していないのだ。そもそも、「質問」が組み立てられないのだから、資料らしい資料があつまるわけがない。日常生活にはポイントなどはない。何気ない会話に耳を傾けるだけで、最初の1年間は、まったく録音テープを回すこともできずに過ぎていった。儀礼について質問しても、"you will know"という素っ気ない返事が返ってくるだけで、何がポイントなのかさっぱりわからない。質問らしい質問をすることができるようになったのは、日常生活のなかで「霊」に当たるジュウォギ *jwogi*、「不幸」に当たるイフオリ *ifuoli*、「毒」に当たるキダダ *kidada*、などの概念が頻出する、本書の第2章と第10章を構成する語りに出会ってからのことである。ここではじめて私は、アドラの「災因論」を構成するいくつかのエージェントに出会ったのである。それからは、長老を訪ねるたびに、こちらから類似の話を紹介し、似たようなことを知らないか尋ねる日々が続いた。本書の「テキスト」は、問いに対する答えというよりは、いわば問わず語り的に語られた話を録音したものが多い。私は、「災因論」的なトピックも、そうでなさそうなトピックも、彼らが話そうとすることはすべて

26　スペルベル［1984］も指摘するように、人類学理論と民族誌は、なかなか同時に成立しがたい。同じ人物のなかにすぐれた理論家の資質と、民族誌家としての能力とを持ち合わせる奇跡のような例もときには存在するようだが、それにしても切れ味のよい理論的分析を行う際には、たいてい他人の民族誌的事実を用いる傾向にあるようだ。

録音し、ほとんどすべて助手の手を借りて書き起こし、そしてすべてに訳をつけた。「死」とか「病い」、あるいは「葬式」や「霊」にまつわること、のような話のきっかけはこちらでつくることはあったが、脱線を修正することはあまり行わなかった。アドラには演説の伝統がある。上手にスピーチする者が尊敬される社会であるから、多くのアドラ人はさほどの脱線をすることもなく、非常にまとまった時間で絞られたトピックについて話してくれることが多かった。

私はそこで、「災因論」をなけなしの護符のようにして、テープ、MD、そしてICレコーダを回して録音をとっていった。

そうして15年ほどの歳月がたち、目の前に積み上がっていたのが、多様なトピックを扱った「テキスト」の集積だった。私は再び、「災因論」を護符代わりにして、その編集作業に入らなければならなかった。そのテキストの山を眺めているうち、その塊をなんとかするには、やはり、はじめは「災因論」という編集方法がいいだろう、と思えた。ほかにはまったく打つ手がないようにも思われた。「物語論」の有効性を認めながらも、「災因論」の資料整理の際の融通無碍な側面にメリットを感じたわけである。何しろ、予備知識がないままでは「物語」も何もない。ストーリーには場面の設定が必要だ。そこで、本書の前半部は、「災因論」の予備的な考察に続き、「テキスト」を編集することによって物語を構成するための道具立てを確認する作業に費やした。ほとんどは、抽象度の低い、べたな記述である。そうした作業のうえで、後半部分でようやく「物語論」や「アブダクション」の概念を利用した記述が混じることになる。ただし、それも最低限度にとどめた。その意味で、本書は理論的なものではない。あくまで民族誌であることをめざしたものである。

80年代からの民族誌批判について、一言しておいたほうがいいかもしれない。マーカス＆フィッシャー［1989］、クリフォード＆マーカス［1996］などにより、民族誌についての反省や、「民族誌する」ことの権力関係、民族誌的事実は「部分的真実」にすぎないという告発、あるいは反省、積極的には民族誌を書く際の創意工夫が議論されるようになった。本書では表面上そうした指摘についてまとまった論考をおさめてはいない。しかし、本書は、別のところで述べたように［梅屋2001b, 2005］、それらの批判と反省を経由してなお、「民族誌」をすることを選択した結果であり、表面上の装いが仮に1970年代までの古典的民族誌と似ているところがあるとしてもその含意は大いに異なるはずである。またこのことは、口頭伝承を資料として「歴史的事実」を再構成しようとするアフリカ歴史学の「テキスト」に対する立場とも一線を画する部分でもある。

もっとも大きな違いは、「テキスト」としてあつかわれる現地で収拾された言説の位置づけであろう。70年代までは、現地での証言は、事実の反映と素朴にとらえるものだったかもしれない。しかし、構成説、ディスクール論を経由した今日、現地の言説の事実性は大いに相対化されたものとしてとらえられる。誰かが「〜と語った」ということは事実であるとしても、語られた内容は、必ずしもそれ自体が自立した事実とはかぎらない。それと拮抗する、あるいは矛盾する複数の語りがありえるものとして想定され、相互主観的に構成される多元的リアリティの1つのレイヤーとしてしか事実は認識されえない、という理論的大前提のもとに本書の記述は組み立てられている。

私がもっとも共感するのは、マーカス＆フィッシャー［1989］のなかで「モダニスト」と評されているドワヤー［Dwyer 1982］とファヴレ＝サアダ［Favret-Saada 1980］、そしてクラパンザーノ［Crapanzano 1980］のものである。ドワヤー［1982］は、インタヴューを行っていくうちにフィールドワーカーが変化していく点を強調する。ファヴレ＝サアダ［1980］は、現実の言説へ読者を誘おうとする。また、クラパンザーノ［1980］は、フィールドワークでのリフレクションをそのまま記述することで、読者と分析者との非対称的関係を解体しようとする。目的とするところは微妙に異なるのだが、これらはともに、現地インフォーマントとフィールドワーカー、そして読者との「対話」を重視する。そして形式としては、インタヴューの録音を起こしたものを、最小限の加工で提示する。いわゆる「ポリフォニー」と呼ばれる手法であり、できれば、話者の声を、書き手の声とは別に論文のなかに響かせたい、という書き手側の希望を反映したものである。このことにより、読者の負担は倍増するのだが、解釈への参入可能性は拡大される。これはある意味では「賭け」である。「実験的民族誌」と呼ばれるゆえんでもある。

ただし、こうした試みは、マーカス＆フィッシャーにあげられているものに限らない。また実験を意識したものばかりとも限らない。「災因論」の提唱者である長島もまた、このような理論的な議論とは別に実験的な民族誌をものしていた。長島［1972b］は、「一人称民族誌」と読むことも可能だし、『死と病の民族誌―ケニア・テソ族の災因論』は、録音されたテープを書き起こしたものがその基礎となっている点でドワヤー［Dwyer 1982］らの手法とクロスオーバーする。

ただし、ライティング・カルチャー・ショックとも言われる80年代からのこの一連の流れ、というよりこの流れに追随する知的雰囲気には、わだかまりを感じていたのも事実である。1つは、梅屋［2012a］で渡邊欣雄に代弁してもらっ

たように、古典的なものが軒並み悪かったわけではない。ところが80年代のこの雰囲気は出口［2007］が説得的に説明したように、古典的研究のあら探しに熱心になりすぎ、時代に制約されつつも精一杯の民族誌を著した、その良質な部分を無視しがちであるということである。

さらに、クリフォードは明確に「部分的真実」についての認識が「ある種の開放でないか」と述べ、民族誌を書くことへの痛烈な批判が、民族誌を書くことへの励ましである、と言明している［クリフォード＆マーカス 1996: 44］。要するに、「問題があるから、それに気をつけて、もっといい民族誌を書こう」というのがライティング・カルチャーのメッセージだったのだが、多くは「問題があるから、もう民族誌を書くな」と（場合によっては意図的に）誤読したのである。これは民族誌にとり、かなり不幸なことだった。この20年を「不毛」と公言する人類学者もいるほどである。実際には、上手・下手や作為の有無はともかく、民族誌自体が不可避の「対話」であり、「近代」の、あるいはグローバル化という企図の、ある意味では不可避の一部でもあるのだから、やめるという選択肢はもともとなかったのだが、多くは幻惑されてしまったのである。また、民族誌記述の権力性について批判する場合、植民地主義に代表される大きな権力の不均衡がしばしば指摘される。しかしながら、そういった権力の不均衡自体はユビキタスであり、「民族誌」を書こうが書くまいが、現存する構造である。書かない選択をすることはむしろその構造が温存されることになるだろう。「民族誌」は、書くことによってしか、その多くの場合権力側、体制側にとって不都合な、あるいは人類の権力の不均衡を生み出す構造、そしてそれを維持していこうとする構造をも、可視化したり批判したりする可能性を未来につないでいけないのである。皮肉なことだが、「書き手」と「書かれる側」との権力の不均衡を批判して、「書かない」ことを選択すると、書く／書かないという営みに焦点化されないところにも多く存在するはずの権力関係再生産の構造を温存することに寄与することになってしまうのである。

だから、本来行わなければならなかったことは、月並みだが古典的な仕事のいい部分とよくない部分を丁寧に腑分けし、いい部分を引き継ぎ、よくない部分を改めることのはずである。ところが実際には、新しい部分のまだいいかどうかわからない部分を引き継ぎ、古典をその長所と短所の腑分けもすることなしに無意味と断じて、何が何でも無視する、という品のないものが横行したようにも思われる。そういった轍を踏まないために、古典的なもののなかでいい部分は意識的に生かしたい、というのがこの本の方針の1つでもある。

序章

　　　　　　　　＊　＊　＊

　具体的な資料の処理に話を戻そう。
　「対話」といっても、まず話題がなければはじまらない。「世の中にある不幸、そしてその原因をどのように考えるか」という「災因論」の枠組みは、資料の編集に格好のものであった。
　実もふたもない話だが、「災因論」は、私が調査を開始したときに資料あつめの方向付けの段階ですでにあったのだ。もちろん、「物語論」もすでにあった。しかしそれは、「災因論」のなかに組み込まれる可能性を持ったものだった。本書ではそのありえたかもしれない可能性を模索するかたちで構成されている。本書は、だから、「災因論」と「物語論」の融和をも密かにめざしているのである。それが、経験主義と合理主義のレヴェルの違いだとすれば、記述の水準を変化させていくことによって共存できないだろうか。それがうまくいくかどうかはよくわからない。ただ先に述べたように、その都度最適の説明を選んでいくつもりである。
　それでは、この「災因論」と「物語論」、そして「アブダクション」は、それぞれどういった関係にあるものとして構想できるだろうか。暫定的には、私は、以下のように考えている。多くの批判者がこだわるように、「災因論」には何か原因を自由に追求、特定できそうな含みがある。ここでは文化の拘束性や限界が最小限になるような印象を与える。これはときにいわゆる「科学的因果関係」を相対化するか、あるいは既存の「民族的論理」が「合理的」であるという含みを持たせうる。対照的に、「物語論」には、その筋によって原因特定のヴァリエーションが限定・拘束される様態を記述するのに適している。ここでは、「原因」現象と「結果」現象を「因果関係」のような2つのドメインで、また認識と解釈といった2段階の流れとして経験されないような現象を記述するのに適している。また「アブダクション」は、ある現象の原因特定のプロセスにおける文脈や状況に置ける選好性を記述できる強みがある。実際には、民族誌的には、どのケースにも出会うことになるのである。
　実際の現象の説明には得手、不得手はどの概念にもあるに違いない。この「災因論」「物語論」、それに「アブダクション」を加えた3点セットで、アドラの世界観をできるだけわかりやすく描き出そう。それこそ、現地の人に読み聞かせても、「そうそう、俺たちってこうなんだよな」と言ってもらえるような世界像

を描くことが、私のめざした民族誌である。
　それでは、理屈はこのぐらいにして、具体的な「民族誌」の記述をはじめよう。

II　対象

1　パドラとアドラ

　本書の舞台となるのは、ウガンダ東部の「パドラ Padhola」である。その民族の言語を正確に用いるとすれば、この集団は、かつて Crazzolara がしたように "Jo-P'Adhola" と表記されるのがもっとも適当であろう [Crazzolara 1951]。その言語、アドラ語 Dhopadhola では、語頭の jo は「人々」をあらわす接頭辞（複数。単数の場合は ja）であり、その後の P' も「場所」をあらわす接頭辞 par がその後の母音と一体化して r が省略されたものである。

　「パドラ」は、アドラ Adhola というこの民族の伝説上の創始者の名前に場所をあらわす接頭辞 par が接続されたものである。「アドラ」という名前は、ウドラ udhola （アドラ語で「傷」を意味する）に由来していると言われ、その手傷で機動力を失ったことが、創始者アドラがケニア・ルオの始祖とされる弟オウィニイと袂をわかち、当地に留まった理由の1つとされる[27]。

　本書では、民族名をアドラ、居住地等をパドラ、言語をアドラ語と表記する[28]。「パドラ」という地名は、かつて行政区の名前として一時流通していたことがあるが、今日でもアドラ人は、「パドラ」の語でその民族の習慣やルールが通用する一定の抽象的空間を指す意味で用いることが多い。具体的な個人としてのアドラ人は、後述するように17世紀ごろに成立した具体的な居住地域としての「パドラ」以外にも、ウガンダの首都カンパラや国外にも多数が居住しているが、「パドラ」をホームランドと認識する意識を持っている。現在「アドラ」

27　代表的クランを率いていた始祖の名前を冠して集団の名称にするという手法は、アドラを含むルオでは古典的なやりかたであり、集団の創始者の子孫が集団を構成するようなグループでは、多くのリヴァー・レイク・ナイロート (River-Lake Nilotes) で古くから踏襲されてきたと推測されている [Cohen 1968: 146]。

28　アドラ語の正字法は今なお確立されておらず、1997年に私が調査を開始したとき、マケレレ大学文学部言語学科のジェーン・アルオ講師を中心とするグループと、アントニー・オケッチ研究科長を中心とするマケレレ大学生涯学習研究科グループ、そして現地 NGO、TOCIDA が独自にそれぞれ進めており、方針にばらつきが見られた。2002年に聖書の翻訳が出版されてからは [The Bible Society of Uganda 2002]、その表記法が標準となるものとみられるが、まだそれが普及されるには至っておらず、それぞれのスタイルに依然ばらつきがある。本書では、それぞれを参考にしつつ、私自身の表記法を用いる。

としてのアイデンティティは、基本的には文化と言語に大きく依存している。ただし中央集権的な組織をもたないこの集団の場合、文化には民族全体に共通する確固としたスタンダードが明確にあるわけではなかった。歴史的には長期間にわたり南下してきたいくつものグループと、それぞれと接触をもったグループとが寄せ集まってできたと考えられている「アドラ」は、葬式その他の儀礼や慣習に関して、クランごとの違いが甚だしいことが知られている。

2　アドラという人々

　アドラは、現在ウガンダ憲法で認知されている56の「現地コミュニティ indigenous communities」の1つである。「現地コミュニティ」は、新聞などで用いられる「部族 tribe」、通常われわれが「民族集団 ethnic group」と呼ばれるものに該当する。アドラの人口は（民族毎のものとしては2018年2月現在で最新の統計である）2002年の推計で35万9659人とされている（うち男性が17万6438人、女性が18万3221人）[29]。別の統計で、Walusimbi［1996］では23万5200人。Ethnologue第15版［Gordon 2005］の推計によれば1986年現在24万7577人で、16版［Lewis 2009］では、2002年の統計を反映させて36万人と推計値が公開されている。参考までに記しておくと、1959年に実施された保護領時代のセンサスでは、10万1451人だった。

　彼らは、言語学的・文化的には西ナイロル系［Seligman 1932: 1; Crazzolara 1950: 224］に分類されていたが、アフリカの言語分類を大幅に見直したGreenberg［1963］の分類に従えば、ナイル・サハラ Nilo-Saharan、東スーダニック Eastern Sudanic のうちの、チャリ＝ナイル Chari-Nile、その下位区分としての東・西・南ナイル系に区分され[30]、そのうちの1つ西ナイル系は、(1)ブルン Burun 系統の言語、(2)シルック、アルル、ルオ、ジュル、ボルなど、(3)ディンカ、ヌエルの3つの下位区分に分類され、アドラは(2)に含まれる［Greenberg 1963: 85-86］、アルルやケニア・ルオともっとも親縁性が高いとされる。(2)を特にルオと呼ぶことが多く、Ogot は、アドラをケニア・ルオとともに南ルオ Luo［Ogot 1967a: 31-

---

29　統計上60～70パーセントが貧困ライン以下であるとされている。Uganda Bureau of Statics and International Livestock Research Institute ［2003 &2004: 52］、Table 4.11 A 参照。

30　これは、いわゆるナイル＝ハムと呼ばれていた分類が不適当であること［Sutton 1968: 96-98］によりナイル系に含めることになったためで、もともとは Köhler［1955］によると Greenberg は明記している［1963: 85］。Greenberg［1963: 128］に数行の要約がある。この分類の浸透により、ブライアンら［Bryan & Tucker 1948; 1956］の提唱したパラ＝ナイルの分類も次第に用いられなくなった。

39］という分類に含める。

　Ocholla-Ayayo などルオ出身の研究者のなかには、従来の「ナイロティック」あるいは「ナイロート」というヨーロッパからの他称に抵抗感をもち、その居住地をより客観的に記述した「リヴァー・レイク」や、その言語からとられた「ルオ」(luo ないし lwo は、「しゃべること」を含意する語根）をより好む研究者もいる［Ocholla-Ayayo 1976: 13-17; 1980: 45-46］[31]。

　1968 年の Sutton［1968］[32] の整理にもとづいて Atkinson［2010］が図示するところによれば、チャリ＝ナイル Chari-Nile は、中央スーダニック Central Sudanic と東スーダニック Eastern Sudanic に 2 分され、東スーダニックは、すなわち言語学的にはナイロティック Nilotic のことである。それは 3 分され、テソ・マアサイ Teso-Maasaian（これは下位にテソ＝カリモジョン・クラスター Teso-Karimojong cluster とロトゥコ＝マアサイ Lotuko-Maasai の 2 カテゴリーを含む）とバリ Bari を含む東ナイロティックと、ルオ Luo とディンカ＝ヌエル Dinka=Nuer に 2 分される西ナイロティック Western Nilotic、そして南ナイロティック Southern Nilotic に分けられる。さらには、ルオが北ルオ Northern Luo と中央南部ルオ Central-Southern Luo に分けられ、アチョリ Acholi、アルル Alur、ランギ Langi を含む中央ルオ Central Luo と、ケニア・ルオ Kenya Luo やアドラ Adhola など南ルオに分類される、というわけである［Atkinson 2010: 64］[33]。

　このグループに含まれる多くの民族と同じく、主食はシコクビエ（カル kal）を湯でこねたクウォン kwong であるが[34]、アドラでは近隣のバントゥ系民族の影響も強く、トウモロコシ（ドゥマ duma）を粉にしたポーショ posho やガンダ王国から伝えられたバナナ（マトケ matoke）も普及している。シコクビエから醸造され

---

[31] ただし、この間の Ocholla-Ayayo の議論には若干の混乱がある。「オゴットやセフォルムらは、「リヴァー・レイクの民族」という用語で呼ぶ」［Ocholla-Ayayo 1980: 45］とするが、「リヴァー・レイク」の語をグリーンバーグ［Greenberg 1963: 85-86］の西ナイルに代えて打ち出したのは管見する限り Sutton［1968: 84］であるが、これは、Greenberg［1963: 85-86］の南、東、西、に対し、それぞれ「高原」「平原」「リヴァー・レイク」を充てたものであり（1974 年の改稿で明記［Sutton 1974: 81, f.n.1］）、それぞれナイル系という分類と併用されているので、ナイル系という語が外部から押しつけられたものであると言う Ocholla-Ayayo の議論は空転することになり、妥当性を欠く。

[32] Sutton［1968］が、Greenberg［1963: 85-86］の南、東、西ナイル系をそれぞれ高原、平原、そしてリヴァー・レイクと言い換えたものを、Atkinson［2010］はそれをまた戻して用いているわけで、この分類に関する用語法は混乱しがちである。

[33] Atkinson［2010］は、1999 年に出版された Fountain Publishers 版の改訂版である。

[34] アチョリ（Acholi）、アルル（Alur）などとは語彙も共有している。アルルではシコクビエを材料としてつくる主食（millet bread）は、クエン kwen という。

地図3　ルオ系民族の南下移住経路　出所：Cohen［1968: 144］

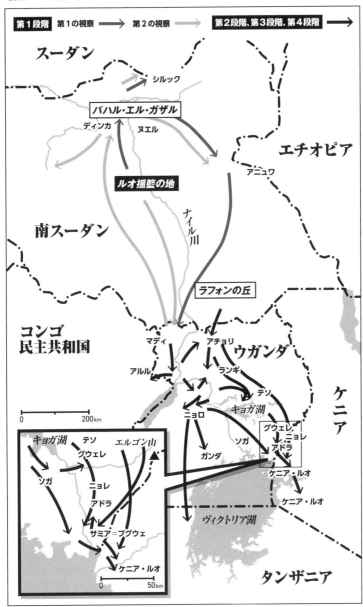

るビール（コンゴ kongo）は、社交の緩衝材としてだけでなく儀礼には欠かせないものとなっている。また儀礼では、コンゴが重視されることが多いが、バナナから醸すムウェンゲ mwenge でも代用されることがある。

　かつては牧畜生活を主としていたとされているが、現在は家畜の数は減少し、半農半牧畜の生活である。ただし、家畜、とくに牛に付与された社会的価値と儀礼的価値は依然として大きく、財産の基本単位であるほか、花嫁代償などとしては、かならず牛が必要とされる[35]。さまざまな儀礼においても家畜の供犠が行われる。

　歴史学者 Ogot が世代交代の年数と記憶されている地名をもとにわりだした歴史学的な推測によれば、アドラの母集団であるルオは、13世紀ごろには現在の南スーダンにあたるバハル・エル・ガゼル近辺に暮らしていた。ルオ系民族は、14世紀ごろに母集団と分かれ、紛争や水・食料問題などの理由から長期間かけて何度にも分けて小集団を形成して南や東へと移動したとみられている。その間の経路や経緯はコーエン［Cohen 1968］に詳しい（地図3）[36]。アドラはこの一連の流れのなかで、南下してきたグループが、17世紀ごろまでに融合してできた集団だと考えられている［Ogot 1967a］。

　ウガンダ北西部のアルルには以下の伝説が伝わっているという。

> 　……エジプトから移住してきたオルム Olum には二人の子供がいた。息子ヤダ Yada と娘ニイラック Nyilak である。ニイラックには、ニャボンゴ Nyabongo とジピール Gipir という息子がいた。ジピールが山のなかで見つけた槍とビーズを巡って争いとなった二人は別れることになり、ルオ語で「ア・チョリ *a coli*（私は子供を産む）」という意味のことを言ってアチョリの先祖になったのがニャボンゴであり、ジピールはそれに対し、「ア・ルル *a lur*（私には子供ができないのだ）」と言ってアルルの先祖になったという……［Tahara 2012: 392］。

　「アドラ」は、長い間「ダマ」Badama という他称に甘んじていた。これは主にバントゥ諸民族からの呼称だったらしい。逆にアドラ側では、近隣民族ニョ

35　常日頃牛を飼っていない給与所得者などは、結婚や儀礼に際しては現金で購入して牛を準備することになる。
36　稗田［1993: 114］の地図も基本的に Cohen［1968］を踏襲しているところをみると、この点はほぼ定説とみてよかろう。

序章

レのことをオモア、テソをオミーアと呼んでいた[37]。

　伝承によれば、この民族がガンダ人たちと戦闘状態にあった時、ガンダ人の兵士たちを包囲した場面があったという。敵を完全に包囲したアドラの兵士は勝利を確信して鬨をあげた。

　「ウィドーマ、ウィドーマ、ウィローコ！（*widoma widoma wiroko!*）」

　これは、「お前たちはもう包囲されている、もう抵抗しても無駄だ！」というような意である。敗走したガンダ人はこの鬨が耳に焼きついて記憶しており、その一部である「ダマ」という異名で呼んだ。これがアドラを「ダマ」と呼ぶようになったきっかけであるとされている。この伝承については次節で紹介する。

　現在、新聞などでは「ジョパドラ」と表記されることが多くなってきたが、依然として「ダマ」の通称が用いられた各種統計も散見される。

3　歴史

　以下、Crazzolara［1951］[38]の文脈に沿って、アドラのなりたちを見てみよう。Oboth-Ofumbi［1960］、Southall［1957］など起源伝承から現在までの歴史を語る既存の文献の異同を詳細に検討する作業も必要かつ有益であろうが、本書では、概略を紹介することに重点をおくため、それはしない。言うまでもないが、以下はすべて伝承であり、事実の何らかの反映ではあるかもしれないが、事実であるとは限らない、ということを念のために強調しておく。

　起源伝承によれば、アドラはみな創設者アドラの子孫であるという[39]。ランゴを追われたアドラとその兄弟の1人オウィニィは、仲間を引き連れて南に移動

37　近隣民族ニョレについてはS.R.Whyte［1973, 1997］、M.A.Whyte［1974］、ウガンダ側のテソについては長島［1972a, b］、Vincent［1971, 1982］、ケニア側のテソについてはKarp［1978］、長島［1983a,b,1987］などの研究がある。

38　このCrazzolara［1951］の起源伝承で語られるようなアドラ、ンゴーリ、リサ、ピャン、マゴロ、ンゴーリ2世、リサ2世、ムブウェーケシ、アクレ、マジャンガに連なる支配者ルウォース *rwooth* の列伝を、私は「口頭伝承」として得ることはできなかった。また、この歴代の指導者たちがそれぞれ現在は存在しない名前を持っていることや時々挿入される「引用文」がアドラ語ではないことなどから、この資料収集の経緯が非常に気になるようになった。その結果、協力者捜し［梅屋2002］のような作業をすることになったのだが、現在の目で見ると非常に不満足なものである。しかし、この作業が本書の第4部への関心の萌芽となったのも事実である。

39　ただし、この伝承の存在を指摘するのはCrazzolara［1951］のみであり、その後のSouthall［1957］は、否定的な見解を示している。

77

し、現在のテソ平原に移り住んだとされる[40]。しばらくそこで過ごしていたが、水が不足しているため土地に不満を抱き、ブグウェレ Bugwere を訪れたという。彼がその妻ニャジュリャ Nyajurya と結婚したのはその旅の途上のことだった。3月にニャジュリャは臨月を迎え、人々は何日かウィクシ Wikusi の丘で休息した。その後、カタンディ Katandi を横断したところで、歩くことができなくなった。ムヴレ *mvule* の樹の下に座り込んだニャジュリャは溜息をつき、「お腹が空 (*polo*) のように重くてもう歩けないわ」と言ったという。そこでアドラとそれに従うものたちはカタンディに棲むことになり、オウィニィは別の集団を率いてケニア西部に住み着き現在のケニア・ルオの創設者となった。2つの集団が分かれたきっかけには諸説ある。単に喧嘩したためであるとか、アドラの姉妹[41]がオウィニィのビーズを飲んでしまったが賠償をしなかったために齟齬が生じたとか、オウィニィはやや冒険好きな性格で先に行くから後から追ってきてほしいと言ったとか、あるいはアドラの名称の由来となった傷が彼の機動力を奪い、南下を断念させた、などである。いずれにせよ、彼らが相まみえることは2度となかった。

やがてニャジュリャは男の子を産み、ニャポロ Nyapolo と名付けた (ポロ *polo* は天空を意味する)。これが後世権勢をふるうニャポロ・ラン・クランの権威付けとなっている。その後アドラは、ニャジュリャの姉妹の1人オリャン Oryan とも結婚し、ニャジュリャとの間に15人、オリャンとの間に16人の息子たちをもうけた。それが今日ある31のクランのもととなっていると言われている[42]。

最初の指導者 (ルウォス *rwooth*) であるンゴーリの時代には、東のヨ・ウォコ *yo woko* 地域ではセウェ Sewe 人からの牛略奪 (raiding) とイテソ Iteso からの攻撃をしばしば受けた。セウェは蛆虫を指し、蛆虫のように地べたで眠ることを

---

[40] 英語の brother にあたるアドラ語のオミン・アン *omin* の範囲は、B、BWB、MBS、ZHZH、MZS を含むが、文脈からいうと、B のことであろう。

[41] これも一夫多妻であることも手伝って範囲が広い。

[42] Southall [1957] はその調査でそれに類した伝承を得ることがなかったという [Southall 1957: 2]。実際は数多くの外来者を取り込んでいる形跡があり、別の報告では外来者を除くと20であると言い [Oboth-Ofumbi 1960]、さらに Ogot の調査では、確認したクラン35のうちわずかに18がルオ起源であり、残りは近隣諸民族の複合であったことがわかっている [Ogot 1967a: 22]。また、ここで姉妹をともに妻にする、という現在のアドラでは行われていない慣行が伝承されていることも興味深い。妻の姉妹は、原理的には異性としてのアクセスは可能であるが、それは妻が夭折した場合に sorolate (さほど制度化されているとは言えないが、花嫁代償を受け取っている以上想定の範囲ではある) 的に行われるだけであり、一般的とは言えない。

暗示する。彼らは大勢で来て牛を略奪し、人を殺したという。セウェはマアサイ Maasai に対するイテソの呼称イスィペ Isype、ニョレ Banyole の呼称バセベ Basebe に対応しているとも、ワシン・グシュ・マアサイ Uasin-Gishu Maasai であるとする説もある。セベイ Sebei やナンディ Nandi だったとする見方もある [Ogot 1967a: 93-4, Texts Vol. I: 7-8, Southall 1957: 3]。伝承によれば、ある夜、セウェと隣接していたラモギ・クラン Ramogi の人々は矢、槍、棍棒を持ったセウェの急襲を受け、多くの犠牲者を出した。それを受けてランガ Ranga 軍は、報復を試みたが惨敗し、いまは東の国境となっているマラバまで撤退した。

　ンゴーリがルウォスだった時にはまた、エルゴン山からのミソーワ Misoowa との激しい戦闘も起こった。ミソーワはバギスの別名である。彼らは酷く打ち負かされ、エルゴンに敗走したとも伝えられているが、むしろアドラが北東山岳地帯に遠征して略奪したようだ。山岳地帯での戦闘では、地の利からミソーワが巧みに身を隠し、アドラは諦めて土地に戻った。待っていたのは、留守中に耕作されていない土地、空っぽの穀物倉だった。結果としての食糧難は彼らに決定的な影響を与えた。侵攻できない近隣集団に対して平和を保つことの必要性を感じた彼らは、代理人を立てて和平の話し合いができるように手配し、メリキット Merikit で平和的に話し合い、それ以来ミソーワとは友好関係が保たれている。食糧難を切り抜けたので人々は喜び、指導者ンゴーリに感謝するとともにその指示のもとにウェレ were に対する感謝の宴を何日にもわたって開催した。ドラムが打ち鳴らされ全土から人が集まってきて食糧とコンゴを捧げた。ンゴーリは去勢牛を何頭かつぶし、ニャジュリャの樹の下に腰掛けていた。ここで行われた模擬戦が、今日では失われたアドラの代表的な儀礼である、アキスィリ akisil 儀礼の起源である。ンゴーリと同世代の男たちが模擬戦を行い、集団のためには戦いで命を投げ出す覚悟を示した。続いて若者が年長者たちのすることを真似た。決められた日に、ンゴーリと年長者たちは大勢の人々を連れてブラ bura の社へ行き、牛、山羊、コンゴを捧げた。カタンディでの祭礼が終わると、人々は家路についた。その土地土地で宴会が催され、その間はンゴーリと同じ年代の男たちとその妻たちが全ての労働を免除された。この宴会の記憶はのちのちまで語り継がれた。

　アドラとオモア Omoa（ニョレ Banyole の別称）との関係が悪化し、いくつかの紛争が起こった。1人のアドラが視力を失い、何人かが殺害されたが、オモアは平和的な解決策を講じない。結局ンゴーリは開戦を宣言したが、敵対行動や紛争はあったものの、決定的な衝突がないままンゴーリは死んだ。息子のリサが後

継したが、同じく争いの収拾をみることなくカタンディで死んだ。続いて後を継いだピャンの時代に、オモアは、武力による居住域の確保が失敗したので、妥協して平和を再建したいと申し出てきた。ピャンらはそれを認めたので平和が再び戻り、ピャンはンゴーリ、リサに不可能だったことを実現したと讃えられた。ピャンの死後は、マゴロ Magoro が後継した。この治世では、オモアとの関係も良好で、相互理解の証として贈り物を交換していた。このころミソーワの方角から新たにオミーア Omiia（イテソ）の人々が来て居住を許され、東の側に住んだ。彼らはマゴロをルウォースと見なし、慣習的な仕事を行い、規定された贈り物をした。マゴロの死後、息子ンゴーリ2世が後を襲ったが、この時代オミーアは牛を盗み、ルウォースのための労働と贈与の義務を怠るようになった。ついには自分の国がほしいと訴えるようになり、略奪を続け、パドラのホームステッドを焼き払った。ンゴーリ2世らは、軍を用いて彼らをマラワ川の向こう、部分的に東の現在のケニアに、また別の集団は南のサミアとオバーラ Obaara の森の方角に追いやった。これがオミーア・テソ Omiia Teso が最後に2つに分かれた事件である。ンゴーリ2世の後、息子が後継しリサ2世となった。この時代には、オモアと再び深刻な問題が持ち上がった。すでにガンダ（ワゲンデ Wagende、現在はマゲレ Magere とンガーヤ Ngaaya と呼ぶ人もいる）と同盟を結んでいた彼らは奇襲に一時的に成功し、パドラを驚かしたが、リサに召集された長老たちの反応は早く、真昼に休んでいる彼らを急襲した。こっそりと彼らを取り囲みウィローコ！ウィローコ！ウィドーマ！ Wirooko! Wirooko! widooma! と叫びながら攻撃を仕掛けた。ンガーヤは敗走し、血路を開いて逃げ延びたものたちはパドラのことをダマ Dama と呼んだ。彼らの叫び声がそう聞こえたためである。彼らは2度と攻撃を仕掛けてこなかった。リサは息子を残さずして死んだので、ムブウェーケシが後を襲った。彼はオグレ・クラン Ogure clan に戦争で捕らえられた他「部族」で、リサが乞われて慣習に従い子として育てた若者だった。人望が厚かったので賛成するものもいるにはいたが、多くは使用人にあたる立場の者をルウォースにすることを望まなかった。ムブウェーケシは降雨師でもあったので一計を案じ、集会を開き、自分を支配者にせねば空を落とすという神託があったと公言した。ある日、彼は雨を「つくり」、濁流となって降りしきる雨の中を、空が落ちてくるから小屋に入っているように説いて回った。人々は畏れ、彼をルウォースにすることに対する異議を唱えるものはなくなった。しかし、彼は早くに亡くなったので永らくその地位を占めることはなかった。後をその息子アクレが継ぐことに異論はなかった。

序章

　アクレの時代に優れた戦士で策士でもあり尊敬を集めていたパラガン Pa-ragan とパヤ Paya のサブチーフ、アボンゴ Abongo がオモアの奸計によって惨殺された。彼の妻がオモア出身であり、その家族に招かれたところを謀殺されたのである。アクレはただちに召集をかけ、遺体を取り戻そうとしたが、アボンゴの義理の父も含めそれを容れないため、戦争状態となった。4日間の戦いで双方に数多くの犠牲者を出し、漸く遺体の奪還に成功した。埋葬の後も戦争は続き、実力が伯仲していたため容易に決着がつかなかった。

　この紛争をおさめたのが、英雄でありカリスマであり予言者であり「ブラ」信仰（後出）の最高祭司であって古今無双の戦士であるマジャンガである。彼はアクレの乳搾りをしていた若者で、キナラ Kinara という人の子だったが父が老いて貧しかったためにアクレに引き取られ育てられた。実は戦争の時に捕らえられた捕虜をキナラが子としたとも言われている。

　彼には少し普通ではないところがあった。予言や知るはずのないことを言い当てるのである。狩りに出る前に仲間の1人に「大蛇に襲われるからやめておけ」と言う。もちろん皆信用しなかったが驚いたことに予言が的中した。別の時には皆で座っているときに女の子が豹に襲われている、と言い出した。彼が言った場所に行ってみるとなるほど少女が死んでいた。ついにはアクレの所持する牛がマジャンガの屋敷に住み込む事態に及んで人々は畏れ、追随した。アクレは自然軽んじられるようになったが、それに甘んじた。彼はジョク・ブラ *jok bura*（ブラの力）の加護を受けていたのだろうと考えられている。

　ときに彼は何日か姿を消し、テウォ *tewo* と言われる森の中の岩山に設けられた祭祀装置に赴き、コンゴと鶏や動物を供犠してお伺いを立てたと言われる。彼はオモアとの紛争をきれいに治め、境界付近には息子を含め配下を常駐させた。息子以外は他「民族」からの彼に対する心酔者たちであった。

　マジャンガの時代に、ミーア（テソ）のオグティ Oguti という人物が、仲間に入れてほしい、子にしてほしいとベンド Bendo・クランに申し出た。一説によると、父が邪術師であるという疑いをかけられ、追放されて来たともいう。クラン・リーダーのオワーロ Owaaro はそれを認めた。オグティは堅実に戦争の時にはオワーロの側に立って戦い、しかも勇猛であった。しばらくして近しい仲間を呼びたい、牛も取り返したいという旨の願いをオワーロとマジャンガにしたところ認められ、その命を受けてそれらが適応できるよう教育係の役割を果たした。それらは完全にアドラとなり、やがてオグティらはトロロのベンド・クランと住みたいと乞うた。すでにナゴンゲラは人口過多だったのでオワーロも

快く認め、トロロに移り住んだ。人々は川を越えて入り込み，次第にテソがペンドないしラモギに編入され、ほぼ完全に同化した。かって彼らが追われたマラワ川から彼らは渡ってきたのである。以後彼らは何の問題も起こさなかった。

　白人が到来したのはそれから数年後のことである。パドラは暫くの間平安を保っており、戦いなどは記憶から遠ざかりつつあったが、何年か後に大きな音を出す兵器を持った新しい「民族」が現れたという噂が立った。彼らはマゲレ Magere と呼ばれたが、実際は白人の火器を背景にしたガンダ人であった。年老いたマジャンガはこうした事態を予想していたので戦いの準備をしていたが、火器とキングズ・アフリカン・ライフルズ（KAR: King's African Rifles）の前には服従を強いられ、平和が訪れた。マジャンガの覇権は白人の大きな音を立てる武器（約1000丁の銃）を背景にしたセメイ・カクングル Semei Lwakilenzi Kakungulu（1869-1928）[43] の率いたガンダ王国軍によって終わりを告げた[44]。

　Crazzolara［1951］の記述は、このあたりで尽きているので、以下の記述はOboth-Ofumbi［1960］による。ここからは、口頭伝承以外の、文書での裏づけもとることができそうな史実が主となっている。

　カクングルにパドラの支配を命じられたエリア・ンスブガ Eria Nsubuga（1857-1956）は、マジャンガの息子オロー・マジャンガ Oloo Majanga[45] を郡のチーフに任命し、そのほかの準郡チーフの任命も、当初はアドラにとって順当なものだと認識された[46]。オロー・マジャンガが、異民族の支配を嫌い、ンスブガに反抗して逮捕されジンジャで獄死したが、オロー・マジャンガの後任人事は、ニャポロ・クランの強硬な反対により難航し、エリアが代理を務めていた。1928年にエリアの後任として着任したミカエリ・キワヌカ Mikairi Kiwanuka も、そのあとを襲ったアリ・アフェンデ・アウォリ Ali Afende Awor も、いずれもサミアのチーフからの転任だった。

　1925年にパドラ独自でチーフを選任する権利を保護領政府に公式的に要望し、

43　セメイ・カクングルは、コキ王国 Koki 出身のガンダ人将軍。マンバ・クラン Mamba に属す（マンバは肺魚の意）。その生涯については、長島［1975］、Twaddle［1993］に詳しい。
44　以上は主に［Crazzolara 1951: 315-323］にもとづいているが、現地で採集した口頭伝承のほか、Southall［1957］、Oboth-Ofumbi［1960］、Odoi-Tanga［1992］、Yokana［1993］などで補足した部分がある。
45　マジャンガには、他にアリム Alim、オベリ Obel、オセウェ Osewe、アリグロ Arigulo、パティ＝オモリ Pati-Omoli、オボニョ Obonyo、マルウェ Maluwe、オマラ Omala の子がいた。
46　このときにナビヨガ準郡のチーフに任命されたのはオロー・オタバ Oloo Otaba である。同名のその孫オロー・オタバには何回もインタヴューに応じてもらった。

82

1936年はじめて選挙を実現したが、パドラにすむテソの猛烈な反対があって、人選はきわめて難航した。

1938年には、マジャンガの息子、アンデリア・オベリ Anderia Obel がチーフに任命されたが、それはパドラ全体ではなく、新設された西ブダマ West Budama のチーフとしてであった。このことにより、パドラは同年、西ブダマとダウディ・キワヌカ Daudi Kiwanuka をチーフとする東ブダマとに分割されたのである。

以降、西ブダマはキソコと名を改め、主に南テソがすむ東ブダマはトロロと改称して行政上の名前は変更されたが、対立構造は現在も温存されている。

折からの脱集権化政策の流れに乗って、トロロ県に常に分割の議論が絶えないのには、こうした歴史的背景が横たわっている。

4　アドラ・ユニオン

歴史学者たちによって推測されるそのなりたちから考えても寄せ集めであるパドラは、「無頭的」「脱中心的」であり、隣接するソガ Basoga と比してもそれぞれのチーフの権力の及ぶ範囲はきわめて限定的であった。クラン・リーダーのような指導的立場も公式的にはごく最近まで制度化されていなかったとみられる。創設者とされるアドラを別格にすると、現在では、保護領化される直前に超自然的な力をもって統率力を示したと言われるマジャンガは、集団全体として記憶されているに過ぎず、前節で紹介したルウォースらは、クラン・リーダーたちによってそれぞれ部分的に記憶、伝承されているにすぎない。

90年代に、アドラと同じく西ナイロートで伝統的に脱中心的な政治機構をもっていたはずのアチョリがルウォト rwot というタイトルを最高首長 paramount chief として戴き、ランギが同じく最高首長を、また、東ナイロートに分類されるテソまでがエモルモル emormor という文化的リーダーをあいついでウガンダ政府に承認させた。その国内的な存在感を公式的に確保していく動きに対応して、アドラも「アドラ・ユニオン」設立に向けて動き始めた。当初はアドラのホームランドであるナゴンゲラを中心に社会調査を行い、49〜51のクランを同定した。続いて、1998年9月19日に52のクランのクラン・リーダーが参加した選挙を行い、「王」としてモーゼス・オウォリが選出された。この選挙については、「ジョパドラが王を選挙する」としてウガンダの代表的英文紙『ニュー・ヴィジョン』(*The New Vision*) にも報じられた。

候補者は、ニイレンジャ・クランのエドワード・オウォリ・カブル Edward Charles Owor Kaburu（1927-2002）、ベンド・クランのモーゼス・オウォリ Moses

写真4 「アドラ」を選出する選挙で演説するオロー・オタバ

写真5 アドラ選挙にてモーゼス・オウォリ当選の瞬間

Owori（1926-）、ニャポロ・クラン S・K・オロウォ S.K.Olowo、ロリ・クランのロジャース・ジャサ・クウェロ Rogers Jassa Kwero の4人であった[47]。

　県会議事堂（district council chamber）で行われた選挙の結果はモーゼス・オウォリ候補が得票数1位で「アドラ」となり、組閣のプロセスで2位のジャサが首相に任命された（写真4、5参照）。

　もう1人の候補であるカブルは TASO[48] の長として活躍していたが、高齢であり、早くからモーゼス・オウォリの支持を表明していたとされる。カブルは、イディ・アミン[49]がクーデターを起こした1971年に1度公職を退き、1979年に再

47　当然のことだが、首長クランを自認するニャポロ・クランの人々は、心中穏やかではない。たとえば、マジャンガの孫娘を名乗る女性は、次のように語っている。「私はマジャンガの孫娘です。マジャンガの実子であるアングロ・アマジャンガ Anglo Majanga の娘です。マジャンガはキナラ Kinara の息子です。政府の尽力で最近私のオイが跡を継ぐまで、マジャンガの王位の継承はなされませんでした。儀礼や供犠のやりかたをきちんと知っている人はもうほとんど残っていません。またマジャンガの本当の意味での継承者はいないのです。マジャンガは、ニャポロ・オグレ・クランに属していますが、本当のところどの民族の出身なのかは知られていません。グウェレ出身であるという人がいます。現在モーゼス・オウォリが王位についていますが、クランが正統的王位継承者として推薦したのはジンジャにいる私のオイであるアレックス・マジャンガです。」このことは、1998年9月19日の選挙時にニャポロからS・K・オロウォが正式な候補としてあげられた事実と矛盾するが、現在のところ、矛盾が生じた経緯や理由はよくわからない。

48　TASO: The AIDS Support Organization。HIVキャリアのQOLをサポートするため、1987年にノエリン・カレーバ Noerine Kaleeba により創設されたNGO。カレーバはHIVにより同年死去。

49　Idi Amin Dada Oumee（1925年 - 2003年8月16日）。そのバイオグラフィについては、「はじめに」の註4参照。

序章

写真6　モーゼス・オウォリとオ　写真7　絵はがきとなったモーゼ
ロー・オタバ（左端）　　　　　　　ス・オウォリ

び地方警察に返り咲いた経歴を持つ。最終的な官職は副警視総監（AIGP: Assistant Inspector General of Police）と言われていたが、のち2002年11月4日の葬儀の際にバイオグラフィで読まれた官職は、警視正 Senior Superintendent of Police だった。

　モーゼス・オウォリは（1926-）、独立前夜の1950年代を保護領の地方公務員として過ごし、1960年代前半を県公務員として、1965年より労働省職員として中央政府に転じた。アミン政権下で労働省次官を務め（1974-1977）、その後ILO/UNDPで労働管理の専門家として講師や委員会の議長として活動していた。中央政府との人脈が期待されたものだと考えられている。以後はウガンダ国内でも無視されえない「カルチュラル・リーダー」としてさまざまな式典に出席し、現在では絵はがきになっている（写真6、7）。

5　父系クラン、ノノ nono

　アドラ・ユニオンは、その憲法のなかで、53のクランを公認している[50]。

　アドラの人々がその生活の単位としているのは、ペチョ pecho（家・屋敷）であるが、組織原理としては、父系クラン、ノノ nono がある。このノノが通常言うクランの条件を備えているのかは、疑問だが、現在そう訳されているので一応それに従う。その長い移動の歴史も、ノノの祭祀装置であるクヌ kunu と、そのクランの口頭伝承からのみ再構成が可能になったと言えば、その重要性を推し

50　アドラ・ユニオンに登録されている53のクラン名は Appendix II 参照。

85

量ることができるだろう。ノノ単位で祭祀装置も異なれば、葬式の際に遺体の頭部を向ける方角も違い、葬式の式次第の細部も異なっている。

現在もノノ単位で管理システムが機能しており、すべてのジョノノ jonono（クラン構成員）は、村ごとに、ジャキソコ jakisoko というクランリーダーを有し、ジャムルカ jamuluka、ジャゴンボロラ jagombolola、ジャサザ jasaza など、より高次の行政区単位ごとにいるクランリーダーのもとに統括されている[51]。最高位は、クワル・ノノ kwar nono である。アドラ・ユニオン創設後は「アドラ」の称号をもつモーゼス・オウォリがつとめている。葬儀の際にはかならず死因の説明でノノ代表者が出て公のスピーチを行うし、裁判（コティ koti）の際にも同じように段階を踏んで法（チク chik）を管理するシステムが機能している。また、「呪詛」やルスワ（タブー侵犯による厄災）に関するチョウィロキ chowiroki（祓いの儀礼）など、クランの秩序がかかわる儀礼にもこの代表者が立ち会う。

長老会議（baraza）もあるにはあるが、クランをまたいで行われるものは地方行政単位で開催され、形式的な側面が強く、現在では積極的な機能を果たしているとは言えない。

6　キリスト教受容と政治学

現在、アドラのほとんどは統計上はキリスト教徒である。カトリックが58.7パーセント、30.6パーセントがアングリカンであり、ペンテコスタ5.6パーセント、ムスリム2.2パーセント、セヴンス・デイ・アドヴェンティスト0.5パーセント、オーソドックス派0.1パーセント、その他2.2パーセント、伝統宗教は0パーセントとされている[52]。

保護領時代、独立以後と、ミル・ヒル・ミッション、ヴェロナ・ファーザーズなどカトリックとプロテスタントの布教合戦が激しく繰り広げられた。教育や識字率、そして人脈など地域の政治関係にもこの歴史的背景が色濃く影を落としている。

1900年のカクングルのブケディ制圧後、1902年までにカトリックもプロテスタントもパドラで活動をはじめていたが、プロテスタントはブギス Bugisu のムバレ Mbale、カトリックはブグウェレ Bugwere のブダカ Budaka に拠点を置いて

51　これらのクランはその内部で独自の裁判制度をもつ。それについては Owor［2009, 2011, 2012］の報告がある。

52　The 2002 Population Report, Population Composition, Table A1. 4［Uganda Bureau of Statistics, 2006: 46］参照。

いた。1901年から1905年まで「小屋税」を巡る暴動が続き、治安に問題があったとも言われる。

　カトリック側は、1903年にキルク神父 Rev. Fr. Kirk がナゴンゲラを訪れた帰りに、ダウディ・カサカ・ボゲレ Daudi Kasaka Bogere を布教のため首長であるオロー・マジャンガ Oloo Majanga のもとに残していった。それが1908年と言われる。以来、アドラの長男ニャポロの子孫とされ、首長を輩出してきたと言う伝承を持つニャポロ・クラン Nyapolo clan を足掛かりとして勢力を伸ばしてきた。

　1912年10月30日、ナゴンゲラにビーマンズ主教が訪れた[53]。1913年5月末、ミル・ヒル・ファーザーズのウィルマン神父 Fr.Willeman がナゴンゲラに伝道の拠点を設立する目的で派遣された[54]。その後、ドゥン神父 Fr. Dunne、キゲン神父 Fr. Kiggen、スピーレ神父 Fr. Speere らが続々短期派遣された。開所式は、1914年5月。式を執り行ったのはプレイデ神父で、補佐がウィルマンだった。パドラに広範囲に影響力を持っていたニャポロのクランを教会も布教に利用したし、ニャポロもアドラ内部での権威づけと差別化にカトリックを利用した。他のクランではキリスト教の宗派が家族内部でもまちまちであることが多いが、ニャポロに限っては、ニャポロのクランの構成員であることとカトリック教徒であることが結びついていた。

　カトリックの後塵を拝していたプロテスタント（CMS: Church Missionary Society）がパドラに布教施設を開いたのは1925年で、場所はキデラ Kidera だった。しかし洗礼を受けるためには依然としてサミア Samia のブシア Busia（1901年設立）まで行かなければならなかった。当時のキデラは交通の便が劣悪で、雨期には孤立してしまうことがあったという。1926年、マンジャシが視察して、高台に拠点を求めてムルカ・チーフのブラシオ・ワセンダ Blasio Wasenda に協力を嘆願した。1927年エリア・ムチャキ Eria Muchaki がキソコに派遣され、1930年、レヴランド・ランプレー Rev. Rampley が派遣された。キソコの丘にキソコ教会の礎石が置かれたのは、この年のことである。ガンダ人の牧師が去った後も、プロテスタントは一貫してガンダ語を教会の公用語として用い、高位の宗教者は軒並み近隣のバントゥ出身であった。1944年にはサミア人牧師エリサ・L・マシガ Erisa L. Masiga に対して暴動が起こったことは、こうした扱いに対する不満のあらわれと考えられている。マシガは失脚したが後を襲ったマリンガ Asanasio Malinga もニョレ人であり、かつてのニョレとの民族紛争（先述）の継続ととら

53　Obillo[2000: 27]、MSS. Grimshaw（original）, part 1, 1903, p.109
54　Gale[1959: 300]、*Mill Hill S. J. A., Winter Qr*, 1913, p.90.

れたようだ。1953 年代マリンガに代わり、ラム・ダキタリ Lam Dakitali がアドラ人最初の牧師になるが、それまでずっと、かつての民族紛争の継続と考えられていたし、布教は「侵略」の 1 側面であると見なされていた面がある。

こぞってカトリックとなったニャポロとそれ以外のクランとの権力闘争は行政面でも顕著だった。1938 年にアンデリア・オベリが西ブダマのチーフとなるまでは、異民族出身のチーフが続いたが、ニャポロは当然その後もニャポロからチーフは選ばれるものと認識していた（現在でも認識している）。

1947 年にニャポロでなく、しかもカトリックでもない、プロテスタントのアンデリア・オフンビ Anderia Ofumbi が西ブダマ郡のチーフに任命された。次いで 1953 年には、プロテスタント系の教会付属小学校の校長を務めたのち、ムランダのゴンボロラ gombolola およびサザ saza・チーフを経て (1949-1951)、キソコのゴンボロラ・チーフを務めていた (1952) ゼファニア・オチェン・オブル Zefania Ocheng Oburu (c.1904-1964 年 11 月 30 日) が郡のチーフに任命された。この明らかな保護領行政府のプロテスタント重用は、当時は公文書がガンダ語で書かれたため、ガンダ語運用能力を重視したものとみることができる。しかし、カトリック側（その多くはニャポロ・クランあるいはその一派）から見れば、既得権益への侵害にほかならなかった。

こうして、カトリックとプロテスタントの、そしてその背後にあるニャポロ・クランおよびその一派とそれに対抗する勢力との緊張関係が激化したのである[55]。

1961 年にパドラで調査を行った歴史学者 Ogot も、チーフがその正統性を保証するために歴史認識を操作している可能性を認め（具体的にはクランの口頭伝承を改竄）、話者がカトリックかプロテスタントであるかが決定的に重要であると述べている ［Ogot 1967a: 21-23］。

7　ウェレ信仰の概要

プロテスタントの教会は、ウガンダにおいて話者が多いガンダ語を儀礼においても用いるが、カトリックはいちはやく現地語で聖書の一部を翻訳しており、儀礼にはそれを用いていた。その中で「神」(God) の訳語とされたのがウェレ *were* である。

アドラではバントゥ由来と思われるこのウェレを日常的な崇拝対象とし[56]、も

55　Obillo［2000］。
56　Ogot［1967b: 112-113, 1972］は、その信仰が近隣のバントゥ由来であるとされる *were* に

う一方でナイル系に広く見られるジョク jok ないしジュウォキ jwok、ジュウォギ jwogi の信念と混淆している。ウェレ・マ・ディオディポ were ma diodipo、ウェレ・マ・ワンカッチ were ma wangkach、そしてウェレ・オティム were othim というテリトリーに対応した3種類が記憶されている。それぞれ、近似的に「屋敷のウェレ」、「門のウェレ」、「ブッシュのウェレ」と翻訳することができる。これらは、婉曲表現を用いてジョマロ jomalo（上の人）と呼ばれる。このジョマロが現在では「創造主」と理解されることもある ［Ogot 1972: 124, Odoi-Tanga 1992: 69, Obillo 2000: 7］。ウェレは「塩を食べない」とされており、供犠を調理する際には塩を用いてはならないとされる。

「屋敷のウェレ」は、屋敷内部の平安を司る。すべての屋敷の門には、小さな小屋状の社が建てられ、白い羽毛が地面に植え付けられていた（写真36）。家長は毎朝門を開けるたびに、「この羽毛がそうであるように私の今日の日も輝くように…」akwayo ndelo paran wobedi maleri paka yeri me... と祈願を捧げた。また、屋敷を空けるときには、「この社のように平安であるように…」siemi pa were wobedi kodan iwothi paran paka nitye i migami me... と祈願する。また、ブッシュなどや耕作時の道行き、あるいは旅など屋敷外部を司るのが「ブッシュのウェレ」である。「ブッシュのウェレ」[57]は、蛍（ムコウェ mukowe）を使役するとされる。

収穫の季節には、シコクビエの初穂を調理してクウォンとして供え、白い雄鳥を供犠して収穫祭を行った。それをミシア misya といい、供え物のクウォンをクウォン・ミシアと言う。「屋敷のウェレ」と「ブッシュのウェレ」は、力の強さも対等であるが、順序としては「ブッシュのウェレ」への供え物が最初で、供える雄鳥は、頭を石に打ち付けることによって殺すきまりである。その準備は門のところで行われる。続いて門のウェレとその妻ニャリケ nyalike に供える。最後に「屋敷のウェレ」に供えられた後共食する。儀礼は家長により執行される。

一方、ジュウォギ崇拝は、チョウォ・ジュウォク chowo jwok と言い、年の終わりにコンゴを捧げる習わしだった。その酒と宴会は、コンゴ・パ・ジョドン

ついての基本的な知見を与えてくれる。

57　たとえば、Obillo［2000: 6］、Owor［2009: 175］にウェレ・オティムの妻としてのニャリケの記述がある。私の調査では、ニャリケは、いわゆる mystical agent として言及された資料はない。これまでのところ、この語彙は、十分に母親としての役目を果たした女性への追悼儀礼を意味しているという。「家族みんなから愛された母親が年老いて死ぬと、儀礼が執り行われる。そして埋葬儀礼も、朝ではなく夕方行われる。この儀礼は死を悼むのではなく、祖先の霊がより過ごしやすい場所に導いてくれるのを祝う、祭りの意味合いが強いものである。これをニャリケ nyalike という」。

写真 8　一般の屋敷のワンカッチ（門）の脇にある社

写真 9　ブラの祭場ニャキリガ、クランごとの祭祀小屋

ゴ *kongo pa jodongo*（長老のビール）と呼ばれた［Obillo 2000: 8］。

　これらのウェレやジュウォギ崇拝とは別に、クラン単位でクヌ *kunu* と言う場に礼拝を行っていた。すべてのクランにはクヌがあり、それは基本的には最初に入植した場所に設けられていた[58]。ここではコンゴを献酒するとともに供犠が行われたが、供え物の肉は素早く食べ、酒もすぐに飲み干すことになっていた。それらを屋敷に持ち帰ることは許されなかった。

　クヌは、「語らない」ことを意味するキルウィ *kiluwi* という語彙でその属性を記述される。その意向を知るには占い師であるジョラ・ジュウォカ *jora jwoka* に依頼し、間接的にコミュニケーションをとったものだった。そこで、媒介となるジャジュウォキに類する宗教者の権威がいやでも高まることとなる。

　なかでも 19 世紀中葉にクランの単位を超えて熱心な信仰を集めたのがブラ *bura* 崇拝だった。ブラの語彙はバリ *Bari* にその起源を発すると Taban lo Liyoung［Ogot 1972: 130-131］と Ogot［1972: 128］は推測する。ニャキリガ *nyakiriga*[59] と呼ばれる岩山にあるテウォ *tewo* という岩穴に向かって供犠を行うものであり（写

58　Ogot［1972: 125-126］は、クヌをウェレのしもべと位置づけるが、必ずしもそのような明確な位置づけは確認できないことが多い。

59　Ogot［1967a: 124］には説明なしで図だけが掲載され、Ogot［1972: 129］で若干の説明を加えているが、釈然としない。私自身現地でも決してすっきりした説明は得られなかった。ここではニャキリガは岩山のこと、テウォはそこにある穴を中心に設けられた祭壇、ブラはそこに祀られた神霊のこととして理解しておくが、決してそれぞれの語彙が排他的な意味領域を形成するものではない。マウンドのあのあたり、という漠とした場所を示す形でしか会話のなかでは言及されなかった。この祭場は女人禁制で、靴を脱がないと入場が許されない。

写真10　ニャキリガの岩穴、テウォ　　写真11　ブラに供犠された鶏の羽

真8、9、10、11)、ブグウェレの母方親族からアクレ Akure が伝えて始められその子マジャンガ Majanga によって完成したとされる。ここでの供犠は、火を用いて焼くものだったが、塩を用いてはならず、クヌについてのそれ同様持ち帰ってはならなかった。現在でもミトゥーサ Mitusa という司祭とオドラ Odora という管理人（いずれも世襲）がニャキリガにはおり、彼の案内がないとテウォには参ることはできないとされる。

　Ogot［1972］は、ジュウォギ信仰にしろウェレにしろ、クヌにしろ、信仰圏がクランの範囲を超えないことに注目し、他民族から導入されたというブラという新興宗教の導入が結果として民族としての統合に資したことを指摘している。Ogot［1972: 127-128］は、1860年から1880年にかけて、ナブヨガ、キエイ、ブダカ、センダ、そしてパヤといったニョレと境界を接する地域での緊張状態が強まったこと、そして1840年から1880年にかけて、セルティ Seruti というガンダ人将軍に率いられたガンダ・テソ連合軍によって逆のマウェレとヨ・ウォコ側からも攻め立てられたことと関係していると考えている。

　ニャキリガについては、現在でも「パドラの教会、カテドラルである」との意見があり、直接の排撃をどれほど受けたのかはすこし検討の余地があるが、ウェレとジュウォギのパンテオンは、植民地時代、キッチング神父に「子供の宗教」として排撃された。現在では壊滅状況にあると言ってよい。かつてはすべての屋敷にあったと言われるミガミ migami という小さな小屋状の社は、もはやジャシエシ jathieth と呼ばれる民間の宗教者の儀礼小屋周辺にのみ認められる。

　「20年前か30年前に来たならば、おまえはこのあたりの屋敷の入り口には小さな小屋が建てられているのを見ただろうが、今はない」と、1997年当時64歳になるという老人は語った。

宣教師および保護領時代と独立以後を問わず、行政に徹底的に排撃されたためもあって、平均的なアドラ人は外部者にこうした信仰を積極的には提示しない。ごくまれには、「夜中に屋敷の外に出たらウェレ・オティムが裸で畑を耕していた」などと発言する老人と出会うこともあるが、キリスト教的神観念が普及した昨今では、「なぜ神が畑を耕すのだ」などと顔をしかめる人も少なくない。
　人口密度が保護領時代から非常に高かったこともあって[60]、保護領時代、独立以後と、ミル・ヒル・ミッション、ヴェロナ神父会などカトリックとプロテスタントの布教合戦が激しく繰り広げられたことでも知られ、それが教育や識字率、そして人脈など地域の政治関係にも密接な影響を与えている。

8　アドラについての先行研究

　2000年に綾部恒雄監修のもとに刊行された『世界民族事典』では、おそらくは手違いによって、この民族にあたる項目は2つ立項されている。1つは、平川智章による「ジョパドラ」[平川 2000]で、もう1つは平田浩司による「パゾラ」である[平田 2000]。カタカナ表記の違いを除けば、それぞれの記述に大きな間違いはないが、この民族の認知度の低さがうかがわれる。
　自称である「ジョパドラ Jopadhola」の名は、はやいものでは Bryan & Tucker [1948: 17-8] や Crazzolara [1951: 315-323]、Butt [1952: 13] などに認めることができる。
　Bryan & Tucker [1948: 17-8] には、以下のようにある。

> ……DHOLA（BUDAMA）、自称母語はドパドラ語
> 　DHOLA人、自称母語はジョパドラによって話される言語；近隣のバントゥからは BADAMA と呼ばれる（BUDAMA とは県の名前であるが、ヨーロッパ人からはその県に住む民族とその言語をも意味するものとして用いられる）。
> 　話者の数：4万9683人（1931年、ウガンダセンサス）；クラッツォララの推計では5万2000人。
> 　話されている地域：ケニア＝ウガンダ国境上エルゴン山の西部、ムバレ県。……[Bryan & Tucker 1948: 17-8]

60　Langlands [1971: 5]。

序章

Butt［1952］には、下記の記述がみとめられる。

　……残りの2、3のナイロティックに分類されるグループは、リストを完全なものにするためにここで言及されるものの、ほとんど文献を欠いているために進んだ議論はされていない。……JO PADHOLA　ムバレ県のケニアとウガンダの境界にあるエルゴン山に位置し、南東のルオとは狭いバントゥの軛によって隔てられている。北はナイル・ハム系のテソに接している。ジョパドラはウガンダの1931年のセンサスで、4万9683人とみられている。彼らは自ら Jo Padhola と名乗るが、近隣のバントゥ諸族からはブダマ Budama と呼ばれている……［Butt 1952: 12-3］。

1956年の Bryan & Tucker［1956: 105］には、話者の数のみ7万3037人とし、他は8年前の Bryan & Tucker［1948: 17-8］とほぼ同じ記載が再録されている。
　ウガンダ東部についての C.W. Hobley の報告［Hobley 1902: 26-35, 52-56］にはジョパドラに類する名前を冠した集団の記述はないが、そこに見られる自称 Ja-Luo、Bantu Kavirondo からの他称 Awa-Nyoro、一般名 Wa-Nife として言及されているナイロティック・カビロンド（現在のケニア・ルオ）についての報告のほとんどは、今日アドラとわれわれが呼んでいる民族集団の特徴を示している。Hobley が作成したその言語のグロッサリー［Hobley 1902: 61-88］収録のルオ語語彙にはアドラと意味を共有するものも多い。
　ルオ全体の研究の基礎とも言える Crazzolara の報告は、主にクランの伝承を集め、歴史を再構成しようとしたものである。非常に長いスパンにわたるルオ全体をあつかったものであるが、今日に至るまで質量ともに無視できないものとなっている。第1巻『ルウォーの移動』［Crazzolara 1950］、第2巻『ルウォーの伝統』［Crazzolara 1951］、第3巻『ルウォーのクラン』［Crazzolara 1954］の3部作は、口頭伝承から歴史を再構成しようとする近代アフリカ歴史学の方法を先取りする画期的なものだった。アドラについての Crazzolara の報告は9頁あるが、起源伝承と支配者の列伝で構成されている［Crazzolara 1951: 315-323］。（その内容のほとんどは本章で要約的に紹介してある、移動の歴史とチーフの列伝である。）
　1960年（一部の情報では1959年とも）、アドラ出身の知識人によるアドラ語による民族誌が出版された［Oboth-Ofumbi 1960］。この書物は、アドラが形成されるまでの歴史と近隣民族との葛藤（第1部）、そして23のクランの歴史や慣習（第2部）、さらに供犠、結婚、誕生儀礼、双子儀礼、葬儀、アキシリ儀礼と呼ばれる

イニシエーション、特殊な呼称の慣習、そしてアドラに伝わる遊び、狩りや戦いに関する慣習など（第3部）を描いたものである。

歴史学の泰斗 B.A. Ogot が 1965 年にロンドン大学に提出した博士論文を書き改めて出版した『南ルオの歴史』[Ogot 1967a] は、口頭伝承における世代計算による編年体試算を導入した。この方法は、「1人の人間の生誕から、生存する最初の子供の誕生まで」[Vansina, Mauny&Thomas 1964: 63] を1世代として社会によって近似的な年数を設定する方法である。Ogot [1967a] は、現存する 25 の父親に対するインタヴューからアドラにおける1世代を 27 年と指定し、ケニア・ルオについては同じく現存する 30 人の父親に同じ手続きを踏んで、26 年半という世代の尺度を策定した。さらに、両者を含む南ルオでは 27 年プラスマイナス 2 年を誤差の範囲とすることとした。

こうした手続きを経て、Ogot [1967a] は、アドラの移動の際に記憶され伝承された地名と、クランごとの祭祀施設クヌ kunu（複数形はクニ kuni）の位置を手掛かりに鮮やかに再構成し [Ogot 1967a, b, 1972]、それまでのルオ系民族の南下という一連の移住プロセスのなかに位置づけた。この試算によると、1650 年から 1700 年の間（10～9世代前）に、最初の9つのクランが当時無人だった現在のパドラの「ルル lul 地域」に到達したと考えられ[61]、1760 年から 1840 年の間（8～6世代前）に「マウェレ mawele 地域」に、1870 年ごろまで（3～1世代前）に「ヨ・ウォコ yo woko」に進出したと推定されている。ここでいう「ルル lul」、「マウェレ mawele」「ヨ・ウォコ yo woko」は、アドラの人々がその居住地パドラを、生態環境にもとづき、大きく3つの地域に分ける際に用いる語彙である（地図4参照）。パドラ北西に広がる「ルル」は森を意味し、東部の「ヨ・ウォコ」は外側を含意するが、南部のマウェレの意味は伝えられていない。ルルは低地で肥沃な土地であり、かつてパドラの中心＝センターだったと言われるセンダ Senda や、カタンディ Katandi を含んでいる。

その後 Cohen [1968: 153] は、南下するアドラがブソガのブドラに到達したのは 1500 年から 1550 年頃とし、西ブダマへの移住は 1625 年ごろから、ニョレなど近隣民族との激戦は 1700 年頃までにほぼ終結を見たはずとの試算を発表している。

Packard [1970] は、Ogot のクランの口頭伝承にもとづく移動の歴史の再構成という方法論を評価しつつも、クランを単位とした口頭伝承だけではなく、居

61　アモリ Amor、ラモギ Ramogi、パゴヤ P'Agoya、ビランガ Biranga、ロリ Loli、ニャポロ Nyapolo、ジョデ J'Ode、ラクワリ Lakwar、スレ Sule の9つとされる。

地図4　アドラ民族の移住プロセスの再構成　出所：Ogot［1972: 123］

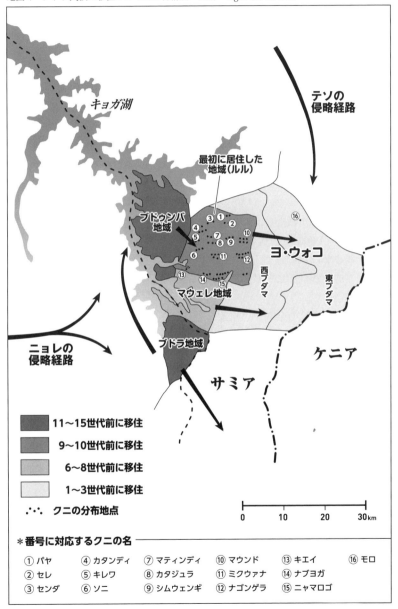

住地や近隣関係ロカ loka を単位とした口頭伝承蒐集の重要性を訴えた。その根拠は、たとえば、本来のクヌ以外にも近場に手近な祭祀施設を設定する例が多いこと、また、ジョチェンベ jochembe と呼ばれる埋葬を担当するクランの分布は、近場に固まる傾向があることなどである。

Sharman の『ブケディ県、パドラにおける栄養の社会的経済的側面』は、応用人類学の観点から、細かなハウスホールドごとの家計と栄養状態を規定する経済的要因を分析することにその主眼があった [Sharman 1969]。Sharman には、パドラに伝承された太鼓の用途と分布に関する論文もあり、その地道な民族誌的研究は高く評価されるべきである [Sharman & Anderson 1967]。

その後、『アフリカ』誌に発表された、「ジュオクのレジリエンス」を論ずる Mogensen [2002] を除くと、目立った研究はあらわれていない。Mogensen [2002] は、ジュウォギ（霊）の観念が生きていくなかで不可避的に生起する苦難に形をあたえ、処理することを可能にすることを指摘した点で、ディンカについて論じた Lienhardt [1961] を説得的に追認するすぐれた仕事として評価されている。しかし、残念なことに西ナイル民族誌のなかのジョクの観念に専心したため、彼女が中心的な仕事をしたアドラの民族誌的な記述は表面的なものにとどまっている。

近隣民族の民族誌のなかで、比較の観点からもっとも重要なものは一連のランギ Langi を対象とした Driberg [1923]、Hayley [1947]、Curley [1973] のものである。ランギは歴史上ルオ系の民族とテソ民族とが混交してできた民族とされており、文法はルオを基礎としていてアドラにかなり近いが、語彙にはテソ語から借用されたものが多いとされている。

アルルは、ウガンダの近隣民族としては言語的にはもっとも近い。Southall [2004 (1956): 98-120] の祖先崇拝を分析する部分が、本書の比較参照点となるはずであるが、祖先崇拝を政治構造のインデックスとみるこの立場からは大きな示唆を受けたものの、テーマ的に細部を比較参照することは難しかったため、ほとんど言及されていない。

ケニア・ルオのものとしては、最も関心の近い阿部 [1979, 1983, 2007 および Abe 1981] や、Ocholla-Ayayo [1976, 1980] などがある。しかし、ランギ民族誌の比較と比べると、いずれも断片的な参照にとどまった。ことこの分野に関する限り、語彙レヴェルでの言語な類似とは別に、ケニア・ルオの諸観念との間に見いだした類似性はランギとの間とのそれほどではないと考えている。

また、テソとの対象で上記の民族誌を比較の射程においた長島の民族誌 [長

島 1987］は議論の出発点として大いに参考になった。それらは、本書で扱う観念と語根的に近しい観念が近隣民族に共有されていること、またそれぞれの集団ごとに意味領域を変容させながら流通していることを教えてくれる。

III　資料と方法

1　現地調査の方法

本書の資料は、とくに断りがない限り、現地調査にもとづくものである。

ここでウガンダの行政単位についてまとめておこう。過去の行政区分である北部州、中央州、西部州などの州 Province は、現在でも便宜的に言及されることもあるが、行政区としては機能していない。広域なほうから、district（県）と、county（郡）、sub-county（準郡）、parish（区）、village（村）ないし zone（地域）である。それぞれの行政組織が小さいものから LC (Local Council) 1（村に対応）、LC2（区に対応）、LC3（準郡に対応）、LC4（郡に対応）、LC5（県に対応）として組織される。LC3 以上は有給の地方行政職となり、警察権も有する。準郡の役場にはたいてい拘置所も付置されている。1 から 5 まで、数字が大きくなるほど範囲が広くなる。LC は、もともと、ムセベニ率いる NRA (National Resistance Army) が地元支援組織として組織した RC (Resistance Council) が、1993 年公付された地方自治令（Local Government Statute, 1993）によって改名され、1997 年の地方行政法（Local Government Act, 1997）により法的根拠を与えられたものである。この 1 から 5 に至る LC にはすべて国会を模した議会があり、役職者が選挙で選ばれる（LC の 3、5 は直接選挙、2 と 4 は間接選挙）。Local Government Act No.1 of 1997, Section48（1997 年 3 月 24 日公布）によれば、副議長、書記、情報・教育・地域活性化、治安、財政、環境、女性委員会議長、青年委員会議長、障害者対策など国会や内閣を模した役職を設けることになっている。

県の行政上の長は主任行政官（CAO: Chief Administrative Officer）であり、郡の長を副主任行政官（ACAO: Assistant Chief Administrative Officer）がつとめ、準郡、区には準郡チーフと区チーフが任命される。保護領時代の名残で、ガンダ語を用いて郡（LC4）をサザ *saza*、準郡（LC3）をゴンボロラ *gombolola*、区（LC2）をムルカ *muluka*、村や地域（つまり LC1）をムトンゴレ *mutongole* と呼ぶこともある。1992 年からの「地方分権化政策」により、独立する県が相次ぎ、県の数は年々増加している。2014 年現在で 111 である（首都カンパラを除く）。ウガンダ東部にあるトロロ県は、県番号 75 番。土地が比較的肥沃なことと、降水量が豊富なた

地図5 調査地「パドラ」(キソコ準郡)(筆者作成)

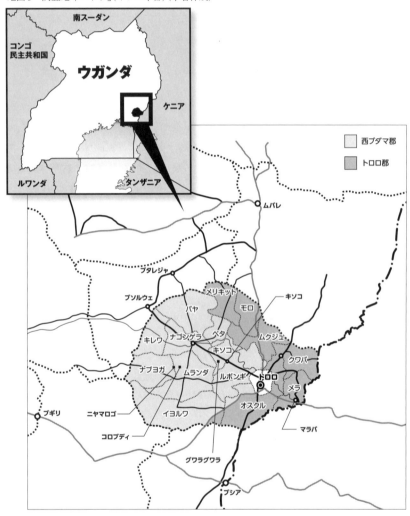

め、テソやサミアなどから植民地化以前から移住してくるグループが多かった。1962年のウガンダの独立時には、現在のパリサ県 Palisa District とブシア県 Busia District を含み、ブケディ県 Bukedi District と呼ばれていた。「裸の連中」が住む地域、という説が当地でも信じられている。サー・ハリー・ジョンストンがガン

序章

写真12　トロロの市街地。客を待つボダボダ（バイクタクシー）も見える

写真13　トロロ市街とグワラグワラを結ぶナゴンゲラ通り

ダ人将軍セメイ・カクングルを連れて遠征し、「お前をここのカバカ kabaka（王を意味するガンダ語）にしてやろう」と言ってそそのかし、東部を制圧したと言われる。カクングルはテソ平原で裸の人々を目撃し、'naked !' と叫んだと言う。それに場所を指す語根 bu が付けられて転化し Bukedi となったというのである。このブケディ県は、アチョリ県やランゴ県などとは異なり、地域を代表する民族名と県名が対応していない。対応する民族名を冠することができない多民族状況は、当時から認識されていたと言える。

マケレレ大学地理学科が1971年に出したオケージョナル・ペーパーによると、ブダマが東西にわけられる以前のブダマ郡（現在のキソコ郡は西ブダマ郡が改称したもの）の1平方マイル当たりの人口密度は1921年で175人、1931年ではブダマ全体で182人とされている。東西が分けられたのち、西ブダマ単独では、1948年で214人、1959年で260人、1969年の時点でも348人と右肩上がりに増加傾向にあった [Langlands 1971: 5]。現在は、1平方キロあたり313人とされている [Tororo Census Report 2006]。単位が異なるので単純な比較はできないが、人口は急増し、過密状態にあることは確かである。

トロロと県名を改めたのは1980年のことである。tor というのは、ランドマークとも言えるオグティ・ロックをいつも覆っている霧のことである（tor-oro は tor ＝霧と oro ＝ 1年中の意の合成という。長島信弘氏からの2015年2月16日付の私信によれば、テソ側では、この地名はテソの戦闘・移住リーダー、エトロイト Etoroit に由来するという。いずれにも言い分があるわけだ。これは特に戦闘の勝ち負けについての伝承に顕著である）。1991年にパリサが県に昇格し、1997年にブシアが住民の強い運動で県に昇格して分離されて、現在のトロロ県を形成している。北と北西にブタレジャ県、

北東にムバレ県、南にブシア、南西にブギリ、東と南東ではケニア国境に接している。面積1338.72平方キロ、うち310.6平方キロメートルが森林である。標高は1097～1219メートル。人口は41万3800人、うち女性21万3400人、男性20万400人（2006年推計）。トロロ・タウンのほか、ケニア国境のマラバが都市として栄える。

　トロロ県の中心部、トロロ・タウンは、国境から8キロの地の利を生かし、かつてはモンバサからの陸運の拠点として栄えた。カンパラまでの道路が比較的よく整備されたこのごろではこの町で一休みする者はそれほど多くない。国境の町マラバやブシアからそのままカンパラに向かうことが多くなったため、中継地点としての存在意義は薄れている。さらに、2000年になってイガンガからムバレまでバイパスが開通してからは、首都カンパラからウガンダ北東部への窓口としての機能も失い、とくに経済面では時代の流れからすっかり取り残されてしまった感がある。町にも活気は乏しく、夜8時になると通りには人っ子1人いなくなる小さな一地方都市である。

　ウガンダ東部、トロロ県キソコ郡キソコ準郡グワラグワラを基地として[62]、パ

62　ガーミン社のGeko201で測定したところによると、グワラグワラ村の宿舎の標高は1187メートル、北緯0度42分36秒4、東経34度05分14秒0であり、トロロ県内では標高の高い地域である。グーグル・アースで私が利用していた小屋をキャプチャしたときの画面上の測定値は、北緯0度42分36秒95、東経34度05分14秒0であった。この標高は、首都カンパラ（1189～1402メートル）の低地の標高とほぼ同じである。年間平均気温は22.4度。最高気温平均が28.7度、最低気温平均が16.2度。年間降水量は、1130～1720ミリメートルでうち4～9月の大雨季が約60パーセントを占める。現在のキソコ準郡の土地の利用状況は、82パーセントが耕作地で、9パーセントが放牧地、5パーセントが湿地帯、2パーセントが学校や役所、教会、モスク、運動場などの公共施設、2パーセントが道路、とされている。耕作地でよく育てられているのは、多い順にキャッサバ［*Esculenta/ Manihot utilissimo*］、トウモロコシ［*Zea mays*］、サツマイモ［*Ipomoea batatas*］、落花生［*Arachia hypogeae*］、コメ［*Oryza sativa*］、シコクビエ［*Eleusinecoracana*］、ソルガム［*Sorghum bicolor*］、バナナ［*Musa.sp*］、インゲンマメ［*Phaseolus Vulgaris*］、ダイズ［*Glycine max*］、エンドウマメ［*Vigna unguiculata*］、サイザル［*Agave sisalana*］などである。換金作物としては綿花［*Gossypium arboretum*］とコーヒー［*C. arabica, C. canephora*］を栽培している。それぞれの割合は未詳である。60年代の古い記録だが、グワラグワラの土地利用についての資料がある。耕地のうち、作物の占める割合はそれぞれ綿花32.41パーセント、シコクビエ18.41パーセント、バナナ15.21パーセント、ササゲ［*Vigna ungulara*］5.33パーセント、キャッサバ5.26パーセント、落花生3.43パーセント、サツマイモ2.81パーセントであるので、作物の耕作状況はずいぶん変化があるようだ。この地域で栽培されているシコクビエには、アチャック *Acak*、アリヨ *Ayro*、アラン *Aran* の3種、バナナにはマケゴ *Makego*、ボゴヤ *Bogoya*、カンプン *Kanpun*、ウクドゥ *Wkudo*、ボグボグ *Bog bog*、アモ *Amo*、オニェコ・ゲリ *Onyeko geri*、ニャルワンダ *Nyaruwanda*、

ドラ全域にわたる調査を行った（地図5参照、写真12、13、14、15、16、17、18、19、20）。単独で行ったインタヴューもあるが、ほとんどの場合、調査助手を1人、あるいは2人帯同してインタヴューを行った。2001年までの現地調査で、試行錯誤の結果としてほぼ確立した記録方法は、録音資料を書き起こし、英訳して「テキスト」を作成して基礎資料とするものである。作成に当たっては英語の話せるアドラ人調査助手の協力を得ている。インタヴューは録音し、録音したものはアドラ語と英語に書き起こした。

ゴンジョ・キスビ *Gonjo Kisubi* など9種類があり、サツマイモも、ダキ・ロリモニ *Daki Rorimoni*、シレク *Sillek*、モヌ・ビラ *Monu Bira*、ニロン *Nilon*、ムシタ *Musita*、ニャシ・コンス *Nyathi Konsu*、ムウェジ・グム *Mwezi Gumu*、シバンドラ *Sibandola*、チュンガ・ユイ *Chunga Yui*、ニャコー *Nyakoo*、ゲト・フンビロ *Get Fumbiro* などの11種類がある。キャッサバの呼び名はその状態によって変わり、普通名詞はムウォゴ *Muwogo* だが、乾燥させるとオドゥンビ・ニャミラミア *Odumbi Nyamilamia* と呼ばれる。雨の後などにはさまざまな種類のキノコ *Obwoli* が採れる。オルカ *Oruka*、アクウァロ *Akwaro*、リメシ *Limesi*、アモコ *Amoko*、アウォヨ *Awoyo*、オペンデ *Opende*（別名ニャグティ *Nyaguti*）、オキニェ *Okinye*、ニャキレラ *Nyakilera*、アゴロ *Agoro*、ニャマガラ *Nyamagala*、アヤラ *Ayala*、オブウォリ・カシック *Obwoli kasik*、オブク *Obuku*、ニャテンデ・ディアン *Nyatende diang* の14種類が一般的に知られている。

家畜は牛を主に、山羊、羊、鶏、七面鳥、あひるなどである。ただし、あひるは時期によっては全く見ることがなかった。ウサギやロバを飼っている人もいたが、それも全く見ない年もあった。この地域で飼われている鶏グウェノ *gweno, pl. gwendi* は、胸が大きく脚の短いカフカフカ *kafukafuka*、首周りに羽毛のないアグリカルチャー *agriculture*、羽毛が多いカセゲレ *kasegere* などが一般的である。

グワラグワラを構成する5つのLC1議長によると、2012年現在のグワラグワラの人口は3032人である。内訳は、グワラグワラ・セントラル、男202人、女222人、男子児童84人、女子児童92人、(納税者4人)。2010年から2011年までの死亡者は24人、計600人、ルテンゴは、男165人、女240人、男子児童237人、女子児童332人、(納税者10人)。2010年から2011年までの死亡者12人、計874人。チュクルックAは詳細不明、チュクルックBは男167人、女186人、男子児童140人、女子児童160人、納税者5人（チュクルックAとBをあわせてアワヤ・ゾーンを形成しているが、その総人口は682人、納税者は10人、死亡者6人となっている）。マゴロ・ゾーンは男子123人、女子271人、男子児童274人、女子児童208人、2010年から2011年までの死亡者は19人（納税者は未詳）総人口876人。

比較のため2001年の資料を紹介すると、2001年の数字では、総人口は3468人。内訳は、グワラグワラ・セントラル、男117人、女121人、男子児童283人、女子児童309人（納税者93人）の計923人、ルテンゴ、男102人、女120人、男子児童208人、女子児童280人（納税者80人）計710人、チュクルックA、男80人、女90人、男子児童166人、女子児童136人（納税者72人）、計475人、チュクルックB、男57人、女111人、男子児童192人、女子児童219人（納税者50人）計619人、マゴロ、男91人、女133人、男子児童211人、女子児童138人（納税者88人）、計661人である。

写真14 グワラグワラ村のトレーディング・センター

写真15 グワラグワラの調査基地　右端はアディン・フランシス

写真16 露店を開いて干し魚を売る女たち　グワラグワラ

写真17 キオスクでは、様々なものが販売される

写真18 トレーディング・センターに市が立つ

序章

写真19　インタヴューを行う　手前がマイケル、奥はポール　　写真20　インタヴューを行う　キソコにて

　調査助手は、最初のアドラ語の先生であるアディン・フランシス Ading Fransis (1968-) のほか、いわゆる「擬制的オヤコ関係」を結んで身の回りのすべてについて世話になっている、テソ民族の戦災孤児である「息子」オシンデ・アキソフェル Osinde Akisofer、同じく擬制的な「兄弟」ワンデラ・メルキセデク Wandera Melchisdek。2001年に調査助手をつとめてくれたオマディア Josef Omadia、アレックス Alex Okongo、2002年から2014年までずっと調査を牽引してくれているポール・オウォラ Paul Owora (1973-) とマイケル・オロカ＝オボ Michael Oloka Obbo (1972-)、2003年にはアーサー Arthur Osamuk (1973-)、2004年にはポールとアーサーとマイケルの3人、2006年と2007年にはポール、マイケル両人が助手として活躍してくれた。それ以降は、継続的に両人が助手を務めてくれている。私が村にいるときにも大学の司書であるヴィンセント・キセカ Vincent Kisseka は、マケレレ大学図書館で必要な文献の複写を行ってくれたこともある。インタヴューに応じてくれたインフォーマントはもちろんだが、こういった人々から得るコメントに示唆されることも多かった（写真15、19、20）。

　インタヴューでの質問項目はその時に応じて多岐にわたるが、ここでは代表的な質問項目を三つの文脈に照らして紹介しておこう。

　まず、世界観にかかわる部分では、はじめにグワラグワラで著名な施術師であるオティンガ・オニャンゴ・トニャ氏 Otinga Onyango Tonya（当時約50歳）にインタヴューを重ねることで、その基本的な語彙を習得した。インタヴューのあとには、こちらからその基本的な語彙について若干の理解を話し、類似の観念について紹介してもらうことにした。

　続いて、事例の具体性とその文脈を確保する関係から、地域史に通暁する必

103

要があった。私は調査助手の意見を聞きながら、その地域の代表的な長老格を訪ねた。インタヴューのなかで、言及された地域の著名人の名前は適宜それからのインタヴューの質問に反映させた。そうすることで、私と助手たちが「地域の偉人たち」と呼ぶリストはどんどん長大なものとなっていった。

重要だったのは、何よりもこうした調査に協力してくれる人をつてをたどって見つけ出すことである。紹介に紹介を重ね、僅かな手がかりをたどって、私たちはトロロ中を歩き回った。「ゆきだるま方式」というほど方法論として体系化されたものではなかったが、こうして膨大な言説のコーパスができ上がったことになる。

さらに、調査の後半部分で注目した事例の背景となる国内政治の相対的に客観的な情報については、マケレレ大学図書館で、新聞記事などのスクラップを行った。このことについても司書のヴィンセント・キセカが重要な助言をいくつもくれた。

2　テキスト

本書で使用するのは、とくに断りがないかぎり、現地調査で得られたインタヴューにもとづいている。インタヴュー資料は録音され、書き起こされ、翻訳されたのちにタイプされて電子化された。それを慣例にならって「テキスト」と呼ぶ。ここでは、こうした「テキスト」の資料的性格について若干の確認をしておきたい。

(1)　ノーツ・アンド・クエリーズ

1970年代まで版を重ね、おそらくはその時代のほとんどの社会人類学者が携行していたと思われる『人類学の覚え書きと質疑』第6版[63]には、次のような記述がある。

　　……(3) テキスト
　　テキストの作成は、言語学的資料を得るのに有益なだけではなく、重要な資料や文化的事実を得るのに役立つ。ひとりのインフォーマントの日々の生活におけるちょっとした出来事や、関心がある成り行き、物語、神話、あるいは家族や部族の歴史における事件などについて口述をしてテキスト

63　*Notes and Queries on Anthropology*, Sixth Edition, Revised and Rewritten, A Committee of the Royal Anthropological Institution of Great Britain and Ireland, 1951年版。1971年発行本からの引用。

序章

を完成させるのである。このようなテキストにもとづいて直接質問をすることによって人類学的に価値のある資料が作成できる。さらに、日常の会話、子供たちや親族同士、あるいは共同で仕事をする仲間たちのおしゃべりなどについてのテキストを作成するべきである。調査者が当該言語によほど深い知識を持っているのでない限り、すべてのテキストはただちに翻訳してもらうべきだ。……［A Committee of the Royal Anthropological Institution of Great Britain and Ireland 1971: 49-50］

　この本の第1版（First Edition）は1874年の発行であり、その後、第2版が1892年、第3版が1899年、第4版が1912年に刊行されている。1929年刊の第5版には、この「テキスト」にあたる項目が置かれていない。1951年の第6版からの追加項目である。イギリス社会人類学における「テキスト」という考え方には、1927年からロンドン大学主任教授となったマリノフスキー Bronislaw Kasper Malinowski（1884-1942）の影響が大きいと私は考えている。
　また、1965年にスピンドラー夫妻を編集委員 General Editor としてシリーズ化された「人類学的方法による研究叢書」Studies in Anthropological Method の1冊として刊行されたビーティ［Beattie 1965: 30-31］には、「観察、『テキスト』そして公的記録」の節が設けられ、次のような記述がみられる。

　　……人類学者やその助手に対してインフォーマントが口述し、人類学者や助手が一字一句正確に書きおこした言説、あるいはインフォーマント自身が直接書き上げたもの、つまり「テキスト」を得ることは、現代のフィールドワークの絶対に重要な部分のひとつである。この方法によってのみ、人々がものごとをそう語る（とかあるいは考えている）と単にフィールドワーカーが語るのではなく、彼ら自身が語ることを記録することができるのだ。［……］そのようなテキストは、テキストについて人類学者のつけるコメントとともに、ついには出版される業績の一部として統合されるのである。……［Beattie 1965: 30-31］

　これはおそらく、『人類学の覚え書きと質疑』第6版で紹介され、推奨された調査法の実践であり、その成功例の提示とみてよかろう。
　80年代に入ってアメリカの人類学者たちが出版しているフィールドワークの教科書、『人類学フィールドワーク入門』［クレイン＆アグロシーノ 1994: 112］（原

105

著は 1984 年初版)にも、上記の個所が引用されていることも重要である。このテキストの取り扱いは、『人類学の覚え書きと質疑』のうち、引き続き評価されるべき部分のひとつであろう。

(2) マリノフスキーの「テキスト」

このテキストの考えの根底を作ったのは——ほかの多くの近代人類学の前提と同じく——マリノフスキーであろうと考える根拠は、もう1つある。同様の趣旨が、『西太平洋の遠洋航海者』の随所にみられるからである。

『西太平洋の遠洋航海者』には、次のような印象的な記述がある。

> ……もっともすぐれた民族誌の著者たちは、[……] 陳述のなかでとりわけ重要度の高いものを「逐語的に」引用しようとつねに努力した。[……] 翻訳すると文章から重要な特色が奪われてしまう——要点が全部すりきれてしまう——ことがよくあるので、私はだんだんと、重要な文句は彼らが話すとおりに現地語で書きとるようになった。[このことによって] 言語学の豊富な材料と一連の民族誌の資料を同時に手に入れているのだということに気がついた。この資料は、私が報告を書くときに利用するだけでなく、書きとめたままの形でも発表すべきものだということにも気がついた。[これらは] 口碑文 corpusinscriptionum として、つまり現地人の考え方の記録として発表されなければならない。…… [マリノフスキ 2010: 63-65、原書 Malinowski 1922: 23-4]。

邦訳ではまるごと省略されているが、マリノフスキーがこの大著のなかで呪文の言語学的分析に一章を割いていること [Malinowski 1922]、そしておそらくはその反響の1つとして、言語学の古典となったオグデンとリチャーズ [1951 (1923)] にマリノフスキーが補論を寄せている事実から考え合わせると、先に述べた仮説はいっそうの現実味を帯びてくるようにも思われる。

Urry は、こうしたマリノフスキーの言語学的な関心は、同時代のアメリカとは対照的に、当時のイギリスでは例外的であったという [Urry 1984: 48-55]。マリノフスキーの教えを受けた人類学者たちは、現地語を学ぶこと、そして事実を現地語で記録することの重要性は強調したが、現地語の記録を出版したものはほとんどいなかった。現地語は分析対象というより、調査に「使われる」だけとなった [Urry 1984: 51]。

マリノフスキーの現地語主義は、かたちだけしか継承されなかったというUrry の指摘は興味深い。

(3) アメリカ文化人類学における「テキスト」
一方アメリカ文化人類学においては、こうした現地語を書き起こす資料整理の方法を、北米先住民を対象としたボアズ流のアメリカ人類学の伝統に位置づけている。そこでは、ボアズがそれ以前の言語学者から受けた影響が指摘され、[Radin 1965（1933）] を経由してその後のアメリカ人類学全体へ流れる構図を認める学説史的な関心が存在する［Gruber 1967: 32］。

Radin は、民族誌的な情報を集める唯一の方法は現地語で記録した「テキスト」を作成することだと述べ［Radin 1965: 106, 108-109］、「記録、そしてコメントはそれとは別個に」[Radin 1965: 119, f.n.18］という方針を貫いた。Radin は、多様な議論や分析者の印象、そして再解釈された意味などと同時にオリジナルな資料を扱うマリノフスキーとラドクリフ＝ブラウンらイギリス人類学を批判するのだが、そこではアメリカの文化人類学者マーガレット・ミードまでを「研究者ではなくジャーナリスト」としてやり玉に挙げているのは面白い。

この構図は、日本ではトリックスター研究で名を知られるラディンがアメリカ文化人類学の知的な系譜のなかで果たした役割に焦点をあて、また再評価の可能性も秘める興味深いものだ。マリノフスキーとアメリカ文化人類学との接点が今後検討されるべきであろうが、それは今後の課題としておく。

(4) 「テキスト」の問題点
一方で、こうした「テキスト」作成の方法には、いくつかの欠点が指摘されている。たとえば次のクラマーの指摘には耳を傾けるべき点が多い。

Clammer はこうした「テキスト」作成が、（その歴史的経緯はともかく）その発展と円熟もボアズの仕事のなかに見ることができるとする。「テキスト」作成の方法は、「データが理論に先行するものであり、現地語で書かれたテキストは研究対象となっている人々の心やもともとの主観を映し出すもっとも正確で客観的な像を示している、という」[Clammer 1984: 74] 信念に支えられたものと捉える。そのうえで、以下の6つの欠点を指摘する。

まず第1に、記録者に要求される能力的な問題がある。「テキストの記録者（あるいはもしテキストが文字の書けるインフォーマントによって書かれたり、機材によって録

音された場合には翻訳者になるが）には現地の言語、その口語表現やイディオムに対して高い理解力が要求されることである。」[Clammer 1984: 74]

第2の陥穽は、「テキスト」の性質に由来するもので、サンプルの代表性や言説や記憶の問題が指摘される。「テキストは、その性格からして非常に少ない数のインフォーマントからの記録となるので、その方法の妥当性は、インフォーマントの正直さ、正確さ、記憶の確かさに大きく依存する」[Clammer 1984: 74]からである。

第3に、「テキスト」の民族誌資料としての代表性である。民族誌の対象になる行為や出来事などは語られたものと観察されたものとでは情報の質が大きく変わってしまう。「テキストは情報の1つの種類でしかない。出来事それ自体ではなく、何かについての説明でしかないので、文脈が十分に理解されないと意味がわからない。だからもっと集中的なフィールドワークの代わりになるようなものではない。さらに、単純なことだが、民族誌的な情報の非常に多くの部分が、テキストのかたちで集めることができない。行為、行動、出来事自体、過程、たとえば経済交換の過程など。テキストはむしろ、こうしたことどもに「ついて」語るものだが、実際に出来事を観察するにこしたことはない」[Clammer 1984: 74]と言うのである。

第4に、テキストは出来事などを言説に加工する過程で歪曲され、単純化されることが避けられない。原理的に複雑な出来事をゆがめ濃縮して構造化したものである「テキストは、ゆがめられるし、選択的になるし、インフォーマントがより細かく描写したり、記憶の間違いをしたりするということから逃れられない」[Clammer 1984: 74]。さらには、記録すること自体が、程度の差はあれ、出来事からテキストを引き剥がすことになる。「テキストは、書かれたドキュメントという意味で、それが記録する出来事からは遠く離れたところにあるとさえ言える。ボアズは、クアキウトルのインフォーマントであるハントに読み書きを教えたが、読み書きを知る過程でそれ自体が、出来事を見る見方、記録の仕方、そして伝え方をも変えたはずである」[Clammer 1984: 74]とクラマーは強調する。

第5に、インフォーマントと分析者との関係性の問題が挙げられる。「テキストを中心とする方法は、インフォーマントが記録し、それをフィールドにいない人類学者の分析のために送る、というような場合には、インフォーマントと分析者との間にもっとも不健全な分業を持ち込む可能性がある。データとそれが生きている文脈との分断を導く」[Clammer 1984: 74]。

序章

　第6に、テキスト蒐集が自己目的化する可能性についても警鐘を鳴らす。「テキストを中心にした方法は、別の種類の民族誌的百科全書派を生むかもしれない。実際の文化の動態や、日常生活のリアリティとの関係もあいまいな、形式も構造も欠いた、膨大な資料の蓄積だけを生むかもしれない」[Clammer 1984: 74]。

　ところで、「テキスト」を独立して出版することには経済的な困難も伴う[64]。ここでは、アメリカの文化人類学の黎明期におけるスミソニアン協会の経済的支援と、1979年のアメリカ民族学局に公的に投下された資金による先住民の口頭伝承記録の影響下で、テキスト作成がなかば当然視されていた、というユリーの議論を参照しておくにとどめよう [Urry 1984: 41-44, 55-59]。
　その流れをふまえたうえで、80年代にアメリカで編集されたSystematic Fieldworkというマニュアル[65]において「民族誌的記録の性格」と題して「テキスト」が以下のように扱われていることは特筆に値する。

　……民族誌の記録は以下の4つのタイプのデータで構成される。

(1) 民族誌家の行動記録。これは民族誌家が自分自身の感覚によって書いたもので、ここでは「テキスト(1)」と呼んでいる。[……]
(2) 現地の人間の発言を逐語的に書き起こしたもの。ここでは「テキスト(2)」と呼んできた。[……]
(3) 公的な出所や現地の人から得たもののうち、歴史的な説明や本、文書資料、地図など。
(4) 「テキスト(1)」と「テキスト(2)」の中間に属するような資料。民族誌家の分析の結果を含み、頻度の回数など民族誌家によって数量化されたまとめ、

---

[64] この問題についてはエスノメソドロジーなどの分野でいわゆる「会話分析」を行う際にもついて回る問題であろう。おそらく、精神分析や臨床心理学などは、同じ作業を伴っていながら異なった条件のもとにあると考えられる。この場合「テキスト」は作成されるが、不特定多数の目に触れる形で出版されることはむしろ回避されるからである。

[65] フィールドワークがシステマティックに行われるか、ということを考えると非常に意味深長なタイトルをもつマニュアルである。また、フィールドワークの作業が果たしてマニュアル化できるかどうか、という点でも考えさせられる。これもおそらく編者たちに織り込み済みのいわば挑発的なタイトルであろう。ちなみに、本書第2巻の編集作業には、当時留学中の浜本満が関わっていることを付記しておく。

作成された地図も含む。しかし、もっとも重要なのは、「テキスト(1)」と「テキスト(2)」双方を民族誌家が分析した結果である。これにはフォーク・タクソノミー、何かの全体や部分を図示した、あるいはその他のデータの樹系図など［……］言語の構成要素分析図［……］言語化された行動計画［……］、考慮条件一覧表とフローチャート［……］、テーマの分析［……］そして、事例［……］と呼ばれるような選び抜かれた「テキスト(1)」と、とくに「テキスト(2)」がこれにあたる。……［Werner & Schoepfle 1987b: 44］

「テキスト(1)」と「テキスト(2)」には、次のような規定がなされている。

　……つぎのようなファクターが含まれる。すなわち、民族誌家によってつくられたものであり、彼／彼女の観察や文化的な知識による「テキスト(1)」、そして、相談を受けた人間が、その文化的知識や観察によって作成し、それを逐語的に記録した「テキスト(2)」である。もし、同じ出来事について観察した結果作成されたものであるならば、実例として比較することができる。つまり「テキスト(1)」と「テキスト(2)」、2つのテキストを詳細に分析することによって、どこが違ってどこが一致しているのか判断することができる……［Werner & Schoepfle 1987a: 272］

(5) アフリカ歴史学における「テキスト」

以上のような文脈に加えて、アフリカ歴史学における「テキスト」の扱いについても確認しておかなければならない。Vansina, Mauny and L.V.Thomas ［1964］は、アフリカ歴史学の記念碑的論文集のなかで、「考古学」とともに「民族誌」との連関性を指摘している。本書の対象となるアドラとも深い関わりを持つOgot ［1967a］は、「1つの社会のさまざまな社会制度の関係を研究し分析するのはふつう社会人類学者の仕事だろうが、その関係が過去の暗がりに光を照らすときには歴史学者も同じように関心を持つ」［1967a: 12］として、その対象の類似性を指摘する。また、「歴史の証拠としては、口頭伝承でも書かれた言葉でもともに過去についての正確かつ冷静な記録ではありえない」［1967a: 14］とし、口頭伝承を歴史を再構成する「テキスト」として「文書」と対等の位置にある証拠として用いる。

そういった意味では、「テキスト」という資料のあつかい方にはここでみてきた人類学のものと非常に近いものがあると言っていい。ただ、関心が「歴史の

再構成」にある点が大いに異なっていると考えてよいだろう。その歴史の再構成を可能にするためには、クロノロジーをつくる必要がある。それは、たとえば1世代の年数をもって推計する。先に紹介したように、Ogot［1967a: 27］が実際にとった例では、パドラで1895年ごろ生まれた父親25人を調べると前者は25歳から28歳のころに最初の子供が生まれていることがわかる。ケニア・ルオの30人に同じ手続きをして26.5歳という数値を得た。また次世代に同じ手続きの調査をすると22年であることを考え合わせ、かつての晩婚傾向を鑑みて南ルオ全体で1世代を27年と見積もるのである。

ただし、Ogot［1967a］は、「テキスト」を「著者所有」などとして引用するが、その資料に対するアクセサビリティを保証することはできていない。また、歴史を再構成する資料として見なすためには、話者の背景、資料の記録時の状況などが同時に明らかにされることが望ましいが、それらは十分に果たされているとは言えないのが現状である[66]。そうしたなかでは、大場［2013］は、ある意味でその理念を実行するものだと言えそうである。

私は、こうした方法に共感しながらも、また違いの大きさを意識した。それは1つはトピックの違い、もう1つは目的の違いである。

Ogot［1967a］は、クランの歴史を収集するに当たり、クラン・リーダーに対して限定的にインタヴューを行っている。クラン・リーダーがクランの歴史を管理する機能をもっているから当然とも言える。

しかし、私は歴史を再構成するのが目的ではないから、クランの公式的な「テキスト」を得ようという努力はあまりしなかった。クラン・リーダーにたまに会うと、ときにはノートの切れ端のメモを頼りに、聞き慣れない個人名だらけの「クラン・ヒストリー」を語ってくれることがある。しかしその多くは、無味乾燥な、少なくともそのクランの利害を考えた場合に当たり障りのないものばかりであった。私よりも先に助手のほうが飽きてしまい、早く帰ろうとせっつくこともあった。

私が関心を持つ文化の問題については、クラン・リーダーも警戒している面があった。というのは、プリンストン大学社会科学科に提出された卒業論文が、

---

[66] 私は1997年、マケレレ大学文学部歴史学科のOkalany David講師を通じて、Ogotに書簡を送ったことがある。書簡はOkalanyがチェックのうえ、ある歴史学の国際学会で手渡された。主旨は、引用されているテキストの参照方法に対する照会だが、現在までのところ全く返事はない。事実上アクセサビリティがほとんど保証されていないのである。大場［2013］はその点、テキストを論文とともに資料編として（部分とはいえ）収録しているのは高く評価できる。

インタヴュー記録にもとづいて、「花嫁代償は義務ではない」かのような内容を公開したことがあったからである[67]。それは、とあるクランの指導的立場にある長老が、実際に娘を嫁にやるときに花嫁代償を受け取らなかったという証言と、海外経験も豊富なコロニアル・エリートでもあるその60歳過ぎの男性が「花嫁代償」という伝統は「やめてもいい」とのコメントをしたことをもとにしていた。「アドラ・ユニオン」は、「プラクティカルな争点になりそうな文化的な問題には軽々に答えてはならない」とのお達しをだしていた。私はますますクラン・リーダーたちからは疎遠になった。

20世紀になってできたガンダから入ってきたクラン・リーダーの仕組みやクランの歴史が新しくつくられたものだということは、後にみるようにクラン・リーダーの創設が軒並み新しいことからも納得がいく。

もちろん、Ogot［1967a］もクランの歴史がその政治的な意図にもとづいて書き改められていることに気付いている。しかもそれが教会のそそのかしや、チーフのポストを巡る争奪戦に有利になることを想定してのことだ［Ogot 1967a: 22-23］。

これらは、歴史を再構成するうえでもやっかいな問題であるが、「公式見解」という考え方があるだけ、「正本」にちかい「テキスト」が作成できる、ということでもある。

ただ、私は「歴史を再構成」しようとしているわけではない。語られたと言う「事実」を根拠にしながらもそのことと「語られた内容」(コンテンツ)は「事実」であるかどうかは、厳しく区別し、基本的にはそれほどこだわっていない（序章18「本書の方針」）。私が得たいのは、普通のアドラ人の考え方や世界観についてのテキストである。それは当然のことながら話者によって矛盾や解釈の違いを多く含むことになり、ある特定の概念について議論を絞ったとしても、公式見解に至ることはまれである。それだから、私の集めるテキストは、対象を反映して、「正本」とはほど遠い雑多なものとなっている。

また、私がここで扱うのは「災因論」であり、研究史上あきらかなように、「有神的信仰」、「マニズム信仰」、「妖術の諸観念」、「超自然的制裁を伴う禁忌」、「呪術行為」、「祖先祭祀」、「霊」、［エヴァンズ＝プリチャード 1982: 494-495］などのモチーフと密接に関わるはずである。

ところが、事実上彼らのほとんどはキリスト教徒なので、テキストの多くは

67　Adhola［2010］。MIFUMIという国際NGOの下記サイトで公開されている。［http://www.mifumi.org/admin/publications/1392023561Bride%...］2014年9月18日閲覧。

序章

彼らが排撃する「異教」について語るものとなる。

そういった事情もあって、本書での話者の多くからは公開前提で話を聞いてはいるが、どの話者がどのテキストのもとになる話をしたのかは問題にはしていない。しかし、必要とあれば遡ることができるようにはしている。

(6) 本書における「テキスト」の考え方

これらの議論を踏まえて、本書のもととなった研究計画では、当初、録音したすべての資料について現地語版から英語版、そして日本語版を独立に作成することがめざされていた。しかし、それは時間がかかりすぎること、また、手間と費用がかかりすぎることなどから頓挫することになった。ここでは実際の本書における「テキスト」の考え方について述べる。

本書がある意味での理想とするのは、第2章と第10章でとられた記述方式である。それは、編集のされていない語られたままの録音資料が書き起こされて示され (Appendix)、翻訳され、そこに適宜注釈を加えて内容を確認したうえで最後にその資料を通じて言えることを分析する、というかたちである。ここでは、翻訳された日本語の「テキスト」はもちろん、現地語版までさかのぼることができるので、アドラ語がわかる第三者が私の分析を批判的に検討する回路は準備されている[68]。しかも、第2章と第10章について言えば、1人のアドラ人からの「テキスト」だから、特定の概念についての理解がぶれることはあまりない。その意味での研究者の特定概念をよく理解しようという動機による恣意的な作為は混入しにくい。本書が目指した資料処理のプロセスを一部でも示したいと考えて、第2章と第10章分——もともと1人の話者のまとまった一続きの語りである——はAppendixというかたちで採録したのである。ただ、その方式を全体にまで採用することは不可能だった。

最低限のトピックのまとまりを保証するために、第3章から第7章は、特定のトピックについてのテキストを集め、それに解説を付した上で全体を章末でまとめる方式をとっている。

それは、第1に、実際のテキストは、特定のトピックについて理路整然と説

---

[68] 論理的にはトランスクリプションの過程も検証の対象になりうるから、理想を言えば、録音のもとのデータにもアクセシビリティを確立したいところである。録音資料は、カセットテープ、MD、ビデオテープなどの媒体で保管されてはいるが、それぞれテキストとの対応関係が確認できていないうえ、必ずしも再生が可能な状態にない。調査で用いた録音資料をアーカイブ化することができないかと常々考えてはいる。

明してくれるわけではないことが理由としてはあった。しかし、記述の段階では、無関係に見えたり話題が飛躍しているように見えても、何らかの論理でつながっている可能性があるから、いまの自分にはわからないそのつながりを切断してしまう恐怖が常につきまとった。それがテキストの内容を編集することの躊躇となり、実際には最後の段階まで編集を行わなかったことにもつながった。その代償として、本書は、特定のトピックについて集中的にもれなく情報を提供するという形式から外れることになり、要点が整理されていない、散漫な印象を与えることとなった。また、これらは、最後に行った編集の段階ではもとのテキストから切り離されている。特定概念について話者の属性や地域の違いによる解釈の違いが不可避的に入り込み、「テキスト」ごとにある程度の矛盾が混入しているが、それが依って立つ違いのもとをたどることができるようにはなっていない。これは特定の概念の概要をある程度まとまったかたちで提示するには不可避的なことのように思われた。それでも編集は基本的には、「テキスト」に語られた内容にもとづいた基準で行われ、分析者の解釈にもとづいて大なたをふるうことはしていないつもりである。

　一連の口頭伝承研究の成果をかんがみると、その「テキスト」に対する別の分析者のアクセサビリティは、非常に重要であるがなかなか果たされているとは言えない。たとえば、日本の民俗宗教についての調査報告［梅屋1995, 梅屋・浦野・中西2001］で、録音資料からの書き起こし（「テキスト」）を多用したのもそういった理由による。当時の考えでは、とりわけ「信念」などを対象にする場合、形式的な真偽論に陥る以前に、信じていようがいまいが、その概念について（あるいはその概念によって）何がしかの社会的相互行為としての「会話」が成立した、という社会的「事実」はあることを記録するべきだと考えた。特定の概念が相互行為としての会話を破綻なく成立させたことは「事実」である。もし、そういった観念が実際には私たちの目に見えない、手も触れることができないものだとしても、会話が成立したという「事実」を前提にするべきであると考えたからである。

　また、一方で、こうした会話を通じて、「物語」として言説がリアリティ構築する現場に立ち会っている、との実感もあった（「おまえは、見たのか」とつっこみをいれられるところであろうが）。現在でもその考えはおおむね変わっていないが、今後は分析や民族誌的な記述が進めば、「テキスト」の持つ意味が補足的なもの

序章

になってくるのではないかと思い始めている[69]。その変化の理由はいくつかあるが、先に挙げたクラマーの議論に沿って言えば、第1の点と第3の点に多く関わっている。

「テキスト」をそのまま挙げても読めなければ意味がない（たとえば、前掲論文で私が理解可能だと考えたいくつかの方言は、一部の読者には理解されなかったし、本書のAppendix は、西ナイル語を解さない読者にとってはただのアリバイ以上の意味はないかもしれない）。

民族誌は一定程度 readable でなければならない。そういった観点から、当初は積極的に用いていた会話分析の記号は次第に用いることが少なくなった。

たとえば、私が当初用いていた記号を使った会話記述は、以下のような方式である。

〔トンチボとはどのような存在か、という問いに答えて〕
(01) A：トンチボにおうたことあるか？
(02) B：んー大昔
(03) A：ヤマノカミさんだ
(04) B：サンジエモンのいまのジイサンとのう、粟ひらいにいったらのう、うすぐれえもんだしのう、こくらや（地名）んちゅうところののう、でっぱりのところにのう、こう、こがいなっとるんだ、にんげんみたいになっとるの
(05) A：そうやって見せるんだ余のもんに
(06) B：ああ、ありゃあ人間だわちゅうてちかづくようになったらおらんよ (4.0)
(07) A：やっぱにんげんみてえにしてみせかけるんだな、(10.0) よう人を騙かすのは「トンチボみてえだ」//ていうもんだ
(08) B：そうそういうんだ (3.0) 騙かすちゅうのは、人を騙かすのはトンチボみてえだっていうもんだ
(09) A：そうそうトンチボっちゅうのは騙かすちゅうに相場は決まっとる
(10) B：そういうんだな (9.0)〔……〕
(11) A：あののう、バアもトンチボにあったことが一回あります、鏡岩のう、

---

69 このことは、「テキスト」へのアクセサビリティを軽視するようになったということではない。議論を先取りして言うと、このプロセスは、読者の「アブダクション」を喚起するかたちでの記述がうまくいけば、という前提がある。

あっこのとこからこう下がって下のサンジエモンの畑へいくとき、パーっと、目の前を通っていった、そりゃあ大きなもんだトンチボっちゃ〔トンチボに出会った体験：1993年9月20日、A（f）67歳、B（f）80歳、一部省略〕

　このなかには、(07)でAが話を終える前にBが口を差し挟む様子や、10秒を超える「トンチボみてえだ」というイディオムを想起する前の沈黙が記述されている。しかし、この「沈黙」の存在が「何かを考えている」とか、「回答に窮している」とか、「相手の反応を見ている」などの解釈を許すとしても、その解釈は当該の文化的なカテゴリーにもとづいて判断されるべきである。しかしながら、この録音記録が、話題になっている「トンチボ」なるものの意味内容について、読者に提供できる情報はわずかである（せいぜい別名ヤマノカミ、人間みたいに化ける、人を騙す、といったところだろう）。ここではおそらく、この観念を了解するのにもっとも重要な、「狐狸の類いである」というような情報が欠けている。
　私が本書で示したいのは、むしろこのコンテンツのほうなのである。私自身身につけたかどうかも疑わしい、ある意味では奇異なエージェントのコンテンツなのであり、こうした微視的な相互作用を議論の俎上に載せることができるのは、そのコンテンツが共有されて初めて可能となることなのではないか、と考えはじめたのである。「沈黙」が「何かを考えている」とか、「回答に窮している」とか、「相手の反応を見ている」わけでは全くない場合もフィールドワークでは大いにあり得るだろうし、すくなくとも、自分の当座の解釈が間違っている可能性は織り込んでおくべきではないかと思うのである。
　私がここに示したのはほんの初歩的な記号に過ぎず、Moerman［1988: 121-179］や菅原［1998］を紐解けば、もっと複雑な会話が遂行される状態を記述するための厳密な記号と、書き起こし資料をみることができる。その記録の価値は認めつつも、私はある時期から、単に「……」などを用いることにし、それまで用いていた沈黙などをあらわす記号も略すようになった[70]。会話の「順番取り」のような内容以外の面を対象にするならば、必要な記号もコンテンツを理解するためには妨げでしかない。たとえば、菅原［2015］はその問題を補うために書き起こし（菅原は「転写資料」と呼ぶ）に「要約」を付することになっている。

70　たとえば梅屋［1995］はもっとも会話分析に近い手法を用いたものだが、その後は複雑な記号は用いていない。「読みうる」readableことが民族誌のなかで占める重要性を重く見るようになったためである。

序章

　これは1つの解決策ではあるが、ある意味では冗長である。沈黙の意味1つをどう解するのかも、文脈と「テキスト」には表れない状況によるのである（クラマーの言う第3点）。また、「テキスト」作成時の多くの文脈が再現不可能となっており、その文脈を補足する情報なしでは「テキスト」自体がナンセンスになってしまうこともあるだろう。

　また、リアリティが語りによって構成されることは合理的な推論としては確かだとしても、読者がそのことを実感することがない以上、また観察者の目にそれが観察されない以上、そのことのみを言いつのるのは生産的ではないようにも思えた。つまり、リアリティ構築を前提としたうえでどのような語りが可能であるのか、コンテンツ自体を問題にするべきだ、と考えるようになったのである。もちろん、語られたことがすべて事実だというつもりはない。ただ、語りのなかに矛盾があっても、コンテキストの作り替えによってリアリティが構成されるのだとすれば、むしろいかなるときにリアリティ構成は破綻したり失敗したりするというのだろうか。

　本書のテキストの扱いが一見古典的に過ぎるとすれば、それはこうした理論的循環を通して最初の地点に戻ってきているからだと言えよう。

　もう1つ、テキストを重視した理由について述べておかなければならない。私は、基本的には、本書に収録したテキストすべてのインタヴューに立ち会っている。その時にはフィールドノートをとっており、それと録音資料とを併せて基本的な民族誌的資料であると考えてきた。しかし、それを現地語から助手の助けを借りて英語、英語から日本語に移し替えたとき、とても大きなものをたくさん見落としていることに気づいたのである。

　「その場にいて、聞いているのに、聞いていない」、これは単に言語能力の問題だけではなかった。当時はアドラ語よりはましであったはずの英語で交わされた会話であっても、非常に多くのディテールが、取りこぼされていることに気付いたのである。つまらない話だなあと思ってわかっていたつもりのインタヴューだったものから、録音を書き起こし、翻訳して「テキスト」にしてみると、とたんに、非常に深い文化の深奥を示唆するような細部が立ち上がってくることがしばしばだった。先に私は分析が進めば「テキスト」は従になりうるであろう、と書いた。それはその通りであろうと思う。いくつもの「テキスト」をある基準にもとづいて並列にならべ、そのなかから典型的な「テキスト」を議論の傍証として、補足的に選び出して提示することができるだろうからである。しかし、自分はまだその段階ではない、というのが私の自己採点であり、見立

てである。私はだから、本書の少なくとも前半部分では可能な限り、ディテールを見逃さないように、テキストをもとに資料を提示することにした[71]。当然のことだが、「語られた」ということが事実だとしても、そのことと、「語られた内容」が事実であるかどうかは注意深く区別して考えなければならない。そのことについては、すでに議論した（序章 I 8「本書の方針」）。

　私がパドラを調査地に選んだのは、先行研究の少なさに惹かれてのことだった。しかし、私が調査に訪れる前のパドラは、うち続く内戦でかなりのダメージを受けていた。しかも、北東部の牧畜民を除くと、貧困の代表と考えられていた節もある。現地NGOが開発プロジェクトを運営し、かつて教会がそうしていたように、「迷信撲滅」に必死だったのである。

　そこでは、本書で扱ったような「ジャミギンバ」、「ジャジュウォキ」その他の人々が跋扈していたわけでも、どこかに行けば儀礼が頻繁に行われて自由にみられるわけでもなかった。他の地域の民族誌を読むと毎日のように儀礼をしているようなところがあるようだが、パドラはそうではなかった。ほとんどのアドラ人が、牛5頭が相場の花嫁代償を一生かかっても支払えないでいるのだ。そういった場所では、よりいっそう過去の実践を懐古的に語る「テキスト」に資料を依存するしかなかった。

　もっとも、この「テキスト」をあつめる活動には、いくつかの展開もあった。1つは本書で第2章となっている「テキスト」の採録である。こうした、ある意味ではポイントが絞られた「テキスト」が蓄積されてくると、こちらも質問がしやすくなった。「ティポご存じですか」「ラムって何ですか」「ジャミギンバご存じですか」などという質問が可能になる。また、場合によっては、インタヴューの導入部にこちらからその一部を紹介するようになった。すると「そうそう、昔はそういったもんだ」「若い連中にはわからないだろうが」といったようなわけで、「昔話」に花が咲くような場面が見られた。場合によっては、「テキスト」の見解とは異なる見解について紹介してくれることもあった。

　こういった部分は、「サルヴェージ人類学」として否定的に扱われることが多い部分なのかもしれない。ただ、民族誌というものは、それを主な目的にするかどうかはともかく、そのままでは消え去ってしまうかもしれない語りを、別のメディアにうつしとるための契機の1つではあるはずだと私は思う。

71　このディテールがOkazaki［1986］の言うディテールとは質が違っていることはわかっている。それは、おそらくはたとえばLienhardt［1961］が実現したような、奇跡のようなものとして結実しているものであろう。

録音され、書き起こされ、二重に翻訳された「テキスト」は、いわば死んだ言葉である。生きた言葉でそれぞれのトピックについてタイムラグなく直接に対話できたらなおいいとは何度も思った。それは本書の残した決して少なくはない今後の課題の1つである。

第 1 部

第1章　トウォ *tuwo*——病いのカテゴリー

I　はじめに

　パドラでの挨拶はだいたい次のような流れで行われる。細部にヴァリエーションはあり得るが、ほぼ共通のイディオムといって言い。一度、グワラグワラから歩いて出ようとした際、数えてみたら合計124人の人々と以下のような挨拶をすることになった。挨拶はまさしく義務（ティーチ *tich*）であり、日常生活の根幹をなしていると言っていい。

A1「ヨガ *Yoga*（こんにちは）」
B1「ヨガ・ベンディ *Yoga bendi*（こちらこそこんにちは）」
A2「インティエ・ネディ *Initye nedi?*（あなたはどのようにお過ごしですか）」
※ *ntiye* に宣教師用のアチョリ語テキストでは exist の訳を与えているものがある。be 動詞と類似している語であるが非常に意味が強い。
B2「アンティエ・マベール、コサイン *Anitye maber, kosa in?*（元気に過ごしております。あなたは？）」
A3「アンティエ・マベール、マ・ペチョ？ *Anitye maber, ma pecho?*（私は元気です。ご家族はどうですか）」
B3「ペチョ・ワンティエ *Pecho, wanitye*（家族も（元気です）」
A4「ワレワ・ギ・ティーチ *Walwa gi tich*（（挨拶という）義務を果たしたことを評価します、から転じてご挨拶ありがとう」

　このルーティーンの流れがときに中断されることがある。それは、B2 が「アンティエ・マベール」ではなく、「アトウォ *atuwo*（仮にトウォを「病気」と訳すと、私は病気だ）」あるいは「ワトウォ *watuwo*（われわれは病気だ）」などという回答がとなったときである。Aと特に親しい場合にその家族との挨拶であれば、「ゴトウォ *gotuwo*（彼は病気だ）」ということになる。病気でも「元気です」と言うべき

123

だ、というような挨拶のルールはないので、かなりの頻度でトゥォ tuwo の語は日常的に耳にする。

　本章では、「災因」のうち、この語トゥォ tuwo（引き続き仮に「病気」と訳しておく）の種類と原因、そして対処法に焦点をあてることを目的とする。最初にこれらの資料を紹介する意図は2つの含みがある。第1に、「病」の経験は、——「病因論」という1つのジャンルがあることでも容易に了解されるであろうように——「災因」のなかでは、コロニアル、ポストコロニアルを通じて新しい解釈を加えられている側面を持つ。いわば、時代の変化によって経験とそれに対する解釈が多様化し、活性化しているインターフェイスであると言える。これは検討に値する非常に刺激的な面を持つ。もう1つは、本章以降見ていく生活世界や環境を、病の種類を通じて確認しておきたい、ということである。

　この部分には、私の隣人であった、アドラ語で言うミレルワ mileruwa（広義の医療従事者）[1] の中でも「ムズング（白人）の」という形容がつく、西洋由来の医療従事者、ワンデラ・メルキセデク[2] からの知見が随所に取り込まれている。この資料の検討を通じて私が確認したいのは、「パドラの」という形容のつくいわゆる「伝統的」病因論と、近代的な医療技術が、互いに排他的ではなく共存する実態である。それぞれ一貫して追及していけば矛盾点に突き当たるとはいえ、すくなくとも日常生活者のレヴェルでは、両者は矛盾なく併存している。たとえばBayart［2005］ならば、こうした状況を「複数の伝統が互いに編み込まれる(the interweaving of traditions)」[Bayart 2005: 7-58] と表現するかもしれない。両者は、植民地化に代表される歴史的経緯の下で無理やりに接合された要素を含んだものであるにせよ、現在はともに彼らのものとなって身体化されているのである。

　もう1点は、凡庸ではあるが、病気のプレコロニアルな解釈と治療方法のレジリアンスが見出せる。コロニアルおよびポストコロニアルの医療がオールマイティでない以上、そこには解釈の余地があり、既存の解釈と方法が存続する素地がある[3]。それらは単純に新しい方法にとって代わられるのではないというのが実態である。

---

[1]　このなかでも、子供専門の医療者をジョミウォル Jomiwor（pl. sing. *Jamiwor*）と呼ぶ。
[2]　1997年から2000年まで、グワラグワラにあったロモ診療所 Romo Health Center に常駐していた。
[3]　このあたりの事情については、1回「病院」で治療を受けたのに症状が繰り返すことを「病院が打ち負かされる」と言い、占いとしかるべき治療（病院ではない治療）が必要であると考えるケニアのドゥルマについての優れた分析がある［浜本 1990: 48-55］。

II　資料

1　リフオリとトウォ

　アドラ人は、どんなトウォ *tuwo*（病）であっても、リフオリ *lifuol*（不幸）がすべての背後にあり、偶然ではありえない、と言う。そういった意味では、病は不幸のあらわれにすぎず、究極的な「災因」はつねにその背後にあると言えよう。「病は深い解釈を要求する」[渡辺 1983: 336] という問題設定はその限りにおいて妥当である。

　「伝統的」[4] には、トウォの背後には、かならず以下の4つのうちのいずれかがあると考えていた、とメディカル・アシスタントのワンデラ・メルキセデクは言う。

(1) アジュウォキ *ajwoki* といい、悪意をもつ人による邪悪な呪術があると考えていたと言われる。また、毒などを飲み物に入れられた場合、この毒や、その毒を盛る行為をジュウォキ *jwoki* と呼んだ。農作業の帰りや、眠っている最中に塗布されてしまうこともあるという。

(2) トウォ・マ・ダノ・ニウォレレ・ギネ *tuwo ma dhano nywolere gine*。生まれつきのもの。

(3) トウォ・マ・レモ *tuwo ma remo*。文字通り訳すと「血の病」。血縁関係によって「遺伝」する。現代の医療用語では、「癌」に該当することが多い。

(4) ティーチ・マテック *tich matek*。過労。

　以下に示す資料は、私の依頼によって、ワンデラとジョセフ・オマディアがパドラで一般的なトウォとしてあつめたリストである。「流産」からはじまる一見唐突なリストだが、配列の順番には現在私が知り得ない意味があるかもしれないと考えて、そのままにしてある。これらは会話やインタヴュー時の発話を録音してテキストとして書き起こしたものではなく、初めから文字資料として

---

[4] 「伝統」という語彙が今後資料のなかに登場するが、もちろん筆者は「伝統」概念を無批判に不用意に使用したくはない。そもそも移住の過程で母集団は共有していたとみられる現存のアチョリ、ランギなどの民族との分裂プロセス、また近隣民族との接触による影響関係を随所で認めることができるし、いわゆる「伝統」的要素と「近代」的要素が絡み合っている様態を凝視することが本書の大前提であれば、なおのことである。

第1部

作成された。

2　トウォ tuwo の種類

(1) ポド・パ・イニ・ダノ・モガモ podho pa iyi dhano mogamo（流産）は、この あたりでもっとも頭の痛い問題の1つである。その原因はいくつかあるが、多いのはムスジャ・マ・スナ musuja ma suna つまりマラリアによる体調の悪化や、トウォ・マ・カニュウォリ tuwo ma kanywoli（子宮の病）によるものなどがある。

　　伝統的には、妊婦はムルスワ muluswa[5] と呼ばれる薬草を水に混ぜた薬液を飲まされたものである。事実、そういった処置で改善することも多い。しかし現在では、たいていの人は病院に送る。ほとんどがトロロの国立病院に運ばれる。

(2) ブリ・マ・ドゥオンディ・ジョ buri ma dwondi jo も多い。これは咽のできもの。バクテリアなどに感染することによるのだが、あまり水浴びをせずに、体を清潔に保っておくことが大切である。垢まみれになっていると、こういうことになりやすい。伝統的施術師のところでも、切開されて管で内部の体液を抜く処置がなされる。その後、オンドゥレ ondule と呼ばれる薬草を首に巻く。医療機関でも切開とドレナージをする点では、原理的にはかわらない。医療機関では、抗生物質を処方する。

(3) カルンバ kalumba[6]。この語を訳すのは難しい。たぶん、呪術によるものだろうと思う。誰かの意図による場合もあるが、小道を歩いているときや森の奥深くで「出会ってしまう」こともある、と認識されている。不安とか、

---

[5] このムルスワという植物は、このあたりによく生えているのかたずねると、オシンデ・アキソフェル氏がしばらくブッシュをあるいて探してきてくれた。その後、2001年8月10日には、手近に手に入る薬草をあつめることができた。私はこれを、[*Microglossa pyrifolia*]（和名はシマイズハハコ）であろうと推測する [Kokwaro & Johns 1998: 66-67]。

[6] ワリゴナ waligona、ミセウェ misewe、ティダ tida など類似の症状を示す「病名」が複数ある。それぞれ微妙に異なっているが、最終的には治療に当たるミレルワの（占いや憑依託宣による）診断による。また、ある診断が下されても治療がうまくいかないと、当初の診断が覆されることもある。カルンバは女子供がかかることが多く、寄生虫が原因だと考えているものもいた。アクウォタ akwota という別名を持つ。観察できる症状としては、皮膚が黄色くなり、身体の一部が腐敗するとされている。いずれも、夜間に外に出たがり、裸で踊り狂うなど異常行動を示すとされる。施術師が依頼を受けて太鼓やがらがらで儀礼を行う。がらがらのなかには乾燥したトウモロコシの実が入っており「チェケレ *chekele*、チェケレ *chekele*」と音がする。擬音も資料の一部と考え、記録しておく。

精神の不安定などという表現ができるかもしれない。伝統的な対処方法としては、憑依霊を祓う儀礼を行う。まず、太鼓を叩き、夜明けにクライアントをブッシュへと連れて行く。供犠として羊を屠り、準備した敷きもののうえにクライアントを座らせ、かまどの灰を塗っておいておく。この儀礼が終わって帰ってくるころには、多くの場合治っている。クライアントは女性が多い。私はついていったことはないが、見送ったこと、また治ったクライアントが帰ってきたところを見届けたことは何度もある。

　太鼓が叩かれはじめると、患者は興奮し、踊りはじめ、必要なことをしゃべりはじめる。霊が望んでいるのは羊だったり、白と赤の鶏だったり、様々な種類の食べ物であったりする。そうした食べ物を籠のなかに入れて、白い紙、黒い壺、雛などの供え物を深夜4～5時くらいに森の奥の蟻塚のある場所にもって行き、供えるのである。アジュウォキ *ajwoki* やマガラ *magara*、ブラ *bura* という言葉で似たような状態をあらわすこともあるが、これは同じことを違う言葉で言い換えただけだと思う。

(4) ウィノ *wino*。これを医者は停留胎盤と言う。この原因は、よく口にされるのは友人の「故意」という表現だが、それ以上の含みがある。アドラ語でどの語彙が対応するのかは、その後の詳細情報に左右されるが、人類学の通常の用語で言えば、「邪術」が近い。妊娠している時期に友人に嫉妬の気持ちをもたれると、これをされることがある。トゥド *tudo*（字義通りには「縛る」こと）という邪術の1種であると言える。伝統的には、オティキ・ディエリ *otiki dieli* と[7]カジョコロ *kajokolo* という薬草を燃やし、調理石の下に置く。クライアントである出産を控えた母親の臍の部分にあたるように石でこするようにする。妊婦はその薬草の一部を噛んで服用するように言われたものである。

(5) トゥォ・スカリ *tuwo sukari*。文字通りには「砂糖の病」として知られている糖尿病。糖分のとりすぎが原因なので、医療機関では糖分が多く含まれる食べ物を摂取しすぎないように指導されるが、伝統的には、動物の胆嚢や非常に苦味の強いものを食べることがすすめられていた。

(6) アビリノ *abirino*。これは吹き出物やニキビの類である。医学的には、ホルモンに関していくつかの知見があるようだが、特効薬のようなものはないように思える。従来は膿んだ患部を押し絞って膿んだ内容物を取り除く方

7　バナナやキャッサバの畑に生える植物。

第 1 部

法がとられていた。

(7) スリム *slim*。AIDS のこと。トゥイロの病 *tuwo twilo* とも呼ぶが、この地域でも非常に多くの人が犠牲になっている。埋葬儀礼に出席し、死因をたずねると、たいていの死因はこれだといっても言いぐらいだ。この原因というか感染経路については、ある程度皆知っている。感染者との性交渉、感染したものや道具、鋭利な道具に触れること、とくにナイフや注射針などが危険なものだ。伝統的な施術師に行っても、この新しい病気についての理解にはたいした違いはないので、感染者との性交渉を避けること、それからコンドームの使用をすすめられるぐらいである。治療法は近代医療にもなく、最後には死亡する運命と決まっている。

(8) アドラ・マ・リンゴ・ラキ・ジョ *adhola ma ringo laki jo*。ラキ・ジョは「歯」、リンゴは「肉」。字義通りには「歯の肉のできもの」。急性潰瘍性口内炎と診断されることが多い。原因は、細菌が口中の傷に入ったためである。口腔内を清潔に保つために、医療機関ではいろいろな処方がなされる。伝統的には、モー・ディアン *mo diang*（バターあるいはギイ）を口のなかに塗りつける方法が一般的だった。

(9) カレンゲレ *kalengere*。医学的には、頸部リンパ節炎に当たると思われ、エリスロマイシンが処方される。リンパという考え方がもともとアドラにはなかったので、食道炎も同じように認識される。この首の病気には、伝統的にはオディ・オブンブ *odi omumbu*（蜘蛛の巣）が使われる。まず、蜘蛛の巣を焼く。そして、その灰をかまどの灰と混ぜて首につける。アニュカ・ニュカ *anyuka-nyuka*[8] を火であぶり、患者が噛む。症状は異なるが、カレンゲレについての認識は、ウィノに対する考え方と似ている。

(10) メロ *mero*。酒を飲み過ぎて意識を失うことがあるだろう。あれだ。アルコール性昏睡という。女性の尿をコップ 1 杯飲ませる、という伝統的な治療法に効き目があると広く信じられていた。現在の医療機関では、西洋医学に基づいてグルコースが処方される。

(11) ディエウォ *diewo*。下痢のこと。こういう消化器系の病気は、ありふれてはいるが、それだけに非常にたくさんの原因が疑われやすい。たとえば、呪術。毒を盛られたのかもしれない。マラリアでもこの症状はありうるし、AIDS でもみられる。たんに不潔だったから、ばい菌が口から体内に入って

---

8 箒をつくる草。

第 1 章　トゥォ tuwo

悪さをしているのかもしれない。伝統的には、イェケ・イェケ yeke-yeke とシワ・マ・タリ siwa ma tari という薬草と、十分な水分とともにアチュワ・マ・ミティ achwa ma miti（樹木の 1 種）を与えることが大切だ。清潔がなによりだ、という考え方も伝統的にあるので、排泄物の処理には気をつける。これは医学的にも理にかなったものだ。

(12) キディンビア kidimbia。貧血のことだ。クワシオルコル kwashiorkor（ガーナ、アカン語に由来する語だが、「消耗症」として医学用語としても定着している）とも言う。アドラ語で「血がない」ongoye remo と言う。ひどいときには、顔がむくんでふくれあがったようになるという。この症状に対しては、医療機関としては、鉄分を補給する錠剤を与え、安静にするようにすすめるしかない。伝統的には、オシガ osiga という野菜を調理して、摂取すると予防のためにいいとされている。科学的な裏づけがあるのかもしれないが、私はそこまではよく知らない。食欲増進の効果があるという蔓草ニャムケシ nyamukesi から調合した薬草をとることもすすめられる。

(13) ミニ・イェ・オウォキ miniiye owoki。これは痔にあたる。大便の圧力が引き起こすいわゆる切れ痔、それから便秘との関連で起こるものがある。伝統的な治療法としては、背中を押したりする療法が知られている。シラニェンデ siranyende とドゥキノ dukino という薬草をバナナの葉の上に置いてその上にしゃがむ。その後、その薬草を飲み水と混ぜ、一緒に沸かして飲む。AIDS でこの症状にそっくりな状態になる場合もある。

(14) オグワンギ・コ・カイン ogwangi ko kayin。動物に噛まれたらきれいに患部を洗浄することだ。そこに鳥の糞を塗りつけるのが伝統的な治療法である。

(15) トゥォ・マ・チョコ tuwo ma choko。関節炎。直訳すると「骨の病い」。マイギ maigi、つまりリューマチと対処法は同じとみなされている。関節が膿んだ場合、つまり細菌性関節炎にかかった場合、膿を除去する点は同じだが、プニイ punyi という薬草の根を地酒マルワ malwa とリウォンベレ liwombele という蔓草と一緒にすりつぶして乾燥させたものを 1 日 2 回、1 週間のあいだ経口摂取する。リウォンベレは、儀礼でよく壺に巻き付けられる蔓草の 1 種である。

(16) キディニ kidini。回虫症のこと。不潔にしているとこれにかかるし、地域社会の問題として便所が不足していることが、この病気の蔓延を許している要因である。診療所に行けば、ベルモックス（メベンダゾール）の錠剤かシ

第 1 部

ロップ、レバミゾールシロップ、ディカリス、あるいはケトラックス（薬剤名）、その他の名前で出回っている薬を処方されることになる。伝統的には、アチワ・マ・ケッチ *achiwa ma kech* という薬草をすりつぶし、水と混ぜ合わせ、コップで患者に飲ませる。また、ムスルワ・マ・タリ *muluswa ma tari*[9] も同じように飲ませると効き目が期待できる。

(17) アシマ *asima*。ぜんそくのこと。肺へつながる気管支の狭窄が原因の1つだが、伝統的にはプニィ *punyi* というつる草植物をすりつぶし、それを噛むように指示される。診療所にいくとサブタモールが処方される。

(18) イーマ *yiima*。これは脾臓が肥大する病気だが、マラリアによってもおこると言われている。原因はまだよくわかっていない。伝統的には、オカタラ *okatala*[10] という薬草の根っこと蔓草植物カナキ・ナキ *knaki-nakii*、そしてルク *luku* をすりつぶし、水と一緒に混ぜて経口摂取する。

(19) カチョ *kacho*。虫にさされてしまったら、モー・タラ *mo tala*（灯油）をそこに塗ったり、ミキシンデ *mikisinde* という草を患部に強く押しつけるとよいと言われていた。

(20) スウォリ *thwoli*（蛇に咬まれた傷）。蛇に咬まれることもある。最近でもムバレで、大主教が蛇に咬まれ命を落とした。テレ・マチョリ *tele macholi* という黒い石を用いて体内の毒を吸い取る。対応が早ければ助かることがある。

(21) チュウエリ・パ・ウミジョ *chweri pa umijo*。鼻血。患者をみたら、この地域では基本的にはマラリアで熱にうなされているか、腸チフスが疑われ、診療所でもそういった対応をする。しかし、伝統的には冷たい水を額に注ぐ対処がとられる。

(22) ブリ *buri*。腫れもの。不潔なためにおこることもあるし、細菌が体内に入ったことによる場合もあるが、邪術によるということもある。体内の腫瘍についてもほぼ同じ考え方がとられる。

(23) ウォロ・マ・コリ・ジョ *wolo ma kori jo*（咽の病）。咳がとまらない、いわゆる気管支炎である場合が多い。伝統的には、薬草を混ぜて準備する。薬草をムルスワと水と混ぜて、また、蔓草植物プニィ *punyi* を水と混ぜて服用する。12時間おきに服用する。だいたい5回から7回これを繰り返すと治

9　非常に小さな植物の1種。英語名、学名、和名ともに未詳。
10　植物の1種だが、時期がくると種が破裂するという特徴をもつ。[*Tylosema fassoglense*] [Kokwaro 1972: 71, 142, plate 44b; Kokwaro & Johns 1998: 96-97]。

第1章　トウォ tuwo

ることが多い。

(24) トウォ・マ・ミヨ・イイ・ドキ・ポド tuwo ma miyo iy dhoki podho（牛が流産する病）。これは、ブルセラ病が疑われる。抗生物質を投与するしかない。

(25) トウォ・マ・クウォト・ンガンギジョ tuwo ma kwoto ngangi jo。両足の付け根の病気。両足の付け根に痛みをともなう、横根（医学用語）。これは、薬草の名前は失念したが、それを粉にして薬草を水とバターとで混ぜあわせて処方する。

(26) ワンギ・ギ・マッチ wangi gi machi（火による火傷）あるいはワンギ・ギ・ピー wangi gi pi（お湯による火傷）。これは、冷たい水を注いで、ウサギの毛皮を傷を覆うようにかぶせておく方法がとられた。医療機関では抗生物質が処方される。

(27) トウォ・アドゥンド tuwo adundo（心臓の病）。心不全。これは、血液が不足しているという考え方から、(12)のキディンビアと種類が似ている。心臓自体に細菌が入り込んだとか先天性の問題である可能性も排除できない。伝統的には、山羊の肉を食べてはならない、山羊以外の動物の心臓は食べないこと。それ以外はキディンビアと同じ処置をとる。山羊の心臓を食べると治ると考えられている。また、バナナのうちの1種、ゴンジョ・マ・ンティエ・マ・ウォウェ gonjo ma ntiye ma wowe を食べると治るとも言われる。

(28) トウォ・イイ・ジョ tuwo iyi jo（腎臓の病気）。今日では腎炎と呼ばれる。伝統的には、(27)の心臓の病と同じように、食事をしっかりとり、酒をのまないようにしたほうがいいと言われる。

(29) ムボワ mbowa。蜂窩織炎。伝統的には、オポソ oposo という薬草、赤腹の黒い蟻が薬として処方された。皮膚炎、なかでも呪術による手足の腫れが疑われるものについては、伝統的には、便所の穴や調理石に患部を乗せたりする方法があったが、現在ではこれをする者はほとんどいないと思われる。

(30) ムスジャ・マ・スナ・カ・オドンジョ・イニャンギシ musuja ma suna ka odonjo inyangith（脳に入ってしまったマラリア）。マラリアでも、脳をやられると、症状は(87)ネコ neko 狂気と同じなので、病院に送られる（(87) 参照）。

(31) トウォ・マ・ニャサイエ tuwo ma nyasaye（子宮の病気）。ムブラ・キフオ mbula kifwo つまり淋病がもっとも疑われる。この処方は梅毒と同じだがここではそれだけ述べておこう。

(32) トウォ・マ・タコ tuwo ma tako（胆の病）。胆嚢炎（Cholesystis）は、「油のと

131

りすぎ」*bori maditi* とされるので、伝統的には、脂質の摂取を減らすように指導される。

(33) ディエウォ・マ・ピヨ・ピヨ *diewo ma piyo piyo*（文字通り訳すと「急な下痢」）。コレラ。不潔のことをコッチ *kochi* と言うが、コッチが原因であるから、清潔にすることである程度予防できる。ただ、下痢により水分が失われるので十分な水分を補給してやることが必要だ。

(34) トウォ・マ・チュニイ *tuwo ma chunyi*。肝炎。原因は酒の飲み過ぎが多い。マゾ・ングリ・マゾシ *madho nguli mathothi*、つまり、ングリという蒸留酒を飲み過ぎるとこうなる。伝統的にはチュンビ・マノック *chumbi manok*（塩分を与えない）。腹水が溜まるからであろう。チェモ・マケロ・メニ *chiemo makelo meni*（炭水化物をたくさんとる）。キダダ[11]という毒を盛られたときのように腹がふくれあがる。

(35) トウォ・マ・ギリエ・ジョ・マ・ドンゴ *tuwo ma girye jo ma dongo*（大腸の病気）。細菌が入り込んだことによる。また、ひどいディエウォ *diewo*（下痢）に悩まされる。伝統的には、米やラブウォ・ニャキズング *Rabwo Nyakizungu*（じゃがいも）を食べると下痢はやがておさまるとされる。

(36) ムスジャ *musuja*。一般的な悪寒。日本語の「風邪」に近い特徴を持つ語。インフルエンザのこともありうるし、赤痢のこともあるかもしれない。医療機関ではそれを特定してから治療するのがふつうだが、伝統的には、十分な水分摂取をすすめて、炉など火のたかれている場所の近くに座らせたりするのが一般的だった。また、ベッドで休むことが推奨されることも多かった。

(37) トウォ・マ・ワンギ・ジョ・ギ・スビ *tuwo ma wangi jo gi thubi*（目の炎症、結膜炎）。外傷、細菌がはいったと考えられる。とくに不衛生だとこうしたことが起こりやすい。伝統的には、ピギ・ボケ・ヤーシ *pigi boke yath*（樹木の葉からつくられた樹液を調合した薬草）が処方され、いつも目を洗うことぐらいしか手はない。

(38) ピエリ・オムニェ *pielo omunye*。便秘のこと。これは便所に行く習慣がう

---

11 後述（81）参照。毒は、サミアやソガから最近になって伝わったものであるとされている。後に紹介するムブルク *mubuluk* という野鳥の肉（特に肝臓とも）からつくられるものが有名だが、カタツムリの殻からつくるものもあるという。キテガ *kitega*、ムカマ *mukama*、マイエンベ *mayembe* などの異名を持つ邪術（および邪術師）も同じくバントゥ諸民族由来とされる。最近はマジニ *majini* というケニアのモンバサから入った邪術がごく一部で実践されていると伝えられている。

第1章　トウォ tuwo

まくついていないことが原因で、変にがまんすることが習慣化するとおこりやすい。また、消化に悪いものを食べ過ぎると、こうなることもある。伝統的に言われているのは水分をたくさん摂取するように、と言うこと。アボカドやパウパウ paw-paw などを食べるといい、ともいう。

(39) グウェチョ・パ・ニシンド gwecho pa nyithindho（子供が病気の時、あるいは何かに満足していないときに起こす衝動的な動き）。子どもが痙攣をおこすことがある。これは、ジュウォギ[12]のせいにされることもあるが、現代的な見地からすれば、マラリアだったり、血圧の問題だったり、ということがあるだろう。伝統的には、ジュウォギを祓う儀礼を行うほか、お湯に浸した布で体を拭いてやるとかの方法がとられていた。もちろん、マラリアの場合には、マラリアに対する治療を行えばいい。

(40) パンガやナイフなどでの切り傷は、まず止血することが大切だ。ひもなどを用いて患部を縛ることが有効だ。「失う血を少なくする」tweyo remo okiri ochweri という言い方をよくする。

(41) トウォ・オレヨ tuwo oleyo（膀胱の病）。膀胱炎。これは、(31)の子宮の病気とおなじくムブラ・キフオ（淋病）によるものがあるので、(48)も参考にしてもらいたい。単に細菌が感染しただけのこともある。

(42) ゲモ・ギ・ブリ・イ・ラキ gemo gi buri i laki（「歯が膿んで穴が空く」）。医学的には歯性膿瘍と言い、かなりやっかいだが、患部で灰を噛んで、うがいをすることが伝統治療としては行われていた。

(43) ゲモ gemo。う蝕。歯のカリエスのこと。虫歯もこれに含めることがある。たいがい不衛生にしているのが原因である。伝統的には、毎食後と毎朝、チュキ・マッチ chuki machi、つまり灰や木炭で歯を磨く。マウォレウォレ mawolewole（腐ったバナナの茎）で患部をマッサージする。リンブグ limbugu という薬草の根で熱湯とともに患部を刺激する。伝統的には、主な原因は歯の中にいる虫だと信じられていた。

キデラ Kidera 村のマスンブコ Masumbuko（25歳）は歯痛と歯の穴を訴え、ついに食べ物を食べるときに痛くてものが食べられないほどになった。

現在の医学では、食事するたびに、食べ物の小片が口の中に残り、それが細菌によって酸をつくりだし、歯を腐食させ、穴を作り出すと考えている。

(44) クウェロ・チエモ kwero chiemo（「食欲が起こらない」）。このことの原因は、

12　後に詳しく見ることになるが、ジュウォギ jwogi はここでは、近似的に「霊」と訳しておく。

第1部

マラリアや風邪のように多岐にわたるが、麻疹のこともある。あるいは消化器官に疾患があるとこういった症状を引き起こすこともあるだろう。いずれにせよ、医療機関では原因を特定してから治療をはじめるが、伝統的にはニャムケシ nyamukesi という薬草を水に混ぜ、沸騰させてから患者に与える方法がとられていた。たいていはすぐにその後、患者の食欲は増進していたものだ。

(45) ディエウォ・マ・レモ diewo ma remo（赤痢）。これは、下痢がひどいので、即効性のある万能の処方箋はない。下痢に関してはすでに述べた。水分補給が大切である。抗生物質を投与しておけば、ある程度すれば改善することが見込まれる。

(46) リソカ・ダコ・ルコドウェ lithoka dhako rukodwe（月経時の違和感）。正常でもときにこの状態に悩まされる女性は多い。生理痛が重い、という人は結構いる。ただ、淋病のように STD（STD: Sexual Transmitted Deseases）によるものもあるので見分けが難しい。伝統的には、淋病と同じようにする。(48) のムブラ・キフオを参照してほしい。

(47) オドキ・イシ・ジョ odoki i ithi jo（耳垢）。油を乾いた場所に与えて、適度な潤いを与えておく。

(48) ムブラ・キフオ。これは今日では淋病として知られている。代表的な STD のひとつである。伝統的には、ムルスワの葉を粉にし、その根を混ぜて薬をつくる。3日間毎日カップ1杯飲む。ラグウェ ragwe（蜥蜴の白いもの）とゲコ gecko（頭の赤い蜥蜴）と薬草オシト osito[13] の根をすりつぶして、経口摂取する方法もある。

(49) ポド・フミ podho fumi（てんかん）。てんかんと思われる症状を示す人は比較的多い。これらの類似の意識障害の症状は、かつてはジュウォギのしわざと考えられていた。しかし、精神的外傷、トラウマによってこの症状を示す人もいるし、日常のいろいろな雑事の厳しさによってこうした症状を示す人もいる。究極のところはあまり原因がわかっていないことも多いのではないか。伝統的には、スンド・ヤゴ thundho yago という薬草をすりつぶしてその薬草の液にクライアントの体を長期間浸しておく。

(50) ミディノ midhino。皮膚のできもの。湿疹や皮膚炎などを総称してそう呼ぶ。原因はよくわかっていないが、山羊の肉を食べるとこの症状を示す人

13　蔓草植物。赤と黒の種が特徴的。学名未詳。

第 1 章　トゥォ tuwo

がいるようだ（アレルギーか。この言葉を彼らは用いなかった：梅屋）。伝統的には、カパンガ *kapanga*[14] の葉で患部をこするなどし、あるいは、アディ *adhi*（テントウムシ）と、羊の糞を同様に皮膚にすり込む、などのことが行われた。これは1日4回行う。西洋的治療としては、ベタメサゾン・クリームが一般的である。

(51) 白癬。これも (50) ミディノと同じようにとらえられ、同様の対処がとられた。

(52) ラキ・ニャシ・マコ・ティレ *laki nyahi mako tire*。生後5ヶ月ぐらいから乳歯が生えてくるが、これは無意味なものだと考えられている。ポトング *potong* と呼ばれる。偽物だというのである。これのせいで、下痢をしたり嘔吐したりするのだということで、「病因」の1つと考えられていた。

　だから、これは、病院ではなく施術師の手で引き抜かれることが多かった。抜いたあとの傷口にはオベリ *oberi*（ジャカランダ）の木の根をこすりつけた。

(53) トゥリ・パ・チョコ・ダノ *turi pa choko dhano*（骨折）。伝統的には、アロエの1種が患部にあてられる。それから患部を固定することが行われた。

(54) ムスジャ・マ・スナ・ケロ *musuja ma suna kelo*。マラリア。これも、かつてはジュウォギのしわざと考えられた。患者を分厚いシートやブランケットでくるんで木の上などに吊るして、ムルスワ、ユーカリなど低木の葉を集めて燃やし、患者をその煙で燻した。状態がひどいときには病院に運ぶのがよい。(1) と (36) も参照。また、新鮮なムルスワ（前出）が絞られ、入浴に使われる。

(55) チロ・マ・カニョウォリ・パ・ダコ *chilo ma kanywoli pa dhako*。医療機関では膣トリコモナスと呼ばれる。伝統的には、患部を清潔にたもち、性交渉を避けるのがよいとされる。

(56) コヨ・マシンド *koyo mathindho*。麻疹のことをこう呼ぶ。やはり、これも意識障害が伴うこともあるからジュウォギのせいにされることが多かった。また、これは一定期間症状が続くので、何か悪い予兆であるという解釈も、過去には頻繁にあったと考えられる。治療法としては、蜂蜜モー・キチ *mo kichi* をクライアントに与える他、蔓草植物であるニャムケシを食べさせ、食欲を回復させることが大切とされた。また、食欲が回復してきたら、肉

14　学名 [*Lantana Camera*]、和名はクマツヅラないしシチヘンゲ、ランタナ。

第1部

など高タンパクの食べ物を与える。ただ、この病気が伝染性のあるものであることはある時期からは知られていたので、子供の患者に水浴びをさせることは禁忌だった。コヨ・マドンゴ *koyo madongo*。

(57) ピシ・マラーチ *pithi ma rachi*。栄養不良。栄養失調。いわゆる高タンパク食が推奨される。肉の他には、たとえば胡麻、大豆、バター、卵などがすすめられる。これは、いろいろな問題の複合であり、食べるのに適切な食べ物や適切な食べ方を知らないとか、いわゆる食生活にかかわる生活習慣の問題など、この社会の経済的な意味だけではなく、貧困の問題が深く絡んでいる。つまり、無学でまともな生活習慣を身につける機会がなかったことや、内戦が続いていて、こうした問題に真剣にとりくんでこなかったことにもよる。

(58) トゥオ・マ・テロ・ングティ・ジョ *tuwo ma telo nguti jo*。髄膜炎にあたる。伝統的には、塀に用いる樹木の葉のうち緑のものをとってそれでマッサージすることが多いが、重篤な場合は病院に連れて行かれる例も多い。ジュウォギのせいにもされやすい。

(59) アドラ *adhola*。潰瘍のことである。ビロワの木の樹液が傷に塗布され、灰をかぶせて乾燥させる。そして現在では抗生物質を投与する。

(60) トゥオ・スンド *tuwo thundho*（「乳首の病」）。伝統的にはカギノ *kagino* という植物の葉を使う。すりつぶして胸に塗り、マッサージする。母乳を搾りだす。これは毎日行う。

(61) ヤーシ・オイェヨ *yath oyeyo*。「猫いらず」つまり鼠を殺す毒をあやまって食べてしまうことがある。そういった場合には、ミルクをたくさん飲ませ、生卵をたくさん飲ませることで対処する。

(62) ニャッチ *nyachi*。梅毒のこと。典型的な STD だ。細菌が関わっていることはよく知られている。伝統的には、性交渉を避けることはもちろん（他の人にうつすことにもなるから）、ムルスワの葉をすりつぶし、水に混ぜる。それを1日2カップ2週間、経口摂取する。伝統医療だけで治るとは考えられていない。

(63) トゥオ・レロ *tuwo lelo*。偏頭痛。原因はよくわからない。頭の血管に血が溜まっているのだと考える医療従事者が多い。伝統的には、(悪い血が溜まっているとの考え方から) 頭に印をつけて、ある程度の傷をつけ、15分間ほど瀉血する方法が知られていた。オシト（前出）という薬草を処方する。これは効き目があることがよく知られている。診療所に行けば、プルプラノロー

ルや、エルゴタミンが処方されるだろう。

(64) トウォ・コリジョ *tuwo korijo*。胸の痛み。農作業などで過度の運動をした場合におこりうるが、内臓疾患と関わっていることもあるので注意が必要だ。かつてはこれにも民間医療的な外科的処置が行われた。胸に印をつけ、傷を付けて、わずかに出血したら、アタワ *atawa* という薬草を塗りこんだ。

(65) ポリオのようなものにも、かつてはジュウォギが疑われた。邪術の可能性もある。排泄物からさまざまな経路で経口感染する。不衛生によってウイルスが蔓延すると考えられた。子供の頃にポリオに免疫がないので、とりわけ注意が必要である。伝統的には、邪術をかけたという容疑者を屋敷などに監禁したりした。また、2口の壺の中に子供を入れ、森の奥深くに子供を置き去りにして、そのことを忘れること（結果おそらくは死亡する）がよく行われたこととして伝えられている。いったん発症し、麻痺がおこると、医療機関でも完治の方法はない。車いすや松葉杖が手放せない生活を余儀なくされる。

(66) アイラ *ayila*。掻痒症。悪い水が原因で、オンコセルカのように虫が関わっている場合もある。そのほか AIDS や何かのアレルギーでも類似の症状は出るし、百足に刺されたり、薬の副作用でも起こりうる。伝統的には、カパンガの葉を芋と混ぜ、アディ（前出）と混ぜてつぶし、塗布する。

(67) マイギ *maigi*。リューマチ。伝統的な対処方法としては、アバチ *abachi* という木の根をマルワに混ぜて飲む、アユチャ *ayucha* という薬草をすりつぶして、経口摂取する。また、薬草としてはアユウェリ *ayweli* とシラニェンデ *siranyende* という薬草も知られている。

　ワンデラが知っている実例では、アチレット Achilet 出身のアニャンゴ Anyango（46歳）のケースがある。彼女は頻繁に咳をし、関節痛、特に膝と手首の痛みを訴えていた。この地域の長老、アケナ・ジョセフ Akena Joseph から聞いた話では、伝統的ハーバリスト（薬草師）のもとにいき、マイギと診断されて、上述のような治療が行われていた。

　「私がはじめて彼女を診たのは、村の、貧しい茅葺きの小屋でのことだったが、1年前に夫を失い、その夫も同じ訴えをしていたと話した。また、リューマチで死亡した家族もいるという。私は Anyango をペニシリンと鎮痛剤で治療した。伝統的な治療よりずっと早く患者はよくなったはずだ」とワンデラ氏は言う。

(68) トウォ・ピエリ *tuwo pieri*（「背中の痛み」）。過重な肉体労働。腎臓の病気な

どが疑われる。伝統的には、オスウェリ *osweli* の根をオフルル *ofululu*（白身の魚）と一緒に混ぜて、患部に湿布することが多い。

(69) オングラ *ongula*。白内障。目の水晶体に傷がつくことによる。栄養失調や麻疹によっても起こると言われているが、よくわからない経緯でこれにかかる場合もあると言われる。伝統的には、目に水を吹きかけ、洗浄するためにマロンゴ *malongo* という木を用いる。1日3回それを実施する。イティ・オイェヨ *ithi oyeyo*（鼠の耳）をマンブ *maumbu*（バナナの葉のなかでも開かずにまっすぐ伸びるもの）の上において、同様に患部に吹きかける。

(70) ウォロ・マ・レモ *wolo ma remo*。結核のことである。原因は感染者からの空気感染だが、沸騰していないミルクを飲んだから、という理由もときに聞くことがある。伝統的には、アチャキ *achaki* という苦味のある薬草を焼いて灰にする。アス・マ・マトケ *asu ma matoke*（バナナの茎）、ニャメジ *nyamegi*（マトケの1種だが、ムウェンゲ（酒）にするのに適したもの。ムビィ *mbiye* とも）を焼いて灰にし、摂取する。約2ヶ月と治療期間は長い。ワンデラから提供された事例は以下のようなものである。

「ポメデ *Pomede* 村の少女、キソコ *Kisoko* は、発病時12歳だった。登校中に気分が悪くなった。熱っぽく、頭痛がしたので、屋敷にもどった。母親はベッドに寝かせた。キソコは乾いた咳をしていたという。私は診療所に連れてこられたキソコを診察し、まずペニシリンを処方した。数日経ってわずかに改善したが、咳と頭痛が再びはじまった。私は患者をすこし離れた国立トロロ病院に送った。病院での診察時、体温は38.9度に達していた。胸部は、右胸郭の動きが弱っていた。心臓と気管は側部に変位しており、呼吸音は微弱であった。これらの所見より1つあるいは2つ以上の肺葉が虚脱していることが考えられた。患者にはただちにペニシリンが投与され、ツベルクリン検査が実施された。48時間以内に強陽性がでた。胸部レントゲン検査も実施され、右中葉と下葉の虚脱が確認された。そのため、治療は抗結核・化学療法へと変更された。キソコの熱はただちに下がりはじめた。

キソコは改善した。生まれたときに、BCG（Bacille de Calmette et Guérin）ワクチンを打つことで結核菌に免疫をつけることができる。三角筋への皮内注射するものだ。」

(71) カソンガ *kasonga*。肺炎のこと。細菌、咳によって伝わる。伝統的には、プニイという蔓植物をすりつぶし、それを水と混ぜて1日5回経口摂取さ

第1章　トウォ tuwo

せる。

(72) キリミ *kilimi*。急性咽頭蓋炎。伝統的には、オンドゥサ *ondusa*（薬草）をすりつぶし、処方される。5日間に3回摂取する。医療機関でなく施術師でも刃物を用いて切開することがあるが、現在ではあまりおすすめできない。

(73) ルリ *luri*。種なし。生まれつきのものと呪術によってそうなってしまったものとがある。伝統的には、特別な薬草を噛んで飲むと患者に高い性的衝動がわき起こると言われているが、その薬草の種類や作り方はなかなか教えてもらえない。

(74) ロロ *loro*。水頭症。これも生まれつき、あるいは何らかの呪術によるものと考えられている。伝統的には、アモ *amo* の根を掘りだし、水に溶かして飲んだり、卵を殻ごとゆで、卵に生のままのマテケラ *matekela*[15]と胡麻の種、沸騰した水をすべて混ぜてつくられる。毎日カップ1杯与える方法が一般的だった。

(75) アポム *apom*。象皮病。これは農作業をしているときに畑で呪術をかけられた場合がありうる。あるいは、カタツムリを踏みつぶすとこうなると言われている。伝統的には、特別な薬[16]を患部に吹きつけ、カミソリで傷をつけてすり込む。

(76) マルウィニョ *malwinyo*。サナダムシ。調理がじゅうぶんされていない肉、生煮えの肉などを食べたのではないかと疑われる。伝統的には、オセヨ *oseyo* という植物の根をすりつぶして、それを水と一緒に飲む。

(77) ニャングス *nyanguth*。ハンセン病。これは生まれつきだとか、やはり呪術によるものであるとか、意見が分かれる。伝統的には、アフリカニシキヘビの肉、特に脂肪の部分モ・ニェロ *mo nyelo* が効果があると言われている。逆に羊の肉や、セムトゥンド *semutundu*[17]、ティラピアなど水中にすむ動物を食べてはいけない。特定の薬草を体に塗ることもされていた。

(78) カセンゴ *kasengo*。疥癬。不衛生が原因と言われる。伝統的には、アモ *amo*[18]という木を細かく割って、煮詰め、体に塗る。サブニ *sabuni*（石鹸）、やオモ *omo*（洗濯用洗剤）をきちんと用いて、体や着衣を洗うこと。

15　種が灯油のように燃え、燃料にもなる。サンプルを現地で採集し、「*Ricinus communis*」と考えている。和名はトウダイグサ科トウゴマ属、トウゴマ、ヒマ（蓖麻）の別名をもつ。
16　この薬の成分に関して口は堅かったが、おそらくは象の肉を利用したものであろうことが近隣の民族誌から推測される。
17　ナイル・パーチに似た魚の一種。成魚は非常に大きくなる。
18　樹木だが、すりつぶして水と混ぜ、牛に与えることがある。

第 1 部

(79) アルニャ *alunya*。頭部白癬。伝統的には、アトンギ *atongi*（ヌスビトハギ）という薬草を煮て、すりつぶし、そして患部に塗る。チャングウェ *changwe*（ヘチマ）の葉、イエケイエケ *yeke-yeke* の根も効き目があるとされる。

(80) ワガ *waga*。足のかゆみ。大便で汚れた場所を裸足で歩いたりした場合にはこうしたことがおこる。伝統的には、患肢に尿をかけるとなおるとされた。

(81) キダダ *kidada*。症状としては腹水がたまること。飲水時に呪術、とりわけ毒を混ぜられた場合に起こる。伝統的には、コンゴやマルワあるいは紅茶に薬草を混ぜ、飲むという処方があったが、一説には、これにかかるともう助からないとも言われている。事実、伝統的ハーバリスト（薬草師）のところに連れて行かれれば100パーセント死亡するだろう。通常、患者は体内の液体を吸収するような激しい嘔気をもたらす薬草が与えられるという。伝統的ハーバリスト（薬草師）はその薬オポソ *oposo* という木を粉にして、お茶やコンゴと混ぜて飲むように、というような治療をしているそうだ。

　助かったケースもあるが、その場合には、キダダではなく、酒の飲み過ぎによる（(34) トゥォ・マ・チュニイ参照）ものだったのだろうと考えられる。

(82) ワリゴナ *walogona*[19]。鬱。これは (3) カルンバと並んで難しい病気だ。犠牲獣として雄鳥、雌鳥、山羊がたくさん必要である。施術師がこれらを供犠する。ここでは私の観察したことのある事例を紹介しよう。

　①まず、大きさの異なる太鼓12張りが用意され、それを叩く。家族全員が集められる。そのなかから、病人の世話をする人物をひとり選ぶ。

　②ワリゴナを祓う儀礼を行うために小屋を建てる。この小屋をサウォ *sawo* という。この儀礼では霊に出て行ってもらわなければならないので、かならず霊の出口がなければならない。したがって、この小屋には、ワンカッチ *wangkach*（門）[20]をつくっておかなければならない。それには、出口に続く霊の通り道も周到につけておく。サウォとは別に、ミガミ *migam* と

---

[19] ワリゴナと、カルンバ *kalumba*、ミセウェ *misewe*、およびティダ *tida* は、女性や子供を襲うことが多い症状である。夜裸で踊り狂ったりすると言われ、昂じると森に入って行方不明になる。カルンバでは、真っ赤に焼けた炭を食べようとするなどの異常行動が報告されている。ジャシエシが呼ばれ、太鼓を叩き、瓢箪のがらがらを鳴らしてその原因とみられる憑依霊を取り除く。なにが憑依しているかによって除霊の儀礼の際に歌われる歌や踊り、太鼓の調子が異なると言われる。ジャシエシの能力は、こうした憑依霊に憑依されて1度儀礼を受け、憑依霊と何らかの取引をして折り合いをつけた結果であると解釈されることも多い。

[20] 計4本の木のポールを両側に2本ずつ立てる。

第 1 章　トウォ *tuwo*

いう小さな小屋とオディ・ブラ *odi bura* という 2 つの小さな小屋を作成する。オディ・ブラの 2 つの小屋のうち、1 つには壺と槍が置かれる。もう 1 つはワルンベ *walumbe*[21] あるいはヤモ *yamo*[22] のためのものである。これらの小屋には囲いがつくられる。

　③ワンカッチ *wangkach*（門）の前で、牛、山羊、羊、そして雄鶏をチョウィロック *chyowirok*（供犠）する。さらに山羊 1 頭と雄鶏を小屋の入り口で屠り、続いてミガミの前でも茶色の山羊と雄鶏が供犠される。また、オディ・ブラの前では、2 羽の雄鳥が供犠される。供えられるものは以下の通り。12 個の小さな鈴・ムレゲ *mulege*[23]、チョンボ *chombo*（タカラガイの貝殻）[24]、クゥ

21　ガンダ語で霊のこと、ヤモのガンダ語訳と対応する、と考えている者もいる。
22　ヤモは、死霊の 1 種だが、「風のようなもの」であるという（風のこともアドラ語でヤモという）。どんな姿の人間にも変身すると言われるが、本来の姿では胸が片方しかなく、しかもそれがひどく垂れ下がっているのだと言う。あちこちに動き回る霊であり、季節的には 11 月から 1 月までによく徘徊するとされている。夜通し騒ぎ、明け方まで叫んでいる。これは村の人に「死を告げる」とも言われ、事実、この間に人が亡くなることもある。
　「ヤモと遭遇するのはよくない兆候である。人間だと思って話しかけても、姿を消したと思ったらあらわれたりするので、その行動でわかる。喋れないので基本的には回答はないのだが、会話を交わさないまま逃げるとよくないとされる。手近な棒があれば、その棒で威嚇する。「どうしてそんなことをするのだ」という問いを引き出し、「それはおまえが黙ったままだからだ」と答えればよい。さもなければ命を取られてしまう。もしそんなことが起こっても屋敷に帰るまでそのことを他の人に話してはいけない。
　ヤモと遭遇し、万が一それが屋敷までついてきてしまったら、まず、その屋敷の子供の命が危ないと考えられている。そうした不幸を回避するために「ドゥオコ・ヤモ *dwoko yamo*（ヤモを返す）」儀礼を行う。そこでは、クウォン、コンゴはもちろんのこと、考え得る限りの食料（チェモ・ヤモ *chiemo yamo*（ヤモの食べもの）という）を用意して——ヤモが何が好物なのかはよくわかっていない——太鼓を叩きながら村の外れの交差点（あるいはブッシュ）に持って行き、そこで供え、遺棄する。その供え物を発見した第三者は、それをまた村はずれの交差点に持ち運ぶ。もう 1 つのドゥオコ・ヤモの方法として、羊に布を被せてブッシュに追いやる方法が知られている。
　かつて、ヤモをうまく利用し、その案内でブッシュを歩いて効き目のある薬草を手に入れたと言っているジャシエシがいた。そのようにヤモの持っている神秘的な知識を利用した、という話はまれに聞くが、あまり信用されていない。」
23　踊りの際に足に巻いて音を立てる鈴。
24　タカラガイは、ガギ *gagi* とも言うが、儀礼の道具としては、アドラのなかでは最近の流行である。これらは、ガンダかそうでなくともバントゥとの交流の過程でマイェンベ *mayembe* という施術師によりもたらされたものであるという話もよく聞く。タカラガイを使う施術師を指してジョガギ *jogagi* と言う言葉を用いることもある。かつては、タカラガイは、赤ん坊の腰に巻く紐飾りのビーズとともに用いられるのが一般的な用途だったという。それが正確な情報ではなかったとしても、外部から伝わったものであるとの

141

第1部

エティ・マ・ピエニ・ラウ kwoti ma pieni raw（サイの皮でできた楯）、ピエン・クウォロ pien kworo（豹の毛皮）、オテ・アリヨ ote aryo（2つのがらがら、瓢箪に乾燥したコーヒー豆などをたっぷり入れてある）[25]、マラチュチ marachuch（右腕）という異名をとるバッファローの右側の角、4つ口の壺、2つ口の壺各1個、インガ inga（杖）[26]、アミンダ aminda（腕輪）[27]、セケ seke（コンゴを飲むときに

認識を持っていることは確かである。

25 がらがらのことをアグワタ agwata あるいはアケンド akendo とも言う。がらがらに入れるものは、豆のほか、小石、乾燥させたトウモロコシなどさまざまである。
26 特別な森から選ばれた木で制作された小さなサイズの杖。先が少し曲がっているのが特徴。
27 アミンダ aminda は、双子にもつけられるし（見分けるしるしにする意味もある）、親同士の約束で婚約した娘にもつけられる金属製の腕輪。アドラ流の結婚について懐古的に語る以下のテキストを参照。

　……伝統的な結婚のありかた（ニョウォミロック・パ・チャゴ・ンティエ nywomirok pa chago ntiye）では、近年のように自分で少女の屋敷に行き、私はこの娘と結婚したいのだ、というわけにはいかなかった。駆け落ち（ポロ poro）は、忌避され、とくに女の子の側の親にとってそれは考えたくもない忌まわしいことだった。だいたい少年が7歳ぐらいになると、親が近所を歩きまわっていい娘を探すのだった。親が気に入ると、娘の親にもちかける。親同士が親しい友人で、同じぐらいの子供がいたときにゆくゆくは結婚させる約束をすることが多かった。結婚の約束をすることをトゥェヨ・アテゴ tweyo atego（腕輪で縛る）と言う。金の腕輪を鍛冶屋で新調し、娘の屋敷に持っていく。この腕輪（通常のものをアテゴ atego と呼ぶ。アミンダ aminda は思春期前の女の子向けのものである）という銅の腕輪が求愛のシンボルとしてはめられる。娘は腕か、右足にこの輪をはめることでそのステイタスを示した。
　また、まず牛を娘の屋敷に引き渡すことで、暗にそのことを息子にも周囲にもほのめかすことが多かった。娘が成長するころには、牛は何頭も子牛を産んでいるはずだ。何回か通うようになって、娘の父親の合意を取り付けると、日を選んで父と息子が娘の屋敷を訪れる。しばらくもったいをつけたあとで、娘の親（多くはオバ）は娘に訪問者のご相伴をするように言いつける。オバの命令で息子の性的な能力を確かめ、性的に正常かどうかを確認する。これが結婚のはじまりである。このことはかつてアドラではタブーだったが、マジャンガのころ、ニョレとの戦争をしていたころに習い覚えたと言われる。
　アドラには、専門的な鍛冶屋がいて結婚のための象徴となる鍬を鍛える。シコクビエの畑を耕したり、ジャガイモ畑で使う鍬である。結婚するにはたくさんのこの象徴的な鍬が必要になる。まず手始めに、おつきあいの印として娘の父親にこの鍬を差し上げるのだが、3本の鍬を差し出すのが基本である。娘の方でも、これらの鍬をかごに入れて準備し、裕福な屋敷なら牛を1頭つけるものだったが、行われなくなってずいぶんになる。またバケツいっぱいのムウェンゲを準備する。花嫁代償として、時には7頭もの牛を差し出すこともある。基本的には5頭の牛と5頭の山

用いるチューブ。ムコロ *mukoro*[28] の枝で支えておく）、歩行用の杖。

(83) ブボ *bubo*。卵管卵巣嚢腫。これは淋病による。伝統的には、対症的にはマス *masu* とチュム *chumu*[29]、ムブラ・キフオのための薬草が与えられ、水とバターと一緒に飲む、という治療を行っていた。

(84) ロンゴ *longo*。これは陰嚢水腫のことである。富の象徴として、わざわざ薬でこれを自らつくろうとする人もかつてはいた。いまは病院に行き、外科手術で中に溜まった水を抜く人もいる。水を抜いてもまた溜まることが多く、根治療法はないのではないか[30]。

(85) トウォイティ・ジョ *tuwo ithi jo*。中耳炎のことである。伝統的には、オドウォンゴ *odwongo* という薬草を耳の穴のなかに注ぐ。

(86) ウィロ・ングティ *wiro nguti*。斜頸。伝統的には、オンドゥレ *ondule* という玉ねぎのような植物を首に巻きつける。

(87) ネコ *neko*。狂気。呪術によるもの、ジュウォギのしわざ、あるいはマラリアの重篤な症状として、ネコは認識される。ジュウォギのせいならば、その由来するブッシュへ帰ってもらう儀礼を行わなければ治らない。呪術

羊が相場である。現在では、何頭の牛が欲しい、と直截に交渉することができ、相手の意向を推し量りながら、感謝の念をもって行うような、かつてのような花嫁代償ではなくなってしまった。かつては、15頭もの牛を突如贈られて驚かされることもあったのだが。……

28 枝振りのよくなる大きな樹木の1種。この枝の股を利用する。
29 沼地に多く生える樹木。
30 以下のテキストを紹介しておく。「ロンゴ *longo* は、言うまでもなく病気の1種である。子供のころから陰嚢に水がたまって大きく肥大するわけですが、親がそれを知っていれば、早めに治療して治すことができる。ロンゴもちは、外見上すぐわかる。ただ、以前は水を陰嚢から抜いても（ボロ・ロンゴ *boro longo* と言う）しばらくするとすぐに溜まってもとのように大きくなることが多かったし、この病気のために命を落とす人もいると聞いている。この治療はヘルニアのそれとよく似ていると言われている。遺伝する、とも言われていて、祖父がそうだと孫もそうなる可能性がある、と一般に考えられている。また、一説によるとロンゴもちとセックスするとその系統が伝染してその女性の子孫にロンゴもちが出現する、という考え方もある。なかには――ガンダ人が多いと聞いているが――これを富の象徴と考えて「買う」人もいるということだ。禿げ頭も金持ちになる、と子供のころに聞かされたが、それに類することだ。ソロチにこのロンゴをもたらすよく効く薬を知っている施術師がいると聞いたことがある。パドラの人は買ったりはしない。しかし、私は、禿げ頭でも貧乏のまま死んだ人を少なくとも3人知っている。だから、これはただの言い伝えで、実際には禿げ頭でも金持ちになったりしないで、貧乏なままということはあると思う。あるロンゴもちは、リビドーが人より多いのだろうか、6人も妻がいて、そんな生活を続けていた。財力ももちろんだが、よく体がもつ、とみんな話していた。」

の場合、その効き目に対抗する呪術を薬を用いて行うことで、治癒が期待できる。

(88) ラッチ・レモ lachi remo。血尿。原因は膀胱の問題と考えられる。伝統的には、ギダディレ gidadile という薬草を混ぜた尿を飲むように与えられる。経口摂取する。ライウェ・モ・ボケレ raywe mo bokere とオシトの根をすりつぶして熱湯で煮詰め、経口摂取される。

III 資料の分析と考察

1 身体化された「衛生学」

このリストでは、随所に衛生学的な、サニテーションにかかわる記述が目につく。

「細菌が口中の傷にはいったためであり、口腔内の清潔に保つために、医療機関ではいろいろな処方がなされる」(8)、「たんに不潔だったから、ばい菌が口から体内に入って悪さをしているのかもしれない」(11)、「患部を洗浄する」(14)、「不潔にしていると、これにかかる」「便所が不足していることが、この病気の蔓延を許している」(16)、「不潔なためにおこることもあるし、細菌が体内に入ったことによることもある」(22)、「不潔のことをコッチ kochi というが、コッチが原因であるから、清潔にすることである程度予防できる」(33)、「とくに不衛生だとこうしたことが起こりやすい」(37)、「単に細菌が感染しただけのこともある」(41)、「たいがい不衛生にしているのが原因である」(43)、などである。

「清潔がなによりだ、という考え方も伝統的にあるので、排泄物の処理には気をつける。これは医学的にも理にかなったものだ」(11) と言うが、これを真に受けてこれらがすべてプレコロニアルから常識だったと考えるのも、完全に外部からの導入であると考えるのも、ともに早計であろう。

トロロに本拠を置く現地 NGO が上映するドラマで、この地域に食後の手洗いを普及するエクステンション・ワーカーが登場するものがあった。テーマは、「ディヴェロップとは何か」であった。それが象徴的に物語るのは、こうした「病因論」の普及がいかに困難だったか、ということである。衛生観念の普及活動が困難を極めたことは、本論の課題から外れるので詳述しないが、それが徹底して身についていることは、随所で体験することができる。彼らは、「絶対」といって言いほど、ひとたび地面に落ちた食物を口にしない。その床がいかに清潔に清掃されていようとも、である。実際には清掃の程度にもよるがテーブル

の上と清掃済みのリノリウムの床がどちらが清潔なのかは、顕微鏡を使用でもしない限り、科学的な検証はできないはずである。例外を1度だけ見たことがある。私の調査助手の1人、マイケルが、焼いていた鶏肉を一切れ、コンクリートの床に落とした。彼は「黴菌もまだ気付いていないだろう」と言って拾って食べた。いわゆる「3秒ルール」である。この出来事が例外的にみえるほど、彼らには徹底した衛生観念が刷り込まれていると言える。しかしながら、それらが完全に外来のものなのかどうか、今となってはそれは全くわからない。

　こうした資料の随所に認められるのは、すでに浸透し、接合されていて、過去のものと切り分けて区別することがすでに難しくなった、じゅうぶんに身体化された外来の衛生観念の姿である。

2　病因論

　88のカテゴリーのうち、推測を含む「原因」に明確に言及しているものは、以下のとおりである。

(ⅰ) バクテリア、細菌など何らかの感染、衛生的にしていないことに言及しているもの、15例。すなわち、(2) 咽の腫瘍、(8) 歯肉炎、(11) 下痢、(16) 回虫症、(22) 腫瘍、、(27) 心不全、(33) 急な下痢、(36) ムスジャ、(37) 結膜炎、(43) う蝕、(62) 梅毒、(70) 結核、(71) 肺炎、(78) 疥癬、(80) 足のかゆみ、である。
(ⅱ) ジュウォギに言及しているもの、15例。すなわち、(3) カルンバ、(4) 停留胎盤、(11) 下痢、(29) 蜂窩織炎、(39)、(49) てんかん、(54) マラリア、(56) 麻疹、(65) ポリオ、(73) 勃起不全、(74) 水頭症、(75) 象皮病、(77) ハンセン病、(82) ワリゴナ（鬱）、(87) ネコ（狂気）、である。
(ⅲ) 食生活など生活習慣に言及しているもの、10例。すなわち、(5) 糖尿病（糖分過多）、(10) アルコール性昏睡（アルコール過飲）、(32) 胆嚢炎（油のとりすぎ）、(34) 肝炎（酒の飲み過ぎ）、(38) 便秘、(57) 栄養失調、(64) 過労、(66) 搔痒症（水あたり）、(68) 背中の痛み（過労）、(69) 白内障（栄養失調）。
(ⅳ) STD (Sexual Transmitted Diseases) に言及しているもの、6例。すなわち、(7) AIDS、(11) 下痢、(31) 子宮の病気、(46) 生理痛、(48) 淋病、(62) 梅毒。
(ⅴ) マラリアに言及したもの、5例。すなわち、(1) 流産、(11) 下痢、(18) 脾臓肥大、(39) 子供の痙攣、(44) 食欲不振。
(ⅵ) 先天的なものとするもの、4例。すなわち、(27) 心臓病、(73) 勃起不全、(74) 水頭症、(77) ハンセン病。

第1部

写真 21　近所のブッシュであつめられた薬草 (1)

写真 22　近所のブッシュであつめられた薬草 (2)

写真 23　ムルスワ

写真 24　ムルスワの枝を持つオシンデ・アキソフェル

写真 25　足の皮膚に疾患を抱えた老人

(vii) 毒に言及したもの、2 例。すなわち、(11) 下痢、(81) キダダ。
(viii) その他、1 例。すなわち、頭の血管に血がたまる。(63) 偏頭痛。

しかも、(54) のマラリアの原因はジュウォギ、とする説をとると、(v) のマラリアの原因は何か、という遡及的な問いが可能となる。(ii) と (v) の合計、じつに 20 例がジュウォギを原因として示唆していることに驚かされる。

近代医療の普及によってかえって複数の原因が推定されるようになった例も 4 件 ((11)、(36)、(39)、(44)) 挙げられている。

3　ボソ・トウォ・ニャパドラ botho tuwo nyapadhola とヤーシ・ニャパドラ yath nyapadhola

さて、パドラのパ・チャゴ・ンテイェ pa chango ntiye（昔の）という形容で言及される医療のことをボソ・トウォ・ニャパドラ botho tuwo nyapadhola と言い、とりわけ薬草を用いたもののことをアドラ語でヤーシ・ニャパドラ yath nyapadhola と言う（写真 21、22、23、24）。

私は、この資料を作成するにあたって、とくに伝統的な治療法にのみ関心を絞っていたわけではない。しかしながらあつめた資料を検討すると、88 種類のトウォ tuwo（病）のほとんどに対して、ボソ・トウォ・ニャパドラによる何らかの知見が示されていることがわかった。腫瘍内部の体液を抜くための切開や吹き出物の内容物を物理的に絞り出すなど外科的な処置も 2 例あり ((2) 咽の腫瘍、(6) 吹き出物・ニキビ)、現在では誤解とされているとはいえ、伝統的施術師が乳歯を抜歯する例が報告されている ((52))。また、薬草を塗りこむために身体に傷をつける例もある ((64) 胸の痛み、(75) 象皮病)。

しかし、こうした物理的な手技よりも、もっとも中心的な役割を担っているのは薬草を用いた治療である。

燃やしてマッサージしたり (4)、水浴びの薬液にする例 (49) もあるが、もっとも一般的なのは経口で服用することである。薬草と酒とを摂取することをほのめかす記事も 3 例ある ((15)、(67)、(81))。また、複数の薬草を併用して薬を調合する例も 7 件ある ((11)、(15)、(18)、(19)、(23)、(37)、(67))。

(i) 薬草を用いた治療

とくに頻出する薬草名は計 5 例の報告で言及されるムルスワ muluswa であり、この植物が、この地域の伝統医療で示している万能薬的な位置がうかがわれよう（写真 23、24）。

第 1 部

　一般的に服用して用いられる件数は 5 例（(1)(16)(23)(48)(62)）あり、薬液として水浴びに用いられている例も 1 例ある（(54)）。この薬草の万能性は、それぞれ (1) 流産、(16) 回虫症、(23) 気管支炎、(48) 淋病、(62) 梅毒、そして (54) マラリアなどのように、処方されたケースの病名を日本語で並べてみるとわかりやすい。

　次いで、プニイ punyi の 4 例が続く。その内訳は、(15) 関節炎、(17) ぜんそく、(23) 気管支炎、(71) 肺炎である。

　ニャムケシ nyamukesi とオシト osito に言及しているのは、それぞれ 3 例である（前者は (12) 貧血、(44) 食欲不振、(56) 麻疹、後者は (48) 淋病、(63) 偏頭痛、(88) 血尿症）。

　2 例に言及があるのは、以下の 7 種類である。オポソ oposo（(29) 蜂窩織炎、(81) キダダ）、カギノ kagino（(60) 乳腺炎（推定）、(72) 急性咽頭蓋炎）、アモ amo（(73) 勃起不全、(78) 疥癬）、カパンガ kapanga（(50) 皮膚病、(66) 搔痒症）、イェケイェケ yeke-yeke（(11) 下痢、(79) 頭部白癬）、オンドゥレ ondule（(2) 咽の腫瘍、(86) 斜頸）、シラニェンデ siranyende（(67) リューマチ、(13) 痔）。

　最後に、1 回のみ登場する薬草は、次のようになっている。アユウェリ ayweli（(67) リューマチ）、アタワ atawa（(64) 胸の痛み）、アチュワ・マ・ミティ achwa ma miti（(11) 下痢）、アトンギ atongi（(79) 頭部白癬）、アバチ abachi（(67) リューマチ）、アユチャ ayucha（(67) リューマチ）、アロエ（(53) 骨折）、オベリ oberi（(52) 乳歯）、オカタラ okatala（(18) 脾臓の肥大）、オスウェリ osweli（(68) 背中の痛み）、オセヨ oseyo（(76) サナダムシ）、オドウォンゴ odwongo（(85) 中耳炎）、オンドゥサ ondusa（(72) 急性咽頭蓋炎）、ビロワ borowa（(59) 潰瘍）、カナキナキ kanaki-nakii（(18) 脾臓の肥大）、ギダディレ gidadile（(88) 血尿）、シワ・マタリ siwa matari（(11) 下痢）、スンド・ヤゴ thundho yago（(49) てんかん）、チャングウェ changwe（(79) 頭部白癬）、チュム chumu（(83) 卵管卵巣嚢腫）、ドゥキノ dukino（(13) 痔）、ピギ・ボケ pigi boke（(37) 結膜炎）、マス masu（(83) 卵管卵巣嚢腫）、マテケラ matekela（(74) 水頭症）、マロンゴ malongo（(69) 白内障）、ミキシンデ mikisinde（(19) 虫さされ）、ライウェ・モ・ボケレ raywe mo bokere（(88) 血尿）リウォンベレ liwombele（(15) 関節炎）、リンブグ limbugu（(43) う蝕）、ルク luku（(18) 脾臓の肥大）。

　このなかの植物のいくつかは極めてありふれたものであり、すこしブッシュにわけいれば入手できるものもある。しかしながら、こうした薬効の知識とセットになったとき、特定の植物についての情報は非常な価値をもつので、希少な

ものや薬効がきわめて高いものなどは、それゆえにそれ以上の情報を得ることが難しかった。それに何より、多くの場合には、薬草の具体的な名前すら出し渋るのが常だったのである[31]。

(ⅱ) 食餌療法
原因として生活習慣に言及している件数が10件と多かったことに対応して、広義の食餌療法にあたるものは、以下の通りである。しっかり食事をとる（28）、脂を控える（32）、塩を控える（34）、炭水化物を摂取するよう心がける（34）、水分摂取（36）、（38）、（45）、高たんぱく食（56）、（57）など平素の生活習慣に関わるものから、特定の食物を限定的にとることを奨励するものもある。後者には、苦いものを食べる（5）、特定の種類の野菜を食べる（12）、山羊の心臓を食べる（27）、バナナの一種を食べる（27）、コメやジャガイモをとる（35）、アボカドを食べる（38）などがある。栄養面ではなく、「薬食い」的な印象をもたせるものに、赤腹の蟻を服用（29）、ニシキヘビの肉（77）、羊の肉（77）を食べるというものがある。

(ⅲ) その他
特徴的な治療法もある。蜘蛛の巣を焼いた灰を用いる、女性の尿を飲む（10）、薬液を患部に浸し、その後煮沸して飲む（13）、鳥の糞を塗る（14）、蜥蜴（48）などで薬を調合、かまどの灰を噛む（42）、アニュカニュカを焼いて噛む（9）、かまどの灰をつける（59）、石を用いる（20）、冷水に浸す（21）、（26）、バターを塗る（8）、（25）、ウサギの毛皮を被せる（26）、背中を押す（18）、調理用の石を用いる（29）、布で体をふく（39）、バナナの茎で拭く（43）、リンブクで歯磨きブラッシング的にみがく（43）、薬液につかる（49）、羊の糞を皮膚にすり込む（50）、はちみつ（56）、魚の湿布（68）、ネズミの耳（使用法の詳細は未詳）（69）、アチャキを焼いた灰（70）、ニャメジを焼いた灰（70）、カパンガ（50）、（66）とテントウムシ（50）、（66）を混ぜて患部を摩擦する、などさまざまである。このカパンガとテントウムシは、相性のよい薬なのか2度同じ組み合わせで登場する。

逆に摂取を控えたり禁忌する例もある。山羊肉食禁忌（27）、酒禁忌（28）、魚食禁忌（77）などである。行動の禁忌として水浴び禁忌（56）がある。

---

31 私は一時期、ムランダの薬草師のもとに毎日のように通ったが、薬草についての詳しい知識を保有しているはずの薬草師は、むしろそれを生活の糧にしているためか、非常に口が重かった。「具体的な薬草の名前を尋ねようとすると、すぐ話をはぐらかしてしまう」とは、いつも同行していたポール・オウォラの言葉である。

尿を用いるものとして、女性の尿を飲ませる (10)、尿を患部にかける (80)、尿を飲ませる (88) などがある。

詳細に語られたジュウォギ祓いの儀礼以外にも、オンドゥレを首に巻く (2) など呪術的な印象をうけるものもある。

ミルクと卵の摂取による毒消し (61) は、胃にタンパク質の膜をつくって吸収を防ぐのが目的であろう、とワンデラは言う。今日でも酒を飲む前にミルクや生卵を飲むものがいるのと同じ原理だろう。

(7) AIDS、(30) 脳マラリア、(49) てんかん、(65) ポリオなどには、有効な処方箋が示されないのはむしろ当然かもしれない。かつてはこれらも総じてジュウォギのしわざとして処理されたのであろう。

Ⅳ　まとめ

もちろん、この 88 種類のカテゴリーが、パドラのトゥォ tuwo を完全に網羅的にカバーしているはずだなどと言うつもりはない。しかし、このリストが、パドラ人の認識するトゥォ tuwo のかなりの部分を反映していることは事実であろう。

リストが完成してからも何度もオマディアたちと、改訂作業を試みた。その後も独自に改訂を行い、ワンデラとオマディアは、のちになってより近代的な処方箋を満載した、おおむね 19 項目からなる医療者の手引き——アドラ版のようなものを作成した。その資料では医療指導をする立場でもあるワンデラの積極的関与があったようで、薬剤名や医療用語への言及が膨大になっていた。しかし、その資料においても、ジュウォギが病因から消えることはなかったし、完全にヤーシ・ニャパドラ yath nyapadhola が処方箋情報から削除されることはなかった。あらゆる手立てを尽くしても治らない病がこの世にある以上、ジュウォギは依然として最終的な説明手段として用いられるのである。そういった場面では、同じミレルワ mileruwa（治療者）の語彙で呼ばれる者のなかでも、「ムズングの」それを差し置いて「ニャパドラ」という修飾語で語られる施術師の出番が求められる場面が、まだまだあるのである。

「マクドナルド化」式の近代化論に代表される、近代化によってすべてが塗りつぶされるという想定があまりに単純だったことは改めて言うまでもない。また「伝統」と「近代」の二分法が有効でないことは、あちこちで確認されている。それらは、たとえば Bayart [1993, 2005] が論じるように、お互いに絡み合

第1章　トゥォ *tuwo*

うように織り込まれている (interwoven) のであり、それぞれの要素を独立に取り出せるようなものばかりではないのである。ここで可能な、かつ重要性があると思われる作業は、地域や集団によってさまざまに示される近代と前・近代の諸要素の絡み合いがいかなるものであるか、その様態を1つ1つ確認することである[32]。その過程では、ことによると、序章で述べたように「近代」と「前・近代」あるいは「非・近代」との間の垣根が、一般に思われているほど決定的だったかどうかも含めて疑ってかかる必要があるかもしれない。このことによって私は社会変化としての「近代化」を軽視するつもりはない。たしかに、それは人類史において非常に大きな変化であった。しかし、人間はそのような変化のなかをも「ただ単に、生きてしまう」のである。その意味での環境適応能力は、どれほど高く見積もっても足りない、信じられないほどのものがある。

本書の舞台がどのようなところであるか、その一助とするために、その現場でいったいどのような病が一般的だと認識されているか、そのことを紹介することが本章の目的であった。

最後に、以後の議論のために1点だけ指摘しておこう。それは、ジュウォギの仕業にされる症状は、夜出歩く、踊り狂うなど、いずれも似通ったものであることである。逆に言うと、すくなくとも部外者からみると客観的現象、症状は共通であっても、その目撃経験についての解釈はいかようにでもつくようにも思われる。医師にせよあるいは長老にせよ、ミレルワ *mileruwa* や特定の権威者による解釈と認定を経て、「災因」は確定される。しかし、その確定された「災因」も、不測の要素があらわれると別の「災因」の可能性が疑われる、と言うように再解釈の可能性は常に開かれていると言える。そういった意味では現象と解釈の結びつきは、常に必然的なものではなく、柔軟で、脆弱だとさえ言えるかもしれない。

これらの点については続く章の議論で、たびたび想起させられるであろう。

---

[32] ちょうど、という言い方には語弊があるが、日本人の多くが数百年前まではなじみのなかった多くの西洋由来の文物に囲まれ、もはやそれが西洋由来であるかどうかなど立ち止まっては考えないように。

第 2 章 「災因論」

Ⅰ　はじめに

　次に提示するテキストは、1998 年終わりに得られたもので、病や死についてのまとまった録音資料としては初めて得られたものである。話者は、その氏名の公表を承諾しなかったので匿名とする。トロロ県の彼の住居まで同行した調査助手はアディン・フランシス。私の言語能力でわからなかった部分のアドラ語からの同時通訳もトランスクリプションもアディンが行ったが、英文への翻訳はオウォリ＝オダカが、英文タイプライターによるタイプはジョセフ・オマディアが行った。

　このテキストを特に選んで最初に紹介する理由は、このテキストが私の調査のなかでターニング・ポイントとなるものだったからである。当初、「災因論」の枠組みで調査するとはいっても、広義の「災い」には、「貧困」も含まれる。パドラの人たちのあいだでも日本は開発援助で有名な国であるから、当初は日本人相手の対応としては「貧困」の話題の方がずっと多かった。このテキストを契機として、「宇宙論」のレヴェルの話題が会話の端々に上るようになった。ジュウォギ *jwogi*、ティポ *tipo*、ラム *lam* など、このテキストにあらわれるいくつかの語彙が、アドラの宇宙論的な問題を扱う際、絡み合った状況を解きほぐすキーワードだったからであろうと思われる（後の調査で出会う頻度からいうと、この話者のアイラの強調は目立っている）。その後の調査では、それらの語彙が、話者の語りを引き出すことがしばしばであった。

　話者はキリスト教や土着・伝統宗教を問わず宗教的職能者ではない老人で、周囲には前章の語彙で言えばミレルワ *mileruwa* と呼ばれるような専門的知識を有していないと考えられている。その語り口には、専門家ではない平均的なアドラ人が災いやそれに対する対処をいかに考えているかが端的によくまとまっていると思われる。

　このテキストは本来ひと続きのインタヴューのものだが、小論では、ジュウォ

ギ *jwogi*（霊）、ティポ（*tipo* 死霊、ナイル系の諸語では「影」を意味し、死後すぐの祟りを招きがちな死霊を指すことが多いが、とくに殺害されたものの霊をアドラではこの語彙で呼ぶ——詳しくは後述）、アイラ *ayira*（毒）、ラム *lam*（「呪詛」）といった内容記述のために用いられている語彙のまとまりごとに区切り、解説を補ってある。テキスト本文中に丸囲み数字を挿入することで解説での言及箇所を明示した。

Ⅱ　テキスト

1　ジュウォギ *jwogi*

……私は今年で 60 歳になる。ムウォロ *muworo*（エイジメイト）には、生きているものもいるが、死んだものもいる。いろいろな原因で死んだ。スリミ *silim*（AIDS）、ムスジャ *musuja*［より正式には *musuja ma suna*（蚊の病気）］（マラリア）、ソ・アムウォラ *tho amwora*（事故死）、ソ・アイラ *tho ayira*（毒殺）、ソ・ジュウォギ *tho jwogi*（霊による死）。ソ・アネカ *tho aneka*（人に殺害されたものも）、ダノ・オデレ・イソル *dhano odere ithol*（首吊り自殺したものも）、ティヨ *tiyo*（老衰）やソ・リヘラ *tho lihera*（結核で死んだもの）、ソ・ネコ *tho neko*（発狂して死んだものもいれば）、ソ・パロ *tho paro*（孤独になって死んだもの）、ソ・ラミ *tho lami*（「呪詛」で死んだもの）だっている（①）。

Q1：それらの死の原因は何ですか。
A1：事故は個別の不幸によって起こされる。例えばリニイジ[1]のなかで起こる不幸がそれだ。
Q2：不幸はどのようにもたらされるのですか。
A2：伝統的にはブラ *bura* とも呼ばれてきた 3 種類の小さなジュウォギ *jwogi*（死霊）が引き起こすのだ。屋敷の外部から呪う悪霊（ジュウォギ・マ・ミト・アチョワ・ペチョ *jwogi ma mito achowa pecho*）、最後まで葬送儀礼を執行することを要求する死霊（ダノ・コサ・ジ・マジョ・ソ・チョン・コ・ニャリ・ティモ *dhano kosa ji majo tho chon aka fuodi lumbe pajo ko nyali timo*）、それから家族の成員に殺害された者の霊（オドコ・ニャロ・ベド・ニ・イ・ペチョ・ノ・ンティエ・イエ・ティポ

---

[1] 人類学的な意味では、ここで屋敷内の妻を含まないリニイジが持ち出されるのは奇妙である。後の文脈を見ると、「屋敷」が正しいであろう。ただし、ごくまれには理念として血縁関係のあるものにしか影響力を及ぼさない「力」が想定されていることは後の議論で紹介するが、実際の事例のほとんどはその理念を裏切っている。

第 2 章 「災因論」

odoko nyalo bedo ni i pecho no nitye iye tipo）によるものだ（②）。

Q3：どのようにしてそのようなリフオリ *lifuol*（不幸）を取り扱い、またそれから身を護るのですか。

A3：もしその3つの霊が原因であると専門家ジャシエシ *jathieth* の占い[2]の結果判明したなら、それを取り除く儀礼が行われる。3つの小さな小屋を、オカンゴ *okango* の木とアチル *achil*[3] の草を使って建てる。真ん中の小屋には、2本の槍を立てる。雌鶏が供犠されて[4]その血を小屋にふりかける。これらの小屋の屋根に雌鶏の羽をとりつける。3羽の雌鶏と2頭の山羊が犠牲獣だ。屠られた山羊のうち1頭は、儀礼の次第を取り仕切る神霊関係の専門家である施術師の取り分となり、他の肉は参集した人々がその場で分配して食べる。そこで食べるものを屋敷に持ち帰ってはいけない（③）。シコクビエのビールを持ってきて人々にかけ、そしていくらかを飲む。これらすべてがブラ *bura* という神霊を呼び出すために行われることだ。それ以降その場所は祖先の祭祀施設になる（④）。こういう霊は憎い相手に送りつけることだってできる。

Q4：どうやって悪霊を送りつけるのですか。

A4：こうした悪霊を送りつけようとするものは、霊をもっていてそれを送りつけることのできる霊の専門家ジャシエシ *jathieth* のところへ行き、死をもたらす悪霊を送りつけるのだ（⑤）。

Q5：もしそんな悪霊を送りつけられたら、どうしたら助かるのですか。

A5：悪霊に攻撃されている人間を、霊を捕まえ、焼き殺すことができる専門家である施術師のところに連れて行くか、あるいは専門家を呼ぶことだ。薬を処方されれば、気分はよくなる。こういう専門家はみな異なった霊的能力を持っている。ある専門家はほかのものより強力だったり、能力にも差がある。いずれにせよ、霊を捕まえたら、患者や患者の屋敷にほかの霊が入り込めないように、防御の薬草を処方するのだ（⑥）。

---

2 タカラガイを地面に撒いてその散らばり方で占うほか、タカラガイに耳を当てて霊の声を聞こうとするもの、瓢箪のがらがらを鳴らして口笛を吹きながら行うものなどさまざまである。私が頻繁に訪れたオティンガ・トーニャは、サミア人で、兄弟揃ってジャシエシだった。その初期の観察記録が梅屋［2001a: 14-17］であるが、その一部を要約して章末別掲註に採録する。

3 *okango* は、Hymenocardia acida（Euphorbiaceae、和名未詳）［Kokwaro & Johns 1998: 91］、*achil* は、Themeda triandra（Gramineae、和名メガルカヤ）かと推測される［Kokwaro 1972: 3］。

4 ラミロキ *lamirok*。本章のラム *lam* の観念についての議論を参照のほか、第6章も参照。

第 1 部

　　もし、家族の 1 員が屋敷の外で死に、その霊を屋敷に持ち帰らなかったならば、その霊も屋敷に不幸をもたらす（⑦）。それは次のように取り除かれる。

　　施術師 1 人を呼び、彼は瓢箪のガラガラを鳴らし、特別な伝統的な薬を撒いて、死霊が隠れている場所から呼び出す。死霊が出るとそれを捕まえてアゴノ *agono* と呼ばれる大きな籠に入れ、死霊のために建てた小屋に入れる。籠を小屋の中心の柱シロ *siro* に置く。黒い鶏を柱に結びつける。食事が用意され、コンゴ *kongo*[5] を降りかけたあと、小屋から［霊の押し込められた籠を］外に出す。籠は霊が男なら 3 日、女なら 4 日間開けてはならない（⑧）。

Q6：もし、3 日とか 4 日とか経過しないうちに開けるとどうなるのですか。
A6：霊はまた逃げて屋敷から出て行き、儀礼はまたはじめからやり直しになる（⑨）。

　　もし葬送儀礼を最後まで行っていないことが不幸の原因であるならば、これはいつも行われる儀礼だ（⑩）（最後まで葬送儀礼を完了することをチョウォ・リエル *chowo liel* と言う）。死者の跡継ぎをはじめとして屋敷の者たちが集まって葬送儀礼を執り行う。［理想的には、死者が女性なら雌牛、死者が男性なら去勢していない雄牛をそれぞれ準備しなくてはならない。用意される動物の数や種類は経済的な状況にも左右されるが、少なくとも死者が男性なら雄山羊、女性なら雌鶏がないといけない（⑪）。

　　もし、それが子供のための葬送儀礼なら、山羊 1 頭と雌鶏 1 羽が用意される（⑫）。どの場合でも、シコクビエの練り粥とビールは用意しなければならない（⑬）。

　　ビールの醸造には 3 つのカテゴリーがある。つまり、マ・タンガ *ma tanga* と一般にマ・ジュドンゴ *ma judongo* して知られるマ・ルシロ *ma rusiro*、そしてみなで飲むマ・ジ・ジエ *ma ji jie*。醸造の準備がすむと儀礼の開始をし

5　近隣のテソでいういわゆるアジョン *ajong* であり［長島 1972b］、シコクビエをいためて麦芽など酵母で発酵させた種にお湯を注ぎ、植物の髄を抜いたストローやプラスチックのチューブで飲む。ストローの先には籠が着いておりその籠でヒエや麦芽の殻を濾す。葬式や結婚などの儀礼のほかに、ともに「コンゴの壺を囲む」こと、「ストローを共用する」ことは（毒を盛られるリスクがあるので信頼関係の証ともなる）、村のなかでの交友関係を明示的に示す。リクリエーションとしても重要な役割を果たしている（写真34、第 3 章の写真35、36）。近年、地域で独自に蒸留される酒が非常に安価で供給され、飲酒様式はかなり乱れている。その端的な様子は第 11 章で叙述した。

156

第2章 「災因論」

写真26 伝統医の免許（1）

写真27 伝統医の免許（2）

写真28 グワラグワラ在住の施術師の一家

写真29 施術のようすを模する施術師たち

写真30 グワラグワラ在住の施術師の一家

写真31 施術師の占いの儀礼

157

第 1 部

るしづけるためにマ・タンガが飲まれる（一般的には金曜の夕方）。マ・ルシロは、その次の日、土曜の夕方飲まれる。これは一般的には大きな壺に入れて新しいビールを足すことをせずに一晩中飲まれる。そのまた次の日、つまり日曜の朝、死者に別れを告げるためにそれを飲むのである。その日の朝、別の小さな壺が死者の小屋の前に置かれ、それを動かすことなくその場で飲む。マ・ジ・ジエは、儀式の終わりに、人々がビールや食べ物を持ってきたときに飲む。これは一般的には日曜に行われる。エイジメイトは、その人間の立場に応じて山羊か雌鶏を持って帰る。月曜日に建物か小屋は壊されて儀礼は終了する (⑭)。

Q7：ディエリ・マ・ムウォロ *dieli ma muworo*（「ミウォロ（エイジメイト）の山羊」）とはどのように行われるのですか？

A7：エイジメイトが自分に出されたビールを飲んでいる間、山羊は穀物庫の下に結びつけられている。フンボ *fumbo* というロングドラムと、トンゴリ *tongoli* という弦楽器、テケ *teke* という打楽器が演奏されて踊る。踊りのさなかに死者のエイジメイトは、山羊をひっつかんで持ち逃げしようとする。彼の後ろでは死者の家族たちが、山羊をひっつかんだ男を棍棒で叩いて追い払い、侮辱の言葉を浴びせ、早く死ねとののしる。早く逃げないと、彼は彼らに傷を負わされることもある (⑮)。

Q8：エイジメイトは、山羊をどうするのですか。

A8：屋敷に連れ帰って屠殺する、そのエイジメイトは儀礼が終わるまでは屋敷には帰ってこない。

Q9：どうしてその山羊を盗むように連れ去るのですか。

A9：それは、命がけだからね、持ち主である死者の家族は彼の死を願っているから殴り殺すことだってありうる (⑯)[6]。

Q10：この社会における死因として、祖霊についても語られました。それはどうやって死をもたらすのですか。

A10：このパドラでは、伝統的に、死んだ人も霊となってともに生き続けていると信じている。だから、それらの霊との関係を適切に保たないで、軽んじたり無視したりすると霊も死の原因となる攻撃を仕掛けてくるのだ (⑰)。

---

[6] これでは質問の直接の答えになっておらず、字義通りに解釈しようとしても何のことかわからないが、いわゆる模擬戦のような行為が行われる。敵意を含んだ「冗談関係」(joking relationship) や「忌避関係」(avoidance relationship) と同じく、特定の役割が期待されていると思われる。

第 2 章 「災因論」

写真 32　施術師の儀礼小屋の柱

写真 33　施術のようすを演じる施術師（グワラグワラ）

写真 34　酔って歌い踊る（チャモクウォック村）

Q11：祖霊によって死がもたらされたりするのですか。
A11：はじめに、1番多いのは、最後の葬送儀礼ルンベ *lumbe*[7] が執り行われないことだ（⑱）。あるいは、他の死者の墓がセメントで作られていて（転訛してシミティ *simiti* という）自分のものがまだの場合（⑲）。これは特に年長者に多い。こうした問題が起こると、死者を軽視した直系の親族を通じて喋

7　ルンベという語は、同様の最終葬送儀礼を指すガンダ語から借りたものである。本来アドラの言葉では、この儀礼をメド・マ・ジョウォ・マサンジャ *medho ma jowo masanja*（「バナナの葉を集めるときに飲む」の意）と言う。メド・マ・ジョウォ・マサンジャは、屋敷に弔問客の敷物として敷き詰めたバナナの葉を処分する日にコンゴを飲む儀礼であり、死者に関わる本当に最後の儀礼である。みな大いに飲み、食べ、そして、フンボやトンゴリを用いて音楽を奏で、それにあわせ踊る。
　この日に生まれた子供はジャマサンジャという名前がつけられる。ネコ・カシック *neko kasik* やジョウォ・ブル *jowo buru* のときに生まれるとオブル／ニャブルという名前がつけられる。それらの儀礼の詳細については第 10 章と第 11 章で扱う。

159

り、権利を主張するわけだ。親族を通じて霊が喋らない場合には、施術師が原因を探し、霊が誰のものか特定する。それがわかると、その要求がわかり、[要求にこたえれば]攻撃された人間も回復するというわけなのだ。もし祖霊の要求が満たされない場合、攻撃された当人だけではなく、関係者が次から次へと死ぬことになる（⑳）。

【解説】
　60歳になる老人が、思いつく限りのエイジメイトの死因を列挙する（①）。一見運命決定論のようにもみえるが、ここにはアドラ人の災因論の本質の1つが現れている。つまり、すべてに原因があり、原因のない死はない、ということである。言い換えると、彼らの社会ではすべての死には説明のつく解釈が付随するのが当然であり、だからこそ埋葬の折にはクラン・リーダーによって病などの経過や死因が公式的に発表され、後には遺族によってもそれが語られる場がもたれるのだ[8]。「事故死」にも言及されているが、それらの背後には「個別の不幸」(A1)があるのであり、基本的には「白人の言う『自然死』を信じていない」[9]のである。これは病気についてもそのままあてはまる。第1章で見たように、医療関係者の協力を得て収集した88種類のトゥォ tuwo（病気）の多くに伝統的とされる対処方法が詳細にわたって知られていた[10]。
　そして、それらの「個別の不幸」の究極的な原因として「屋敷の外部から呪う悪霊」、「最後まで葬送儀礼を執行することを要求する死霊」、「家族の成員に殺害された者の霊」という3つの霊を紹介し（②）、それぞれに対する対処に言及している。ここで用語の問題に触れておこう。
　ジュウォギ（jwogi, juogi とも）という語は、大きく分けて2つの意味を持つ。1つは悪霊。「災因」として言及されるのはこの場合が多い。この用法でジュオギは複数形で、会話のなかではほとんど用いられないが単数形はジュウォク jwok である。もう1つは死者の霊を指すもので、この場合、単数、複数は通常考慮されない。家族などの死霊はジュウォギであり、共同体外部の異界の住人の死霊はジュウォクである[11]。Mogensen[2002: 420, f.n.2]には、次のように書かれている。

8　第10章、11章参照。
9　長島［1972b: 64］。
10　第1章参照。
11　章末の別掲註②を参照のこと。

第 2 章 「災因論」

「私自身の資料には、アドラ人にそのように言われたので、単数形としては *juok*、複数形として *juogi* と書かれている。ジュオギは、単数扱いで「集合的な死者」という意味でも口語上ではよく用いられる。多くの文献では（単数複数問わずに）*jok* と綴られているから、その文献でそう綴られているときにはそのように表記することにする」[Mogensen 2002: 420, f.n.2]

このことを確認するために、マイケル・オロカと交わしたやりとりのなかで、彼の証言は以下の通りである。

 ……ジュウォキ *jwok* は、たいてい人間を悩ませるような悪霊 evil spirit（原文のまま）に当てはめられる。その場合には、ジュウォキが単数で、ジュウォギが複数形だと言えるかもしれない。しかし、ジュウォギという語は、単数複数問わず、死んだ人のことを指して使うのだ。集合的な意味でなら、ジュウォクは悪い霊のことだし、あるいは外部の霊のことでもある。一方ジュウォギは、家族の 1 員を指している。悪いものであるウィッチのことをジャジュウォキと言うけれどジャジュウォギとは言わない、ということはおまえにもわかるだろう。ただ、問題は、単にジュウォギとだけいうと家族の霊も外部の霊も両方含めて指し示すことができる、ということなのだ。予言にしても、幸運な予言も不幸な予言もともにジュウォギという言葉で示すことができる。しかし、ジュウォギと言ったときには、不幸しか言わないし、困難だったり死だったりを暗示する予言を指して言うことになる。
 悪人が死んだときに、その死霊であるジュウォギがジュウォキに変化して、他の人の生命を脅かすと考えられることがある。だからジャシエシがその霊を捕まえる儀礼を埋葬儀礼の際に行うのだが、それはしばしば失敗し、不幸の原因になるのだそうだ……

テキストの解説に戻る。
ここで紹介されている儀礼の作法は、アドラのこの年齢の老人の一般的な知識であると言っていいだろうが、おそらくは施術師の託宣の結果や指導によってヴァリエーションがある。ただし、③で言及されている供犠を持ち帰らない、という禁忌はかなり広範囲に見ることができる。また④のように、祖先祭祀の祭場になった例を私はほかに知らないので、このクラン、あるいはこの老人の周囲での慣習である可能性もある。もっとも、より一般的な知識として、保護

161

第1部

領化される直前のアドラの傑出した指導者だったと言われるマジャンガが操っていたブラの祭場テウォ tewo はトロロ県中央やや北東よりのナゴンゲラのマウンド Maundo にあり、現在でもいくつかのクランの祭祀装置を見ることができる。文献や近隣の人々によるとアドラのすべてのクランのものがある、というが、現存するのは8つほどでありアドラ・ユニオンの公称クラン数53には明らかに足りない。

マジャンガは、折に触れテウォを訪れ、次のように唱えたとされている。

>   …*Akelo ri ni mich me ndelo makononi mafoyini, waluwa gi kurani ihongo ma muyigo me, nwango ni kali ma achwoyo otwi maber, chemo ochek maber. Dhoki paran two komako. Akwayo nike ikonyan doko indiri mabino gi gima' bino timo obedi maber…*

>   ……贈り物を持ってきました。私が蒔いたシコクビエがよく実り、食べられるようになる収穫のときまで見護ってくださり、ありがとうございます。牛も病気になりませんでした。これからも私がする全てのことについてお助けくださいますように……

「屋敷の外部から呪う悪霊」は、人の作為によって発動させることができることを説き、送りつけることも（⑤）、捕まえて破壊することも、いずれも専門家の能力によることを強調している。また、簡単な叙述ではあるが、霊を捉える際に、患者に入り込んだり、家族などに危害を加えたりするという失敗の可能性についても示唆している（⑥）。

続く⑦では、「屋敷の外部から呪う悪霊」のうちにも、家族の死霊も含まれるケースに言及し、さらにその解決の仕方を紹介する。ここで深く立ち入ることはできないが、屋敷の精霊ウェレ were に対する儀礼に際して唱えられる呪文にもあらわれている。この価値観を裏返して言うならば、屋敷外部で死ぬことはタブーであり、秩序に反した死に方なのである[12]。より深い分析をするには複数

---

12 アドラに限らず、手の施しようのない病人については、一刻も早く出身地の村の家族の屋敷に送還する努力がなされるのが東アフリカでの一般的態度である。遺体の搬送は高価であることがその理由の1つである。2004年に公開されたドキュメンタリー『ダーウィンの悪夢』（フーベルト・ザウパー監督、ビターズ・エンド配給）にも、まだ生きていて通常運賃で旅行ができるうちに出身の村に搬送されるという言説が見られる。この映画におけるタンザニアのムワンザを中心とした「グローバリズムの悪夢」の描かれ方は一面的であるという批判はあちこちであるが、現地を経験的に知るものの論評として例え

の具体例に基づいた詳細な分析が必要だが、この場合には、死霊が家族の霊であるため、柱に「鶏を結びつける」など、屋敷の内部に取り込むべきものは取り込み、排除するべきものを排除する論理を読み取ることもできる。また、籠を開けてはならない禁忌の期間は、埋葬の際に遺体を小屋に保持しておく期間と同じであり、外部の霊は外部へ、内部にいるべきものは内部へ、境界をしるしづけ、落ち着くべきところに落ち着くための両義的な期間ととらえることができそうである（⑧）。⑨のような禁忌失敗による儀礼のやり直しの例はしばしば見られるが、逆に言うと、禁忌などの遵守を失敗した場合にもやり直すことができるという安全弁は絶えず保証されているとも言える。

「最終葬送儀礼を執行することを要求する死霊」（⑩）は、アドラにおける災因の中で、それに対して行われる治療儀礼として最も一般的なものの1つである。

私は、1999年10月に首都カンパラの宿舎で、グワラグワラ村の知人から次のような手紙を受け取ったことがある。これは、現地調査を開始した1997年3月、当初からの知己である彼が霊との関わりをはじめて私に明らかにした契機であった。

「1999年3月の第3週、私の家族はジュウォギ jwogi の攻撃を受けた。1週間後によくなったが、それはこの地域の何人かのジャシエシ jathieth に調べてもらったからである。5月18日、さらには20日にも私はジャシエシを訪れ、オティンガ（ジャシエシの人名）のところでこの事件について調べてもらった。オティンガの霊の調べでは（霊をとりあつかう施術師はそれぞれに憑いている霊が単数あるいは複数おり、それあるいはそれらとの対話で何らかの診断を得る）、1945年に「マウェレの飢餓」（ケッチ・マウェレ kech mawele という当地を襲った大飢饉を指す。イギリスなど各国が配給した援助物資の現地名マウェレにちなんで名づけられた）のため樹の下で死んだ父の祖母は、葬式は行われたが最後の儀礼、「ルンベ lumbe」が行われていない。ウェレの祭祀装置（屋敷内にある直径30センチほどの小屋のミニチュア）によっても同じ結果だった。関係親族はすでに私を残して全て亡くなっているので、私が死者を送る最後の儀礼をやらなければならない。私は雌山羊（1万8000シリング）、雄鶏（5000シリング）、労賃（1万2000シリング）、計3万5000シリングが必要なのです。」[13]

また、ウガンダ中央部ムピジ県 Mpigi District チェゴンザ準郡 Kyegonza Sub-county で出会ったある施術師に、施術師になるきっかけを聞いたことがある。彼はカンパラ郊外のガバ Ggaba に生まれ、施術にも縁がなかったが、あるとき病

ば、小川 [2007] 参照。
13 梅屋 [2005: 241]。

第 1 部

を患って施術師に見てもらったところ、その病は、チェゴンザに埋葬されている施術師だった祖先からのメッセージであり、自分の最後の葬送儀礼の執行を要求するとともに跡をついで当地で施術師となるように召命するものだった、という[14]。地域が異なるため単純な比較はできないが、パドラでは、祖先が最後の葬送儀礼「ルンベ」執行を要求するために病をもたらす、という言説はあちらこちらで聞く。

その要求に対する対処は、⑪で示されたとおりだが、貧困と家畜の数などの問題が深刻で、必要とされる犠牲獣の種類や色についてはやかましく言うことは少なくなってきているという。⑫で述べられているように子供の霊に関しては簡略化される傾向にあるが、これが生後しばらくは霊が入っていない状態であるから、といった説明に結びついたことはない。いずれにせよ、彼らはシコクビエを「伝統的」な主食と位置づけ、それから醸造したコンゴを「酒の中の酒」と位置づけているので、これらは欠かすことができない（⑬）[15]。

金曜日から始まる3つのビールは、それぞれ死者との社会的距離を印づけている。逆に言うと、次第に私的な関係から公の関係といった側面が強くなる。この宴会は、屋敷の内部での「死」がその外部である共同体に受容される過程をメタフォリカルに演じられる場でもある（⑭）。

屋敷の者たちや親族の者たちが中心となって執行される儀礼の中でも、「ミウォロ（エイジメイト）の山羊」（⑮、⑯）のように死者のエイジメイトが儀礼の舞台で劇的な役割を担う場面がある。これは、死んだ同世代と生き残った同世代との矛盾を社会的に克服するためともとれるし、不幸に見舞われた者とそうでない者との共存をアイロニカルに表現したものともとれるが、一連の儀礼の中で一見異質なこの部分に対する妥当な解釈を打ち出すためには、他の資料にも依拠して、より詳細に分析する必要があるのでここでは分析を保留する。

いわゆる祖霊の祟りには、ルンベが行われていないこと（⑱）の他に、他の死者に比べて自らの墓に手が加えられていない（セメントで墓石がつくられていないこと）ことで憤る例が紹介されている（⑲）。これは、死者も生者と同じく「嫉妬」や「妬み」から解放されていないことを示すもので、「死んだ人も霊となってともに生き続けている」（⑰）と考えるアドラ人の祖霊観を裏書きしていると言える

14　章末の別掲註③を参照。
15　単純な比較は慎むべきだが、日本の神社の神棚にお神酒として米から醸造した日本酒が欠かせない事情と類似していると言えようか。日本の例を米文化複合とすれば、アドラ文化はウシ文化複合とシコクビエ文化複合の折衷型ということになろう。

だろう[16]。その祖霊の意思は、直系の子孫への病というメッセージで表現され、要求にこたえれば解決し、要求が満たされない場合には、連続死の原因となると言われる(⑳)。多くの場合には、連続死という事実から遡って過去の病に込められたメッセージの解釈が失敗したことを糾弾する説明が施術師によってなされる。

もっとも、子孫にルンベを執行してもらうことは、死者として当然の権利であるから、この場合の死者である祖霊と生者である子孫との関係は、当事者の生死という区別を別にすると、後に見る生者同士の間で年長者から年少者に対して効力を発揮する「呪詛」と非常に近い。

以上に見た死霊の祟りに関する限りは、家族だったり本来は部外者だったりして、例えば個人あるいはその子孫に対する「復讐」のような特定の執着を示さないものであり、ある意味で要求さえかなえれば対処は比較的容易である。しかしながら、次に見る殺害されたものの死霊の祟りや毒による加害行為になると、目的が当該の標的の意図的な不幸ないし破滅にあるだけに、話者の口もいきおい重くなっている。

2 殺害された者の死霊（ティポ *tipo*）

……事故で死ぬといっても、ティポによるものだってある(①)。

Q12：どうやってティポは来るのですか。

A12：家族が人を殺したときに来る。もし誰かが殺人の現場に立ち会ってしまっても、殺される前に一緒だった場合でもティポは来る(②)。

Q13：どうしたらそのティポを取り除けるのですか。

A13：ティポを取り除くには、黒い羊と黒い雌鶏を、殺された者か、殺した者の屋敷の方角のブッシュのなかに連れて行き夜に行う。行うものは決して帰り道に振り返ってはいけない(③)。

Q14：ティポに憑かれた人がそれでもよくならなかったら、どうすればいいのですか。

A14：特別な薬をつくることができるジャシエシのところを訪れて、もしあなたが憑かれているならあなた、あるいは、あなたが当事者ではないならティポに憑かれた人が、その攻撃から逃れられる薬をもらう必要がある。

16　これらの点は、日本の祖霊や霊魂観の形成についての論考で、供養と調伏という仏教系の処置が祟りを祀り穢れを祓うといった在来のシステムにかぶさる形で展開していったと言う池上［2003］の主張と対比すると興味深い。

第 1 部

【解説】
　ここで、「事故」(のように傍目には見える事件) の原因として語られている (①) ティポは、冒頭に死因を列挙した際には言及されていないが、「影」と「霊」を近似的に意味する語としてナイル系諸民族にかなり広く流布している観念である[17]。
　また、この観念のより詳細な報告として、1970 年代と 80 年代に言語・文化的にアドラと類縁関係にあるケニア・ルオを調査した阿部年晴 [1989] は、次のように述べる。

　　……固体としてのひとについてのルオ族の一般的な表象は、デル（身体）、ティポ（影）、チュニイ（心、肝臓）、ジュウォギ（魂）などを構成要素としている。
　　身体。デルは私たちが身体と呼ぶものにほぼ対応しておりさまざまな器官からなるが、それらもそれぞれ名称をもっている。デルは皮膚を指す語でもある。デルは個人の死後腐敗し消滅すると考えられている。
　　影。ティポは大和言葉の「かげ」とよく似た意味内容を持つ語で、水や鏡にうつる映像、光によってできる影、夢や幻覚に現れるひとの姿、死者などを指す。しかし、それだけではない。普通のひとには見えないが、シャーマンその他の霊能者には、ひとと身体と地上にできた影の中間あたりにそのひとと同じもうひとつの姿がみえ、それもティポと呼ばれる。このティポはある種の自律性をもった霊的実体であるが、影とも神秘的なつながりをもっている。
　　ティポには強いのもあれば弱いのもあり、有害なティポもあればそうでないのもある。

17　これらの例を「力」として認識する Driberg [1936: 154] を敷衍して Hayley [1940: 109-110; 1947: 16-22] は、ランギのティポについて、普遍的な形のない、限界もないあらわれであり、ジョク jok の力の統合された顕現であると述べている。ここには、殺害された者の霊といった含みは一切ない。また、Curley [1973: 157-60] は、ティプ tipu とは、頭と心臓に宿る生命の源泉であり、超自然的な世界の文脈では、その持ち主の社会的ペルソナの論理的な拡張であるとする。ここにも同じく、殺人事件の必然性は含まれていない。
　ナイル系民族として広い意味では系統を同じくする民族集団、ガムクについて、Okazaki [1986] は、クース kuuth の翻訳作業を詳細に自省することで、影が人格と不可分のイメージの総体であるとして、人物の死後に当人から独立する特徴について報告している。

生まれつき強いティポをもった人物のいうことは実現する可能性が高い。つまり、そのような人物には予言や「呪詛」の力がある。……怒りや恨みをもって死んだ者のティポは死霊となって生者につきまとって滅ぼそうとするので大変恐れられている。……[18]

パドラでは、ティポ tipo は、「影」のほか「写真」の訳語として用いられていた。もっぱらティポの祟りの事例を取り扱っていた私にとって、"*Tipo paran ntyie kune?*"(「俺の写真はどこだ？」の意だが、「俺の死霊はどこだ？」ともとれる)とたずねられるのはぎょっとするような経験だった。テキストで見るように (②)、とりわけパドラでは、災因としてのティポは、殺人事件と結びつけて考えられており、最悪の祟りと直結するような意味領域に特化していたからである。

「ティポは、殺されたものの霊（ジュウォギ）である。ティポは、その主を殺したもの、殺害現場に居合わせたもの、最初に死体を発見したもの、はじめに死者の屋敷に入ったものなどの後をついてまわり、結局はそれらを死に至らしめる。これは、どのような施術師によっても祓うことができない」というような言い方がしばしばなされる。

テキストでは、黒い犠牲獣を用いてティポを祓う儀礼について簡潔に述べられているが (③)、私の調査では、パドラではこれより一般的かつ唯一とも言っていい祓い方は「骨齧りの儀礼」カヨ・チョコ kayo choko として知られている[19]。これは 1 種の和解の儀礼であり、加害者側、被害者側の関係者(多くは親族)が一堂に会して同じ皿の上の骨付き肉を自ら齧り、相手にも齧らせるというものである。関係者全員の納得の下でないと開催されないので、多くは殺人事件発生から 10 年以上経過した後で行われるという。ここ 20 〜 30 年の間に、殺人に関してこの儀礼が行われた、という話は聞いていない。

ティポについては、のちにもっと集中的に取り扱う。

---

18 阿部 [1989: 214-215]。
19 ランギでは、語彙も類似したカヨ・チャゴ kayo chago 儀礼という儀礼がある。婚入した妻の病に対する対処ではあるが、同時に屋敷の構成員として迎える意味を持つ儀礼であると報告されている [Hayley 1940, 1947, Curley 1973]。テソでは、意味が同じ「骨齧りの儀礼」（エコニョコイット）という儀礼がある。同様に、結婚して子どもを生み (3 人以上)、1 年以上経った女性を社会的に統合・承認するための儀礼である [長島 1972b: 141-165]。詳しくは第 5 章で扱う。

第 1 部

3 アイラ *ayira*（毒）

Q15：先ほど言っていたもう1つの死因であるソ・アイラ *tho ayira*（毒殺）は、どうして起こるのですか。

A15：これは、毒性のものを食べ物に入れられたときに起こる。彼か彼女が食事か、飲み物、飲み水に入れられることがあるのだ（①）。

Q16：毒性のものとは何ですか。

A16：植物の根っこであることもあるし、特定の動物の一部であることもある、あるいは鳥の肉であることもある。そうした毒物の中には、オチュル *ochulu* のような山ねずみの肉からできるキウィリ *kwiri* や、鳥 *agaki* やムブルク *mbuluku* など鳥の肉からつくるものもある[20]（②）。

Q17：なぜ毒を盛るのですか。

A17：はじめに、個人的な恨みとか妬み、他人に対する良くない希望があるね。他には、毒の魅力にとりつかれてしまった人たちもいる（③）。

Q18：毒を盛られたら治療はどうすればいいのですか。

A18：彼または彼女は、治療師のところに連れて行かれて、毒物を吐くか、便の中に出す薬をもらうのさ。キダダ *kidada* のように、治療できない毒もある。死ぬまでお腹がどんどん膨らんでいくのだ。それから、ムブルクという鳥の肉からつくった毒を盛られると、治療できないとされている（④）。

　それからもう1つの死因としては、誰かの足跡や庭、扉口、その人がいつも座る腰掛などに何かの薬草をつけられて呪われることだってある（⑤）。これらは全部その人を殺そうとしてやることだ（⑥）。いずれにしても、毒を用いるのはジャジュウォキ *jajwok* だ（⑦）。

【解説】

　毒については、告発が頻繁に認められるが、②でもわかるとおり、用いられたものの有毒性が問われることはほとんどない（ここで挙げられている肉の有毒性は立証されていない。そこに関心はないと言いたいくらいである）。テキストでわかるとおり、飲食物に混入されるのが普通であり（①）、消化器系の不調が続くと毒が疑われることがある。私の調査基地のグワラグワラでも、1998年にトレーディング・センターの小屋を1部屋借りてワラギ *waragi*（ジン様の蒸留酒の一般的な呼

---

[20] オチュル *ochulu* およびムブルク *mbuluku* の学名は未詳。ムブルクは、赤と黒の模様で、七面鳥ほどの大きさの野鳥。Appendix II「6. デ・ムブルク Dde-Mbuluku クラン」のトーテム（*kwer*）となっている。

称。シコクビエを醸造したコンゴからもバナナから醸造したムウェンゲ mwenge からもつくられる）をつくって売っていたバーの女店主が告発され、裁判が開かれて、結果的に[21]強制退去させられた事件があった。この女性はグワラグワラに転居してくる前に住んでいたナゴンゲラ Nagongera でも同様の疑いで追放されており、常習犯とみなされていた。そういう意味では③のように、「とり憑かれてしまう」ことがあるとのことである。どの治療法も、経口であれ排泄であれ、毒を体外に放出するという解決法をとっている。また、何を用いたかは当人しかわからないということと、治療不能のものがある、ということが、この災因の深刻さを一層増す結果になっている（④）。これが「毒」を用いる人はジャジュウォキだという（⑦）反社会性の刻印に結びついている。「薬草をつけて」（⑤）という言説はよく聞かれるが、われわれが毒とみなす成分とほとんど区別せずに獣の骨や肉などを毒と考えているようだ。

　「その人を殺そうとしてやること」（⑥）という社会的には多くの場合秘匿されていても周知された悪意と、「死ぬまでお腹がどんどん膨らんでいく」（④）という不可逆的な症状が突出した災因なのである。葛藤の大きさからすればティポには及ばないが、ティポのような、誰かに殺害されたという明らかな事実に裏打ちされた葛藤とは異なり、「嫉妬」や「妬み」（③）など感情に左右されやすい内向的な敵対関係がしばしばあらわれるのが、毒の告発である。原理的には、不幸にも毒殺された人のティポが毒殺した犯人に「ついてまわり」、復讐を遂げるという話がありそうではあるが、そこまで明確な筋書きがある事例にはまだ出会っていない。逆に言うと、そこまで明確にエージェント自体に対する役割や能力、機能などへの関心から演繹的にその動向を特定しようとするよりは、症状からア・ポステリオリに遡ってエージェントを特定しようとする傾向のほうが強いのである。

　ジャジュウォキについては、のちに詳しく述べることにする。

4 「呪詛」（ラム lam）

　Q19：「呪詛」（ラム lam）はどうやって人を殺すのですか。

---

[21] 「結果的に」というのは、LC1レヴェルの裁判や行政には強制退去させる権限がなく、正式には罪を認めて再犯しないことを求めただけだったが、当地での有力者が、「われわれの村にジャジュウォキ jajwoki はいらない」と発言したことが大きな影響力をもち、住民も積極的に退去を望んだからである。毒を盛るものも包含するジャジュウォキの意味領域の広さを示唆するものとして注目される。

第 1 部

A19：死ぬ原因が見当たらないのに死にそうになった人がいると、「呪詛」が疑われる（①）。

Q20：何が「呪詛」を招くのですか。

A20：長老や親の近しい親族、つまり父方母方を問わずオジ、オバに、そして祖父母に対する無礼な振る舞いが「呪詛」を招く。侮辱的な発言や頼まれごとをむげに拒否すること、兄弟姉妹が財産、一般には花嫁代償[22]の山羊や牛をめぐって諍いを起こすことなどがこうした行為に当たる。財産を手に入れられなかった側が、手に入れたものの子どもたちを呪うわけだ（②）。

Q21：本来は花嫁代償を誰と分け合うことになっているのですか。

A21：通常は結婚する花嫁のオジたちはそれぞれ牛を1頭ずつ、オバたちは山羊を1頭ずつ。もしそれが得られないときには、彼らは嫁に「呪詛」をかけ、その子どもたちが死ぬ恐れがある。オジたちが手にするはずの牛は、「与えられるべき牛（ディアン・アゴヤ *dhiang agoya*）」と呼ばれ、オバたちが手にするはずの山羊は「与えられるべき山羊（ディエリ・アゴヤ *diel agoya*）」と呼ばれる（③）。

Q22：その山羊はどこで準備されるのですか。

A22：結婚のための花嫁代償[23]だ（④）。もし、この山羊や牛や羊が祖母に与えられると、死がもたらされる（⑤）。

Q23：それでは祖母には何をあげればいいのですか。

A23：すでに結婚した女からのものであるべきだ。屋敷から、あるいは屋敷へ持っていった山羊か羊を祖母にあげるのだ。祖母はそれを屠って孫の誕生を祝福する（⑥）。

---

22 ニウォム *nywom*。英語で言う'bride wealth'をここでは「花嫁代償」と表記する。「婚資」の訳語も広く知られるが、リーンハート［1967］、エヴァンズ＝プリチャード［1978、1982］などの一連の訳業を通して、ともすると「結婚資金」のようにとられることがある点から、「花嫁代償」を採用した、と長島信弘氏は語ったことがある（私的なコメント）。ちなみにウガンダでは、'dowry'（「持参財」）という英語がしばしばこの意味で用いられている。

23 ここで話題となっている主な交換財は、チェトゴの山羊 *diel chetugo* と、アゴヤの山羊 *diel agoya* である。チェトゴの山羊は、花嫁の母のために用意する山羊。母親の産褥の保証といわれる。母親がいない場合、おばがそれにかわって受け取る。一方アゴヤの山羊は、兄弟の間で交換される動物。娘が結婚して花嫁代償が支払われたとき、花嫁の父親の兄弟は花嫁代償の牛のなかから1頭の牛か山羊を取り分として持ち去ることができる。しかし自分の娘が結婚するときには、同じことが起こるので、それを返すことにもなる。それが守られないとしばしば呪詛の原因となる。具体的な手続きについては章末の別掲註④を参照のこと。

第 2 章 「災因論」

Q24：もしそれらのものが準備されなかったら、どうなるのですか。
A24：もし彼女が必要なものを準備できなかったら、子どもは生まれないし、仮に生まれたとしても全部死んでしまう（⑦）。
Q25：女性にしか「呪詛」をかけられないというのは本当ですか。
A25：それはちがう。無礼な振る舞いをすれば男にだって「呪詛」をかけられる。例えば、オジ、オバ、母親たち、そして母の姉妹たち、そして母のキョウダイたち、それから多くの年長者たちにも無礼な振る舞いをすれば「呪詛」の対象となる。どんな家族の親だろうと、死をもたらす「呪詛」を引き起こすことがある。今言ったすべての人々に悪いことばを浴びせたり、殴ったり、何かをあげるのを拒否したりすると、あぶない（⑧）。
Q26：男が「呪詛」を招くのはそれだけですか。
A26：第1に母方、父方を問わず、オジの妻、第2にオバたち、それから祖母たち、第3にメイたちと性交渉をもつこと。これらは「呪詛」を招く（⑨）。
Q27：「呪詛」とは何ですか。
A27：「呪詛」とは、人に悪いことをした相手に対して悪いことを必ずもたらす、悪いことばだ（⑩）。
Q28：どうやって「呪詛」をするのですか？
A28：これらの悪いことばは、死や悪いことが起こるように祈りながら裸で唱えるのだ。ふつう、この「呪詛」の方法は、誰かの墓前に行き、裸で、仰向けに寝転びながら行われる。もう1つは、下着を脱いで蟻のいない蟻塚のところに行き、蟻塚のてっぺんにのぼり、「呪詛」のことばを唱える。さらにもう1つは、自らの裸体を自分の娘や息子に見せ、局部を指しながら、ここはお前が出てきたところだ、お前がそんなに頑固で悪い行いをするなら、この出てきたところにかけてお前が駄目になってしまうよう「呪詛」をかけよう、と唱えるのだ。これは最悪の「呪詛」である（⑪）。
Q29：どうやって「呪詛」に手当てするのですか。
A29：手当ては、「呪詛」をかけた側がかけられた側から望むものを受け取り、伝統的な薬を与えられるか祝福されるかして「呪詛」から回復し、癒される（⑫）。
Q30：どうやって支払いは行うのですか。
A30：すべての屋敷の年長者たちと、クランのリーダー、それからクランの仲間たちの指示のもとで「呪詛」をかけられた側とかけた側との間で行われ、それを解除し、[「呪詛」の効果が] 継続しないようにするのだ（⑬）。

171

第 1 部

Q31：「呪詛」をかけられたものはどのように癒されるのですか。

A31：「呪詛」をかけたものから飲み水を手ずからもらうことで癒されるのだ。ビール（シコクビエを醸造したもの。コンゴ）もふりかけられ、鶏も与えられる(⑭)。

Q32：どこで行うのですか。

A32：「呪詛」をかけた者の寝る小屋に向かった正面の通路へ屋敷の内側へ「呪詛」をかけられた者が背を向けた格好で行う。それがすむと、「呪詛」をかけられたものは、自分の屋敷に帰るのだが、その際にどんなに遠くまで来たとしても後ろを振り返ってはならない。不幸にも振り返ってしまったら、治療と癒しに影響が出るかもしれない (⑮)。

【解説】

ここで「呪詛」と訳したアドラ語ラム lam は、テキストでも明らかなように、年長者に対して不敬、不当な発言、行動に対して神秘的な力を発現させる発話および行為である。その意味では長島 [1987] の報告する近隣のテソ民族の「イラミ」と同じく英語の「curse」に近い。「相手に対して悪いことをもたらす、悪いことばだ」(⑩) というように、発話を伴うことが多い（「呪詛」という漢字双方にも口偏と言偏がある点は示唆的である）。

日本語では「呪詛」という語や「呪い」という語は、行為自体が正邪どちらでも用いられるが、やや邪な方向に傾いている。既存の「呪詛」という日本語の用法には、人類学の用語では「邪術」sorcery に当てはまる用例が多い。そのため一見誤解を招きやすいのであるが、既に定着しているためにここでも先例に従って「呪詛」とする[24]。

前出のアドラと文化的に近い西ナイル語系のケニア・ルオでは「ラモ」 lamo という語は「一般に発話行為によって神秘的行為を発現させること（「呪詛」に限らない）」というし[25]、ヌエルやディンカでも[26]「呪詛」と「祝福」どちらも意味することがありうるという。ランギ民族のラモ lamo について、Hayleyは「祝福する、浄めるあるいは洗浄する」と訳し、不運や病に見舞われた者を回復させる集合

24　長島 [2004a] は、自著においてテソ語の「イラミ」の訳語に「呪詛」を当てたことについて最近不満を表明している。代替案を提出したかったが、「呪詛」の訳語ですでに定着してしまっていることもあって新しい用語の提出はかえって混乱を生むおそれがある。ここでは丁寧に現地語併記するなどして処理するしかあるまい。

25　阿部 [1983]。

26　エヴァンズ＝プリチャード [1982]、Lienhardt [1961]。

的祝福であるとする[27]。Curley も同じランギの語彙に対して「聖化する、あるいは祝福する」という訳を当てている[28]。むしろランギには「邪術」に当たるような用例がないという特殊性が指摘できそうである。この概念についての詳しい分析と近隣民族の類似概念との比較は、第6章で改めて行う。

「呪詛」には、たとえば、次のような唱えごとがなされる。私のもとめにこたえて示された見本である。

> *Ini inyathi po omin go, inyathi panyamin go, to kwayin kwa sukari to ka okwayin ka iki miyogo onyo go lachako paro nike ithwono athwonago ayino kada bedi ni ongoye. To go chako wacho ni "paka nyo ithwonan pesa me, pesa ma' inori gine, were omayin woko idwoki ichandere paka ani ama!*
>
> (彼の兄弟、あるいは姉妹の子供が砂糖をくれるよう頼まれたが、持っていなかったとしよう。彼はあなたがお金をもっていなかったとしても、わざとくれなかったと考えるかもしれない。次のように言うだろう「砂糖を買う金をくれなかった、その大事な金を、神よ、奪ってしまって私のように苦しめてください！」）

さて、テキストによれば、まず「呪詛」が疑われるのは、その症状が「死にそう」と表現されるように致命的であること、そしてその原因が他には見当たらないことである（①）。

一般には父のキョウダイ（FB　オミン・ババ *omin baba*)、父の姉妹（FZ　ワヤ *waya*)、母のキョウダイ（MB　ネラ *nera*)、母の姉妹（MZ　ママ *mama*)、父の父（FF　クワァラ *kwara*)、父の母（FM　アダダ *adhadha*)、母の父（MF　クワァラ *kwara*)、母の母（MM　アダダ *adhadha*）に対して「侮辱的発言や頼まれごとをむげに拒否する」（私の知る別の事例では、子供が生まれないなどの出産能力について公然と指摘すること、財産の多寡について言及すること、などが挙げられる）ことが「呪詛」を招く（②）。一般論としては、正当とは言いながら、財産争いなどで、必ずしもきれいに善悪が分かれそうもない場所での用例も示唆されている（②）。また、理論上は、花嫁のオジの数だけ牛が、オバの数だけ山羊が必要になるが、この地域の一夫多妻

27　Hayley [1940]。長島 [1987:108-20] は、南テソと北テソについての自らの一次資料と照らして、テソと同系統のパラ＝ナイル語群（東ナイル語系）のトゥルカナとカリモジョン、西ナイル語系のケニア・ルオとランギ、ヌアー、ディンカを比較検討しているが、比較にとりあげられた西ナイル語系民族の言語で、肯定意味に特化しているのはランギのみである。

28　Curley [1973: 113]。

第 1 部

制家族では、どちらの親族範囲にも膨大な人数が数え上げられることになるので、基本的にはよほどのことがない限り全員の要求は満たされない。オジやオバたちにしてみれば慢性的な欲求不満でもあるし、結婚の当事者にとっては潜在的な「呪詛」に絶えず脅かされている、というのが実態に近いであろう (③)。

⑤、⑥、⑦からは、結婚の際の花嫁の出産能力にその祖母がかかわっていることが窺われる。

一般的にミグンバ *migumba*（不妊）は、結婚した当事者はもちろん、嫁を出した屋敷やクラン、受け取った屋敷やクランにとって大問題であり、「呪詛」をかけられていないかぎり、男性がしかるべき場所でしかるべきタイミングで性交を行えば、女性はすべて妊娠して子供を産める、と考えられていた[29]。普通に結婚して、30歳になっても子供が生まれない場合などは、次のように考えられる。

　　ダコ・ニャロ・ベド・ニ・オラミ *dhako nyalo bedo ni olami*（妻には「呪詛」をかけられている可能性）。特に祖母の「呪詛」に言及する例が多い。

　　ダコ・ニャロ・ベド・オニウォメレ・ギ・ジャチウォ・マキニウォル *dhako nyalo bedo ni onywomere gi jachwo makinywol*（不妊の男バラサ *barasa*[30] と結婚してしまったかもしれない。あるいは夫がルリ *luri*（不能））

　　ダコ・ニャロ・ベド・ニ・アメノ・アパカ・ウェレ・オチュウエヨ・ゴ *dhako nyalo bedo ni ameno apaka were ochweyo go*（神の意志によって、子供を授からない場合）

　　ダコ・ニャロ・ベド・ニ・オトウェイ・ゴ *dhako nyalo bedo ni otweyi go*（僚

---

[29] 「梅毒などの病によって卵巣に損傷をうけて妊娠できない場合もあり、その病気を治療する薬草（ヤーシ・ニウォル *yath nywol*）があるのだ」という。「理論的には、すべての男性と試してみないと、真に不妊かどうかは証明できない。」とも。

[30] 男が不妊の原因を持つ場合その男をバラサ *barasa*（男の不妊、種なし）と呼ぶ。不能は、ルリ *luri*（不能）という。不能治療薬（ヤーシ・ルリ *yath luri*）は知られているが、ルリ・マ・チウェッチ *luri ma chwech*（神の意志による不能）、病によるもの、生まれつきの不能にはそれらの薬は効き目がないと考えられている。多くの場合呪詛などによってもたらされたものについてはチョウォ・ラミ *chowo lami*（呪詛を祓う）による治療ができると言われる。男の子をもつ親、わけても母親は、子供が不能ではないかと常に気にしている。もし勃起（テロ *telo*）しない場合には、その治療方法を探し回ることもめずらしくない。治療むなしく不能の場合、結婚したら、子供をつくるために、兄弟が妻と性交をすることが期待される。このことは秘密裏に行われ、家族外部には隠される。不能は、アドラでは、家族や民族の勢力の拡大に貢献できない役立たずと考えられているのである。

174

第 2 章 「災因論」

妻によって妖術をかけられている場合）

　このように、僚妻の邪術と並んで祖母の「呪詛」による不妊は、きわめて一般的なものとされる。
　花嫁代償は祖母に渡ってはならず、オジ、オバ世代に留められること、結婚したあるいは婚出した女性から受け取るべきであると考えられている理由は、潜在的な出産能力を阻害する「呪詛」の力を花嫁の祖母は持っているからである。それを事前に防ぐために、結婚してからあらためてすでに子供のいる女たちを経由して山羊や羊が贈られるのである。
　⑧では結局のところ、男性も含め年長者はすべて危険なのだということで改めて「呪詛」の恐ろしさを強調し、⑨では、インセストの性関係を通じた「呪詛」の可能性について言及している。このことは、インセストが単なる禁忌ではなく神秘的な被害を伴うことを確認することともなっている。
　また、墓の前で裸になり、仰向けに寝転んで行う「呪詛」、下着を脱いで蟻塚にのぼって唱える「呪詛」、そして息子や娘に局部を差しながら（これ自体が通常は守られるべきタブーであるから意図的にジャジュウォキになる、あるいはルスワを招くことになり、「呪詛」が発動する、このメカニズムは本書でものちにまたとりあげる）、それに由来する子孫たちを呪う、といった3点の具体的方法が紹介されている（⑪）。
　解呪し、問題を解決するためには、クランのリーダーとメンバーの見守る中で交渉が行われて、「呪詛」をかけた側の納得のいくものを贈らなければならない（⑬）。この解呪の儀礼も「骨囓り」と呼ばれる。儀礼は、「呪詛」をかけた者の寝所に向けて背を向けて座った犠牲者に、「呪詛」をかけた者が伝統的な薬を与えたり飲み水を手渡したり、コンゴによる清めや祝福の祈り、鶏の供犠などのような形態をとる（⑫、⑭）。儀礼を受けた後に自分の屋敷に帰るときにふり返ってはいけないという禁忌（⑮）は、ここにも見られる。

Ⅲ　資料の分析と考察

　さて、録音資料にはさらに葬儀についての詳細な叙述が続くが、それらの紹介と分析は本書の後段（第2部）に譲ることにする。
　以上の資料を手がかりに、ジュウォギ、ティポ、アイラ、そしてラムといった観念と、それによって記述されるアドラの災因論について言えそうなことに焦点を絞ってまとめてみよう。

第1部

　原因のない死（ソ *tho*）はなく、事故（アムウォラ *amwora*）であってもその背後には「個別の不幸」(リフオリ *lifuol*) がある。
　「個別の不幸」は、3種類の「霊」(ジュウォギ *jwogi*)すなわちジュウォギ・マ・ミト・アチョワ・ペチョ *jwogi ma mito achowa pecho*（「屋敷の外部から呪う死霊」)、ダノ・コサ・ジ・マジョ・ソ・チョン・コ・ニャリ・ティモ *dhano kosa ji majo tho chon aka fuodi lumbe pajo ko nyali timo*（「最終葬送儀礼を執行することを要求する死霊」)、オドコ・ニャロ・ベド・ニ・イ・ペチョ・ノ・ンティエ・イエ・ティポ *odoko nyalo bedo ni i pecho no nitye iye tipo*（「家族の成員に殺害された者の霊」)、「死霊＝ティポ」、「毒」(アイラ *ayira*)、「呪詛」(*lam*) などによって引き起こされる。第1の「屋敷の外部から呪う死霊」については、専門家の手によって意図的に送りつけられた場合、家族が屋敷外部で死んだ場合などがある。つまり、いわゆる人類学用語でいう sorcery や「邪術」は、この「霊」の使役の仕方でも引き起こされるということである。さらに、外部で死んだ者の遺体および「死霊」は、必ず屋敷に連れ帰らなければならない、ということでもある。
　ジュウォギ *jwogi*（霊）は、ジャシエシ *jathieth*（専門家）の能力によって意図的に人に送りつけて不幸を引き起こす。また「専門家」は、「霊」を「捕まえて破壊」し、問題を解消することもできる。
　家族は、屋敷の内部で死ぬのが秩序にかなっているので、屋敷の外部で亡くなった家族の霊は不幸を引き起こす。これを解決するには儀礼を行って正常化を図らなければならない。
　死者は生きているものと同じく、妬みや要求をする存在である。最も一般的なのは、「最終葬送儀礼を執行することを要求する死霊」としてあらわれた場合であり、最終葬送儀礼の完遂だが、死者が他の死者との扱いの差で憤って不幸をもたらすこともある。
　殺人事件が起こると、被害者の「死霊」(ティポ) は、殺したものや関係者にとりついて不幸を引き起こす。これが、「家族の成員に殺害された者の霊」つまり「死霊＝ティポ」である。一般的にはこの問題を解決するには「骨削りの儀礼」(カヨ・チョコ *kayo choko*) を行うことが必要である。この点については第5章でくわしく扱う。
　毒殺は内向的な対立のあらわれであり、しばしば治癒不能である。「毒」を用いるのはジャジュウォキ *jajwok* である。
　年長者に対して不敬な態度（侮辱的発言や頼まれごとをむげに断ること）をとった

場合にはしばしば「発話」を伴って「呪詛」(*lam*) が発動し、致命的な症状を引き起こす。年長者自らが、裸体を年少者に見せるなどタブーを破ってジャジュウォキのふるまいを見せ、「呪詛」を行うこともある。解呪するためには、「呪詛」をかけた年長者に対し納得のいく贈り物をし、「浄めの儀礼」チョウィロキ *chowiroki* と「骨齧り」(カヨ・チョコ *kayo choko*) の儀礼を行い、解呪の祝福をしてもらわなければならない（とくに後者については、ティポについての対処と同じである点が注目される）。何が必要とされているかはジャシエシ *jathieth* の判断による。

　以上のようにまとめてみたが、それぞれの概念は排他的な意味領域の境界を形成しないことを指摘したい。たとえば、憑依霊「ブラ *bura*」とジュウォギはともに「霊」や「spirit」と訳せることで明らかなように、意味領域をゆるやかに共有し、排他的ではない。ジュウォギとティポも排他的ではない。またおそらくは症状からどの観念を災因として選び採るかという診断もあいまいであり、明確にできるのは「専門家」や占いなどの技法が介在した場合だけであろう。第3部で詳しくみるように、私は、植民地時代に殺人を犯した、という噂の人物についての聞き書きをしている。彼は40代で突然大病を患って世を去っていたので、多くの人は当然ティポに言及した。しかし、生前の彼の仕打ちに恨みを持っていたとされる多くの人物は「呪詛」を主張し、彼の葬儀を執り行った牧師は、自らの犠牲者の断末魔の姿を観察した経験にもとづいて、腹部が膨れ上がっていたところからキダダ *kidada* の毒であると断定した。

　しかし、概念が排他性を持たないことと一見矛盾するかのようであるが、これらの観念は、それぞれが断片的に独立して語られる。言いかえるならば、これらは決して相互関係を共有する体系を形作りはしない、ということである。本章の分析で、中心とする資料を1人の話者のものに絞った意図はここにある。1人の話者の中ですら、これら相互の観念は関係あるものとして結びあわされはしない。それらの観念の帰結であるはずの不幸や死という現象が似通ったものであることを考えると、これはある意味で奇妙なことである。いわばある特定の観念を用いた解釈が失敗したときだけ、別の観念が持ち出されるのだ。

　例えば、誰もが「毒」に関して恐れをもって否定的に語る。彼らの態度からは、毒を盛られ対処を誤れば即座に死ぬと考えているような警戒心が見受けられる。ところが、その抑止力にもなるはずの別の類似観念に言及されることはない。これは取りあげた話者に限定されないアドラの一般的態度である。毒によって殺された犠牲者の「死霊」が毒を盛った者にとりついて殺害する因果応報のス

第 1 部

トーリーや、日本で人口に膾炙していたとされる「人を呪わば穴二つ」のような道徳を私はパドラで聞いたことがない。(似たものとして、「ルスワ」を祓う薬を用いると、処方されたその人物は助かるが、相手は死ぬ、とか、その薬の調合方法を知った者の子供は死ぬ、などのものが報告されている。これについては第 7 章で検討する)

　さて続いて、それらの社会性について、あるいは逆に邪悪さについて考察しよう。不可視の霊や神など存在が登場しないだけではなく、生きている人同士の間で行われている反社会的行為という点でやはり毒殺がやや異質である。ここで、毒殺を行うものが貼られるレッテルであるジャジュウォキ jajwok の意味領域の広さに注目したい。パドラでジャジュウォキとは何か、と限定なしに質問すると、例外なく「ナイト・ダンサー」(東アフリカでより一般的な英語名はナイトランナー) についての説明がなされる。これは、夜戸外に出て裸で踊り、他人の小屋の戸を背中で叩くともいい、シャレコウベを腰に巻きつけていて、踊るとそれがカトゥール、カトゥール、カトゥールと鳴る、ともいう。中には片足の踵を後頭部に引っ掛けて片足でとん、とん、とんと歩いているところを目撃されたものもいるという。村の中で誰がジャジュウォキであるかを知っている人もいるというが、彼らは「毒」を持っているため、おそろしくてそういった情報は公言できない、などと言う。ところがここでは、そういった行動パターンの細部ではなく、また毒の効き目ですらなく、その行為の異常性、反社会性自体がジャジュウォキである、というレッテル貼りの根拠となっているのである。これらの点については次章で詳しく議論する。

　一方で「反社会性」の対偶を成す社会的正当性という点に注目して見ると、被害にあった当事者の困惑や実害はさておき、「最終葬送儀礼を執行することを要求する死霊」と「呪詛」(lam) については、年長者の生死を問わず社会的な正当性という同じ論理構造がひそんでいるようでもある。ただし、若年者の前で裸体をさらすなどの意図的なタブー侵犯による「呪詛」については、部分的かつ例外的な反社会性を内包している。

　また、いくつかの儀礼の細部において、いったん失われた秩序を取り戻す手続きなど、よりいっそう追求されなければならない問題が、見え隠れしている。その点は本書で改めて考察する。

　私は Evans-Pritchard [1937] や Lienhardt [1961] が示した方向性に依りつつ、「象徴的」とも言いたくなるような観念について、その字義通りのコンテンツを元手に分析することよりも、文脈に即した語られ方に注目する分析の有効性を

示唆したことがある[31]。それは一部には、そういった観念がその観念を用いることによって当事者ですら「不可解」な経験を語ることを可能にしているため、「意味内容」よりは「用法」への注目がより重要であることを確認したかったためである。

　Evans-Pritchard[1937]は、自らのザンデの呪術の記述が整合性を欠いているが、それがザンデの呪術そのものの反映であり、体系を構成していないつながりのない別々の行動であることを指摘した。また、諸概念は博物館の陳列品のように並べられたとき矛盾して見えるだけで、人々がそれらを活用しているのを見るときには非論理的であるとか無批判だとは言えない[32]、と言う。アドラについてもほぼ同じことが言えそうであり、異なっているのは観念ごとの連合の違いとか正当性や邪悪さの程度、あるいは主となるモチーフの違いなのであろう。

　あまり欲張らないようにしよう。本章のように1人の話者のテキストに資料を限った状態で言えることはそれほど多くはない。そうした意味では、ここにあらわれたキーワードをそれぞれより詳細に検討し、本章ではとりあげなかったが、それらの観念に関連するいくつもの問題を分析していくのが次の課題となるであろう。「不幸」リフオリ *lifuol* にはジュウォギ *jwogi* の介入が指摘され、アイラ *ayira*、キダダ *kidada* は、ジャジュウォキの行うことだ、という指摘もなされた。次章からの課題も、このように本章の分析自体によって明確に示されたと考えている。あるいはそれは逆かもしれない。このテキストを得てから、ジュウォギ *jwogi*、ティポ *tipo*、ラム *lam* といったキーワードをインタヴューの導入で示すことができるようになった。ということは、この章のもとになったテキストに、その後の調査での話題や扱うテーマ、あるいは編集方針までもが拘束されている可能性もある。

別掲註①
　……まず、オティンガは垂れ幕で隔てた儀礼小屋の向こうに姿を消し、ジャコウネコか豹の毛皮を取り出してきた。それを首に巻くと、クライアントに何かを囁いた。クライアントのオマラの相談は子供の長患いだった。私の連れのオマディアがアドラ語を交えて通訳をはじめた。占いの料金（ラブキ *rabuki*）の交渉である。クライアントが最初1000シリングを出したところ、オティンガの表情が曇った。「足りない」ということ

31　梅屋［1995］、梅屋・浦野・中西［2001］。
32　Evans-Pritchard［1937: 540-544］。

第1部

であろう。結局 3000 シリングで儀礼ははじめられた。両手でがらがらを打ち鳴らしながら口笛を吹く、かと思うと突然ぽろりとがらがらを取り落とす。続いて貝殻にあいた穴に向かって何事か話しかけたり、穴に棒を突っ込んで耳に押し当てたりしているうちに「ジュウォギ・ンティエ・カ Jwogi nitye ka」とつぶやいた。クライアントは「ンガ？ nga」と問うが、オティンガはそれには答えない。「心当たりがあるはずだ」と言った。クライアントの兄であるオピオの埋葬後に執り行うべきルンベを、シコクビエの収穫が思わしくなかったために行うことができていなかった。クライアントの名前オマラも双子の誕生にちなんだ命名である。

儀礼小屋は壁で 2 つに仕切られている。入り口から向かって奥の空間への小さな入り口は、布でできた幕で覆われていた。幕の向こうで着替えなどをしているようなので、かなりの広さがあるはずである。儀礼小屋の内部には、薬の空き瓶に乾燥した木の根っこや木の枝の切れ端などが乱雑に置かれ、数十個は天井に張られた縄で宙にぶら下げられている。大小さまざまな大きさのタカラガイ、猛禽類の足、センザンコウの皮、ハリネズミの死骸、山羊の頭蓋骨、ニシキヘビの皮、レイヨウの角などが置かれている。なかには日本製の食料や飲料水の空き瓶、カップ麺の容器が置かれていた。ラブキは、このカップ麺の容器の中に、うやうやしく納められた。これは「霊の世界に支払いをするツール」だという。切れて使い物にならなくなったので数ヶ月前に小屋の脇のゴミの穴に捨てたはずの私の合成皮革のベルトが、小屋の中心の柱に大切そうに巻き付けられていた。

「霊を呼び出す」と促されて立ち上がり、目をつぶる。ひとしきり鳴らされた瓢箪のがらがらの音がやんでしばらくすると壁の向こうで、ドン、ドン、ドンという足音のような音に続いて、じゃらん、とガラスかタカラガイかなにかが首飾りのようにつなげられているものが地面に落ちるような音がした。壁の向こうからくぐもった声がした「ヨガ！ジョパドラ！ウィンティエ・ネディ？ Yoga! Jopadhola! Winitye nedi?（アドラの人々よいかがおすごしですか？）」「ワンティエ・マベール Wanitye ma ber（私たちは元気です）」「カーリ、マ・ペチョ？ Kali, ma pecho?（屋敷の方々はいかがですか？）」「ペチョ・ベール Pecho ber.（家の者も皆元気です）」オマディアは目をつぶりながら霊と挨拶を交わしていた。ここに来る前は「ジャシエシのところに行くって？」とばかにしたようににやにやしていたのだが、神妙そのものである。

はじめに呼び出された若い男（のように聞こえた）の霊では収拾がつかないらしく、つぎつぎに違う霊が呼び出された。同じように登場に際しては足音がするのだが、重量感やリズムが異なっている。次に呼び出された女性の霊の場合、とん・・・、とん・・・、とん・・・、しゃらーん、という音がした。抑制が効いている。最後には「ビッグ・ボス」と名乗る最強の霊が野太い声であらわれた。挨拶のときや受け答えの言葉遣いで霊のランクがわかるのだ、とオマディアは言う。出てくるなりオピオのジュオギとの交渉を済ませ、ルンベをできるだけ早く執り行うことでたちまちの決着をみた。あっさりオマラの問題を片付けた「ビッグ・ボス」は、私の存在に興味を示したらしい。「ムズングよ、おまえはこれから大変な不幸に襲われることになっている。おまえらは、本当は霊が祀られている岩山や、森などに知らずにずけずけと入って荒らし放題にしている。その報いである。守護霊をつけてやってもいい。つけてほしければ、その霊に 5 万シリング、霊の交通費として 2 万シリング、すべてあわせて 10 万シリング出しなさい」という言う。霊に交通費がかかるという発想には驚かされた。また、「それから、この次来るときにはかならず今回撮った写真をプリントしてもってくるように。守護霊は役目を果たすと消

第 2 章 「災因論」

えていくからおまえは何もしなくていい。ただ、10 万シリング出せばいいのだ」と言う。
　記念写真を撮ろうと小屋から出てカメラを構えると、小屋の向こうから 3、4 人の見知らぬ人々がぞろぞろとフレームに入ってきた。皆よそ行きの綺麗な服装で着飾っている。小屋の向こう側でアシスタントのようなことをしていたのかどうかは、確認していないのでわからない。その後、あちこちに書いたように、爆弾テロや自動車事故に巻き込まれて無事だったことは事実だが、私自身はとくにこの守護霊のおかげであるという認識はもっていない［梅屋　2001a, 2007b, 2013］。

別掲註②
　ジュウォギについての一般的な性質について説明するテキストを紹介する。

　……病や不幸に悩まされる人は、ジャシエシに相談をもちかける。だいたい霊は悪いものだ、いいことをする霊をわたしは身近にはみたことがない。もちろん、霊にいいことをすれば、いい運が巡ってくるように力を貸してくれるとか、収穫がよくなる、とか場合によっては学校の試験の成績がよくなる、という話も聞いたことはある。しかし、私の身の周りでは、霊にまつわることは基本的には悪い話だ。
　ジャシエシは、原因を突き止めようと占いをし、原因となる霊は、自分はちゃんと埋葬されていないのでニャドイにとりついたのだ、という言い分をつきとめた。鶏を犠牲し、コンゴをふりかけて浄めの儀礼をし、霊を祓ったとしても、それでおわりというわけでにはなかなかいかない。
　ジャシエシがつきとめる原因はいくつかあるが、言及されることが多いのは呪詛（ラム lam）、チェン chien、ティポである。これらは、われわれ素人からしたら、どれも犠牲者の側の示す症状はみな同じようなものだ［この点は非常に大切な指摘である：梅屋］。
　私が婚入したこの家族の例を話そう。この屋敷には病院で亡くなり、屋敷ではなく共同墓地に埋葬された少女がいた。その少女の霊は、残った家族にとりついて病にし、1 人 1 人殺していった。霊にとつりつかれての病は、長引くものは少ない。ほとんどその日のうちに死んでしまうようなこともある。対抗策としてジャシエシが呼ばれ、ジャシエシは、霊をとらえようとして火を使ったが、霊はたちまち木のなかに逃げてしまった。ほとぼりがさめたころに霊は木のしげみから降りてきて、またその屋敷のなかの人間が 1 人、2 人と病に冒されて死に、つぎつぎと埋葬が繰り返されることになった。
　別の例だが、姉妹を失った人が、ジャシエシを呼んで彼女の霊を捕まえてほしいと頼んだことがあった。ジャシエシは、その施術で、霊をつかまえて燃やそうとしたのだ。しかし、術は失敗し、霊は逃げ出してしまった。それよりは、霊のために小屋を建ててやったほうがよかったのだ［そうして祀ってやったほうがいい、の意］。そうしなかったので逃げ出した霊は結局家族を皆殺しにしてしまった。
　霊が木のなかに逃げると考えられているので、対策として屋敷じゅうの木を切り倒した例もある。しかし、だめだった。しばらくするとまた猛威をふるいはじめて、家族は全滅した。霊は木の枝の茂ったなかに潜んでいるのではなくて、木の幹のなかに入り込んでいるのか、よくわかっていないが、切り倒しても意味がないことは確かだ。
　霊というものは、風のようであり、ひとところにとどまるものではない。屋敷のなかでは樹皮（ボンギ bongi、かつては衣服に用いた）のなかに潜んでいると考えられるが、それが切り倒されると、どうも空中に隠れることもできるようだ。ジャシエシの施術では火を使って霊を燃やそうとするが、それはおそらく、無駄なだけではなくて事態を悪

181

第 1 部

化させるだけのことだ。……

　このように、樹木、とくに樹皮のなかに逃れること、また風のように空気のなかに溶け込むと考えられていること、などが示唆されている。

別掲註③
　ナゴンゲラ通りのトレーディング・センターで、バントゥ系のいわゆるウィッチ・ドクターが白いベッドシーツに宣伝文句を染め抜いた旗をはためかせているのを見たことがあった。立ち止まって写真をとろうとすると、近くにいた中年の男がすごい剣幕で食ってかかってきた。「われわれは写真をとられたくもないし、その写真をどこかに持って行ってもらいたくもないのだ」と怒鳴り飛ばされた。このように、写真を撮られたくないと言うウィッチ・ドクターは多い。2014 年 12 月 30 日に私が訪問した、ブギリ在住でブニョロ出身の「ウィッチ・ドクター」アハマド・アリ（49 歳）は、インタヴューには応じてくれたものの、写真撮影はきわめて強い調子で拒否した。「私は確かに霊による病も治療する。もし、私の制止を振り切って病でもないのにあのついたての向こうに入るなら、大変なことが起こるだろう。あの向こうは霊が支配する領域なのだ」とすごんだ。
　一方で顧客獲得に熱心なウィッチ・ドクターの広告は、新聞紙上でも見ることができる。たとえば、『ニュー・ヴィジョン』2004 年の 9 月 15 日号の広告欄には、次のような広告を見出すことができる。

　……伝統医、ムポザ・ミランディラ博士、不妊、盗難の予防、家族の問題などでお悩みの方は、ご相談ください。電話番号 071681568 セグク（クムカザ）エンテベ通り……

　今回、改めて調べてみると、『ニュー・ヴィジョン』や『モニター』といった主要英字新聞からはこの手の広告はあまりみつからなかった。『レッド・ペッパー』には男性機能回復や早漏防止のための成分がよくわからない薬の広告に混じってまだたくさんある。2014 年 2 月 14 日の『レッド・ペッパー』28 ページの広告欄からいくつか例をとろう。

　……バルハン・マッジ・マレフ博士
　アフリカの医療を調査研究するためアフリカ全土を踏査していたモンバサ出身のバルハン・マッジ・マレフは先頃カンパラに帰ってきました。以下のような問題の治療、相談にのります。
1. 梅毒、淋病、皮膚疾患、潰瘍、高血圧。
2. 男性機能回復、勃起不全の解消。
3. 「狂気」（括弧は梅屋、原文は madness）の治療、経済的な問題の解決、就労問題、顧客増加など。
カウェンペ、チック・ホテルすぐそば、電話 0752 385891/0773 385891……

　……ムゼー・ムキマ・ザンガ
　神聖な槍をつかって地球上のあらゆる問題を解決する、タンザニアの神秘、ムゼー・ムキマ・ザンガ。
・銃を用いずに泥棒を捕獲
・失せものさがし

第2章 「災因論」

・結婚問題になやむカップルの相談
・借金返済不履行相談
・不安定な関係を解決
・失った恋人がかえってくる
・雇用問題の維持
・ビザがほしい人、など
連絡ください　電話：0782-231 999……

　　……ラフィク博士
電話：0778 252 526,0759 986 527
Email：doctorrafiki@gmail.com
　薬草の最高権威、以下のことが専門で定評があります。
・失った恋人がかえってきます。不実な恋人がたった2日で誠実になります。お礼は効き目があらわれてからで結構です。
・男性能力増進。大きく、強く勃ちます。
・しまりをよくします。ぬれにくい女性をぬれやすくします。
・100パーセントあなたの望む恋人がみつかります。
・美容とバストの垂れ防止。
・就労機会の開発。
・運が良くなるまじない、就労機会と入札、契約、金融取引などの経済的相談。
・事業やスポーツでの成功。
・厳しい法廷闘争。
・あなたの命、家庭、財産をまもる自然の兵器。
・必要なお金を手に入れ、財産をまもる力。
場所はブレンガ、アフリカ銀行の向かい……

　こうした「都市型」ともいうべきドクターたちは、泥棒避けと病気、ヴィザの取得などの能力を訴える。この場合も「モンバサ出身」「タンザニアの神秘」など多くは異民族出身で、旅をして薬草などの「もの」を手に入れ、治療の能力を得た、と主張する例が多い。自らの半ば以上演出された外部性が売り物でもあり、その経歴を秘密のベールで覆うためもあってか、具体的な経歴に関するインタヴューなどに応じてくれることは少ない。
　パドラのジャシエシも、（ことにアドラ人のジャシエシは）細かな質問には全く応じてくれなかったので、参考までに1999年1月21日に、ムピジ県のチェゴンザ準郡で訪れたサロンゴ・ムカサ・セワンガ（Ssalongo Mukasa Sserwanga、当時36歳）というムロゴ *mulogo* を訪問した時の記録を再録する。英語ができるガンダ人はムロゴの語を「ウィッチ・ドクター」と翻訳することが多いが、現在では国の管理登録との関係で「伝統医」traditional doctor や薬草師 harbalist などの呼び名を好む例が多い。彼は、登録もしておらずムロゴを自称する。
　彼は、セイシェル諸島での旅で「もの」（ガラス玉）を得たのだ、などと述べた。出身はカンパラ郊外のガバ Ggaba。彼の話には、具体性も随所にあったが、それでも肝心なところになると答える内容は断片的で抽象的だった。男の小屋には真っ赤なドレスを着た若い女性が5、6人出入りしており、屋敷には子供たちがたくさん遊んでいた。男たち

183

第1部

　は小屋のなかを煙でもうもうとさせてパイプで煙草を燻らせていた。炉には動物の燻製肉が串に刺された状態で並べられていた。何の肉かはわからない。巨大な木の木陰にあるエキゾチックな小屋で、煙草の煙にまかれた雰囲気にのまれた。サロンゴは、豹の毛皮の敷物に占いに使う物をひろげて見せてくれた。槍や網、南アフリカのコイン、そして雑多な石。大きなタカラガイ、中ぐらいのタカラガイ3つ、木の実やガラス玉、銅の鈴、鉄の鈴、大きなアンクルベル、三日月形の銅製の金属片。箒、イボのついたヒョウタン、イボのついた壺、バーククロスを作るときの工具（ラウンドモウル）、水牛の角、太鼓、楯などである。当時の記録によると、以下の21個。

1. ソンコ・リヤ・ムワンゲ *soonko liya muwange* 大きなタカラガイ
2. エンシンビ・エニャミ *ensimbi enyami* 中ぐらいのタカラガイ
3. エンシンビ・エンガジ *ensimbi engezi* 中——（呼称自体には「賢いお金」の含意）
4. エンシンビ・エンシル *ensimbi ensiru*——（「愚かなお金」の含意）
5. エンクティ *enkuti* 木の実
6. エジンジャ *ejjinja* セセ諸島で手に入れたガラス玉
7. エンジェ *enje* ブラックベリー
8. キワヌカ・オウォムウェジ *kiwanuka owomuwezi* 銅の鈴
9. ムカサ *mukasa* 湖を意味する（ビクトリア湖を司る神）
10. ンデゲ *ndege* 大きなアンクルベル
11. ルバーレ・ムソケ *lubaale musoke* 雨を意味する銅のかけらと壺
12. ムサンブワ・オグウェンゴ *musambwa ogwengo* 豹の霊を意味するタカラガイ
13. エンデク・エヤ・ンダウラ *endeku eya ndawula* ニョロの王を意味するイボのついたヒョウタン
14. エンデク・エジュンド *endekuejjund* イボのついていないヒョウタン
15. エンスンビ・ヤンダウラ *ensumbi yandawula* 精霊の王、ヒョウタンの形をしたイボのついた壺
16. エンスンビ・や・ムソケ *ensumbi ya musoke* 雨の壺
17. エンサム *ensamu* バーククロスを作る道具（砧に似ている、革工芸でいう「ラウンドモウル」）
18. エンスナ・エヤ・ムカサ *ensuwa eya mukasa* 雨の壺
19. エジョマ *ejjoma* ドラム
20. エジョンベ *ejjembe* 水牛の角
21. エンガボヤ・ムジム *engaboya muzimu* 精霊の楯……

　彼は、ムロゴとして、以下のことを診断・治療すると言う。

1. エダル *edalu* 狂気
2. オブグンバ *obugumba* 不妊
3. オクゴゴバーラ *okugogobala* 身体障害
4. オムスジャ *omusujja* 熱、風邪
5. エキフバ *ekifuba* 胸の痛み
6. エキドゥカノ *ekidukano* 下痢
7. オクユンガ *okuyunga* 骨折
8. オムゴンゴ *omugongo* 背中の痛み、腰痛

第 2 章 「災因論」

9. エビゲンゲ *ebigenge* ハンセン氏病
10. オムトゥエ *omutwe* 頭痛
11. オブガガ *obugagga* リッチ……

　　われわれが医療のドメインで考えるものと、そうは考えない富の追求や盗難被害防止やビザの取得とが、同じ次元で語られる点には注目する必要がある。録音記録を起こしたものを手元から再現する。

Q：名前はなんと言うのですか。
A：サロンゴ・ムカサ・セルワンガ（Ssalongo Mukasa Sserwanga）です。
Q：ムロゴになって何年ですか。
A：もう 10 年になります。
Q：仕事上何か問題になったことはありませんか。
A：依頼者の薬草ために長い旅をします。マサカまで行くなんていうのはざらです。そこのうえに、患者がくれば、その数だけベッドを用意して寝かせるための小さな診察室があるでしょう。
Q：ご自分のお仕事に自信をお持ちのようですね。
A：大勢の依頼者が来るということは、彼らがその効き目を信じているということでしょう。このようにガバ（Ggaba：カンパラの郊外）から、仲間のムロゴを呼んで手伝ってもらわないと対応しきれないくらいの依頼人の数なのですよ。
Q：1 日に何人くらい依頼人が来るのですか。
A：病気のぐあいによって 1 日に対応できる数は変わりますが、7、8 人と言ったところでしょうか。
Q：治らなかった、なんていうことはないのですか。
A：そういった苦情を受けたことはありません。ほかのムロゴにはそうしたことがよくあると聞きますが、私の場合には、薬草がよく効いてくれているようで、そういったことはありません。
Q：あなたは登録されている伝統医ですか。
A：いいえ、私は登録などはされておりません。私はカンパラ出身ですが、私の祖父の死霊がここカノニに滞在するように命じたのです。というのも、ここが祖父が埋葬された場所だからです。ほかのムロゴのようにラジオで宣伝したりしませんが、評判を聞いて依頼者がひっきりなしにやってきます。
Q：どこの生まれなのですか。
A：ガバです。
Q：民族は。
A：ガンダです。
Q：クランは。
A：ンゴンゲ（Ngonge）クランです。
Q：ほかのムロゴのように人間の子供の頭や性器を切り取ったりして患者の治療に利用したことはないんでしょうね。
A：いえ、絶対に。そんなことは考えたこともありませんよ。ながらくここで仕事をしていますがそんな問題は一切ありません。はじめてここに来たときには、ここは草が生い茂るブッシュで、そんななかを 6 ヶ月ほど過ごしました。ゴンバに住んでもう長くなりま

第 1 部

したが、誰も役所に問い合わせたりはしませんでした。
Q：その年齢になるまでの生い立ちを簡単に教えていただけませんか。
A：子供のころ、私は問題だらけでした。目を患い、初等教育を 4 年生で断念したほどです。その後、兄が私を技術訓練校に入れてくれて、屋敷の建築、それから地下タンクの設置方法を学びました。シェルやトータルの地下タンク設置の仕事を得たのはそういった経緯があったからです。しかし、カバレのガソリンスタンドにタンクを設置する際に事故が起こり、私は責任をとるかたちで職を追われました。それまで、ムロゴになるなど思いもよらないことでしたが、私の人生は狂いはじめ、そういうふうに劇的に変わっていったのです。ガバから訪れたこともなかったゴンバへ、移り住むことになったのです。それは私の祖父の死霊の導きで、もはやここを離れてはいけない、と死霊は言うのです。
Q：依頼者には、いくらお礼を要求しているのですか。
A：決まった額はありません。私の霊が額を決めて要求します。私にも強制的にその額を要求するよう命令するので、依頼者にお願いしているのはわずかな金額なのですが、私にはまったく決定権がありません。それによって私は問題の診断をはじめるのです。
Q：鉄のシェイカーと太鼓で霊を呼び寄せて依頼者を治療するということですか。
A：そうです。シェイカーと太鼓の音で霊が勧請されて依頼者の要望に応えるのです。
Q：ところで、お子さんは何人いるのですか。庭に大勢遊んでいましたが。
A：12 人の子供がいます。妻は 1 人ですが、子供のなかには母親が違う子もいます。父親は私です。
Q：あなたの妻方の親族は離れて住んでいるのでしょうが、あなたのお仕事をどのように考えているのでしょう。誇りに思っているのでしょうか、それとも妬ましく思っているのでしょうか。
A：妬みなどはありません。ときどき兄弟として訪ねてくれます。
Q：どこに暮らしているのですか。
A：全員カンパラのガバです。オジだけが、ムコノ県のブゲレレ（Bugerere）にいます。
Q：お父さんとお母さんはどこに住んでいるのですか。
A：すべてガバです。私が生まれたところでもあります。
Q：このあたりの地域の変化をどうみていますか。
A：私が来たときには、草ぼうぼうでした。屋敷が建ち、道路ものびて、昔にくらべて発展したと思います。
Q：家族計画について、お考えを伺いたいのですが。このあたりの家族は子だくさんで、出産の数を抑制する手立てを講じていないように思うのですが。
A：その点については私に憑いている霊の力が及びません。霊の世界のことではありませんからね。
Q：子だくさんなのに、収入が少ないので、問題になっています。どうしてそうなってしまうのでしょう。
A：最初の妻との子供の出来が今一つだ、というのはよくあることです。自分を父親としてちゃんと扱ってくれる賢い子供が欲しいと第 2 夫人をめとる、そういったかたちで結果として収入が低いのに子だくさんになってしまう傾向があるように思います。
Q：これまでに治した病気にはどのようなものがありますか。
A：正気を失ってしまった人を治したこともあります。胃潰瘍や、足の象皮病、マラリアなどの熱病、結核、ハンセン氏病、家族問題によって引き起こされる問題など多くの問題を治しています。しかし、HIV だけは治せません。体液を浸透して効き目をもつ薬草は

ないのです。HIV を治せると言うムロゴもいますが、骨のなかにウィルスは残っているので、完全に治癒したとは言えないと私は思います。
Q：依頼者は死霊に対し、何を要求されるのですか。何らかの動物を供犠したりするのですか。
A：山羊、雌鶏、羊などの動物を用意してもらって供犠し、焼いてこの祭祀装置のところで霊に捧げます。捧げられた動物の一部分はわれわれ家族で消費しますが、私を訪ねてきたムロゴが供犠した肉を家族に与えることもあります……

インタヴュー後に助手の書いたメモがある。

……評判の高い無登録の伝統医。あちこちで治療した経験がある。南アフリカなど各地の古銭をもっており、それにより透視する（彼は X-Ray という言葉を自ら用いていた）のだという。セセ諸島で手に入れた輝く石もそれに用いる。子供たちがたくさんおり、牛も山羊も依頼者が持ってきたものがたくさんいる。鬱蒼としげった枝をもつ大木がウィッチ・ドクターの屋敷にふさわしい。インタヴューのあいだじゅう彼は煙草をうまそうに吸っていた……。

アドラでも、強力と評判のジャシエシは、サミアなどバントゥ系の民族出身であり、その儀礼の作法は、ガンダも含めた遠方から学んでくると言われているので、地域を離れてバントゥ系のムロゴの例を紹介した。その要素の多くは、パドラではマイェンベ *mayembe* と呼ばれることもあるバントゥ系の要素を誇示する施術者と大いに共通点があることがうかがわれる。マイェンベ、の語彙自体は、分布が広く現在の DRC コンゴなどでも一般的に用いられているようである。ただしその場合 evil spirit と訳されることが多い。ここでは猥雑になるので深く立ち入ることはできない。

別掲註④
「花嫁代償を払う（チュロ・ニウォム *chulo nywom*）」の具体的な手順については、以下のテキストを参照。

……もともとは、花嫁代償には伝統的な鍬が用いられたものだった。夫側は鍬を三梃用意するならわしだった。現在では花嫁の母方オジが 20 梃用意する。少なくとも 3 頭の牛が花婿の父親により準備される。5 頭の山羊は母親とその姉妹が準備する。花嫁代償は家畜で支払うことになっている。15 頭の牛、5 頭の山羊、そして細かな贈り物をそれに添える。時代が下ると、牛 7 頭と山羊になり、現在では、先ほど言ったように、5 頭の牛と 5 頭の山羊、雄鳥、ポリタンクいっぱいの灯油、2 万 2000 シリング、肉数キログラム分、砂糖、ナイフ、ゴマス 1 着、カンズ 1 着がアドラでの花嫁代償の相場に落ち着いている。最近では、経済的な違いが際立っている。なかには娘を立派に成長させてくれた親への感謝の気持ちを込めて 20 頭の牛を贈る家族もあるだろう。また、2 頭の牛の都合さえつけられないものもいる。稀にだが、薪拾いや水くみの道行きで徒党を組んだ少年が少女を拉致し、むりやり結婚させられる場合もあった。これはテロ・ムクウェンダ *tero mukwenda* やポリ・ギ・ニャコ *pori gi nyako*（少女略奪）という。処女を奪われると、妻になるしかなかった時代だった。数日あるいは 1 週間ほど経ってから、少年の親が少女の親の所に事情を説明しに行く。基本的には花嫁代償の支払いはそれから同じようにはじまるはずだが、屋敷が貧しくて花嫁代償が準備できなかった場合がほとんどである

第 1 部

から、支払いが長期にわたることが多い。ダンスにいった少女が帰らないこともあった。この場合には周囲がだいたい計画していた場合が多い。だいたい20歳ぐらいには結婚したものだ。処女が尊ばれた。

　結婚の儀式の前には、嫁は夜中に実家の屋敷に帰される。また、儀式の直前、夜中に迎えに来る。少女は儀式の前1週間は食を絶つ。これは厳しい結婚生活に耐える忍耐力があるかを試す意味もある。まさに実屋敷を去る、というそのときにも家族が彼女を送り出すためのアボリ *abor* と呼ばれる料理が出されるまで、何も口にしない。これは両親、オジそして近所の人々が総出で作ったものだ。すでに料理された肉、鶏、山羊、そして牛の腿2本、牛の皮、また生の頭が運ばれてくる。食べ物とムウェンゲ、コンゴを飲みながら一緒に女性たちは列を作って歌い踊る。アバラ・ウェイ・ウォディ・ロンボ *Abala wei wodi rombo* と口ずさむ。断食していた少女に向かって義理の母が、ジャガイモと豆をつぶした食べ物を与える。花婿にとって義理の姉妹になる人々がそれを供する。義理の母はクウォンも持ってくるが、まだ牛糞を塗って目地を固めていない編み立てのかごに入れて持ってくる。この場で用いられる皿は木製の物と決まっている。それに肉を盛り、渡すと共に、山羊が支払われ、同時に少女は食べることを許される。悪口を互いに言い合う。ドウォキ・ティエンド・ドキ *dwoki tiend dhoki*（花嫁代償に対する感謝）は、花嫁側の両親が主催する宴である。花嫁の両親が、花婿の両親に支払った花嫁代償のお礼に足を運ぶ。鶏をはじめとした多くの食事、そしてコンゴを夫方の親族に供する。

　だいたい結婚後に1か月くらいたつと、花嫁は自分の台所で料理をはじめるようになるが、それは、その花嫁の性格や、その屋敷に女性が何人いるかにもよってくる。本人が望めば早くそうなる傾向がある。やがて、「料理用の炉の石を置く」儀礼が行われる。まず、実家の母親のところに行き、鍋と皿、そしてシコクビエの粉を箕に入れて持ってくる。夫の姉妹が石を3つ切り出してきて、台所に運び込み、薪も運び込む。子供を背負って泉か井戸に水汲みにつれて行かれる。歌う女たちに取り巻かれながら頭に水を汲んで満たした壺を載せて屋敷に戻るが、家事を問題なくこなす能力があるか試す意味もあって誰も手助けをしてはならないことになっている。水汲みから戻ると、シコクビエをすりつぶし、炒って豆のンゴリ・マギラ *ngori magira* をすりつぶしながら、炉の薪に火をともし、ソースの準備をはじめる。準備ができると、クウォンがこねられ、この儀式に出席するためにきた姉妹とともにそれらの食事を配る。歌と踊り、そして酒と食事の宴が行われる。妻の料理の手腕に問題がないと認められると、義理の父は彼女に雌鶏を与え、以降来客のあったときには彼女に任せるようになる。その頃になると、ある程度の荒れ地を任され、それをどう耕すかで働きぶりが試される。その土地は1人で耕作しなければならないが、試験が済んでからは、兄弟が来て手伝うことが多い。いずれにせよ、彼らの手で家族のための食料が生産されるのだ。

　その日から、彼女は妻として自分の責任で調理を差配しはじめる。夫も単に子供ではなく、屋敷の主としてふるまうことになる。女性が結婚すると、彼女は子供のころ呼ばれていた名前では呼ばれることはなくなり、愛称（チョコ・リンゴ・ニンゲ *choko ringo nyinge*）で呼ばれるようになる。やがて彼女は子供を産み、その子には祖先の名前がつけられることだろう。このように妻の能力が証明されることは、祖先の霊を喜ばせることでもあるのだ。長老たちが常々言っていたように、このことは、クランや民族の勢力拡大と言え、喜ばしいことなのである。

　「愛称」は以下のようなものがある。アウォリ Awori にはオリポ Oripo、アロウォ Alowo にはニャジカ Nyajika、アボ Abbo にはオワサ Owasa、アケロ Akello にはニャコナ

第 2 章 「災因論」

Nyakona、ニャチュウォ Nyachwo にはオキデー Okidee、アディキニ Adikin には アディコまたはニャサナ Adiko / Nyasana、アクム Akumu にはキテコ Kiteko、アコンゴ Akongo にはキモシまたはアジョレ Kimosi / Ajore、ニャペンディ Nyapendi にはキテコ Kiteko、ニャブル Nyaburu にはニャンゴワ Nyangowa、ニャスナ Nyasuna にはアユゴ Ayugo、アニャンゴ Anyango にはオウィリ Owili、ニャドイ Nyadoi にはニャコナ Nyakona、アクノ Akuno にはアユゴ Ayugo、オチュウォ Ochwo にはオドゥンギ Odungi、オワレ Oware にはオクレ Okure、オボ Obbo にはワンドロ Wandolo、ニャフウォノ Nyafwono にはオウィニャ Owinya、アボス Aboth にはキゴンド Kigondo、アチェン Achieng には アナコ Anako、オロウォ Olowo にはアレモ Aremo という愛称が対応する……。

第3章　ジャジュウォキ *jajwok* の観念

I　はじめに

アドラでは、今日でも、以下のようなことわざが知られている。

Dhano kitho mungoye jajwok.
ジャジュウォキなしに人間は死なない。

このことわざは文脈によってさまざまな用いられ方をするが、祟りなどを軽視したり葬儀のプロセスを簡略化したりすることや、むやみに人間の妬みを喚起するような「富」や「権力」の誇示を戒めて用いられることが多い。
　「ジャジュウォキ」は、前章で検討したテキストのなかで重要な位置を占めながら、その内容が不明確なまま残された語であり、「毒を用いる」「タブーを侵犯する」などを意味する用語のひとつでもある。
　jajwok という語の構成部分である *jwok* は、アチョリ語の *jok* と同根であると考えられている。現代アチョリ語（ルオ語）における *jok* の辞書的な意味は以下の通りである。

　　jok　*pl* jogi *n*　god, spirit, demon [Odonga 2005: 88]
　　jok　*noun*　god, spirit, demon [Adong & Lakareber 2009: 40]

Mogensen [2002] が Lienhardt [1961] の議論をアドラのフィールドで追認するために再度焦点化したことからもわかるように、西ナイル系比較民族誌の文脈では、この語の語根転訛であるジョク *jok*、ジュウォク *jwok*、ジュオク *juok* が、重要な位置を占めてきた。

　　……*jok* の力がなかったならば、ディンカは「生きる」ことさえかなわ

第1部

ず、苦難に耐えることもできないのだ、と Lienhardt［1970: 170］は言う。Lienhardt のこの研究は、もはやディンカ宗教の古典と言っていい。*jok* は、ディンカにとって、その苦しみの経験を外部化することを可能にし、他者との協力のもとにその苦しみの経験に対処することを可能にするものなのである。同様に、ジョパドラも、自分の生あるいは行為がなぜかねじ曲げられており、その理由がわからないとき、──つまり、彼らがなぜ苦難に直面しているのかということだが──彼らは「世界を問いただす」。そして、どのような *juok* が彼らの生に干渉しているのかを問うことによって、また、その *jok* との対話に入ることによって、未知のものに名前をつけるのである。このことは多くの場合卜占師を訪れることによって行われる。しかし、*juok* にかかわる多くの行為が、卜占師にうかがいを立てることなく、家族のなかで行われるのも事実である。「*kweri* を終わらせる」あるいは「ものごとをまともにする」と言われる、しばしば長々しい、費用のかかる儀礼の遂行のなかで、ある問題の原因追及と解決策をめぐって交わされる会話や、それらについての考え、そして行われる交渉のなかで見いだされる *juok* の果たす役割に重要な意味がある。

……「信じること」は、「この世界と他界とのフロンティアに対する気づきを意味する」。私には、*juok* がこのフロンティアを接合して横断する方法の１つであると思われる。彼らの知っている生と彼らが理解できない生の釣り合いをとるための、そして彼らの生と他の人々の生との釣り合いをとるための社会的エージェントによるたゆまぬ努力の一環なのである。*juok* は、動きゆくなかで何らかの行為を行おうとするときに用いられるいくつかの技法の１つであり、そのようなかたちで人々が苦難に直面した際のレジリアンスを反映しているのである。……［Mogensen 2002: 434］

たとえば、これまでの比較的優れた民族誌的研究を参照することができるランギを例にとっても、Hayley［1940, 1947］は、この概念を中心に据えて宗教的世界観を描き出そうとする（Hayley［1940］は、Hayley［1947］にその一部として収録されているので、以下では後者に依拠する）。Hayley［1947］は、ランギの宗教と呪術の世界を、ジョクの力との関係から、以下のように想定する（鍵括弧内は引用だが、その後に丸括弧の中に具体例などの内容の下位区分を要約的に補っておく）。

「A. ジョクは、宇宙（universe）に浸透している中立的な力の１つであり、

第3章　ジャジュウォキ jajwok の観念

人間が用いることなしには、人間に対してよく働くことも悪く働くこともない。」[Hayley 1947: 3]

「B. 常ならぬ、あるいは明確な理由がわからない自然現象は何らかのかたちでジョクの「力」の一面と関係があると考えられる。」[Hayley 1947: 3-6]（1. 異常出産、2. 雨石や丘など異常な自然物だがそれほど例は多くない、3. 奇跡的な出来事、4. 幸運と不運）

「C. よくなじみ深い盛衰のなかでも、経験的に予言したりできないし、コントロールもできない、社会的に意味のある現象は、ジョクの力と結びつけて考えられる。」[Hayley 1947: 6-11]（1. 雨や雹、雷などの自然現象、2. 病気、3. 事故などの不幸）

「D. ジョクの力は、人間の感情が昂ぶった状態のときにあらわれる。」[Hayley 1947: 11-15]（1. 性交渉、2. 踊り、3. 忘我状態）

「E. 人間に危険な状況や物にはジョクの力があらわれる。」[Hayley 1947: 15-16]（1. 狩りと獰猛な動物、2. 戦い、3. 旅行、4. 部族の法を破った場合）

「F. 私たちがふつう魂とか霊魂という言葉で表す人間誰もが持つ一部と結びつけてジョクの力は考えられる。」[Hayley 1947: 16-22]（1. ティポとチェン、2. ティポが生きている人間を悩ませる場合、3. 夢）

アドラの場合には、以上のような現象群を、Hayley [1940, 1947] が行ったようには、ジョクから発生する論理的な仮定や前提といったかたちでうまく描き出すことはできそうもない。きわめて緊密にこの語根から派生する語彙と結びつけられる場合もあれば、別の語彙と結びついてジュウォクに類する語彙ないし観念と結びつかない場合があるので、それらは個別に記述する。
ケニア・ルオについて報告する Ocholla-Ayayo [1976: 160] は、「ジャジュオク jajuok」を反社会的なウィッチクラフトの代表だとし、「ナイトランナー」「ナイトウィッチ」であると規定する。特徴として考えられているのは、たとえば豹や鰐、ハイエナなどのような野生動物を飼い慣らす能力を持っていること、夜中に通りかかった人間を誰彼かまわず脅かすこと、墓を暴いて手に入れた死体の腕な

第1部

ど体の一部で暗闇のなかで人間を殴打すること、などである。彼らは人に危害を加える際に毒を用いるのだ、という人もいるし、毒は使わない、という人もいるという。この点は議論がわかれるところのようである ［Ocholla-Ayayo 1976: 160-161］。

　本章では、前章と同じくインタヴューによって得られた録音資料に基づいて作成されたテキストをもとに解説を加えることで「ジャジュウォキ」の観念をよりくわしく検討することを目的とする。

　前章のテキストは、話の順番や話題の進め方など、1人の話者の資料を語られたとおりに忠実に記載した。語られた文脈をそのまま提示するにはそれが理想である。しかし、本章で扱う資料は文脈をこわさない程度に、ある程度まとまった内容をまとめ、適宜テキストに最低限の編集が加えられている。

Ⅱ　テキスト

1　ジャジュウォキの種類

(1) 用語としてのジャジュウォキ

　用語としてのジャジュウォキの解釈に、統一見解を得ることは、きわめて難しい。語根を共有するジュウォギとは、文脈を異にすると別な意味になるために全く関係がないという人もいるほどである。以下括弧内はテキストである。

《テキスト3－1》

　「ジャジュウォキという語にはジュウォキ（という語根：梅屋注）があるが、ジュウォギ jwoki (霊) という語とはこの場合のジュウォキは関係がない。ジュウォギは、死者の霊。ジャジュウォキは、ウィッチクラフトを行ったり、毒を盛ったりして人を殺害したりする存在のことである（①）。

　パドラにおいてジャジュウォキは、2つの意味領域に分けられる。ジャジュウォキ・マ・イイド jajwok ma yido あるいはジョイイド joyido (jo は複数) とは、人々が寝静まるのを待って夜中に裸で体中に灰を塗り（②）、周囲の屋敷やホームステッドなどをかまわず走り回る、いわゆるナイト・ダンサーである（③）。彼らは肛門から自動車のヘッドライトのような明かりを放ち、車に見間違えるくらい早く走る。ただ、肛門は1つなのでヘッドライトにみえる明かりは1つなのだが（④）。

　それに対して区別されるのは、他人に毒を盛ったりして人を殺すような

第 3 章　ジャジュウォキ *jajwok* の観念

写真 35　ルンベ儀礼でコンゴを飲む人々　　　写真 36　コンゴをストローで飲む

やからのことである。食べ物や飲み物に毒を混入させるのが常套手段である。だからジュウォキは、食べ物にキダダという毒を盛ることも指す（⑤）。ビールを飲むチューブにつけるのが一般的だ（写真 35、36）。ただ、食べ物に汚いものを混入させるだけのことだ。食べ物を食べながら、あるいは酒を飲みながら、それに何かが混じっていて、体内の消化器系に入っていったことに、犠牲者は気がつくだろう。それがよくないものであることもすぐに気がつく。ひどければその日に死んでしまう（⑥）。

　彼らはただの人間だが、ナイト・ダンスだけではなくウィッチクラフトも行う者もいる。落花生などを露店などの小売りの売り子から買うと、小さな紙切れを折り丸めてそれに包んでくれる。落花生を食べ終わってその包み紙を捨てると、その包み紙をつかって彼らはウィッチクラフトをかけ、その紙で落花生を食べた人間の命を狙うと言われている。ここがナイト・ダンサーと、ウィッチクラフトが交差する部分である。霊的なものと、薬草などの効き目とを明確に区別するのは、難しい（⑦）。

　キダダなどの毒は、即効性があるのですぐにわかるが、ナイト・ダンサーの行うウィッチクラフトは、「呪詛」（ラム *lam*）と症状による区別はほとんどできない。「私は、ジャイイドとジャラミを区別することができない」と明言するアドラ人もいるほどだ（⑧）。

　口、つまり言葉を用いて他人に憑依し、いわゆるウィッチクラフトを行うもののことを、ジャジュウォキ・マ・イイロ・ジョと言い、ジャジュウォキのカテゴリーに含まれる（⑨）。

　ジャシエシのなかには、足跡のどろを用いてその持ち主に何らかの作用を及ぼすことができる者がいる。どろを用いて呪われると、当事者がどれ

195

第 1 部

だけ遠くに離れていても確実に影響があるし、時にはキダダよりも早く死に至る。イ・チョモ・ヤーシ・イ・マセンボ・ペレ i chomo yath i masembo pere（足跡に薬を植えつけて殺す邪術）という言い方をする（⑩）。

ジャジュウォキ・マ・デロ jajwok ma delo（畑のウィッチ）。この種のウィッチは腰に薬の入った袋をぶら下げており、その人が通った畑は不毛になるとされる（⑪）。

また、ジャジュウォキ・マ・オロ・ティポ jajwok ma oro tipo（死霊を用いるウィッチ）というのもいる（⑫）。」

(2) 異常出産[1]と双子（ルート rut ／ウェンギ wengi）

《テキスト 3 － 2》
「奇形の子供のこともジュウォキ jwoki ということがある。過去にはそういった子は、壺に入れられてブッシュに遺棄されたり、蟻塚に押し込まれたりしたという。ルート rut（双子）もジュウォキの一緒なので、ヤウォ・ルート yawo rut（双子を開く）などの手の込んだ儀礼が必要とされるのだ[2]。」

【解説】
「ジャジュウォキ」とその類義語についての解説には諸説ある。しかし、ここでは、まず、「ウィッチクラフトをおこなったり、毒をもったりして人を殺害したりする存在」(①)と、その反社会的側面を最初に強調する。この場合にはウィッチクラフトも含めるとするとその範囲は非常に広いものとなる。行動面から体に灰を塗り(②)肛門から光を放って(④)、夜踊り狂うという行為を行うナイト・ダンサーと(③)、「食べ物」や「ビールのチューブ」にキダダという毒を盛る――毒を盛るこの行為のことすらジュウォキと「霊」との同音語で呼ぶ――ジャジュウォキとを区分している(⑤、⑥)。このキダダは非常に強力で、これを飲むと助からないという話はあちこちで聞いた。⑦の記述からは、2 者の連続上には邪術師も想定されているようだ。⑧で言われるように、症状の面から「呪詛」(ラ

---

1 異常出産は、上に見たとおり、ランギの民族誌的な文脈では、ジョクの「力」の顕現の 1 つ「B. 常ならぬ、あるいは明確な理由がわからない自然現象は何らかのかたちでジョクの「力」の一面であると考えられる」[Hayley1940: 99-100; 1947: 3] とし、その筆頭にあげられているものである。
2 ヤウォ・ルートについては、章末の別掲註①を参照。

第3章　ジャジュウォキ jajwok の観念

ム lam）と区別することが難しいウィッチクラフトもたくさんあると考えられているようだ。

　⑨であげられる例も、厳密にいえば、望ましくない未来を口にするウィッチクラフトだから、「呪詛」（ラム lam）に含まれるはずであるが、「年長者に対して不敬な態度（侮辱的発言や頼まれごとをむげに断ること）を行った場合」という条件が満たされない場合には（たとえば年少者の側が「呪詛」した場合、あるいは「呪詛」に先行する年長者に対する不敬行為が認識されなかった場合など）、こうした類のウィッチクラフトとみなされるのであろう。

　足跡のどろを用いてかける邪術（⑩）や、薬を腰につけているという畑のウィッチ（⑪）などが、その意味領域の延長上に想定されている。この2つは、いずれも「泥の使用」や、「腰に薬の入った袋をぶら下げている」など行為の外形上の観察による区別である。⑫の「ジャジュウォキ・マ・オロ・ティポ jajwok ma oro tipo（死霊を用いるウィッチ）」は、ある意味では、ジャシエシと呼ばれる施術者はみなこのカテゴリーに当てはまる。彼らは1度霊に憑依されており、その霊を通じて霊界の別の霊とコミュニケーションできるという点が、力の根拠とされることが多いからである。

　ジュウォキの別の用法として、奇形や双子を指すことがある。具体的な実在者をこの用語が指し示すことには大きな意味があると思われるが、ここではその事実を指摘するにとどめておく。

　この意味でのジュウォキは、出産後に殺害されることが多かった。補足のテキストを提示する。

《テキスト3－3》
「Q：ジュウォキ jwok が生まれることもあると聞くが、本当ですか。
　A：普通ではない出産がそういうふうに呼ばれることがある。手や足がないとか、目がない、口がない、など。時には頭が2つあることもある。そういうときは人間のなかでいかなる立場に位置づけていいかよくわからない。動物の1種と思えることもある。
　Q：そのようなジュウォキ jwok をどのようにしてとり扱うのですか。
　A：口の広い壺を用意してその生き物を入れ、森のなかに遺棄して餓死させることが多い。その森がどこなのかは誰にも知らされないし、そこにそれを遺棄したということも秘密にされる。生まれた日に行われるのがふつ

第1部

うである。」[3]

なお、殺害されはしないものの、異常出産として代表的なものに以下の4種類があることを付け加えておく。

1) 逆子（オソ Otho ／アソ Atho：男性名／女性名の順。以下同じ）。
    アブノーマルと考えて双子と同じ扱いをされることがある。また、オソ otho は「死」と同音語である。
2) オンデラ Ondera ／アンデラ Andera
    生まれつき臍の緒が2本ある子供がいるという。出産のときには本当の臍の緒を切るが、もう1本はその上に飛び出しているともいう。これは双子には含めないし、神秘的な能力に結びつけられることも少ないが、このように名前をつけることになっている。
3) オウマ Ouma ／アウマ Auma
    生まれたときに普通は顔が上になっているものだが、顔が下向き（地面に向いていた）だったときにこの名前が付けられる。しばしば鼻が地面に最初に当たる、という。これも逆子の1種と考えて双子儀礼を行う場合がある。
4) オクム Okumu ／アクム Akumu
    生理の停止によってその妊娠が認識（*dhoko ogamo lye makoruku dwe*）されなかった子供。

これは、アドラでは双子に準ずる扱いをうけることが多い。つまり、しかるべき双子儀礼の一部（ヨコ *yoko* 儀礼）を行い、母方の親族が集まって儀礼を行うが、双子の薬草（ヤーシ・ルート *yath rut*）は用いられない。これに続く子供は、オケロ／アケロ、オマラ、オシンデ……[4] という双子にちなむ命名法を続けることがあ

3 　異常出産に対する対処法については、おおむね双子儀礼に準ずる儀礼が行われるべき、と考えられているようである。

4 　双子の生まれた順に、男／女の名がオピオ Opio ／アピオ Apio、オドンゴ Odongo ／アドンゴ Adongo、オケロ Okello ／アケロ Akello、オマラ Omalla ／アマラ Amalla、オシンデ Osinde ／アシンデ Asinde、オミタ Omita ／アミタ Amita、オムガ Omuga ／アムガ Amuga、オチャール Ochar ／アチャール Achar と続く。しかし、必ず最後までこの通りに名付けなければならない、というものでもない。ふつう、子供の名前は祖先のものをもらう。命名された赤ん坊が泣きやまないと、その名前をきらって文句を言っているのだと考える人もいる。生きている人の名前をつけてはいけない。それはそれらの名をもつものの死を願う呪詛と考えられた。最近ではその信仰は忘れられている。いくつも候

第3章　ジャジュウォキ jajwok の観念

る。
　これ以外にも実際には一人しか生まれなかったが、「双子」と認知される例がある。
5）ムカマ Mukama
　　本当は双子なのだが、双子の一方は、豹となって森に暮らしているという信仰がある。そういった信仰をもつ屋敷では、見えない豹が自由に出入りできるよう、小屋の壁に穴をあけておき、食事の時にもその穴のそばに豹である双子の分を供えることになっているという。ここでは、以下のようなテキストを紹介しておく。

《テキスト3－4》
「動物と同時に生まれた、と言える人がいる。そのカウンターパートは、一緒に生まれたときにもそれは目には見えないが、そのときの様子を当人の親族などが夢などで見て、人に語るようだ。とくに、当人が病気になったりして、そうした夢を見たために双子儀礼をしなければならなくなることがある。カウンターパートの動物のための住処として小さな小屋を建てて、母屋にも出入りができるような小さな出入り口をつくる。折に触れ、その動物、たとえば豹のための食事もその出入り口に準備する、というようなことはかつて行われていたし、いまでも行われているかもしれない。」

2　ナイト・ダンサーとは誰か
(1) 宗教か性癖か、あるいは病気か

《テキスト3－5》

　補がある場合には、2羽の雛に違う祖先の名前をつけておいて屋根の上に放り投げ、初めに落ちてきた雛の名前をつけることにする（落ちてこなかったほうの名前をつけるという人もいる）。たちまち泣きやむという。死産が続いた後に生まれた子供はオグワング Ogwang、蟻塚の神（ウェレ・ニャウィリエテ were nyawiriete）に対する伺いを立てた後に生まれた子供はオウェレ Owere／ニャウェレ Nyawere。蟻塚に子供がほしいと願をかけるために、沼の泥を集めて子供の人形（ひとがた）を作り、裸で祈願し、願いを叶えてくれたら供犠することを約束して縄を約束のしるしに残しておく。子供ではなく牛がほしい場合には牛の形に泥を形づくる。鶏の場合にも同じくする。これをロウォ・ルオコ儀礼 lowo luoko という。なお、子供が病気になり、施術師の占いによってウェレにその子供が求められていることがわかった場合、オウェレと名付けることもある。その際、その次の子供は双子にちなんだ最終名と同じくオチャールと名付けられるともいう。

199

第 1 部

「ナイト・ダンサーは、現在でも存在する。どの村にもいる。宗教的な活動ではなくて、性癖や嗜好と考えるべきだ。たんに腹が減るとそうするのだ、という話を聞いたこともある（①）。ナイト・ダンサーはなぜ夜踊るのか。その実践を彼らなりの宗教儀礼のようなものだと言う人もいるが（②）、この性癖は家族のものであり、遺伝的なものである（③）。

ナイト・ダンサーのことを病気だ、と言う人もいる（④）。ティダ tida、カルンバ kalumba、ブラ bura、ミセウェ misewe などの病はみなこの症状——夜間戸外で踊りまわる——を示す（⑤）。」

(2) ナイト・ダンサーは何をするのか

《テキスト 3 − 6》
「ナイト・ダンサーはたんに夜中に走り回るだけではない。眠っている人々の小屋の扉を背中でノックする者たちもいる（⑥）。その小さな音で目が覚めて扉の所へ行ってみると、誰もいない。また眠ろうとするとまた小さなノックの音がする。こういうかたちで人々の安眠を妨害するのだ（⑦）。

彼らのなかには、「カトゥール、カトゥール、カトゥール」という音を立てる者もいる。腰につけたしゃれこうべが互いに当たる音である（⑧）。屋敷に足跡を残していく者もいる（⑨）。

夜中に近所の扉を叩いて回るので、ジャクリ・ペチョ jakuri pecho（屋敷の警備員）という皮肉なあだ名で呼ぶ人もいる（⑩）。

近所にナイト・ダンサーが住んでいて、その行動を見たことがあると言う人がいる。ナイト・ダンサーも何か悪いことをしているのではなかった（⑪）。誰かを殺したりした後だから踊っているとかいうこともなく（⑫）、人の財産に手をつけるわけでもなく（⑬）、ただたんに裸で走り回ってそれを楽しんでいるだけだった（⑭）。ナイト・ダンサーはウィッチではない（⑮）。姦通を働くでもなし、盗みを働くわけでもない。そのときの彼らの振る舞いは、ちょっと宗教の礼拝に似たようなところがあった。食事の前に祈りをささげるような、そんなところも観察できたのである（⑯）。」

(3) ナイト・ダンサーは癖である

《テキスト 3 − 7》

第3章　ジャジュウォキ jajwok の観念

「ナイト・ダンサーは、図らずして人間に危害を加えることもある ⑰。ナイト・ダンスは、よくない悪癖であり、学生が学業をおろそかにする原因にもなるし、友人たちがそれを知ると孤立してしまう原因にもなる ⑱。
　あるアドラ人が、次のような歌を低い声で歌うのを聞いたことがある、という。

matoke maka ochami
kerango ?
mwenge maka ohingi
kerango
　この屋敷のバナナ
　いつ食べられたのか
　この屋敷のムウェンゲは
　いつ醸されたのか

この歌の真意は、この屋敷の主がいつ死ぬのか、ということである ⑲。」

【解説】
　ナイト・ダンサーはどこにでもいる、というのが定説である。大きく分けるとその実践は宗教的な儀礼であると考える説 ②、性癖だとする説 ③、病気だとする説 ④ があり、性癖であるという考えが多数派を占めるようだが、いずれにも若干の支持者はいる。
　⑤で列挙される病名はいずれもパドラでは一般的な精神疾患である。ということは、ナイト・ダンサーの行動はかなり一般的なのであり、症状だけではナイト・ダンサーなのか、「ティダ *tida*、カルンバ *kalumba*、ブラ *bura*、ミセウェ *misewe* など」の精神疾患なのか、区別はつけられない、ということでもある。
　「人々の小屋の扉を背中でノックする」⑥、「腰につけたしゃれこうべ」で「カトゥール、カトゥール、カトゥール」という音を立てる」⑧、「屋敷に足跡を残していく」⑨ と言うが、これらを目撃したり、確認したという証言は得られていない。とくに扉のノックを背中でしているかどうかは、目撃でもしない限りわからないはずであるが、そこが焦点化されることはない。目撃例は、のちに見るように、裸であること、狂ったように踊ること、といったような行為に限定される。

201

第 1 部

　危害を加えることがない、と見限られて恐怖の対象にならない場合には、⑩のように警備員のあだ名をつけられることにもなる。
　目撃者のなかには、食事の前の礼拝を見るような気持で彼らの実践を見た者もいるらしい（⑯）。とくに、踊るだけで何も悪いことはしていない場合にはなおさらのことである（⑪、⑭）。そういった意味では「反社会的」とはいっても、殺人（⑫）、盗み（⑬）、姦通などの明確な犯罪性に乏しい。ウィッチと交差することによって初めて、ジャジュウォキの「反社会性」は際立つのだが、これは、⑮のように区別されることもある。
　安眠妨害だけではなく（⑦）、人に危害を加えるかもしれない（⑰）悪癖であるという。ここでは学業をおろそかにする、というとってつけたような理由が挙げられているが、孤立することは事実のようだ（⑱）。
　⑲であげられているのは、ほとんど邪術と言ってもいいほどだが、言葉にしていることに注目すれば「呪詛」の側面もある。文脈からいってこの歌が夜人知れず歌われたためにナイト・ダンサーのものとされたのであろう。ということは、仮に邪術として（本当は）ナイト・ダンサーではない人間が同じ行動を示したとしても、その時間が夜であれば、ナイト・ダンサーであるとみなされ、その行為内容が逆転してナイト・ダンサーの特徴として語られた可能性は高い。

(4) 家族に継承される性癖

《テキスト 3 － 8》
「ナイト・ダンサーの性癖は家族に受け継がれるもので、その家族に 1 人あるいは 2 人いることが通常である。祖父にナイト・ダンサーがいれば、その屋敷の子供のうちのだれかがナイト・ダンサーの跡を継がなければならない。もし子供が 5 人いれば、そのうちの少なくとも 1 人や 2 人はナイト・ダンサーとなり、残りの子供はナイト・ダンサーとなることを拒否する（①）。
　私に息子がいたとする。私がジャジュウォキ・マイイドだったら（私は違うが）、息子が同じようになれるように訓練するだろう。薬草を食べさせ、その分野での専門家にしようという努力をする。多くは、祖父や祖母から、孫へと伝えられるものだと言われる（②）。祖父、あるいは祖母は孫たちを集めて、一緒に眠り、眠っている間に鼻から薬を注入するのだ。子供たちは眠っている間に何が起こっているかは全く知らない。子供たちは薬草で傷つけられ、薬草を吹き付けられ、そしてある場合には鼻から吸引させる

ことで、ナイト・ダンサーとして一人前になっていく（③）。
　あるところにそんなナイト・ダンサーの英才教育を受け始めた子供がいた。霊がその子にちょっとした攻撃を仕掛けてきているようでもあった（④）。あるとき、最終試験だと言って、土竜の掘った穴のところに行き、薬草を与えて、これで穴の向こう側まで通り抜けろ、と言う。こんな大変な修行を誰が信じられますか（⑤）」

【解説】
　ナイト・ダンサーは、血縁をたどって継承されるものと認識されているが、全員が継承するわけでもなければ、継承者が1人でなければならない、というわけでもない（①）。しかも、祖父／祖母から孫といった互隔世代で伝わるようだ（②）。ただし、ナイト・ダンサーである祖父／祖母は後継者さがしに積極的なようだが、後継者探しは必ずしも安泰ではなさそうである。継承は、教育の成果が実を結ぶこともあるが、本人の意思も反映される。本人の意思で拒否される前に知らず知らずのうちにさまざまなかたちで祖父／祖母たちから薬を処方されてナイト・ダンサーにされてしまう例も指摘される（③）。最終試験と称しておよそ不可能な修行の例も指摘されている（⑤）。この例では、ナイト・ダンサーも召命型シャーマンのように、霊のメッセージによってなる者がいる、という解釈も示される（④）。
　ここで注目したいのは、最近ではほとんどすたれてしまった習慣だが、パドラでは、伝統的に男の子と女の子は特定の小屋に泊まって生活する習慣があったことだ。女の子の小屋はオディ・ニール odi nyir と言い、男の子の小屋はシンバ simba と言った。多くは祖母が小屋の主だったが、まれに祖父のこともあったという[5]。親からすれば、この間に祖父／祖母独特の教育の環境があるわけで、万が一自分の子供がナイト・ダンサーだったとしても、目が届かなかった間に伝承された、という説明で辻褄があうわけである。そういった意味では、この既存の慣習の存在ともこの信仰は平仄が合っていると言える。

3　ナイト・ダンサーには自覚がない
(1) 昼間はふつう／自分も気づいていない？

---

[5] オディ・ニールとシンバについては、章末の別掲註②を参照。

第 1 部

　　《テキスト 3 – 9》
　「彼らの活動は、極秘裡に行われるので、夜でないとその活動を発見することはない（①）。自覚的ではない、という説もある。あるアドラ人は、「私は、彼ら自身、自分がそうした活動をしていることに気づいていないのではないかと思う。」と言っていた（②）。西ナイル、ネビのアルルの人々は呪術を使って、他人を当人が知らないうちにナイト・ダンサーにしてしまう。アルルは人を罰したり、人に復讐したりするときに、その能力を用いるという（③）。」

(2) ナイト・ダンサーは、祓うことができる

　　《テキスト 3 – 10》
　「ジュウォク・マ・イイド・イ・ニャロ・チョウォ jwok ma yido i nyalo chowo（ナイト・ダンスは、祓うことができる）という言い回しがある。
　ナイト・ダンサーの屋敷系に生まれ、ナイト・ダンサーだった少女が結婚した。夫にそれを気づかれて、殴られ、離婚されそうになった。しかし、次のようなやり方で「祓う」ことができた（④）。
　胡麻を炒って薬草と混ぜ、クウォンと鶏を調理した。その料理を親に持っていくという名目で実屋敷に行くのだが、その際実屋敷は全員留守にしていなければいけない（⑤）。万が一誰かいればその人は即死する。娘は両親の小屋の出口に料理を置いて、夫の屋敷に帰ってくる。その際誰とも口をきいてもいけないし、両親の屋敷からの帰り道には振り返ってはいけない（⑥）。」

【解説】
　ナイト・ダンサーは、夜にしかその顕著な活動を示さないので、夜でないと観察されない（①）。逆に言うと、昼間はふつうの人間なのである。この二重性が極端な場合には「自分でも気づいていない」（②）とされることがある。復讐や、他人に対する攻撃として、当人の知らないうちにナイト・ダンサーにしてしまう方法を知っている民族もいるという（③）。
　逆に、系譜をたどって受け継いだナイト・ダンサーの能力を祓い落す方法もあると考えられている（④）。テキストでは、婚出した娘が実屋敷の親に胡麻と薬草を混ぜた鶏の食事を持っていく、という作法を意図的に遂行せず、儀礼に

204

第3章　ジャジュウォキ jajwok の観念

失敗することで、その系譜を切り、能力を「祓い落す」方法が紹介された。実屋敷の住人は全員留守にしておく決まりであり（⑤）、また、料理を置いてその関係を祓い落したあとには、振り返ってはならないという禁止事項が紹介された（⑥）。

4　きまった拷問と処刑の仕方

《テキスト 3 − 11》

「埋葬儀礼で遺体を洗い[6]に行けば、遺体の尻にバナナの茎が突き刺さっている遺体にでくわすこともあるだろう。その遺体の主がナイト・ダンサーであったことがそのことでわかる。それは、パドラでナイト・ダンサーを拷問する決まったやり方なのだ。

パドラでは、ナイト・ダンサーを見つけると、その額に釘を打ち付け、その尻の穴にバナナの茎や花を突っ込むことになっている（①）。女ならば陰部に突っ込む（②）。しかし、そうやって責められてもなお、そいつは自分がナイト・ダンサーであることを認めないだろう（③）。ナイト・ダンサーは自分がナイト・ダンサーであることを認めるよりは死を選ぶものなのだ（④）。

もしナイト・ダンサーを捕まえたら、そいつはほかの人に言わないでくれ、と言うだろう。口止め料代わりに自分が持っているすべての牛をくれる、と言うかもしれない（⑤）。ナイト・ダンサーにとって、自分がナイト・ダンサーであることが他人に知られることが何よりいやなのである。もし、秘密は守る、という約束を取り付けたとしても、妻にこっそり打ち明けたりしないか確認するために屋敷まで後をつけてくるだろうから注意が必要である（⑥）。

もし漏らしてしまったら、ナイト・ダンサーはそれ以降、あなたをつけ狙うことになるから非常に危険なことになる（⑦）。もし秘密が絶対に守れるのなら、ナイト・ダンサーとでも生涯の友となることができる（⑧）。

しかし一方で、ナイト・ダンサーは、その存在を認めない人間に対して毒を盛る、という話も聞いたことがある（⑨）。あるときカトリックの神父がその犠牲となり、ヨーロッパに渡ってあらゆる手を尽くしたが、治らず、

6　ミスミヤ・ペンディ misumiya pendi（腐ったバナナの茎）を用いて遺体を洗浄するのは老女の役目である。老女は、供犠された牛のキラドゥック・マ・ディアン kiladuk ma diang（牛の胆嚢）を報酬としてもらうことになっている。

205

第1部

結局は隣国ケニアで薬を手に入れ命だけは助かった。その薬を手に入れるまでの苦労と出費は大変なものだったと聞いている。」

【解説】
　私は埋葬の現場で、尻や陰部にバナナの茎を突き刺された遺体を目撃したことがない。遺体を洗うのは女性の仕事なので、こうした秘密は女性が握ることになる。
　額に釘を打ちつけ、尻や陰部にバナナの茎を押しこむ、といった方法（①、②）で魔女狩りよろしく拷問するのだが、絶対に自白はないという（③）。文脈から自白しないままこの拷問で死んだ例もあるようなので（④）、無実のまま死んだ例もあるに違いない。人の呪術でナイト・ダンサーにされてしまったり、ナイト・ダンサーであることを本人も気づいていないとすると、自白のしようもない、という循環論に誘い込まれてしまう。
　現場を押さえられたナイト・ダンサーは、「牛をすべてくれる」など、熱心な口止め工作を行うという（⑤）。しかし、疑い深いナイト・ダンサーは、妻との会話も盗み聞きする（⑥）。
　漏らしてしまったら最後、命をつけ狙われるので毒や邪術の恐怖におびえなければならない（⑦）。ただ、稀なことではあるが、信用され、秘密を守ると、力を貸してくれる生涯の友となることもあるようだ（⑧）。この例は、あとで紹介する。
　秘密を漏らす人だけではなく、存在を否定する人も敵視し、毒を盛る（⑨）ということだから、「ナイト・ダンサー不在論」の論陣を張るのも命がけということになる。

5　ナイト・ダンサーの目撃事例

　以下も、録音資料を起こしたテキストであるが、1つの完結した事実関係を語っているため、事例として報告する。

(1) 祖父の妻はナイト・ダンサー

《テキスト3－12》
「ナイト・ダンスのときには男であれ女であれ完全に裸でなければならない（①）。私は実際にナイト・ダンサーを見たことがある。それは結婚した

206

第 3 章　ジャジュウォキ jajwok の観念

ばかりの頃で、妻を呼んで何が起こっているか見てみようと言ったのをよく覚えている。私はこの目でしっかりと見た。
　私の祖父の妻はナイト・ダンサーだった（②）。名前は言わないでおこう。私は亡き祖父と非常に仲が良く、小屋も近い場所に建てていた。祖父が亡くなった後、彼女を相続した男がいた。毎晩のように祖父の屋敷にやってきておしゃべりをして帰っていった。彼は本当は、おしゃべりしながら日暮れを持ち詫びていて、祖父の屋敷からの帰りには、晴れてナイト・ダンスしながら帰って行ったに違いないと今にして思う。
　ある月夜の晩、いつものようにおしゃべりしていると思っていた2人の姿が消えた。扉が閉まったので不審に思って扉の近くに行った。扉には南京錠がついていなかったので、母屋から南京錠をとってきて、閉めようとしたときに私は見てしまったのだ（③）。
　2人の人間が素っ裸で真剣に踊っている（④）。足を高く上げて首の後ろにひっかけたり（⑤）、足を打ちおろしたりして（⑥）体中が真っ白になるほどアクロバティックだった（⑦）。私は鍵を閉めて遠くに離れて身を隠し、物を投げて物音をたてた。彼らはそれに気づいて扉に走り寄り、扉に鍵がかかっていることに気付いた。彼らの肌は、まるで豹の毛皮でも着ているかのように白かった（⑧）。楽しいのかどうかはわからないが、特定の一族に伝わる趣味や嗜好のようなものなのだろう（⑨）。」

(2) 私の生涯の親友だったナイト・ダンサー

《テキスト 3 - 13》
「人がいなくて誰もいないところで、ナイト・ダンサーと畑を耕していると、チヨ chiyo、チヨ chiyo、チヨ chiyo と鶏の雛の鳴き声のような音がする。それは、ナイト・ダンサーの脇の下から出てくる音なのだが（⑩）、ナイト・ダンサーはそれを気づかれまいと、わざとしゃっくりが出たふりをする（⑪）。
　私は若いころブニョレに耕作の出稼ぎに出かけた。その仲間の1人に、そういう男がいた（⑫）。彼はナイト・ダンサーだったのだ。私は母にそのことを告げたが、彼は私を慕っているのだから、黙っていなさいと言われたので、ずっと黙っていた（⑬）。確かに彼は私が耕すのに飽きて休んでいると私の分まで耕してくれたりした。ブニョレへの出稼ぎで、彼は私以外

207

の誰とも一緒に組んで耕作しようとはしなかった。そしてそのチヨ、チヨ、チヨという音が出始めると、本領発揮して彼は飛び上がり、踊りながらすさまじい速度で耕作をはじめ、私の分まで耕してしまうのだった (⑭)。

　私は音で彼が来るのがわかるようになったが、黙っているようにという母の言いつけを守って黙っていた。最近彼は死んだが、これまでこのことを誰かに話したことはない。私たちは、またとない親友だったのだ (⑮)。」

【解説】
　事例としての情報が豊富なので、多くの解説を要しないが、完全に全裸であったこと (①、④)、真剣であったこと (④)、体の色が白くなっていたこと (⑦、⑧) などがわかる。体の色が白い、というのはパドラの多くの病に共通するし、葬儀の際には、かがり火の灰を魔よけに体中に塗る習慣があったという事実、また、すでにふれたように、ジャジュウォキのステレオタイプ的な認識として体中に灰を塗っている、という認識も喚起される。体に灰を塗れば、当然体は白く見える。「足を高く上げて首の後ろにひっかけたり」(⑤) という話は、ジャジュウォキの典型的な動作として、あちこちで聞いたことがある。「楽しいのかどうかわからない」特定の一族に伝わる趣味嗜好 (⑨) と話者はとらえているようだが、祖父の妻ということで、自分はナイト・ダンサーの系統ではないことをほのめかしてもいる。

　ナイト・ダンサーは畑を耕すときに脇の下から「チヨ、チヨ、チヨと鶏の雛の鳴き声のような音」が出るので見分けがつくのだという (⑩)。一緒に出稼ぎに出た仲間にそういう人間がいた (⑫)。その音がするとたちまちのうちに畑の耕作は終わり、人の分までやってくれるのだという (⑭)。しかし、誰の分でもやってくれるわけではない。音でナイト・ダンサーであることを見抜いていたにもかかわらず、母の助言によってその秘密を生涯守ることに決めた話者にとっては、ナイト・ダンサーはまたとない友人でありつづけたという (⑬、⑮)。ナイト・ダンサーであることは知られてはならない、ということとセットで、この秘密を守ってくれる人間には利益をもたらす、という考え方がある。

6　ナイト・ダンサーを捕獲する　その1
　(1) ナイト・ダンサーである親戚を殺害

　　《テキスト3－14》

第 3 章　ジャジュウォキ *jajwok* の観念

「ナイト・ダンサーを捕まえる方法の 1 つとして、小屋の扉の鍵をかけないでおく、という方法が知られている。彼らは後ろ向きにお尻でノックするので、扉が閉まっていないとそのまま小屋のなかに後ろ向きに倒れこむ。そこをとらえる、という方法である（①）。

かつて私たちがまだ学校に通っていた子供だったころ、あのオレンジとマンゴーの木の近くで私の亡き父がナイト・ダンサーを捕獲したことがあった。父は、叫び声をあげて小屋のなかの家族に出てくるように促したが、私の父の 3 人の妻のうちの 1 人が私を含めて子供たちをそこにはいかせなかった（②）。なぜなら、男はそこでみなに殴られ、殺されるところだったからだ。いわゆるモブ・ジャスティスである（③）。

父がとらえたとき、男は、こんな歌を歌ったという。

Aronda makira piyerani
Oboth ogoyani gi kasiki machi
アロンダは私の腰をつかんだ
オボスは私を殴った
かがり火の丸太で

この男は、オボスがかつて屋敷から追い出した男で、このオボスはわれわれの近所の人だった。この歌は、私の父に、隣人として迎えてほしかったナイト・ダンサーが、追い出されたことを恨む歌である（④）。

父がナイト・ダンサーを捕まえたことは、極秘裏に処理された。ナイト・ダンサーはイトコであり、私たちのオジの息子の 1 人で、あたりまえのことではあるが、そのオジは父の兄弟だからである（⑤）。」

(2) 夫が仕掛けた罠にナイト・ダンサーが

《テキスト 3 – 15》
「ナイト・ダンサーは今日でも確かに存在する。また、これからも存在し続けるだろう。アミン大統領がアジア人を追放した後のある日のことだ。かつては、ナゴンゲラにいたインド人は軍備の一環として夜間焚火を欠かさなかった。軍備ではないにしてもわれわれも店舗等の治安目的で明かりを灯し、警備の人間を置いていた。警備は松明と、短刀で武装していた。

第1部

　知っているものはほとんどいなかったが、その警備担当こそナイト・ダンサーだったのである（⑥）。私の屋敷の女の子たちが衝立のなかで水浴びしているとき、頭から灰をふりかけたらしい（⑦）。悲鳴が起こったが、私たちは彼女たちが暗闇で怯えて、何もないのに勘違いをしているのだと考えていた。しかし、ある日、実は彼がナイト・ダンサーであることを夫から打ち明けられて驚いた。また、私たちがそのことを知っていることを本人には気づかれてはならないという（⑧）。

　私の夫は、その日、見てしまったのだ。その警備の老人が体じゅうに灰を塗り、またさらに自らの頭、背中、胸などに灰をふりかけながら踊り狂っているのを（⑨）。松明や警棒やジュートでできた警備員用の寝袋などそっちのけだったということだ（⑩）。

　ある日のこと、私の夫は、出張に行くときにはいつもそうするように、明け方の電車に乗っていく予定だった。その出発時刻に、このナイト・ダンサーが夫が仕掛けてあった薬につかまって、裸で捕獲されたことがわかったのだった（⑪）。その薬は、たとえば畑にキャッサバ泥棒などをつかまえるために仕掛けるもので、かけた側がそばにいる必要はなく、かかった側は、まる1日ほども意識を失ってしまう強力なものだ（⑫）。

　私の夫は、もう屋敷を出発していたが、列車に乗る直前に、あわやというところで近所の人に連れ戻され、事なきを得た（⑬）。もしそうでなければ、つかまったナイト・ダンサーは衰弱して死んでしまったであろう。薬で捕まえた人間を解放する方法を知っているのは薬を仕掛けた人間だけなのだ（⑭）。近所の人は、夫にナイト・ダンサーを解放するように頼んだ。もうすぐ教会に行く人々が通りかかるころであり、そうすれば全裸の警備員が彼らの目に触れることになる。夫は引き返してきて、とらえられた男のベッドシーツをとりあげ、男の顔を叩いた（⑮）。これが解呪の方法であったのだろう、男の目が開き、意識が戻った。それは午前9時ごろのことだった。夫は男をさらしものにし、人々は裸の彼を見て笑いあざけった（⑯）。男が死んだのは、それから何十年も後のことだが、この1件のあと、この男がナゴンゲラでナイトダンスしたという話は聞いていない。

　夫はその後、キリスト教の熱心な信者となり、泥棒などを捕獲する薬は捨ててしまった。そういう薬があるので、人の畑でトウモロコシなどを見ても、手を出してはいけない。穀物倉を開けたとたんに蛇が出てくるようなおそろしい薬を持っている人間もいると聞く（⑰）。」

第3章　ジャジュウォキ *jajwok* の観念

【解説】
　①では、ナイト・ダンサーを捕獲する方法が具体的に語られる。その習性を巧みに利用したものであるとも言える。ナイト・ダンサーは危害を加えないものもいるとはいえ、捕獲計画が立てられていたとしたら、それなりに害はすでにあったのだろう。この事例では、モブ・ジャスティス（群衆の裁判）と言われるリンチによって、殺されてしまった（③）。殺害現場を見せたくないから、義母は話者を含む子供たちを現場に行かせなかったのであろう（②）。このことは、たんに倫理的なだけではなくて、後に見るティポの祟りを避けるためにも重要な対処である。ただし、④で話者は通り一遍の解釈しかしていないが、殺された男の歌ったとされる歌は意味深長で、オボスの妻アロンダと殺されたナイト・ダンサーとの間に情が交わされていたことを想像させる。あってはならない恋愛関係の結果、誰かが死ななければならなかった場合にも、ナイト・ダンサーは非常に便利なイディオムである。この場合には、ナイト・ダンサーと同じクランであることを話者はとくに隠していない（⑤）。
　続く《テキスト3－15》は警備員がナイト・ダンサーだった例だが（⑥）、すでにみたあだ名で明らかなように、警備員とナイト・ダンサーはもともと相性がいい。水浴びする女たちの頭から灰をふりかけるなど（⑦）、このナイト・ダンサーはいたずら好きだったようだ。ナイト・ダンサーとは裸で一心不乱に踊り狂うものとされるが、この目撃談からは、それ以外にも体中に灰を塗ること、また、踊っている最中にも自分の頭、胸、背中などに灰をふりかける習慣があることがうかがわれる（⑨）。踊ることに夢中で、仮眠をとることなどは忘れているようだ（⑩）。
　夫は、正体を突き止めたあとも、妻に口止めしていた（⑧）。このテキストだけではわからないが、正体を知った者に対してナイト・ダンサーが危害を加えるのを恐れたか、あるいは、別の資料に見るような、秘密を守って何らかの利益を得ようとしたものと思われる。
　ところがこのナイト・ダンサーは夫が泥棒よけに仕掛けた薬を用いた呪術的な罠にあっさり引っかかってしまい、捕獲される（⑪）。この呪術を解呪できるのはかけた人間だけなので（⑭）、まさに列車に乗って出張に出かけるところだった夫は連れ戻され（⑬）、解呪してナイト・ダンサーをさらしものにする（⑮、⑯）。途中からこのテキストの焦点はナイト・ダンサーから、泥棒を捕獲する呪術のほうへ焦点が移っていくが（⑰）、こうした呪術的な罠をしかける手続きの多く

第1部

も夜秘密裏に行われることになっていることには注視しておくべきであろう。

7 ナイト・ダンサーを捕獲する　その2
(1) エンジンを積んでいるような速度／見たことのないような獣

《テキスト3 − 16》
「ナムワヤで埋葬があった晩、バナナの葉っぱを振り回して走り回るジャジュウォキが出たという (①)。危害を加えようとか、誰かを殺そうとかいう意図はないのだろうが、こちらが恐ろしくなって逃げると、そいつはどこまでも追ってくる (②)。埋葬儀礼の最初の夜に出た、というので若者たちがこいつを捕まえようと考えて、寝ずの番をしていた (③)。

やがて時間が来て、「やつ」が出たのだという。ところが、驚いたことに「やつ」のスピードは尋常ではなくて、まるでエンジンを積んでいるようなスピードで走り回ったそうだ (④)。それでも若者たちは諦めずに、疲れてスピードをゆるめるまで追いかけた。すると見たこともないような獣が現れて、「やつ」はその背に飛び乗って走り去った (⑤)。追っていた男たちも恐れをなして、それ以上追うのは諦めた。」

(2) 捕獲に失敗、もうこりごり

《テキスト3 − 17》
「近所の屋敷に夜な夜なあらわれるナイト・ダンサーがいた。捕まえてやろうと庭のマンゴーの木に登った。つかまえようとするものは、日が暮れる前に屋敷の外で待ち構えるものだ、と言われる (⑥)。それは、ナイト・ダンサーは、踊り始める前に人間がいるかどうかを臭いで確かめる、と信じられているからで (⑦)、もし人間が存在することが知れてしまうと捕まえるのに失敗するからだ。早く夕食を済ませて、屋敷の外で待ち構えるのがよい (⑧)。その男もそうしたのだ。ナイト・ダンサーは屋敷の臭いをかぎ回り、大丈夫と判断したのだろう。屋敷に入ってきた。ところが、このナイト・ダンサーは、大きな豹を連れてきて、大きな木の下にその居場所を決めた (⑨)。しかし、そこは男がナイト・ダンサーを捉えようと待ち構えていた木の下だったので、男は降りることができない。飛び降りるにも、高すぎて、失敗すればけがをしそうな高さだった。その夜、男が木の上か

ら動けないでいる間に、ナイト・ダンサーは夜中じゅう好きなことを存分にして豹とともに帰って行った（⑩）。それから男はナイト・ダンサーを捕まえることはあきらめ、2度とこんなことは試みないことを固く誓ったのだった（⑪）。」

【解説】
　埋葬の際には、親族や近隣の人々は夜通し泊まっているので、その時の出来事である。死者の埋葬初日に何か出たとすれば、死者の霊とか、死者の死体を狙うウィッチなどが想像されるが、ここではそうではない。バナナの葉っぱを振り回して走り回ったという（①）。しかも、参列して遺体を守っている親族たちを追いかけまわした、というのだ（②）。若者たちは、それを捕まえようとするのだが（③）、すさまじいスピードで捕まえることができない。「エンジンを積んでいるようなスピード」なのだそうだ（④）。このように自動車や電気など、近代化によってもたらされたものを譬えに用いる例は多い。結局は見たこともない獣の背に乗って逃げ去ってしまう（⑤）。
　《テキスト3-17》では、近所に現われるナイト・ダンサーを最初から捕まえようとする（⑥）。ナイト・ダンサーはまず屋敷の人が眠っているのか匂いで確かめてから踊るとされているので（⑦）、日が暮れる前に外で待っているのが常道とされているという（⑧）。誤算だったのは、ナイト・ダンサーが豹を連れてきて、捕獲しようとした男の隠れている木の下にその豹をつないだことだ（⑨）。木から下りるに降りられず、捕獲の目論見が外れて、ナイト・ダンサーに存分に思いを遂げられてしまった男は（⑩）、2度とナイト・ダンサーを捕えようとは考えなかったという（⑪）。

8　正体が知れないジャジュウォキ

　《テキスト3-18》
　「オコス・ジョンはトロロの街では羽振りのいい、化粧品を扱う商人だった。彼には長い間その価格競争の点で張り合うライヴァルがいた。
　ある朝のこと、いつものように化粧品を販売している店を開けようとすると、出入口で3枚の硬貨をみつけ、それを拾った。前日に売り上げを計算したときに落ちたものか、あるいは誰かが朝早くに店の前を通りかかって落としたものか、よくわからない。しばらく不思議な気持ちでカウンター

第1部

に置いておいたのだが、どこかに届けるということもなく、まず、店を開けてから、その硬貨を売り上げや釣り銭など他の店の金が入っている引き出しにしまった（①）。

別の入り口から外に出てみると、驚いたことに、雄鳥の頭（ウィッチ・ウォド・グウェノ wich wodi gweno）が屋敷の前に吊るされていた。頭は切り落とされたばかりで、血が滴っており、新鮮だった。その日の朝に吊るされたもののようだった（②）。

不吉を感じたジョンは、近所の店の者や、その通りを通る人々にそのことを話した（③）。そのあたりでそれまでそんなことが起こったことは1度もなかった（④）。近所の人々は口々に、それは「ジャジュオキ」だ、ダノ・モロ・オイリニ dhano moro oyirini だと言った。誰かに呪いをかけられたのだ、というのである。彼は鶏の頭のことだけではなく、誰がおいていったか落としていったかはわからない3枚の硬貨のことも話した（⑤）。この間、雄鳥の頭は吊るされたままである。こういったものには、うかつに触れると、大変危険だからである（⑥）。

まず、薬草を使うジャヤーシ jayath（薬草師）が呼ばれ、雄鳥の頭が取り除かれた（⑦）。薬草（ヤーシ・オソ yath oso）を振りかける必要があると判断されたが、施術師にも手持ちがなく、探しても手近にある薬草でもない（⑧）。結局その場では浄めの儀礼を行うことはできなかった。

呪いをかけた者が誰かも、その目的もわからなかったが、そのままではジョンに何らかの危害が及ぶ可能性が残っている、と施術師は言ったし、人々もまたそう思っていた（⑨）。薬草師は薬草を集めて改めて施術をしにくることを約束して、その日はそれ以上のことはできなかった。

その日、店を閉めるまでの商売はいつもと変わりはなかった。疲れ切ってふらふらしながら屋敷に戻ると、ひどい頭痛を訴えて寝込んだ（⑩）。

次の日、再び薬草師が呼ばれ、薬（オヨ・ヤーシ oyo yath）で燻して、ジュウォギを祓おうとした。しかしその薬の効き目は長くても2日間と考えられていた（⑪）。治療から時が経つにつれジョンの状態は次第に悪くなり、次の日には発狂して、誰も何も食べてはいないのに、誰かが雌鳥を食べている、とあらぬことを口走るようになった。薬草師も本人も予想していたことだが、薬の効き目が切れたのであった（⑫）。

5日後、ジョンを救うために、村人の1人がサミアの村の呪術医のもとに走った（⑬）。その男は、薬草師でもあり、霊を扱うジャシエシ jathieth でも

第3章　ジャジュウォキ *jajwok* の観念

あった。彼の指示で、呪われた男（ジョンのこと）は祭祀小屋（サウォ *sawo* またはカシエシ *kathieth* という）に連れてこられた。言われるままにそこを訪れたが、施術料はとんでもなく高くついたようだ。正確には話者も知らないが、噂では牛2頭に加え白い雄鳥を払ったと言われている（⑭）。

サミアの施術師は、ジョンは商売敵に呪われているのだと診断し（⑮）、適切な処置を施した。効き目はあらわれ、1週間で連れて帰ることができた（⑯）。施術師によれば、呪いの目的は、彼を狂わせ、死に至らしめることだったという（⑰）。

施術師には、もうその店は閉めるようにと言われ、そうすることにした。店にあった品物もすべて運び出し、別の場所が見つかるまで自宅の小屋に保管することにした（⑱）。また、施術師によると、硬貨がその敷地で見つかっても前にしたようにそれを拾ったりしてはならない、とのことだった（⑲）。そのような金は呪術がかけられている。引き出しに入れてあった他の金もどこかへ行ってしまう（クワロ・ワコ *kwalo wako*）ような呪術だ。その呪術をかけられると、引き出しの金だけではなくて、どういうわけかわからないが、知らず知らずのうちに損をし、どんどん貧乏になっていってしまうのである……（⑳）。」

【解説】
他者への攻撃の意図をもって術をかける者を、これまで人類学では「邪術師」と言い習わしてきた。すでにあちこちでその区分の有効性は疑われているが[7]、ここでもそういった存在のことまでもジャジュウォキと言いあらわす例の1つが示されている。

起こったことを時系列順に並べていくと、次の5つのフェーズに分けられる。

A　3枚の硬貨の発見、鶏の生首の発見
B　近隣住民の介入

---

[7] 例えば、加藤・浜本［1982］は、「他者に対して危害を加える神秘的な力についての諸観念をつむぎだしてゆく際に、そうした力を、必ず、外在する手段に訴えるものかその必要がないかのどちらかの形で構想しており、どちらの形をとるかには必ず首尾一貫した理由がある、というわけである……残念なことに、他者に神秘的な形で危害を加える能力を信ずるすべての社会が、その力を「妖術」と「邪術」の上述の区別が示唆するような形で明確に構想しているわけではない」［加藤・浜本1982: 58］として、Douglas［1966］の報告するレレの「呪詛」を事例として挙げている。

第 1 部
  C 最初のジャヤーシが呼ばれる
  D 2日目のジャヤーシの治療
  E サミアのジャシエシの治療（5日後）

場面ごとに見ていこう。
  A 3枚の硬貨の発見、鶏の生首の発見
店の前に落ちていた3枚の硬貨（①）と店先に吊るされた鶏の生首（②）、非常に印象的な道具立てが記述されている。ここで重要なのは、これだけの具体的な道具立てが揃っているのに、「ジャジュウォキ」が疑われることである。逆に言うと、英語でいう sorcery、（「邪術」）として定着した、加害の意図を込めた実践にぴったりあてはまるアドラ語はない、ということでもある。ジョンは、まず硬貨を拾ってしまっている。これには、呪術が込められていたことはあとになってわかる。家から金が出て行く、という呪術である（⑳）。

  B 近隣住民に相談
住民の解釈では、これは誰かがかけた邪術なのではないか、という。すぐに近隣で相談したことからも（③）、「これまでそんなことが起こったことはない」（④）という言葉からも想像がつくように、近隣関係が非常によく、ここでの犠牲者がこの地域社会では十分な役割を果たしているだろうことがうかがわれる。3枚の硬貨のことも正直に話したようだ（⑤）。近隣住民も、明らかに不吉な印象を持たせられる鶏には、危険なので誰も触らなかった（⑥）。

  C 最初のジャヤーシが呼ばれる
呪われている可能性がある鶏の頭を取り除くためにも、何らかの専門家への依頼が必要だった。しかし、ここで呼ばれたジャヤーシは、適切な薬を持っておらず（⑧）、吊るされた鶏を取り外しただけである（⑦）。ジョンには、邪術の効力が及ぶ危険が残されたままである（⑨）。ジョンはそのまま仕事を続けたが、疲労と頭痛で倒れた（⑩）。

  D 2日目のジャヤーシの治療
薬草師は薬草を燻らせてジュウォギを祓ったが、効き目は2日間とわかっていた（⑪）。果たして効き目が切れると、ジョンは発狂してあらぬことを口走るようになる（⑫）。

第3章　ジャジュウォキ *jajwok* の観念

E　サミアのジャシエシの治療（5日後）

近隣の男がサミアのジャシエシに治療を依頼した（⑬）。ここでも近隣の人間関係が良好であることが示唆されている。ここで商売敵がかけた呪いであったと診断が下される（⑮）。殺害の意図もあったという（⑰）。この時点までは、明示的診断はくだっていない。このサミア人のジャシエシが診断を下すまでは、3枚の硬貨と鶏の生首という物証が残されていただけで、何1つその存在を示唆するものはなかった。人々はジョンの相談を受けてすぐにジャジュウォキだと推測した。その時点ではまだジョンには「不幸」すら起こっていなかったのである。治療の内容は、つまびらかではないが、サミアだということと祭祀小屋サウォの記述から、がらがらなどを用いたバントゥ系の儀礼が行われたであろうことは想像される。1週間かかったということと（⑯）、謝礼が高価であったことが特記される（⑭）。店を閉めること（⑱）、今後似たようなことがあっても硬貨を拾ってはならない（⑲）などの指示が出された。硬貨にはお金が出て行ってしまうクワロ・ロコの呪いがかけられていたと知らされる（⑳）。

III　考察とまとめ

まとめよう。まず、ジャジュウォキとは何か[8]。これまでみた諸特徴を備えた一方の極として、反社会的なジャジュウォキが想定される。仮にこれを「ウィッチとしてのジャジュウォキ」としよう。

それは、他人に毒を盛ったり、他人の足跡のどろを用いて邪術をかけたりする。また、腰に下げた袋の薬で通りがかりの畑を不毛にし、悪意をもってウィッチクラフトをかけ、死霊を使役する、反社会的存在である。正体は明らかになっていないが商売敵であるジョンを殺そうとした8の相手も、そうである。

このジャジュウォキの被害に遭った場合には、最悪の場合、命を失うことがある。まさに忌避すべき存在である。

人々が折に触れ捕獲の方法を開発したり、実際に捕獲して私刑の対象にしたりするのは、その凶悪性、および反社会性ゆえだし、ひとたび容疑者を見定めたならば、額に釘を打ちつけ、尻や陰部にバナナの茎を押しこむ、といった方

---

[8] もちろん、この問いを中心的な課題として別に論考をたてることも可能であろう。その場合には、ギンズブルグ［1986］が論じたような社会的想像力の可能性を追求することになろう。そうした示唆は岡崎彰氏より与えられた。

217

第1部

法で魔女狩りよろしく拷問するのもそのためである。ウィッチとしてのジャジュウォキは、こうした恐ろしい存在だ。

その一方の極として、「性癖」や「病」として、ある意味では騙されて、本人の意思にかかわらず継承してしまったり、あまつさえ、他人の意図でそのようにされてしまう「ナイト・ダンサー」もいたりすると考えられている。しかもそれが同じ「ジャジュウォキ」の語彙で呼ばれる。

彼らの生態は、一見すると非常におかしい。笑いを誘う、と言ってもよい。実際にインタヴューの最中にも、笑っている老人も多かった。これを便宜上「ナイト・ダンサーのジャジュウォキ」とよぼう。

夜中に服を脱ぎ捨て、その体に灰を塗り、肛門から光を放って、人の屋敷で夜どおし踊り狂う。踊っている最中にも灰を頭から、胸から、肩から、全身にふりかける。ここで分析的に深めることは難しいので指摘だけしておくなら、体に灰を塗るのは、通常はだれかの埋葬儀礼に際し、ピド*pido*（服喪）の期間に近親者が行うことである。

彼らの「性癖」として言及される一連の所作、すなわち、小屋の扉を背中でノックする、腰のしゃれこうべが、「カトゥール、カトゥール、カトゥール」という音を立てる、屋敷に足跡を残していく、などの行為自体には、殺人や、盗み、姦通などのような深刻な犯罪性はいっさいない。脇の下から「チヨ、チヨ、チヨと鶏の雛の鳴き声のような音」をだそうと、足を高く上げて首の後ろにひっかけたりしようと、「楽しいのかどうかわからない」だけで、それ自体は何ら他人の社会生活を脅かしたり、影響したりするものではない。むしろ、捕獲されて白昼堂々裸体をさらされれば、「笑いもの」になったり、泥棒よけの呪術でやすやすと捕獲されたりして、凶悪性は乏しい。

もちろん、彼らは見つかりたくはない。夜の闇に身をひそめる。目撃されたら、エンジンを積んでいるようなスピードで逃げ回ったり、見たこともない獣の背に乗って逃げ去ってしまう。仮に逃げ切れなかったとしても、財産を投げだして口止めするが、それがかなわないと命をつけ狙うようになる。

このように、ジャジュウォキの観念についてつきつめて考えてみると、奇妙な循環論に陥ることになる。

たとえば、あるジャジュウォキを捕獲するために、小屋の鍵を開けたまま罠を仕掛けたとしよう。彼が捕獲しようとするのは、たんに踊り狂う「ナイト・ダンサーとしてのジャジュウォキ」だろうか。ジャジュウォキがいつまでも踊り狂う「マニア」でいてくれるとわかっているのならば、放っておいたほうが

よいのかもしれない。捕獲する側のリスクが大きすぎる。知ってしまった以上、ずっとつきまとわれるかもしれないのだ。もし捕まえたら殺してしまうくらいの覚悟が必要である。「安眠妨害」だけでそんなリスクは冒すだろうか。真剣に罠を仕掛けるときの標的は、常に「ウィッチとしてのジャジュウォキ」のはずである。

　疑わしい人間を捕まえて拷問にかけたとしよう。はじめから死ぬまで口を割らないとわかっている相手を拷問するということは、殺すということと同義である。しかも、本人も知らないのかもしれないのだ、夜の自分がジャジュウォキであることを。殺したら、今度は、ティポ（死霊）の報復を恐れなければならないだろう。

　彼らは自分がナイト・ダンサーであることを知られたくないという。知られたら、殺されてしまうかもしれないからである。ではなぜ殺されてしまうのか。ジャジュウォキである以上、「ウィッチとしてのジャジュウォキ」の犯罪も汚名もすべて着せられるに違いないからである。秘密を知った者をつけ狙うのも当然である。それが知られたら命が危ないのだ。拷問されても口を割ることはない。本当のところは、彼ら自身知らないのかもしれないのだ。このように、ジャジュウォキの存在形態は人をエンドレスの循環論に巧みに落とし込んでいく。

　別な観点から見てみよう。今度はジャジュウォキの被害者の立場から見る。すでに何らかの好ましくない症状が出て、悩まされていることだろう。ジャジュウォキに、毒を盛られたり、さまざまな方法で邪術をかけられた際の症状は、「呪詛」（ラム lam）と区別することが難しく、また行動面でも「呪詛」と類似しているという。「呪詛」についてはのちに詳しく見るが、ここでの議論にかんするかぎりはすでに知っている予備知識だけでじゅうぶんである。「呪詛」が可能性から排除されるのは、その病の「症状」や不幸の「現象」それ自体の特徴によるのではない。たとえば、被害者が長老だったり、年長者への失礼という心当たりなど、「呪詛」を招くとされる条件が整っていなかっただけなのだ。だから、この場合にもほかの霊からの攻撃も含め、実際の症状にジャジュウォキのウィッチクラフトだというラベルが貼られるのは、他にもありえた可能性のひとつにすぎない。

　また、これを呪いの言葉をつぶやいた行為者の角度から見ても、同じように解釈の幅が出てきてしまう。ネガティヴな未来像を口にしたことは、事実であろう。その行為者が「呪詛」ではなくジャジュウォキと判定されるのは、「呪詛」をかけるには分不相応な年少者だったとか、「呪詛」に該当する関係性が見出せ

第 1 部

ないために、狭義の「呪詛」と考えるケースにはあてはまらないだけである。ネガティヴな未来像を口にした、その行為実践としてはジャジュウォキだろうとラムだろうと、まったく同じことなのである。

　さらに、夜裸で外に出たがる、という行為は、他の数多くの精神疾患と共通の症状とされていることを思い出そう。ティダ tida、カルンバ kalumba、ブラ bura、ミセウェ misewe など、いずれもパドラでは一般的な精神疾患である。ということは、ナイト・ダンサーの行動はかなり一般的であり、夜の闇は極端な話、ジャジュウォキだけの独壇場なのではない。他にも何人もの人間が踊っているかもしれないのだ。夜間外で踊っているという外形上の行為だけでは、それが「ナイト・ダンサーとしてのジャジュウォキ」なのか、はたまたしかじかの精神疾患ゆえのことであるのか、傍目には区別はつけられないということでもある。

　このように、最大公約数をまとめたところで、この概念の性質が明らかになることはない。当たり前の話である。「ナイト・ダンサーとしてのジャジュウォキ」は、「ウィッチとしてのジャジュウォキ」とときにシンクロし、その意味するところを重ね合いながらも、最後のところで特定しないでいる。逆から言ってもそうである。ちょうど「だまし絵」のように、どちらか一方に特定はできないのだ。われわれのように無関係な外部者からみれば、究極的にはその内容があいまいに見える。おそらくは、外部者ではない、パドラの人々、いや当事者にとってもそうだろう。彼らがその解釈の混沌から抜け出せるのは、ジャシエシにより明晰な判定が与えられた後である。だからこそ、さまざまな新規な未知の現象や出来事を包含するのに、非常に効果的に機能する観念なのだ。もちろん、それがそれらの概念の第一義的な機能ではないとしても、である。ナイト・ダンサーについて話していたら知らないうちにウィッチについての話になっていた、ということもあり得ない話ではない。むしろよくある話なのだ。

　近所の老婆とジャジュウォキについて話をしていたときのことである。

　　Q：この村にもジャジュウォキはいるのですか。
　　A：あたりまえじゃないか。いない村などない。どの村にも何人かはいるものだ。気づいていないのか。毎晩やかましいじゃないか。毎夜踊っているのは、誰だれじゃないかという目星はついているのだが。
　　Q：それは、誰ですか。
　　A：言えるわけないじゃないか。

第3章　ジャジュウォキ jajwok の観念

Q：どうしてですか。
A：彼らは毒をもっているのだよ。私はまだ死にたくはない。

　ここでもみごとに、村で毎晩踊っている「ナイト・ダンサー」として話していたはずの「ジャジュウォキ」が、いつのまにか毒をもっていてその秘密を知った者、その秘密をばらした者をつけ狙う「ウィッチ」としてのジャジュウォキにすりかわってしまっている。この手の交錯が、この観念をめぐっては頻繁におこるのだ。
　しかし、そういった奇妙な観念ははたしてジャジュウォキだけだろうか。こうした概念のインデックス性は、原理的に不可能なはずのコミュニケーションを事実上成立させるために非常に便利な概念である。
　しかも、最後に指摘しておくが、「葬式帰りの人間」は皆灰だらけである。また、ルスワ luswa を祓う薬をつくる者、あるいはラム lam から身を守ろうとする者などは全裸で施術を行うことになっている。仮に「ジャジュウォキなど本当はいない」としても、人は常に「ジャジュウォキ」らしきものを経験するようになっているのである。こうして経験的な裏付けが絶えず得られることにより、こうした信念は経験の反駁から経験的にもまぬがれているのであった。

　別掲註①
　　双子が生まれると、初めにどちらが先に生まれたか区別するために、腕輪をつける。これをアミンダ aminda という。小屋の両側に精霊を祀る社を建てる。その年初めに収穫したものは、雄鶏、山羊などをそこで供犠してからはじめて食べる。子羊の皮の一部を胸に貼りつけておくのが決まりだった。貧乏で羊を屠ることができない場合は、古い皮をつけなければならない習わしだった。そうでないと祟りがあるとみな考えていたから、どうしてもそうやっていた。双子（あるいは時には3つ子）誕生のときには、ルート・ミヤウォ rut miyawo と呼ばれ、双子儀礼を行う。出産当日は、儀礼の責任者となるべきオケウォが見つかるまでは、双子が生まれたことは秘密にしておかなければならない。オケウォを叔父が病気で寝ているということにして連れてくる。小屋に入るとみんなが待ち伏せており、そのなかに新生児の双子（3つ子）もいる、という儀礼を行う。叔父はおびき寄せるための名目なのでそこにいないことが多い。双子が男なら3日後、女の子なら4日後に行われる「双子を連れ出す」（ウォド・ルート wodho rut）儀礼までオケウォはその小屋にとどまる。性が違う双子の場合、3日後に男の子のほうを「連れ出し」、4日後に女の子の方を「連れ出す」ことになる。オケウォ滞在中は、その屋敷の一員として、オケウォは自由にふるまうことが許される。もしオケウォがあまり野菜が好きではなくて、肉がその屋敷になければ、勝手に鶏をしめて食べてしまってよい。食べたいという

221

第1部

ものを準備しなければならない。双子の家族の側には拒否権はない。双子儀礼が完了するまではわがままのし放題である。注文が満たされない場合には、オケウォが出て行ってしまい、双子儀礼が不可能になる。通常そのようなことは起こらない。

双子の父方と母方、2つのグループで相談して牛か山羊かを供犠する。きっちり半分に分ける。肉のもっともいい部分を料理して、大量のクウォンと一緒にそれぞれの側から配る。この場合分量は2つのグループで同じになるようにしなければならない。もし、片側の肉が多いようだったら、鍋から出して別の側に移して調節する。残りの肉を皮と一緒に調理したものも交換される。両者ともそれぞれ8羽の鶏を絞める。ここでは、浄めの儀礼も行われた。臼に木の根や薬草を使った薬と水を入れて混ぜ、それに箒を浸して手足にふりかけるのが習わしだった。それをしないと、手足の皮が剥がれていってしまうと考えられていた。

この儀式が済むとオケウォは取り分として2羽の鶏をもらう。

続いて「使えないナイフを捨てる」ボロ・アテロ bolo athero。「ナイフを贈る」儀礼を行う（バヨ・アテロ bayo athero とも言う）。このナイフは極秘裏に親族に送られるが、それは双子儀礼に協力するようにというメッセージである。秘密にするのは誰もこれを本当は受け取りたくないからだ。受け取ると不作になるとも言われている。それは本当のことで、実際に霊的な力が働くのだろう。シコクビエだろうとその他の穀類だろうと、たいていそれを受け取ったものの畑は不作に終わる。

アテロを受け取ることを拒む場合、クウォン、鶏、肉、そして2羽の生きた雛をアテロの送り手の屋敷に贈る。これを「アテロを返す」（ドゥオコ・アテロ dwoko athero）と言う。このアテロが別の人に届けられた時にも秘密にされ、公にそれとわかることはない。近所の人は、収穫の時にその人が不作だという現実を見たとき、彼がアテロを受け取ったのだ、とはじめて知ることになる。

以下は、アテロについてのやり取りである。

Q: なぜほかのものではなく、ナイフなのですか。
A: 昔からの決まりなので詳しいことはわからないのだが、もう誰も使わないような使い物にならないナイフを使う、と決まっている。このアテロを届けた人は、渡すとすぐに脱兎のごとく逃げ出すきまりになっている。もし捕まったら、屋敷に問題を持ち込んだものとして殴られる。屋敷は不作となり、山羊や牛も、鶏さえも手に入れにくくなるのだから。
Q: どういう人にアテロを渡すのですか。
A: 双子が生まれると、双子の母になった人が、「誰にアテロを贈ろうか」と適任者を考える。兄弟や従兄のなかから適切な人を選ぶ。
Q: 双子儀礼ではどんな薬を用いるのですか？
A: ヤーシ・ルート yath rut「双子を浄める薬」と呼んでいるのですが、詳しくは知られていませんし、知るべきでもないと考えられています。水と特殊な植物ギラ・ジュウォカ gira jwoka をすりつぶしたものを混ぜ合わせたものです。その薬を儀礼に参加したすべての人にふりかけます。薬には色がついていますので、皮膚にそのしずくがついて斑点がつきます。顔につくととりわけ目立ちます。儀礼の最中には灰を体に塗っていますので、それが薬で斑模様になります。ジャヤーシは子羊と鶏を薬のお礼に受け取ります。ジャヤーシは礼を受け取ると、薬をもって立ち去りますが、ほかの参加者はその場に残っていなければなりません。儀礼に用いた灰は危険ですので、秘密の場所に捨てられます。もしその灰をあなたの土地に捨てられたら、訴えてもいいくらいです。適切な薬で処置しな

第 3 章　ジャジュウォキ *jajwok* の観念

ければ、その畑を耕した人は誰でも体が斑模様になってしまう呪術にかかってしまうのですよ……

別掲註②

　　オディ・ニールとシンバは、パドラにかつて存在した年長者の小屋のことである。夕方煙草や当時は 10 ペンスばかりのお金、そして薪などを持ちよって老女の屋敷に集まる。思春期の少女たちが集まって結婚や恋愛など、男たちに話せないような話について相談してアドヴァイスを得ていた。老女は結婚生活について経験にもとづいた多くの話をしてくれた。屋敷の管理その他、現在の少女が得ることはできない、多くの有益な助言がなされていた。つまり、少女たちが集まって料理を学び、女性として必要な衛生学を身につけ、結婚にそなえる、少女のための教育機関（オディ・フオニ・ニイ *odi fuonyi nyi*）である。キノコの採集方法や歌、セックスのときいかに夫を喜ばせるかという性技、クランや親族とのおつきあいもここで学ぶ。2 人 1 組になって学ぶのが基本。女の子たちが学ぶ生活に関わること（ニール・オイド・イ・フンジョ・ジョ・ギピニイ・メ *nyir oido i fuonjo jo gikipiny me*）であるが、姻族が一緒であることもあるので、細部については口外しない決まりになっている。教育の内容は以下の通り。

1. ンゲール・マ・マ・ニャパドラ *nger ma lonyno ma nyapadhola*（性教育と衛生学）。
2. ニエル・マ・ルウォ／クロ・キティジョ *nyer ma luwo /kuro kitijo*（結婚というものの原理原則）。
3. イフオンジョ・イウォロ・アダメレ *i fuonjojo iworo adhamere*（義理の母に対する敬意）。
4. イフオンジョ・レゴ *i fuonjojo rego*（マギラを料理するためのシコクビエと白豆のすりつぶし方）。
5. イフオンジョ・ランゴ・オブウォリ *i fuonjojo rango obwol*（キノコの探し方）。
6. イフオンジョ・ジョクウァス *i fuonjo jokwath*（牛の群れの統率）。
7. イフオンジョ・ンゲリ・マ・ウェチョ *i fuonjojo nger ma wecho*（求愛）。
8. イフウォンジョ・テド *i fuonjojo tedo*（料理）。

　　女小屋に泊まることで、少女は結婚生活の中で予期しなかったことにも対処するすべを身に着ける。

　　マギラ *magira* と呼ばれる野菜の調理方法は、多くの女の子が試されたものだ。それを学ぶ貴重な機会でもあった。豆をすりつぶしたソースでマギラを料理し、一番大切な客に出す料理をつくる。豆をすりつぶし、最高級のシコクビエの粉で調理する。壺の中に食材を入れ、水が沸騰したら、灰からとった塩を混ぜてエキスが煮出されるまでしばらく煮込む。塩がなかったころ、ある種の木を焼いた灰を煮出して塩分を得ていた。それでマギラを調理したのである。

　　女小屋にあつまっている少女はすでに適齢期で、誰もが結婚したいと思う魅力にあふれた子ばかりだったので、少年たちはそれを狙って、小屋近くに頻繁に現れた。なかには無理矢理セックスされたような例もあったようだが、表沙汰になったことはない。叫び声を上げても誰も来ない。本当は少女もそうなることを望んでいたのだと、誰もがわかっていた。双子儀礼のときを狙って機会を作ることもできる。少年側、少女側からともに強い男が代表で選ばれ、勝ち負けが決まるまで戦う。扉の近くに敷物が敷かれる。これを見て男たちは戦い方を学ぶ。優れた戦士をリクルートするのもこうした機会を通じてである。

　　豆の不作が予想されるときに行われるニャンゴイエ *nyangoye* 儀礼というものがある。

第 1 部

　この儀礼を行うと収穫は持ち直すと考えられている。ニャンゴイエの歌を歌いながらシコクビエ、それから灰と土を混ぜたものをブッシュのなかへ持っていき、おさめる。当時は、ニャンゴイエの歌を歌うのはその儀礼のときだけだった。その灰と土を女たちが歌いながら、股の間を通すしぐさをして、その出産能力を灰と土に託した。現在では、少女の性器の一部をひっぱって伸ばし、出産能力を鍛える少女小屋さえないのでその儀礼も廃れてしまった。ある白人の医師が病院で入院患者の女性のクリトリスが見たこともないほど細長いのに驚いて、病院の男性の同僚に相談した。「彼女のクリトリスはこんなに細長いんですが、何か病気なんじゃないでしょうか」と。同僚は、アドラ人の女はそうなのだ、病気じゃないよ、とこたえた。最近の女たちは、老女にそのようにして性技を教わったりすることが重要だとは思っていないようだ。それから最近は祖母と一緒に住むことが少なくなっている。「母親は（タブーだから）教えられないからね。一週間でもお婆さんのところにやって住まわせて伸ばせば別だが、それをやるものもない。しかし、それができる老婆もだんだん死んでしまっている。」

　一方、男子小屋 *odiyach* と呼ばれるものはなく、同じような機能を担うものは、シンバ *simba* と呼ばれる。「男たちは単に「強くあれ」「小屋を作れ」と教えられるだけで、結婚生活の細々した重要なことは教わらない」という。

第4章　ジャミギンバ *jamigimba* の観念

Ⅰ　はじめに

　本章では、ジャジュウォキ同様、その存在が取りざたされることの多い、ジャミギンバの観念を検討する。ジャミギンバは直接の災因となるというよりも、干ばつなどの責任をとらされて、しばしば拷問の対象となったという。その拷問の方法は、咽の渇く食べ物を無理矢理に食べさせるなど、時に苛烈なものであったとされる。ジャミギンバの属性自体は特定のクランに継承されていると考えられているが、問題はその能力の有無である。

　ランギの降雨儀礼については、Driberg［1923: 243-263］、Hayley［1947: 64］では、最終葬送儀礼アプニイ *apuny* と結びつけて開催される大規模な宴会を伴うエトゴ *etogo*（いくつかのクランの男性長老で構成される儀礼単位）単位の集団的な儀礼として描かれている。Curley［1973: 82］によれば、この儀礼は、単一のクランによってコントロールされる権力集中型の儀礼としてはランギでは唯一のものであるという。1920年代まではジョ・イロモ Jo Iromo に独占されていたが、その後、リンゴ Lingo という、マディの父を持ち、ランギの母を持つバニャ Banya クランに編入した人物の活躍があって、バニャ・クランが独占するようになったとみられている。

　また、アプニイという死者の「影」(Curley［1973］は、この概念を初出など一部で *tipu* としているが、大部分を英語の shade で記述している) を慰撫する儀礼と降雨儀礼との結びつきには、ランギ自身も明確に説明はできないとし、このアプニイでは、死者が生前偉大な人物であればあるほど、その死後、「影」は病や不幸、場合によっては雨や風、あるいは猟の獲物の多寡に影響を及ぼすとされているが、そのこととの関連を指摘するにとどまっている［Curley 1973: 83］。

　その点、以下に見るアドラのジャミギンバは、クランの独占という性格が維持されているものの、葬送儀礼との関連が少なくとも明示的には指摘されず（埋葬儀礼が舞台となるケースは複数認められる）、集団というよりは個人、しかも特定の

第 1 部

「雨の目」や壺に入った薬草など物質的なものに「力」の根拠が与えられている点が特徴的である。

Ⅱ　テキスト

1　ジャミギンバはいる

(1)《テキスト 4 - 1》

「ジャミギンバは存在する。本当に実在する。伝統を軽視する不信心な人間であることを自認している私であっても、その存在は肯定する。ジャミギンバは存在する。」

(2)《テキスト 4 - 2》

「私、オコス・アモロ Okoth Amollo の名にかけて、100 パーセント、ジャミギンバは実在する。私が UPC（Uganda People's Congress ウガンダ人民会議）の議長だったころ、ジャミギンバが雨を降らせないことを理由にひどい拷問にかけられたことがあった。私が、ブケディ北部選挙区——つまり現在の地名でいうキレワ、ブドゥンバ、ブソワ、ブタレジャ、カチョンガ、カピサ、ナボアなどを指す——選出の議員だったころだ。議長の私のところに拷問されたジャミギンバが引き出されてきた。男は裸にされ、すりつぶした落花生や胡麻を水なしで食べさせられていた。似たようなことは、この近くのトレーディングセンターでもあり、いずれもこうした拷問事件の後、通常よりも多くの雨が降る結果となった。」

(3)《テキスト 4 - 3》

「たとえば、キデラ Kidera のオコンゴ・アリポ Okongo Alipo が有名だ。」「マリンガ[1] という恐ろしいジャミギンバが実在した。オボテ政権の時に建築中の建造物が雨の被害を被らないように施術のためにカンパラに招聘された。建物ができあがるまで 4 か月の間、近隣には雨が降っていたがそこだけ雨は降らなかったと言われている。」

---

[1] アサナシオ・マリンガ Asanasiyo N. Malinga は、ニョレ人。1944 年 12 月 25 日にパドラの反対運動で失脚したサミア人エリサ・マシガ Erisa L. Masiga の後を襲ってウガンダ教会大執事としてブケディ教区を管轄。1953 年にラム・ダキタリ Lamu Dakitali が最初のアドラ人牧師となるまで、アドラを弾圧したとされる。「かつては槍を持って戦ったが、現在は教会の権力で戦うのだ」と公言したと言われる。ジャミギンバとしてだけではなく、ジャヤーシとしても高名で、その呪詛はパドラではあまねく知られ、恐れられていた。

226

第4章　ジャミギンバ *jamigimba* の観念

(4)《テキスト4-4》

「ジャミギンバは存在する。事実私たちのオジもジャミギンバであるという理由で拷問を受けた。許しを請うためにオジは森のなかに入った。そこには、鍋と壊れた壺、そして瓢箪が置いてあった。壺のなかに息を吹き込んで泡が壺いっぱいになると、雨が降った。

干ばつのときなどにジャミギンバは、雨を降らせるよう強要され、拷問されることもあった。私はジャミギンバが雨を降らせることを断った例を知らない。彼らは、雹を降らせて畑の作物を台なしにしたり、雷を人のうえに落としたりすることもできる。」

(5)《テキスト4-5》

「どんな本を読もうが、変わることのない疑いのない事実は、降雨を「拭い去る」薬草は存在する、ということである。注意しなければいけないのは、ジャミギンバのニセモノがいることだ。それも発覚すると人々に殺されてしまうかもしれないので、必死になってその嘘を隠そうとする。ジャミギンバ・メギ・ジョ・トウォド・メギ・ジョ・ラディエリ *jamigimba megi jo twodo megi jo radieri*（嘘つきのジャミギンバもいれば、本物もいる）。」

【解説】

ジャジュウォキについては、目撃したものがさほど多くないにもかかわらず、その存在を疑うものがほとんどいない。たんに誰がジャジュウォキであるか、その同一性が問題にされるだけである。しかし、自然現象としての降雨と結びつくジャミギンバについては、まず存在としての可否から議論が始まることがきわめて多い。(1)も(2)もそうした意味で、きわめて典型的なジャミギンバの存在論についての語り口である。(3)のようにジャミギンバとして高名な人物についての具体例に基づくものか、(2)と(4)の場合には、雨を降らしたことが拷問によるものであった現場を目撃したものである。後にみる事例のように、実際にジャミギンバの儀礼とそれに続く降雨という現象を目の当たりにした経験を物語る例もある。(5)では、ジャミギンバの存在論よりも、その能力を左右する薬が存在する、という立場である。

2　ジャミギンバの能力

《テキスト4-6》

第1部

　「レインメーカーと英語で訳されることが多いが、雨を降らせたり、その逆に雨を降らなくしたりする能力をもつものをジャミギンバと言う（①）。雨をコントロールする能力に加え、白い雄鶏にたとえられるリシコス *lithikoth*（雷）やペー *pee*（雹）をコントロールする能力も付随して考えられることが多い（②）。雷は、自らが入り込む蟻塚を探してその穴に飛び込むと考えられている。穴からそれを取り出すための薬を持っている者もいると聞いたことがある（③）。白い雄鶏が眼前に現れたかと思うと、すこし遅れてけたたましい音がする雷は恐ろしい存在として認識されている。ちなみに、雨にまつわるものとしては、ほかにリフドゥ *lifudu*（虹）があるが、これはよい兆しとして尊ばれ、かつてはそれをみたらその場所で山羊を供犠して神に捧げたという。その肉はその場で食べるべきとされ、屋敷に持ち帰るべきではないと考えられている（④）。

　ジャミギンバは、食欲も物欲もあるふつうの人間だ。当時も白蟻が舞い上がる季節にはたくさんの白蟻がとれたものだし、それを箕に入れて女たちがやり取りしている光景を思い出す。女たちはジャミギンバにも箕いっぱいの白蟻を贈り物としてもっていったものだ（⑤）。もし、そうしなければ、彼らは機嫌を損ねて雨が降らないようにしてしまうと考えられたからだ（⑥）。逆に雨がずっと降らないと、ジャミギンバに対して拷問などの物理的な圧力が加えられることもあったと聞いている（⑦）。

　人々とうまくいっていないジャミギンバがいると、それはその地域にとって不幸である。なぜなら、ジャミギンバは雨を降らせすぎたり、ときに雹を降らせたり、干ばつを引き起こしたりするからだ（⑧）。それは、もともとの悪意があってジャミギンバがそのように仕組んでいるのだが、ときに彼は侮辱されるなどした報復で雨を止めたりすることがある（⑨）。彼を侮辱した人も含めて困った人々は彼のところを訪れ、雨を降らせてくれるように頼む。たくさんのお詫びの品や、貢物を持ってきて雨を降らせてくれるように頼む。彼はこうしたお詫びやお願いのために進呈される品物や金銭を大いに家計の支えとしているので、これは1つの職業であるとも言える（⑩）。

　酒をふるまってほしいとジャミギンバに乞われ断った男のバナナ畑に雹が降って、畑を全滅させたことがあった。ジョペー・カ・オビノ・キスンガ・コンゴト・ウィ・スウォノ・ゴ・トゥ・ディロ・ペー *jopee ka obino kisunga kongoto wi thwono go to dhiro pee*（宴会でコンゴをやらなかったら、雹で畑を台なし

第4章　ジャミギンバ jamigimba の観念

にされる）という定型句になっているほどだ（⑪）。
　彼自身も大いにその害を被ったりする。ある特定の場所に干ばつを引き起こすとしよう。しかし、ジャミギンバ自身の農場もそこにあるのだから、それもからからに干上がってしまう（⑫）。」

3　継承か売買か

《テキスト4－7》
　「ジャミギンバの能力は本来は生まれつきのもので、家族に代々継承されるものである（⑬）。ジャミギンバの能力は、アモリ・カセデ Amori kasede クランに属する人間のものだ（⑭）。アモリの人だけが、この実践について知られている。ジャミギンバは、雨を統御することができ、思うままに雨を降らせたり、抑制したりすることができる。それは彼らが祖父の祖父のそのまた祖父のはるか昔の祖先から受け継いだものである。他のクランに伝えられるとすれば、その能力にたけた娘が婚出して、その息子に伝えた場合、つまりオケウォを通じて伝わる可能性だけである（⑮）。
　しかし、その能力を持っている人間から購入したり、あるいは教わったりしたということもあると聞いている（⑯）。彼らは決まった木の下で儀礼を行うのが常である。ムギンバ・チャンゴ・マコ・アマカ・ジョ・ト・ティメ・ジ・ジョ・ニェウォ・アニェワ mugimba change mako amaka jo to time ji jo nyewo anyewa（昔は継承するものだったが、現在では売買され、金を稼ぐ手段になっている）（⑰）。」

【解説】
ジャミギンバの主な能力は雨を思うままに降らせたり、降らせなかったりすることである。平たく言えば、降雨のコントロールである（①）。それに雹と雷のコントロールが付け加えられる（②）。
　「ジャミギンバは、稲妻を送って特定の人物に危害を加えることもできる。」との説もある。雹の農作物への被害は深刻である[2]。「典型的な例として、娘を略奪された男がジャミギンバかジャペー japee（両者は区別されていないことがほとんどである）に頼んで、畑や家畜に雹や雷で危害を加えることがある、という」。雷は

---
[2]　念のために書いておくが、この地域での雹による農作物の被害はそれ自体はさほど珍しいものではない。

第1部

天空から蟻塚めがけて落ちてくるので、蟻塚からそれを取り出す薬があるという (③)。同じ天候に関わるものでも、虹とは関連が薄いようで、虹に対して行われる儀礼は、霊に行われるものとして典型的な供犠である。また、その場から供犠の供え物を持ち去ってはいけない、という禁忌が働いているところから、場所に対する強い感覚が読み取れる (④)。これは一連の死者儀礼でも見ることができるものである。

その能力をうまく発揮してもらうと農耕にとって有益だから、コミュニティではジャミギンバの機嫌をとるために白蟻など季節のものを捧げていたことがわかる。また、「普通の人間」なので、物欲などの欲望もあることが理解されている (⑤)。また、そういった配慮を欠くと機嫌を損ね、雨を降らさないなどの不利益の原因となる (⑥)。逆に雨が降らない干ばつなどの現象からさかのぼって責任追及される例も多く、その際には拷問が行われる。その拷問には定型があり、落花生や胡麻などから咽の渇く食べ物を無理矢理に食べさせるもののようだ (⑦)。アフリカ各地では、最終的には殺されたりする例が数多く報告されている。

地域社会との齟齬はきわめて深刻な問題となりやすい。軽んじられたり侮辱されたりすると、雹を降らせたり、干ばつを引き起こすなどの事態を招くからだ (⑧、⑨)。結果的には先の捧げ物と同じく困った住民が贈り物を持ってお詫びまたはお願いに訪れるので、職業的な側面もあるとテキストは示唆する (⑩)。

たとえば、酒を振る舞ってほしいと乞われると、断りにくいなど、地域社会としてもその扱いに気を遣っているということは、⑪の「宴会でコンゴをやらなかったら、雹で畑を台なしにされる」などという定型句にも明白である。しかし、自分の畑だけ例外的に守ったりする超能力を信じているわけではない。ひとたび雹や干ばつの被害に苦しむときには、ジャミギンバも同じく苦しむ1員であることが示唆されている (⑫)。

住民の焦点の1つは、その能力が生まれつきのものか、それとも獲得的なもので場合によっては売買が可能なのか、というものだ。このテキストではアモリ・カセデ・クランにのみそれが代々継承されるとしている (⑬、⑭)。クラン外部に流出するとすれば、オケウォを通してだけだ、とするが、外婚制が維持されているので流出の可能性は常に開かれているとも言える (⑮)。

売買したり、あるいは教わったりとするという考え方もあるが (⑯)、それを否定する別のテキストでは、「ジャミギンバは、ジャジュウォキ同様、生まれつきの能力なのだろうと思う。売り買いはできないのだろう。少なくとも私は聞

230

いたことはない。」と語られる。この矛盾する考え方を歴史的変化に求めるのが、⑰の定型句である。昔は継承されるものだったが、現在はビジネスになってしまったというのだ。

4　ジャミギンバの儀礼

《テキスト4－8》
　「彼らはブッシュであつめた薬草を臼ですりつぶし、ダキ・ミギンビロ *daki migimbiro* という壺のなかに入れて水を注ぎ、オジェゴリエッチ *ojegoliech* と呼ばれるストローで吸いだしたり、息を吹き込んだりする。ストローは、ジェンゴリエル *jengoliel* という蔓草からつくられるものである。水と薬草の混合物にストローを差し込み、息を吹き込むとぶくぶくと泡が発生する。この泡を雨にみたてて、この泡が増えれば増えるほど実際の雲が湧き上がると考えるわけだ（①）。この儀礼を行う場所をミギンビロ *migimbiro* という（②）。女たちは、ジャミギンバがミギンビロに足を向けたことを知ると、雨が続くことを予想して数週間分の薪を備蓄する（③）。
　壺のなかに泡を浮かべる手法は、ジャミギンバなら誰でも同じようにやっているものであろう。科学者が気象予報するときに同じような方法を学ぶのと似ている。
　雨の降る方角をその杖で指し示して予告したり、コントロールしたりするジャミギンバもいると聞いている（④）。
　雨を止めるときには、ワン・コス *wang koth*（雨の目）の入った壺（⑤）をその口を上に向けて木の上に安置するのだという（⑥）。壺を木の上から下ろすまで、雨は降らないと言われている（⑦）。あるいは、壺の口を閉じると雨が封じ込まれるのだ、という話もきいたことがある（⑧）。」

【解説】
①では、ジャミギンバの儀礼の詳細が語られる。儀礼はミギンビロという決められた場所で行われる（②）。ジャミギンバがミギンビロに足を向けると、雨が降ることがわかるので、地域社会でもそれなりの対応をしている例がうかがわれる（③）。ジャミギンバが持っている壺を、ダキ・ミギンビロ *daki migimbiro* と言い、それにすりつぶした薬草と水を加え、ストローで息を吹き込んで泡立てる。この泡を雲にみたてているようでもある（①）。この壺には、ワン・コス

第1部

wang koth（雨の目）が入っており（⑤）、その壺を口を上にして木の上に安置すると雨は止まり（⑥）、ふたたび木から下ろすまで雨は降らない（⑦）。あるいは壺の口を閉じることによって雨が止まる、という説もある（⑧）。このようにワン・コスの用い方自体にも異説があり、実体としてジャミギンバがおり、ワン・コスが物理的に存在するからといって不可思議な要素が軽減されるとも言えない。

それ以外の儀礼の方法として、杖を使い、雨の降る方角をコントロールするものもあるという（④）が、その詳細についての資料はついに得られなかった。

5 ワン・コス *wang koth*（雨の目）
(1) 吊るし上げられたジャミギンバとそのワン・コス

《テキスト4－9》
「ワン・コス *wang koth*（雨の目）についても教えてやろう。私が目撃したのは、ジャムワ Jamwa（ニョレ）のカドゥメレキ・マシンガノ Kadumereki Masingano（おそらく実名）がセンダに移住し、もたらしたものだ（①）。

私は彼が拷問にあい、吊るし上げにあったのを目撃している。彼の草ぶきの小屋は無残に打ち壊されていた。私は同情に堪えなかった。人々がジャミギンバをとらえ、議長である私に牢に監禁するよう求めた。彼らは打ち壊したジャミギンバの小屋の屋根に上り、そこから小さな瓢箪をとってきた。中にはすさまじくまぶしく光る小さな球が入っていた。そのまぶしさは、光が当たったものは全員が逃げ出すほどのものだった（②）。

私はそれをじかに見て、どこから手に入れたものか尋ねると、ずいぶん昔にパドラのジャシエシから購入したものだという（③）。マジャンガの城にも「雨の目」はあると聞いているが、「雨の目」の入手方法はさまざまであるようだ（④）。

そのうちの1つは、次のように伝えられている。ジャミギンバになることが運命づけられると、「雨の目」が空から流れ星のように光りながら直接降ってきて、屋敷の庭に立っている人間のつま先の間から体内に侵入すると言われている。足元とか、腕の中に落ちるのではなく、つま先のなかに入るのだ（⑤）。人々は急いで鶏を供犠してその人物から儀礼的に雨の目を取り除き、特定の場所に安置するのだ（⑥）。私は、これまでの長い人生で、「雨の目」をこの目で2回、見たことがある（⑦）。

マジャンガの一族にもそれは伝えられている。ムウェンゲ Mwenge 村に

嫁に来た姉妹がそれを持っており、その力を濫用されないように恐れを抱いた地域住民によって一時期管理されていたが、その後一族に返還された。残念なことに継承すべき人物はすでに死んでいるが、儀礼は執行されなければならない(⑧)。」

(2) ワン・コスを目撃

《テキスト4－10》
「私が「雨の目」を見た日のことを話そう。私の娘はハヤの人のところに嫁に行っていた。その関係で一人の男が私の屋敷の台所小屋に寝泊まりしていたことがあるが、その男が蟻塚のなかに「雨の目」を保管していた(⑨)。雨の日や雷の日に彼は屋敷の外に出ていく。彼は私にとってムネヌワ *munenuwa*[3] に当たる関係の人間だった。つまり私の娘の結婚した夫の父親だった。娘には、「雨の目」を彼がもっているために、人々がここに来てわれわれを殺害しようとするかもしれない、という危機感について伝えておいた(⑩)。「雨の目」は小さな瓢箪に入っていて、色は赤である(⑪)。」

【解説】
(1) の話者である、ある地方自治体の議長は、生涯で2回ワン・コスを見たことがあると言う(⑦)。1度はジャミギンバが拷問され、吊るし上げられる現場に立ち会っていたときだった。ジャミギンバはニョレ Munyole, *sing. pl.* Banyole だったが(①)、それはアドラのジャシエシから購入したとされる(③)。群衆はジャミギンバの小屋を打ち壊し、屋根の上から瓢箪をとってきた。瓢箪の中に入ったすさまじいまばゆい光を放つものがワン・コスだった(②)。この男は購入したと言うことだが、入手法はさまざまだ(④)。直接もたらされた例では、流れ星のように空から降ってきたワン・コスが、直接足のつま先から体内に侵入すると伝えられる(⑤)。周囲の人々は、儀礼を行い、鶏を供犠して、ワン・コスをその人から取り除き、特定の場所に安置する(⑥)。マジャンガ Majanga は、ブラ・カルト *bura* cult の完成者でもあるプレコロニアルの英雄だが、その一族に伝わっていたワン・コスは、婚出した女性によって持ち出されていたという。おそらくはそれはもともとのニャポロ・クランに返還されたとのことだが、こ

---
3 簡単にいうと「姻族」のこと。様々なタブーの対象となる。

第1部

のテキストでは、儀礼の詳細はよくわからない（⑧）。継承者がいなくても、クランや地域社会によってワン・コスへの供犠は行われなければならない、との意味であろう。

(2) の目撃談では、自分の姻族（ムネヌワ）に当たるが、民族が違う男が、蟻塚に隠していたワン・コスである（⑨）。この場合には話者は、地域住民の圧力を恐れて婚出した娘には忠告したようだ（⑩）[4]。それは瓢箪に入っている赤いものだったという（⑪）。

6 ジャミギンバ狩り

(1) ジャミギンバへの拷問

《テキスト4 − 11》
「私が覚えているのは、あるとき、ジャミギンバのグループが何かの予告をして、それがうまくいかず、人々の顰蹙を買って仲間の1人が捕獲され、落花生や炒った胡麻のペーストを無理矢理に食べさせられていたのを目撃したことだ（①）。こういったものを食べると口のなかがからからになって水がほしくなる（②）。残りの仲間は逃げおおせたようだった。そのジャミギンバは、命乞いをして、自由にしてくれたら雨をすぐに降らせると約束した。その時にはその通りになったが（③）、それはただの迷信であり、私は現在は神しか信じない。

他にそういった立場の者がいなかったから、ある意味でジャミギンバたちはラッキーだったと言える。民衆に代わり、雨を降らせてほしいと宣言する。全能の神はどこかでそれを聞いていらっしゃるので、恵みの雨を降らせてくださる。決してジャミギンバが何かをしたわけではないし、雨を降らせる能力があるわけではない（④）。」

(2) ジャミギンバの衰退

4　降雨祈願が共同儀礼として成立していればまだしも［ムビティ 1970: 215］、降雨の多寡が個人によってコントロールできるという信念とセットになっていれば、深刻な紛争の種に常になりうる。個人に集中した場合、それはすぐれて政治的な問題として民族誌家の興味を引いてきたことは［Seligman & Seligman 1932: 23-24, 栗本 1987, 1991］、ここでも想起されるべきだろう。

第 4 章　ジャミギンバ *jamigimba* の観念

《テキスト 4 − 12》
「私の姉妹はルワラ、ポレンゲ（地名）のオベリ・マルクス Obel Maruks という人物の屋敷に嫁に行った。彼はコイ・カタンディ Koi-Katandi クランだった（⑤）。彼はある場所に杭を打ち込み、その近くに 2 口の壺を置いていた。これが雨の源となる壺なのだった。なかには薬草が入っており、もし雨を降らせたいときには、その壺のところに赴き、息を吹きかける。そうすると雨が降るのである（⑥）。ジャミギンバはもうほとんど死んでしまったが、彼らの周りの人々はたいてい彼らを嘘つきだとして認めようとしなかった。また新しいレリジョン *relijon*（キリスト教、教会）もその撲滅に熱心だったのだ。10 人いたのが 7 人になりして、ジャミギンバはもうほとんどいなくなってしまった（⑦）。」

(3) ジャミギンバは嘘つきだ

《テキスト 4 − 13》
「ジャミギンバは嘘つきであり、泥棒だ。私は、あるジャミギンバが人々に拷問されて儀礼を行うのを見たことがある。しかし、そのときは、ちょっとの雨も降らなかった（⑧）。ジャミギンバがいなくても異様なほど雨が続いたり、激しく降ることがある。ことによると、昔は、薬や薬草の効き目があったのかもしれない。しかし、それらは品切れになったか、効き目をもはや失ってしまったようだ（⑨）。

最近ブソガでは、干ばつでトウモロコシが大変なことになっているようだ。ジャミギンバが存在するのならなんとか対策をしてもらいたいものだ。あの川を越えてブソガに入ると、急に乾燥した状態になり、トウモロコシどころか、豆もとれなくなってしまっている（⑩）。

私は本物の力のあるジャミギンバにはあったことがない。あの 5000 シリングと鶏と引き換えにやってみせると言っていた男が成功していれば、私の考えも少しは変わっていたかもしれないのだが（後出の《テキスト 4 − 15》）（⑪）。そもそも、そんな能力があるのなら、乾期のど真ん中に雨を降らせてみればいいのだ（⑫）。私は子供のころ、ジャミギンバと自称する人間の畑が乾期に日照りでだめになっているのを見たことがあり、そのころから疑念を抱いていた（⑬）。彼らは、たんに気象のイロハをすこし齧っただけの嘘つきだろう（⑭）。」

第1部

【解説】
　(1) はジャミギンバのグループが何らかの約束を果たせず、地域社会がその1員をとらえて拷問する様子を目撃したという話である。口のなかが乾いた感じがし、水がほしくなる ② ような「落花生や炒った胡麻のペーストを無理矢理に食べさせら」れていたという ①。命乞いをして雨を降らせることを条件に解放されたが ③、それは、テキストではジャミギンバの能力には帰せられていない。熱心なキリスト者である話者にとり、降雨は、全能の神が民衆の祈りを聞いてくれたのに過ぎず、ジャミギンバは結末がわかっているのに公の前で宣言したに過ぎないとされる ④。

　(2) はコイ・カタンディ・クランにまつわるエピソードである。コイ・カタンディ・クランに属する姉妹の夫は ⑤、杭を打ち込んだ場所を決めて、そこに薬草の入った2口の壺を安置していた。それに息を吹きかけると雨が降ったという ⑥。詳しい所作はこのテキストでは伝えられていないが、《テキスト4—8》でみたものに準ずるものであると推測される。ジャミギンバを嘘つきだとする周囲の声が多かったことを指摘し、また、彼らはすでに死に絶えたこと、その継承が途絶えるのに当たっては撲滅に努力したキリスト教と教会の働きが関係していることを指摘している ⑦。

　(1)では、捕らわれたジャミギンバの雨乞いの結果雨が降ったのに、それはジャミギンバの能力ではないとされていたが、(3) では、ジャミギンバの儀礼にもかかわらず、降雨はもたらされなかった ⑧。5000シリングと引き換えに雨を止めてみせると請け負った男も失敗したことがこのテキストの話者の不信感を揺るぎないものにしているが ⑪、それ以前には、すこしはジャミギンバの能力に期待を寄せていたこともありそうである。かつては薬草などの効き目があったかもしれないという点には注意深く留保しつつ、現在ではもはや効き目はないし ⑨、能力があるのなら乾期のど真ん中に雨を降らせてみればよい、と挑発めいたことを述べる ⑫。近隣のブソガ地域での厳しい干ばつに打つ手がないことが、その間接的な証拠とされている ⑩。初歩的な気象の知識があれば、ジャミギンバのまねごとは誰でもできると喝破する ⑭。

7　ジャミギンバの目撃事例
(1) ジャミギンバどうしのけんか

第4章　ジャミギンバ jamigimba の観念

《テキスト4－14》
「ある干ばつのときに、人々に詰め寄られたジャミギンバは、干ばつは自分のせいであると認め、人々に自分を殴るように言ったという。人々が言われたとおり彼を殴ると、すぐに雨が降り出した、という逸話を聞いたことがある。

それより私が印象的に思い出すのは、ある日、私が埋葬儀礼に出席したときのことだ。コンゴを皆で飲んでいると、2人のジャミギンバがあらわれた。一方が、他方に、「自分の能力を過信しているだろう」と難癖をつけると、相手も「私の能力は非常に高いのだ」と応じた。最後には、「口で言い合っていても仕方がない、お互いの能力をみせて競い合おうではないか」ということになった。

その日のコンゴは非常にいい出来だった。それまでは皆おとなしく上機嫌で飲んでいたのだ。雨の降る気配はまったくなかった。「私が雨を呼ぶから、おまえはそれを止めて見せるがいい」と1人が言った。われわれも、勝負の判定をしてやろうと言ったものの、その場所は家屋がまばらで、雨をしのぐ屋根になるものはどこにもなかった。1人のジャミギンバが小屋の外に出ていき、口笛を3回吹いた後に戻ってきた。するととたんに強い風が吹いてきて、雲行きがあやしくなってきた。雨の気配がない昼下がり、午後2時ごろのことだった。強い風は、参列者の日差しをよけるためにつくられた日よけの柱を引っこ抜き、ビニルシートを吹き飛ばしてしまった。そこにいた埋葬儀礼の参列者たちは、言うまでもないことだが、別々の村に住んでいる。あるものはマゲラ Magela から来ていたし、あるものはムランダ Mulanda から来ていた。雨が激しく降り始め、それを呼んだジャミギンバがもう1人に「雨をやませてみよ」と言ったが、雨足はひどくなるばかりで、われわれは飲むのをやめて逃げ帰った。何もできないほど激しい雨だった。

私たちがコンゴを飲んでいた壺に雨水が溜まり、いっぱいになっていた。

雨を呼んだジャミギンバは、それでもなおもう1人のジャミギンバに雨を止めてみせろと言い続けている。人々は雨を止めることができないジャミギンバのところへ行き、「どうしてこんな競争をはじめたのだ。こんな目にあわせて。われわれを殺す気か」と詰め寄った。

雨を呼んだ強大な力を持つジャミギンバは立ちあがって、小屋の周りをまわり、「私の対戦相手は何も知らないし、何も持っていないらしい。わが

第1部

子よ、やめて立ち去るがいい」と雨に命じた。雨はその瞬間にぴたっとやんだ。私たちはその男が雨と対話することに驚き、恐れた。このようにこの目で見たのだから確かだ。ジャミギンバ＝レインメーカーは存在する。」

それは、日差しの強い時でもあり、折しも干ばつに苦しんでいた時期でもあったので、その男がわれわれのために雨を捕まえてきたとでも考えるしかないような出来事だった。

(2) 詐欺師だったジャミギンバ

《テキスト 4 – 15》
「私がルンベ儀礼に出席していたときのことである。1人のジャミギンバが、8マイル離れた村からやってきた。雨季のど真ん中で雨が降り続いていた。「雨がやむようにしてほしければ、雄鶏2羽と5000シリング用意しろ」と言った。男はそれらのものを手に入れると、頭陀袋のなかにそれを入れて日陰に吊るし、バナナの葉と他の薬草を臼ですりつぶして混ぜてふりかける所作を何度も行ったが、雨は相変わらず降り続いている。数分すると、相変わらず男は雨に対する祈願を続けているのだが、雨はますます激しくなり、日よけを破壊するほどになったので人々は小屋に逃れた。どさくさまぎれに男の姿も消え、雄鶏と5000シリングの入った頭陀袋も一緒に消えていた。」

Ⅲ　まとめ

まとめよう。ジャミギンバとは、雨や雹そして落雷をコントロールする能力をもつ、とされる人である。いろいろなまとめ方が考えられるが、ここでは以下の6点を要点として確認しておきたい。

1. ジャミギンバとワン・コスの存在論

「ジャミギンバ」とよばれるカテゴリーの人間が存在する、という存在論は住民にとっては疑う余地がないように思われる。事実そういったクランがあるのだし、地域社会のなかで有名なジャミギンバも何人もいるのだ。また、ワン・コス（「雨の目」）と呼ばれるものも、実在するようだ。しかし、実際のジャミギンバの能力の有無、ワン・コスの効力、ジャミギンバの実践を可能にする薬の

第4章　ジャミギンバ jamigimba の観念

有無になってくると、とたんに議論は錯綜してくる。

2. ジャミギンバの能力と薬の効力の有無

　能力があると考えるものは実際に経験的に目撃したことがある場合が多いようである（たとえば《テキスト4—1》）。実際には、ジャミギンバが降雨儀礼に成功した場合でも、その能力を認めない場合もある。この背後にはキリスト教の影響と、それと関係した従来の文化は「嘘ばかりだ」というエリートに一般的な態度が見える。
　ジャミギンバの能力を認めない場合にも、失敗を目撃した経験に根ざす事例が散見されることは同じだが（たとえば《テキスト4—2》）、過去にはそうした能力やそれにもとづく現象があったと考える向き、つまり廃れたあるいは忘れ去られたと考える傾向と、「ジャミギンバ」がその風評ゆえに折に触れ手にする利益を重視して、ジャミギンバは「嘘つき」であり、詐欺的商法であると考える傾向とがある。前者にはキリスト教の果たした役割もしばしば指摘される。後者の認識が前提となり、1. と組み合わせられると、詐欺師としてのジャミギンバは存在する、という立場もありうることになる。

3. 継承か、売買か

　特定のクラン（アモリ・カセデやコイ・カタンディ）に継承されるという言い伝えがあるが、男性のみに継承される、との信仰はこれまでのところ知られていないので、外婚制である以上、オケウォを介在してどのクランにも流出しうる。ジャジュウォキとは異なり、孫に伝えようと祖父が努力するなど、教育についての側面について知ることができる資料はこれまでのところ得られていない。これらの技術が、より一般的に受け渡しできると考えられるようになると、能力なり薬なりが売買できるという考え方が流布することになろう。また、ワン・コスについても、天から特定個人に降ってくるという考え方が報告されているが、ひとたび誰かの所有物になったとしても所有権の移動は比較的自由に考えられているようでもある。

4. 地域社会との関係

　降雨は、農耕を営む社会にとっては死活問題である。従って、その能力については半信半疑であっても、ジャミギンバが存在する地域社会はそれなりの対応をする。まず自衛手段としては、ジャミギンバがミギンビロに赴いた際には、

第1部

薪の備蓄をする、白蟻など季節のものを贈り物として届けておく、あるいは酒席での酒の供給などで不満を感じさせない、などである。また、報復ではあるが攻撃的な手段としてその力を、娘を略奪された親が略奪した側に対して用いるように依頼することもあるという。

　地域社会との関係がうまくいかないと、ジャミギンバは拷問にかけられたりする。その方法は、落花生や煎った胡麻のペーストを無理矢理食べさせる、というもので、咽の渇きに耐えかねて水を欲するところから、雨を強制的に発生させようというメタフォリカルな拷問方式が知られている。

5. ジャミギンバの儀礼

　ミギンビロという決められた場所で、すりつぶした薬草と水を入れた壺にストローを差し入れて息を吹き込んだりして、壺のなかに発生する泡を雲にみたてた方法が最も詳しい報告である。降っている雨を止めるときには、壺の口を上に向けて木の上に安置するのだとか口を閉じるのだとか、あるいは木の上に安置した壺を下ろすのだとか言われる。壺のなかにワン・コスが入っている、というものと、薬草と水だけに言及する場合とがある。

6. ワン・コス

　ワン・コスは、壺（2口のもの）ないし瓢箪に納められている。蟻塚に納めるという例もある。本来の入手方法は、天空からめがけた所有者のつま先に「流れ星のように」降臨するといういわば召命型だが、具体的な物であるだけにその後は売買も含めさまざまなかたちで所有権が移動する（アドラ人からニョレ人へ売買された例が紹介される）。ただし、マジャンガの例から類推されるように、正当な所有者というものは存在するし、悪用の可能性も否定できないので、適切な所有者の手元にあることが望まれる。儀礼を執行できないのであれば適切な所有者が所持していることにはあまり意味がないようである。

　以上のように、ジャミギンバは、人間のカテゴリーとしては明確に存在するのだが、その能力や実践については多くの場合噂の域を出ず、依然として未決問題である。雨や雹や雷、そして干ばつが、厳然とした事実であることと比較すると、その観念をささえる基盤の多くは個人的経験にねざしており、しばしば頼りなくさえ見える。厳然たる事実としての天候とそれに影響される地域社会との関係で、その存在が表面化したり、しなかったりしてきた。いわば常に

第4章　ジャミギンバ *jamigimba* の観念

は必要とされていない観念のようにみえる。また、その実在や能力についても、詳細に知られたり逼迫した検討の対象には常にはならないようだった。厳しい干ばつに直面してはじめて、いわば「犯人捜し」がはじまるのだ。

しかし、このこととは別に、こういった人間がごく普通に存在するかもしれないという認識は、すでに見たジャジュウォキと同じように、同じ集団のなかの他者の持つ能力や実践の可能性の幅を高く見積もり（ジャジュウォキの場合はあるいは低く見積もられているかもしれないが）、拡大していることは確かである。目の前の（たとえばアモリ・カセデ・クランの）人が、雨や雹を、あるいは雷を自由に操ることができるかもしれない、あるいは売買でその能力を手に入れられるかもしれない、場合によっては依頼を受けて誰かの報復に荷担するかもしれない、というような認識が、社会に一定の秩序と緊張を与えることは間違いあるまい。

ジャジュウォキといい、ジャミギンバといい、あるいは別のところで紹介した豹をカウンターパートとして生まれたとされるムカマといい、またもっと一般的には双子といい、この社会では他人の能力のポテンシャルがかなり高めに設定されている。「どっちみち、同じ人間」という侮りを持っていては、足をすくわれてしまいそうに見える（少なくともテキストからはそういった警戒心がうかがえる）。

近代社会は、個人は個人として、等しく平等であるとのフィクションを流布してきた。しかし、本章で行ったジャミギンバの観念を巡る愚直で迂遠にみえる検討は、前章でのジャジュウォクについてのそれと並んで、社会の周縁やあるいは構成員に根本的にほかの人間とは異なる能力や手段を持っている人間がいるかもしれない、という仮定、そのことを前提にしてこれらの社会を考える必要があるということを教えてくれる。ジャミギンバ自体は「災因」ではない。しかし、その想像力が隣人に与えるイメージは、確かにこの社会の理念上の共同体の境界にある種の輪郭を与えているようにも思う。

第5章　ティポ *tipo* の観念

I　はじめに

　アドラの先行研究はこの観念について全く沈黙しているが、実際の資料では死や病を話題とすると頻繁に登場するものの1つである。ルオ語（アチョリ語）辞典では、以下のように記載されている。

「tipo　*n* 1 shadow; shade; *tipo yat*, shade of a tree; 2 soul; spirit; *tipo dano*, soul or spirit of a man, 3 shade of a man, 4 ghost」[Odonga 2005: 247]
「tipo¹ *noun* ghost; Atim lworo tipo: Atim fears ghost.
tipo² *noun* shadow of a person.
tipo³ *noun* shade; Okwera obedo ite tipo: Okwera is sitting in the shade.」[Adong & Lakareber 2009: 111]

　近隣民族の民族誌をひもといてみよう。ランギ[1]についてのこれまでの民族誌的報告では、アドラのティポとほとんど同じ語彙がかなり詳細に報告されている。Driberg [1923]、Hayley [1940, 1947] では *tipo*、Curley [1973] は、音韻を反映させる意図か *tipu* と記載されている。意味についても、共通する部分がかなり多い。Driberg [1923] は、以下のようにまとめる。

> ……ティポ：この語は、人間のものであれ、動物や静物のものであれ、「陰」や「影」を意味する。そして、人間や特定の動物の魂にも適用される。人間の影は、その人間の物質的でない、霊的な部分と見なされて、ある人間の影が墓穴に入らないように、「ティポ（影）」（ここでは霊的な意味で用いる）

---
[1] アルルのティプ *tipu* についての Southall [1956] の報告では、「陰」と「霊」という意味をもつとしつつ、祖先崇拝の文脈では、具体的な社を記述する語彙として紹介されている [Southall 1956: 98]。

もまた、墓には入ることはない。[……] 暗い時間帯には影がないので、ティポは、持ち主を離れてどこかに行っているのかもしれない、という考え方につながる。そうした考え方の延長上に、持ち主が自分の意思でそれを引き離して託宣を得るためにジョクのいる世界に派遣することができる、という発想がある。[……] 眠っている間は、影がないので、ティポも見ることができないから、頭の中に入っているのだとか、それ自体眠っているか、ぼうっとしてさまよっていると考えられる。このようにティポがさまよっている状態がすなわち夢見を引き起こすので、夢の内容はティポにふりかかった冒険によって異なるのだという。…… [Driberg 1923: 228]

Driberg [1923: 230] によれば、区別の基準は明らかではないものの、死後しばらくするとティポはチェンという名で呼ばれることが多くなる。これらは、死の直後は、どんな場合でもその親族にとって多かれ少なかれ不幸や病をもたらすやっかいな存在だが、必要な葬送儀礼を行えば、その悪の側面を次第に喪失し、人格も次第に薄まってジョクとしての祖先に融合する [Driberg 1923: 231]。

Evans-Pritchard [1956] も、ヌエルのチェン *cien* という語彙についていくつかの注目すべき記述を残している。Evans-Pritchard [1956: 157,173-176] はこの語を to haunt と訳す。そこでは、チェンは、殺されたもの（象）の魂（ティエ *tie*）が、牙の分配のルールを守らなかった者を追跡して捕らえるときなどにあらわれる死霊の1形態であるとし、生きている人間のビート *biit*、つまり「呪詛」と対比させる [1956:173-176] のである。

その後の民族誌でも、この基本的な性格について疑義を提出しているものは、管見の限りない。Driberg [1923] の記述は、ランギのティポに関する一般的見解とみなしてもよいだろう。

第3章で紹介したように、Hayley [1947] は、「私たちがふつう魂とか霊魂とかという言葉で表す、人間誰もが持つ一部と結びつけてジョクの力は考えられる」[Hayley 1947: 16] と言う。

また、Hayley[1947]は、ティポをジョクの力の顕現とした。これは、Hayley[1940, 1947] が明確に Driberg [1936] のアフリカの宗教的世界観の根源には「力」の原理があり、「力」をキーワードに霊を理解しようという企図を踏襲するものである。Driberg [1936] は、「細かな分類とか、部族ごとのヴァリエーションとかいうことを考慮に入れないとすれば、アフリカの宗教的信念や哲学は、第1に、普遍的な力とかエネルギーの観念にもとづいていると断言することに全く躊躇

を覚えない」[Driberg 1936: 3]。

　この考え方は、「神」「霊」「祖先の霊」（あるいは、近年ならば「オカルト・エージェント」）など、英語であれ日本語であれ、その言語本来の文化的背景を多分に含んだ既知の用語にできるだけ依存せず、それらの近似的な概念を総合する語彙として仮に 'power' を充てておくことを可能にする。こうした手法は、すくなくとも Lienhardt [1961] まで引き継がれるようになった前提でもある。本書ではそうした描き方をする代わりに、第2章で、いくつかの現地語を会話テキストのなかから解説する、という迂遠な手法をとったわけである。

　ただし、Hayley [1947] は、ティポとジョクという2つの語彙の意味領域の差異について、明確な答えを用意しているわけではない。

　ティポは生きているうちには夢を引き起こす原因として言及されるぐらいで、おおむねたいした意味を持っていないが（この「影」概念の生きている間の無意味性は Curley [1973: 157] も指摘する）、死とともに体を離れ、空気のような存在として墓の近辺で風（ヤモ yamo）を巻き起こしたりする。また、葬送儀礼の失敗などによって祖先になりきれない場合、クランの人間に害をなしたりする。生きている人間に祟りをなす場合にはこの死霊はチェン chyen として言及されることが多いが、ランギの人々は「ティポもチェンも双方は全く同じものだ」と主張するという [Hayley 1947: 17-18]。

　注目すべきディテールとして、ゴロ・チョゴ golo chogo 儀礼を行って骨を掘り出して焼かれると、その持ち主のティポは生きている人間に危害を加えることはないという。その儀礼を描く過程で、その儀礼がティポのもたらす祟りに対してあらゆる手を尽くしたあとの非常に危険な最後の手段であることに触れ、次のように書いている。「私は、この儀礼の場面で死霊を指して用いられるチェンという語は、ティポの嫉妬を慰撫して、助けにもなってくれる祖先の状態へと転化させようとするあらゆる望みを失ったことを意味していると信じている」[Hayley 1947: 123]。つまり、Hayley にとり、ティポは祖先になる可能性を持っているが、チェンにはそれはもはやないということであり、チェンは、生きている人間にとってはたんに厄災のみをもたらす存在であるということである。

　阿部年晴 [1983: 616-631] は、ケニア・ルオのジャチェン jachien を「怨霊」と訳し、「他人に強い恨みや憎しみや敵意を抱いて死んだ者は、死後、怨霊となってそのような感情の対象である人物かその近親にたたって苦しめ滅ぼそうとする」[阿部 1983: 621-622] ものであるとし、「怨霊となるのは、殺害された者、虐待された者（当然の敬意を払わず世話もしなかった息子を恨んで死んだ父、ウィッチだと

いう無実の嫌疑をかけられてぶたれた後で死んだ女など)、自殺した者などである」[阿部 1983: 622]とする。アドラやランギでは、自殺者に対する態度が冷淡なので、チェンには含まれない。この範囲から自殺者を除くと、Hayley [1940,1947] の報告するランギのチェンにかなり近いものになるが、ここではティポとチェンの関係については述べられていない。阿部 [1989] のティポについての報告では、「怒りや恨みをもって死んだ者のティポは怨霊となって生者につきまとって滅ぼそうとするので大変恐れられている」[1989: 215] とあるので、そのように推測はできる。

　一方、アチョリの「聖霊運動」について報告するBehrend[1999: 108-109]に「ティプとチェン」という節がある。ティプについては、ジョギ jogi (pl. sing. jok) の構成するチーフダムの1員としての位置づけを与えられるのみである。のちに聖書の「聖霊」の訳としてティプ・マレン tipu maleng が採用されてアリス・ラクウェナの「聖霊運動」の中核となるまでは、アチョリの宗教の中では格別の位置を占めていなかったと推測されている [Behrend 1999: 108, f.n. 11]。ただし、チェン cen については、本章の課題であるアドラのティポとの関連では、以下の記述が注目される。

　　……ティプと並んで、もう1つの祖先の霊のカテゴリーがあったが、それは地位的にいって、祖先になりそこねたものである。それらはチェンと呼ばれる。それは、暴力によって殺害されたり、どこかよそで客死したりして、子孫による埋葬を受けていない者の霊である。だから、復讐の念に燃えていて、その親族たちに病や不幸をもたらして苦しめようとするのである……[Behrend 1999: 108-109]。

また、別のところでは、「チェンは、悪い死に方をした者の霊が復讐の念を持ったものであり、これの犠牲になると気が狂ったり、子供ができなくなったり、AIDSを含む多くの種類の病気をもたらしたりする」[Behrend 1999: 26] ものであるとの記載がある[2]。このチェンについてのBehrend [1999: 108-109] の記載は、

2　1986年までの内戦のさなか、セベニ率いるNRA: National Resistance Army の手にかかって、いわゆるルウェロ三角地帯を中心として大量の犠牲者がでた。犠牲となった者たちのチェンが、正しく儀礼を受けられなかったことが、ラクウェナの「聖霊運動」の素地となったのだが [Behrend 1999: 26-28]、ここでは深入りしない。「聖霊運動」については註4を参照。

ティポとの差異化については Hayley [1940, 1947] と共通するものがあるが、その差異が発生した原因が埋葬の瑕疵と特定されている点で異なっている。また、そのチェン概念の性格は、これからみるように、アチョリのティポの一般的性格と非常に類似した面を持っている。ただし、アチョリのチェンは、埋葬儀礼の瑕疵に焦点が合わせて理論化されているが、パドラでは、ティポとチェンとの区別が明確ではなく、特に前者が殺人事件とセットになって焦点化されている点がもっとも大きな特徴である。いくつかは埋葬儀礼の瑕疵に言及するものがあるが、強調点はもともとの「殺害」にある。

殺人事件が起こると、加害者とその家族、クランを代表とする社会と、被害者のそれには、忌避関係が発生する。それをクウォル kwor 関係（名詞 kwor は、殺人などによって生じる敵意。これは、アチョリでも共通である [Odonga 2005: 116]）と言い、この状態にある者は一緒に食事を食べるということに代表されるような、打ち解けた社交は禁止・忌避される。その一方でティポの力が猛威をふるうわけである。

さらに比較民族誌的に興味深いことだが、このティポの力を「解呪」するには、究極的にはカヨ・チョコ kayo choko（骨嚙り）儀礼しかないと言われている点である。この「骨嚙り」は、敵対関係（クウォル関係）にある２つの集団が、全員集まって食事を共にする儀礼であり、同じ皿を用いて、骨付きの肉を共食するところからこう呼ばれる。ここにティポは直接関与していない。この儀礼が果たすのは、敵対した２つの社会の機能回復であって、復讐に燃えるティポに対する直接の慰撫機能は全く果たされていない。もっとも、ここ数十年、本当の意味での殺人に由来する「骨嚙り」は行われていない、ということなので（秘匿されて私に知らされていない可能性はある）、本来は、殺害された人間の墓に集まるなどの決まりごとがいくつかありそうだが、詳しい資料は得られなかった。

II　ティポ

1　ティポという用語

まず、出発点として、あるボーン・アゲイン派のキリスト教徒との会話を紹介しよう。前章同様鍵括弧内はテキストである。

《テキスト 5 – 1》
「Q：パドラで認識されているのは、どんな種類の霊ですか。

第1部

　　A：ティポとジュウォギ jwogi が主なものだ。ティポもジュウォギの1種である。私たちが死ぬと、その一部が、ジュウォギ jwogi になる。ティポ、チェン chien、ジュウォギ・マモウォンジョ・ジョ jwogi mamwonjo jo、これらはすべて同じものの違う名称である。人が死ぬと、それとアモラ・ギモ・ソ amola gimo tho（遺体）に分かれる。それらのことを今日は教えてやろう。霊が何であれ、それはイエス・キリストのことを恐れているのだ。その御名を口にすれば、どんな霊でもたちどころに逃げていく。聖書を出しても同じ効果だ。それらは逃げていく。ひとたび神の御前で、殺人を悔やみ、懺悔したならば、ティポはあなたの前から瞬く間に去っていく。イエス・キリストの御名の前に、霊の居場所はないのだ。」

それでは、一般の人は、この概念をどのように分節しているのだろうか。

以下は、今回入手しえた資料のなかで最も分析的なものである。ほとんど解説の必要はないが、すべてのアドラ人がこの見解に同意するわけではないことには、注意されたい。

《テキスト5－2》

「ティポという語は、パドラの文脈で、いくつかの種類に分けることができる。

　まずティポ・ダノ tipo dhano。誰かの「影」。そしてティポ・ヤーシ tipo yath という用法で、木陰。鏡に映った姿もティポという。

　たんにティポと言うと死霊のことで、チェン chien とほぼ同義になる。このティポは、とくに殺害された人の霊が復讐しようという意図をもって現れる危険な霊である。こうしたティポ・ンガト・オネック tipo ngato onek に出会ってしまうのには、以下のケースがある。

　（1）ティポ・ジャソ・モロン・ギネ tipo jatho moron gine。旅をしているときに、殺害された人間のティポに偶然出会ってしまう。これはジャシエシの差配によって浄めの儀礼を行わない限りつきまとうことになる。

　（2）オネク・ダノ・ティポ・ルウォンゴ onek dhano tipo lwongo。あなた自身が誰かを殺してしまい、復讐のためにティポがあなたに付きまとっている場合。

　（3）ティポ・アディラ tipo adhira。邪術の1種として、誰かがティポを送りつけた場合。あなたの家族やあなた自身に厄災をもたらし、ついには死

第 5 章　ティポ *tipo* の観念

に至らしめようとする場合。通り道に薬を置いて、それを踏んだ人に死霊を送りつける方法が広く知られている。
　(4) ティポ・アケラ *tipo akella*。誰かが殺人を犯し、その直後にあなたのところを訪れた場合。ティポはついてきて、あなたにとりついてしまう。
　いずれの場合にしろ、もし、ティポにとりつかれたら浄めの儀礼が必要だ。ときにはしかるべき場所に連れ戻す儀礼が行われることもある。その儀礼は、クウァンゴ・ティポ・モ・ケル *kwango tipo mo kel*（「ティポを連れ戻す」の意）と呼ばれる。」

【解説】
　ここでは、ティポの攻撃が発動することになった契機により場合分けがなされている。(1) 外出中に「偶然出会ってしまう」、(2) 本人の「殺人」、(3) 他人に意図的に送りつけられる（人類学で言う sorcery の 1 種）、(4) 殺人者の訪問を受けて、殺人者が連れてきてしまった場合、である。いずれも専門家による儀礼を必要とする。

2　ティポとはなにか

《テキスト 5 − 3》
　「ティポは、人に危害を加える可能性のある死者の霊である。通常は、殺害された人間の霊がこう呼ばれる。しかし同じ語が、影や陰をも意味する(①)。
　パドラでは、人間が殺害された場合、身体は死ぬが、その霊はティポとして殺人の加害者、そしてその親族にとりつくと考えられている(②)。通常の理由で死んだ場合、その霊は死んだ場所にとどまるが、殺害された者は、その加害者を追って動き回る(③)。殺人事件に立ち会った人間や目撃者はもちろん、その殺人事件が起こるような情報を流した人間、最初に死体を見つけた人間、そして、殺人者が事件後最初に入った小屋の住人にまでつきまとい、その累は及ぶと言われる(④)。「血」がそれを追跡するのだ、という言い方をする。その霊は、当該の家族に対し、報復として病やついには死をもたらすのである。最初に 3 世代目、つまり孫の世代が犠牲になる、という話もよく聞く(⑤)。
　孫や子供たちが次々に病に倒れ、死んでいき、ついにはその血縁者は根

249

第1部

絶やしになる (⑥)。
　私の知る限り、クランに限ったものでもないようだ。婚出した娘が、嫁いだ先で死んだ例もある (⑦)。
　ティポの効果のあらわれ方はさまざまであり、事件後非常にすぐに顕著な厄災をもたらしたと思われる場合もあるが (⑧)、20数年もかかってあらわれる場合もあると言われている。それをとくにチェン chien と呼ぶこともある (⑨)。いずれにせよ時間がたったからといってなくなるものではない (⑩)。
　牛や山羊、羊などを殺してもティポにはならない。人間だけに神が与えたもの、それが霊魂であり、ティポである (⑪)。
　ティポ・ンガタ・オソ・ルウォ tipo ogata otho luwo（生者と喋る死者）という言葉がある。死んでなお生きている人と喋ったり、生きている人と食事をともにしたり、というケースがある。そうした場合、死者専用の食事の皿が準備されていることもある (⑫) [3]。」

3　「不運」もティポのせい

《テキスト5－4》
「いっぱんには不運とみられるものもティポのせいで起こっていることがあると言う。ティポにとりつかれていると、交通事故にあいやすくなり、理由のわからない不幸がふりかかってくることもある (⑬)。
　また、ひとたびティポによる厄災があらわれ始めたら、どこかへ移住してもだめである。ティポの災いも、引っ越すたびにその都度ついてくる (⑭)。」

4　ティポを送りつける

《テキスト5－5》
「意図的に、薬などを用いて、ティポを無実の人間のところに送りつけることがあると言われる。本来は殺した人間のところにティポは向かって行くのだが、薬などの力で、別の人のところへ攻撃対象を定めてしまう (⑮)。

---

[3]　この説明は、Mbiti の living dead の概念に近似している。Mbit[1969: 83-91]、ムビティ[1970: 94-104]。

名前を呼ばれ、それに答えたが最後、ティポは屋敷に居座って、無実の人に殺人者にするのと同様の復讐を開始すると言われている（⑯）。」

5　関与していないのに

《テキスト5−6》
「私が教師をしていたペリペリ村には私の弟がいた。子供たちが、学校の近くで吊るされて死んでいる人がいる、と騒いでいた。私がそこへ行ってみると、確かに人が死んでいて遺体は無残にも木から吊るされていた。そんな目にあわせた人々はみな逮捕されて投獄されたが、私の弟もその一味だった（⑰）。
　刑務所での刑期を終えた弟は、姉妹の屋敷を経由して私の屋敷に訪ねてきた。焼いたキャッサバをナイフで切り分けて私の子供たちにくれた。私は子供たちにはひそかにそのキャッサバを食べないように厳しく指示をした（⑱）。弟が立ち去ってから、私は霊に対して、自分は殺害には一切関与していないことを訴えた（⑲）。しかし、霊はいまなおこの屋敷に祟りをもたらしている。弟は次に別の村に住んでいる私たちの母を訪ねた。そのあと自分の屋敷に帰るつもりだったのだ。しかし、弟の姿が消えると、私の母もみな、もうすぐ死んでしまうだろう弟の死を悼んで、早くも叫び声をあげたものだ（⑳）。」

【解説】
「ティポ」の語は、ランギの定義と同じく、「影」(shadow)や「陰」(shade)をも意味する（①）が、人間が殺害された場合にそのティポが加害者に復讐の意図をもってとりつくとされるのがパドラの特徴である（②）。ランギでは、特定の動物はティポを持つと考えられているが[4]［Driberg 1923: 229-30］、アドラでは、人間以外の動物はティポを持たない（⑪）。通常の死ならば、その霊は死んだ場所にとどまるはずだが、ティポの場合、加害者を求めて動き回る（③）。病だけでなく、交通事故のようないわゆる不幸も含む（⑬）。攻撃の範囲は広く、直接の加害者

4　ライオンや豹など危険な動物は一般に持たないと考えられているが、どの動物が持ち、どの動物が持たないかという原則の抽出は難しいという。ティポを持つ動物として異論がないのは、イボイノシシ、サイ、ゾウ、ローンアンテロープ、キリン、ブッシュバックである［Driberg 1923: 230］。

だけでなく、加害に加担した者、最初に遺体を発見した人間、殺人者が最初に入った小屋の主にまでティポの追撃は及ぶという（④）。とくに、遺体を発見してしまった者や、殺人の加害者が訪問した屋敷の主にまで累が及ぶのはあんまりだと思われるが、この点についてはほとんどのアドラ人は口をそろえる。

「4 ティポを送りつける」で見たように、薬を用いて意図的にこの攻撃目標を操作することもできると考えられており（⑮）、名前を呼ばれて答えることで攻撃目標が決まるとされる（⑯）。このこともあって、アドラでは、特に夜間、名前を呼ぶことはタブーとなっている。

この「血の追撃」には、加害者の孫世代が最初の犠牲になる、とも言われる（⑤）。逆に言えば、孫の世代に起こった病や不幸を解釈する場合に、「災因」候補となりうる、ということでもある。最終的には一族は根絶やしにされてしまうという（⑥）。婚出した先で死ぬこともあることから、この追撃がクランの範囲だけではなく、婚出した血縁関係にも及ぶことがわかる（⑦）。また、時間が経過しても起点とする殺人事件がある以上時効のようなものはなく（⑩、⑭）、空間的にも追撃してくるようだし（⑭）、すぐに攻撃の結果があらわれる場合もあれば、20年以上に及ぶこともあり（⑧）、アドラでは後者、つまり、殺人事件から時間的な経過を経てから表面化するものを特にチェンと呼ぶ、という（⑨）。ただし、このように明確に違いを語る例は多くはない。

パドラには「他界」の観念がないので、死霊が生者と空間をともにしているという考え方は一般的だが、⑫のように、霊媒などのような専門家を通さずに直接コミュニケーションをとる例は珍しい。この文脈で紹介されたのは、ティポを語彙として含むエピソードだからであろう。この場合、食事や会話を共にしているところからも、攻撃の意図はない。そのようなティポもあるということである。

5で紹介される事例では、おそらく集団で誰かをリンチにしたのだろう。そのなかに弟がいた（⑰）。その弟が刑期を終えて訪れる。自分たちは加害者ではないと霊に訴えかけても（⑲）、ティポは屋敷についてまわって不幸を引き起こしている。加害者は刑期を終えているが、そんなこととは無関係にティポによる弟の死は確信されている。ティポの影響を受けないよう、子供たちには訪れた弟のくれる食べ物には手をつけないように指示をした（⑱）。ティポによって死すべき運命の弟を見送って、母親とともに早くも追悼のユーヤレイションを行う（⑳）という興味深い事例である。

6 症状としてのティポ　対話その１

以降、対話テキストを提示する。

《テキスト5－7》

「Q：どうやったら、特定の人がティポになやまされていることがわかるのですか。

A：ティポの復讐にさらされているものは、体の色が黄色くなる。あるいは赤くなる。キウィサウィサ kiwisawisa（黄色い色）だ（①）。また、やせ細っていく（②）。体のあちこちが腐敗していく。場合によっては体の一部を損なうことがある（③）。リレワ・テワ lilewa tewa（やせ細って弱ること）だ。どんどん弱っていき、やがて１人では歩くことも立つこともできなくなってしまう。ンドゥー nduu（話すことができない）（④）。ちょうどスリミ（AIDS）になったような感じだ。これをアクウォタ・クウォン akwota kwong と言い、霊的な病の症状として人々は大いに恐れた（⑤）。

ちなみに AIDS には、どんな薬も効かないが、性によってうつるものだから、性にだらしない人間でないとうつらない、とよく言われた（⑥）。

殺された被害者が男なら家族のなかで男の子が次々と死に、犠牲者が女なら加害者の家族の女の子のみがティポの犠牲になると言われている（⑦）。だいたい、子供や孫などがはじめに犠牲になるので、これにとりつかれていることはいやでもすぐにわかる。ティポはクランを滅ぼすものだ。クランのなかの家族に次々に連続死が起こり、クランは消滅してしまう（⑧）。

また最後は、犠牲者が刺殺された場合には同じように刺殺されるし、殺されたのと同じようなやり方で死に至らしめる、という考え方もある（⑨）。

殺人をめぐる加害者と被害者のティポとの戦いは最悪のもので、終焉を迎えることはまずない（⑩）。ティポの力から自分を守ろうとする薬は存在するし、かつてそれが処方されてティポの効力を回避できたかのように見えたこともある。というのは、その加害者の男はそれからも子供に恵まれたからだ（⑪）。しかし、その子供はすべて狂気に走り、だめになった（⑫）。」

【解説】

ここで語られる症状は４点、すなわち、（ⅰ）キウィサウィサ kiwisawisa（黄色い色）（①）と（ⅱ）リレワ・テワ lilewa tewa（やせ細って弱ること）（②）、さらには、（ⅲ）体のあちこちが腐敗して、体の一部を損なうこともあり（③）、（ⅳ）ついに

第1部

は口もきけなくなる（ンドゥー *nduu*）(④)。これらを総じて、アクウォタ・クウォン *akwota kwong* と言う (⑤)。

　つまり、外見上、誰でもが判断できる特徴なのである。体の色が黄色くなる。あるいは赤くなり、やせ細っていく、身体に欠損が生まれ、口がきけなくなる。これら一連の症状が、ティポの徴であるかのように扱われている。しかし話者自ら認めるように、これらはすべて AIDS の症状でもある。

　AIDS は性によってうつるものだ (⑥) との考え方から、上の症状を示しても「性的にだらしない」という風評とか、異性と思い当たる行為がある、などの要素を満たさなければ、AIDS ではなく「ティポ」が原因であるという推論が正当化されることになる。

　ティポは、犠牲者である自分と同じ性の子供世代や孫世代の年少者から殺していく (⑦)。こうした連続死はクラン内でおこるので、クランは存亡の危機にさらされる (⑧)。「殺されたように殺す」という考え方もあり、刺殺なら刺殺といった殺され方を顕示することで自分の殺され方を暗示することもあるようだ (⑨)。

　当然、むざむざ死を待つばかりではなく、心当たりがあるものも対抗呪術を用いるわけだが、その戦いは筆舌に尽くしがたい激しいものとなるようだ (⑩)。薬を用いて一時的にティポの力から逃れたように見えた例もある。それは、ティポの影響があらわれはじめたあとになって子供をもうけたためにそのように思われたのだが (⑪)、結局その子は狂気に走ったので、ティポからは免れないとの印象を強めた (⑫)。

7　症状としてのティポ　対話その2

《テキスト5−8》

Q1：誰かがティポにとりつかれている、そんな兆候はありますか。

A1：独善的になり、周囲の人の好意にきちんと報いることができなくなってしまう (①)。その屋敷に嫁いだ女や子供たちが健康を害していく (②)。そういった兆候があるものだ。やがてティポはその屋敷の女子供を殺していく。ティポが男ならヤッチ *yach*（少年）を、女ならニイル *nyir*（少女）を殺していく (③)。

　1918年に、兄弟同士で争ったあげく、一方が他方を殺害した事件があった。加害者はオゴイ Ogoi、被害者はグンジュ Gunju (④)。彼らの一族、オ

ゴイ一族はいまなおティポにとりつかれているので、ヤーシ・ティポ *yath tipo*（ティポの草）を処方している。その事件からずっと、子子孫孫にいたるまで、2、3年ごとに薬を処方している（⑤）。

Q2：なぜティポは直接殺害の実行犯を殺さずにその親族を殺すのですか。

A2：ティポは、殺人を犯した人間を攻撃する際に、まずその屋敷の子供たち、それからその屋敷に嫁いだ女たちを殺すことが多い（⑥）。薬草をそういった人々に処方すれば、一時的には攻撃は回避されるが、ティポがどこかへ行ってしまったわけではない。昔から、だから殺人は絶対にいけない、と言い伝えられているのだが、どうしても過ちというのは起こってしまう（⑦）。ティポはひとたびとりつくと、何らかの方策を講じて一時的にその影響を和らげることはできるが、完全に追い払うことは難しい（⑧）。

　ティポを永久に追い払うイエン・ティポ *yien tipo*（ティポの薬）というものは、かつては存在したと言われているが、現在はもうない。それを知っていた古い世代の長老たちは、その知識を次の世代に伝えないまま亡くなってしまった（⑨）。

Q3：どうしてもう薬がないなどということになったのですか。

A3：わたしたちの祖先が、次世代にそれを知らせずに死んでしまったのだ。若者がたんに老人に使い方を聞かなかったということもある。それはどこかにあるはずなのだが、もうわからないのだ。長老のオサコ・オフウォノ Osako Ofwono によると、それは出産能力がなくなった世代にのみ見せられて、ひそかに伝えられる習わしだった（⑩）。それが悪かったのだと言う。

Q4：どうして、出産能力を失った世代の人にだけ伝えられたのですか。

A4：この薬のことを知ってから生まれた子供はすべて気が狂ってしまうとされていた。あるいは死んでしまうとされた。事実そうなのだ（⑪）。そんな薬をつくって誰かに処方する、それがいいことだとは思えないだろう。これから先は暗い夜道を歩くようなものだ。その知識が封印されてしまったのだから。

Q5：ジュウォギとティポはどう違うのですか。

A5：ジュウォギは祖先の霊か、あるいは自分たちの祖先ではないとすると、どこかの屋敷からはぐれ出た死者の霊である（⑫）。それら2つはどちらも自然死した人間に由来するものだ（⑬）。これらを遠ざけるには、子羊や雌鶏を含む、さまざまな種類のご馳走を用意することだ。それをブッシュや森の奥深くに持って行って供えれば、それらの霊を遠ざけることができる

第1部

(⑭)。

　ティポは、たびたび述べるように、誰かに殺された者の霊だ。家族のなかに殺害した者がいれば、ティポがその屋敷や家族から離れることはおよそありえない (⑮)。

　誰かが死んでいるのを見つけてどこかに遺体を隠したり (⑯)、ゴヨ・ンドゥリ goyo nduri (死を知らせるユーヤレイション) をしなかったとしたら (⑰)、ティポはその人についてその屋敷までついていくだろう。

　子羊とか、雌鶏、そして薬を用いて自分の家族がかかわりをもつ1番遠い村の隣村にまでティポを追い払うことだろう。パドラのティポは、基本的にアドラ人が行かないし関係も持たない、ブニョレやブグウェレに追いやられてきた (⑱)。」

【解説】
　ここでティポにとりつかれた兆候として語られる症状は、独善的な性格、周囲の人の配慮に気づかない、などのように内面的なものである（もっとも、周囲が気づくのはそれが行為によって表現されているからではあるのだが）(①)。子供だけでなく屋敷に嫁いできた女も健康を害し (②)、ティポと同性のものが死んでいく (③)。だから、この原理からすると、ティポが男の場合には、女は犠牲にならないことになる。以降具体的な殺人事件が紹介される。兄弟同士の殺人事件だから、ことはクラン単位には起こらない (④)。サブ・クラン同士か分節リニイジか、いずれにせよクラン内部のことになる。問題は、クラン・リーダーがどうして介入して「骨囓り」儀礼を行わないかということだが、ここではそれはわからない。2、3年ごと定期的に薬で被害を防いでいるようだ (⑤)。なぜティポが実行犯を直接襲わないか、というQ2の疑問には答えてくれず、①、②の原則を繰り返すにとどまる。ティポがあることを殺人を犯してはいけない、という根拠となるのは、倫理問題を説くうえでの議論としては本質を見失っているようにも思われるが (⑦)、それでも殺人はおこるのだという現状認識はリアリスティックなものである。いずれにせよ、ティポを追い払うことは難しいという (⑧)。かつては、子供が生まれなくなった年齢の人間だけに伝授される (⑩) イエン・ティポという薬があったが、もう伝わっていないという (⑨)。この薬を知ってから生まれた子供は全員死ぬので (⑪)、このような伝承の仕方がされていたようだが、うまく次世代に伝わらなかったらしい。

　ジュウォギとティポの違いについて、前者は、祖先も含む人間の死霊で (⑫)、

自然死によるものだが (⑬)、後者は誰かに殺害されたものであるとしたうえで、後者がその加害者の屋敷に執着して離れないのは当然のこととする (⑮)。前者は森やブッシュで供犠してその被害や影響を回避することができるが (⑭)、後者は困難だとする (⑮)。実際に手をくだした場合以外でも、遺体を発見したのにそのまま隠蔽したり (⑯)、周囲にその死を知らせなかったりしても (⑰)、ティポにとりつかれてしまうという。無駄だと言いつつも、有効性はともかく近隣異民族のほうへティポを追い払ってきたという経緯はあるようである (⑱)。

8　戦死者の霊、事故、自殺者の霊
(1) 戦争とティポ

《テキスト5－9》

「ティポ・パ・ンガタ・オソ・ルウェニイ *tipo pa ngata otho lwenyi*。これは戦争で死んだ者の霊のことである。これを万が一持ち帰ってしまうと、家族が全滅してしまう (①)。白いシーツを準備してジャシエシがつくった霊のための小屋に帰ってもらうよう説得する儀礼を行わなければならない。オテ *otte* という瓢箪のがらがらを鳴らしながら、歌を歌い、説得する。ガラスを眺めながらそれを振っているときは、霊に対して、ガラスをとってあるべき場所に戻るよう仕向けているのだ。牛糞を塗っていない籠のなかにシーツとガラスと一緒に戻ってくれるのが理想的だ (②)。うまくいくと、そこに落ち着いてくれて仲間の霊たちのところに帰ることができるようにもなる。最後に葬式を行って仲間の霊がいる霊の世界に送り出すことができれば、儀礼は成功だ (③)。だから、ティポは、兵役から帰ってきた兵士を襲うことがよくあった。一般には戦争で出た犠牲者がみなティポになることはないとも言われるが (④)、対面状況で殺害された場合にはまた事情が異なる (⑤)。戦争での死者もみなティポになると言う人もいる (⑥)。また、チェンの用法の1つとして、戦争で死んだ犠牲者の霊に限定的に用いるものもいるようだ (⑦)。

　かつてニョレやテソとの紛争があったときには、多くの敵を殺したので、ティポのせいで苦しむ人も多かったという (⑧)。戦士たちは、薬を飲んだり、薬を浴びたり、さまざまなやり方でそれに対処した (⑨)。

第 1 部

　　ラクウェナ[5]がここにきたときに、彼女が率いるゲリラ軍に参加した者たちはずいぶんこれに悩まされた。ムランダ Mulanda を中心にこの問題はかなり深刻だ。カシニ Kasini という一族がこの問題ではよく知られている。家族は全員ティポのために死に、息子が1人だけ生き残ったが、すっかり気が狂ってしまった（⑩）。

　　また、殺人者は、夜な夜な殺した男がその姿で現れるので、夜道を1人歩きはできない。それだから、人殺しは明かりをともしたまま眠ると言われている（⑪）。」

【解説】

　戦死者の問題は、死霊の祟りの観念をもち、戦争を経験する社会にとっては、非常に大きな問題である。チェンという語を戦死者のティポに限定的に用いる、

---

[5] アリス・ラクウェナ Alice Lakwena（1956-2007）は、アチョリ民族出身の霊媒で宗教的ゲリラ、聖霊運動（HSM: Holy Spirit Movement）の指導者。本名はアリス・アウマ。2度の結婚を経験したが子供が生まれず、故郷を離れて孤独に暮らしていた。あるとき突如正気を失い、視力も聴力も失った（1985.5.25）。このときに、ラクウェナ（「メッセンジャー」の意）というイタリア軍人の霊に憑依されたのだという。父が11人もの伝統医のところへ連れて行ったが、状態は改善しなかった。パラー国立公園（現在のマーチソン国立公園内）で40日間失踪し、戻ってきたときにはカトリック教徒でありながらアチョリ民族の伝統的な霊媒となっていた。このときの体験が後の聖霊運動の中心的な聖典となる。アウマはすべて、ラクウェナに導かれてのことだと述懐した。ティトー・オケロ政権（1985.7.29-1986.1.26）末期までは、アウマはウガンダ北部のグルの街で占いや霊的な治療をする無名の存在だった。第2次オボテ政権が成立し、激しさを増すムセベニ率いる国民抵抗軍（NRA）とウガンダ人民民主軍（UPDF）のゲリラ戦のさなか、占いや霊的な治療は無意味であるから、HSM を組織して悪を滅ぼし、血を流すのをやめさせよとラクウェナに命令されたという。このミッションは首都カンパラの奪回も含んでおり、それを果たして初めて、最悪の被害を出したルウェロ三角地帯で虐殺された市民の死霊からアチョリたち自身が解放されることになるのだと言う。アチョリの伝統的な霊媒にはないことなのだが、アウマは目的によっては他の聖霊たちに憑依されることもあった。それもまたラクウェナの導きなのだとアウマはいう。劇的な勝利を次々におさめ、アウマと HSM はカンパラに南下し、ムセベニ率いる NRA に苦汁をなめさせられた他民族の熱烈な支持を獲得する。このテキストで語られているのはこのころのことだろうから、1987年の終盤であろう。しかしひとたび敗色が濃くなると、アウマは破滅的な結末に社会を陥れるために聖霊を用いるウィッチという内部告発がなされるようになる。カンパラ近くの森で集中砲火を浴びて HSM は敗走し、アウマは、ラクウェナが自分のもとを去ったとして、逃亡した。それからはずっとケニア北東部州ダダブ近くのイフォ難民キャンプに住んでいたが、子供の人身売買に関わっていると疑いをもたれたこともあれば（2004）、HIV（AIDS）の治療法を発見したと発表したこともある（2006）。体調を崩し、1週間ほど煩った末に死亡（2007.1.17）。病名は不詳。

という用法もあるというが（⑦）、一般的とは言えない。戦争では殺人がある以上、ティポの攻撃は発生する。この場合、家族が全滅するという（①）。ただし、対面状況の殺人かどうかによってティポとなるかどうかがきまる、とする考え方もあり（⑤）、戦死者すべてがティポになるかは解釈が分かれている（④、⑥）。

　かつてのプレコロニアル時代のニョレやテソとの紛争や、聖霊運動（HSM: Holy Spirit Movement）が関わった内戦によって多くの戦死者が出ている。それぞれ苦しむ人が多かったという（⑧）。かつては薬を飲んだり、浴びたりして防衛策をとった（⑨）。白いシーツとガラス、瓢箪のがらがらを用いて籠にティポを捕まえるというジャシエシの施術も知られている（②）。最終的には葬式を完遂して、祖先になってくれればいい（③）という考え方は、ランギのティポの観念とも共通するものであり、よく理解できる。

　この地域にHSMが進出して内戦が激化したのは、1987年頃と推測される。内戦には、積極的にHSMに参加したムランダ中心にこの問題は深刻で、一族をほぼ滅ぼすような犠牲があまねく知られているという（⑩）。⑪で語られるのは一般論だが、殺人者の前には夜になると、殺された者が姿をあらわすという。そのため、夜道の1人歩きや、明かりを消して眠ることができない、という。逆に言うと、明かりをつけたまま眠る人間には、この疑いがかけられうる、ということである。

(2) 事故とティポ、そして自殺

《テキスト5－10》
「私はジンジャ通り近くのブイエンバの出身だ。その近くに非常に急なカーヴがあって、結構頻繁に事故が起こる。あるときそこでひどい自動車事故が起きたことがあった。乗っていた人たちはすでに死んでいた。そのあたりにたむろしていた職のない少年たちは、遺体からいろいろなものを盗み取ったらしい（①）。まあ、これは、ありうることだ。時計とか、ズボンとか、場合によっては下着まで。ところが、そうすると、彼らのもとにジュウォギが出て、「時計を返せ」と言われたそうだ（②）。同じ経験を語る人間が何人もいる。時計の持ち主の犠牲者はどこからきた人かまったくわからない。仕方なく彼らは事故現場に時計を置いてきて、それからジュウォギは出なくなったということだ（③）。

　自分が直接手を下したわけではなくても、ティポがとりつくことはある。

第 1 部

たとえば、誰かが殺されてしまうような情報を事前に得ていたのに、それを教えてあげなかったために死に至った場合などがそうだ。その場合、直接殺害に関与していなくてもティポにとりつかれてしまう（④）。

また、たとえば誰かを誘い出して一緒に外出し、その外出先で殺人事件の被害者になった場合、ティポはそのきっかけをつくった誘い出した人間にまでついてまわる、と言われている。間接的に死の原因をつくった、ということなのだろう（⑤）。

だから仮に、仲間と移動していて大きな事故にあい、あなたを残してみんな死んでしまった場合（⑥）、こういった場合にもジャシエシを訪ねて祓いを受けたほうがいい。彼は羊を 1 頭要求し、薬草を用いて羊に霊を取り込み、道の岐路に置いておく儀礼を行うだろう（⑦）。誰かがその羊を食べたら、その人が同じ目にあって死ぬまで霊たちはその人を苦しめることになる（⑧）。

仮に仲間と事故にあって、運悪く 1 人だけ死んでしまった場合もある（⑨）。そういう場合には、ほかの仲間は、死んだ者の遺体に草を投げつけ、ティポにとりつかれるのを防ぐといいとされる（⑩）。その草はモディノ *modhino* といい、遺体を発見してしまった場合にも、その草に結び目をつけて遺体に投げつけ、「私が殺したのではない。勘違いせずにお前を殺した者のところをついて歩きなさい」と唱えることになっている（⑪）。何人かで遺体を見つけてしまった場合にも最初の 1 人にとりつくと言われる（⑫）。

ダノ・カ・オソ・モデイエレ *dhano ka otho modeyere*（自殺した人）。自殺した人には、クランや家族によって通常の喪に服すかたちの埋葬は行われないことになっている。首を吊った場所の真下に穴を掘り、首を吊った縄を切るとその穴に死体が落ちる。そういったかたちで埋葬する。普通の葬儀は行われない。人々はイフオリ（不幸）を恐れて参列もしない（⑬）。」

【解説】
このテキストでは、「火事場泥棒」よろしく交通事故の現場の遺体から時計などの所持品を盗んだ複数の人間が経験したこととして紹介される（①）。死霊（ここでは「ジュウォギ」と言及されたのでそのままにした）が盗んだ所持品を「返せ」、と言うのだそうだ（②）。テキストから推察する限り、夢か、あるいは夜に姿をあらわしたものと見られる。すると、窃盗の心当たりがない限り、人間の姿であらわれる霊であるヤモなどとの遭遇と、それ自体による区別は、難しい。心当

第5章 ティポ tipo の観念

たりがあって事故現場に時計を置いてきてからあらわれなくなったので初めて、事故の犠牲者の死霊と確信したものだろう（③）。ここまで「ジュウォギ」の語を用いているのは、厳密には遭遇した人間が殺人加害者ではないからだ、と思われる。直接手を下していない、情報漏洩のせいで殺人に加担したとして犠牲となる④では「ティポ」として、言葉を慎重に使い分けているようである。この場合、悪意や作為がなくてもティポに付け狙われる可能性があると、⑤の部分では語られている。外出に誘い出して、殺人事件の被害者になったティポは、誘い出した側に作為がなく、殺害した犯人との共犯関係がなくとも、復讐することがあるとほのめかされている。また、事故に巻き込まれて自分だけ助かった場合（⑥）、あるいは、1人だけ犠牲になった場合にも（⑨）、それぞれ生き残った者にはティポの攻撃を受ける可能性がある。前者の場合、ここで紹介されているのはジャシエシによるもので、羊と薬を使って道の岐路に霊を込めて遺棄するものである（⑦）。この羊を食べてしまうとその人にティポは攻撃目標を定める（⑧）。とすると、この方法は、「1（3）ティポ・アディラ」の sorcery に容易に転用することが可能である。後者の場合には、モディノの草を遺体に投げつける方法がとられると言うが（⑩）、モディノに結び目をつけて遺体に投げつけ、「私が殺したのではない。勘違いせずにお前を殺した者のところをついて歩きなさい」と唱えるこの方法は、遺体を発見してしまった場合の対処方法として知られているという（⑪）。遺体発見者のうちでは、最初に見つけてしまった人がティポの攻撃目標となる（⑫）。

　自殺には、普通の葬儀は行われない（ランギでは、悲しみは表現されないが、埋葬は普通に行われるという［Hayley 1947: 107-108］。）。⑬には、自殺した人間の霊自体への恐れというより、自殺に導いた「何か」を恐れる気持ちがあるようだ。

9　人の死、葬儀とティポ

《テキスト5－11》
「Q：人が死んだら、どうするのですか。
A：人が死んだら、ただちに、それを近所の人々に知らせる叫び声をあげる（①）。もし、遠くからきた人が死んだ場合には、誰かを使いに出して知らせる（②）。毛布とシーツを準備し（③）、死体を洗い（④）、服をきれいに着せて棺に入れる準備をする（⑤）。遺体を洗うのは通常は遺族の女性たちの役目で、熟したバナナの液体できれいに洗うのだ（⑥）。

第1部

Q：どうして死体を洗うのですか。
A：死者が生きていたときの悪いことをすべて拭い去るためだと言われている（⑦）。しかし、死ぬ前には苦しんでいろいろな汚れがついているかもしれない。便や吐瀉物などが付着しているかもしれない（⑧）。参列客に汚いと思わせないよう、不快な印象を与えないように洗うのだ（⑨）。第一、洗わないと臭うかもしれない（⑩）。また、長らく闘病していた場合は、水浴びもしていないだろう（⑪）。そういう意味もある。
Q：死ぬと別の場所に行くのだと言う人もいますが、どうお考えですか。やはり他界のようなものはあるとお考えですか。
A：「宗教」が来る前は、人が死ぬとたんにジュウォギになる、と考えられていた（⑫）。今は、体は埋葬されるが、その人の魂は神のもとに行くと考えている人が多い（⑬）。
Q：ジュウォギは悪いものだとお話でしたが、それでは死者そのものや死者の遺体も本質的には悪いものと考えられていたのですか（⑭）。
A：その通り。少なくともジュウォギはときに人間を攻撃する敵である、という認識が強かった（⑮）。
Q：人が死ぬと霊になるのはわかりましたが、ジュウォギはティポとは同じものですか。英語に翻訳するとほとんど同じ spirit ですが。
A：それらは全部空気のように決まったかたちをもっていない（⑯）。今でもここにいるし、場合によっては声は聞こえるのだが、攻撃して人間に危害を加えない限り、そこにいることがわからない（⑰）。
Q：殺された人間はティポになり、人にとりついて災いをなす、と言われていますが。
A：ティポは、浄めの処置をしない限り、どこに行こうとつきまとう、と言われている（⑱）。しかし、浄めの儀礼を行えば祓える、という言い方もできるのだ（⑲）。
Q：こうしたティポなどによる霊的な攻撃を指してチェンと言うのですか。
A：チェンという言葉の使い方にはいろいろな種類がある。霊的な攻撃もその1つだ（⑳）。霊的な攻撃をとくに表したい場合にはムウォンジョ mwonjo（祟り）という言葉がある（㉑）。」

【解説】
葬儀の手順については、第10章で詳しく見るが、ここで指摘されているのは、

近所の人々に死を知らせる叫び声を上げること（①）、その叫び声が届かない関係者に使いを出すこと（②）、毛布、シーツの準備（③）、遺族女性によるバナナ樹液による⑥遺体洗浄（④）、死装束を着せること（⑤）、である。

遺体を洗うのは衛生面での理由も（⑧、⑩、⑪）、参列者へのマナーもあるが（⑨）、生きていたときの悪いものを洗浄する意味もある（⑦）。臭いについても指摘されている（⑩）。私は参列した葬儀のなかで、2012年に1度だけ遺体の腐臭を感じたことがある。その折には、埋葬の帰りでその話題で持ちきりだった。死者との対面もなかった。そのときは「お金がなかったのだろうねぇ」ぐらいの解釈で周囲の人たちも遺族に同情的ではあったが、ああいった出来事があると、その関係者に「不幸」が起きたら、周囲の人がそのとき洗浄されずに参列者と対面の機会も与えずに埋葬された死者のムウォンジョをもちだすのはわかるような気がした。一方で遺体搬送がそうであるように葬儀関係の労働には大いに資金がかかることも確かなのである。死んだら即座にジュウォギになる（⑫）と考えていて、しかも基本的には悪いもので（⑭）攻撃的なもの（⑮）と考えていれば、遺体に対してこのような対処はしにくいだろうが、こうした考え方は薄れてきているようである。現在では魂は神のもとに行くと考える人間が多くなり（⑫）、この社会にはなかった（あるいは薄かった）他界の観念が導入されて、生きている者と死者を切断する論理が一応ある。キリスト教や外来思想の都合のいい面がとりあげられると、このような簡略化がみられるのは日本でも同じであるから状況の想像はしやすい。

ジュウォギもティポも空気のようにかたちがないとの認識が示される（⑯）。災いが起こってはじめてその存在が認識されるという理論的立場をとる（⑰）。また、ティポの浄めをしないかぎりどこまでもついてくる追跡指向の性格を指摘しつつも（⑱）、逆に、処置すればいいわけだから「災因」としては対処しやすいと述べている（⑲）。霊的攻撃をチェンと呼ぶのかとの質問には、いくつかある用法の1つであると言う（⑳）。霊的な攻撃自体を意味するのはムウォンジョであると指摘される（㉑）。

10　チェン、ムウォンジョとティポ

《テキスト5－12》
「Q：実際チェンとは何なのですか。
　A：チェンは、どんなかたちであれ、人間に攻撃をしてくる霊のことを言う

第1部

（①）。その攻撃にはいろいろなかたちがある。

Q：霊的な攻撃が死者から行われているということは、どうしたらわかるのですか。

A：まず、おこった出来事から判断ができる。他の人にはわからないだろうが、本人に人を殺して人知れず埋葬した覚えがあれば、それはティポだとわかるだろう（②）。

Q：人が死んで、埋葬する際、ムウェンゲ・マ・ピグワンギジョ mwenge ma pigwangijo（バナナの酒）で遺体の顔を拭くのはどの段階ですか。

A：埋葬がすんで、参列者は戸外で眠っている。本来は1ヶ月ほどはそうして墓を守っているわけだ。その間に酒が醸されて、娘たちをはじめとする近しい親戚にそれを飲ませて、帰宅してもいいのだと促すのだ（③）。

次の月には、また別の酒が醸される。このプロセスは、ムウェンゲ・マ・カシックと言われる。葬儀の間中、火をともしていた丸太に酒を注いで、廃棄する段階だ（④）。

葬儀はその次の段階に入ると、ジョウォ・マサンジャとなる。乾かしたバナナの葉を片づける。死者が亡くなった直後から、参列者が座るためにバナナの葉を敷き詰めて敷物にしている。それをあつめ、きれいに処分して、死者のこと、葬儀のことをひとまず忘れ、ふつうの日常に戻るわけだ（⑤）。

Q：これらすべての手続きに瑕疵があったらどうなるのですか。

A：何か悪いことが起こるに違いない。そういうのをムウォンジョと呼ぶのだ。霊的な攻撃だ（⑥）。

Q：どうして、ムウォンジョは起こるのでしょう。

A：霊がその存在を無視されたと考えて、不満を表明しているわけだ。どうしてほかの死者にはしてくれたことを、私にはしてくれないのだ、と（⑦）。

Q：キリスト教の教会関係者はどうでしょう。

A：たとえばボーン・アゲイン派のキリスト教徒がどうしているか、私は知らんよ。彼らはそうした手続きを踏まないとも聞くが、そうしたらムウォンジョが起こったらどうするのかね。起こってからでは遅いのだ（⑧）。

Q：この近くでムロコレが死んだ。名前はオゲン・カセンデという。たくさんのワロコレ[6]が集まって、埋葬の後に「もうこれで行事はすべて終わりで

6　ワロコレ walokole はムロコレの複数形。本来は、ガンダ語接頭辞はバ ba だが、スワヒリ語の M=WA クラスの変化を用いてワ wa に変化させ、その意味を持たせている。

す」と言った（⑨）。それで人々は解散した（⑩）。
　しかし、死者はルンベを要求していくつかの霊的な攻撃をしかけてきたのだ（⑪）。息子と娘がそれを行うまでには数年かかり、その間に多くの犠牲者が出た（⑫）。
　ティポは、その要求が満たされるまで連続して攻撃を仕掛けてくる。ときには死人が出ることもすくなくない（⑬）。
Ｑ：このティポを祓うことはできないのですか。
Ａ：特定の人が、これをすべて広範囲にわたって解決することはできない（⑭）。この場合には特定の屋敷に死者がいて、その死者がルンベを開いてほしい、と要求しているわけだ（⑮）。この屋敷以外のどこかの誰かが何かをしたとして、すべての問題が解決する浄めの儀礼ができるとは思えない（⑯）。
　人知れず、誰かがブッシュで死んでいるのがみつかったとしよう。どこからきたのか調べて、きちんと遺体を屋敷に運ばないといけない。これをオモ・ティポ omo tipo と言う（⑰）。「霊を屋敷に帰す」という意味だ。もし遺体がすべて野生動物に食べつくされていたとしたら、その現場から土を、遺体の代わりに犠牲者の屋敷に持ち帰らなければならない（⑱）。遺体に擬してバナナの茎を切って棺に納め、通常通り埋葬する（⑲）。」

【解説】
　人間に霊的な攻撃を仕掛けてくる主体がチェンである（①）。もしそれに先行する殺人行為があれば、それはティポだと推察される（②）ということだから、ここでは、ティポのほうがより明快に攻撃対象を絞ったものであり、攻撃の動機も明快なものとして認識されている。葬式については、後に詳しく扱うが、ここでは、喪明けに飲むムウェンゲ・マ・ピグワンギジョ（③）、かがり火を消す際のムウェンゲ・マ・カシック（④）というバナナ酒によって印づけられる葬儀の2段階と、ジョウォ・マサンジャというバナナの葉の回収という（⑤）喪明けまでの計3段階が指摘される。これらの手続きに瑕疵があるとムウォンジョという死霊の祟りが起こり、霊的な攻撃の結果、何らかの災いが引き起こされる（⑥）。これは、死霊が、当然してもらうはずの処置をしてもらっていないから抗議している、というように見なされる（⑦）。
　キリスト教の教会関係者についても、上に述べた手続きを踏まなければムウォンジョは起こるだろうとし、実際にボーン・アゲイン派の宗教関係者が死ん

第1部

ときに、仲間の教会関係者のアレンジでそれらを行わなかった例があることを紹介している（⑨、⑩）。その際には、死者はムロコレであったが、ルンベを要求して多くの犠牲を出したという（⑪、⑫）。

　一般論としてティポの攻撃は連続して行われるようだ。死者も出る（⑬）。文脈からすると、ここでの用いられ方は「殺された人の霊」とは考えにくく、「死者の霊」程度の意味で用いられているようである。

　ティポの攻撃にせよ、ムウォンジョにせよ、たとえば特定の死者に対するルンベの開催要求など（⑮）、要求が具体的なので、対応できる人間は限られてくる。包括的な解決は誰にもできない（⑭）。当該の屋敷の人間の対応が何よりも求められる訳である（⑯）。一方で、おそらくはとばっちりとして多くの不幸がもたらされるのであろう。

　こうした考えから見れば、遺体がブッシュでみつかった場合などは、逆にどこの誰だかわからないと対処もできない。まず、「オモ・ティポ」屋敷に返さないといけないのである（⑰）。これは対応の相手を明確化する意味でもあるから単に死者への敬意だけではなく、生きている自分たちのためにも必要なことである。遺体が野生動物に食べ尽くされていたりすると、それが不可能になってしまうので、現場の土でもいいことになっている。要するに象徴的な代用品である（⑱）。遺体の代わりにバナナを棺に入れるやり方は（⑲）、アミン時代の行方不明者の葬儀に際してよく行われたと聞く。

Ⅲ　「骨囁り」の儀礼——カヨ・チョコ kayo choko

　ティポの祟りから逃れる唯一の手段であるという「骨囁り」kayo choko 儀礼については、実際に出席したことがある人には会ったことがないので、資料は限定される。複数の話者からいくつかのテキストを得たが、おおむね同程度に単調なものでむしろ解説の余地がないほどである。

　《テキスト 5–13》
　「「骨囁り」は、親族あるいは友人が殺し合いをしてしまって、互いに食事などをともにすることができなくなってしまった状態をもとにもどすために行われる（①）。通常は、クラン・リーダーを通じて殺人の加害者側から被害者側に交渉を行う（②）。これは、普通交通事故などで死に至った場合だ。クラン・リーダーは、加害者側の家族に2頭の牛を用意するように

指示する（③）。1頭が屠られ、もう1頭が被害者側に贈与される。その屠られた1頭の牛を調理し、その骨付き肉を、加害者、被害者の双方で共食する（④）。この宴会には両方の集団の全員の参加が求められる（⑤）。誰か欠けるようなことがあれば、延期されるべきだ。まず自分が一口食べて相手に食べさせる（⑥）。もし犠牲者が男なら3回ずつ肉を嚙るし、女ならば4回ずつ嚙る（⑦）。この儀礼には、クラン・リーダーたちと、今ならば「アドラ」であるモーゼス・オウォリの出席が期待される（⑧）。」

【解説】
　通常殺人などによる敵対（クウォル kwor）関係が発生すると、加害者と被害者、2つの集団は社会的な関係を一切絶つ。そのクウォル関係を解消し、正常な社会関係を再構築するために行われるのが「骨嚙り」である（①）。
　まず、加害者側の要請で、クラン・リーダーが被害者家族に交渉を行う。このテキストではクラン内の問題を想定しているようだが、クラン外ならばどうなるのかを尋ねたところ、その上位のリーダーの役目になるので、現在ならば、加害者側のクラン・リーダーの要望で、被害者側のクラン・リーダーに交渉が行われるが、その仲介に「アドラ」が入ることがあると推測するアドラ人が多かった。ただし、ひとたびクウォル関係に入ると、よほどのことがないと「和解」には応じられない。交通事故などの過失であっても10年ぐらいはかかる、というのが大方の見解だった。⑤にいうように、全員参加でなければ意味がない（おそらくは加害者側の誠意も疑われるであろうし、欠席したらその者に不幸があれば、ティポが再び疑われるに違いない）。賠償の額はどのテキストでも「牛2頭」で一致していた（③）。1頭は儀礼用で、もう1頭は被害者側への賠償に充てられる。儀礼では、その骨付き肉のひとかたまりを、被害者と加害者が両者でともに嚙り、和解の意志を表明する（④）。⑥で「まず自分が一口食べて相手に食べさせる」とあり、このテキストでは、どちらが先に嚙るかわからないが、交渉の過程を考えると加害者側であろう。被害者側にはここでも拒否する権利が残されていると考えるのが妥当だろう。「性」にまつわる儀礼的な数はここでも有効で（他には埋葬後の服喪期間ビド pido の日数など）、女なら4回、男なら3回嚙る（⑦）。ある意味で葬送儀礼と同じく、加害者と被害者のみならず、全体にも周知する社会的な意味も大きいので、クラン・リーダーの出席が期待される。現在では「アドラ」に出席が依頼されるであろうし、もし無理ならば、代理を立てるだろう。
　かつては、「チュロクウォル chullokwor」といい、復讐の正当性が認められてい

第 1 部

たという。ある長老は次のように言う。

……教育とキリスト教の普及によってみられなくなったものだが、「骨囀り」儀礼を行うよりも、それに代わるものとしてチョロクウォルがあった。要するに誰かが殺害されたら、その加害者の家族を殺しにいくわけだ。この場合には、ティポはどちらの家族にも発生しないと考えられていた。なぜならば、「血」の問題は「血」で償われるわけだから、そこにティポは関係しない……

また、この「骨囀り」は、ティポを祓うときのものを指すのが第一義的だが、第 6 章で見るように、「呪詛」を解呪する際の儀礼も、「和解」という部分的に同じ性格を含むため、同じ名前で呼ばれ、ときには混同されることもある。

また、産褥の際に妊婦はその原因をつくった夫に対する「呪詛」の言葉を吐くことから、子供が生まれた後にも「骨囀り」と呼ばれる儀礼が行われる[7]。

V　まとめと考察

以上の資料から、アドラのティポについてまとめるとすれば、たとえば以下のようになろう。

1. ジュウォギとティポの違いは、自然死か殺人かによって区別される。
2. ティポは、殺人の加害者に目標を設定して攻撃を仕掛けるが、それはしばしば長期にわたる。ティポの標的は、基本的には殺人の主犯、遺体の第 1 発見者だが、情報を流した共犯や、意図せず殺人の状況をつくってしまった人間も含むことがある。加害者のはじめに入った小屋や、加害者の食物

---

[7] アドラにおいて、「骨囀り」の結婚にまつわる部分が残存している可能性としては、出産にまつわる「骨囀り」がある。これは、臍の緒を切った痕が治ったころ（ココ・オチャゴ *koko ochago*）に、夫の母親が、夫ではない若い男を伴って訪ねることになっている。これを、リモ・ニャコ・コ・ニウォリ *limo nyako ko nywoli*（母親が出産した嫁を訪ねる）と言う。クランによってはこのときに名前を決める。母親は、婚家に対するお祝いとして鶏、肉、シコクビエの粉などを持参し、産着を持ってくる。小さな壺、マトケ・ニャルワンダ 5 本、ナイフ 1 本、皿 2 枚、鍋 2 つ、シコクビエの粉、鶏、肉、シコクビエ（挽いていないもの）、白い豆。これらの決められた贈り物すべてを見せるまで赤ん坊に触ってはいけない。食べ物が出されても、山羊をもらうまでは手を着けないのが習わしである。この拒否をキシサ *kisisa* と呼んでいる。山羊が連れてこられると、引き綱を持ってユーヤレイションをし踊り出す。この山羊をチェトゴの山羊と呼ぶ。

第 5 章　ティポ *tipo* の観念

を通じてティポの標的が「伝染」することがある。
3. 薬を用いて標的をずらすことができる。誤って目的とされることを薬草や儀礼で回避することもあるし、意図的に誰かに送りつけることも可能である。
4. ティポの攻撃を受けると、当人は肌の色が黄色くなり、やせ細って弱り、体の一部が腐敗し、口が利けなくなる。症状はAIDSとほとんど同じである。もうひとつの特徴は、ティポに標的とされた人間の孫の世代からクランの人間が病に冒され、死んでいく。死ぬのは、犠牲者となったティポの持ち主と同じ性であると言われる。広義には不運もティポのせいとみなされることがある。
5. 異民族のような外部にティポの影響力を排除しようと儀礼的に追いやったりしたこともあった。子供をつくらない世代の長老にのみ伝授されていた対抗薬もあったが、その知識は失われた。対抗薬は強力で、それを使った者の子供を必ず死に至らしめたために引退世代の長老に口承されていた。
6. 時間の経過でチェンとなる、戦死者のみチェンと呼ぶ、などの説がある。
7. また葬儀で必要とされるあたりまえの手続きを踏まないと、霊の攻撃を受けることがある。これをムウォンジョと言う。キリスト教の死者がたたった例もある。ムウォンジョは意味領域的にチェンと非常に近いところにあるようだ。いずれにせよ、ティポにしろチェンにしろ、それらは見えない空気のようなもので、不幸の出来事がそれに先行し、遡及的に見いだされる。
8. 特定の攻撃目標があるわけだから、その目標が特定の要求に応える必要がある。遺棄された遺体を「返す」理由も同じで、対処できるように、どこの誰か判別するわけである。
9. 「骨囓り」儀礼という和解儀礼が唯一その攻撃から逃れる方法である（葬式や埋葬儀礼完遂など、殺人の犠牲者の葬送との関連が乏しいという特徴をもつ）。

ここまで検討してはじめて、次のことが指摘できるだろう。

ティポのせいでアクタ・ウォン、つまり、黄色い色の肌で（キウィサウィサ）鼻や指が腐敗してしまった男がいる, とする。やせ細って弱り（リレワ・テワ）、口も利けなくなってしまっている。それでも、これらのみではティポにとりつかれたとは断定できない「症状」にすぎない。医療機関にかかればAIDSだと言われるだろうし、「梅毒」や「淋病」と診断されるかもしれない。ジャシエシにかかれば、「呪詛」だとも言われるかもしれない。

269

第 1 部

　議論を先取りして言えば、アドラのなかでもティポと「ルスワ」は症状のうえでは区別できない、という認識はかなり共有されている。
　それにティポの攻撃の標的となる範囲は広い。知らず識らずのうちにティポの犠牲になったと判定された人々は、半信半疑のままでも、何らかの手を打つほうが無難であろう。
　人類学の有名な映像教材グラナダの「消滅しつつある世界」(Disappearing World シリーズ)の1つ「アザンデにおけるウィッチクラフト」Witchcraft among Azande に、自分のマング(ウィッチクラフト)が僚妻の病を招いているのだというベンゲの託宣の結果を受けて、「私の内部で何が起こっているのかは私はわかりません。私だって体の調子は悪いのです」と言いながら、しぶしぶ浄めの水を僚妻に吹きかける印象的な場面がある。周知のように、アザンデのマング mangu は、本人の意図とは関係なく発動する。納得していなくても、そうだというのだから仕方がない。
　ティポを招いた殺人事件の犯人ではなくても、何らかのかたちで感染してしまい、目標がセットされてしまう「とばっちり」がありえて、しかも誤爆もよくある、ということであれば、なおのことである。
　何かが「ティポの攻撃である」という診断に自ら肯定的に確信が持てるのは、「殺人事件」(それも遠い昔のものも含む)の加害者本人だけだ。その反面、「ティポの攻撃ではない」ということを証明するのは、不可能である。
　もし、自分に心当たりが全くなくても、ティポの可能性は否定できない。たとえば、「孫の世代に最初にあらわれる」という点を思いだそう。殺人事件は3世代前の人間かも知れない (Ogot の試算によると1世代は27年)。殺人事件が起きたのは、はっきり言って本人は預かり知らない話である。しかも、ゆっくり効果が出る、とも言う。このことと併せて解釈すると、時間軸の幅は無限に拡大していく。それだけではない。口頭伝承上、近隣民族との紛争は絶えなかった。それが歴史的事実であるとすると、自分の先祖が「殺人者ではない」可能性はゼロに限りなく近い。自分の出自に自信を持つアドラ人のほとんどは、「自分の先祖はプレコロニアルには名だたる武将だった」[8]と公言してはばからない。ということは多くの敵を殺害した、ということでもある。この観念は、このように預かり知らない人間の不可知の次元に根拠を求め、その解釈の網の目を歴史的

8　第3部で扱うACKの祖父オボ・コレの墓石には、以下の文言が刻まれている。「ウガンダ東部イギリスに支配される前の19世紀および20世紀初頭にアドラが戦ったさまざまな戦争を、兄弟オティティ・コレと共に戦った戦士だった。」

第5章 ティポ tipo の観念

世界そして神話的世界にまで遡らせることで、その真理値を高めるのである。

* * *

　アドラのティポという観念の特徴は、ランギのそれに比べると明らかに「殺人」という事件に特化している。殺された魂の安寧をはかって祖先になってもらう、というランギのティポには認められる転換可能性がきわめて希薄である。ティポとチェンとの同質性、あるいは前者から後者への変質などの前後関係はかろうじて認識されていることがあるが、それもあいまいである。このことは、「骨囓り」儀礼がほとんどティポのもともとの主である、殺人の犠牲者の死霊に対する追悼や祭祀にあたるような儀礼的処理の側面をほとんど欠き、単なる賠償に終わっているように見えることと平仄が合っている。

　ランギには、カヨ・チャゴ kayo chago 儀礼とよばれるアドラ語に訳すとカヨ・チョコとなる全く同じ意味の儀礼があったとの報告があるが [Hayley 1940, 1947, Curley 1973][9]、その内容や機能は大きく異なっている。報告によれば、カヨ・チャゴ儀礼は、広義の結婚儀礼の一環で、妻を正式に屋敷の構成員として迎える機能を持つ儀礼である。いわば、社会の部外者を社会に編入するための1つのプロセスとして理解される [Hayley 1940, 1947, Curley 1973]。Curley [1973] は、「拒否する」を意味する動詞クウェロ kwero に由来するクウェル kwer という語を中心にして本来は外部者である女を社会に統合していく諸儀礼を詳細に描き出した [Curley 1973: 108-150]。ルオ語（アチョリ語）の辞書 Lwo-English Dictionary [Odonga 2005: 114] には、「kwer v refuse」とあわせて、「kwer n a traditional religious ceremony」また、同音異義語として「kwer n menstruation」も収録されているので、どの程度両者が関連しているのか、後者2つの名詞が「生理」「女」でつながっている観念群なのかはよくわからない。参照したもう1冊のルオ語辞書では、「kwer noun menstration」[Adong & Lakareber 2009: 50] とのみあり、名詞はこれ1語しか収録されていない。アドラ語ではこの語は単に「トーテム」と訳されることが多く、クランに付随するタブーを指して用いるのが一般的である。アドラでは、Curley [1973] が試みたように女一般にまつわる儀礼との関係でこの概念が語られる例には出会わなかった。

---

[9] これは別名ンゴロ・ト ngolo to（病気を切り離す）。正式名はネコ・ディアン・メ・チョゴ・ピ・ダノ・マトウォ neko dyang me chogo pi dano matwo（病人になりかわって骨のために牛を殺す）という [Driberg 1923: 145]。

第1部

　ランギでカヨ・チャゴを行うのは、最初の子供がある程度成長したあとに（Curley［1973: 131］の表現では7歳から9歳）、深刻な病気になったことを契機に開催される。Driberg［1923: 145］は、以下のように報告している。
　病気の子供は屋敷において、父親は妻の実家へ雄牛か山羊を連れて訪問する（この際、忌避関係にある妻の母親には会わないようにする）。その牛か山羊は、妻の父の配慮で派遣された体を油で浄めた親族によって誘導される。妻の出身の屋敷に着くと、父親にとって義理の兄弟に当たる妻の兄弟が動物を受け取り、自分が連れてきた動物をつないでいた手綱で結ぶ。父親が連れてきた動物は、義理の兄弟の財産とされ、供犠されるのは、義理の兄弟が連れてきたほうである。肝臓、十二指腸、肺、胃、膵臓と剣状突起の部分が切り分けられ、練りガユと胡麻と混ぜてボールにして、婚家の屋敷の子供の母親の小屋の戸口に持って行く。母親は、犠牲獣のあばらからとった胸骨を首から下げて、胸に垂らしている。肉のボールと、胸骨の肉を食べて残りは捨てる。僚妻か、それがいない場合には適当な女性が、母親に料理したボールや剣状突起を与え、囓った後に残りを子供に食べさせる。山羊の腹部からとった皮を母親と子供の首に丸く巻くようにし、山羊の胃の内容物を唾と混ぜてその家族のすべての男性をそれで浄める。これは、妻の母親の小屋の戸口の鴨居にも塗られる。この儀礼をしないと子供は死んでしまうと考えられ、妻の実家の態度が問われることになる［Driberg 1923: 145］。
　また、Hayley［1947: 91-94］は、次のように報告する。病気になった子供（多くは赤痢だろうとする）の父親が妻の父親に知らせ、動物を供犠する同意を取り付ける。決められた日に父親、妻、子供たちとクランの仲間が、雌牛の子か子山羊を連れて妻の出身の村に赴く。連れて行く雌の動物は埋め合わせの意味があり、牛か山羊かは、供犠獣がどちらかによる［Hayley 1947: 91-92］。
　子供の父親のクランの男たちが、牛の足を縛り、妻の母親の小屋の戸口の前に引きずり出す。首回りに紐を縛り、子供を背負う毛皮で牛の鼻と口を塞ぎ、耳を手で押さえる。妻と、その兄弟、僚妻と、夫、子供たちが、牛の上に乗る。暴れる牛を木製の杵で叩いて最終的に死ぬまで、何度もそれを繰り返す。
　夫のクランのエチャチ *echach* 棒を妻の肩に置き、その削ったかけらを瓢箪のバターと混ぜる。僚妻は、妻と子供たちと死んだ雄牛にそれを塗り込み、水で洗い流す。ユーヤレイション。
　火をおこして雄牛を解体し、内蔵占いをする。肝臓に白い斑点があるのは悪い兆しで、心臓に赤い斑点があるのは非常にいい兆しである［Hayley 1947:

92]〔10〕。

雄牛の解体後、頭と右肩は妻の父に残されるが、残りは夫方クランで分配される。首と脇腹と十二指腸は、雄牛を飼っていたクラールを世話していた人たちに与えられ、皮はクランの女たちのものになる。胃の内容物は、妻の父によって密かに捨てられる。もし盗まれると子供は死ぬと考えられている［Hayley 1947: 93］。

皮が妻の母親の小屋の戸口に広げられ、妻と子供たちがそこに座らされる。雄牛の皮を首に巻き、胃の内容物と血と内臓の一部を夫方のクランのメンバーによって塗られる。この妻に塗られた内臓は、普通出産能力のある女性には忌避されるものである。脇腹の骨付き肉を妻の口の近くに持って行き、妻がそれを囓る。これが「骨囓り」である。それが終わると皮の上から立ち去り、激しくユーヤレイションする。

ビールが出て、宴会になる。食事が用意され、儀礼的に供される。クランの女たちが水とバターで壺を洗い浄めながら、妻に守るべきタブーを言い聞かせ、クウォンやソースなどが塗りつけられる。

妻は母親の小屋の戸口に立ち、エポボ *epobo* の杖と練りガユをかき混ぜるヘラをもって立つ。ヘラには、クウォンとソースが少量つけられている。反対側にオケウォが同じように杖とヘラをもって立ち、叩き合う。夫の姉妹の息子であるオケウォが逃げて小屋の後ろに隠れることになっている。

たっぷり肉のついた雄牛のあばら骨を首から提げた妻にむかって、オケウォは「健康であるように、ジョク *jok* が助けてくれるだろう。もしもう1人子供ができても、それも健やかなれ」と祝福する。ユーヤレイションに見送られて、骨付き肉を下げたまま夫方クランの面々とその場を去り、帰路につく。帰り道に料理された肉などを食べることはあるが、その場合にも後にした村に背を向けて座らなければならない［Hayley 1947: 93］。

あばら肉は翌日、火おこし棒で起こした火で料理される。夫方のクランの構成員は互いにその肉を塗りつけながら食べる。これで「骨囓り」は終わる［Hayley 1947: 93-94］。

「骨囓り」は、クランへの忠誠心と2つのクランの結びつきが強調される機会である。もし、子供が栄えるためには、実家がよくしてくれないといけない、

10　テソの「エサシ棒」［長島 1972a: 54; 1972b: 144-165］と、無視できない語彙レヴェルや儀礼の中での位置などの類似がある。ここでは、比較民族誌的な問題として指摘しておくにとどめる。

ということが示され、オケウォとネロ *nero*（オジ）の妻との特別な関係が儀礼的に描かれる［Hayley 1947: 91-94］。

Curley［1973: 131-138］は、38の「骨囓り」について聞き取りをしたという。それによると、子供の母の実家を訪れて実家の雄牛を儀礼的に殺害し、共食するのが儀礼の骨格である。大きな違いは、ここの記述では、実家から戻るときに妻の首に巻かれているものが肉のついたあばら骨ではなく、胸骨のついた皮になっている点である。それを婚家で肉と共に煮て胸骨の部分を囓る、それが「骨囓り」だと言う。その後、妻の母は右の脇腹と右の後ろ足、義理の母は、左側の同じ部分を分け前としてもらい、小屋の屋根の裏に隠す［Curley 1973: 131-134］。

Curley［1973: 130-138］は、カヨ・チョゴ（*kayo cogo* と表記）儀礼は、その2〜3ヶ月後に行われるラコ・ウェ *lako we*（胃の内容物を清掃する）儀礼とセットであると言う。その目的は、その妻の育った屋敷で得たさまざまなモノ substance の影響力を「浄める」点にあり、出身の屋敷が妻に与えた力に対抗しうるだけの強力なモノとして、胃の内容物（chyme）を塗りつけるものだ。この際に牛の殺害は、「男」や「戦争」「血」と結びつけられる槍を用いずに「女」と結びつけて考えられる杵を用いなければならない。赤ん坊を抱く紐で鼻をふさぎ地面に押しつけ、母親と子供が牛にまたがったその状態で牛の頭を杵で叩くのはそのためであるという［Curley 1973: 136］。

そしてまた、夫方のリニージに属する山羊の胃の内容物を塗るラコ・ウェ儀礼によって、妻と子供を呪術的に守り、女とその出産能力をコントロールし、妻と子供を夫方リニージに統合しようとするのである［Curley 1973: 135］。

この Curley の報告は、「骨囓り」自体が、妻の実家で行われるか、嫁に行った村で行われるか、持ち帰られるのが肉付きのあばら骨か、胸骨つきの皮か、という点で大きく Driberg の報告とも Hayley の報告とも異なっているが、その点については、とくに Curley はコメントしていない。

また、長島信弘［1972b］の報告によると、ウガンダのテソでは、訳すと意味がほとんど同じである「骨齧りの儀礼」（エコニョコイット）という儀礼がある。それは、結婚して子どもを3人以上生み、1年以上経った女を最終的に社会的に承認するための儀礼である［長島 1972b: 141-165］。

儀礼の機能としては、屋敷に妻を迎えるという点でランギとテソが類縁関係にあり、言語的にはランギとアドラが類似しているものの、アドラでは「殺人」によるティポの祟りからの攻撃の回避と併せて被害者側との賠償と和解、通常

第5章　ティポ *tipo* の観念

の社交の回復といった機能に特化している点がきわめて特徴的であると言えるだろう[11]。

11　Driberg、Hayley、Curley からの引用が多くを占めるこの部分の一連の記述について、岡崎彰氏から指摘を受けた。引用が多すぎるということと、非対称的権力関係にある植民地行政官などによる資料を利用するときには批判的に検討するべきである、とのことであった。それらはその通りだが、ここに引用した部分の多くは、観察記録に類する部分がほとんどを占め、その時代の儀礼その他を現在では遡って観察し得ないために当時の報告に頼らざるを得ないこと、また、記述の性格上、非対称的権力関係による資料のゆがみはさほどないと考えられる部分を利用したことを付言しておく。むしろこのような緻密な観察記録は、今日でも見習うべき点が多いと考えている。

275

第 6 章　「呪詛」、ラム *lam* の観念

Ⅰ　はじめに

　本章で扱うラム *lam* の観念は、死や病について語るときにもっとも頻出する語彙の 1 つである。ふつうは動詞として用いられる。ルオ語（アチョリ語）辞典には以下の記載が見られる。

「lammo *vt* 1 to curse/cursing, wishing ill to, casting a spell on; *lammo dano,* cursing people or wishing them ill luck 2 praying; *lammo dog i nyim jok*, praying jok.」[Ondoga 2005: 128]
「lam² *noun* curse; *lam latin ola iot:* curse child so that he urinates in the house」[Adong & Lakareber 2009: 56]

以下のようにトーン（音調）の変化で、行為主体と客体を弁別する。

私が誰かを　*alamo*
私があなたを　*alamin*
あなたが誰かを　*ilamo*
あなたが私を　*ilaman*
彼／彼女が誰かを　*golamo*
彼／彼女があなたを　*golamin*
彼／彼女が私を　*golaman*

この語は日常生活では、ジャラーミ *jalami* のかたちで、葬儀の挽歌に頻出する。

Olelo! olelo! Waseni Ywak ni mama yee!
Banja magara Okelo Ngimoro. Dhawi Onindo.

第 1 部

Olelo! olelo! Waseni anindo Ketch ma'kichemo!
Ooh baaba, mama yee! Ere banja, gero dhawi onindo.
Olelo! olelo! Waseni dhawi onindo!
Ooh mama! olelo! olelo magara okelo gimoro!
Dhawi onindo. Ooh mama! Ooh mama magara okelo gimoro . Dhawi rach!
Aa! Aa! Baaba, Aa baaba Nywol bere!
<u>*Jalami!*</u> *Aaa* <u>*jalami*</u> *kere rach!*
Omin baba wacho ni a rach kere
Banja dhawi onindo !
<u>*Jalami*</u> *omondo Nywongo, ogoye Nyath monindi konon!*
Magara okelo gimoro dhawi rach!
Ooh mama! Ooh mama! Nywol beer
Jacha onywolo Nyir
Jacha onywolo yach

オレロ！オレロ！（泣きながら）ワセニ（勇者の代名詞：*museni* = 勇ましいに由来する）は泣く。ママと、エー！
異人が問題を持ってきた、すでに戦いはそこに
オレロ！オレロ！ワセニは戦いのなか空きっ腹を抱えて眠った
おお、父よ、母よ（泣きながら）借りがあるので戦いでは無慈悲にならないと
オレロ！オレロ！ワセニ、戦いはそこまで来た！
おお、母よ！オレロ！オレロ！よそ者がまた来た！
戦いはもうここに！おお、母よ！おお、母よ！
よそ者が来た、戦いがもうここに、戦いは悪だ
ああ！ああ！父よ、ああ、父よ、子供を授かったのはよかったのだが
<u>一人の男が呪詛をかけた</u>、ああ、とても悪いことに
私の父方オジが私を悪いと言った、これは攻撃だ、戦いがもうここに！
<u>呪詛をかけた者</u>が外にいる、もはや今日安らかに眠れる子供はいない
よそ者たちはまた来る、しかし戦いはよくない
おお、母よ！おお、母よ、子供が生まれるのはいいことなのだが
男が生まれ、女が生まれるとなおよい

このラム *lam* の語には、仮に「呪詛」の語をあてておく。

278

第6章 「呪詛」、ラム *lam* の観念

「呪詛」の語は、日本語による東アフリカの宗教研究の文脈では、curse の訳語として定着してきたが、日本語で通常用いられる「呪詛」とはかなり開きがあるので注意が必要であることはすでに述べた（「第2章Ⅱ4「呪詛」（ラム *lam*）」）。

研究史上は、この訳語の採用と定着はおそらく長島 [1987: 73-74] に由来する。

> ……私が「呪詛」と訳したのは、イラミ *ilami*（動詞原形 *akilam*）というテソ語である。[……] この語と、日本語の「呪詛」あるいは「のろい」との異同をはっきりさせておかなければならない。共通するのはどちらも神秘的攻撃手段ということである。違うのは、イラミには攻撃者側に社会的正当性があるという含意があるのに対し、「呪詛」「のろい」は正邪いずれの場合にも用いられるという点である。したがって、イラミを「呪詛」と訳すことは半分しか正しくないことになるが、他に適訳がないので採用せざるをえなかった。
>
> テソ語のイラミは英語の curse とひじょうに近い意味を持つ。COD（1976年版）によると、curse とは「神格の、あるいは神格によびかける者の、発話で、人あるいは物を破滅させ、あるいは神の復讐にゆだねること」とある。ところが手元にある英和辞典（『新英和大辞典』研究社、『ランダムハウス英和大辞典』小学館）では curse についてのこの COD の説明は反映されていない。
>
> 同じ神秘的攻撃でも、正当性を持たない者がねたみや逆恨みで行うものはテソ語でエチュデット *ecudet* という語で一括して指示され、社会的に非難されるべき邪悪な行為とみなされる。この語を私は「邪術」と訳すことにする。人類学の用語ではソーサリー sorcery（ふつう「邪術」と訳される）あるいは広義のウィッチクラフト witchcraft（ふつう「妖術」と訳されるが適切な訳語とはいえない）という語がエチュデットに相当する。…… [長島 1987: 73-74]

また、「テソの呪詛は正当性はあっても報復行為であり、プラスをもたらすのではなくマイナスをゼロにするもの」[長島 1987: 74] と規定する。このあたりは、本章で見ていくアドラの「呪詛」にもぴったりとあてはまる。

その後、長島 [2004a] は、「問題は「呪詛」という日本語にある。この語は道徳的正当性を一義的に含意せず、アフリカ的文脈なら sorcery「邪術」の範疇に入る用例が多い。より適切な語がなかったとはいえ、「イラミ」を「呪詛」と訳したことには著者として不満を持っている」[長島 2004a: 535] とする。

第1部

　私もこの際、適切な訳語がないものか考えたが[1]、すでに研究史上定着していることもあり、上記の問題を指摘したうえで、以下では括弧付きの「呪詛」と表記し、適宜現地語「ラム」を併記することにする。
　一見して明らかなように、アドラ語の「ラム」もテソ語の「イラミ」と語根を共有している。
　長島［1987: 108-120］では、「語根ラムとガトの比較民族誌」と題して一章をもうけている。
　「ガト」について長島［1987: 108-120］では、西ナイル系の民族については前章でも紹介したランギについてのヘイリー［Hayley 1947］とカーリー［Curley 1973］の報告が用いられているが、ケニア・ルオについての阿部［1983］の報告は「ガト」の語根を持つ語についてきわめて曖昧である。
　アドラでは「ガト」の語根は存在するが、これと類似した意味領域を形成していないようである。したがって、語根「ガト」は、本書の検討対象からは除外する。
　このことは、「語根ガトはラムより分布が狭く、中央パラ＝ナイル語固有の語彙と推定できそうである。ランギ語はすでに述べたように中央パラ＝ナイル語の語彙を多く含んでおり、ガトもその一つと考えられる」［長島1987: 119］という長島の推論を裏づけることにもなっている。
　また、本章に限らず、「浄めの儀礼」などで必要とされる「供犠」はアドラ語ラミロキ *lamirok* の訳であり、ここにも語根「ラム」はみることができることをつけくわえておく。

II　テキスト

1　「呪詛」とは何か

　まず、アドラにとって「ラム」、すなわちここで言う「呪詛」とは何かについて、かなり広範囲にわたって語ってくれるテキストを検討する。なお、「呪詛」をかけた主体をジャラーミ *jalami* と呼ぶ。

---

[1] 類似の問題として英語における witchcraft と sorcery 問題とその代案としての上位概念として提案された wizardry［Middleton & Winter 1963: 3］や近年の occult、また最初の2つの用語に対する訳語としての「妖術」「邪術」とその上位概念としての「ウィッチクラフト」問題などがある。

第6章 「呪詛」、ラム lam の観念

(1)「呪詛」とは何か

《テキスト6−1》
Q:「呪詛」とは何ですか。
A:「呪詛」は存在する（①）。きちんと言っておかなければならないが、「呪詛」が存在しないと言って人を欺く人間がいるが、これは間違っている。もしある人がオジとかオバに対して失礼な行いをしたり、その言うことを聞かなかったりすると、その人は災いにさいなまれることになる。すでにその人は「呪詛」の対象になっているのだ。何か悪いことが起こるはずだ（②）。
Q:しかし、感情に任せて「呪詛」をかける例はないのでしょうか。
A:とくに両者の間に密接な利害関係があるときにはそういうことも起こりうる。たとえば子供が何か食べていて、それを途中で年長者がほしがったりすれば、そういうことは起こる（③）。子供が応じることができなければ、年長者は、「*i bende inu chalan*（私のようになってしまえ）」と唱えごとをするだろう。もう「呪詛」はかけられてしまって、子供は食べるものに困るようになってしまう。しかし、「呪詛」は血のつながりがないものには通用しない（④）。
Q:もし「呪詛」されたことに気がつかなかったらどうなるのですか。
A:それまでそんなことをしなかった男が、ありえないような悪事をはたらくようになる。いつもきちんとした身だしなみで衣服をまとっていた男が、ほとんど裸形で出歩くようになる。いつも落ち着いていた男が、酒を飲んで大暴れするようになる。こうしたネガティヴな人格の変化があらわれ、しかもそれが続くのだ（⑤）。

　ある男が、陰で喧嘩をしているとしよう。つまり年長者と口論した（⑥）。当事者は人に知られていないと思っていても、当事者の配偶者がそれを人に語れば、すでに「呪詛」として解釈されるための道具立ては揃ってしまっている（⑦）。何か悪いことが起こるはずだ、と周囲の人は見守っているわけだ（⑧）。当事者としては、自覚できる問題を経験して初めて、思い当たることになるかもしれないが（⑨）、そこで周囲がアドヴァイスして過去の事件に思い当たる場合もある（⑩）。また「呪詛」をかけた本人が事後にその問題に言及してあらためて焦点化される場合もあるだろう。

第 1 部

Q：たんに誰かを金持ちにするように祝福をもたらす力がある施術師はいますか。

A：そういうこともある。とりわけ社会的に成功した人が誰かの子供の手を取って、その掌に唾を吐きかけ、その将来について私のようになるように、と祝福の言葉を唱えることがある。それは「呪詛」は「呪詛」でも、人に危害を加える「呪詛」ではなくて祝福の意味がある(⑪)。

Q：そうすると「呪詛」に対して、どういった対処がとられるのですか。

A：もし、年長者に対してとるべき態度をとっていなくて「呪詛」されてしまったとしよう。チュリロック chulirok（賠償）の必要がある(⑫)。「呪詛」を解くには、年長者がお詫びとして何をほしがっているか、がまず問題だ(⑬)。それはズボンかもしれないし、シャツかもしれないし、1万ウガンダシリングかもしれない。年長者、たとえばオジがお詫びの金品に満足し、解呪に納得すれば、準備がはじめられ、特定の日に金品の引き渡しを含む手続きが行われるだろう(⑭)。儀礼は、「呪詛」をかけた側の小屋の外に面したベランダで行われる。コンゴが準備され、クウォンが供されて雌鶏が供犠される。供犠したときに出た血はバナナの葉で集められて、少量のコンゴと混ぜ合わされる。3本か4本のオドゥニョの葉にその液体をつけて「舌が滑って何か言ってしまったけれど、もう私のほしいものはくれたので」と唱えながらふりかける(⑮)。水に手を浸し、両者がそこから水を3回ともにすくって飲む(⑯)。「呪詛」された側は雛をもらい、小屋を後にするが、そのとき後ろを振り返らないように、と念を押されながら自宅へ帰る(⑰)。この手続きが問題なく済めば、解呪は成功しているはずだ。

Q：それはカヨ・チョコ（骨齧り）と呼ばれるものと同じですか。

A：いや、違う。これは「呪詛」の解呪の仕方であって、「骨齧り」とは違う。「骨齧り」というのは、ある人と別の人（集団の場合もある）が過去にあった関係を修復するために行うものだ(⑱)。

Q：もし解呪の前に「呪詛」のせいで死んでしまった場合にはどうするのですか。

A：それはクラン・リーダーの責任だ。そして死者の責任を引き継いだムシカ musika の役目でもある（第10章参照）。ムシカは死者の全権を引き継ぐのだから、こうした問題についても同様だ。解呪も、死者の名のもとに、ムシカが執行しなければならない(⑲)。

第6章 「呪詛」、ラム lam の観念

Q：「呪詛」をかけた側に社会的制裁が及ぶことがありますか。
A：いや、万が一「呪詛」をかけた側ジャラーミ jalami に罰を加えようなどということになったら、逆に別な問題がもっとたくさんでてくるはずだ。それはどんな意味でも絶対にありえない (⑳)。私はそんな事例にこの人生で出会ったことはない。また、「呪詛」の結果が出る前に「呪詛」をかけた側を殺そうとしてもたぶん無駄だ。何の解決にもならないと思うよ (㉑)。」

【解説】
「呪詛」の存在を強く肯定する者が現在でもパドラには多い (①)。一般的には、年長者が礼を失した年少者にかけるのが一般的だが、とくにオジ、オバへの言及が多い (②)。このテキストでは、血のつながりがないところに「呪詛」はないと言うが (④)、年少者のものを年長者がほしがった場合にも、その望みに年少者が応えないならば「呪詛」がありうるとする立場をとる (③)。「呪詛」されると、身なりをきちんとしていた男が「裸形で出歩く」、落ち着いていた男が「酒を飲んで大暴れする」ようになるなど、劇的な人格変化があり、しかもそれが続くという (⑤)。

年長者と口論をしたという事実があれば (⑥)、もう周囲の人は「何かが起こるはずだ」と考えている (⑧)。解釈の枠組みが整ってしまっているわけだ (⑦)。ところが当事者は、逆に、不幸の出来事から遡って「呪詛」の可能性にあとから気付くようなところがある (⑨)。自ら思い当たる場合も、他人に指摘されて気付く場合もある (⑩)。これは、本書の資料でも複数回指摘される特徴である。

「呪詛」を解呪するには、まずチュリロック（賠償）、お詫びが必要である (⑫)。年長者がほしがっているものが整えられる (⑬)。合意形成がなされてから、決められた日に引き渡しがなされ (⑭)、「呪詛」をかけた側、ジャラーミの小屋の前で儀礼が行われる。雌鳥を供犠して、その血とコンゴを混ぜ合わせ、呪文を唱えながらふりかける (⑮)。このあたりの儀礼の細部は、おそらく指導する年長者や施術師の方針によって異なるようである。ただ、掌にすくった水を飲む点、雛をもらって「振り返らないで」帰る点は (⑰)、かなり共通している。この例ではお互いに飲むことになっているが、「呪詛」された側が一方的に飲むだけの場合もある (⑯)。

殺人など過去にあった敵対関係を解消する「骨嚙り」と主旨が似ているが、全く別であると話者は言う (⑱)。ただ、主旨が似ているだけに時折儀礼の細部

は似てくることがあるようで、お互いに皿をシェアするのだとか、自分が食べてから相手に肉を食べさせるやりかたを採った方がいいとか、諸説がある。

「呪詛」のせいで死んでしまったら、クラン・リーダーの責任が問われる。その場合には、葬式の過程のなかで決められる相続人が代行することになる⑲。

「呪詛」は年長者の権利であり、その「呪詛」した側が取り締まられることはありえない⑳。「呪詛」の効き目が出る前にジャラーミを殺そうなどと考えても無理だという。天の理法の1つであるかのように説かれている㉑。

注目するべきことは、ここでは成功した人間が誰かの子供の手を取って祝福の言葉を唱えるというケースが認められていることである⑪。これも血がつながっていないと効かないのだろうか。そのあたりはつまびらかではない。

(2) 心貧しい者が「呪詛」する

《テキスト6－2》
「……私はアドラ人だ。アドラ人たるもの、当然のことながら「呪詛」の存在を信じている①。しかし、「呪詛」について語る前に、お金は出すのか。そうか。それはよいことだ。それなら教えてやろう。

「呪詛」というのは、とくに年少の誰かに不幸をもたらすような祈願、「呪詛」である②。事実、その効力は存在する③。さまざまな会議やフォーラムで、そろそろ「呪詛」をかけるのはわれわれアドラ人はやめたらどうか、という議論は頻繁に起こっている④。「呪詛」は終わりのない争いになるのだし、「呪詛」がもたらすのは怒りだけであり、それがなければ人々はもっと平穏に暮らせるのだ⑤。

怒り、人を傷つけようとする心からは何も生まれない。ジャラーミ・ベド・キル・ジャイイド *jalami bedo kir jayido*（「呪詛」をかける者は、ウィッチである）というのは、そのことだ⑥。

兄弟の息子などを「呪詛」するのが典型だが⑦、それは心の貧しいものがすることだ⑧。

私の兄弟の息子は、イギリスにいて、兄弟のために屋敷を建てた⑨。私が心の貧しい悪い奴ならば、妬みから兄弟に対して「呪詛」をかけているところだ⑩。最近ちょうど学位をとったばかりの息子の1人が死んだが、それは残念ながらHIVによるものだ。決して「呪詛」によって死んだのではない⑪。UKに渡って12年経つその私のオイは、ここに訪ねてく

第 6 章 「呪詛」、ラム *lam* の観念

ればわれわれ家族とよく話す。「呪詛」をかけることなど考えられない。彼には何の落ち度もないのだから（⑫）、私が万が一「呪詛」したとしてもその力は彼には（UK には）届かないだろう（⑬）。」

【解説】
　そろそろ「呪詛」をかけるのはやめたほうがいいのではないかという議論は内外あちこちで起こっていることも（④）、「呪詛」がないほうが平穏にくらせるだろうという見通しについても、またさらには、「呪詛」をかけるのは心の貧しい者なのだ（⑧）などという幾多のデメリットを認めつつも（⑤）、アドラ人なら「呪詛」の実在と効力を信じないわけはない、と胸を張る（①、③）。その効力は、兄弟の息子を典型とする（⑦）年少者にもたらされる不幸である（②）。
　自分のように心が貧しくないならば、兄弟の息子がイギリスで大成功して兄弟のために邸宅を建てようとも（⑨）、「呪詛」はかけないのだとさらに胸を張る（⑩）。学位をとったばかりの息子が病死するなど、兄弟のもとに不幸はふりかかったが、それは「呪詛」ではないという（⑪）。しばしばオジを訪問して歓談する年少者には落ち度がないうえ（⑫）、遠いところには「呪詛」の効き目は示されにくいのである（⑬）。（距離の点はこのテキストでは強調されていないが、こうしたものの効力は距離を置くと回避されると考えられる傾向がある。ティポについて議論した際に、「ついて回るので逃げ切れない」ことが強調されていた点に注意せよ）
　ただし、HIV の原因として「呪詛」を考える人間がいないわけではないので、⑪の解釈が周囲にも通用しているかどうかは疑問が残るところではある。

(3) 親では行使できない懲罰？

《テキスト 6 - 3》
　「「呪詛」をかけると想定されているのは、オミン・ベニン *omin benin*（父方オジ pl., sing. オミン・ババ *omin baba*）、ワイニ *wayini*（父方オバ pl., sing. ワヤ *waya*）、クワリニ *kwarini*（祖父 pl., sing. クワラ *kwar*）、アデニン *adhenin*（祖母 pl., sing. アダダ *adhadha*）、ニアミニ・ヨコニ *nyamini yokoni*（母方オバ）などだが、血縁関係および姻戚関係[2]がある年長者、とも言ってもよい（①）。
　通常は年長者に対してはらうべき敬意やはかるべき便宜、とるべき対応

2　姻族に暴言を吐くことをとくにイエティ・マニャ・オリ *yeti manya ori* と言う。

285

など配慮や義務を怠った年少者に対して行う。たとえば、父母、オジ、オバなどの関係にある人間が、「呪詛」によってそれらの対遇関係にある人間を悩ませるものである。言葉をつかって誰かを罰する方法であるとも言える（②）。公然と、「神」や「祖父母」「父」などの名前に言及される唱えごとには要注意である（③）。かれらが口にするよくない言葉が、現実のものとなってしまうのである（④）。友人の子供たちへの「呪詛」は、ラモ・ニシンド *lamo nyithindho* という（⑤）。なかには、父や母は直接に子供たちにしつけをするべき立場なのだから「呪詛」してはならない、あるいは、「呪詛」しても効き目がない、ということを言う人もいる（⑥）。

　私も1度、ある人が自分の息子に対して呪いの言葉を口にし、あまつさえ地面を拳で殴りつける光景を目撃したことがあったが、息子には何もおこらなかった。父親の「呪詛」は効き目がない、という説は本当かもしれない（⑦）。

　このように、本来効き目がないはずの関係で「呪詛」のような現象が起こったときには、われわれはジャイイド *jayido* やジャジュウォキ *jajwok*、ソ・チュニイ *tho chuny*（死霊）を疑う（ここでは広義のウィッチクラフトを示唆している）（⑧）。」

【解説】

①では、「呪詛」をかけることが想定される社会的カテゴリーについて言及される。ここであげられているのは、オミン・ババ *omin baba*（FB）、ワヤ *waya*（FZ）、クワラ *kwara*（FF、MF）、アダダ *adhadha*（FM、MM）、ニャミン・ママ *nyamin mama*（MZ）。ただし、姻族も含むことも示唆されているし、友人の子供たちへの「呪詛」も言及されているので（⑤）、実際にはこのカテゴリーはもっと広範囲である。以下に紹介するのは、直接失礼なことを言った者には報復せず、その娘に効果が現れる「呪詛」の例である。

「私の兄弟の妻が、私に対して「マラヤのようだ」と失礼なことを言った。私はひどく心外だったので、「いいわ、私をマラヤだと言ったわね。あなたの子が同じようになるといい」と言った。はたして、兄弟の娘は売春婦になった。このようにオバが、ある家族の娘は全部売春婦になってしまえ、とか、子供ができないようになってしまえ、とかいう言葉を口にすると、それはその通りに実現するのだ。」

②で示唆されるのは、言葉の介在と「懲罰」的側面である。暗に、これに起

因する不幸は、被害者の自己責任であることがほのめかされる。「神」に言及される公の発言、さらには、上記カテゴリーに言及される場合には、そのネガティヴな未来像が現実化する（④）危険な発言であり、注意が必要だという（③）。⑥のように、親はしつけるべき立場なので、親からの「呪詛」は効き目がない、という説はたびたび聞かされたし、⑦では経験上裏打ちされたものとして提示されるが、話者も多少懐疑的なようである（⑦）。事実、別のインタヴューでは、以下のコメントが得られている。「親でも子供に知られることなく、悪事を働いた子供たちを罵ったり、嘆き悲しむ言葉を口にすることで、「呪詛」をかけることができる。親の場合は、非常に手の込んだやり方で「呪詛」する。それは兄弟や姉妹が代わりに「呪詛」することになり、当人同士は良好な関係のまま「呪詛」の効果があらわれる。

また、息子と喧嘩した父親が息子の面前で服を脱いだら、それは「呪詛」である、という考え方もある。これはタブーを犯すことで息子を攻撃する考え方だが、ルスワを招くので当人も危険である」。それだから、⑧のように、本来「呪詛」の当てはまらないはずのカテゴリー間で「呪詛」が疑われるような事象が発生した場合でも、それを補うかのように別の観念が常に控えている。こうしたもろもろの観念の柔軟性に吸収されてしまい、「呪詛」自体の効力やリアリティを疑う試みは、常に躓く仕組みになっているとも言える。

(4) 悪い霊と結託する「呪詛」

《テキスト6－4》
「「呪詛」は存在する。悪霊と一緒に活動して（①）、誰かの発話が作用するように仕向ける。ジャラーミ・メノ・ンガタ・チュニイエ・チョル jalami meno ngata chunye chol（「呪詛」を行うのは悪い心を持った者だ）、ジャラーミ・メノ・ジャニエコ jalami meno ja nyeko（「呪詛」を行う者は嫉妬に狂った者だ）、ジャラーミ・メノ・ジャイイド jalami meno jayido（「呪詛」を行う者は、ジャイイドだ）という言い方がされることもある（②）。

私はある老人たちが「呪詛」をしたときのことを聞いたことがある。長老のなかでも祖先と呼ぶにふさわしいほどの長老の霊を名指しで呼び出したのだった（③）。人に危害を加えることができる能力を持った特定の霊たちがいる（④）。これによって「呪詛」をかけられた人は、大酒飲みになったり、他人の妻の後ろをついて歩くような女たらしになったり、盗みを働

第1部

くようになり、泥棒になったりするのである(⑤)。それは、そうした霊たちと、祖先の霊が共謀してのことだ(⑥)。

「呪詛」をかけられた者は、自分が「呪詛」にかけられたことはおろか、何が起こっているのかまるでわからないので(⑦)、その者の親たちがもののわかった人たちならば、彼らが「呪詛」をかけた人間のところに掛け合いに行くのがふつうである(⑧)。話し合いに応じれば、そのまま条件面での相談になるが、もし相手が応じないとなると、今度は問題をクランのレヴェルに持っていくことになる。クランも身近な村レヴェルから、区のレヴェル、そして準郡、郡、そして最大広範囲のクラン全体のレヴェルまで、いくつかのレヴェルに分かれて組織化されている(⑨)。

それぞれのレヴェルのクランリーダーたちのもとに「呪詛」をかけた側、かけられた側が引き出され、双方の言い分を戦わせる。なぜ「呪詛」をかけたのか、あるいは、なぜオジに対してそんな無礼を働いたのか、を聞いた上で、「呪詛」をかけることが適当でない、あるいは「呪詛」をかけても仕方がないなどの判決が出される。その上でお互いの和解点を見出し、「呪詛」を取り除く手続きがとられる(⑩)。

被害者が「呪詛」をかけた者の屋敷を訪ねる。正しく手続きがとられたかを証言するための証人を連れていかなければならない(⑪)。「呪詛」をかけた人間の小屋の入り口に座った被害者の元に瓢箪一杯のコンゴと雌鳥が運ばれる。特定の植物でそれを固定し、コンゴをふりかける(⑫)。

『お前を悩ませていたのがなんであろうとも、それはもう立ち去るがいい。私はお前を許すから、2度とあのような振る舞いをしないように』

このように唱えてから(⑬)、「呪詛」をかけた側は、自らの掌に水を汲んできてそこから「呪詛」をかけられた側は水を飲む(⑭)。そして「呪詛」をかけた者が、若い雌鳥を「呪詛」をかけられた者に渡す(⑮)。

人々は盛大に祝い、歓喜の叫びをあげる。それで儀礼は終わり、「呪詛」をかけられていた者は帰宅する。」

【解説】

①では悪霊との結託が指摘され、④、⑥で祖先の依頼で威力を発揮する霊の存在が言及される。この連盟関係は重要である。祖先の霊と危害を加える霊と

第 6 章 「呪詛」、ラム lam の観念

の区別をし、それらがクライアントとサーヴァーのシステムで理解すると、直近の祖先と間近の不幸を一直線につなげる必要がなくなる。ジャシエシが自ら憑依した霊を使役して別の霊に働きかける、という考え方も同じ構造だろう。③にみるように、ここで言及される祖先の霊は本来は尊敬の対象のはずなのだ。ただし、祖先の霊が子孫を擁護する守護霊のような考え方は一般的ではない。②では、「呪詛」をかける側の正当性を保証するのではなく、その実践を非難する語彙が紹介される。ジャジュウォキだ、と言うのである。「呪詛」をかけられた者は、倫理観を失い、大酒を飲んだり、性的にだらしなくなったり、人のものに手を出したりすると言うが（⑤）、そうした不行状の自覚がなく自分ではまったくわからない（⑦）。周囲の者のなかで分別ある者、ふつうは親たちが「呪詛」をかけたジャラーミ jalami と話し合うことになるが（⑧）、紛糾するとクランを巻き込んでの裁判沙汰になる。クランの代表者は行政区ごとに選任されているので、調停が不調のときはそのシステムを順次上がっていく（⑨）。このシステムの実際については Owor [2009, 2011, 2012] の一連の研究がある。このシステムは立法・司法・行政が一体化したルキコ制度[3]が土着化したかたちであると考えられる。この制度の介入によって両者の言い分が精査され、和解点が見いだされると解呪の手続きがとられる（⑩）。証人を連れて加害者の屋敷を訪ね（⑪）、加害者の小屋の戸口に被害者を座らせてコンゴをふりかけ、儀礼を執行する（⑫）。「呪詛」の言葉を無効にする新しい呪文が唱えられ（⑬）、「呪詛」をかけた者の手から直接水を飲むこと（⑭）、「呪詛」をかけた側から若鶏を被害者に与えること（⑮）などが儀礼の骨格となっている（若鶏の意味については後に見るテキストで検討される）。この浄めの儀礼には、戸口が重要な意味を持っていることが想像されるが、ここではそれ以上の意味は提示されていない。

(5) 掌から髪の毛を抜く？

《テキスト 6 − 5》
「「呪詛」をかけられると、たとえば試験でも落ちてしまう、結婚もでき

---

[3] 1895 年に着任したジョージ・ウィルソンの牽引した改革のプロセスで整備された。サザやゴンボロラの名とともにガンダ王国の制度もこれにより議会制中心のシステムが徹底され、王の権限が著しく削減され、従来儀礼的な意味を持っていた王権周囲のいくつかの役職が廃止された [Low 1965: 61-66]（それはカクングルが当初戴いていたキンブグウェ kimbugwe というタイトルの実質的な無力化をも意味した）。このことはこの地方に後々まで痕跡を残している。

第１部

ない、畑の作物も育たない、カンパラに出ても道に迷ってしまう、トラブルが起こる、盗みにあうなど、ろくなことがない。このように信じられている（①）。

　たとえば、年長者が、何か欲しいものがあって、年少者にその便宜をもとめたとする。年長者が男ならシャツやズボンかもしれないし、女ならゴマスかもしれない。砂糖かもしれない（②）。しかし、経済的理由その他やむをえない理由があったとしても、それは年長者にはわからない（③）。年長者にとっては、自分の要望が容れられなかったという結果が残るだけだ。年長者は機嫌を損ね、場合によっては「呪詛」する（④）。

　' To go chako wacho ni paka nyo ithwonan pesa me. Pesa ma inori gine, were omayi woko idwoki ichandere paka ani ama. '
　（「彼は裕福な現在、それを鼻にかけているが、私には分け与えようとしない。それらをすべて剥奪し、通りで物乞いするようになってしまうがいい」）（⑤）

祖先の墓の場所に行って墓石の上に立ち、衣服を脱いで「呪詛」の言葉を唱える方法もある（⑥）。

　『おまえは私の兄弟の子供、兄弟の姉妹の子供である。１キロの砂糖を頼んだのにくれなかった。金がないというが、それは本当かもしれない。しかし、私のために１キロ分の砂糖を買う金を惜しんだのは、事実だ。お前は金を大事だと思っているのだろう。その大事な金よ、どこかへいってしまえ。私のように苦しむがいい』（⑦）

これが「呪詛」の呪文となる。単に実現したらよくないような、悪い未来像を唱えるだけで十分なのだ。

　' I chayani? Ikuya ni ani anerini? Inu fudhi yeri ipar chingani '
　（「おまえは私を軽んじるが、私がオジだということを知らないのか。私の掌から髪の毛を引き抜くがいい」）（⑧）

掌に髪の毛が生えないのは自明だから、これは「呪詛」の言葉である。ありえないことを行うこと、秩序に反したことを行うことの描写である（⑨）。

第6章 「呪詛」、ラム lam の観念

女がキャッサバの皮をむいていたとする。そこを訪れた客が、食べ物があるというのに手ぶらで帰ることになった。その女が客へのもてなしを渋ったのだ。客とは喧嘩になるか、あるいは客は「呪詛」の言葉を口にするだろう (⑩)。

また、たとえばの話だが、オイのほうが「呪詛」を招くようなまずい言葉を口にすることがある。「この結婚は間違いだった」。そんな言葉をオジにたいして口にしたりしたら、どうだろう。ひょっとすると深い考えがあって、万が一長期的には示唆に富む発言だったとしても、そのことは当事者であるオジやその妻にはわからない。ことによると、時間が経ってのち冷静に考える機会があれば、オイがこんな失礼なことを言ったのだが、しかし、「間違った結婚」とはどういう意味だろう、と真意を考えるかもしれないが、重要なのは当事者である彼らがその言葉を聞いたときの第1の反応である (⑪)。彼らは大変苦しむだろう (⑫)。だが、そのときにはすでに、悪いイメージでしか捉えられなくなっているので、喧嘩になる、そして「呪詛」を招くというわけだ (⑬)。

逆に言えば、もともとが、年少者の側の不行状に起因しているので、行いを改めれば、その影響力をなくすことができる (⑭)。「呪詛」される側にそれに先行する心理的加害行為がないと「呪詛」は成立しない (⑮)。物品の要求を断った場合などは、その要求されたものを供出すればよい。そして儀礼を行えば、「呪詛」は祓うことができるのである (⑯)。

典型的な「呪詛」は、こういうものだ。あなたの姉妹が、彼女にとってオイにあたるあなたの子供たちに子供ができないように、あるいは結婚生活がうまくいかないように（口に出して）祈願し、そのような結果を導こうとするものである (⑰)。ラミ・ケロ・リフオリ lami kelo lifuol（「呪詛」は不幸を招く）(⑱)。聞いた話では、かつては長老たちが蟻塚のうえで衣服を脱いで裸になり、縄をもちいて何らかの呪具とし、「呪詛」の言葉を唱え、「呪詛」の効力があらわれるとそこで山羊を供犠したともいう (⑲)。」

【解説】
「呪詛」の効力と考えられるのは、結婚の不首尾や農作物の不出来など広義の生産にかかわる阻碍が比較的多いが、実際には多岐にわたる。ここでは、試験の失敗、道に迷う、泥棒に遭うなどの不幸全般に言及される (①)。まさに「「呪詛」は不幸を招く」(⑱) のである。

不幸リフオリ lifuol についての一般的見解についてのテキストを補足する。

第1部

《テキスト6-5-2》
「不幸というものは、同じ成果を望んでいてもある人は成功し、ある人は失敗する、そうした現象に対する理解の不足から持ち出されるものです。子供が欲しいのに恵まれない。生まれてもすぐ死んでしまう。ほかの人はうまくいっているのに自分だけできない、そういったときに不幸という言葉がもちだされます。

なかには、子供も生まれず、生まれてもすぐ死んでしまう、財産も増えず、作物もできない、そういったケースもあります。欲しいと思っても親しい友人もできません。シコクビエを植えても、隣の畑では大いに実っているのに自分の畑の作物だけ、害虫や病気で枯れてしまう。白蟻（ゴヨ・ングウェン *goyo ngwen*）を友人ととりに行っても、友人はキテム（*kitem* 白蟻を捕る泥でできた壺様の入れ物）いっぱいの蟻をとらえたのにあなたはその四分の一の収穫もない。これは、リスウォコ *lithwoko* 天性の不幸、というものです。仕事もなかなか見つからない、いい仕事が見つかったとしても、ほんの些細なことですぐそれを失ってしまう。

これをとりのぞくのは難しいことです。だいたい私が若いころそうでした。大勢で車を待っていても積み残されるのはいつも私でした。万が一、積み残されなかった場合には私が運賃を支払わされるはめになるのがおちでした。幸運なことだってあります。高等教育を受けるために家族や村から選ばれる、それはたいがい私でした。

不幸は、力のあるジャシエシによって、呪的に祓うことができるものがあります。それに成功すれば、あなたが何をやろうとしているにせよ、成功を導くように、そして幸運な結果を招くようにすることができます。子供の連続死があったとしましょう。まずその原因を突き止めることです。そうすることでおのずと解決策がわかってきます。もしそれが「呪詛」ならば、その「呪詛」の効き目を取り除く儀礼をすればよいのです。

Q：それは、どうするのですか。
A：祖父祖母のころから伝えられているのは、こういうものです。まず「呪詛」をかけられている人物に雛を渡します。そして体に水をふりかけて呪文を唱え、屋敷へ帰します。ただ、このときに絶対に来た道を振り返ってはいけません。儀礼が成功すれば、その人の状態は目に見えてよくなるはずです。不幸はとりのぞかれたのです。」

第 6 章 「呪詛」、ラム lam の観念

【解説】

「呪詛」をかけられたくなければ、年少者は自身の都合を考慮せず、とにかく年長者の要望に応えなければならない、ということである。年少者の都合は年長者にはわからないのである（③）。要望が受け入れられなかった、という結果のみが残る（④）。そういった意味では「呪詛」の仕組みはきわめて一方的なものである。

年長者の要望も多岐にわたり、男ならシャツやズボン、女ならゴマス（ガンダ風ドレス）、砂糖などの食料品かも知れない（②）。料理を準備しているところに客が訪れたならば、当然招かれるはずだが、もてなさなかった場合も「呪詛」を招く（⑩）。この場合には一般的な意味での年長者に限定されず、客が上位に立っていると考え、通常の社会規範を侵犯したものととるべきであろう。

「呪詛」は公に本人、あるいは第三者の前で望ましくない未来像について口に出すものや、要求を満たされなかったので同様の立場になるように望むもの、年長者の要求よりも優先された大切なもの（たとえば、金）を奪うよう告知するなど（⑦）が一般的だが、祖先の墓に行って衣服を脱ぐ（タブー侵犯）ものもある（⑥）。タブー侵犯の結果としてルスワ luswa がもたらされるが、その攻撃の矛先を意図的なタブー侵犯の根本原因を引き起こしたオイなどに指定するわけである。

呪文のなかで興味を引くのは、「掌から髪の毛を抜け！」（⑧）というものだ。これは、掌に生えるはずのない髪の毛を抜け、と命じることで秩序を侵犯するものだ、とアドラ人によっても解釈されている（⑨）。

⑪⑫の説明は迂遠だが、オイなど年少者の誤解にもとづく「呪詛」が生じうる可能性を指摘し（⑬）、誤解は時間をかければ解けることもある、ということを含意していると思われる。また、原理的に年少者から年長者に対する「不敬行為」のようなものがあるわけだから、それを改める（⑭）、あるいは要望をかなえる（⑮）ことによって原因を除去し、解呪できるとする。ただし、適切な儀礼が必要だが（⑯）、これはこのテキストでは詳述されていない。

ここでとりあげられる「呪詛」の典型は、オバを主体とするもので、オイに子供が生まれないように願うものだ（⑰）。

注目すべきは、伝聞として長老の「呪詛」に言及されていることである。これは、調査のなかでもなかなか言及されることが少なかったので、貴重な資料だが、蟻塚の上で裸形となること、供犠を約束してしるしとして縄を用いること、効き目が現れた際には「お礼参り」的な儀礼を行ったであろうことがうかがわれる（⑲）。

第 1 部

(6) 親族関係があってこそ

《テキスト6 – 6》
「「呪詛」の力は、出産によってつながる人間関係、つまり系譜関係と大きく関連している(①)。私に子供がいて、私の兄弟にも子供がいる。兄弟の子供が私を侮辱した、あるいはそれほど明示的ではないにせよ、侮辱したと私が考えるようなふるまいがあったときに、見せつけることができる力、それが「呪詛」だ(②)。それは、私も、私の兄弟も、その子供たちも、親から血を分けた血縁のリニイジに属している。それだからこそ、その力が効力を持ちうるのだ(③)。

たとえば、兄弟の子供たちが私を侮辱したとしよう。そのときに発する「呪詛」の言葉のもつ力は、子をもつ親にのみ与えられたものだ(④)。

明け方に服を脱いで当該の子供たちが生まれた屋敷の戸口に向かう。私の子供なら、私の屋敷ということになるし、兄弟の子供なら兄弟の屋敷ということになる。そしてすぐに帰ってくる。それで終わりだ(⑤)。

ただ、もし私の考えすぎで、彼らが何も私を貶めるようなことを何一つしていないとすれば、何も効き目は現れない(⑥)。」

【解説】
ここで指摘されるのは、系譜に代表されるような「子供が生まれたからこそ存在する関係」の重要性である。逆転させて考えると、子供がいない者の「呪詛」は効き目がない、ということにもなりそうだが、実際には「子供がいない」にもかかわらず「呪詛」の効力が信じられている、という反証となる事例もある(第8章Ⅱ6 参照)。一部には④のように、そう信じているアドラ人がいることも事実である。しかしここで述べられているなかで強調されているのは、父親を共有する兄弟の子供に対する「呪詛」の根拠には、そもそも父が自分と兄弟を産まなければ存在しないという事実が横たわっているということだろう。同じリニイジに属していることが「呪詛」の力の根拠なのだというわけである(③)。オイなどが侮辱した、あるいはオジがそのようにとらえたときに(②)、当該の者の生まれた屋敷の戸口で服を脱ぎ、その力を発動するのだという(⑤)。「呪詛」の実践自体はオジの側の勘違いでも行われうるようなニュアンスだが、勘違いの場合には「呪詛」の効力がない、という非常にフェアな制裁の方法となって

いる。この文脈に沿って言えば、リニイジの構成員としての規範を遵守させる1つの懲罰としての側面があるのである。

(7) 兄弟との認識の違いから

《テキスト6－7》
「「呪詛」は、本来は、親族の子供たちの振る舞いが良ければおこるはずはないのだが、残念ながら年長者たちの嫉妬によっておこることもある(①)。私のために何かしてくれるだろう、という欲望だ。たとえば自分の息子がふがいないときに兄弟の息子が非常にできが良く、成功もしている場合、オジが、私にもたとえば、父親に買ってあげたようにシャツを買ってくれるだろうか、というような欲望である(②)。

残念だがお金がないからなどと言って断られるのがふつうだ。そんなことで、兄弟や友人の子供に不幸を送りつけるのは間違っている(③)。私には子供が6人いる。娘の1人が結婚したときに、花嫁代償が支払われた。しかし、そのときに牛3頭分の負債があったから、花嫁代償はそれに充当しなければならなかった(④)。私は兄弟への贈与としては、次の娘が結婚するときの花嫁代償を考えていた(⑤)。

しかし、兄弟は、「呪詛」をかけたようだ。おそらくは私の生活を不安定にしてしまうような「呪詛」にちがいない。それまでに結婚した娘はすべて離婚して屋敷に帰ってきてしまい、そしてそのままばらばらになってしまった(⑥)。娘の1人はカンパラ、1人はトロロ、もう1人はムバレ。そんなところにばらばらに嫁にいってしまった(⑦)。

嫉妬が原因で私の兄弟は、私の子供たちにそんな「呪詛」をかけたのだ(⑧)。おかげで不安定な結婚生活がもたらされた。最初に話した娘も結婚して6ヶ月の間は一緒に暮らしていたが、妻は性的にもその他の点でも飽きられてしまったようだ。夫が働いている場所に妻が来ると、夫はどこかに姿を隠す、そんな関係が続いたと聞く。夫はカンパラで働き、妻は農作業で7000シリングのカンパラへの旅費を捻出して夫に会いに行っても、妻が来たのをみるや夫はカンパラを去ってトロロに身を隠したりした(⑨)。そんな具合に家族をないがしろにするのも、彼がおそらく「呪詛」されているためだろう(⑩)。」

第 1 部

【解説】
　この例は当事者のものであり、「呪詛」をかけたとされる兄弟に不満を持っているものなので（③）、一般的には担保されている「呪詛」の正当性を認めていない。ことの発端は話者の娘の結婚に際し、花嫁代償から、いわゆる「アゴヤの牛」(本章 3 呪詛の状況 (5)「与えられるべき牛」(アゴヤ agoya の牛) をめぐって参照) を兄弟（「年長者」とする文脈からすると弟ではなく兄だろう）に渡さなかったことにある。彼はその牛をかねてからの返済にあてたのであったが（④）、兄弟は不満だったとみえて「呪詛」をかけたのだという（⑧）。この時点では嫉妬は関係ないはずだが、一般化の過程で、ここに次の娘の結婚で手に入る花嫁代償を充当しようとしていた意図が伝わらない（⑤）という解釈と、嫉妬を原因とする解釈とがすり替わっている（①②）。「呪詛」の結果として、それまでに結婚していた娘は離婚し、家族はあちこちに離散している（⑥⑦）。「呪詛」の効果として（⑩）、結婚したばかりの娘の夫婦仲もよくなく、夫に避けられているという（⑨）。

(8) 親族関係がなくともニョレの「呪詛」は効く

《テキスト 6 - 8》
　「「呪詛」は、実在する。それは現実のことだ。とくにパドラでは、頻繁に行われている。近隣民族のなかではもっとも盛んであると言っていいだろう（①）。これは、ふつう、オバ、オジ、そして祖父母がかけるものだ。パドラでは、こうした人たちが「呪詛」をかける能力を受け継いでいると考えられている（②）。彼らが言葉にしたとおりのことがおきる。アドラ人ならたとえば、この雌鳥がそこにいる、というのと同じくらい明らかなことだ、と同意するはずだ（③）。
　すでに挙げた関係にある人間は「呪詛」をかけることができるが、たとえばお前（梅屋）のようなよそ者の場合、親族関係で結ばれていないので、私が「呪詛」をかけたとしても、その通りのことが起こるかは、私にはわからない（④）。
　しかし、他民族でもニョレの「呪詛」はわれわれにも効き目がある、そのことを私は体験的に知っている[4]。ニョレの「呪詛」にかかると、われわ

　4　ニョレの呪詛は、パドラでは非常に悪名高いと言っていい。次のような話が時折聞かれる。

　……ニョレから来た薬草が呪詛に効き目があると言われている。アナニア・ムイゴ

れが休んでいるこの木陰、この木が翌日には枯れ木になっている、そんなことが起こる（⑤）。それは本当のことだ。「呪詛」は実在する。

「呪詛」は今日、明日、そして未来永劫、パドラでは存在し続けると私は考えている。あなたの兄弟の子供が、あなたに何かしたとする。そしてあなたはそのことで被害を被ったと感じたとしよう。そのときあなたが口にしたことが、そのまま現実として起こる。それが「呪詛」だ。」

【解説】
「呪詛」は親族関係がないと効き目がないと言われるが（④）、異民族のなかでもニョレだけは例外である。しかもその効き目は非常に強力なものとして恐れられている（⑤）。ここでは、オバ、オジ、祖父母が「呪詛」をかけること（②）、しかもそれが血縁関係を根拠としていることが確認されたうえで、ニョレを例外として紹介している。近隣住民のなかでは「呪詛」が盛んなアドラにとっても（①）、ニョレの「呪詛」は恐怖の的となっていると言える。アドラのなかでは、「呪詛」の効き目は非常に具体的、客観的なもので（③）疑う余地はないとされる。

(9) 福を招く「呪詛」

《テキスト 6 − 9》
「ふつう嫉妬などによって「呪詛」はかけられるから、ネガティヴな結果がそれについてまわるものだ。しかし、時には裕福になるというようなポジティヴな「呪詛」をかけられることもある（①）。私は子供たちを学校にやりたいと思っていた。私はブシアに行き、その筋の人たちにポジティヴな呪文を唱えてもらい、裕福になる「呪詛」をかけてもらった（②）。いま

Anania Muyigo という男が持ち込んだものだが、残念なことに彼はもうこの世にいない。彼と一緒に仕事をしていた助手のハインジャ Hayinja はまだ生きている。ブドゥマ Buduma という場所で、現地でもとくに有名ではないが、力のある者はたいてい知られていなくて貧しいものだ。もし会っても、おまえには彼がそんな大それたことができる人間にはみえないだろう。ウガンダ教会の大執事、マリンガという名前を聞いたことがあるだろうか。マリンガの一族は薬草に詳しい一族だ。ハインジャはマリンガのオジにあたる。

　山羊を供儀し、その舌の一部を薬草と一緒に小屋の決められた場所に縛り付け、儀礼が済んだら、呪詛をかけた側、かけられた側双方が1枚の素焼きの皿で、その舌を食べる。こうして口から出た呪文の力は解除されることになる。この儀礼が終わると結婚していない男女も結婚できるようになるし、子供ができていない夫婦にも子供ができるようになる……。

第1部

や私の息子の1人はカンパラのクレステッド・タワー・ビルのオフィスで働いている。呪文は実現したのである（③）。誰かがまねするといけないので、私はこのことについては生涯黙っているつもりだ（④）。」

【解説】
ここまでみてきた「呪詛」は、いずれも望ましくない未来像を実現するものだった。まれではあるが、望ましい未来像を実現する「呪詛」が紹介されている（①）。ブシアのおそらくは異民族の施術師の呪文の力で息子の出世を実現したが（②③）、その方法は他の人には教えない、と言う（④）。

2　霊の次元か生きた人間の力か

「呪詛」自体が霊的なものなのかどうか、という点についてはアドラ人の間でも見解が分かれる。その力は霊的なものだとしても、その効果を望むのは生きている人間だからである。ある意味では、生きている人間が霊の「力」の世界へ干渉するやり方の1つであると言うこともできよう。以下のようなテキストは、その問題を説明しようとしているものである。

《テキスト6－10》
「「呪詛」は、霊の力によるものなのか、それとも生きている人間の力によるものなのか、そのあたりは考え方が曖昧なところがある（①）。
オニェニ・イゴヤ・ノノ・イヌロミ・ギネ oneni igoya nono inuromi gine（「お前は私を正当な理由なく打ちのめした。今に見ていろ」）と言う唱えごとをするのは（②）、われわれ生きた人間にほかならないからである（③）。
その意味がお前にわかるか。もしお前が誰かに「呪詛」をかけたとすれば、その「呪詛」された側に事故などが起こって厄災がもたらされる。厄災自体は霊の働きで起こるものだ。「呪詛」したとたんにすぐに人間が事故にあったりするのだから、それが心理的なものが介在しているにしても、霊のしわざにほかならない（④）。それは、直接に何か手を下すわけではないから、今の言葉で言うと、「ワイアレス」とかいう表現がぴったりくる（⑤）。アドラ人ではないあなたにはうまく説明できないし、わかってももらえないだろうが、そういうことなのだ。私はそういうシステムのなかにいる。だからわかるのだ（⑥）。「呪詛」は生きている人間によって行われ、そして霊が

効果をもたらす（⑦）。特定の人間が子供をさずからない、あるいは耕す畑の収穫が思わしくなくなる、撒いた種が発芽しない、という効果が、「呪詛」の結果としてあらわれる。場合によっては、完全に発狂してしまうということもある（⑧）。

　父親を殴ったことがもとで「呪詛」をかけられて完全に狂ってしまった男がいる（⑨）。もし「呪詛」をかけた父親と話し合いをきちんとしていればそんなことにはならなかったかもしれない。「呪詛」を返したり、「呪詛」を取り除いたりということは可能なのだ。話し合いをして、欲しいものを贈りさえすれば、解いてもらえる可能性がある（⑩）。たとえば女なら衣類が欲しかったとしよう。それを気前よくあげなかったことで年長者が気を悪くしているのならば、逆にそれさえあげれば解決するわけだ。インポテンツにしてやろうとか、気が狂ってしまえとか、「呪詛」の言葉を唱えたとしても、彼女に望みの着物を進呈して和解さえすれば、彼女はそれを解いてくれて、もとどおりになる（⑪）。そういった点は私たちが大切にしているところであり、アドラの「呪詛」や霊の力の特徴だし、アフリカの伝統的な宗教の特徴でもあると思っている（⑫）。」

【解説】
　このアドラ人は、「霊の力」（原文では *jwogi* の力）か、生きている人間の能力かは、曖昧だとする（①）。唱えごとという行為（②）の主体は、生きた人間だからだと言う（③）。しかし、「呪詛」の結果として起こる厄災には霊の力が介在していると考えているので（⑦）、矛盾が生じるわけである（④）。この話者はこの矛盾にはかなり自覚的である。結果をもたらす意図の持ち主が直接に手を下さずに効果を生んでいる、という意味で「ワイアレス」という比喩を持ち出す（⑤）。

　信じている人間たちの共同性のなかで共有されたものであり、システムの外部者にはわかりにくいだろうが、内部者には説明の必要がなく理解できる（⑥）、との解釈には非常に鋭いものがある。

　「呪詛」の効果は不妊、不作、発狂などさまざまだが（⑧）、父親を殴ったために完全に発狂してしまった男の例が紹介され（⑨）、父親と話し合いをして和解していればそんなことにはならなかっただろうと言う（⑩）。着物をねだった年長の女性を例にとり、インポテンツや発狂という「呪詛」の結果がもたらされたとしても、欲しがっている物をあげれば和解してその効果の除去が期待できると言う（⑪）。和解と、要求に応じることが、アドラの「呪詛」と霊力の特徴

第 1 部

であり、アフリカ伝統宗教の特徴であるとする (⑫)。

3 「呪詛」の状況

(1) ないがしろにされた祖母

孫娘にないがしろにされた祖母が孫娘に「呪詛」をかけるのは、比較的ありふれた事例だが、出産能力を損なう効果を示すのが一般的である。次にみる事例では、さほど強調されていないが「胸が発達しない」効果が表現される。このテキストは長いものであるが、2つの事例をあげてくれているので、2つに分割して検討する。

《テキスト 6 – 11 – 1》
「もしあなたにオバか祖母がいて、あなたの屋敷にたずねてきた彼らに「失礼」があったり、あるいはかれらの「意に沿わない」ことがあったとすれば、自分の屋敷へ帰ってから、自分のオイあるいは孫をたずねたのにゴミを扱うように軽んじられた、と不満を心のなかでこぼすかもしれない。ことによると、来客中で、お客のために座る場所を空けて欲しいと頼んだとか、そういった「些細な」ことかもしれない (①)。しかし、彼女にとってはそれは「軽く扱われた」、ということなのだ (②)。その怒りは、折しも脂がのりきっていたあなたの商売を立ちいかせなくすることになる。その仕事から手を引く羽目になる (③)。あるいは、妻と離婚することになって (④)、後から占ってもらってはじめて、あの日来客中に訪れた祖母が軽んじられて怒っていたことがすべてうまくいかないことの原因であることがわかるのである (⑤)。

あなたはようやく気がついて、朝早く起きて祖母のところに行き、悔い改めた自分の姿を見せて、許しを請わなければならない。彼女が「たしかにお前のことを口に出した」と認めて、許してもらわなければならない (⑥)。

儀礼を執り行って祖母の掌から水を飲み、若鶏をもらって屋敷に帰る (⑦)。そのときになってはじめて実感として「呪詛」が解呪されたことを知り、「呪詛」が実際にある、そのことを確信するのだ (⑧)。

実際にあった事例を紹介しよう。私の父には妻が 2 人いた。父が亡くなったとき、祖母が私たち子供たちの面倒を見るようになった。私たち兄弟姉妹の最年長者は 6 歳ぐらいだった。それが 18 歳ぐらいになるころ、祖母は

第6章 「呪詛」、ラム lam の観念

呪いの言葉を口にするようになった（⑨）。というのも、私たちの母が、祖母への反乱を扇動していたからである。母が自分のいいようにしたくて、祖母の家事への介入を煙たく思うようになっていたのだ（⑩）。姉妹の1人は、胸が発達せず、いつも青白い顔をしていた。行動も私たちとはずいぶん変わっていると思ってはいたが（⑪）、実は彼女は「呪詛」の影響を受けていたのだった。いろいろと周囲の人が手を尽くして調べた結果わかったことは、祖母が「呪詛」をかけた、ということだった（⑫）。私は彼女と話し合いをすることになった（⑬）。彼女は包み隠さず、全部話してくれた。そのころには、母は私たちのことは放っておくようになっていて、私を中心に子供たちは生活していた。私は弟や妹たちに粉ひきをさせて生計を立てていた。

　私は祖母に、どうしてこんなことをするのか、過去には子供たちが祖母の助けになったこともあっただろうに、と切り出した。何より、その妹にどうして「呪詛」をかけたのか、ということである。「この子たちが私を見くびるからである」と祖母は答えた。

　私は、「子供たちは小さいのでまだ存分には働けず、あなたに返すものはまだない」と述べた。「呪詛」を解いてもらわないと、彼女たちも結婚して、花嫁代償をもらってあなたに差し上げることができない、と私は言った。少し強く言いすぎたかもしれない。彼女は少し考えていたが、私が彼女の要求するものを準備することで解呪の儀礼を行うことに同意させることに成功した（⑭）。私が言ったのは、子供たちがまともになったほうが彼女にメリットがある、というものだった（⑮）。彼女は、若い雌鳥とオドゥニョ odunyo という草を取り出してきた。鶏に水を振りかけ、掌に水をくんで子供たちに飲ませた。鶏は子供たちに引き渡され、われわれは小屋に帰ってきた（⑯）。

　顔色の悪かった胸のない妹はみるみるよくなり、結婚して2児の母となり、安定した結婚生活を送っている（⑰）。」

【解説】
本人にそのつもりがなくとも、「来客中に席を空けて欲しい」というような、本人としては「些細な」ことだったとしても（①）、当事者が「失礼」「意に沿わない」「軽く扱われた」などという印象を持ったら（②）、「呪詛」を誘発する恐れがある。その結果、うまくいっている仕事がうまくいかなくなったり、その仕

第1部

事の継続が困難になったり（③）、妻と離婚する羽目になったりする（④）。そうしてそのような災いや不幸から遡及して解釈して到達する結論の1つが、「あの日来客中に訪問した祖母への対応が行き届かなくて怒らせた」結果招いた「呪詛」なのである（⑤）。

　解呪のためには、その「口にした」ことを認めてもらい、許しを請う必要がある（⑥）。その方法は、ここでは、「祖母の掌から水を飲み、若鶏をもらって屋敷に帰る」（⑦）と簡潔に語られている。後に詳しく検討するが、この3点がエッセンスである。これを行う帰り道には「呪詛」が解かれた実感がわく（⑧）という体験談は、このテキスト以外にもあちらこちらで語られた。

　父の死により、6歳ぐらいから祖母に面倒を見てもらっていたようだが、母親はそれを煙たがっていたらしい（⑩）。密かに母親は祖母を軽んじるような教育を子供たちに施しており、祖母は軽んじられて不満が募り「呪詛」をかけた、というのだ。祖母の「呪詛」に気付くのは、12年ほど経って、手を尽くして調査した結果のことであった（⑨、⑫）。症状としては、姉妹の胸が発達しない、顔色が悪いというもので（⑪）、他の事例をみても、女性の胸の未発達は祖母の「呪詛」に結びつけて解釈されやすい。

　当時家長のような役割を果たしていた話者が、祖母との話し合いを行うことになった（⑬）。交渉の結果、孫が一人前になったほうが「祖母にもメリットがある」（⑮）というみごとな交渉術で、和解儀礼の開催にこぎつける（⑭）。

　和解儀礼は鶏に水をかけ、孫たちに掌から飲ませ、孫たちは自分の小屋に帰ってきた。帰ってくるところまでが儀礼の構成要素である点はこのテキストだけではわからない（⑯）。

　胸が未発達だった姉妹も結婚して2児の母となった（⑰）。姉妹だけが焦点化されていて、話者本人や他の孫には「呪詛」の効き目があらわれなかったのか、疑問の余地が残る。可能性としては、〈「呪詛」が血縁にのみ効く〉という立場に立つと、「父には妻が2人いた」ので、話者本人や他の孫は祖母と直接血がつながっていないという可能性があるが、現在は確認することは難しい。

(2) ないがしろにされた祖母——(1) の続き

《テキスト6－11－2》
　「別の例を挙げよう。私の母方の祖母の話だ。彼女の次男、あるいは三男には、男の子を含めて子供がたくさんいた。その人たちは私にとってはオ

第 6 章　「呪詛」、ラム lam の観念

ジになるのだが、そのうちの 1 人がパドラを離れブソガに移住して、そこで亡くなった。その子供たちの面倒を祖母が見ることになった。祖母は大変な苦労をして学費を稼ぎ、子供たちをムバレの学校にやった。彼女の畑のシコクビエは右から左へそのまま学費になって消えていった（①）。ところが、その子は学校をおえて職を得ると、学費を出してくれたことも忘れて祖母をないがしろにするようになった（②）。やがて結婚したが、その妻は祖母に対して食料も満足に分けないという態度である（③）。彼女は孫夫婦と同じ屋敷内に住んでいたのだが、誰も彼女の面倒を見ようとはせず、屋根の葺き替えすらしてやらない状態なので、たまに私たちが訪ねていってそうしたことをやってやらないといけない有様だった（④）。あるとき、彼女がひどく体調を崩したときなどは、その孫の妻が邪術をかけたのではないか、との噂が出まわったほどだった（⑤）。病気はひどくなり祖母のお腹は大きく腫れ上がった。ついに私たちは決心して、孤立無援の彼女を救出しに行くことになった（⑥）。私たちは彼女のために小屋を建て始めたが、それが完成する前に彼女は死んだ（⑦）。私たちが介入するまで、孫の妻は本当に食料すら与えなかった。ついには生前、「おまえの親がおまえを残して亡くなってから私は大変な苦労をしておまえを学校にやった。その結果おまえは職を得ることができたが、私がここにまだ生きていて、食べるものが必要だということを全く理解していないようだ。覚えておけ」と、彼女は言い放ったそうである（⑧）。

　結局、彼女が亡くなるときの介護にも手を貸していたのは私たちだった（⑨）。孫のもとには大変なことが起こり始め、現在でもそれは続いている。彼自身はそう信じていないし、認めないかもしれないが、それまでの彼を知っているものからすれば、彼の生活はすっかり変わってしまった（⑩）。信じられないほどだ。私が「呪詛」は存在すると言うのは、こういう事実があるからである。」

【解説】
　この場合には、話者の母方の祖母が、「呪詛」をかけた側となる。彼女は息子の 1 人が残した子供（孫）を、大変な努力をして学校にやって教育をつけた（①）。しかし、それを忘れて孫は、祖母をないがしろにし（②）、結婚したのちもその妻は祖母の面倒を一切見ないという。食料も分けず（③）、同じ敷地内にある祖母の小屋の屋根の葺き替えもしないので、話者（祖母から見ると、DS、アドラ語の関

303

第1部

係名称ではニャクワル nyakwar という「孫」に代表される親族カテゴリーに入る。一方系譜上では、件の孫は SS でニャクワルだが、実際には、扶養を通じてウォダン wodan という「息子」の関係名称で認識されていた可能性がある）らがそれらのことをしなければならなかったほどだった（④）。これは異常事態である。とくに同じ囲いのなかである屋敷内で協力関係がないというのは、アドラでは非常識な部類に属する行為である。一方で屋敷内では、関係が近いために毒も含めあらゆる攻撃が可能な立場である。⑤のように、祖母が体調を崩したのは孫の妻が邪術をかけたからだという疑いも当然のことといえよう。ついには、話者を含む親族が介入し（⑥）、小屋を建てはじめたが、完成前に、「呪詛」の言葉を残して（⑧）祖母は他界する（⑦）。驚くべきことに、孫夫妻は同じ屋敷に住みながら死に至るまで介護に手を貸さなかったようだ（⑨）。その結果、現在進行形でたくさんのことがこのエリート夫妻の身の上には起こっているようで（⑩）、今後の動向が注目される。

(3) ジャラーミ jalami が死んだら

「呪詛」をかけた側が死亡した場合の対処法にはある程度解釈の幅があり、遺体がまだ現存している場合や埋葬後などによって状況が異なっている。

《テキスト6-12》
「しかし、もし「呪詛」をした人間が死んでしまったら、解呪の儀礼を直接行うことはできない。その場合には、埋葬前に遺体の掌に水を注ぎ、それを飲むことで解呪することができる（①）。しかし、最近の若い人は死体を怖れて、あるいは触れるのを嫌って、その儀礼を行いたがらないようだ（②）。「呪詛」された者が周囲にいないときに、「呪詛」した側が亡くなり、埋葬されてしまった場合はどうだろう。一説によると、その場合にはその死者の墓に赴き、その墓の前面をバナナの茎で殴ることで解呪と同じ効果を得ることができると言われている（③）。あるいは、死者の遺産やタイトルを相続した相続人のムシカ musika（第10章Ⅱの3参照）が代理として執行できると言う人もいる（④）。しかし別の人は、その儀礼は浄めの儀礼として不完全で、「呪詛」した側に死なれて、埋葬されてしまったら、「呪詛」はずっと続く、と考える人もいる（⑤）。また、教会関係者に聞くと、その場合にはもはや教会で改宗して、神にすがるよりないのだ、と説かれることも多い（⑥）。」

第6章 「呪詛」、ラム lam の観念

(4)「夢」(レック lek) で解呪を

次の例では、ジャラーミである祖母が死んでしまったあとに、ムシカの夢枕にあらわれて解呪の方法を示唆する。

《テキスト6 – 13》
「ある少女が、母の言いつけで祖母のもとに食事を運んでいた。それが日課となっていた (⑦)。母親は、娘にその途中で食事の半分はいつも食べて骨だけは残しておけばいいと教えた (⑧)。あるときにそのことを知って、祖母は激怒し、「結婚したら、夫の母親の分まで食事を食べるがいい」と「呪詛」した (⑨)。

すると、少女の胸がみるみる縮んで何もなくなった。胸のない少女に言い寄る男はいなかった (⑩)。やがて祖母は亡くなり、ある夜、祖母の霊が姉妹の夢に出てきた。その姉妹は、祖母のムシカ（とくに第2部以降の議論を参照。女性でも死後そのタイトルや財産を継承するムシカがたてられる）である (⑪)。夢のなかで、祖母は掌に水を注ぎ、孫に飲ませるがいいと言ったという (⑫)。言われたとおりにすると、ほどなく少女の胸は膨らんできて、現在では少女は結婚し、子供にも恵まれている (⑬)。」

【解説】
「生者」がかける「呪詛」だからこそ、直接の取引ができ、懐柔も和解もできるわけだが、「呪詛」した者、ジャラーミ jalami が死んだときにはどうすればいいかという問題は、いまだパドラの人々にとっても頭痛の種である。それは、部分的には死霊という別のテーマにも重なってくる問題である。

諸説ある。一説によれば、埋葬前に死体の掌に水をくんで飲めばいい、ともいうが (①)、遺体自体が忌まれる昨今若者はそれを嫌うという (②)。遺体への恐れもあるだろうが、「不潔」とか「不衛生」という言葉を埋葬現場で若い人から聞いたことがあるので、第1章で見た衛生観念の普及も関係があるものと思われる。

埋葬後ならば、墓の表面をバナナの茎で叩くといいというが (③)、これは気休めだという話も聞いたことがある。また、葬儀の過程で死者のタイトルや財産（借金も含め）その他を受け継ぐムシカが任命されるが、その人が代理で解呪できると考える人もいる (④) が、埋葬後はどんな儀礼も無意味であると考える人も少なくない (⑤)。教会関係者のなかには、その議論に乗って「改宗するし

305

かない」と説得するものもあるという（⑥）。
　死んだジャラーミから解呪の方法を夢で知らされたという例もある。母の言いつけで祖母のもとに食事を運んでいた娘が（⑦）、母の入れ知恵で半分をつまみ食いするようになる（⑧）。気付いた祖母は「呪詛」をかけ、「夫の母親の分まで食事を食べる」ようにと唱えた（⑨）。「呪詛」の効果で少女の胸は縮んで何もなくなってしまった。このことは結婚相手を探すのにたいへんな障碍となった（⑩）。
　祖母は死後、そのムシカであるその姉妹の夢枕に立ち（⑪）、代理で掌の水を飲ませる方法を教えてくれる（⑫）。少女の胸はふくらんで、現在では、結婚して子供もいるという（⑬）。ジャラーミみずから解呪の方法を教えてくれる珍しいケースである。

(5)「与えられるべき牛」（アゴヤ *agoya* の牛）をめぐって
　花嫁代償のうち、花嫁にとってオジにあたる人物の取り分である「与えられるべき牛」も、社会的な争点になりやすいので、頻繁に「呪詛」に訴えられる。それが公になったらクランが介入するが、そのプロセスは、その他の犯罪を調停する場合とほぼ同じである。例えば、次のような場合である。

《テキスト6－14》
「私に娘がいたとする。その娘がどこかに嫁に行く場合に、かつては慣習的に、私の兄弟など特定の親族にも私に支払われた花嫁代償の一部を分けるきまりだった。それは、かつては法律のように厳格に守られていたしきたりだった。私の兄弟、つまり、娘にとってはオジにあたる人間に、牛1頭、あるいは山羊1頭（①）。また、オバに当たる人には、同じように牛か山羊を分けなければならなかった（②）。また祖母には羊を分けなければならない（③）。もし、こうしたしかるべき分配が行われなかったりしたら、キングニャングニャ *kinguyangunya*（不満を訴える）だろう（④）。不満を口にすること自体が「呪詛」だ（⑤）。こうした場合に分け前をもらえなかった者が「呪詛」をかける可能性がある。「呪詛」をかける側に正当性があるとすら言える。「呪詛」の効果としては、例えばだが、結婚した彼女には子供ができなかったり、子供が仮に生まれたとしてもすぐに死んでしまうというような効果が一般的である（⑥）。あるいはたちまち離婚してしまって、再び結婚しては別れるという落ち着かない人生を送ることになることも考えられる（⑦）。

第 6 章 「呪詛」、ラム lam の観念

なかには、私は本来もらう権利があるのに、その分け前をもらっていない、と公言する人がいるかもしれない（⑧）。あるいは、当事者は極秘裏に「呪詛」を行い、クランにその問題が持ち込まれ、占いの結果、「呪詛」の介在が判明した場合でも、その娘が駄目になったのは私のせいではない、と無実を訴えてしらばっくれる人がいるかもしれない（⑨）。もし、平和的に話し合いをして、本人が満足する取り分をもらえたならば、「呪詛」をかけた人が水を手の掌にとって少女に飲ませれば、「呪詛」は解け、少女は正常にもどる（⑩）。しかし、時には解呪の儀礼を行っても、とりかえせないものがあるかもしれない。対象によっては、もうだめになってしまって完全にはもとには戻らない場合もある（⑪）。

また、兄弟が自分に私の取り分の牛をくれないから、私が「呪詛」をかけたのだ、と公然と主張している場合には、まず取り分の牛を与えるようにクランは介入する（⑫）。そののちに解呪の儀礼を行う。コンゴを醸し、鶏を供犠してその血と水を箒の穂先にする草に浸し、「呪詛」の犠牲となった少女に振りかける儀礼を行う（⑬）。

牛を与えるべきか、山羊を与えるべきか、ということはクランの判断次第だが、水はその人の手に注いで、犠牲者はそこから水を飲む。女の場合 4 回飲む。男なら 3 回である（⑭）。もし、女に子供が生まれない「呪詛」がかけられていて、その効果で子供ができないでいるのなら、ほどなくして妊娠するだろう（⑮）。」

【解説】

花嫁代償は、花嫁の父側に支払われた後、分配される。花嫁から見たオジに与えられる「与えられるべき牛」ないし山羊 1 頭（①）、オバには「与えられるべき山羊」（②）、また祖母には、婚出して結婚した女性を介して羊を分け与えなければならない（③）(祖母に対する手続きがやや複雑なことは第 2 章で見た)。

こうしたしかるべき分配が行われず、それぞれが「与えられるべき」(アゴヤ agoya) であるという当然の権利が侵害されると、不満を訴えることになる（④）。基本的には、不満を口にすること自体が「呪詛」ととらえられる（⑤）。結婚した嫁には子供ができない、あるいは生まれてもすぐに死んでしまうなどの効果があると考えられる（⑥）。また、あるいは、結婚生活が長続きせず、結婚と離婚を重ねるようになる（⑦）。

ただし、この分け前をもらう権利を公然と主張してくれるわかりやすい事案

第 1 部

もあれば ⑧、密かに「呪詛」をかけてクランの裁判の場に出ても認めないケースがあるようだ ⑨。いずれにせよ、水を掌に注いで飲ませれば解呪でき、娘は元に戻る ⑩。しかし、元に戻らないものもある ⑪。死んだ子供などは元に戻らないことは容易に想像がつくが、取り返しのつくこと、つかないことがあるということだろう。公になればクランが介入して、まず「与えられるべき牛」を与えるように指示する ⑫。「鶏を供犠してその血と水を「呪詛」の犠牲となった少女に振りかける」⑬ 儀礼を行う。その後ジャラーミの掌に水をくんでそこから水を飲む。回数は性により3回（男）か4回（女）と決まっている ⑭。この解呪の儀礼で問題は解決するはずで、嫁に子供ができないという効果だった場合などは、ほどなく妊娠するという ⑮。

⑹　ルンジョ・ダコあるいはルンジョ・チソ lunjo dhako/chitho（寡婦相続）その1

《テキスト6 − 15》
「男が妻を残して死ぬと、父系の兄弟と従兄弟が、寡婦 chitho, sing., pl. chiliendi jatho を相続する権利を持つ ①。儀礼のやりかたは、寡婦に付着した不幸をはらい浄めるために雄山羊が供犠され[5]、焼かれ煮られて共食されるが ②、死者のオジと、寡婦を相続しようとする者はこれに手を着けない（逆にこの2人の当事者だけが食べる、というヴァージョンもある）。骨は小屋の片隅に集められ、夕方になってから誰にもわからない場所に捨てる ③。この山羊の供犠が行われないまま相続しても、相続した男と相続された寡婦の間に子供は生まれないと信じられていた ④。相続した男は、以後ヨウォレ・オジリ ywore ojili 義兄弟と呼ばれる ⑤ [6]。このようにして父方のオジなどが母親を相続したあとに生まれた子供はオチョラ／アチョラと名付けられる ⑥。

ただし、この名前は、この名前を持っていた死者の生まれ変わりだ（イチウォコ・ニンギ・ジャソ ichwoko nyingi jatho）としてつけることもあるので、この名前を持っているからといって一概に寡婦相続の結果生まれた子供であるとは言い切れない ⑦。

一般にアドラでは、いまでもあることはあるが、この習俗をあまり好ま

---

[5] ここで死の汚れを浄めることをキトゥティ kituti と言い、この供犠される山羊のことをディエリ・マ・キトゥティ dieli ma kituti と言う。
[6] 兄弟は yworan sing., pl. ywochan。

第 6 章 「呪詛」、ラム lam の観念

ない人もおおぜいいる。それは寡婦は亡き夫を 5 年、10 年悼むべきだとの考えからだ（⑧）。しかし、それを奨励する以下のような歌もある。

    Ojili ma yworan tendere kumati
    Kimito Apio wano nywol tendere kumati
    Kimito Adongo wano nywol tendere kumati
    Inywomiran tendere kamudo

    私の義兄弟よ。あなたが相続人だ。あなた次第だ
    双子が作りたければ、あなた次第だ
    双子の二人目も、あなた次第だ
    結婚してくれるなら、あなた次第で万々歳だ。

　もともと、ルンジョ・チソは、誰もが花嫁代償なしの女がほしいので、ややこしい話なのだ（⑨）。キド・ルンジョ・ダコ・ルウェイ・パレ・ウォコ *kidho lunjo dhako lwey pale woko*（寡婦を相続しようとするときには、扉の外にズボンを脱いでおけ）ということわざがある。すぐに逃げられるようにとのことである。注意深くことをすすめなければならない（⑩）。
　こういう警句を含んだ歌が知られている。

    ochien ? no ama'ko geto go? !
    para no, mako jo nono !
    irango jo nono jo kosemba
    para no, mako jo nono
    jaalin chalo wod gweno ?
    paro no, mako jo nono !
    irango dhako no weyo ywochie ?
    paro no mako jo nono !
    ja'path kiwoth loka!
    paro no mako jo nono!
    irango jo nono jo kosemba ?
    paro no mako jo nono!
    dhako ka chwore otho kiwingere gi ywore ? !

第 1 部

paro no mako jo nono!
irango jo nono jo ko'semba?
paro no mako jo nono !
chi kwari ani moro

祟りか　それが祟ったというのか！
それはクランが決めることだ
どうしてクランは認めてくれないのだ
決定はクラン次第
この男は雄鶏みたいな動きだが
決定はクラン次第
なぜこの寡婦は義理の兄弟の相続を拒んだか
決定はクラン次第
部外者はここの寡婦を相続できません
決定はクラン次第
どうしてクランは認めてくれないのだ
決定はクラン次第
夫を亡くした妻がどうして死んだ夫の兄弟に協力しないの！
決定はクラン次第
どうしてクランはこれを認めないのか
決定はクラン次第
寡婦は祖父のもとへ

　クラン・リーダーの反対を押し切って寡婦を相続するのは避けたほうがいい(⑪)。どんな子供だって木から生まれたわけではない。年長者のいうことは聞くものだ (⑫)。寡婦を相続するのは、花嫁代償を受け取ったクランの兄弟でなければならない (⑬)。

　クランの怒りを買って「呪詛」を受けた少年は、トレーディングセンターをうろうろするようになり、女なら誰彼かまわず色目を使った (⑭)。パドラの「呪詛」は強力で、年長者に跪いてそれを解除してもらうまではらちが明かない(⑮)。」

　(7) ルンジョ・チソ *lunjo chitho*　その 2

第 6 章 「呪詛」、ラム lam の観念

《テキスト 6 – 16》
「イトコが死んで、その妻を相続しようとしていた男がいる (⑯)。男は、死者にとってイトコにあたる他の男から、「お前は家族の一員ではない。これはわれわれの牛だから、それを家族外のお前が相続することはできない」と言われた (⑰)。実は、その男は寡婦と恋愛関係にあった。男は、恋愛関係にあった寡婦と自分の屋敷か相手の屋敷で、「呪詛」をした。「この男は、私の父の牛を私しようとしている。この男の子供たちはみんな死んでしまえ」(⑱)。するとそれが現実となった。その寡婦を相続したイトコというのは実は私の父なのだが、父は死に、「呪詛」された子供のうち、2 人の女の子が死んで、1 人を残すのみになった (⑲)。
　その後彼らは解決に乗り出し、解呪の儀礼を行って問題は解決した。彼は寡婦を相続することができた (⑳)。」

【解説】
ルンジョ・ダコは、いわゆる寡婦相続である。夫の死に際してその兄弟、あるいはクランの非常に関係の近い男性が寡婦を相続しようとすることであるが (①)、現在は、亡き夫を追悼するべきだとの考え方のほうが強く (⑧)、あまり一般的ではない。原理的には、夫方にすでにクランに対し花嫁代償が支払われているため、改めての花嫁代償は必要ない（ことになっているが、現在は花嫁代償を完済している例はそれほど多くない）(⑬)。花嫁代償なしに嫁が欲しい男は多い (⑨) ので、通常候補者が複数上がる。競争になることも多く、争いの原因にもなる。「扉の外にズボンを脱いでおけ」というように、寡婦に迫っている最中に襲われることもあるようだ。この相続は、ほかの財産相続と同じく、注意深く進める必要がある (⑩)。クラン・リーダー (⑪) や年長者の理解を取り付けるのが重要である (⑫)。もし、クランの総意を無視してよそのクランなのに寡婦相続（めいたこと。この行為には花嫁代償を払っていないので相続としての正当性がない。）を強行するとクランの「呪詛」をかけられて、女なら誰彼かまわず色目を使うようになってしまった少年もいる (⑭)。その際には、「跪く」儀礼を行って解呪してもらわないといけない (⑮)。

　しかし、一方で寡婦は、夫を亡くしたのは事実なので、「不幸」の原因がどこかにあるのは間違いない。そこで、相続人は、死の汚れを祓い清めるために、死者のオジとともに雄山羊を供犠してそれを浄める (②)。食べた後の骨などは、小屋の片隅に置かれ、夕方になってから密かに捨てる (③)。これは埋葬儀礼の

ときと同じやり方である。この浄めをしない限り、相続した男と、相続された寡婦の間には子供が生まれないとされる（④）。寡婦を相続すると、以降相続した者は、ヨウォレ・オジリ（義兄弟）と呼ばれる（⑤）。寡婦相続のあとに生まれた子供は決まった名前がつけられる（オチョラ／アチョラ）が（⑥）、死んだ夫の子供だとは考えられているわけではない。ただし、先祖の名を継承する例も多いので、すべてのオチョラやアチョラがこうした経緯で生まれたとは言えない（⑦）。

　（7）のケースでは、もともと寡婦を相続したいと言っていた夫のイトコは（⑯）、恋愛関係にあったらしい。イトコに当たるのは、オメリ *omer*（FBS）と、オミン *omin*（MBS、MZS、FZS）だが、同じクランに属するのは前者だけである。オミンは直接の実兄弟も含むが、もし実の兄弟ならばもともと近さの点で争点がないので、この場合は当てはまらない。おそらくは、この話者の父は、前者のオメリのカテゴリーで相続には正当性があったのだろう。そうでないと「われわれの牛云々」という発言が宙に浮いてしまう（⑰）。しかし、そうすると、「父の牛云々」という「呪詛」の言葉の意味がとりにくくなる（⑱）。いずれにせよ、寡婦と、相続希望のおそらくはオミンのカテゴリーの男の「呪詛」で、話者の父は死に、女の子が2人死に、話者しかのこっていないようだ（⑲）。「呪詛」の存在を認めたクランは解決に乗り出し、解呪の結果、相続の望みは果たされ、恋愛も実ったようだ（⑳）。

　TOCIDA（Tororo Community Initiated Development Association）というNGOのニュースレターにあげられた、「寡婦相続」の原因の筆頭には、「おそらくはもともと恋人だった。過去の関係を復活する機会である」［TOCIDA 2006: 7］ことがあげられている[7]。

7　明記されていないが、おそらくはブレーンストーミングの結果として、「寡婦相続」の慣習が続けられる要因が列挙されている。続く要因としては、2. 高い性的な要求、とくに男の相続者による。3. 寡婦はまだ出産能力があり、クランは他のクランの人間との結婚をのぞまない。4. 相続人に子供がない場合、多産な女を相続して子供が生まれれば、自分が原因ではないことが示せる。もし、寡婦が美人なら、男たちはそういう女に群がる。5. クランとしては、死者の残した子供について道徳的経済的な支援者を確保したい。6. 花嫁代償の返還を寡婦の親に要求したくはない。7. 死者の財産を寡婦や子供たちだけではなく自分も継承したいと相続希望者が考えている場合。8. 人的資源も含めて、クランが財産をコントロールしていることを示したい。9. もっと子供を増やしてクランの数的な勢力を増加したい。10. よく働く寡婦は、財産を殖やすと信じられているので、求められる。11. 寡婦に教育があれば、なお経済的に価値がある。12. 複数の妻を持つ男は性的に強いと考えられるので、コミュニティのなかで尊敬される。13. 聖書の「増やせ」

第6章 「呪詛」、ラム lam の観念

4 解呪の方法
(1) 浄めの儀礼

《テキスト 6 − 17 − 1》
Q：「呪詛」でひきおこされた問題を解決するにはどうしたらよいのでしょう。
A：「呪詛」された当人が、「呪詛」した人間のところに鶏を2羽持参する（①）。屋敷の入り口のところで、1羽を供犠し、コンゴと胡麻をすりつぶしたペーストに混ぜてその鶏の血を「呪詛」の攻撃を訴えている者にふりかける（②）。
　女性が「呪詛」されると、子供ができなくなるのが典型だ（③）。呪文でもそのことが言及されることが多い。たとえば、「呪詛」をかけるときには、「私の希望を叶えてくれないのだから、お前に子供ができないようにしてやる」と言う（④）。逆にそれを解く際には、「もう問題はないから、さあ、子供を産むがいい」と唱えごとのなかで言及される（⑤）。
　「呪詛」をかけた者の小屋の屋根に水がかけられ、屋根から垂れてきたそれをコップに受け、「呪詛」をかけたものの掌にとる（⑥）。屋根からの水を「呪詛」をかけられた者が額で受けるやり方もある（⑦）。「呪詛」をかけた者の掌から「呪詛」をかけた者、かけられた者がすすりあう。男であれば、3回、もし女であれば4回すする（⑧）。「呪詛」をかけられた者は若鶏あるいは雛をもらい、後ろを振り返ってはいけない、と言い聞かされて自分の小屋に帰る（⑨）。
Q：もし、振り返ってしまったら、どうなるのですか。
A：また、「呪詛」がその男に危害をくわえ続けるだけだ。浄めの儀礼は失敗であり、何も解決していないことになる（⑩）。
Q：「呪詛」をかけた者に対する罰則はないのですか。
A：それは絶対にない。年長者たちの言うことをきかなかった者が悪いのであり、年長者に罰則などとはわれわれが考えもつかないことだ。もしそんなことをすれば、さらなる不幸が襲うだろう（⑪）。
Q：誰でも「呪詛」することができるのですか。また、どんな人が「呪詛」するのですか。
A：当該人物に縁もゆかりもない人間には「呪詛」はかけられない（⑫）。祖父

を実現する、などがあげられている [TOCIDA 2006: 7]。

第1部

　　母、オジ、オイが「呪詛」をかける能力と正当性をもつ ⑬。
 Q：ギマ・ケロ・ラミ *gima kelo lami*？（「呪詛」されることになった原因はなにか）
 A：だいたいが、オジ、オバ、祖父、祖母との喧嘩が原因だ ⑭。あるいは、親族や親戚をミニヨム *ninyom*（ないがしろにしたり、過小評価すること）⑮。あるいは、ルスワによる「呪詛」⑯。これは、特定の相手のいる「呪詛」とはすこしタイプが違う。

【解説】
　「呪詛」の効き目を解消するには、今までに見てきたように、「呪詛」をかける契機となった要求に応えること、つまり賠償が前提条件だが、それが整って合意が形成されると、「浄めの儀礼」が行われる。この場合の「浄め」は、チョウィロキ *chowiroki*（一般的に「浄めること」）、チョウォ・ラミ *chowo lami*（「「呪詛」を浄める」）と言われる。

　これまでも端的に、「水を飲む」「跪く」などの表現で語られているが、基本的には以下の形をとる。「呪詛」された側がジャラーミに鶏を2羽持参する ①。1羽はジャラーミの屋敷の入り口で供犠する。鶏の血、コンゴ、すり胡麻のペーストを混ぜて「呪詛」被害者にふりかけて浄める ②。（ジャミギンバの章（第4章）でも扱ったが、すり胡麻のペーストは、非常に強い儀礼的な力を持っている。胃の内容物に見た目が似ているからか、「冷やす効果がある」とされる。）

　その後、小屋の屋根の上に水をかけ、屋根から伝わってきた水を受けて掌に入れ ⑥、それをジャラーミと被害者がすすりあう（被害者が一方的に飲むケースもある）。男と女それぞれの数だけすする ⑧。「呪詛」被害者が屋根からの水を額に受ける、という方法も伝わっている ⑦。その後、（ここでは語られていないが）通常和解の共食がなされ、ジャラーミから被害者は鶏をもらい、自分の屋敷に帰るのだが、その際に後ろを振り向いてはいけない、というタブーがある ⑨。万が一振り返ると「浄めの儀礼」は無効である ⑩。「呪詛」の効果でまた不幸が続くことになる ⑪。

　「Ⅱ　テキスト　1.「呪詛」とは何か ⑹親族関係があってこそ」にみたように、「呪詛」は、もともと「出産」とその結果発生する「系譜関係」にその力の源泉を求めていることもあって、「縁のない人間にはかけられない」⑫ し、通常は、「祖父母、オジ、オイ」が正当な「呪詛」の主体と考えられている ⑬。その相手との喧嘩や ⑭、そのカテゴリーの人間をないがしろにしたりすると「呪詛」を招く ⑮。

第 6 章 「呪詛」、ラム lam の観念

もっとも典型的な効果は、「出産」と「系譜」の否定、すなわち「不妊」である。女が攻撃されるととくにその効果は目に見えやすい（③）。この効果の内容については、呪文でも言及されるのが一般的である（④）。解呪するときにも、「子供を産むがいい」と言葉にして妊娠・出産を促す（⑤）。

ルスワ（⑮）については、テキストで述べられているように質が異なるので、章をあらためて論じることにする。

《テキスト 6 − 17 − 2》
Q：どうやって「呪詛」を取り除くのですか。
A：「呪詛」をかけた者を特定し、それを招いた者が、謝罪して、「呪詛」をかけた者に手ずから「呪詛」を解除してもらうのだ（①）。

「呪詛」をかけた者は、かけられた者に、「呪詛」を解除する代償として、場合によっては賠償金、鶏などの供犠獣、上等な衣類などを請求するだろう（②）。「呪詛」をかけた者が儀礼に必要なコンゴと鶏を用意する（③）。「呪詛」をかけられた側は、かけた側に「呪詛」のおかげでどんな困難に直面しているか、告白する（④）。そして、「呪詛」をかけた者が鶏を供犠し、茹でて調理する（⑤）。「呪詛」をかけた側、「呪詛」をかけられた側はのちにともに小屋の正面玄関の前に座り、この鶏を共食するのである（⑥）。

その間に、「呪詛」をかけた側は、「呪詛」を解除する呪文を唱え、コンゴを犠牲者にふりかける（⑦）。

'Change ago dhokan ocher kwomin to onyu sawame adwoko dhokan chen'（「かつて私の口からお前に対して出たものがあるが、しかし今では怒りの気持ちも収まった」）[8]

---

[8] 以下のようにウェレに言及する呪文のテキストも得られたが、呪詛の力の根拠は普通はウェレとは異なっているので、この呪文はキリスト教徒が作文したものではないかと疑っている。

……神（ウェレ）よ、私がこの子が私をないがしろにしたと口にした
しかし今やこの子は私のもとにかしづいている
口にした通りのことが起こるように祈ったのも今はもう過去だ
謙虚に私の前にかしづいている
神よ、ともに彼の身にもたらしたものをいまや解き放とうではないか
父よ、祖父よ、かつて私の兄弟は亡き父に対して過ちをおかした、〜よ、
世界をつくり言葉に力を与え、

第 1 部

　　　「呪詛」をかけた人間の小屋の屋根の上から水をかけ、屋根を伝って落ちてきた水を掌に集めて犠牲者にその手から飲ませ（⑧）、その後共食する（⑨）。ジャラーミ・マコ・ンゴ・グウェノ jalami mako ngo gweno（「呪詛」をかけた者が鶏を与える）。「呪詛」をかけた者がかけられた者に若鶏を与え、それをもって自分の屋敷に帰るように言う（⑩）。ただし、このときの帰り道に後ろの来た道を振り返ってはいけない（⑪）。これで「呪詛」を祓う儀礼は終わりである。

【解説】
　ここで「手ずから」と表現されているように、「呪詛」をかけた側の「掌」が象徴的意味を持っている（①）。（「（3）ジャラーミ jalami が死んだら」でみた、遺体の掌に水をくんで浄めるケースを想起すればわかるように極端な場合、「呪詛」をかけた側の意向すら確認せずに「浄め」が発動することもあるのかもしれない）。
　賠償金と鶏、衣類などの財産など、ジャラーミが要求するものを整え、儀礼を執行するのに必要な動物と酒は「呪詛」をした側、すなわち解呪の儀式を行う側が用意する（③）。ただし、この場合に法外な要求（たとえば牛）がなされた例を知らない。1つはクランなどの公の監視下にあることと、法外な要求をした時点で正当性が毀損されるからであろう。
　具体的な被害を告白する（④）。呪文のなかでその被害に対する言及やほのめかしが必要であると別に聞いた。供犠と調理は、ジャラーミの側が行う（⑤）。小屋の正面玄関に両者が鎮座し、共食（⑥）した後に呪文とともにコンゴをふりかける（⑦）。ここでは、屋根からの水を「性の回数だけ」掌から飲む、という作法には言及されなかった。

　(2) オジに「呪詛」され、跪いた伊達男 [9]

　　　兄弟とその子に罰を与えたもうた神（ウェレ）と力を合わせ、
　　　また祖先たちと力を合わせてこの罰を取り除くがいい
　　　彼に自由を……

9　彼からは同じ話を何度も聞いている。もうひとつのテキストも細部に至るまで一致する点が多い。参考までに掲げておく。

第6章 「呪詛」、ラム *lam* の観念

《テキスト6－18》
「私の名前はエリサナ・オングウェン Erisana Ongwen。私はオジに「呪詛」をかけられた。オジと酒場で喧嘩して（①）、オジは泣きながら自分の屋敷に帰った（②）。そんな出来事があった。彼は「お前が今着て身につけている服が、最後のものになるだろう」と口にした（③）。彼の言葉通り、私はそれから1着の服さえ購入できていない。私自身はその言葉を聞いてはいないのだが、それを聞いていた私の友人があとで私に教えてくれた（④）。酒場での1件以降、私は1枚のシャツすら買えない、うまくいかないことを不思議に思っていた。「いつだったかオジと喧嘩したことがあるだろう？」友人の言葉で思い出した（⑤）。彼は、オジの屋敷に行って跪き、許しを乞うのが、今後よりよい生活を築くのに必要だと助言してくれた（⑥）。父のところに行き、仲介を頼んだ。父との話し合いの結果、オジは許してくれるということになった（⑦）。

何が必要か尋ねると、彼が提示したのは茶色い雄鶏、2キロの肉、そして5000シリングである（⑧）。

……私はごく最近まで、オジの呪詛に悩まされ続けてきた。あるとき酒場で母方オジと飲んでいたところ、かれがしきりに周囲の人々に対して悪態をつき、罵った。私はオジのその態度に大いに嫌気がさし、私も彼を罵倒した。先にオジが手を出し、私も怒りのあまり殴り返し、さらにオジを床に投げ飛ばしてやった。彼は悔しさのあまり、自分の屋敷に帰ってから呪詛を唱えたのだ。それまでのところ、私は服装がおしゃれで知られていた。後にオジに謝ったときに膝をついたのが、そんなことはずっとしたことがなかった。しかし、それから数年間これといった要因もないのに（呪詛のせいで）新しい服もあつらえることなく、ほとんど裸で歩いていた。呪詛について人は、身体的な自覚がなく、ただ「お金を食べる」という言い方をすることがあるが、全くその通りだ。周囲の人々もあの酒場での喧嘩のことに思い至ったらしい。私はすぐにオジの屋敷へ行き、浄めて呪詛を取り除いてもらうように頼んだ。まず、赤い雄鶏と5000シリングが必要だった。彼は私を跪かせ、水場から屋敷の入口通路まで歩かせた。さらに膝で歩いてオジの小屋の扉のところへたどり着くと、ようやくオジは掌に水をくんで飲ませてくれた。供犠した鶏の血を箒状の草で振りかけた。鶏を殺すときにオジは過去の言葉を取消して、これからはうまくいくように唱えた。小屋の入り口に食べ物を出して、一緒に食事をとった。雛を1羽渡され、自分の小屋まで振り向かないで帰るように言われ、そのとおりにした。

自分の小屋に戻り、少し眠った。ちょっとした薬はもらったが、オジが鶏を供犠するときにつぶやいた言葉、ほとんどそれが儀礼のすべてだった。それからしばらくして、私はシャツを新しく新調することができ、友人たちはまた私を口々におしゃれだと褒めそやすようになった。冗談ではない。呪詛は本当のことなのだ……

317

第 1 部

　　それらを整えて屋敷を訪れると、跪いて歩くべき出発点を示され、そこからオジの屋敷の入口まで跪いて歩いた（⑨）。1 人の牧師を含む 2 人の教会関係者が証人として招かれていた。その日は日曜日だった（⑩）。
　　入口にたどり着いて座ると、オジは何か秘密の言葉をつぶやいた（⑪）。雄鶏を供犠し、掌に水をためて私に飲むようすすめたあと（⑫）、雛をくれた（⑬）。その後、自分の屋敷に帰るよう促されたが、決して後ろ、来た道を振り返ってはならないと念入りに釘を刺された（⑭）。私は言われた通り屋敷に帰り、すぐに床に就いた（⑮）。
　　その日はそんなふうに終わった。翌日、目が覚めると「呪詛」されていた私の人生が全く変わったことに気づかされた。「呪詛」は解かれたのだ（⑯）。
　Q：儀礼の場面でコンゴは出なかったのですか。
　A：そのときはコンゴは出なかった。ただ、私の足に水をふりかけただけだ（⑰）。雌鶏が供犠され、肉も出て、何か言葉をつぶやいただけだ。それで、私は立って、自分の足で屋敷に帰ってきた。その次の日から、私を取り巻いていた問題はすべて解決して悩まされることは全くなくなった（⑱）。
　Q：ほかに、「呪詛」されたとか、「呪詛」を祓ったとかいう話は聞きますか。
　A：私の祖父が私の姉妹を「呪詛」したことはある。そのとき、彼はクラン・リーダーだったのだが。私はすでに結婚して独立していたが、駆けつけて、彼女に鶏とコンゴを準備し、肉を買っておくようにあらかじめ伝えておいた。
　　一方、祖父はポリタンクいっぱいのムウェンゲ（バナナから醸造した酒）を姉妹に要求していた（⑲）。「呪詛」のきっかけが、彼女が祖父の所望したムウェンゲを与えなかったことにあるからだ（⑳）。
　　その日、雌鶏が供犠され、その血が姉妹の額にふりかけられた（㉑）。私たち家族が遠巻きに見守りながら食事するなか、彼らは屋敷の戸口の前で食事した。祖父はムウェンゲを心いくまで飲み、私たちはコンゴを飲んだ（㉒）。
　　以来、彼女に何か問題があるということはない。」

【解説】
　　母方オジとの酒場での喧嘩（①）が原因で恨みを買い、「呪詛」をかけられた。喧嘩の結末として、当初はオジが酒場から泣いて帰ったことしか認識していなかったが（②）、「いま身につけている服が最後」とのオジの唱え言（③）を聞い

第 6 章 「呪詛」、ラム lam の観念

ていた友人の言葉で（④）あとから思いあたった例である（⑤）。酒場での1件以来、実際に新しい衣類を購入できないような窮地にあって、その理由がよくわからなかったが、遡及的に「オジの「呪詛」」が「災因」として焦点化されてきた。友人の助言もあって（⑥）、父親に仲介を頼んで、オジに許しを乞うことにした（⑦）。このように通常は父親が仲介して調停役に立つことになっている。

許してくれることになったので、必要な賠償のための物品と現金を整えて屋敷を訪れた。必要なものは前もって指定されていた（⑧）。指定された地点から、オジの待っている屋敷の入口まで跪いたまま歩いていくさまを教会関係の証人の前で演じさせられた（⑨）。日曜日だったとのことだが（⑩）、教会を休んでまでできたということか、日曜だから証人が集まることができた、ということか（時間帯によってはどちらの可能性もありうるので）、これだけの記述ではわからない。

その後、解呪の呪文を唱え（⑪）、供犠し、掌から水を飲ませた（⑫）。話者に雛を与え（⑬）、自分の屋敷への帰宅を促されたが、後ろを振り返ってはいけないと忠告された（⑭）。その日はそのまま床についたが（⑮）、翌朝目が覚めてすぐに「呪詛」が解かれた自覚を感じたという（⑯）。

もう1つの例では、クラン・リーダーでもあった祖父が所望のムウェンゲを進呈しなかった姉妹に「呪詛」をかけた（⑱）。立場がある人間でも「呪詛」をかけることに歯止めはかかっていないことが示唆される一方、賞賛もされないようだ。賠償のためにジェリカンいっぱいのムウェンゲ（⑰）を持参し、雌鳥の血で浄められた（⑲）。祖父はムウェンゲ、周囲の者はコンゴで宴会が催されたようだ（⑳）。このように、解呪の儀式は、周囲の観衆がいる場所で行われる公式的なものである。

(3)「呪詛」の浄めと失敗の要因

《テキスト6－19》
「チョウォ・ラミ chowo lami（「呪詛」を浄める）。ンゲル・マ・チョウォ・ラミ nger ma chowo lami（「呪詛」をいかにして取り除くか）ともいう（①）。「呪詛」を解くためには、ンガタ・オラーミ ngata olami（「呪詛」された側）は、ジャラーミ jalami に、和解を願い出て賠償金を支払うなどして許しを請う必要がある（②）。クウァヨ・チャック kwayo chak（謝ること）が大切だ（③）。特に多い花嫁代償をめぐる案件などでは、「呪詛」された者の親が仲介に立つ場合が多い（④）。

319

第 1 部

　ときには、「呪詛」をかけたことを当人がなかなか認めないことがある。厄災をおさめるために認めないまましぶしぶ儀礼を行う場合もあるようだ(⑤)。

　しかし、通常は、「呪詛」をかけた側がそれを認め、かけられた側が不行状を詫びて、賠償を含めた条件がお互いに折り合い、和解についての合意が成立した後に、「呪詛」をかけた側が浄めの儀礼を執り行う(⑥)。

　その儀礼は、「呪詛」した側の屋敷の母屋のベランダで行われる。犠牲者がその小屋に面して座り、「呪詛」した者の手のひらから水を飲む。そしてパニイ *panyi*（木臼）に容れておいた準備のコンゴを犠牲者にオドゥニョ *odunyo* という箒草の穂先に浸してふりかけながら、次のように唱える(⑦)。

　　もし、私がその言葉を口にしたとしても、
　　もはやこんにち、私たちの関係は修復された
　　お前はもはや、もとのように元気になるがよい
　　もし、私がお前の結婚がだめになるようにと口にしたとしても、
　　今日はお前が妻となる道を私が開こう
　　結婚してその家族が幸せになるように
　　私の言葉から解き放たれるがいい
　　お前がどんな仕事を手がけようと、それが
　　夜空の星のように輝き
　　蜘蛛の子ほどに多くの子供が生まれるように
　　空を飛ぶ燕のように軽やかに仕事ができ、
　　湖に注ぐ大河のように実りある富を手中にできるように
　　最後に、クランの皆の前で祝福の言葉を雨のようにお前に注ごう

　唱え終わったら、「呪詛」した者は「呪詛」された者の額に唾を吐きかけ、祝福する(⑧)。

　そして鶏が供犠され、和解のしるしとしてその鶏は「呪詛」した側もかけられた側もみんな同じ皿で共食する(⑨)。この際には、一口食べて相手に食べさせる、「骨嚙り」(カヨ・チョコ。前章参照)と同じやり方がいいのだ、と主張する長老もいるが、必ずしもその限りではない(⑩)。その皿は素焼きの皿であることが望ましい(⑪)。両者とも同じ瓢箪から直接コンゴを飲む(⑫)。その後、「呪詛」した側は、犠牲者に確認のための雌の若鶏を手渡

第6章 「呪詛」、ラム lam の観念

す ⑬。それを持ち帰って、その若鶏が成長し、卵を産んだら、「呪詛」が浄められた証拠であるとされる。しかし、鶏が死んだり、どこかへいなくなってしまったりしたら、浄めの儀礼は失敗した証拠であるという ⑭。[別な資料によれば、鶏をもらえるのは単に和解のしるしと考えている者もいるようだ]

私が見た1つの例では、浄めの儀礼ののち、たしかに「呪詛」に言及されるような出来事は減ったが、「呪詛」を祓うことができていないのではないか、と思われるものもあった ⑮。

なぜなら、その例では、まだ「呪詛」をかけられた側は結婚することができないでいるからだ ⑯。たしかに、たとえば子供ができるかどうか、などということは、神の思し召しというか、偶然に左右されるところもあるだろうとは思う。最初の子供から次の子供まで15年間も間が空く場合もあれば、4、5年のこともある。私はそのことに「呪詛」が関与したりするのか、よくわかっていない。

「呪詛」が解除されない理由はよくわからないが、このことは純粋な「呪詛」ではなく、別の要因がかかわっているからではないかと思われる。基本的には親の「呪詛」は効き目がないはずなのだが ⑰、もし、祖父の槍や楯や床机を用いて親が子供に「呪詛」をかけると、子供は即座に死亡すると言われている ⑱。このように「呪詛」は、祖先の霊の力を利用するものもある ⑲。また、祖先の霊のほかに、ウェレの力を利用するものもあり ⑳、それは、「呪詛」をかけた人間の意思だけでは解除できない ㉑。それはジャジュウォキと交叉するものである ㉒。

「呪詛」は舌を用いて人に危害を加えるものだが、毒を用いて同じような効果をもたらすのはジャジュウォキだ、というまとめかたをする人もいる ㉓。毒を盛るのはなかなか難しいと思われるが、なかには特殊な力を持っている者もいる。私がいま思い当たるのは、オブル・ブカレ Oburu Bukare という人物だ ㉔。彼は呪術的な力を持っていて、よく学校にあらわれてそれを見せて金をとっていた。彼は離れたところからキャッサバの皮をむいたり、それを6つなら6つに切ってみせる芸を持っていた ㉕。彼はまた、誰かの握った掌に入れたものを自分の掌に移動する術を知っていた ㉖。さらに、誰かに咳をするように命じて、言うとおりに咳をすると、尻の穴から卵が出てきて床に落ちる、そんな芸を見せていた ㉗。そんな能力を持っていれば、霊を用いて人に危害を加えることもわけはなかっただろう

321

第 1 部

(㉘)。」

【解説】
　「浄めの儀礼」、別名「ンゲル・マ・チョウォ・ラミ *nger ma chowo lami*（「呪詛」をいかにして取り除くか）」(①) は、「呪詛」された側の父親が仲介に立ち (④)、「呪詛」された側からの、謝罪 (③) と許しを乞うことと、賠償による和解の合意形成がなされる必要がある (②、⑥)。ときには、「呪詛」をかけた側がそれを否認するケースもあるようだが (⑤)、それは例外的なもののようで、仮にそういった状況になっても、社会的に公になっているので、不承不承「浄めの儀礼」に同意するしかない例もある。前章でとりあげた Disapearing World の僚妻と同じ状態が、ここでも見られるわけである。
　儀礼は、ジャラーミの小屋の戸口に被害者が対面して座り、被害者はジャラーミの掌から水を飲む。ジャラーミは、臼のなかのコンゴを箒にする植物の穂に浸して浄めつつ解呪の呪文を唱える (⑦)。その後唾を額に吐きかけて祝福する (⑧)。
　その後、供犠した鶏を同じ素焼きの皿（あれば⑪）から食べ (⑨)、同じ瓢箪からコンゴを飲む (⑫)。「骨囓り」儀礼のようにはじめに加害者が齧り、次に被害者にそれを囓らせる作法が理想とする説もある (⑩)。「呪詛」した側が雛を被害者に持たせるところまでは (⑬)、既存資料と同じだが、その鶏が成長して卵を産めば浄めは成功、死んだり行方不明になったりしたら失敗、というように鶏が儀礼の成否を占う機能を果たしているという (⑭)。
　なかには、災いは減ったが、結婚はできていない (⑯)、という「呪詛」の効力が完全には祓われていないのではないかと思われる事例もある (⑮)。
　親の「呪詛」は効き目はないはずだが (⑰)、親にも祖父の槍や楯、床机を用いて、祖先の力を流用して (⑲)「呪詛」をかけるという方法があるという。この方法で「呪詛」すると子供はたちどころに死亡するという (⑱)。これら祖先や神（ウェレ）の力を用いるものは (⑳)、当人の力では解除できない (㉑)。正当的な「呪詛」というよりはもはやジャジュウォキである (㉒)。
　「呪詛」は舌を用いる、ジャジュウォキは毒を用いる、という分類をする者もいる (㉓)。ここで注目すべきは、「効果は同じ」と考えられている点である。
　ブカレという人物が (㉔)、離れたところからキャッサバの皮むきをしたり、キャッサバを切ったり (㉕)、誰かの握っているものを自分の掌に移動させたり (㉖)、咳を合図に卵を産み落としたり、という芸を学校に現れて見せていたとい

う(㉗)。そういった能力の持ち主がいるので、霊を用いてたやすく他人に危害を加えられる能力もいるだろうと推論している(㉘)。

このような手品師めいた芸が「能力」として「霊」との関係で語られるのは興味深いが、他人の持っている能力が高く見積もられているのは確かであろう。

(4) 解呪は無意味

《テキスト6－20》
「最近、ジャシエシのところに行って「呪詛」を解呪しようとする者がいると聞いている(①)。しかし、「呪詛」は、神からその効き目を保障されたものだ(②)。もし、ジャシエシが「呪詛」を取り除こうとしたところで、「呪詛」をかけた人が「呪詛」をかけるときに述べあげた祖先の名前を全部知っていなければ、解呪などできない(③)。「呪詛」をかけるときには、祖父の名前、オジの名前などを述べあげるものだ(④)。ジャシエシが、解呪ができるなどということをもし言うとすれば、それは嘘であり、ただたんに、生活のために稼ぎがほしいだけだ(⑤)。」

【解説】
ここでは、「呪詛」の際に力を発動する祖先の名前を述べあげること(④)、また、その「呪詛」の効力を解呪する際にも、同じ名前を列挙しなければならない(③)ということを根拠に、ジャシエシの解呪が無効であり、虚偽であることを論じているテキストである。ジャシエシのところで「呪詛」を解呪しようとする者がいるという昨今の傾向(①)には批判的なテキストである。「呪詛」の効力は神由来だとする点(②)でほかの資料と考えが異なっているが、「呪詛」の効力は疑っていない、興味深いテキストである。

5 ニャキリガと「呪詛」

《テキスト6－21》
「現在でもテウォを訪れて、他人に厄災をもたらすような祈願をしている人間がいるらしい(①)。テウォに行き、直面している状況を話して助けを求めた結果、敵対している誰かがその力を利用して「呪詛」していることが判明することがある(②)。また、小屋の入り口などに、あなたの死を願っ

第1部

て薬をおいておくようなことをする人がいるかもしれない（③）。この場合にも、その薬をもってテウォを訪れ、逆にその人に災いが起こるように願うと、その通りになる（④）。たとえば腕が腐り落ちてしまったりする（⑤）。私は現在もそれは現実のことだと信じている（⑥）。

しかし、祖父母やオジ、オバなどの「呪詛」による災いは、「呪詛」をかけた当人にコンジョ・ピー konjo pii（水を注いでもらって）解呪するほかなく（⑦）、テウォに行ってもその効き目は期待できない（⑧）。それは「呪詛」を招くような行いをしたほうが悪いのであり（⑨）、この場合の「呪詛」はその犯罪に対する罰則として効力が働いているので（⑩）、テウォは何の助けにもならないのだ（⑪）。

テウォには教会関係者も極秘裏に訪れる（⑫）。しかし、それを彼らは他の人には知られたくないようだ（⑬）。ここにあるこの服は、ある教会関係者が持ってきたもので、兄弟の娘からの贈り物だということだが、こんな黒い、貧相な服を贈ってきたことが不本意で、その娘をひどい目に遭わせて欲しいという祈願をもってここにきたのだ（⑭）。」

【解説】

テウォは、序章で簡単に紹介したように、ブラ信仰の祭祀場所である。マジャンガの時代に栄えたこの信仰は、「パドラの教会」として信仰の対象となっており、現在でも訪れる者は多いとされている。一方で「災因」と結びつけて考えられることは少ないので、非常に珍しいテキストである。

このテウォを訪れて、「呪詛」をする人がいるという（①）証を、テウォに問題解決のために祈願に来ているときに見いだすことがあるという（②）。自分はそういった意図でテウォは訪れていないという意味だろう。また、そういった邪悪な目的でもテウォへの祈願が有効であることを裏書きしている。

また、テウォを訪れて祈願すれば、自分の小屋に仕掛けられた致死の薬（③）などの効力を仕掛けた側に送り返すこともできるという（④）。その効果は、腕が腐り落ちるなど、非常に強力だと信じられている（⑤）。このテウォへの信念は揺らがない（⑥）。

しかし、祖父母やオジ、オバからの「呪詛」は、テウォには無関係であり、テウォへの礼拝で解呪はできない（⑧、⑪）。解呪するためには、「呪詛」した当人にコンジョ・ピーしてもらわなければならないのだ（⑦）。「呪詛」は犯罪に対する罰としての効力が働いていて（⑩）、「呪詛」を招くような行いをした側に全

面的に非がある（⑨）。

テウォには協会関係者も秘密裏に訪れるという（⑫、⑬）。この場では、兄弟の娘からもらった服が不満だといって持ってきた服があり、その娘に罰を与えたいという（聖職者らしからぬ）依頼があったという（⑭）。

最後の依頼は奇妙なもので、メイが持ってきた服なのだから、不本意ならば「呪詛」の対象範囲内なのに、あえてテウォに持ち込むということは、「教会関係者が「呪詛」をする」ことを公には知られたくないことを暗示しているように思われる。

6　キリスト教徒の「呪詛」

《テキスト6 − 22》
「しかし、キリスト教にも「呪詛」はある。立ちあがって、事態の認識を表明しそれによって自身が不満足であることを公言する、そうしたかたちの「呪詛」がある（①）。

ニョレ人でマリンガという牧師がいた。ウガンダ教会、アングリカンの牧師だった。あるとき、彼は日曜日の礼拝に行く途中、肉を売っている人たちをみつけた（②）。キソコとグワラグワラの間だったと言われている（③）。当時は肉屋がなかったので道路端の露天で売っていたのだろう。マリンガは、「ここで何をしているのだ？」と尋ねた。肉を売っていた人たちは悪びれずに、「肉を売っているのだ。レヴランド（牧師さん）、肉を買ってくださいよ」と言った（④）。マリンガは、怒って「日曜の礼拝に行くべき時間に肉を売ることを選んだのだな。いいだろう。これからパジュウェンダに礼拝に行くが、帰り道でも、お前たちはまだ肉を売っていることだろうよ。」と言ったという（⑤）。

人々は、そのときには冗談を言っているのだろうぐらいに考えていた。

マリンガが自転車で目的地の村に行って帰ってきたのは夕方5時ごろだった。男たちはまだ道端に座り込んでいた。何が起こったのかよくわからないといった表情だった。マリンガがその場を立ち去ったのちに、たったの1人の客も現れず、肉は全く売れていなかったのである（⑥）。「まだ肉を売っているだろう」というマリンガの言い捨てていった台詞は、肉が売れなくなる、という効果を持ったまさに「呪詛」の言葉だったのだ（⑦）。

男たちは許しを請うた。「牧師様、日曜日に肉を売っていて申し訳ありま

せん。実はこの牛は病気で、もう助からない状態でした(⑧)。こうして屠って売らないと、私たちは大損害で、生活が立ち行かないのです(⑨)。」マリンガは「呪詛」を解いて「そうか、それでは売るがよい、力を貸してやろう」と言った(⑩)。

信じられないことだが、その5時から7時の間に肉は瞬く間に売り切れた(⑪)。ツケで買う客もひとりもおらず、全員現金で支払ったという(⑫)。そのときにはマリンガはどこにもいなかった。このようにキリスト教にもアフリカの伝統宗教とよく似た「呪詛」があるのだ。いまのような例はそのことの生きた見本の1つだと言える。

名誉大主教のヨナ・オコスにも、似たようなエピソードがある(⑬)。1996年から1998年ごろ、祝日のある会合で、ヨナ・オコスを公然と批判した男がいた。男はオイウェロウォ Oywelowo という弁護士だった。彼はローマ・カトリック教会の評議員長だった(⑭)。「ナゴンゲラのご自宅で、戦争の準備をしていらっしゃるのではないですか。そういった風聞について、説明責任を果たしていただきたい」(⑮)

確かにヨナ・オコスは、もとの大統領のオボテと非常に近しかったので、その噂は常にあった。しかも、親のない孤児をたくさん引き取っていた。ナゴンゲラの彼の自宅に多くの人の出入りがあったことは確かだ(⑯)。またアミン政権時代の1977年には、彼の自宅から大量の兵器が発見された、という政府の公式的な発表があったことも事実である(⑰)。

会合の最後に演説の機会を与えられたヨナ・オコスは憤然と立ち上がり、首につけた聖職者の襟をするっと外すと、その弁護士のまえに放り出した(⑱)。

「若造よ、この老人の何が欲しいのか。これが欲しいのならもっていくがいい」と言った(⑲)。「大主教、「呪詛」をかけるおつもりですか」と慌てた周囲が制止し、オイウェロウォもすぐに襟を拾い、ヨナ・オコスの首につけなおしたが、遅すぎた(⑳)。

この「呪詛」の言葉以来、オイウェロウォは病気で寝込んでしまい、1ヶ月もしないうちに亡くなった。公式的にはマラリアということになっているが、家族の誰もが「呪詛」のせいだと知っている(㉑)。

あそこに大きな木が見えるだろう。あれがその集会が開かれた場所だ。あの木の下でヨナ・オコスは「呪詛」をかけたのだ(㉒)。」

第 6 章 「呪詛」、ラム lam の観念

【解説】
このテキストは、ウガンダ教会のレヴランドから得たものである。
キリスト教の「呪詛」について、立ち上がって事態認識と不満を表明することだと明言する（①）。例に取り上げられるのは、アサナシオ・マリンガとヨナ・オコスである。どちらもこの地域では高名な宗教者である（ともにウガンダ教会）。
マリンガの場合には、キソコとグワラグワラの間と場所も特定されている（③）。教会で礼拝すべき日曜日に肉を売っていた人々に対する「呪詛」である（②）。マリンガにも肉を買って欲しいという客あしらいをする人々に腹を立て（④）、「自分が礼拝を終えて帰ってくるまで売っていろ」と「呪詛」し（⑤）、結果、1 人の客も来なかったという効果を生んでいる（⑥）。男たちは、冗談だと思っていたが、その言葉が実現したので驚いた（⑦）。牛がもともと病気で長らえなかったこと（⑧）、生活の維持のために仕方なく売っていたこと（⑨）などを訴えて許され、今度はマリンガの力で（⑩）、あっという間に完売となる（⑪）。しかも、全員現金での購入というのは、通常ほとんどありえないだけに、その力の強さを見せつけたかたちとなった（⑫）。
ヨナ・オコス[10] は、カトリックの評議員長オイウェロウォを（⑭）、首から襟を外して差し出しながら（⑱）、「欲しければ持って行け」と言ったという（⑲）。周囲の者は慌てて戻そうとしたし、政府転覆の意図の有無をただした（⑮）オイウェロウォも慌てたが遅かった（⑳）。オイウェロウォは病を得て、1 ヶ月もしないうちに亡くなった（㉑）。
ヨナ・オコスは、1977 年 2 月 16 日に抹殺（政府発表では事故死）された、大主教ジャナニ・ルウム（後出）はもちろん（当時ヨナ・オコスはブケディ教区の主教）、一緒に殺害された内相 ACK（第 13 章参照）とは盟友だった（死の前夜も夕食は ACK と一緒だったほどである。宿泊はルウムと同じナミレンベだった）。彼ら 3 人（もう 1 人はエルナヨ・オリエマ）の殺害は、オボテの指示でクーデターを企てたということにあっただけに、ヨナ・オコスは、ムセベニ政権になってもオボテ元大統領を支持する政治的結社、FOBA（Force Obote Back Again）の有力な支持者とされていた。
また、アミン時代には、トロロのヨナ・オコスの自宅から兵器が発見された

10　Yona Okoth (1927-2001)、ムランダ出身。ルボンギ、ナゴンゲラ、キソコ初等学校、グル高校卒（1943）、トロロ・コレッジ（1944-1945）、聖アウグスティン・コレッジ卒（1963）、アッシャー＝ウィルソン主教 Bishop L.C. Usher-Wilson のもとで育成され、ブワラシ神学校（1953-1954）、キソコ区執事（1955-1956）、ナゴンゲラ区執事（1957-1960）、ムバレ（1961-1964）などを歴任。1970 年代にはブケディ主教だった。ウガンダ教会第 5 代大主教（1984-1995）。その後名誉大主教。

第 1 部

との政府報道があったことも[11]（⑰）、現在は孤児を引き取っていて若い男子がたくさん暮らしていることも事実だった（⑯）。そういった意味では、オイウェロウォの発言は、当然とも言える疑問で、核心を突いたものだったのである。

この話は、まさにヨナ・オコスが「呪詛」をかけたとされる木の見える場所で語られた（㉒）。本件にしても、マリンガが「呪詛」をかけたというグワラグワラにしても、実際の具体的な地名と人名で語られる「呪詛」には、非常に物質的なリアリティが感じられる。

Ⅲ　まとめと考察

みてきたように、「呪詛」の事例は、私の調査資料のなかでも、質・量ともに大きな比率を占めている。フィールドワークを通じ、「呪詛」の話に事欠くことはほとんどなかった。この豊かさは、「やめたほうがいい」と認識しつつも、パドラにおいてこの観念が根強く生きていることを示唆する。さらに、「呪詛」の持ち出されるトピックと背景が多岐に渡ることは、この観念がパドラの日常生活のあらゆるドメインに根を下ろしていることを教えてくれる。要約は困難だが、最低限のまとめをしておきたい。

まず民族誌的な特徴として以下の諸点が指摘されよう。

1. 「呪詛」は年長者の権利、あるいは社会的な懲罰といった側面を持ち、「呪詛」をかけた側に正当性がある。かけられるほうが全面的に悪い。基本的には、母方父方を問わず、祖父、祖母とオジ、オバがジャラーミとなる。
2. 「呪詛」の力の根拠は血のつながりに求められることが多く、子供がいない者には「呪詛」の力がないと考える者もいる。また実の親の「呪詛」は効かないと考えられているが、実の親は、以下の手段をもつ。
   (1) オジなどを利用した「呪詛」をかける。
   (2) ルスワを利用して衣服を脱ぎ、「呪詛」をかける。
3. ジャラーミとなるのはオジ、オバが多い。兄弟の息子が典型的な被害者と

11　カンガルー軍事裁判（1977 年 2 月 16 日）。ヨナ・オコス宅からの兵器発見と政府転覆計画を報道する新聞記事としては、'Obote's plan exposed: henchmen whould murder people' *Voice of Uganda*, 2 月 17 日、'Baministia babiri ne Ssabalabirizi baakwatiddwa,' *Munno*, 2 月 17 日号。'Muzeeyi Kenyatta ne Dr. Nyerere bayitiddwa mu Uganda' *Munno*, 2 月 18 日号などがある。それ以前に軍の不当な捜索を受けたことも、2 月 10 日付けでアミンに手渡されたウガンダ教会からの抗議声明には記されていたという。

第6章 「呪詛」、ラム *lam* の観念

なる。とくに「アゴヤの牛」という、花嫁代償の分配の分け前にもあらわれてくるように、社会関係のなかでも焦点化されている関係であると言える。

4. 呪文には、結婚生活、生殖関係の不備を願うものが多く、望ましくない未来を口にする。口にしたように実現する。なかには「掌の髪の毛を抜いてみろ」というありえないことがモチーフになっているものもある。

5. 呪文には、祖先の個別の名前を呼び出して行うものがあり、同じようにそれを解くには名前を呼ぶ必要があるとの考え方がある。

6. ときにはオイ（が多い）に対する嫉妬から、あるいは誤解から「呪詛」をかけられることもある。前者はやむをえないことと考えられているのでその怒りを解くべきだと考えられている。後者は効く、とする説と効かないとする説とがある。

7. 症状としては、酒浸りになる、仕事がうまくいかなくなる、女たらしになる、財産を失う、「裸で出歩くようになる」など多岐にわたる。「不幸」も招く。

8. 「呪詛」の効き目は、ティポのように対象を追ってどこまでもというわけではない。遠く離れると効き目は薄くなると考えられている。

9. チョウォ・ラミ／ンゲル・マ・チョウォ・ラミ（「浄めの儀礼」）を行う際には、まず、先行した過ちに対して、お詫びと賠償で和解の合意形成がなされなければならない。多くの場合「呪詛」された者の父親が介入し、クランや長老が儀礼の執行を促す。クランの手続きは裁判のそれに準ずる。

10. 「浄めの儀礼」は、以下の手順で行われる。
    (1) ジャラーミの小屋の戸口で行われる。決められた地点から戸口まで跪いたまま歩くことを要求される例もある。
    (2) 供犠し、その血をコンゴ、すり胡麻ペーストと混ぜて振りかける。
    (3) 水を屋根から流し、屋根からしたたってきた水を受けてジャラーミの手ずから性の回数飲む。ジャラーミも飲むという報告もある。
    (4) 解呪の呪文を唱える。一般的には、すでに口から出た言葉を取り消し、祝福を述べる。
    (5) 共食、共飲。「骨嚙り」の要素を取り入れ、同じ皿で同じ骨付き肉を嚙る方法を折衷することもあるが、それは解呪よりもその後の人間関係を考慮して和解を強調するケースに多い。
    (6) ジャラーミから犠牲者は雛をもらう。この雛が無事育つかどうかで儀礼の成功が占われる。

第 1 部

  (7) 振り返らずに帰宅する。振り返ってしまったら儀礼は無効となる。
  (8) 解呪の実感はすぐにあらわれる。
11. ジャラーミが解呪せずに死んだ場合に行うことができる「浄めの儀礼」は以下のとおり。
  (1) 遺体の掌に水をくんでそれを飲む。
  (2) 墓の表面をバナナの茎で叩く。
  (3) 葬式で指名されたムシカに代理してもらう。
  (4) キリスト教に改宗する。
12. ルンジョ・ダコは、花嫁代償なしで嫁がもらえるので大変人気があるが、クランの同意を得ないと「呪詛」を招き、大変なことになる。一方でこの相続をめぐって正当ではない「呪詛」が用いられたこともある。
13. 祖母の「呪詛」は、孫の娘の胸の成長に関わるものが多い。
14. 「呪詛」は何らかのかたちで霊と関わりがあるのだと認識されているようだが、祖先とのつながりが不明瞭なことがある。また、悪霊と結託したたちの悪い「呪詛」もある。
15. 長老が蟻塚に供犠を約束し、縄をおくやり方がある。縄は「呪詛」の証となる。
16. ブラ信仰の拠点であるニャキリガのテウォでも「呪詛」は行われ、キリスト教の牧師も「呪詛」を行った例が実例とともに知られている。キリスト教も「呪詛」と無縁ではないと考えられている。
17. 異民族ではニョレの「呪詛」は効き目があるとされている。
18. 稀なことだが、よりよい未来を願う祝福のためにラムが行われることもある。

 より抽象的な特徴として、「呪詛」のテキストを検討を通じて指摘できることは、まずその効果とされる領域が非常に広範に渡ることである。貧困、不妊、酒乱、結婚の不調、結婚生活の不調、仕事の失敗、病気など。およそ不幸と呼べるありふれた経験がすべて「呪詛」のせいにされうる。奇跡の介入する余地はあまりない。すべて他の原因でも説明はつくはずなのである。問題は、ほかの原因を持ち出すよりも蓋然性が高いかどうかだけである。ジャジュウォキとも「効果は同じ」との認識もある。それが、災いの経験から遡及的に解釈され、「呪詛」と思い当たるように結論づけられるケースが非常に多い。
 第 2 に、原則的には効果があるのは血縁のみと言いながらも、ルスワやジュ

第 6 章　「呪詛」、ラム lam の観念

ウォギなどほかの観念と関係しつつ、幅広い範囲の現象を包摂することに成功している。

　第 3 に、これは状況証拠からかなり公式的に認定されてしまうことがあるので、本人の自覚がなくともジャラーミとみなされてしまったら「浄めの儀礼」を不承不承でもやらないわけにはいかないのである。儀礼をやったら、不承不承であろうとその後のことは「呪詛」の存在と「浄めの儀礼」を前提に認識されるのは当然である。そういった意味で、「浄めの儀礼」の開催という社会的事実が、社会的にこの信仰システムの再生産に一役買っているし、それにクランが関わっていることの意味も大きいと思われる。

　キリスト教によって、ウェレやジュウォギは打撃を受けたが、「呪詛」はその影響をほとんど受けていないようだ。それは聖書の記述と矛盾しない、ということでもあるが、より公式的、社会的な規範やその違反に対する罰則としての側面が強く、内面的な信仰の変化とは無関係に維持されてきた、との考え方も一応可能だろう。

　また、システムの内部にいる者にとっては疑いの余地はないがその外部にあってはその限りではない、という認識が、何よりもパドラの人間に共有されているのは特筆する必要があるだろう。そのような分析的思考があってなお、これらの信念は人間を呪縛してゆくのである。

＊　＊　＊

　また、ここで「呪詛」と訳したラム lam という語根を共有する近隣民族の概念との簡単な比較をしておこう。

　本章冒頭で触れたように、長島［1987: 111-120］は、トゥルカナ、カリモジョン、ケニア・ルオ、ランギ、ヌアー（ヌエル）、ディンカとの比較検討を試みた。そこでは、以下の結論が導かれている。

> ……西ナイル語諸民族の用法をみると、ラムを語根とする語はランギ族ではまったく攻撃的意味をもたず、良い結果をもたらす「祈り」あるいは行為を指し、したがって「祝福」という訳語がひき出されている。しかし、ルオ、ヌアー、ディンカではラムという語は基本的に神秘的な力を発言させるための発話行為を指し、「祝福」か「呪詛」のどちらか一方に分類することはできない。ヌアーでは、発話の対象によって祈りにもなれば呪詛にもなるし、ディンカでも対象によって災厄を取り除く供犠にもなれば的を破滅させる呪詛にもなる。［……］ナイル語系にラムという語根をもつ語が

第 1 部

> 広く分布しているとしても、中央パラ＝ナイル語（現在よく用いられる分類では東ナイル）ではそれが、「呪詛」という特定の目的をもった行為を意味するのに対し、西ナイル語では呪詛を意味する語はルオのクオンゴ、ヌアーのビート、ディンカのワークのように別の語が用意されていて、ラムを語根とする語は目的は何であれ対象に神秘力を及ぼす発話行為を一般に意味しているのではないかと考えられる。ただしランギ語のラモはこれでは説明できないという問題が残る……［長島 1987: 118-119］

ランギの「ラモ」の概念については、長島［1987］は、本書でもとりあげたHayley［1947］と Curley［1973］に依拠している。つまり、前者は、「祝福する、清める、あるいは洗浄すると訳せるだろう」［Hayley 1947: 193］とし、後者は「聖化する、あるいは祝福する」[12] と訳しているのである［長島 1987: 114］。

しかし、本章でみてきたアドラのラムは、年長者から年少者への懲罰的な正当呪術としての「呪詛」という意味合いに特化していて、社会的に正当ではあるが、実質的には個人の生活や生命を破滅に追い込みかねない、非常に攻撃的な意味をもっている。「祝福」にあたる例はあることはあるが、数えるほどしか見つからなかった。

ただし、語根という意味で言うならば、「浄めの儀礼」などのテキストで「供犠」と訳しているのはラミロキ lamirok であるから、その点は、ディンカについて論じる Lienhardt［1961］の「供犠しようとする雄牛を「ラムする」」［Lienhardt 1961: 236］とする記述と通じる部分がある。

このように、例は少ないものの「祝福」の「ラム」が報告されていること、「供犠すること」、ラミロキ kilamrok つまりある意味で動物を特別なやり方で他と区別することを意味する語（あえて「聖別」とは言わない）の語根に「ラム」が残っている点から、目的を問わず神秘力を発現させるような意味合いがあると考えられる。もちろん、英語話者はほぼ同義語としてラム＝curse と訳すので、英語の意味合いが流入した可能性も否定しきれないが、それだけではないであろうことは、本章で見た豊富な事例をみれば明らかであろう。この特徴はランギとの比較だけではなく、祖先を共有していたはずのケニア・ルオとの関係でも際だったものであると言える。阿部［1979, 1983, 1989, 1997, 2007 および Abe 1981］や

12　長島［1987: 114］で指示される［Curley 1973: .113］には、長島［1987: 114, 433 注 10］が引用するラモについての記載がない。別のところで、'praying for' と訳していることは確認した［Curley 1973: 90-93］。

332

第 6 章 「呪詛」、ラム *lam* の観念

Ocholla-Ayayo［1976, 1980］のケニア・ルオの報告からは、ラムの語根にこだわらなくともこれほどの「呪詛」への偏りは見えてこない。

　だから、ここでは、きわめて「中央パラ＝ナイル」(グリーンバーグ以降の語彙で言えば「東ナイル」) 的な兆候が、アドラのラムには備わっているということは言えそうである。同時にこの文脈では、ランギでは「呪詛」の意味で主に用いられるガトという語根がないので、他の西ナイル語では、それぞれ別の語彙が用意されているところを東ナイル由来の「ガト」がになうことになった。ところが、アドラは東ナイル系の、より直接にはテソからこの語彙を輸入せず、「アキラム」(南テソ) にかなり似た意味領域に「ラム」の語を展開させた。そのようにしてアドラのラムはその意味を「呪詛」に特化して発達させたもののようである。

第7章　ルスワ *luswa*

Ⅰ　はじめに

　本章では、ルスワ *luswa* という概念を中心としたテキストを分析する。ルスワの概念は、現地の英語話者の間では、しばしばインセスト・タブー incest taboo と訳されることがあるが、それは正確とは言えない。実際には、ここに引く Owor [2012] や、本章でこれから紹介するテキストに見るように、ニョウォモ・ワト *nywomo wat*（インセスト）のタブーを含む、タブー侵犯によって引き起こされるあらゆる不幸を招く可能性のある状態を指している。

　近隣民族の民族誌には、類似する語根を共有する概念を今のところ発見していないので、アドラで独自に発展した概念である可能性が高い。歴史上クランに多くの外部者を取り込んできたアドラの形成のプロセスの過程で整備された観念かもしれないが、Crazzolara [1951] などの既存の口頭伝承上もこの概念はあらわれないので詳しいことはよくわからない。この問題は現在でもクラン・コートの案件になることが多い。その分野の専門家であるブリストル大学（現バーミンガム大学 Maureen Mapp）の Owor [2012: 239-241] がアドラのクラン・コートとの関係で若干の言及をしている。

>　……ニョウオモ・ワト *nywomo wat*（インセスト）は、[犯罪と比較しうるタブー侵犯の：梅屋] 1つの例である。クランの構成員同士は、血縁関係として近しいと認識される。ニョウオモ・ワトは、ルシワ *lusiwa*（究極の不幸）をもたらすと信じられている。それは、タブーを犯した本人とその家族、そしてクラン全体にも及ぶ。このような違反に対しては非常に大きな賠償が命令される。このタブーは、神秘的な信念にもとづいており、このルシワによって苦しめられている者はチョウィロキ *chowiroki*（儀礼的な浄め）によってのみ、その邪悪さを除去できるとされている。儀礼的な浄めを必要とする社会規範の違反としては、他に、イエティ・マニャ・オリ *yeti manya ori*（姻

335

第 1 部

族を侮辱すること)、そしてラミ lami（言葉による「呪詛」）がある。……［Owor 2012: 239-241］

Ⅱ　テキスト

1　2つの「ルスワ」

《テキスト7－1》
「Q1：ルスワ luswa とは何ですか。
A1：ニョウォモ・ワト nywomo wat（インセスト）の結果として起こるさまざまな凶事のことだ。普通の正気の人間には、そんなことはできないはずだ①。その禁忌の対象は母方、父方双方のオバとオジ、母親と父親はもちろん、姉妹や兄弟をふくむ②。ルスワには2つの種類がある。1つは、ルスワという言葉自体で、近親者――例えば父と娘のような――が性交した結果起こる一連の病気のことを指す③。もう1つは、たとえば親などの見てはならない裸を見ること、その結果起こるルスワがある④。こんな例を知っている。ある男がトイレの穴を掘っていてその穴から土を運びだすのに息子の妻の手を借りようとした。穴から見たら、義理の娘である息子の妻の性器が下からばっちり見えてしまったそうだ⑤。これは事故だったが、男にはみるみるルスワの効き目があらわれて、皮膚の表面がばりばりはがれ、色が変色していったと聞いている⑥。これ以外にも義理の娘が水浴びしているところが目に入ってしまったとか⑦、そういった事故はいくつかあるようだ。」[1]

---

[1] 以下のようなテキストには、同様に、ルスワの恐ろしさについての認識が語られている。話者はルスワ以外の「ニャパドラ」の概念は否定したが、「ルスワ」のみは信じる、と言う。
「たとえばの話だが、少女とその兄弟（従兄を含む）が性交渉に及んだりする。ニョウォモ・ワト nywomo wat（インセスト）だ。これがルスワ luswa をもたらす。これは、究極の厄災である。そういったことは極秘で行われるのが普通だが、少女が妊娠してしまって明らかになることもある。子供が生まれても死ぬだけだ。あるいは、その関係をずっと続けたとしても子供は絶対に生まれない。少年がオバと関係を持つのは性に対する関心があるだけだ。浄めの儀礼（ワンゴ・ルスワ wango luswa）をしない限り、2人とも死んでしまうだろう。少年が知らずにオバと関係を持ってしまった場合、あるいはレイプなど特殊な事情で関係を持ったときも、関係した2人はワンゴ・ルスワをしなければ死んでしまうだろう。しかし、レイプなどの場合、性関係を持つことにはオバの側は同意していないので、影響はないとも言われている。」

2　自身の体験から

「私自身にも思い当たる事件がある。あるとき母親と喧嘩になり、怒った母親が私の前で衣類を脱ぎ捨てて白昼裸になったことがある（⑧）。これはむしろ「呪詛」に近いね（⑨）。
Q2：一説によると、親やオジオバが服を脱いだら、自分も脱いでしまったらルスワにならないとも言いますが（⑩）。
A2：私はそのときはそんなことは考えつかなかった。いや、いまお前が言った、自分も服を脱げばルスワにならないという考え方は知らなかったのだ（⑪）。今はじめて聞いた（⑫）。なにしろ、そのときには怒っていた母親が何より恐ろしかったしね。結局のところ、私は本当に長い間このルスワには悩まされた。私には7人子供が生まれたが、すべて死んでしまった（⑬）。私は何人ものジャシエシに相談した。そうしたときには母と口を利くのをやめて、食べ物だけを無言で分け合うようにすればよかったのだそうだ（⑭）。そうすれば母親のほうが死んでしまい、子供たちはすべて助かっただろうに、と言うのだが、みんな死んでしまった後では、後の祭りだった。」

3　ベッドを使うと「ルスワ」に

「それに加えて、尊敬すべき立場の人たち、つまり親やオジ、オバが使っているベッドで寝たり、そこでセックスしたりするとルスワになる、とも言うね（⑮）。だからそうした人たちのベッドには、普通近づかないものだ。
　煙草を盗んだ女の話をしてやろう。元気な女で頻繁に夫の父親の寝室の枕元にやってくる女だった。彼女の目当ては煙草だけだった。そのころこのあたりで煙草は一般的ではなかった。彼女が煙草を吸うと、たちまち彼女の顔は、お前の今着ている赤いシャツのように顔が真っ赤になった。義理の父親の枕元から盗んだものだったわけだ（⑯）。彼女はたぶん、儀礼的に「燃やされた」のだと思うが、よく覚えていない。現在も元気で生きているし、煙草も吸っているようだが、その1件以来父親の元には近づかなくなったようだ。父親はもうずいぶん以前に亡くなったが。
　オリ *ori*（姻族）とは、忌避関係にある。姻族に限らず、忌避関係を守ることは大切なものだ（⑰）。もし父親の妻を寝取ったりしたらルスワになり、顔色は真っ黄色になって、体もやせさらばえて衰え、死を待つばかりとなるだろう（⑱）。父親に謝って許してもらえれば、ルスワは祓われることが

第 1 部

ある（⑲）。」

【解説】

　ニョウォモ・ワトとして性関係が禁じられているのは、父方、母方双方のオバ、オジ、父母、兄弟・姉妹である（②）。これは、たとえば、sister に当たるニャメリ *nyamer* は、父方では、FBD、FZD、母系では MZD も MBZ も含むかなり広い範囲に及ぶ。その下の世代になると、テキストでは想定していないが、ニャル *nyar*（娘）となりそれもまた禁忌である。いわば、男性を主体として考えると自分のクランならば無条件で禁忌であり、系譜がたどれるならば、異なったクランでも、インセストとなってしまう可能性がある。これについて、アドラ・ユニオンの constitution は、次のように規定する。

「結婚の禁止

14　結婚してはならないのは次の人間である。注意深く知っておくこと。
M、MD、D、SD、Z、MM、DD、WM、F、FS、S、FF、MF、SS、DS、ZS、FBS、MMS、B、HF、MH、WD、FZ、MZ、BZ、ZD、FBD、MZD、SW、HS、FB、BS、DH、クランのメンバー、FFS（親族関係を慣例に沿って簡略記号で記載した：梅屋）[2]。

双方の合意があるかどうかにかかわらず、性関係も結婚もしてはならない。」
［Tieng Adhola :n.d. 6］

　ルスワという言葉は、1 つの用法として、このニョウォモ・ワトを侵犯したために起こると想定される病気を指す（③）。もう 1 つの用法は、見てはならない近親者の裸形や性器を目撃してしまうことによって起こる（④）。トイレの穴を掘るときに上を通った息子の嫁の性器を目撃してしまったことは、過失ではあ

---

[2]　忌避の対象となる関係の親族は、クランのメンバー：ジョ・ノノ *jo nono* は当然として、まとめると以下の 16 カテゴリーとなる。1.「母」ママ *mama*:M、MZ、2.「娘」ニャル *nyar*:MD、D、WD、3.「孫」ニャクウァル *nyakwar*: SD、DD、SS、DS、4.「姉妹」ニャメリ *nyamer*: Z、BZ、FBD、MZD、5.「祖母」アダダ *adhadha*: MM、6.「忌避姻族」*or*: WM、DH、7.「父」ババ *baba*: F、MH、8.「父の子」ワヤ *waya*: FS、FZ、9.「息子」ウォド *wod*: S、HS、BS、10.「祖父」クウァル *kwar*: FF、MF、HF、11.「オイ（オケウォ）」*okewo*: ZS、ZD、12.「兄弟」オメリ *omer*: FBS、B、13.「母の母の息子」ニャメリ *nyamer*: MMS、14.「息子の嫁」*chiwod*: SW、15.「父方オジ」オミン・ババ *omin baba*: FB、16.「父の父の子」ニャクウァリ・ニャクワリ *nyakwari nyakwar*: FFS。

るがルスワである (⑤)。すぐに皮膚がひび割れて色が変わっていったとされる (⑥)。たまたまであっても義理の娘の水浴びを目にしてもいけない (⑦)。

　このタブーを用いて、年長者が年少者に罰を与えようとすることもある。喧嘩の最中に母親が息子の前で服を脱いで裸になった (⑧)。これはルスワであるが、見てしまった者に被害が及ぶ、「呪詛」に近いものである (⑨)。

　Q2では、1つの説として、両方裸ならばルスワにならないという説の真偽を尋ねているが、「知らなかった」(⑪)「今はじめて聞いた」(⑫) と言う。結局この母親の「呪詛」に近いルスワのせいで、7人の子供はすべて死んでしまった (⑬)。

　ジャシエシによれば、無言で食べ物をシェアすれば (⑭)、このルスワは服を脱いだ母親に環流されるはずだったという。

　もう1つの禁忌は、父母やオジ、オバが使っているベッドで寝たり、その上でセックスするとルスワになるという (⑮)。そういった人のベッドには、何か結界のようなものがあるのか、あるいは罠でもあるのか、夫の父親の枕元になれなれしくくる嫁が煙草を吸うと、たちまち顔が真っ赤になって、義理の父親から盗んだものだということがわかったという (⑯)。忌避関係を守ることは大切で、姻族とは忌避関係にあることは、十分注意するべきである (⑰)。父親の妻と性関係を持ったりすれば、すぐにやせ衰えて死ぬだろうと言うが (⑱)、このテキストでは、ルスワは、許され、和解すれば、助かるものもあると考えるものがいることを示唆する (⑲)。

4　ヤーシ・ルスワはあるか？

　「Q3：ルスワに対処するヤーシ yath（薬草）はありますか。

　A3：病院に行こうと、伝統的な施術師のところに行こうと、ルスワ自体を根本的になおす薬はない。ルスワの状態になると、人は力を失い、何もできなくなって、考えることすらできなくなってしまう (①)。そういう意味では、ちょうどラム（「呪詛」）をかけられてしまった場合と症状はそっくりだ (②)。たとえば、ある男がオバとインセストの関係になってしまった場合、その男はきっとそれからの生涯ずっと、同じような年上の年増女を捜し回るようになる (③)。これがルスワが効いているしるしだ。そいつを「燃やさない」限り、ずっとそれは続くのだ (④)。また、体の調子が悪くなり、AIDS患者のように体力がなくなり、弱々しくなる。がたがたと震えがとまらなくなったりする。髪の毛の色が瞬く間に変わり、抜け落ちてすべての髪の毛を失った者もあるという。皮膚の表面がはがれ落ち、肌の色が真っ

第 1 部

　黄色になって、斑点が出てきて、人によってはアルビノのような肌の色になる。性的能力も生殖能力も失われる。実際に、ルスワになった者の子供が生まれないし、仮に生まれたとしてもすぐに死んでしまう運命なのだ。それに、ルスワになったら、やがて気が狂ってしまうだろう（⑤）。ルスワを祓う薬（ヤーシ・ルスワ *yath luswa*）や、浄める薬は存在する（⑥）。しかし、それを処方したが最後、その日にでも相手は死んでしまう（⑦）。

　私はあるときついに、ルスワを祓うジャヤーシ・ルスワ *jayath luswa* を探しあてた。「お前に裸を見せた母親はまだ生きているのか」とたずねられたので、「はい」といやいや答えた。それで、彼は私にやり方を教えてくれて、母を呼びよせた。そして、インセストを犯した者と同じ扱いで私たち2人を裸にして小屋に閉じ込め、火を放ったのだ。2人とも命からがら小屋から脱出し、施術師の屋敷に辿りついた（⑧）。

　その儀礼がすんでから、私は別の女と結婚してその妻との間には今や12人の子供がいる。子供たちはすべて健在だ。先の7人の子供を亡くした妻とは別の女だ（⑨）。しかし、儀礼の直後に、私の母親は突然死んだ（⑩）。ルスワは、病気にかかわっているだけではなくて、死とかその他の厄災にも深くかかわっていることを実感したものだ（⑪）。

　その後、その結果を長老たちとも十分に話し合ったのだが、ルスワを祓う薬は存在する、という結論に達した（⑫）。その薬の薬液で水浴びするようにして用い、ルスワを祓い浄めるものだ（⑬）。しかし、長老たちは、同時にその薬は死に至る危険なものだ、という点でも合意したのである（⑭）。」

【解説】
　はたしてルスワを祓う薬はあるのだろうか。「ヤーシ・ルスワ」は存在する（⑥）、と話者は断言する。しかし、それを処方したが最後、相手は死んでしまうという（⑦）。これは、体験に根ざしたものであるとともに、長老たちとの話し合いの結果認定したことでもある（⑫、⑭）。

　ルスワになると、何もできなくなり、思考能力を失う（①）。外見上も髪の毛の色が変わり、抜け落ちる。皮膚の表面がはがれ落ち、肌の色が黄色くなり、斑点が出てくる。AIDS患者のように身体的に弱々しくなって性的能力も生殖能力もなくなる。最後は発狂する運命だ（⑤）。これらは、「呪詛」の症状とそっくりだという（②）。オバとインセスト関係を持つと年増女ばかり探し回るという、どのような侵犯をしたのかを暗示するような特徴的な症状もあるようだ（③）。

340

7人の子供を失った話者は、ついにルスワを祓うことができる専門家を捜し当てた。そして、ニョウォモ・ワトを犯した場合と同じ、「燃やす」儀礼を受けたのである（⑧）。これは、バナナの葉でつくった小屋に2人を押し込んで火をつけ、オケウォがひっぱたきながら追いはらう儀礼で、その詳細については、次のテキストでもうすこし詳しく見る。

　そのおかげで、現在では7人の子を失った妻とは別の妻との間に12人の子供がいるという（⑨）。しかし、その儀礼の直後に、母親は急死した（⑩）。ヤーシ・ルスワによって自分のルスワは去ったが、母の命も奪われたと考えている。その後、長老たちと話し合った結果が、ルスワを祓う薬は効き目があるが（⑫）、それを用いると死人が出るとの結論であった（⑭）。それは、薬液で水浴びするようにして用いる薬だということである（⑬）。

5　「災因」を祓う

　「Q4：それではルスワは不幸をもたらす1種の原因であると考えてもいいですね。
　A4：そのとおり。不幸の原因であると言っていい（①）。不幸の出来事によって発見されないうちは、その存在に気付かれないものだとも言える（②）。子供たちが病で死にそうになってはじめて遡って思い返してみると、母親が服を脱ぎ捨てた事件や、またそれに対して「燃やす」[3]儀礼を行っていなかったことに思い当たったのだ（③）。
　Q5：どうすれば、ルスワは解決できるのですか。祓うことはできるのでしょうか。
　A5：そのためには、クランの構成員みんなで集まってルスワを祓うチョウォ・ルスワ chowo luswa 儀礼（別名ワンゴ・ルスワ wango luswa）を行わなければならない（④）。まず、沼地に乾いた木とバナナの葉で小さな小屋をあつらえ（⑤）、棘だらけの塀をとりつける。その塀をオクド・オンゴノ okudho omgono と言う（⑥）。そのなかに罪人を2人とも裸にして押し込み（⑦）、火をつける（⑧）。オケウォが火を放ち、裸のまま異なった方角へ逃げる（⑨）

---

[3] かつてはタブー侵犯のみせしめとして本当に2人を焼き殺していたはずだと主張するアドラ人もいた。ただし、そのアドラ人にかかると、ルスワも含めすべてのアドラの独自の観念は迷信だという。しかし、「迷信だ、自分は信じていない」と言いつつ語るディテールの細かさは、自分は「邪術」を「やったことがない」と言いながらその手法を細部に至るまで説明できる人間がいるように、非常に興味深い現象である。

第1部

のを皆で口々に罵り、不幸をもたらすその連中を追い祓うためにはやしたてながら追うのだ(⑩)。その際に男のほうは3回、女のほうは4回、ひっぱたかれねばならないきまりである(⑪)。羊が供犠され、処理されている間、長老たちはコンゴを飲みながら悠々と待っている(⑫)。ある程度の場所まで逃げると、衣服を持ったクランの仲間が待っていてくれて(⑬)、ルスワが浄められた2人は服を着て屋敷にもどることができるのが普通だ(⑭)。許されて結婚した例もあると聞いている(⑮)。

Q6：それ以外にも儀礼のようなものを行うのではないのですか。準備するものはありますか。

A6：今までに言っていないものとしては、供犠するための子羊あるいは羊 *rombo* と鶏が必要だ。問題を起こした男の側の親たちが準備することになっている(⑯)。調理に使ったことがない壺を買うなどして手に入れて用いる(⑰)。使ったらそれをわざと壊して、破片や残骸を火にくべて燃やし、それを森のなかに不吉な物と一緒に捨ててくる(⑱)。

　ルスワの浄めに用いる薬は、薬草師が昼日中に真っ裸で引き抜いた薬草で調合される(⑲)。薬を調合するのに用いる臼とロク *lok*(杵)が、施術師により用意される(⑳)。また、その他、儀礼に必要とされたものはすべて施術師によって適切に指示され、整えられる(㉑)。施術師は、薬を調合しながら祖先の名前を唱え(㉒)、そのもたらす祝福の力がその薬に込められるように願う(㉓)。施術師には、薬の調合の謝礼として、ケンバ *kemba*(謝金)と鶏が与えられる(㉔)。

Q7：ルスワで命を落とすことはありますか。

A7：万が一、浄めの儀礼をしなかったら、死んでしまうはずだ(㉕)。そいつらはひどい精神異常に悩まされ、そうこうしているうちに女に乱暴をしたり、他人を傷つけたり殺したり、あるいはそうした犠牲者になるようなトラブルに巻き込まれたりするだろう。ことによると AIDS になるかもしれない(㉖)。」

【解説】

　不幸をもたらすルスワ(①)は、逆に、不幸の経験に直面してみて、遡及的に見いだされないうちは、気付かれないものだ(②)、との見識を示している。このことは、災いという「経験」を起点にして、その原因を探る、解釈の網の目が開かれていくさまを言い当てていると言えよう。「子供たちが死にそうになっ

てはじめて」、「母親が服を脱ぎ捨てた事件」やそれに対する対処を行っていなかったことに「遡って思い返して」気付いたのだ（③）。

ルスワを放置すると、精神異常、女を含む他人への暴行、あるいはそうした暴行の犠牲となる、あるいは AIDS にかかるなどして（㉖）、死に至るという（㉕）。

ルスワを祓う儀礼の過程の詳細については、実際に「燃やされた」経験者だけあって詳しい。ルスワを祓うには、「チョウォ・ルスワ」儀礼を行わなければならない（④）。まず、問題を起こした人間の親が、羊と鶏（とおそらくはコンゴ）を用意する（⑯）。羊（とコンゴ）は、儀礼に参加したクランの人々で共食され、鶏は、薬を調合するジャヤーシのためのものである。ジャヤーシはヤーシ・ルスワをつくるために、真っ昼間に全裸で引き抜いた草を（⑲）、ジャヤーシの準備した臼と杵で調合してつくられる（⑳）。他の準備や機材についてもジャヤーシの指示に従う（㉑）。（供犠した羊の調理やコンゴに用いる）壺も料理に使ったことがないものを求めないといけない（⑰）。

チョウォ・ルスワはクランの構成員が集まって、以下の手順で行われる。

1. 沼地にバナナの葉と「乾いた」木材（後で燃やすのだから湿っていては差し障りがある）で小さな小屋を建てる（⑤）。棘のついた植物で塀、オクド・オンゴノをあつらえる（⑥）。2. その小屋にルスワを犯した2人を裸にして押し込める（おそらくはここで薬草で体を浄められている）。（⑦）3. オケウォが小屋に火を放ち（⑧）、ルスワを犯した者は裸のまま異なった方角に逃げる（⑨）。4. 逃げる2人をクランの人間は囃し立てながら追う（⑩）。5. この間、男は3回、女は4回ひっぱたかれる（⑪）。6. 羊が供犠され、コンゴとともに出席者により共食される。この例では、長老は、儀礼の最中からコンゴを嗜んでいたようだ（⑫）。

決められた場所で仲間が服を持って待っていてくれて（⑬）、その後は服を着て帰宅できる（⑭）。なかには関係を許されて結婚することになった例もあるという（⑮）。

儀礼の後、その儀礼に用いられたもの一切を森に捨てる。たとえば、壺は打ち割ってから焼いて捨てる。

クラン全体が総出で行う非常に大がかりな儀礼であったことがうかがわれる。

6　薬とキリスト教

「Q8：ルスワの問題を宗教によって解決することはできますか。
A8：すでに述べたように、儀礼で「燃やし」て、薬を振りかけるより他に

第 1 部

不幸から逃れる方法はないのだよ[4](①)。ルスワのための薬、イエン yien と、ティポに対処するためのイエンは、手に入れる方法が全く同じである（②）。まず、被害に遭っている当事者がありかを見つけ出し、施術師が裸になって掘り出しに行く方法だ（③）。手に入れた薬は、屋敷に続くすべての道筋に設置されて（④）、招かれざる厄介者だった死霊が屋敷から出て行って、その行き場を探すように仕向けるのだ（⑤）。

かつてオクム・アウィノ Okumu Awino[5] という男がいて、その息子の妻と喧嘩になった。最中に、アウィノが杖（性器の婉曲表現）をとりだして、義理の娘に当たる息子の妻に接触してしまった（⑥）。これはルスワだ。息子は結婚生活を継続したかったので、ヤーシ・ルスワ yath luswa（ルスワの薬）を探しまわった（⑦）。その薬で妻に水浴びをさせたら（⑧）妻は助かったようだが（⑨）、その日のうちにオクムは急死した（⑩）。薬を使って解呪しようとしたことを、オクムの息子は後悔することになった（⑪）。そんなことはしないほうがよかったのだ。だから、ルスワを祓ってしまえる薬があるとは、考えないほうがいいということだ（⑫）。

また、あるとき、洗礼を受けたムロコレが自分の義理の母を招待し、屋敷を訪れた義母にあいさつする前にまず義母をハグしたことがある（⑬）。それを見ていた人々は驚き、噂はたちまち広がった。クランの仲間は、彼

4　別のインタヴューでは、「仮にインセストを犯し、そして「浄めの儀礼」を行わなかったら、どんなに手を尽くしてもおそらくその男女は死んでしまうだろう。ジャシエシの施術だけではだめだ。」という点については、多くの人が賛同したが、キリスト教については、「教会の懺悔には効き目があると言う人と、そうではないと言う人がいて、意見が分かれている。」という。第 9 章にみる聖霊派教会の人々の見解と重ね合わせて考える必要がある。

5　本文では、ヤーシ・ルスワがもたらす死についての事例となっているが、この同じ事件については、別の話者から別のテキストを得ている。ここでは、結果は同じだが、ルスワを祓う薬を用いたことが問題視されている。おそらく、「燃やす」儀礼を行うべきだったということだろう。

　……オクムという男の例を話してやろう。オクムが妻と喧嘩しているところへちょうどあらわれたオクムの父親が、間に入って 2 人を分けたのだ。オクムの妻は口を極めて義理の父親を罵るので、義理の父はついに義理の娘に手をあげてしまった。相談に来たときには、2 人の子供たちは瀕死の状態であったが、オクムはキリスト教徒だったので、儀礼を受けるわけにはいかなかった。キリスト教はルスワも懺悔によって許されるとしている。オクムを除くほかの人々は儀礼を受け、薬液を浴びて浄められた。儀礼も受けず、薬液も浴びなかったオクムはそれからほんの 1 時間も経たないうちに死んでしまった。……

らは、羊を用意しなければならない。(ルスワだから)「燃やさなければならない」と口々に言った⑭。しかし、そのことについて別の教会関係者は、(キリスト教の)信仰があるから、ルスワは関係ない、と言いたてた⑮。この場合には、クランの仲間がこだわったのは、その場に居合わせただれもがとばっちりで不幸が訪れるのではないかとおびえていたからである⑯。」

【解説】
　ルスワを祓うときに用いるイエン(薬)と、ティポを祓うときに用いるイエンは作成方法が全く同じだという①。ともに、ルスワやティポの被害に苦しむ「当事者」がありかを探し出した草を、「ジャヤーシ」が昼間素っ裸になって掘り出しに行くやり方である③。その薬は、ティポに対して用いられるときには屋敷に続くすべての通路に配置されるというが④、「死霊」が「出て行くように仕向ける」⑤とあるので、これは、ティポの場合の処方であろう。ルスワでも同じように屋敷にも施術を行うのかはこのテキストからは判断できない。
　続くオクムの事例はこの地域では非常に有名な事例である。息子の妻との喧嘩の最中、性器が誤って息子の妻に接触してしまう⑥。息子は、懸命にジャヤーシを探し⑦、何とか入手してまず妻に処方したようだ⑧。妻は助かったが⑨、オクムは急死した⑩。テキストでは、息子は父親の死はヤーシ・ルスワによるもので、それを後悔しているようだ⑫が、ヤーシ・ルスワを両者に処方しなかったのはなぜか(できなかったのか)、あるいは両者に処方していたらどうなっていたと推定されるのかなどは、よくわからない。
　「宗教」(この場合にはキリスト教)で祓えるのかという、Q8の質問を受けてであろう、最後に、あるムロコレのエピソードが紹介された。自分の妻の母親を自分の屋敷に招待し、挨拶する前にまずハグしたというのだ⑬。この場合の挨拶は、忌避関係にあるものが行うべきものであるが、それを簡略化したうえに接触したというので、ルスワの「災い」が飛び火するのをおそれたクランの面々⑯(という話者の解釈も、広範囲に被害を及ぼすというよりは当事者が限定的に被害を被るはずのルスワの性格を考えると、再考する余地はある)は、「ルスワだ」「羊が必要だ」「燃やさなければならない」という人が多かった⑭。Hayley[1947: 94]は、近年の不真面目さの1つとしてカヨ・チャゴ儀礼開催の際に分け前としてもらえる肉ほしさにその契機となる子供の病気を喜ぶ親族のあさましさについて記述している。実際、儀礼の開催は主催者側には膨大な出費があり、分け前にあずかる儀礼関係者からすれば、かなり「おいしい」話でもある。教会関係者は、

345

第 1 部

キリスト教の信仰があるから「ルスワは関係ない」と主張したという (⑮)。このあたりの、キリスト教と「災因」との兼ね合いは、個人によってもかなり異なってくるので、第9章においてその問題はあらためて検討することにしたい。

7 信念の呪縛

《テキスト 7 − 2》
「しかし、ルスワ、「呪詛」、レック lek（夢）そしてリフオリ lifuol（不幸）。これらは、全部同じ特徴を持っている概念であると言っていい (①)。つまりは、これらのことを信じるならば (②)、その呪文は効力を発揮するし、あらゆる意味であなたを縛るものだということだ (③)。なかでももっとも大きな縛りがルスワだ (④)。ここパドラでは、息子の嫁、つまり義理の娘はあなたにとって2つの家族に属する。セックスの対象にしてはならない (⑤)。しかし、アンコレには、結婚の前に婿の父親が嫁とセックスする風習があると聞く (⑥)。パドラではありえないことだ。また、アンコレでは、親戚と結婚してはならない決まりはないと聞いている。私たちの伝統とはその点大きく異なっている。しかし、アンコレにはルスワはないようだ (⑦)。義理の父親と娘が長らく一緒にいるということは、私たちの社会ではありえない (⑧)。うっかりすると娘に性的にたぶらかされていて、ルスワで身を滅ぼすのでは、と考えてしまう (⑨)。しかし、こういった考え方は、私たちが自分たちの信念をもって特定の問題を処理しているにすぎない。

もう1つ、私自身の体験を話そう。私の息子の屋敷を私は別に避けておらず、しばしばそこを訪れている (⑩)。そこで、あってはならないことだが、姻族である私がそこにいる女の子と性的関係を持とうとしたりすると、私にとっては孫に当たる女の子は、まともな頭を持っていれば、当然インセストにあたるから、それを拒む (⑪)。そんな事件が起こったら、あっという間に噂になってしまう。それを考えてみるといい (⑫)。それは、誰しもが姻族との関係を大切なものとみなさない、ひどい態度だと考えるだろう (⑬)。聖書にも、特定の関係の者と性交渉を持ってはならないと書いてある (⑭)。また、そういった関係の相手に自分の性器を見せたり、そういう関係の異性の性器を見たりしてはならないのだ。

もしも、親戚であるということを知らずに結婚してしまったとする。その場合には、生まれるのは異常児・畸形児だろうし、すぐに死んでしまう

だろう(⑮)。
　しかし噂としては、さまざまなケースを耳にする。たとえば、自分のオバと性関係を持って結婚同然の暮らしをし、あまつさえ子までなした男がいた(⑯)。そのときに、私たちは無理にでも「燃やす」儀礼を行わなければならなかった(⑰)。その子供がどうなったのかは、私にはわからない(⑱)。」

【解説】
　このテキストは、《テキスト7－1》とは話者が異なるので、ルスワについての立ち位置もかなり差異が認められる。
　信念のありようについての哲学的とも言える解釈が提示される。ルスワも、「呪詛」も、夢見も、不幸も、すべて同様の性格を持っていると言う(①)。つまり、信じるなら(②)、呪文の効果含めその後の結果についての解釈を規定する。その意味では、人間は、その社会的な問題認識、対処についての出発点で、こうした信念に大いに縛られている(③)。こうした縛りのなかでも、ルスワは最大のものである(④)。
　しかし、それが人類普遍のものではなく、パドラ限定のものであることは、彼らも気づいている。
　テキストでとりあげられる代表的な例としては、パドラでは、息子の嫁は、セックスの対象にしてはならないことになっている(⑤)。一説によれば、異常児・畸形児が生まれるともいうが(⑮)、それ以外に列挙される根拠は姻族への敬意(⑬)や聖書の教えなど(⑭)、根拠を説く部分の歯切れはあまりよくない。
　それは、実際にオバと性関係を持って子供までいるケースも知っているからであろう(⑯)。そのケースでは、「ルスワを祓う」儀礼をなかば強制的に行ったようだ(⑰)。「最終的にどうなったかわからない」(⑱)とするように、実は、畸形など生まれないかもしれない、と考えている節もある。
　また、異民族の例などとも比較して、ルスワがパドラのローカル・ルールであることは、明確に認識しているようである。テキストでは、アンコレでは、結婚の前に婿の父親が嫁とセックスする(⑥)と伝聞しているようだが、これは不正確である。夫になる花婿がオバと性行為をしてその性的能力を試されるという伝承はあったようだが、事実性は乏しい。オバが花婿の性的能力を試験する慣習はあったという（アンコレでは、花嫁は処女でなければならない）。それでもアンコレにはルスワはないらしい(⑦)という事実と比較して、父親と息子の嫁が

長らく時間と空間を共有することはありえない（⑧）という自分たちの社会の規範を再確認する。この話者は、息子の嫁に対し（顕在的ではないにせよ）性的な欲望とは言わないが可能性は認めているようで、息子の嫁に性的にたぶらかされて身を滅ぼすことを恐れている（⑨）。自分に引きつけて考えて適切な事例を出そうとするが、自分自身は息子の屋敷を避けてはいない（⑩）。もし自分が義理の娘に迫っても当然拒まれるし（逆に、迫られたらどうするのだろうか）（⑪）、その噂が広がることを気にしている（⑫）。非常に現実的にタブーを侵犯してしまう可能性を認めているようにも思われる。

Ⅲ　まとめ

　見てきたように、ルスワはニョウォモ・ワトという、インセスト・タブーを侵犯して親族と性交渉をもったことによって発生するものと、近親者の裸形や性器などを目撃してしまうという事故も含めた「不適切」な行動から発生するものとがある。また、父母やオジオバのベッドで寝たり、セックスしたり、ということもルスワとみなされる。

　とくに第2のものは、「呪詛」の代替物として意図的に比較的容易に行うことができるので、しばしば親によって利用される。とくにテキストでは意識的に語られていないようだが、前章でみた「実の親子間では「呪詛」は効果がない」という原則に則って考えるとすれば、オジやオバには行使できる「力」があるが、父や母にはないことになり、その代替として用いられるのである。

　実際に、「呪詛」の事例のなかに含めたもののなかにも、クランのルール、そして忌避関係の姻族（とくに忌避姻族オリ）に対する不敬を問題にするものがあり、〈クランの「呪詛」〉あるいは、〈ニャパドラの「呪詛」〉という社会が主体となった「呪詛」というようなとらえ方ができそうなものも散見された（たとえば第8章9・12）。

　ルスワを祓うのに確実とされているのは、「燃やす」儀礼を行うことだが、これは大がかりでもあり、公になってしまうので、「イエン」(薬)を探す者は後をたたない。薬は存在するが、それを用いれば確実に死人が出る、という。この「イエン」は、ティポを祓おうとするときに用いるものと同じだと言われている。当事者がありかを見つけ、ジャヤーシが真っ昼間に裸になって取りに行く方法である。この薬を浴びると、当事者は助かるが、必ず死人が出るとされる。

　一方、「ルスワを燃やす」（ワンゴ・ルスワ／チョウォ・ルスワ）儀礼は、沼地にバ

第 7 章　ルスワ luswa

ナナの葉と「乾いた」木材で建てた小さな小屋にルスワを犯した 2 人を裸にして押し込めることからはじめられる。薬草で体を浄めたころ、小屋には火が放たれる。ルスワを犯した者は裸のまま異なった方角に向かい、男は 3 回、女は 4 回ひっぱたかれながら、決められた場所まで逃げる。2 人をクランの人間は囃し立て、追い立てる。羊を供犠され、コンゴとともに出席者により共食される。クランのメンバーほとんどが関わる公式的な儀式である。

　ルスワになった者の症状は、オバとのニョウォモ・ワトを犯した場合に年増女を追いかけるというものがあるが、一般的には、「「呪詛」と同じ」であると言われる。「AIDS 患者のようだ」とも言われる。すなわち、何もできなくなり、思考能力がなくなる。身体的に弱々しくなって性的能力も生殖能力もなくなる。髪が抜け落ち、変色する。皮膚がひび割れ、はがれ落ち、色が黄色くなり、斑点も出て、最終的には発狂するという。発狂の典型は夜外に出て走りまわることだから、ジャジュウォキのようになってしまうわけである。

　このように、こういった症状は「ルスワ」に特有のものは何 1 つないと言ってよい。すべての症状が「呪詛」「ジャジュウォキ」「ティポ」それぞれどの説明が当てはめられてもおかしくないものである。ティポの薬とルスワを祓う薬の作り方が同じでも、不思議はないのかもしれない。

　くどいようだが、もう 1 度ティポに憑かれた際の特徴として何が語られていたのかを確認しよう。

> 「ティポの攻撃を受けると、当人は肌の色が黄色くなり、やせ細って弱り、体の一部が腐敗し、口が利けなくなる。症状は AIDS とほとんど同じである。もう 1 つの特徴は、ティポに標的とされた人間の孫の世代からクランの人間が病に冒され、死んでいく。死ぬのは、犠牲者となったティポの持ち主と同じ性であると言われる。広義には不運もティポのせいとみなされることがある。」(「第 5 章　Ⅳ　まとめと考察　6」)

仮にここに AIDS 患者がいたとして、それにはどんな説明があたえられるのであろうか。

第8章　12の事例の検討と分析

I　はじめに

　本章にあつめたのは、事例と呼ぶのにふさわしいある程度の長さを持ち、一貫した内容を持っているテキスト群である。そしてこれらのテキストをとりあげることで、さまざまな観念が日常生活のどういった場面で登場し、「災因」として実体化していくのかを、出来事の筋をたどって理解していこうとする。また、語り手が、この事例を回顧する際にどういった説明の仕方をするのか、その点にも注目したい。

　質、量ともに「呪詛」の事例が圧倒的に多いことが、アドラにおいてこれらの災因がありふれたものであると同時に生活実感に密接したものであることをうかがわせる。

　事例はそれぞれ十分に記述的なので、それに「解説」を付すことは、同じことを別の言い方で繰り返すという事態になりかねないが(それは人類の言語活動の本質でもあるインデックス性と相互反照性のあらわれでもあるのだが)[1]、その点には留意しつつ、事例それぞれに解説を加え、その末尾に箇条書きで簡単なまとめとして「事例素」をつけた。「事例素」は、多くは当該のトピックに関する一般論、あるいは社会的通念ないし道徳を指示するもので、事例のなかからコンテキスト性を若干排除しても読み取ることができる最低限のメッセージを抽出したものである。これらは教訓やモラル、行動規範などを暗に含んでいることが多く、事例に「ついて」語った際に事例に「よって」語られるメタ・メッセージ的な内容のことである。こうした「事例素」のような要約は、ある程度コンテキストを離れて時空の単一性や再現不可能性から離床しているので、時空を異にする別の「事例素」と対照することが可能である。このような作業仮説は、今後、理論的には比較民族誌的な作業を可能にするための重要な役割をになうことが

1　エスノメソドロジーなどの解明したインデックス性と相互反照性についての民族誌を考える場合の簡便な案内は浜本［1985: 114-117］。

第 1 部

期待されるが、本章では、コンテキストからの切断は意図していないので、最後にまとめて提示するにとどめた。

そのことが、これらの事例の提示の仕方に若干ぶっきらぼうな印象を与えることには気づいているが、本章では、それ以上の操作に展開することはしなかった。

Ⅱ　事例

1　ジュウォギの憑依

「……これは、キレワ準郡での話である。オブルという男が80代後半で亡くなった。別に不審なところもない病死で、マラリアだろうと思われた。同じ村のオチュウォ・オボスの兄弟だった（①）。

人が死んで埋葬されても、霊は小屋の外あるいは小屋の中にとどまっていると考えるのが、われわれアドラの文化である（②）。死んだ者の霊は、占い師や長老たちの助けを借りて正式に屋敷の中へ連れ込むことが必要である（③）。そうしてはじめて、葬式の間じゅう灯していた焚き火を消し（ネコ・マッチ neko mach）、参列者や家族も野外で眠ることを（ドンジョ・イオット donjo iott）しなくてもよくなる（④）。

さてオブルが死に、ごくふつうの埋葬が執り行われた（⑤）。参列者たちは 1 ヶ月以上野外で寝ていた（⑥）。死霊を小屋に招き入れる儀礼が行われなかったので火は灯され続けた（⑦）。この小屋はルンベ儀礼が行われるまでは扉を閉めておかねばならず、中で眠ることはもちろん、何の用途にも用いるわけにはいかない（⑧）。

この小屋は儀礼が行われて適切なやり方で壊されるまでは十分に見張られていなければならない（⑨）。儀礼を執り行うためには、食料が乏しく、とてもすぐにはそろえられないような乾期であっても、たくさんの物品、食料、そして飲み物を準備しなければならないのである（⑩）。

焚き火を消し、「灰を集める」(ジョウォ・ブル jowo buru) 儀礼のとき、家族の何人もが同じヴィジョンを見た（⑪）。夜、屋敷のまわりで白い服を着た姿だった（⑫）。上下ともに白い服だったのか判別はできなかったが、埋葬するときに遺体を包むのに用いた白いシーツ（スカ・マタリ suka matari）のようにも見えた（⑬）。

これは本当に怖い話だった。実際にヴィジョンを見た者はもちろんだが、

見てはいないが話だけ聞いた家族たちもおおいに恐れた (⑭)。
　この事件は近所の人や親族の知るところとなり、オチュウォの屋敷にはヤモがいるということになり、それを祓うための清めが必要だということになった (⑮)。ヤモは非常に背が高いという (⑯)。オブルは背が高い男だった (⑰)。そのヤモも男だったという (⑱)。ヤモはオブルの霊であり (⑲)、何かしてほしいことがあって出てきたのだろう、と思われたのである (⑳)。
　あるとき、夕方6時頃、オチュウォが放牧と搾乳から帰るや、倒れ込み、霊の影響であろう、死んだオブルの名前を叫び始めた (㉑)。母親がその様子をみるために呼ばれてきた (㉒)。叫んでいる理由はよくわからなかった。
　憑依された場合には、死んだ人を名乗り、死んだ人として行動する (㉓)。オチュウォは、手を上に上げ、死んだオブルになりかわって「私はオブルだ。まだ小屋に入れずに外におり、小屋のなかにつれて行ってもらいたい。そうしないとこの男は死ぬ」(*An Oburu amito donjo iott parani paka fuodi koyo nekani woko,kosa ala neko dhano pacho me*) と言った (㉔)。こうなったら家族はもちろん他の人にも何が起こったのかは明白だった (㉕)。
　施術師（ジャシエシ）が呼ばれたが、この場合にはもう霊の仕業であることがわかっているので、それを探し出すのが彼女の役割ではない (㉖)。彼女はがらがら（オテ *ote*）をあちこちで鳴らし、霊を呼び出して薬草をふりまいた。その薬草がなんなのかは私にもわからない。
　霊を祓うために、施術が始められた。予言（シエシ *thieth*）をするのではなく、故オブルの霊を呼び出すために施術師はがらがらを打ち鳴らし、コンゴをまき散らした。そうしながら、彼女は薬草を噛んでその一部をはき出した。「霊の薬」(ヤーシ・アジュウォカ *yath ajwoka*) というとてもにおいの強い薬草を振り回した。この薬草のにおいはどんな霊も惹きつけるとされている (㉗)。
　呼びかけに霊がこたえて草が揺れ、次第に草の動きが近づいて、ついに霊はとらえられたようだ (㉘)。施術師が死者の墓の場所にコンゴを注いだ。その場から一摑みの草がつかみ取られて引き抜かれた。それが霊である (㉙)。ジャシエシは草をつかんだまま死者の小屋に入り、その一摑みの草に籠をかぶせた (㉚)。1羽の小さな雌鳥を締め、小屋のなかで焼いた (㉛)。牛肉も調理され、家族、ジャシエシ、年長者たち全員が死者の小屋で宴を張った (㉜)。一通り飲み終えると、ジャシエシには黒い雌鳥が与えられ、彼女は立ち去った (㉝)。籠をかぶせられた霊は、死者が男だから3日間そ

第 1 部

こから動かしてはならない、と彼女は言い置いていった。死者が女なら、4日間おいておかなければならないのだ、とも(㉞)。

3日後、オチュウォは指示通り籠を外し、小屋を箒で掃き清めて扉を堅く閉めた(㉟)。

ルンベが行われ、その屋敷は決められたやり方で壊された(㊱)。その後、家族のなかでヤモの姿を見たものはない(㊲)。クラン・リーダーも、年長者たちも、そして家族も、「あれはオチュウォに死んだオブルが取り憑いて儀礼を要求していたのだ、と口々に言い合った……(㊳)。」

【解説】
　とりたてて不審のない死であった。死因についての議論はなかったようである。慣例の手順に従って粛々と葬儀の儀式はすすめられていた(⑤)(葬式の詳細については第2部で詳しく見る)。特筆すべきことは、1ヶ月以上野外で寝ていた(⑥)という部分である。本来は数日で参会されるが、霊を小屋に連れ戻す儀礼が行われなかったので、カシック（丸太）のかがり火もともされたままで、ピド（喪）の終焉を印づけられなかったものと思われる(⑦)。ピドが長引く主な理由は、儀礼に必要な酒や動物、その他の財産が足りていないことである。⑩で述べられているのは最終葬送儀礼であるルンベのことであるが、程度問題である。いずれにせよルンベの際には、⑩にいうような財産を集める必要がある。ルンベの儀礼を終えてはじめて、死者の小屋を取り壊す儀礼を行うことができる(⑨)。それまでは、扉を堅く閉めたまま、何の用途に用いることも許されない(⑧)。しかし、この例ではそれ以前の、小屋に死者の霊を戻す儀礼がうまくいっていないのである。このように葬儀の手続きに瑕疵があったときの霊的攻撃をムウォンジョ mwonjo と言う。

　ようやく「死者を小屋に戻す」儀礼はすんだのだろう（しかし後に、これがうまく行われていなかったことがわかる）。「灰を集める」儀礼が執り行われた。そのとき、ヤモ、いわば「幽霊」が出たのである。服装は白い服を着た(⑫)人間で背の高い(⑯)男性(⑱)であったという。白い服は、遺体を埋葬するときに用いるシーツを思い起こさせる(⑬)。また、背の高い男というのは、死んだオブルの条件にぴったり当てはまったので、オブルの霊だろうとみんな信じた(⑲)。幽霊の噂は目撃者だけでなく家族たちも恐れさせ(⑭)、浄めの儀礼を行うべきだ、ということになった(⑮)。霊に何か要求があって出てきたのかもしれないから、儀礼の過程でそれも知ることができるだろうと推測された(⑳)。

第 8 章　12 の事例の検討と分析

　儀礼が行われないまま何もなかったら、ヤモのことも忘れ去られていたかもしれない。ある日、死者の兄弟であるオチュウォに何かが憑依した。まずはじめに、死者であるオブルの名を呼び (㉑)、続いて死者に成り代わって手を上に上げて、「小屋に入れない」と苦情を言い、「連れて行って欲しい」との要求をした。さもないとオチュウォが死に至ると予告した (㉔)。憑依した者は、死んだ者として振る舞っているので (㉓)、全員に儀礼を要求していることが明確にわかった (㉕)。「小屋に連れ戻す」儀礼が行われていなかったのかもしれない。
　通常は、ジャシエシは呼ばれると占いをするが、この場合には不要だった (㉖)（ただし、私の聞いた例のいくつかは——この章の 2 と 3 もそうだが——、この段階での占いで、新たにいくつかの災因が重複していることがわかることがある。印象としてはラブキを節約した感がある）。
　がらがらを鳴らし、コンゴをまき散らし、薬草を振りまいた。薬草の一部を咬んで吐き出した。その薬は非常に強いにおいがあり、霊が惹き寄せられるとされている (㉗)。ジャシエシと霊の間で対話が行われ、最終的には霊はとらえられる (㉘) その後死者の墓にコンゴを注ぎ、その場の草を引き抜き、霊のよりしろである草を (㉙) 小屋のなかに持ち込んで籠に閉じ込めた (㉚)。
　鶏を供犠し、酒食を用意して死者の小屋で儀礼を行った (㉜)。ジャシエシには黒い雌鳥が報酬として与えられた (㉝)。霊は籠を被せられたまま、オブルは男なので 3 日間（女なら 4 日間）安置する (㉞)。この期間が過ぎたら掃き清めてよいのだ。小屋の扉は固く閉じられた (㉟)。その後、ルンベが行われ、小屋も取り壊されて (㊱)、それ以降ヤモを見た者はいない (㊲)）。すべては終わった。それは、死んだオブルがオチュウォに取り憑いたということも、その目的が儀礼の執行であったことも意味していた (㊳)。㉜の小屋の中の宴会は本来リエド儀礼の際に行われるべきで、「食べ方を教える儀礼」と呼ばれるものである。この儀礼を省略していた可能性が疑われる。
　つまりまとめると、以下のことが言えそうである。

【事例素 1 -①】葬儀の細々した儀礼はそれぞれに重要性があるのであり、軽々に簡略化したり執り行わなかったりしてはならない。
【事例素 1 -②】ルンベ儀礼は大変な経費がかかるものだが、執行するべきである。
【事例素 1 -③】ルンベ儀礼が終わって小屋を取り壊すまでは、死者には気をつける必要がある。

第 1 部

【事例素 1 −④】死者は生者に対して、決められた手続きで埋葬・葬送される権利を有していて、苦情を言うことがある。

【事例素 1 −⑤】死者の霊の苦情の 1 つのかたちとして、ここで語られるような「憑依」がある。「憑依」された生者は死者を自称し、死者として 1 人称で語る。

【事例素 1 −⑥】ジャシエシなどしかるべき職能者により「霊」はつかまえることができる。

このケースでは、「小屋に入れない」と憑依して死者が自らかなり明示的にすべて語ってくれているので、池上良正［2003］の言葉を借りて言えば、霊との「個別取引」であり［池上 2003: 31-32］、「直接交流」［池上 2003: 158-159］の 1 例であると考えることができる。

2　死霊の祟り

　「この話は、アチェンガから私が直接聞いたものである。アチェンガ（45歳）は、アモリ・カセデ・クランのオブル・ニャンゲンドとマンジャラ・アディキニとの間にいる 4 人の子供の下から 2 番目の娘だった。父はもう亡くなっていてニャマロゴの屋敷に埋葬されていた（①）。アチェンガは、最近死者のために供犠をしたが、それは死んだ父の霊が、自分のために山羊を供犠するようもとめたからだというのである（②）。

　きっかけは 10 日ほど前の彼女の発狂だった。裸で走り回った（③）。彼女自身の口を借りて、死んだ父の霊の仕業であると自ら霊が語った（④）。他のものたちが別の人の葬式に出席していて、彼女が 1 人のときに彼女に憑依したのである（⑤）。

　翌日家族が戻ってきて、母親が近所のジャシエシに相談に出かけた（⑥）。ジャシエシの占いで、アチェンガの父親だけではなく、死んだ兄弟、オロの霊も、墓の修復をして、墓の上にセメントを塗ってほしい（⑦）、さらには牛囲いを少し遠くに移設してほしいともとめていることがわかった（⑧）。アチェンガは以前にこのようなことで悩まされた経験は全くなかったが、そのときはひどい足の痛みに悩まされ、足が膿みはじめた（⑨）。邪術であるかどうか判断するのは非常に困難だった（⑩）。

　ルンベは何年も前に行われていたが（⑪）、そのときアチェンガはなにも供犠しなかった（⑫）。アチェンガは近所のオボ・オケッチというジャシエ

356

シのもとに連れて行かれた。薬草を水で飲んで、また別の薬草を混ぜた水で水浴びをして、さらに別の乾燥させた薬草を燃やし、毛布にくるまったアチェンガを燻すなどの治療をしてアチェンガはやがてよくなった⑬。ジャシエシは、供犠をするから、患者を回復させてほしいと願う祈願の言葉を唱えもした⑭。

　正気を取り戻すと、アチェンガは墓の前方に向かって供犠をした⑮。はじめにラブキ（*rabuki*）とよばれる謝礼の手付け金を支払った。それは雌鳥1羽と1000シリングだった。この場合にはそれが相談料に充てられた。さらに回復後に3000シリングが支払われ、夫と兄弟の尽力により山羊が1頭供犠された⑯。

【解説】
裸で走り回り③、発狂したアチェンガの口を借りて死んだ父が語ったのは供犠の要求だった②。4人の子供のうち下から2人目の娘に山羊の供犠を要求した例である②。他の者は別の人の葬式に出席しており留守だった⑤。
　すでにルンベも含め埋葬はすんでいた①、⑪。この場合、どうしてそのような関係の娘に直接死霊が要求をするのかが焦点化される。アドラの葬儀の慣習によれば［梅屋 2010b, 2014, 2015］、埋葬の際に適切な相続人がきめられ、死者の不満を招かないように葬儀を執り行うはずだからである。この場合にはルンベの際に当事者が何も供犠しなかったことが原因とされた⑫。しかも、母の依頼でジャシエシが占うと⑥、父だけでなく、兄弟であるオロも墓のセメントと⑦牛囲いの移設を要求していることがわかった⑧。他の人の邪術の可能性も疑ったようだが、よくわからない⑩。ただ、足が痛み、膿んできた⑨。
　供犠を約束するばかりではなく⑭、薬草を飲んで、薬液を浴びて、そして燻らすなど、いろいろなかたちで薬草を摂取したおかげか、やがてよくなった⑬。夫と兄弟の尽力で、父の墓前で約束通り供犠をした⑮、⑯。ジャシエシには手付け金として雌鳥1羽と1000シリングが支払われ、回復後に3000シリングが支払われた。
　こうしたストーリーの文脈をそぎ落としてまとめると、以下のような要点が得られる。

【事例素2－①】父親のルンベのときに供犠をしていなかったのは問題である。
【事例素2－②】ルンベが終わっても、儀礼に瑕疵があれば、死者は祟ること

第 1 部

がある。

【事例素 2 – ③】占いの過程で複数の死霊が具体的な要求をすることがあるが、それに応えれば問題は解決する。

【事例素 2 – ④】霊のメッセージの始まりは「夜走り」だった。逆に言うと、「夜走り」は何らかの霊のメッセージの前触れでありうる。

3　ブラの憑依

　「……マーガレット・ニャケチョ[2] (23歳) が、夜9時ごろ、就寝する前のことである。クリスマスも間近な1991年の年末だった。小屋の屋根からムコウェ *mukowe*（蛍）が入ってきた（①）。それは明るい光をはなち、小屋全体を明るく照らし出した。すぐに、おそらく 2、3 分後だと思うが、彼女は正気を失った。ベッドを飛び出し、子供を抱えて夜闇のなかに駆けだしたのだった。叫び、あちらこちらを走り回った（②）。何日も何日も食べ物も食べず、周囲の者が食べさせようとしても受け付けなかった。屋敷には帰らず、意味のわからないことをぶつぶつ言うようになった（③）。夫は何人ものジャシエシ、治療師を尋ね歩き、様々な病気、たとえば「眠り病」の検査まで受けるなど、あらゆる手を尽くした（④）。

　最初は、これはブラ *bura* だろうと思われた（⑤）。ブラは「小さな神」などと呼ばれることもある。一方、蛍は、精霊や悪い予兆と結びつけて考えられる（⑥）。誰かはわからないが、これは家族の誰かが放ったに違いない、とニャケチョは言う（⑦）。親族のなかにも同じ見解をもつ者が何人かいた。一体誰が犯人か、ということで犯人探しがはじまった（⑧）。

　こうしたブラは「門」を要求する（⑨）。ボンギ *bongi*[3] という樹木を 2 本と、その間にオクド・アルウィ *okudho alwi* を渡した門が屋敷の入口につくられているのが普通だが、その門のところには「門のウェレ」(ウェレ・マ・ワンカッチ *were ma wangkatch*) のための小さな小屋が建てられる。ウェレは 3 つあり、「屋敷のウェレ」(ウェレ・マ・ディオディポ *were ma diodipo*) と「ブッシュのウェレ」(ウェレ・オティム *were othim*) とあわせて、3 つのウェレが祀られている（⑩）。雄山羊と雄鳥、雌鳥などが供犠される（⑪）。

2　マーガレット・ニャケチョは、ニャマロゴ在住、ジョデ J'Ode・クランに属す。カトリック信者で既婚。子供は 3 人いる。この記録は、2001 年 8 月 18 日、ニャマロゴ、ジョン・オポヤが収録した。

3　バーククロス（樹皮布）をつくる樹木。

第 8 章　12 の事例の検討と分析

　ニャケチョが発狂した日の翌日 10 時ごろ、オジがジャシエシのところに相談に行った（⑫）。そこでは、占いの結果ブラ以外の霊が関係していることがわかった（⑬）。ニャケチョの屋敷だけではなく、屋敷への通路など、あちこちに呪術がかけられていた（⑭）。ジャシエシの指示で、薬草を水と一緒に飲むだけではなく、夜中に霊を脅かして追い払うために薬草を燃やした（⑮）。薬草を（サゴ *thago*）という焼き物の皿や、壊れた壺の上で燃やし、毛布にくるまったニャケチョを燻した（⑯）。水と混ぜた薬草を漉し、その薬液を鼻の穴に通した（⑰）。皮膚を剃刀で傷つけて薬草をすり込んだ（⑱）。このことにより、薬効が血管のなかに作用すると説明された（⑲）。何種類かの薬草を集めて布きれのなかに縫い込み、イリシ *yirisi*（お守り）をつくって、外出するときには身につけた（⑳）。

　こうした処置をするのに、私はラブキ *rabuki*（手付け）として 2000 〜 3000 シリングと雌鳥 1 羽を、相談し処置してもらった施術師ごとに支払った。結局 2 頭の山羊、数多くの鶏、7 万シリング以上の現金を費やしたが（㉑）、彼女は治癒することはなかった。手を尽くしたあげく、打つ手がなくなって彼女がまさに死のうとしている日に、霊を追い出すことに成功し、彼女は一命をとりとめた（㉒）。

　同じ頃、彼女の兄弟（*omin* ここではイトコ）が死んだ（㉓）。ニャケチョは以前に 1 回このような霊の攻撃にあったことはあったが、そのときには 1 週間で回復した。「呪詛」や邪術の被害に遭ったことはない……（㉔）。」

【解説】
　蛍は、ジャジュウォキと結びつけて考えられるので、あまりよいイメージと結びつけては語られない（①、⑥）。この場合にも、発狂して夜中にあちらこちらを走り回る、前兆のように語られる（②）。その後、食事もとらず、意味のわからないことをつぶやくようになった（③）。夫は「眠り病」など、病院で治療対象となる病気も含めていろいろな可能性を考えたようである（④）。

　オジがジャシエシに相談しに行き（⑫）、屋敷や屋敷への通路に呪術がかけられていることがわかった（⑬）。ブラが当初原因と推測されているが、明言していないが、それは間違いである。ブラは通路に呪物は仕掛けないので、何らかの人為的な邪術が働いていることは明らかである。ここでは言及されていないが、そういった邪術に手を染める人間も「ジャジュウォキ」である。

　ブラについては、3 種類のブラがあること、門が必要とされること（⑨）、供犠

359

第 1 部

が必要であることなど (⑪) が一般的な知識として知られているが (⑩)、このテキストでは治療の主眼はそこにない。実際、対ブラの話であれば (「小さい」とはいえ相手は神なのだから)、供犠をすれば解決する話である。しかし、ラブキ2000〜3000シリングと雌鳥1羽など、2頭の山羊、数多くの鶏、7万シリング以上の現金を費やして (㉑)、薬をのみ、焼き (⑮)、燻らし (⑯)、鼻に薬液を通し (⑰)、傷をつけてすり込むなど (⑱)、考えられるあらゆる手を尽くしても、回復しない。

命を取り留めたのは (㉒)、何らかの手段が、呪術を送り主である彼女のイトコに送り返し、イトコが死んだことによって (㉓) 回復したのである。これまではそういった被害には遭ったことがないようだが (㉔)、イトコの邪術によるものであろう。当初からブラとは別に、蛍を放ったのは家族の誰か、と疑いがもたれ (⑦)、犯人捜しがされていたのだから (⑧)、多くの人たちは最初からこの仮説をもっていたとも考えられる。

3についてまとめると、たとえば以下のようになろう。

【事例素3-①】蛍は不吉である。
【事例素3-②】最初の兆候は蛍だが、決定的なのは「夜走り」だった。意味のわからないこともつぶやくようになった。
【事例素3-③】病院で治療も検討したが、それは治ることはなかった。
【事例素3-④】屋敷に薬を仕掛けるジャジュウォキが存在する。
【事例素3-⑤】ジャジュウォキの死によってのみ結末を迎える不幸がある。

4 毒を盛られた事例

「ニャマロゴのオボ・ジョセフ (11歳) が、アロウォ・カフコ (40歳) の屋敷で煎った落花生を食べて数分後、ひどい腹痛に襲われた (①)。食べることもできず、4日間眠ることもできなかった (②)。これは落花生に毒性のある「草」(③)、そうでなければ動物の肉あるいは脂が混ぜてあったものだろう (④)。診療所に連れて行かれたが、そのときにもなお、症状は悪化する一方だった (⑤)。

ジャヤーシのもとに連れて行かれたが、占いはしなかった (⑥)。何か緑色の草がすりつぶされ、水ですべてのまされた。ジャヤーシは翌日も同じ治療を続けた。儀礼は行われなかった (⑦)。母親は手付けあるいは相談料として3000シリングと雌鳥1羽を支払った (⑧)。

アロウォはジョセフの父親をねたんでいた。ジョセフをはじめたくさん

の子供がいたからである（⑨）。それまで喧嘩や諍いはなかった（⑩）。アロウォは、ジョセフの弟にも攻撃を仕掛け、死に至らしめたと言われているが、それにかかわる証拠はみつからなかった（⑪）。

ジョセフの家族は、2キロほど遠くに屋敷を引っ越すことにした（⑫）。かれらはお互いにいがみ合っているが、現在ではそれは外から見てわかるほどではない（⑬）。薬を飲んでジョセフは吐き、下痢したので、その様子で誰が毒を盛ったかがわかったのである（⑭）。この話はジョセフ本人から聞いたものである。」

【解説】
ジョセフ（ジェップ・クラン、カトリック信者）がアロウォ（アモリ・カグル・クラン、プロテスタント）の屋敷で落花生を食べてから、ひどい腹痛に襲われる（①）。その後もよくならず、4日間も眠れなかった（②）。当然のこと「毒」が疑われる。毒自体の作り方は誰でも知っている。草からもできるし（③）、動物の肉からも脂からもつくることができる（④）。診療所に行っても症状は悪化する一方だったということは（⑤）、並の効き目ではない。毒であることはほぼ間違いないので、ジャヤーシのもとに行っても占いは行われなかった（⑥）。緑色の草をすりつぶした薬をのまされ、儀礼はしなかった（⑦）。解毒をしようとしたのであろう。解毒のときの様子で、犯人もわかるようだ（⑭）。

おそらくは、アロウォのところで食べた落花生を吐いたのだと思われる。こうした食べ物自体の様子で、毒の有無がわかるという話を聞いたことがある。私（梅屋）の隣人だったワンデラが、ジャジュウォキを疑われる女からマンダジをもらったことがある。「毒」を疑って捨てたマンダジは、1夜のうちに3倍ほどの大きさに膨れあがっていた。

治療の費用は3000シリングと雌鳥1羽（⑧）。子供がたくさんいたので、妬まれている自覚はあった（⑨）。ここでは占いをした可能性もある。ただし、アロウォが邪術をしかけた証拠は見つからなかった（⑪）。これまで表だった諍いもない（⑩）。2キロほど居住地を遠くに移すことにした（⑫）。現在では、緊張関係にあるものの、表面上は仲良くしているようにみえる（⑬）。

ここまで検討をすすめてきたわれわれには、この次の展開が容易に想像できるであろう。もちろんこのまま何も起こらない可能性もあるにはあるが、次はアロウォが「呪詛」に訴える可能性である。関係には十分に気をつけなければならない。すでに見た通り、「呪詛」は、相手が不満を持てば十分に成立してし

361

第1部

まうのである。そして、1度問題が起こったら、解決するには「浄めの儀礼」をするしかなくなるのである。本章6のような事態になってしまったらおおごとであるから、子供たちには十分に注意してアロウォに接するようにしつける必要がある。

4について最小限のまとめをこころみるならば、たとえば以下のようになる。

【事例素4－①】 誰かの家をたずね、食べ物を出されて口にすると、そのなかに毒を盛られることがある。
【事例素4－②】 毒自体の作り方は誰でも知っている。
【事例素4－③】 子供が多いとねたみを招く。
【事例素4－④】 ジャヤーシは、原因が毒と明らかな場合には占いをせず、それを吐かせたり排出させることに専心することもある。
【事例素4－⑤】 ラブキの相場は3000シリングと雌鳥1羽。

5 オジを侮辱して「呪詛」

「……酔って正当な理由なしに父方オジに手を挙げたジョセフに対して、オジは、「繁盛している店も、その中の品物も、広大な地所も、実入りの良い仕事も、家屋も、滅びてしまえ、駄目になってしまえ！」と公言した（①）。その結果、彼は仕事を失い、店の品物も土地も全て手放さなければならなくなり、莫大なお金を払うことになった（②）。誰も彼と彼の家族を助けることはなかった。「呪詛」の言葉通り、実際に全て「滅び」、「駄目になった」のである。ついには家屋敷も手放すことになった（③）。

彼は、事情を知り不憫に思っていた父にすがった（④）。父親には息子が3人いたが、「呪詛」をかけられたジョセフだけが裕福な暮らしをしていて、ほかの息子たちや両親の暮らしを助けていたので、「呪詛」の効き目で息子の財産が破滅するのは愉快ではないのみか、自らの生活にも深く関わることであった（⑤）。

父親の依頼で長老が集まって話し合い、「呪詛」をかけたオジを呼んで伝統的な方法で解決するように諭したが、男はなかなか聞き入れなかった（⑥）。

長老はサブカウンティとパリッシュのクラン・リーダー（ジャゴンボロラ *jagombolola* とジャムルカ *jamuluka*）を呼んで無理にでも介入することにし、何とか同意させて儀礼の日取りを決めた（⑦）。コンゴのほか、ズボン1本、シャ

第8章　12の事例の検討と分析

ツ1枚、コート1着、毛布、白い雄鶏など指定されたものが準備され、儀礼が執り行われた（⑧）。鶏を殺して、その血をジョセフに振りかけるつもりだった（⑨）。このやり方は、別の地域で別の人物の「呪詛」をみるみる取り除いた実績があり、パドラではその効き目が信頼されていたのである（⑩）。ところが「呪詛」をかけられたジョセフは、オジに暴力をふるったのはまちがいだとは認めながらも、それは事故であり、酒の上でのことだと言って抗弁し、罪を認めなかったので儀礼は中止になった（⑪）。これでは、和解が成立しないので長老たちは顔をしかめた。本来は、「呪詛」はかけられるほうが悪いのである（⑫）。

　いずれにせよ、改めて「浄めの儀礼」チョウィロキ chowiroki を行うことには同意したので儀礼が執り行われることが決まった（⑬）。儀礼の日、クラン・リーダーと家族の年長者たちはひとところに集まったが、最悪の事態が起こった。必要とされる鶏などをジョセフは準備できなかったのである（⑭）。「呪詛」の効き目で、かつては裕福だった彼はもはやほとんど何も持っていなかったからである（⑮）。

　仕方なくジョセフの別のオジが、ジョセフがかろうじて用意した白い雄鶏以外のものを全て用立てることになり、ようやく儀礼は開始された（⑯）。雄鶏の血がコンゴと混ぜ合わされ、オドゥニョの草につけて振りかけられた。「呪詛」をかけたオジの手から3回水を飲んだ後（⑰）、クラン・リーダーと長老、家族の間で話し合いがもたれた（⑱）。ジョセフの父が山羊を連れてきて、供犠して、骨つきの肉を代わる代わる囓った。カヨ・チョコ（kayo choko）「骨囓り」の儀礼である（⑲）。

　全てが終わると、起源を同じくする者同士なのだから、と口々に言いながらコンゴを飲み、平和に家路についた（⑳）。

　儀礼は済み、2ヶ月経たないうちにジョセフは職を得た（㉑）。前ほどよい仕事ではなかったが、やがて牛を飼う余裕が出てきて、現在ではクラール（牛囲い）に数頭の牛がいる（㉒）。彼の態度は全く豹変し、今では双方のオジ、オバ、長老たちを尊敬するようになった（㉓）。もう持っているものを手放すのではなく、もとの通りにとは言わないが、身の回りのものを次第に買いそろえている（㉔）。家庭内でしばしばあった暴力もなくなった。他人への敬意をもって村のためにも尽くす姿勢を見せるようにもなった（㉕）。ジョセフの父とそのキョウダイ（「呪詛」をかけた男）との家族の絆は、一連の問題の解決を通じて非常に強いものとなった……（㉖）。」

第1部

【解説】
　酒の上での喧嘩が「呪詛」を招くことは多い。この場合もジョセフは父方オジに手を上げてしまう。もともとジョセフは商売がうまくいっており、土地持ちで、嫉まれる要素は十分にあった。オジは、それらの財産を明示して「駄目になれ」と公言した（①）。結局そのとおりになり、仕事も土地も失い（②）、家屋敷も手放した（③）。
　こういった場合には、父親に介入してもらうのが筋である。父にすがることにしたが（④）、父も、ジョセフ以外の兄弟も、一家でもっとも豊かだったジョセフをいろいろ頼りにしていたので、直接の死活問題でもあった（⑤）。
　父親の依頼で長老があつまり、オジを呼んで話し合いをもったが、オジはなかなか認めない（⑥）。この段階で自主的にジョセフに要求をして、その賠償のためのものが揃ったら、水を飲む儀礼だけで終わっていたことだろう。オジがかたくなので、クランの正式な手順を踏むことにした。これは正式なクランの裁判と同じである。各行政区のクラン・リーダーの介入を求めたのである。それにより半ば強引に儀礼の日取りを決めた（⑦）。コンゴの他、ズボン、シャツ、コート、毛布、白い雄鳥などを揃え、儀礼がはじめられた（⑧）。他の地域で有効だったとされる方法だが（⑩）、供犠した鶏の血をジョセフに振りかけるつもりだった（⑨）。しかし、まだジョセフは抗弁しているので、儀礼がすすめられないため中止された（⑪）。この態度は、「本来「呪詛」はかけられるほうが悪い」（⑫）とする長老たちの不興を買ったものとみられる。
　「浄めの儀礼」が行われることになったが、儀礼に必要な鶏をジョセフは用意できなかった（⑭）。「呪詛」の効き目で、もはやジョセフは何にももっていなかったのだった（⑮）。別のオジが見かねて儀礼に必要なものを用立ててくれ儀礼がはじめられた（⑯）。当初予定通り、雄鳥の血をコンゴと混ぜて振りかけ、ジャラーミの掌から水を3回飲んだ（⑰）。
　おそらくジョセフがかたくなだったからだろう。「呪詛」の儀礼に加えて「骨囓り」が行われている（⑲）。クラン・リーダーと長老、家族が話し合い（⑱）、たんなる「呪詛」の浄めではなく和解をもとめた結果であろう。
　2ヶ月以内に職を得て（㉑）、牛や身のまわりの物を買い戻せるようになった（㉒、㉔）。オジ、オバ、長老を尊敬するようになった（㉓）。暴力もなくなり、他人に対して誠意をもって対応できるようになった（㉕）。家族の絆も強くなったとのことだが、このテキストが言わんとしているのは、かたくなだったジョセ

フを変貌させる「骨囁り」の効力なのだろうか。
　5についてまとめると、以下のようになる。

【事例素5－①】「呪詛」はかけられるほうに非がある。
【事例素5－②】「呪詛」をかけられたのは、豊かで商売がうまくいっていたから嫉まれただけではなく、オジやオバ、長老たちに対する敬意を欠いていたところもある。
【事例素5－③】父親が仲介し、長老たちが介入して「「呪詛」の浄め」を行う。
【事例素5－④】「呪詛」の効果は「酒浸り」「貧困」である。
【事例素5－⑤】「浄めの儀礼」ができなくなるくらい「呪詛」が効くことがある。
【事例素5－⑥】「浄めの儀礼」には、白い雄鳥が必要である。
【事例素5－⑦】「浄めの儀礼」のコンポーネントは、白い雄鳥の供犠、血とコンゴをオドゥニョで振りかけること、掌から水を性の数だけ飲むことである。雛については言及されなかった。
【事例素5－⑧】「「呪詛」の浄め」に「骨囁り」を併せ行うことがある。ジャラーミがなかなか応じなかったこともあって念を入れたのかもしれない。

6　酒がやめられなくなる「呪詛」

　「……豊かだが、子供が1人もできないオジを、オイが侮辱した（①）。このオイは、当該人物の兄の子供だった（②）。
　「確かに私には子供がない。しかし、それは私の過失でも何でもない。神がそうしむけていることなのだ。お前には子供が何人もいるが、公衆の面前で尊敬すべき私をあざけるとは、一体どういうつもりなのか。」（③）
　7ヶ月後、「呪詛」をかけられた男は酒場に入り浸るようになった（④）。ある日男はズボンを忘れたまま帰宅した（⑤）。男がズボンを取りに来たのはなんと4日後であった（⑥）。人々はこの出来事に驚き、恐れた（⑦）。日中であるにもかかわらず、屋敷までの道順がわからなくなるほど惨めな状態となり（⑧）、さらに周囲の人々を驚かせたが、同じことが3回も続いた（⑨）。2004年の7月のこと、父親が酔いつぶれた彼を酒場から連れ帰る途中、父親をめちゃめちゃに殴打した（⑩）。
　彼は、いつでも親の屋敷の人たちの手を焼かせた（⑪）。とりわけトレーディング・センターで飲んだ後はそうであった（⑫）。父親、オジ、そしてキョウダイたちの屋敷を、とくに主人がいないときをねらって、騒がせる

365

第 1 部

のだ(⑬)。次の日には、あやまるのだがいっこうに懲りない(⑭)。

　親も含め村の多くの人たちにもいったい何が起こっているのかが知られるようになった(⑮)。「呪詛」したとされるオジを訪ねると、彼は「呪詛」を認めた(⑯)。しかし、オイは、「呪詛」を招いた理由についていっこうに知らないと言い張っていた(⑰)。やがて、周囲の人たちはオイがなんと言ったのか、そしてそれがなぜ「呪詛」を招くのかを検証し、納得させた(⑱)。

　幸いオジのほうは何も尊敬の念を確認するために特別な物を贈与することは要求しておらず、まわりの人と親の前ではっきり謝罪することだけを望んでいた(⑲)。そのための集まりが開かれて、公衆の面前でオイがオジに対して尊敬の念を表明し、この件は終わりとなった(⑳)。

　パドラの文化のなかで、何か起こると長老に知らせて相談することは一般的なことである(㉑)。そうして解決のための議論が行われて、儀礼をいつ行うべきかも決定される(㉒)。

　この例にみられるように、日時は今となってはわからないが、2004年の7月、必要な物品が揃えられ、オジに対して謝罪の贈り物がされた(㉓)。この場合には、血もふりかけられることはなく、コンゴも準備されなかった(㉔)。オジとオイは、食事中、同じ皿からものを食べ、同じカップの水を飲んだ。この会は1、2時間で修了する短いものだった(㉕)。

　このようにして2004年7月はじめから起こっていた恐ろしい大問題は、コミュニティにも、家族のレヴェルでも起こらなくなった(㉖)。何が起こったのか尋ねても、詳しくは語ってくれないが、現在では親たちも大変安心して暮らしているようである……(㉗)。

【解説】

　子供ができない男(ルリ luri 不妊)はかなり不面目なものと考えられている。それを公に指摘するのはそれだけで侮辱だが、それがオイからなされたものとなると、腹に据えかねたのだろう(①)。兄には一般的な意味での遠慮があり、そのオイに対するそれもあるが、そのようなことは問題にならないほどの侮辱である。逆に言うと弟の子ならば、もっと怒りは激しかったかも知れない(②)。いずれにせよ怒り狂ったオジは、「呪詛」の言葉を口にした(③)。

　この「呪詛」により、オイは酒浸りとなり(④)、ほとんど廃人となってしまう。酒場にズボンを忘れて帰宅したりしたが(⑤)、取りに来たのは4日後、という見事な痴呆ぶりで(⑥)、日中にもかかわらず帰り道がわからなくなること3回

(⑧、⑨)、あるときは酔って父親を殴ったりした (⑩)。トレーディング・センターで飲んだ後に、父親、オジ、兄弟たちの屋敷の人々の手を焼かせることが多く (⑪、⑫、⑬)、叱ると謝るのだが、改善されない状態が続いた (⑭)。

人々は「呪詛」の効き目におびえ (⑦)、周囲は何とか事態収拾にのりだす (⑮)。

オジは「呪詛」を認めたが (⑯)、オイは事態を認識しようとしない (⑰)。周囲に説得されてようやくオイは自分の非を認めた (⑱)。

オジが求めていたのは謝罪だけであり (⑲)、公衆の面前で謝罪してそれで終わった (⑳)。供犠が行われて血とコンゴを混ぜて振りかけるようなことはしなかった (㉔)。それでも、ある程度謝罪の気持ちを表す贈り物は用意されたようだ (㉓)。あとは1～2時間の短い間、同じ皿で食事をとり、同じコップで水を飲んだ (㉕)。

それによって、問題は解決し (㉖)、安心して暮らせるようになった (㉗)。

このテキストでは、長老たちが問題の解決に乗り出して、儀礼の詳細を決めていくために重要な役割を担っていることがわかる (㉒)。「呪詛」をかけられている方にはもはや見当識も何もないので、解決も何も問題の所在がわかっていないのである。被害者にまだ解決のための意志がある際には、父親などの仲介で長老、クラン・リーダーに相談するが、コミュニティからの相談を受けて (㉑)長老たちが自発的に解決に乗り出す様子が描かれているようである。

6について事例素としてまとめる。

【事例素6－①】子供ができない（ルリ *luri*）に言及してはいけない。それは侮辱にあたる。
【事例素6－②】子供ができない人間の「呪詛」でも、効果はあるようだ。
【事例素6－③】「呪詛」の効き目は「酒浸り」「失見当識」（ほとんど廃人のよう）「貧困」。
【事例素6－④】「呪詛」に気づいたら、周囲の者は長老に相談する。また、「浄めの儀礼」には長老が介入するのが一般的である。
【事例素6－⑤】ジャラーミの希望によっては、儀礼はごく簡単なものですむことがある。

7　ぬれぎぬをきせられたジョセフ

「……「呪詛」されたのは、キソコ、グワラグワラのオトンゴ・ジョセフである。1998年現在、年齢は28歳。

第 1 部

　　彼は全くの無実だった（①）。彼の母親が過ちを犯したのだった。彼の母親は、義理の兄弟の大切さを理解していなかったのである（②）。その義理の兄弟はもう 10 年あまりもその屋敷に住み、比較的裕福な（実の）兄弟に有形無形の援助を受けていたのだった（③）。彼のほうは兄弟が所有する牛と何頭かの山羊の世話を手伝っていた。食事は出してもらっていたし、屋敷も建ててもらっていた（④）。

　　ところがあるとき、金に困ったこの男は、兄弟夫妻の留守中に、倉庫のなかにあった売り物のトウモロコシ数キログラム分に手をつけてしまった（⑤）。彼らは帰宅後、倉庫のトウモロコシの量が減っていることに気づいた。当然のこと、ただ 1 人屋敷に残っていたその男に疑いがかかった（⑥）。

　　問い詰められて、お金が欲しかったのだが、ねだることができずに盗んだことを認めた（⑦）。夫は彼を許すことにしたが、妻はその決定には最後まで反対だった（⑧）。

　　ときが経って、今度は雌鳥が姿を消した（⑨）。誰が盗ったのか、誰にもわからない。義理の姉妹であるジョセフの母が、男がかつてトウモロコシを盗んだことを取りあげて彼をののしった（⑩）。彼は義理の姉妹の息子ジョセフに「呪詛」をかけて、そのまま行方をくらました（⑪）。兄弟は何度も、もう 1 度帰ってきてもとどおり家畜の世話をしてほしいと頼んだが、現在に至るまで 1 度も屋敷に帰ってきていない（⑫）。

　　屋敷を出るとき、彼は言った。「お前にも育ち盛りの息子がいるね。俺と同じような泥棒になって、同じような仕打ちを受けるようになれ。俺は出て行く。永遠にこの屋敷には足を踏み入れない。」と（⑬）。

　　ジョセフ少年はそれまで盗みを働いたことはなかったが、あるとき牛の世話を任されているときに、もう売約済みの牛を別な人に売ってしまったことがある（⑭）。近所の人々がすぐに気づき、そのときには幸い購入した男から買い戻すことができた（⑮）。

　　ジョセフは今度は隣村で家畜の世話をしているときに、近所の人の雄鳥を盗み、焼いて食べてしまった（⑯）。数日してこのことは露見し、父親は雄鳥を弁償することになった。いろいろな人からいろいろな物を盗むようになり、ついには父親の自動車のスペアタイヤまで盗んだ。家族にひどく殴られてようやくタイヤを返す始末だった（⑰）。

　　父親は、彼の兄弟が息子ジョセフが泥棒になるようにと唱えたことは覚えていたが、冗談だと思っていた（⑱）。後になってそれが現実のものにな

「母親は嘆き悲しんだが、方々を捜索した結果、「呪詛」をかけた当人はすでに死んでしまってこの世にいないということがわかった(⑲)。

残念なことに、「呪詛」をかけた人間が亡くなる前に、儀礼を執り行って祓うことを誰もしなかった(⑳)。さまざまな対策が父母によって講じられたが効果はなく、息子は現在も泥棒であり、すでに両親と同居してはいない(㉑)。

もはや近隣の人々も彼の常習的な盗みには飽き飽きしており、関心も失っていた(㉒)。

たとえば、実の父親の屋敷から盗んだものに限っても、ベッドシーツ、鋤、金網、調理器具、そしてその他こまごましたものなどがある。それらを盗んでは、近隣に安値で売り払った。すぐに金にするにはもっとも安値で売るのが手っ取り早かった(㉓)。

旅行から帰ってきた父親は、屋敷の物品が消えていることに気づき、若者や長老たちに聞いてまわって、息子が近所の人々や遠方の人たちにそれらの物品を不法に売り払っていることをつきとめた。息子は問い詰められて罪を認め、その証言をもとに、取引の相手を1軒1軒訪れて、買い戻した(㉔)。警察の協力も得てトラブルもなく買い戻せたのは、驚くべきことだが、金額はもとの倍必要だった(㉕)。警察がいては、金額をやたらに値切るわけにもいかなかったのである。3000シリングだったベッドシーツ1組を買い戻すのには6000シリング必要だったし、買い主にしても未成年から不当に購入したということで警察に罰金までとられる始末だった(㉖)。

結局、父親も買い主であった近隣住民もこの息子を憎むようになり、現在でも顔も見たくない、と言う人は多い(㉗)。「呪詛」を取り除くことは現在もできていないし、彼の盗みによって悪化した父親や近隣住民との関係修復は全くできないままである(㉘)。

あるときなどは、盗みに入ってついに殺人に手を染めたとも言われる。表沙汰になって正式な法的場で証言を求められたりするとやっかいなので、殺された人物の名前は誰も口にしない(㉙)。そんなわけで誰もが殺人者を知っているのに、公にならない。いったいどうしたらいいか、あなたに助言を求めたいぐらいだ。いい考えがあったらぜひ教えてもらいたい……(㉚)」。

第1部

【解説】
　この場合「呪詛」の被害者であるジョセフは、何も知らず、何もしていない。まさに無実だった（①）。ところが、彼の母親が、ジョセフにとってのオジ、つまり夫にとっての兄弟をジャラーミにしてしまったのである。ここでは「義理の兄弟の大切さ」と言うが、それはそのまま「義理の兄弟のおそろしさ」と言いかえてもよい（②）。その兄弟は、裕福なジョセフの父親のところに住み、牛の世話などを手伝っていた（③）。食事も出してもらっていたし、敷地内に屋敷も建ててもらっていたのである（④）。
　この男にも落ち度はある。1度夫妻の留守中に、倉庫の中のトウモロコシに手をつけてしまったのである（⑤）。1人屋敷にいたので疑いは免れず、実際に認めた（⑥、⑦）。本当はお金が欲しければ兄弟にねだったほうがよかったのかもしれない。ジョセフの母親はこのとき、彼を許すことに反対だった（⑧）。このことが、後々の濡れ衣につながっていってしまうのである。
　しばらくして雌鳥が姿を消したときには（⑨）、居候をしているこの男にいやでも疑いがかかってしまう（⑩）。テキストでは濡れ衣をほのめかす構造になっているが、この男が盗んだのかどうかはわからない。ことが「呪詛」に焦点化してしまった以上は、そのことはもはやどうでもいいとも言える。ことは、ジョセフの母親の言い方にあった可能性が高い。兄弟は慰留したようだが（⑫）、とにかく、決めつけられたその男は、「俺と同じような泥棒になって、同じ仕打ちを受けろ」（⑬）という、ジョセフに対する「呪詛」の言葉を口にしてそのまま行方をくらましたのである（⑪）。父親はこの言葉を聞いていたが、「冗談」だと思っていた（⑱）。こういった話はよく耳にする。「冗談だと思っていたら本当になった」という認識はアドラの人たちにかなり共有されているもののようである。もう1つのファクターは、この男が未婚で子供がいないであろうことである。通説によれば、「呪詛」の力は子供がいない人間にはもたらされないので、裕福な兄弟が一瞬侮りの眼で兄弟を見てしまった可能性もある。
　その後のジョセフはまさに「泥棒」となり、あらゆるものを盗む。初犯は売約済みの牛を別の人に売ったこと（⑭）、この際はすぐに買い戻すことができた（⑮）。近所の雄鳥を焼いて食べる（⑯）、父親の自動車のスペアタイヤを盗む、など。タイヤを盗んだ際には殴られるまで返さなかった（⑰）。
　男はのちに出て行ったまま死んでいることがわかる（⑲）。本来なら、生きているうちに和解調停をして「呪詛」を「祓う」儀礼を行うべきであったが、それがなされなかった（⑳）。せめて遺体の掌から水を飲むべきだったが、それも

かなわない。さまざまな対策もむなしく、ジョセフの盗みは常習的なものとなり(㉒)、状態は悪化の一途をたどっている。父親からもベッドシーツ、鋤、金網、調理器具などを盗んで安価に売り払っている(㉓)。旅行に行って帰ってきた際などは、屋敷の物品を売り払っているので買い戻しに苦労した(㉔)。警察の手も借りたので値切るわけにはいかず、割高だった(㉕)。買い取った側も未成年から買い取ったので罰金を取られるなどさんざんだった(㉖)。

そんなことがあって、買った近隣住民も損をした父親もジョセフを憎むようになった(㉗)。「呪詛」は解けておらず、近隣住民との関係も悪化の一途をたどるばかりである(㉘)。盗みにはいって殺人に手を染めたとの噂もあるが、誰もそれを口にしない(㉙)。助言を求めたいくらいだ(㉚)という。

7についてまとめると、以下のようになる。

【事例素7-①】犠牲者の母親が夫の兄弟に対する配慮を欠いて「呪詛」を招いた。
【事例素7-②】人を証拠もなく前歴だけで泥棒扱いしてはならない。
【事例素7-③】泥棒扱いされたのでオイに「泥棒になる」「呪詛」をかけた。
　　侮辱されると、「そのようになってしまえ」という呪文を唱える例は多い。
【事例素7-④】「呪詛」の呪文は唱えられたときには冗談ととられることがある。
【事例素7-⑤】書かれていないが、この例もジャラーミには子供がいないようだ。
【事例素7-⑥】ジャラーミが死んでしまうと、手の施しようがない。
第6章でみた、いくつかの方策については、ここでは考慮されていない。

※　インタヴュー後、第6章「Ⅲまとめと考察　11」に挙げた解呪の手法を紹介した。つまり、ジャラーミが解呪せずに死んだ場合に行うことができる「浄めの儀礼」として、(1) 遺体の掌に水をくんでそれを飲む。(2) 墓の表面をバナナの茎で叩く。(3) 葬式で指名されたムシカに代理してもらう。(4) キリスト教に改宗する。というものである。これらのなかには、彼らにとっても意表を突いたものがあったとみえ、非常に喜ばれ、感謝された。その後再訪する機会を逸しており、その後の結果についてはフォローできていないのは残念である。

第 1 部

8　3 年間続いた「呪詛」

「……グワラグワラ出身の男のことである。1980 年代はじめのことだ。オバが毛布をねだったのだが、男は買ってあげることができなかった（①）。当時はアミン政権が倒された直後で本質的に貧困の時代 (chandiroki) であり、市場にも物はなかったのだが、オバは、無駄遣いする金はあっても、オバに毛布を買う金はない、と言っているようにとった（②）。

「お前はいつも私たちのような老人のためにはならないような金の使い方をしているね。できるだけたくさん金をかせぐがよい。ただ、それはお前のためにはもうならないだろう。」（③）

信じられないことに、この「呪詛」の効き目はそれから 3 年間も続いた（④）。兄弟も含めてこの事実を知っている多くの人々が証人として召喚され、有罪を訴えた。「呪詛」をかけた彼女自身は、名誉をまもるために無罪を主張するように自分の兄弟に頼んだので、オバの世代のキョウダイは無罪を訴えた（⑤）。

裁判の最後に、被害者がおびえながら「「呪詛」はおそらくなかったのだろう」と証言したことがかえって「呪詛」の存在に信憑性を与え、現在に至っている……（⑥）。」

【解説】
オバが毛布をねだったが、買ってあげることができなかった（①）。仕方がなかったのだが、オバはそれを軽んじられたと考え（②）、「金を稼いでもお前のためにはならないだろう」という「呪詛」を唱えた（③）。

その効き目で、おそらくは金を稼いでも稼いでも右から左への状況になってしまったのだろう。3 年間ずっとそのままであるという（④）。和解したいので、裁判に訴えたが、オバは認めず、同世代はこぞって無罪を主張した（⑤）。最後に被害者はおびえて「「呪詛」はおそらくはなかったのだろう」と言わされてしまうほどだった。このことはかえって「呪詛」の効き目に対する恐怖をかき立てた（⑥）。

8 については以下のエッセンスが込められている。

【事例素 8 − ①】オバの要求に応えられず「呪詛」された。
【事例素 8 − ②】「稼いでも右から左に」という金を失う「呪詛」である。
【事例素 8 − ③】オバ世代が結託して認めない。

【事例素8－④】裁判で被害者が嘘の事実認定をしなければならないほどに「呪詛」に追い詰められることがある。

9　子供が授からない「呪詛」

「オウェレ・オチュウォ Owere Ochwo は働き者で、あかるく快活で、コミュニティの多くの人々にとって従順な少年として育った。カトリック教徒だったが、学歴も小学校2年だったし、じゅうぶんな責任がそなわっていたとは言えない。彼は実の母親に「呪詛」をかけられた。家族として恥ずかしい行いをしたということだ。母親にとってムネヌワ munenuwa である義理の母親に対する尊敬を欠いた行いによってである（①）。

いつのことだか、オウェレ・オチュウォは、アウォリ・ロイス Awor Royce という娘に恋をした。彼女は、オウェレがかつて恋愛関係にあったニャチュウォの母親の娘であった（②）。実際、ニャチュウォともアウォリとも時期は違ったが、性交渉をもっていた（③）。1990年の初めのことだったと思われる。すべてこうした関係は秘密だと当事者は考えていたが、どちらも恋愛関係にあることが態度にでていたので、周囲の人々には明らかに察しがつくことだった（④）。

彼女の母親と出歩くところも見かけるようになったので、結婚するためにも親とも親しい間柄になったのか、と思われていた（⑤）。通常アドラでは、娘のボーイフレンドは、娘の親とは近しい関係にはなるべきではない、とされている（⑥）。結婚すればそうなるはずの姻族同士は、忌避関係なのである（⑦）。敬して遠ざけるべき将来の姻族とオチュウォは、近しく、親しくし続けたので周囲の人間の間で問題となった（⑧）。

ある直接の家族は、彼に忠告した（⑨）。

その後オウェレの母親のもとへも行き、分別のないかたちで義理の母親になるかもしれない人間に会うことは彼の「ルスワ」であるだけでなくわれわれ家族の名誉を損なうものだ、とののしり、辱めた（⑩）。ここに悲惨な諍いが起こり、「呪詛」が唱えられることになる。

「私たちの習わしを守らずに家族の名前を汚すものよ。お前は母親とその娘双方を愛したのだとわかった。娘とも、私のムネヌワとなるはずの娘の母親との間にも、子供はできないだろう。」（⑪）

男は娘と結婚したが、6年経っても子供はできなかった。男は妻をののしり、

第 1 部

妻はたまらず出ていった。その後、男は再婚したが、いまだに子供はできないままである (⑫)。

人々はそれを「呪詛」の効力であると信じた。しかしもともと、母親が自分の娘の恋人とセックスをしたら、母親、あるいはその男双方ともに子供が生まれなくなると信じられていた (⑬)。これは伝統的にはルスワとよばれ、文化的規範をないがしろにしたために起こることである (⑭)。この種の「呪詛」は、健康面には影響しないが、ただ子供が生まれなくなるものである (⑮)。」

【解説】

オウェレが母親から「呪詛」をかけられたのは、母親にとってムネヌワに当たるはずの人間に対する敬意を欠いていることによっている (①)。オウェレはニャチュウォという娘とかつて交際していたが、母親を同じくするアウォリと現在はつきあっている (②)。時期はずれているが、両者とも性交渉をもっていた (③)。こうした関係は当事者が隠していてもだいたいわかることである (④)。ところがオウェレは、母親とも出歩くようになった (⑤)。もしアウォリと結婚したら、アウォリの母親とは忌避関係となる。したがって、この母親との関係には十分気をつけるべきであり、軽々に親しくするのは異常な行為である (⑥、⑦)。文化規範に背く問題行動として周囲の噂となった (⑧)。

家族の一員がオウェレに忠告するとともに (⑨)、オウェレの母親に、彼 1 人の「ルスワ」ではなく、家族の名誉に関わる、とののしった (⑩)。この家族の一員がどのような関係なのかは触れられていないが、面目をつぶされた母親は、怒って息子に対して「呪詛」を唱えた。「娘とも母親との間にも子供はできないだろう」という典型的な不妊の「呪詛」である (⑪)。もともと、母親と娘双方とセックスをすると、母親と男の間には子供は生まれなくなると考えられていた (⑬)。これはルスワであり、文化的規範を破ったために起こる「呪詛」のようなもので、子供ができなくなるという効果のみもつ (⑭、⑮)。結局オウェレに子供はできず、離婚して再婚したが子供はできないままである (⑫)。

これは、非常に難しい話で、実の母親の「呪詛」は効くのかという問題と、「ルスワ」の問題が絡んでいる。オリ ori はきわめて強い忌避関係なので、ルスワだとしたら不妊ぐらいではすまないような感じがする。

9 について要点をまつめると、次の 3 点に集約されようか。

【事例素 9 −①】忌避姻族オリ ori になりそうな人間と親しくしてはならない。

第8章　12の事例の検討と分析

【事例素9 −②】母親に「呪詛」をかけられた。
【事例素9 −③】母と娘双方をセックスの対象にしてはならない。それは「ルスワ」である。子供ができなくなる。

さらに、細かいことではあるが、母親が子供に「呪詛」をかける際には、衣服を脱ぐ、という別の事例を紹介した。「母の子に対する「呪詛」」と「ルスワ」とは、ことによると非常に密接な関係があるのかもしれないが、ここではその問題を提出するだけにしておく。

10　育ての親であるオジの「呪詛」

父方オジであるタンガ・オフウォニ（60歳、伝統宗教、キリスト教会には行かない）に「呪詛」をかけられて以来、アティエノ・ローズマリー（16歳、カトリック）は、頭がすっきりしない感じが続いた（①）。結婚したばかりだというのに、義理の親たちに敬意を欠いた言動をしめすようになった（②）。ジャシエシのみたてで、「呪詛」だということがわかったのである（③）。義理の父親がジャシエシに相談して、2ヶ月目にそれが判明した（④）。

一般に「呪詛」をかけたものは、自分の利益を守るために秘密を守るものだ（⑤）。はじめのうちにその動きをとらえることは難しい。夫とその父親は、アティエノがジャシエシに相談にいく手助けをし、経費も捻出するなど協力的であった（⑥）。

「呪詛」をかけたタンガは、アティエノに夫と離婚してどこかへいくことをもとめたらしい（⑦）。解呪のために水を吹きかけることもなく、「呪詛」をかけた側にクウォンが供されることもなかった（⑧）通常は解呪にはそのような手続きがとられるのである。それに従い、離婚すると、アティエノの精神状態も自然に回復した（⑨）。

アティエノの母はアティエノが幼い頃に亡くなっていて、父親は精神的に不安定で、ふらふらしていたために、オジに育てられた（⑩）。彼女の結婚のときに、父親はタンザニアにいた（⑪）。このことはオジに不満を持たせた。育ての親であるオジは、花嫁代償が適正ではないという不満をもった（⑫）。オジは、彼女を育てたわけだから、とくに花嫁代償を受け取る権利があった（⑬）。伝統的には、年長のオジという地位に応じて1頭、加えて育ての親だという意味で1頭、計2頭の牛が供されるべきであった（⑭）。残念なことに、「呪詛」をかけられた側は結婚のときにタンガに何も差し出していなかった（⑮）。「呪詛」された娘は、それ以前に誰かに「呪詛」され

第1部

たことなどなかったのでほかに心当たりなどない (⑯)。
　しかし「呪詛」した側には前歴があり、後にわかったことだが、過去に姉妹の娘に「呪詛」をかけたことがあった (⑰)。「呪詛」されたアティエノが、私に語ったことである。アティエノは私の妹であり、「呪詛」したのは私にとっては義理のオジにあたる (⑱)。

【解説】
　アティエノは結婚以来、頭がすっきりしない (①)。義理の親にも敬意を欠く言動を示す (②)。夫とその父親が協力して原因を探り (⑥)、2ヶ月にわたるジャシエシの占いで父方オジ、タンガの「呪詛」だと判明した (③、④)。「呪詛」はかけたジャラーミが秘密にするので明らかにするのが大変だった (⑤)。
　タンガが「呪詛」をかけたのは、結婚したときの花嫁代償が適正ではないと感じていたためである (⑫)。アティエノの母が彼女が幼いころに亡くなり、父親が精神的に不安定なので、自分が父親代わりに育てた (⑩) という自負がある。結婚のときに父親がタンザニアにいたため、実質上の父親であるはずだった。年長のオジとして1頭、育ての親として (⑬)1頭の計2頭の牛がもらえるはずだった (⑭) のに、何も与えられなかったので (⑮) 怒ったのである。
　タンガの要求は、アティエノの離婚とどこか遠くへの移転だった (⑦)。解呪の共食や、水を吹きかけることもなかったというから (⑧)、解呪されていないのかもしれない。タンガは前科もある (⑰)。精神状態は回復したというが、離婚しては義理の親に敬意も何もなかろう。
　これだけではわからないが、娘を預け、娘の結婚のときにタンザニアにいる (⑪) という父親の行動を思うとき、「父親のような風来坊になってしまえ」というような「呪詛」の言葉を唱えたのではと想像したくなる。
　アティエノの姉の証言だけに、タンガに対する恐れが直接伝わってくるものである (⑱)。
　10については、以下の要点がある。

【事例素10-①】結婚したばかりの娘。きっかけは、頭がすっきりせず、義理の親族に対する敬意を欠く言動がみられる、という症状を訴えたことであった。

【事例素10-②】父方オジの「呪詛」である。通常オジに与えられる「アゴヤの牛」が与えられなかったので、父親代わりとしては認められなかった

という不満に由来している。

【事例素10－③】父親のかわりに父方オジが親代わりだったから生じた不満である。

【事例素10－④】解呪の要求は離婚。解呪されたかどうかも不明。

【事例素10－⑤】娘はオジの苦労の原因をつくった父親同様、風来坊的生活に入る。

11 「呪詛」をかけられたら

「家族によれば、次のようである。

ある日の午後、帰宅したデヴィッド・オデケ David Odeke は母親に不調を訴えた。すぐにトロロでクリニックを開いているエキボ Ekibo 医師のもとに連れて行かれることになった（①）。

その支度をしているとき、彼は急に叫び声を上げ始めた。それが狂気のはじまりだった（②）。

はじめは家族の者は祖先の霊が彼に祟っているのではないかと疑った。彼らには偉大な祖父がいて、ジャシエシだった。その祖父がオデケにジャシエシになるようにと継承を要求しているのではないかと考えたのである（③）。

オデケの父親は、そういうことならと、牛を数頭売却して彼をジャシエシにするための儀礼を行った（④）。しかし、儀礼が終わってもなお彼は狂ったままだった（⑤）。やがて、手を尽くしてこれが彼のオジにあたる人物の「呪詛」であることが判明した（⑥）。オデケはできのいい子供だったので、父親は常にそれを自慢にしていた。もちろん、オデケや父親には何の落ち度もなかった（⑦）。

家族によれば、「呪詛」の力を悪用して危害を加えるジャジュウォキ、そんな例を目の当たりにしたのだった（⑧）。

周囲の人たちによれば、オデケは「呪詛」され、彼の思考レヴェルは小学校3年生並みにさせられてしまっている（⑨）。とくに5月と6月に状態が悪化すると言われている（⑩）。この時期はちょうど、マケレレ大学医学部に入学後、最初に帰省した時期だった（⑪）。発狂してからもう18年になる（⑫）。年を経るごとに、物事は理解できるようになってきたし、近隣に住んでいる親戚の言うこともわかるようになってきた。

第1部

Q：お名前は？
A：オデケ・デヴィッド。
Q：どこに行っていたのですか。
A：メインロードにある、ある組織に行っていた。
Q：あなたの学校は？
A：ブイェンバ初等学校。
Q：それから？
A：ロック高等学校ブイェンバ校（そんなものは存在しない）。
Q：それで？　そのあとは？
A：マンジャシ高等学校ブイェンバ校（これも架空の存在しないもの）
Q：それから？
A：マケレレ高等学校ブイェンバ校（同上）。
Q：マケレレ高校の後は、どうしたのですか。
A：カンパラ国際大学ブイェンバ校……。

　このように、質問には、いつでも、このあたりの地名であり、彼が卒業した小学校の名前である「ブイェンバ」をつけて答えてきた(⑬)。
　オデケは、家族の名前もわかるし、1人1人の区別もしっかりしている(⑭)。しかし、彼は家が診療所か大学の医学部であるかのように思っているようで、自分はそこで医学のコースを取って、クラスに通っていると思い込んでいるようなのだ(⑮)。彼は医療を専攻したいと言い、医療の民営化問題やいじめ、貧困などの社会問題にも言及した(⑯)。
　また彼はときどき、屋敷で大量の自動車や飛行機が毎日のように破壊され、大量の死傷者が出ている、と言う。燃料をめぐる争いによるものだ、と言う(⑰)。」

【解説】
　実際「呪詛」をかけられたら、どうなるのか。「呪詛」のせいで、このようになってしまった、と人々が語る事例には2例出会っている。いずれも直接インタヴューし、記録しているが、これは、そのうちの1つである。質問をしているのは、マイケル・オロカである。
　オデケは、まず発端は不調を訴えてクリニックに行くことだった(①)。クリニックに出かける前に叫び声をあげる。それがはじまりだった(②)。

オデケの祖父は、ジャシエシだったので、その後継者になるように要求する、いわゆる巫病かと思われた（③）。しかし、ジャシエシにするための儀礼を行ってもそれは不調におわり（④）、ジャシエシになるわけでもなく、狂ったままだった（⑤）。狂ってからもう 18 年にもなる（⑫）。手を尽くして占った結果はオジの「呪詛」だった（⑥）。マケレレ大学医学部に入学許可されるほどの、オデケのできがいいのを嫉んだのである。オデケや父親には落ち度はなかった（⑦）。しかし、オジはその「呪詛」の力を悪用するジャジュウォキだったのだ。

彼はコミュニケーションは可能だし、家族の名前、1 人 1 人の区別はつくが（⑭）、答えは奇妙なものとなる。なぜならば彼は、ありもしないカンパラ国際大学ブイエンバ校卒業生として、診療所か大学医学部のようなところにいるつもりだからである（⑮）。すべてが「ブイエンバ」を中心にしているが、そこでは燃料を巡る争いで、日々大量の死傷者が出ていると言う（⑰）。ときに医療民営化問題やいじめ、貧困など社会問題にも言及するが（⑯）、思考レヴェルは周囲の人の判定では小学校 3 年生レヴェル（⑨）。最初にマケレレ大学医学部に入学し、帰省した時期、5 月と 6 月になると状態が悪化するという（⑪）。

11 についてまとめると、

- 【事例素 11 − ①】最初は不調、叫び声をあげて発狂。実は父方オジの「呪詛」のせいである。18 年続く。
- 【事例素 11 − ②】死んだジャシエシが後継者になることを求めて「巫病」をもたらすことがある。その場合は、しかるべき儀礼を行ってジャシエシになるべきであると考えられている。
- 【事例素 11 − ③】クリニックに連れて行かれたが、治らなかった。
- 【事例素 11 − ④】落ち度はなかったが、マケレレ大学医学部に入るほどできがよかったのでオジに嫉まれた。
- 【事例素 11 − ⑤】今では「小学生レヴェル」。「できがよかった」部分がそのまま奪われた。本人は医療関係の勉強をしているつもりで生活している。
- 【事例素 11 − ⑥】オジは私欲のために「呪詛」を使うジャジュウォキだった。

12　堕胎する娘を浄める

　……これは、ペタ準郡でのことである。結婚したばかりの若い夫妻がいた。夫は妻を村に残してカンパラで暮らしていた。妻は 1 人で悩んだ結果、母親になるにはまだ早すぎると判断し、堕胎することに決めた（①）。

第 1 部

　　彼女の義理の父母はこのことに罪悪感をもっていて大変意気消沈し、恥ずかしいやら、不名誉なものを感じていた (②)。
　　4 回流産して、近隣の家族に気づかれることになった。伝統医のもとに連れて行かれたが (③)、親族や夫に伝えることはなかった。家族内の問題を大きくしたくなかったからである。夫の親たちは、もし子どもが無事生まれていればその家族にとって最初の孫となるはずだっただけに失望した (④)
　　息子は近隣住民の立ち会いのもと、妻方親族にすべてを相談することにした。やがてこの問題については伝統的なやり方で解決を試みることで合意が得られた (⑤)。
　　妻の父母は、白い布を 1 枚、茶色い鶏、そして安全ピンを購入するよう指示された。布を患者である妻の腰に儀礼の執行中にとめておくためである。父方の祖母と母方の祖母のいずれもこの「浄めの儀礼（チョウィロキ chowiroki）」のために同じものを準備した (⑥)。
　　1 年も経たないうちに、健康な赤ちゃんが生まれ、現在も元気に過ごしている (⑦)。その後、この妻は流産はしなかったので、それに由来する問題は 2 度とこの家族には起きていない (⑧)。
　　1999 年、「浄めの儀礼」のおかげで無事子供が生まれたことをウェレ were に感謝するための儀礼が盛大に執り行われた (⑨)。
　　ニャキリガのテウォのような大きなものではないが、クヌというクランの祭祀施設がつくられ、その祖先とその子孫の栄光を讃える象徴として近年まで長らく維持されていた。シムウェンギ Simwengi 村のビランガ・オウニィ Biranga Owiny クランのクヌでの感謝祭である (⑩)。しかし、なぜこの妻は何度も堕胎してしまうのかは、この感謝祭の託宣ではじめて明らかにされた (⑪)。この妻は、少女時代に、クランの伝統的な太鼓に 1 度だけ触った[4]。太鼓は 4 つがセットになっているもので、女性は触ることを禁止されていたのである (⑫)。この侵犯は、娘に不幸（リフウォリ lifuol）をもたらす。クラン・リーダーは、伝統に敬意を払わないこの娘に対して自動的に「呪詛」を仕掛けることになる (⑬)。このことは、クラン・リーダー本人も自覚していないことである (⑭)。
　　言い伝えでは、こういう娘は本来は結婚できないはずだった (⑮)。よしんば結婚できたとしても、子供ができないことになっている (⑯)。儀礼を

---

[4] こういった禁忌の通例としては、誰も現場を見ていなかったときに、この禁忌が破られた、とはじめて告発する者は、この解呪儀礼に出席しなければならない。

第 8 章　12 の事例の検討と分析

執り行って、不幸を祓い、クラン・リーダーによってかけられたかもしれない「呪詛」を取り除かなければならないのである。というわけで、あらためて解呪儀礼が行われることになった（⑰）。

【解説】
　若い妻が妊娠しても堕胎してしまう（①）。これはこのテキストでは大変婉曲に語られているが、祟りである。要するに、触ってはいけない太鼓を触ってしまったので、本来は結婚もできず（⑮）、子供もできない「呪詛」が（⑯）、クランからかけられてしまっていたのだ。
　堕胎のことを夫の父母は気付いていたが、公にするのは不名誉なことで隠していた（②）。一方で初孫のはずだったので失望していた（④）。4回の堕胎の後周囲の人に気付かれ、伝統医のもとに連れて行かれた（③）。非常に緩い連想だが、後の話との関連で、この堕胎の回数も意味深長である。クランの太鼓の数だが、男の数が3、女が4というような原則が張り巡らされているのなら、なんらかの連想を喚起する可能性は大いに想像されるが、ここではよくわからない。
　合意のもと「浄めの儀礼」が行われ（⑤）、白い布、茶色い鶏、そして安全ピンを用いた儀礼が行われた。父方と母方の祖母が同じ物を用意した（⑥）。この「浄めの儀礼」の道具立て自体は、祖母の嫁の出産能力をコントロールする力が障っている、という解釈をしているようにとれる。最も極端な方向での解釈は「祖母の「呪詛」」である。
　それはともかく、1年も待たずに赤ちゃんが生まれ、健康に育っている（⑦）。その後同じ問題は起きなかった（⑧）。
　子供が生まれたのを感謝するためにクランのクヌに感謝祭を行い（⑨、⑩）、そこで少女時代に女性が触ってはならないクランの太鼓に触ってしまっていたことが明らかにされた（⑪、⑫）。そのことによりクランの「呪詛」が自動的にかけられていたのである（⑬）。このことはクラン・リーダーにも自覚がない（⑭）。
　理由がわかったので改めて解呪の儀礼が執り行われた。
　12については、以下のようなことが言える。

【事例素 12 −①】女が触ってはならないクランの太鼓を触ると、結婚も子供もできなくなる。
【事例素 12 −②】これはクランの「呪詛」で、本来はクラン・リーダーが責任をもつが、個人的には当人であるクラン・リーダーにも「呪詛」をかけ

ている自覚はない。

【事例素 12 −③】クランの「呪詛」の効力で結婚できないはずなのに、実際には結婚できてしまうこともある（理論と実態が矛盾することもある）。

【事例素 12 −④】子供ができてしまったときは【事例素 12 −①】の効果だと考えられ、「呪詛」のせいで自ら堕胎を選んでしまうと解釈される（原則や理論と矛盾した現実がおこってしまった場合にも、原理や理論の正誤が問題にされることはなく、異なる文脈で類似の結末が起こったという想定がされることがある）。

Ⅲ　まとめ

ここで「事例素」と呼んだもののなかには、いくつかの汎用性の高い「一般論」に属するものがあるが、他方でそれらに矛盾するような事象の記述も見受けられる。

一般論としての行動規範に該当しそうなものとして、たとえば以下のものが挙げられるだろう。「【事例素 1 −①】葬儀の細々した儀礼はそれぞれに重要性があるのであり、軽々に簡略化したり執り行わなかったりしてはならない。」「【事例素 1 −②】とくにルンベ儀礼は大変な経費がかかるものだ。ルンベ儀礼が終わって小屋を取り壊すまでは、死者には気をつける必要がある。」「【事例素 1 −③】死者は生者に対して、決められた手続きで埋葬・葬送される権利を有していて、苦情をいうことがある。」「【事例素 5 −①】「呪詛」はかけられる方に非がある。」「【事例素 6 −①】子供ができない（ルリ *luri*）に言及してはいけない。それは侮辱にあたる。」「【事例素 7 −⑥】ジャラーミが死んでしまうと、手の施しようがない。」「【事例素 9 −①】忌避姻族オリ *ori* になりそうな人間と必要以上に親しくしてはならない。」などである。

これらは、基本的な行動原理を規定するものと言ってよいが、当然のことながら現実世界にはこれらの原則にあてはまらない例外が起こりうる。事実、いくつかの事例ではそれらの「原則」と矛盾する現象も報告されている。「原則」が大切ならば、それに当てはまる用例のみがあげられるのが適切なのだろうが、こうした事例はそのように構成されていない場合がほとんどである。

たとえば、【事例素 2 −②】ルンベが終わっても儀礼に瑕疵があれば、死者は祟るという「事例素」は、明らかに【事例素 1 −②】と矛盾している。そこで、「【事例素 2 −①】父親のルンベのときに供犠をするべき」、および「【事例素 2 −②】ルンベが終わっても儀礼に瑕疵があれば、死者は祟る。」という、自分自身が供

犠しなかったから、コントリビュートしなかったから駄目だったのだ、という目前の現象に合致する新しい細則ができあがるのである。

「【事例素6-②】子供ができなくても「呪詛」は効くようだ。」と「【事例素7-⑤】書かれていないが、この例もジャラーミには子供がいないようだ。」という要素も、明確にもともとあったはずの、かなり共有されている「「呪詛」は子供を持つ人間に与えられた力である」という原則と齟齬をきたしているのだが、その原則に文句を言ったところで事態が解決するわけではない。当たり前のことだが、当事者がめざしているのは事態の改善（少なくともゼロの状態に戻すこと）であって、原則の真偽を問うことではない。

また、「【事例素12-①】女性が触ってはならないクランの太鼓を触ると結婚も子供もできなくなる。」という原則がありながら、そのタブーを侵犯している娘がすでに結婚しており、妊娠した場合、「何度妊娠しても堕胎してしまう」という異常行動への解釈と組み合わされることによって、何となく落としどころを見つけてしまう。「原則」への追求がなされることはないのである。

目の前の修正不能な現実を前にして、原則と現実との齟齬に気づいたとしても、彼らが行わなければならないのはその「原則」から矛盾を取り除いて完全に通用するものにすることではない。「原則」に例外的な運用やその場限りの解釈にのみ通用する「細則」を付与することでその場を乗り切り、「原則」にもさしたる変更を与えないまま保持しているようなのである。

考えてみれば、当たり前のことである。当事者にとって重要なのは、別に「原則」を例外ない完璧なものにすることではない。さしあたって生きていく上での「問題」が改善されればそれでいいのである。

それにしても、これらの事例に語られる不幸の経験に対する叙述の平板なことは、何度強調しても強調しすぎにはならないだろう。「【事例素2-④】霊のメッセージの始まりは「夜走り」だった。」「【事例素3-②】最初の兆候は蛍だが、決定的なのは「夜走り」だった。意味のわからないこともつぶやくようになった。」「【事例素5-④】「呪詛」の効果は「酒浸り」「貧困」である。」「【事例素11-①】最初は不調、叫び声をあげて発狂。実は父方オジの「呪詛」のせいである。」などである。

もちろん、それぞれの経験それ自体は代替不可能な、1回性の「オンリー・ワン」なものであるはずである。「経験」とは、本来そんなものでもある。しかし、それがひとたび他者に語られる場面になると、経験の共約不可能性のみ言いつのるわけにはいかなくなってくる。「お前にはどうせわからないだろうが、私

だけがわかっているのだが」という高飛車な前提のコミュニケーションは、いくら出来事の「異常性」や「特殊性」「個別性」を盛り込もうと腐心しても、その成功は見込めないだろう。うまい具合のコミュニケーションにはならないのだ。それよりは、共約不可能性の部分をある程度捨て、既存のカテゴリーにのっとった説明をしたほうが、事情の「異常性」「特殊性」「個別性」はよほど理解されよう、というものだ。「あれだよ、あれ、ご存じの」というような、既存のカテゴリーを用いた上でのそこからのわずかな逸脱、人はそこにわずかな「異常性」「特殊性」「個別性」の理解をある意味賭けているのだと言える。

　本章の事例では、霊が憑依して自ら事情を語ってくれる1や2を除くと、ほとんどの場合には、「漠然とした不調」、「金失い」、「酒浸り」、「暴力」、「子供ができなくなる」、「義理の親族に対する敬意を欠いた言動」など、その現象についての叙述は一般的に平板で、つかみどころのないものとなっており、加えて言えば、ここで最終的に「説明」のために選ばれている「災因」との結びつきをかならずしも保証しないものばかりである。

　しかも憑依の事例である1や2にしても、叙述そのものは、その事象をとりまいていた当事者たちの興奮を一定程度感じさせるとはいえ、ほとんど「よくあること」であるかのように描かれる。事態は、いわゆる「夜走り」についてありふれた既知の症状を語っているのであり、特にそれ自体に特徴はない。「あれですよ、ご存じでしょう」というようなスタイルである。

　それだから、ある不幸の出来事や経験が、そのなにがしかの程度の著しさを物語るために「災因」が持ち出されるという解釈は一定の蓋然性をもっているとしても——少なくとも私はそう考えている——、本当はどの「災因」を任意に選んでも、それぞれの状況説明に対応する、ある程度の説明が成立してしまいそうである。エスノメソドロジストたちがいくつもの経験で示唆しているように、また、浜本［1983］がその成果を援用して「卜占」を題材にとって説得的に論じるように、人間の解釈というのは非常な柔軟性をもっている。そのような立場からすると、これはある意味では当然のことなのかもしれないが、ここで改めて確認しておく意味はある。

　一方で、「出来事」の平板さとは対照的に、このように事例をみてくると、これまでの章で私が概説してきた観念が一定の時間軸のもとに「出来事」の集積として立体的に立ち上がってくるように思われる。これらは、経験の構成や解釈というような次元ではなくて、相対的に「客観的な社会的事実」でのことである。

第8章　12の事例の検討と分析

　「「呪詛」は親子関係を基礎にしているので、子供がいないと「呪詛」には効き目がない」という原則は耳にするが、事例のなかでは、ひとたび「不妊とオジを馬鹿にした」オイが登場すると、そのオイの失礼さ加減の前には原則はふっとんでしまうかのようである。話は「呪詛」の対象になって当然、という様相を帯びてくる。

　また、母親が子供にかける「呪詛」は効かないと言いながらも、母と娘の双方を性的対象にするような輩相手には、当然「呪詛」があるもののように語られる（双方の性関係をもった故のルスワなのか、母親の呪言が効いたのか、テキストの説明ではあいまいなところがある。双方と性関係をもったのか、という事実関係も曖昧である。実際にはわれわれのような若輩者に対し、「性」の話をあからさまにすること自体が「ルスワ」なのだ）。

　あるいは、複数の「災因」が問題なく不幸の現象の説明に用いられることもある。2では、本人にわざわざ憑依して、死んだ父だと言っているのに、ひとたび占いをすると、それに便乗するかのように兄弟のオロまで「墓にセメントを塗ってくれ」「牛囲いを移設しろ」などと要求をし始める。

　いくつもの観念は、原則がうやむやになるのと同時に、いくつもの概念と複合したりしながら、一連の「不幸」を解釈するのに貢献している様子がみてとれる。こうしたプロセスには、かなりの程度、占いを代表とする施術師による診断の特権的位置があることは事実である。しかし、そのことを指摘するだけでは十分ではない。結局のところ、受け入れられる範囲の診断でなければ受け入れられないのだし、「思い当たる節」があることがかなりの程度まで重要性をもっているようなのだ。

　ここまででたびたび、彼ら自身の口から認識としては「災いの出来事」が先行しており、そこから遡って「災因」に到達するためにさまざまな可能性を考えた解釈を行う、ということが示唆されている。

　このことから、従来の「災因論」研究の次の認識に若干つけ加えることができるとすれば、どのようなことだろうか。

　私がここで思い至るのは、「非・原因性」の議論の論拠の1つとなっていた、「災因を語るものは、現象ないし症状に直面して「いったいこれはなぜだろう」と問うてから、しかじかの原因について語っているのではない、という主張である。これは、問いと答えがセットになるようなかたちで「原因」が認識されてはいない、という指摘であり、「災因の非‐原因性」を証明する一側面となっていた。つまり、いわゆる災いの原因を修辞疑問文のかたちで答えるのは、人

385

第 1 部

類学者の挑発に答えただけのものだ、という議論である［浜本 1989: 67］。

確かに、不幸の出来事と特定の「災因」が、当然の因果関係のようなかたちで結びつけられる事例は数多くある。そのような「原因」と「結果」が分離可能な経験として独立していない、「あたりまえ」の経験としての側面を記述するのには、「物語」論は格好の分析資源であった。その際につきまとう「疑問」を論外として排除するかのような態度は、こういった信念の特徴の1つとして注記しておくべきものであろう。不幸だけではなく、ある現象と特定の説明がセットになって問いを隠蔽しているかに見えるようなケースは、宗教的な次元では、よく観察されるものである。

しかし、その側面をあまりに強調しすぎると、手持ちのさまざまな「災因」から自由度のかなり高いかたちで解釈を繰り広げる彼ら独自の解釈と、「災因」の変形と流用と接合という、彼らの思考の柔軟性をとらえそこなってしまう可能性もある。事実、彼らは権威者であるミレルワ（ジャシエシであれ何であれ）の診断に納得がいかないときには、あちこちの多方面のミレルワに足を運ぶのだ。そういった治療師めぐりの事例は、さして珍しいものではなく、多方面から豊富な民族誌的報告があふれている。そういった意味では、私がここでイメージし、提示するのは、所与の現象と「災因」の適用可能性に関して相当程度の自由な解釈を行う人間像である。自由な解釈を行う人間像があってこそ、解釈のコンビネーションが一定の型の中にとりこまれていくこと、その意味がいっそう重くなってくるように思われる。この次元では「物語」論よりもむしろ「災因論」あるいは「アブダクション」の比喩での分析が有効なように思われる。

とくに1900年代からのキリスト教の布教合戦の結果、彼らは別の説明の様式に出会ってもいる。キリスト教の多くは、こうした土着の「災因」を無視するか、「子供の宗教」として排撃してきたのだが、近年急速に信者を増やしている聖霊派教会などはむしろ積極的に「ニャパドラ」の土着の「災因」と取り組んでいるように見える。

次章では、この新興のキリスト教徒たちがどのようなかたちで「災因」と取り組んでいるのか、はたしてジャシエシやムズングのミレルワとは違ったかたちで災いに対峙しようとしているのかを、インタヴュー記録をもとに検討していくことにしたい。

第 9 章　聖霊派教会の指導者たちとの対話

Ⅰ　はじめに

　本章で示すのは、「アゴラ聖霊教会」(Agola Holy Sprits Church) の中心人物 2 人と、レジオ・マリア（ラテン語で *Legio Maria*、英語で Legion of Mary）教会の中心人物 1 人のインタヴュー記録である。マライカ・ジェニファー（Malaika Jenifer：マライカはスワヒリ語で天使）へのインタヴューは、2008 年 8 月 14 日、アゴラ村で行われた。大主教オドンゴ・ジョン・マーティン・アドラ (Odongo John Martin Adhola) へのインタヴューは、2008 年 8 月 24 日にアゴラ聖霊教会で、マリア・アディキニ (Maria Adikini) に対するインタヴューは、トロロ県ナゴンゲラ準郡のカタジュラ村、レジオ・マリア教会で、2008 年 8 月 19 日に行われた。

　レジオ・マリア教会は 1962 年から 1963 年にかけて西ケニアでカトリックから独立した。サブサハラ最大の AIC（African Instituted/Initiated Church）の 1 つで、現在の信者は 400 万人近いと言われる。SIC（Spiritual Initiated Church）とも言われ、シメオ・オンデト Simeo Ondeto (c1910/20-1991) をキリストの生まれ変わりの「黒いメシア」とし、「黒いマリア」「黒いキリスト」を唱える。マリアを「女王」「母」とみなす信仰を中心とするが、実際にマリアやキリストの「ヴィジョン」を見ることのできる霊媒を通して霊界と直接交渉し、憑依や悪魔祓い、癒やしなど実際的な効果を信仰する[1]。ここでは詳しく扱わなかったが、教会には無数の蝋燭が灯されていた。「数が多いほどよい」と言い、重要な儀礼的意味がもたされていた。

　インタヴューのテーマは、主に新興勢力である教会の成り立ち、本書での課題である「災因」となる諸観念に対する対処法などである。

---

[1] レジオ・マリア教会については、アフリカ最大の AIC の 1 つとして研究が進められているが、ここでは詳しく扱うことはできない。たとえば、Schwartz [1989, 2000, 2005]、Kustenbauder [2009] など参照。とくに Schwartz [2005] は、「夢のヴィジョン」についての言説を分析したもので本章のテーマのいくつかと関連が深い。

第1部

　手元の資料のなかでも、長い時間対話に答えてくれたなかで、これほど豊富な情報量が含まれ、それがテキストとして読みうる形で提示できるものはさほど多くない。これらはそのなかでは、非常に特別なものである。しかもいずれも本書で検討している内容をバランスよく含んでくれている。

　これまで、アドラが災を説明するときにもちだされる概念の大枠を概観するために、第3章以降には適宜文脈からある程度切り離して提示してきた断片的なテキストとその解説という形で検討を加えてきた。本章では、これまで扱ってきたテキストとは立場の異なる新興のキリスト教関係者が話者であり、彼らがどのようにアドラの諸観念を考えているのかを検討することはもちろんであるが、もう1つのねらいとして、アドラの諸観念が、対話という文脈を回復したときにどのような用いられ方をするのかを再び示すことにある。また、それを示す中で、それぞれの観念がどのような文脈で語られるのかを確認していきたいと考えている。

Ⅱ　聖霊派教会の指導者たちとの対話

1　マライカジェニファーの話

(1) 治療の方法

「Q：あなたの宗教では、ダノ・オイ *dhano oyir*「呪われた人」、シココ *sikoko*[2]、

---

[2]　教会関係者のあいだでは、シココやタークは、手に負えない病として認識されている。次のテキストに見られる見解は、教会の常識的な認識を反映しているといえるかもしれない。「最近新しい病気が蔓延している。人間の体のなかから石とか骨片が出てくるという病気だ。異物を人間の体内に放り込む力をもつというタイプのウィッチなのだという。この問題には私は立ち入りたくない。私は教会の指導者でもある。その立場から言えば、これはすべていかさまだ。ガラス片とか、石とか、壊れたガラス瓶、そんなものを患者の服を脱がせて体をなで回し、そして取り出して言うのだ。「これらはすべてあなたのおなかのなかから出てきたのですよ。」絶対そんなのはうそっぱちだ。

　ある朝早くに、真実を知りたいと私はそこに行ってみた。石切場の向いにそのジャシエシはいた。女が1人、立っていて、私にそこで見ているように言った。言われるままに見ていると、女は葉や石をとりだして見せた。そして私にも服を脱ぐように言い、それを奪うようにして私の腹に手を当てた。そしてそこから割れたガラス瓶や石を放り投げた。「これがあなたを殺そうとしていたものだよ。」まさにほんもののガラス瓶だった。こんなとがったものが出てきたというのに、私の腹には傷もついておらず、血が1滴も流れていない。本当に腹から出てきたのか私は疑った。次の日、私はガラスをポケットに入れて持っていった。彼女はポケットのガラスのことは全く気づかなかったが、同じようにガラス瓶や石を取り出した。このことでわかるように、彼女は別に体のなかにあるものを透視してそれをとりだしているのではない。ただの詐欺師だ。」

第9章　聖霊派教会の指導者たちとの対話

あるいは毒（キダダ kidada）の被害を祈りと聖書の朗読によって治せると聞きました。それは、どういうものなのでしょうか。あなた自身が聖霊に憑依されるのですか。（①）

A：この人が何かそういったものに悩まされているのですか。

Q：どういうふうにするか知りたいんだろうと思います。彼の国にも似たようなことはあるでしょうから。

A：「聖書」(バイブリ baibul) をつかって祈っていると、「聖霊の力」(メン men) が満たされてきて、私自身が神（レンド・チュニイ rendo chunye）にかしずいたり、私の心が「聖霊」(チュニイ・マレン chuny maleng) にあけわたされたりするのです（②）。「ヴィジョン」(メニロック menyirok) が見えて「天使」(マライカ malaika) の案内で依頼人の抱えている問題がすべてわかります（③）。そしてその人のために祈ります。教会では「天使」は、信者1人1人にあらわれます。それぞれの人生にふさわしい「福音」(ワッチ・マベール wach maber) を与えてくださるのです（④）。「天使」と「聖霊の力」による「ヴィジョン」で、その人がどんなに遠いところから来た人であろうと、その人にこれから起こること、今起こりつつあることがわかるのです（⑤）。

問題が何であれ、私は聖書をつかって祈りを捧げます。「聖霊」、そしてその「力」を招いて「天使」のつかわす「ヴィジョン」を通してみとおすのです。何が起こっているのか、これまで何が起こったのか、これから何が起ころうとするのか、何でもわかります（⑥）。」

(2)「聖霊」によって「治す」

「Q：あなたの宗教は、カトリックから分かれたものなのですか。それとも別のものですか。

A：この宗教はケニアから来ました。カトリック教会から分かれたものではありません（⑦）。ボーン・アゲイン派のキリスト教徒が集まってできたものです。「聖霊教会」(カニサ・チュニイ・マレン kanisa pa chuny maleng) と言います。

Ocholla-Ayayo[1976] は、「ジャシホホ jasihoho」と「ジャターク jatak」を紹介している。報告を読む限り、前者は「邪視」を用いた「邪術師」で、その力で料理できないものを料理に見せかけて食べさせたりする。そのような形で食べ、消化されないモノを取り出す「手術」を行うのが「ジャターク」だという [Ocholla-Ayayo 1976: 161-162]。アドラでは、「シココ」と「ジャターク」の役割分担はそれほど明示的ではないもののほぼ対応している。体内にとりこまれたものが食べ物ではない点、いわば超能力の遠隔瞬間移動現象（アポーツ現象）のようにとらえられている点に特徴がある。

389

第 1 部

私はカトリック信者でしたが、改宗しました (⑧)。

Q：一緒に祈っている皆さんも「聖霊」を受け取るのですか。

A：いいえ。「聖霊」があらわれるのは「聖なる心」をもつ者 (ジョノ・マ・チュニィ・ジョ・オロニィ *jono ma chuny jo olony*) に対してだけです (⑨)。

Q：どんな病気でも治る (ボス *both* 癒えること) のですか。

A：祈っていると (クワヨ *kwayo*：n. 祈り)、「聖霊の力」によって触発され、「天使」によって導かれた「ヴィジョン」によって、どんな病気でも本当に治るのです (⑩)。私にとって手に負えない病気のときは「天使」がちゃんと教えてくださいます (⑪)。そのときには、患者さんに短いお祈りを捧げるのです。

「天使」がそう教えてくださったときには、そんな患者さんにどんなお祈りがいいのか、指示をしてください。そうすると治るのです (⑫)。

Q：シココ *sikoko*、キダダ *kidada*、ジュウォキ *jwok* による病や厄災も治し、解決するのですね。

A：ええ。屋敷に招かれて治すこともあります (⑬)。屋敷の中から呪いにつかわれた「草」(ヤーシ *yath*) を引き抜く (フド・イエン *fudho yien*) のです (⑭)。私が聖書を読むと、「聖霊」が私を強くしてくださり、どうやったら屋敷の中の「草」を引き抜くことができるか、道を示してくださいます (⑮)。

Q：誰かに害をもたらしてきた「シココ」なども治すのですか？

A：それは、私たちの大切な仕事です。「シココ」もちの人々も治します (⑯)。どんなことであろうとも、すべては神の御名のもとに行われるのです。私は聖書をつかい、「聖霊の力」をつかいます。そういう意味では、聖書は私の薬なのです (ニョソニ・バイブリ・アヤーシ・パラン *nyutho ni baibul ayath paran*) (⑰)。」

(3) お礼、信者、幸運

「Q：治ったあとに、祈りで「シココ」を送り返したお礼を請求しますか。

A：いらっしゃった患者さんからは 1 人 1000 シリングずついただいています。治ったらお礼をもっていらっしゃいます (⑱)。たいていは教会にいらっしゃいます。

いただいた 1000 シリングで私は石鹸や塩など生活に必要なわずかばかりのものを買うのです (⑲)。

Q：遠くからきた人でも治せるのですか。

A：患者さんはあちらこちらからいらっしゃいます (⑳)。私たちの教会は、ト

ロロでも最も大きな教会の1つですからね。その本拠地がここ、アゴラ村なのです。

Q：夜でも祈りを捧げるのですか。
A：日曜日、水曜日、そして毎日昼食後に祈りを捧げます ㉑。
Q：あなたのように病気を治せる人は教会に何人いるのですか。
A：だいたい6人ぐらいです ㉒。それぞれ違う地域に住んでいますが、日曜日にはアゴラのこの教会で顔を合わせます。1人はムランダ、もう1人はオシア、キレワに住んでいる人も1人いるし、パジュウェンダにも1人います。私たちの牧師さまを忘れてはいけませんね ㉓。
Q：「天使」があらわれ、「聖霊の力」を得て患者を治しても、お礼をもってこなかったら場合、その人に「呪詛」をかけたりしませんか。
A：「聖霊」は、そういう人の詮索はしないように教えてくれます。私たちは神によって定められた役割を果たしたのですから。でも、いらっしゃればもっとよいことは確かです ㉔。
Q：時折太鼓（ブリ buli）を叩く音がしますが、あれは治療が始まったとか、誰かが治ったということですか。
A：私たちはウェレ were（神）に祈り、聖書を読みます。ときに太鼓を叩くだけです。ときに太鼓を叩かないで神をたたえることもありますし ㉕、患者さんはいつでも治るし、それを実感したりするものです。
Q：幸運を導くこともできますか。
A：それはその人がどういう人生を歩んできたかによりますね！　信仰があれば、幸福はおのずとついてくるでしょう ㉖。
Q：「聖霊の力」はどのようにあなたに降臨するのですか。
A：患者さんの人生についての「ヴィジョン」が見えるまで「天使」が「力」といっしょに「聖霊」を送ってくるのです。「天使」のコミュニケーションは心の中の「聖霊」をとおしてであり、それ以外のやり方はありません ㉗。
Q：誰かを呪うための「草」を引き抜くとき、どのようにして祈るのですか。
A：聖書を読んでいると、「天使」が、どこにあろうとそれが埋められた場所を知る「ヴィジョン」を送ってくださいます ㉘。「聖霊の力」は、心の中で、「シココ」、「毒」など不吉なものを回収する力になってください ㉙。」

(4)「ヴィジョン」から得た「聖霊」の力
「……私たちの教会は、アリス・ラクウェナの聖霊運動とは関係ありません。

第1部

　　ラクウェナは「草」を使いました。それで、ヤモ yamo の世界に魂を売り渡したのです ㉚。

Q：「ターク」を取り除くことができますか。それから、あなたのお祈りは、伝統的な「ジャターク jatak」と同じなのですか。

A：長くここに住んでいるのならおわかりのはずです。いろいろなところから「ターク」を治してもらうために祈りを受けに来るでしょう。伝統的なタークを取り除く儀礼も、他の方は「草」を使います ㉛。私たちは「聖書」と「お祈り」だけです。「聖書」は、どんな病にも効く、私たちの万能薬なのです ㉜。

Q：「シココ」が治らなかったといって文句を言いに来た患者はいませんか。

A：治ればお礼参りにくる、とさきほど言ったとおりです ㉝。

Q：治ったと言って来る患者から大金をもらうことはありますか。

A：持ってくる人はいるし、状況によりますが、私たちは受け取らないことになっています ㉞。もし受け取ったら、「聖霊の力」が私たちから飛び去ってしまい、もう患者さんを治す力もなくなってしまうでしょう ㉟。

Q：どこで「聖霊の力」を手に入れたのですか。

A：神に祈っていたら、「聖霊の力」がもたらされたのです ㊱。

Q：患者を呪っていた「草」を取り除くのも「聖霊の力」なのですか。

A：「ヴィジョン」を見ると、どこに「草」が植えられているか、わかります。「聖霊の力」が私の手を通じて呪いに使われたすべての「草」を引き抜く（フド・イエン fudho yien）のです ㊲。

　　ときには盥をつかうこともあります。盥に水を少し入れ、患者さんはそれで足をあらいます。それから白い布で覆い、お祈りと歌をはじめます。すこしすると呪いのために屋敷に植えられた「草」が、「聖霊の力」によって盥のなかに引き寄せられてきます ㊳。

　　他の人が害をなすためにつかったすべての薬や「草」は、「聖霊の力」による「ヴィジョン」の中でわかります。それが神が私たちに多くのことを教えてくださるやり方なのです ㊴。

　　下着をなくしたり、盗まれたりしてそれが呪いにつかわれたとしても、盥の中からでてきます ㊵。

Q：もしここから別なところへ連れて行かれても、「聖霊の力」は保たれるのですか。

A：ルワンダに連れて行かれたとしても、「聖霊の力」(men) を持ち続けることができるでしょう ㊶。神はどこにでもいるのだし、私は何人かの「天使」

第9章　聖霊派教会の指導者たちとの対話

に守っていただいていますから。

　私が「力」をなくすとすれば、それは患者さんにお金を請求してはならない、という神の命令に背いたときでしょう (㊷)。「聖霊の力」は、何の代価もなく私たちにもたらされたのですから (㊸)。だから患者さんはお考えになって感謝の念を示す何かをもっていらっしゃるのです。

Q：オドンゴ牧師、患者を治すところを私たちがみられそうな集まりはいつ開かれるのですか。

A：患者さんはいつでもきますし、いつでもお祈りを捧げて治しています。ただ日曜日と水曜日は、お祈りの日と決まっていますから。でもあなたがたのために患者さんを集めて治したりはしませんよ。私たちの治療が知りたければ、白人の患者さんでもいいから、連れてくるようにお伝え下さい。」

【解説】
　冒頭の質問は、私の関心を受けて助手のマイケルがしたものであるが、プロテスタントの彼にとって、これらの観念を「治療できる」と公言できるアゴラ聖霊教会の主張は衝撃であったことが伺われる (①)。基本的には、キリスト教は、こうした土着の概念は「子供」として無視するキッチング以来の態度をとるのが常だったからである [Kitching 1912]。第6章でも、キリスト教の関係者が「呪詛」を行ったり、解呪に立ち会ったりという資料は散見されたが、いずれも表だってのことではなかった。また、これまで見てきたとおり、一般にパドラでは、「死霊」や「悪霊」に憑依されるのが一般的で、それ自体が病気の症状と考えられるほどネガティヴなものである。

　答えは、この聖霊派の3人に共通して一般的なものだが、「聖書」を用いるということである。ただし、このときに「聖霊の力」(メン)に心が「あけわたされる」という考え方がきわめて特徴的である (②)。すると、依頼人の問題が「すべてわかり」(③)、天使が信者それぞれに対して福音を与えるという (④)。

　のちに扱うレジオ・マリアもそうだが、聖霊とのコンタクトが直接できる霊媒の存在がこのタイプの教会の第1の特徴である。

　聖書を読んでいると、「天使」が「聖霊の力」を招いて「ヴィジョン」をもたらし、問題への洞察、予言などの根拠となっているのである (⑥)。また、祈りによって、どんな病でも治癒することができると言う (⑩)。その理解能力は、依頼者の属性や出身に限定されないことが示唆されている (⑤)。

　アゴラ教会はケニアからきたものだが、後のレジオ・マリアとは異なり、「ボー

第 1 部

ン・アゲイン派」のキリスト教徒が連合してできたとされている。ウガンダでは基本的に、もとがカトリックでも、ペンテコスタ系の再生運動を伴うものは「ボーン・アゲイン派」と俗に総称されるが、カトリックとの関係は否定されている (⑦)。自らはカトリックだったが改宗したという (⑧)。

「聖霊」を受け、「ヴィジョン」を見るのは信者のなかでも特定の者だけであり、「聖なる心をもつ者」と認識される (⑨)。どんな病気も治癒に至るとされ (⑩)、もしその能力を超える病気のときには、「天使」の指示に従えば (⑪)、治るすべが示されるという (⑫)。

ここからが特徴だが、シココ、キダダ、ジュウォキなどによる病や厄災への治療も認め、ときには屋敷に赴いても治療するという (⑬)。これは行為としてはジャシエシと変わらない、というのが助手のポールの感想である (私の感想でもある)。しかもその治療法が、「草を引き抜く」ことだという (⑭)。聖書を読むことによって教えられる、と言うが、ジャシエシががらがらの占いなどを通じてその憑依霊に「草の引き方」を教えてもらうのとシステムはあまり変わらない (⑮)。

また、「シココ」治療も「大事な仕事」と言う (⑯)。基本的には、ウガンダ教会やローマ・カトリックなどのオーソドックスなキリスト教がこうした迷信に触れたがらないのとは対照的である。「メン（聖霊の力）」が入ってきて、「ヴィジョン」をもたらすのは「天使」および「聖霊」だから、主体的に自分でできるのは「聖書を読むこと」と「祈ること」だけである。「聖書は私の薬」という (⑰)

ジャシエシとの差別化はどこではかるのか。1つはラブキである。ここでは後払いで、治ったらもってくるのが特徴である。ジャシエシのラブキは、これまで見てきたように、「手付け金」「謝礼」どちらの訳も当てはまるが、儀礼を行う前にある程度支払っておくのが慣例となっている。これまでの資料では、ラブキの相場は、3000シリングと雌鳥が最低ラインだった。しかしここでは、後払いで1000シリング (⑱)。その使い道は、石けんや生活必需品だという (⑲)。「遠くからくる患者も治せるのか」というマイケルの質問は、もはやジャシエシ扱いしているとも言える。一般に近場のジャシエシは、噂などで依頼人の私生活にも通じていることが多く、何か言い当てることがあるとしても不思議はない。遠くのジャシエシで身の周りの細々したことを言い当てるのが能力の高いジャシエシである、ということである。ジャシエシに尋ねるような質問をしているわけである。答えは、あちらこちらからくる、とのこと (⑳)。トロロで最も大きな教会だと言うが、もちろんウガンダ教会とローマ・カトリックを除いての

第9章　聖霊派教会の指導者たちとの対話

ことであろう。
　祈りを捧げるのは、日曜日、水曜日、そして毎日の昼食後 (㉑)。
　「ヴィジョン」を見る能力を有しているのは牧師（後出のオドンゴ）を含めて6人ほどおり (㉒、㉓)、日曜日にはアゴラで顔を合わせるがそれぞれ離れた村に居住する。
　マイケルは「患者を治してもお礼をもってこないことはないか」と問い、さらに「「呪詛」をかけることはしないか」と追い打ちをかけるが、自分の役目は神に定められていてそれを実行しただけなのでお礼の有無は関係ないが、もってきた方がなおいいとの模範解答 (㉔)。
　あくまでも信仰実践の根本は「聖書」と「祈り」であると言う。太鼓は、信仰のためのツールではないと否定した (㉕)。聖書を読んで祈っていると「天使」が「聖霊」と「力」を送ってくる。その結果としての「ヴィジョン」によるコミュニケーションを唯一無二のものとし、それ以外の方法については厳しく否定する (㉗)。「シココ」や「毒」問題を解決する場合にも、呪いのために埋められた「草」を引き抜く場所を知るのにも同じ方法をとる (㉘、㉙、㊲)。盥に草が引き寄せられたり呪いに用いた下着などの身近なもちものが出てきたりすることもあると言う (㊳、㊵)。
　また、幸運を招くポジティヴな「呪詛」の実践（最近、それをうたい文句にするジャシエシやウィッチドクターが都市に多い。第2章の章末別掲註で紹介した新聞広告を想起せよ）については、本人の行い次第だと積極的な関与を否定した (㉖)。
　アドラにもラクウェナの聖霊運動がきて多くの若者を戦いに駆り立て、数多くの犠牲者を出したことはすでに紹介した。どうしても、「聖霊」の名前はそれとむすびつけて考えられるが、アゴラ聖霊教会はそれとは関係ないという。ラクウェナは「草」を用いたので、いわば邪道であり、悪魔に魂を売り渡した、と言うのである (㉚)。たった今まで、「草の抜き方」の話をしていたのだが、自分は特定の目的のために「植えたり、埋めたりしない」ということだろう。続くジャタークを除く方法でも、ジャシエシは「草」を用いるが (㉛)、自分たちが用いるのは「万能薬」である「聖書」と「祈り」だけであることを強調している (㉜)。
　治ったら自発的にお礼をもってくるというが (㉝)、大金をお礼に持ってこられても、「神の命令」として受け取らないことになっている (㉞、㊷)。仮に受け取ったら「聖霊の力」が失われるだろうという (㉟、㊷)。この力は、ただ神に祈っていたらもたらされた力であり (㊱)、何かの代償で手に入れたのではない (㊸)。

ゆえに、代価を受け取ってはならないという論理である。

その力は、その決まりさえ守っていれば、場所を変えても有効だと言う。「ルワンダに連れて行かれても」(㊶)「聖霊の力」は維持できるのだという。

これらは、これまで見てきたティポ以外の「呪詛」や多くの力が、地理的距離を克服できず、近距離でのみ効果を発揮することを想定した質問だったが、質問したマイケルは（ウガンダ教会の信者）、むしろ、地理的条件を問わないこの力に、ティポの力に通じる不気味なものを感じた、と後に私に語った。

2 オドンゴ・ジョン・マーティン・アドラ主教の話

(1)「不幸」

Q：……「不幸」(リフオリ lifuol) というものをどのように解釈したらいいのでしょうか。この聖霊教会ではどのような解決策がありますか。

A：私たちは、神はすべての問題を解決することができる、と信じています。悪いことをした人にだけ「不幸」は訪れるのです（①）。

　子供が親に連れられて教会にきます。その教えを受けるためです。その子は親に何の悪いこともしていない（②）。その短い人生のなかで「不幸」を経験していないのは当然でしょう（③）。

　子供は、すべての親も、オジもオバも、それ以外の人も幸せにします（④）。怒らせたりもしません。「不幸」が訪れるはずがあるでしょうか（⑤）。

　親が子供に対して「大人になればわかるよ」(ドンギ・イノネニ dongi inoneni。教育の現場の常套句）と諭したとします。これが、子供が最初に「不幸」な結末に終わるかもしれない、と知るきっかけになるのです（⑥）。こういう言いかたは、あたかも子供が将来「不幸」になることを請け負っているようにも聞こえますね（⑦）。

　霊的なかたちで成長していく分には、子供は何の「不幸」にも直面しないことになっています（⑧）。そういった子は、すべての親を敬っていますし、また愛されてもいるからです。

Q：たとえば聖霊の素養のない屋敷で育ち、問題を抱えて——例えば発狂してこの教会を訪れたとします。その場合どうなさいますか。

A：神は私どもの祈りを聞き入れてくださいます。そういう人も人生を取り戻すのです。その者の力になって、その「不幸」を追い払ってくださるように祈るのです（⑨）。それから、私たちは、何がしてもいいことで、何がしてはいけないことか、導きとなるような霊的な教えをはじめます（⑩）。こ

第9章　聖霊派教会の指導者たちとの対話

れこれこういうことをすると「不幸」が降りかかってきますよ、と⑪。自分で意図しないのに「不幸」に巻き込まれる人もいるでしょう。偶発的に「不幸」となってしまった人たちです⑫。導いてくれる人がいなかったので、知らず知らずのうちに「不幸」を招くようなことをしてしまうのです⑬。」

(2)「呪詛」
「Q：主教様、人に「呪詛」(ラム lam)をかけられて職を失ったという人がいます。本当でしょうか。
A：「呪詛」を行うことを決意するには、それなりの理由があることでしょう⑭。私たちは常にそうした人々に祈りを捧げます⑮。働きたいのにすぐに解雇されてしまう。そういうことが続くかもしれません。このような、「不幸」に人を陥れるような悪事を行うのは、深く考えてのことだと思います⑯。私たちがともに暮らし、ともに祈りを捧げる者たちのうち誰かが神の力に憑依されて、親たちに以前行った悪事が明るみに出され、そのせいでその人が苦しんでいるのだということがわかることもあります⑰。
　祈りの最中に、許しを請わなければなりません⑱。
　それから、親のところにも行ってひざまずき、許しを請わなければなりません⑲。そうすれば、親たちと、何が反抗的だったかを話し合ううちに、問題が明らかになるというものです⑳。
　子供に不行状の許しを請われた親がやってきて意見を求められることもあります。そのケースでは、今では子供も救われています㉑。
　私と教会のみなさんの立ち会った話し合いのなかで、親も言いたいことを言い、子供も応じて話はすすめられました。そのなかで子供の行状のうちの何が悪かったのか、しだいに親も具体的に話しはじめました㉒。
　それが、「呪詛」を解く鍵であり、「祝福」(シルワニ silwany)のはじまりなのです㉓。この場合には金銭問題がその一部でしたから、そこにいる教会のメンバーが、あるものを持ち寄って解決しようとしました㉔。そうしたことで親が満足すれば、「さあ、行って仕事を探すがいい」(イカディ・ティーチ・ペリン ikadhi irangi tich perin)と言い、その人は「呪詛」から解放されるでしょう㉕。
Q：親が何かを要求した後、「文化的な「解呪」をしたい」(「アミト・アカ・オケリ・ニャシ・ノ・オイキ・ラミ・パカ・キサンデロ amito aka okeli nyathi no oyik lami paka

397

第1部

kisandelo」）と言ったら、お認めになりますか。
A：そういうことはあります。誰かに許しを与えるときに水をふりかけたいと言う人はいますが、私たちはそれを認めていません (㉖)。水は薬ではありません。「呪詛」から解放する、許すと一言口にすればいいのです (㉗)。
　「呪詛」をかけられた側が許しを請い、かけた側が受け入れれば、それで十分なのです (㉘)。
　水がふりかけられてもまだ「呪詛」をかけられた側に対する悪意が残っていれば、「呪詛」は依然として強力なままです。まったく問題は解決していないのです (㉙)。」

(3) ルスワ
「Q：「ルスワ」(luswa) のような問題には、どう対処なさるのですか。ルスワは、外部から来るものではなく、自分の行動に由来するものですが（メノ・ティム・アマ・ケロ・ルスワ meno tim padhano ama kelo luswa）。
A：誰かがオバか祖母と性交渉をもったなど、そういう問題も私たちは「祈り」(クワヨ) だけによって解決します (㉚)。友人たちに悪事に対する許しを請い、神にも犯した悪事についての許しを請うのです。包み隠さず犯した罪を「告白」(クワヨ・チャック kwayo chak) しなければなりません (㉛)。神はお許しくださいます。
Q：「ルスワ」を払うために「ワンゴ・ルスワ」(wango luswa) を行う習わしです。そのために燃やす小さな小屋に入ることは認めますか。
A：私どものところにきた人々には、神から許しを乞うやり方を教えなければなりません。バプティズムについて教えるのです（ワ・フンジョ・バティスモ wa funjo batisimo）。神の存在を信仰し、「ルスワ」による災いが消え去るように祈らなければなりません。ひとたび救われると、どんな病でも治るのです（キロコラ・ボス・キシギモロ kilokola both kisigimoro）(㉜)。」

(4) ティポ
「Q：「ティポ」(tipo) についてはどうですか。
A：「ティポ」は、死者の抜け殻のようなものです（アモラ・ギモ・ソ amola gimo tho）(㉝)。誰かを殺害した結果、手を汚した人と死体を発見した人に起こることです (㉞)。どれくらい「ティポ」を信じているかによりますが、イエスの名を唱えるたびにその影響は弱まるはずです (㉟)。人は犯した殺害の

罪を包み隠さず告白しなければなりません。「祈り」でそのことが言及されるたびごとに、「ティポ」は遠ざかるはずです(㊱)。
Q：それで、ここに連れられてきた子供たちのことを思い出しました。病気に苦しんでいるときに連れてこられて、その病気が治ってもなお親族は誰ひとりここにはきませんでした。「お祈り」に対して態度を変えたので霊がまた戻ってくることを恐れたのでしょうか。
A：親とか保護者達の態度によるのですよ。特に自分の屋敷で頻繁に供犠を行う人たちが問題です(㊲)。子供たちがそういった儀礼に立ち会うと、他の霊がたくさん集まるだけではなく、私たちが追い払った霊まで戻ってきます(㊳)。」

(5) ルンベと夢
「Q：あなたは「ルンベ」(*lumbe*)を行いますか。
A：人は死んで埋葬されたら、すべてが一応終わりです。あとは神の審判を待つばかりです。「ルンベ」は行いません(㊴)。霊はそれを招いた人のところに行くのです。霊を招かなければ、何も起こりはしません(ジュウォギ・ムウォンジョ・ジュマ・ジョ・ミト・ジョ *jwogi mwonjo juma jo mito jo*)(㊵)。
Q：「夢」(レック *lek*)については、どうお考えですか。本当のことだと思いますか。
A：夢にはいくつかのカテゴリーがあります。1つは、昼間起きているときにあることを深く考えていて、そのことが頭から離れないために見る夢です(㊶)。
Q：「夢」にみることに真実が含まれていることがありますか。
A：長老たちは、夢の中で神の言葉を聞いた(ウェレ・ルウォ・ギ・ジョ・イ・チュニイ・ジョ *were luwo gi jo i chuny jo*)、と言います(㊷)。しかし、未来に起ころうとしていること、現在起こっていることについて夢で見た、という主張は疑う余地があると思います(㊸)。
　神は何かを人に語ることがあるかもしれませんが、その人も何かこれから起こることについて夢を見た、という言い方でしか言い表せないのではないですか(㊹)。」

(6) 双子
「Q：ここパドラでは、「双子」(ルート *rut*)が生まれると「ヤオ・ルート」(*yao rut*)の儀礼を行う文化があります。「聖霊教会」では、どうするのですか。

399

第1部

A：「双子」は祝福された存在だと言われていますが、私たちは、「ウォド・ルート」(wodho rut「双子を連れ出す」儀礼) や「ヤオ・ルート」はいたしません ㊺。ただ皆で集まって（ムバガ mbaga）宴を張り、「祈り」を捧げるだけです ㊻。私の屋敷にも双子はいますが、誰も1日たりとも双子のための祝福儀礼はやりませんでしたし、まったくやり方も忘れてしまっています。私たちはただ「祈り」で神に感謝するだけです。

Q：儀礼で受け取るべき「山羊」や「牛」について不利益をこうむることはありませんか。

A：「トーテム」（クウェル kwer）にかかわることはいつでも問題の種です ㊼。その種の交換の習慣はどんどんエスカレートするばかりです。もし交換が不平等だと思ったら、その人は私に嫌がらせをしてくるかもしれませんから。やらなければいいことです ㊽。」

(7) 教会の将来

Q：主教様、この教会はいつ開設されたのですか。

A：1992年にできました。

Q：ここにおいていかれた子供たちをどうやって食べさせているのですか。そのためのお金の出所はどこですか。

A：ポーリッジ（トウモロコシのおかゆ）をすすっているでしょう。それは私どもの畑からとれたものです。いまやこの子たちは私の屋敷の子供たちです。学校にも通わせています ㊾。最近保育園を開いたのですが、先生への給料が問題ですね ㊿。

【解説】

まずは、「不幸」についての一般的な考え方、この教会での対処の方針を聞く。

主教は、不幸は悪人にのみ訪れる、と説く ①。子供を無垢なものと考え、まだ悪いことをしていないから ②、不幸でもなく天真爛漫なのだと説明する ③。「親」「オジ、オバ」など、子供を「怒らせない」⑤、「幸せにする」④ 存在としてあげられているのは、これまで見たとおり「呪詛」の主体となる関係者ばかりである。「不幸」が訪れるはずがない ⑤ として、「呪詛」の正当性に婉曲に挑戦する発言でもある。

「大人になればわかる」として「大人」の論理で子供を諭すことを批判し、霊的に成長していくはずの「罪から免れた」子供を、「不幸」に導く行為として批

400

第9章　聖霊派教会の指導者たちとの対話

写真37　儀礼のために山羊の頭を頭上にささげる

判する（⑥、⑦）。

　このような、マイナスの予言さえなければ、子供は本当は、親を敬愛し、何の「不幸」にも直面せずに成長できるはずだというのである（⑧）。

　すでに問題を抱えて教会を訪れた人間に対しては、「不幸」を追い払ってくれるよう神に祈り（⑨）、「不幸」を招いた原因である行為や行動の意味をわからせるような霊的に指導をするという（⑩、⑪）。意図していない行動が不幸につながった場合もありうるが（⑫、⑬）、それも導いてくれる人がなかったからであるとし、導きの教えの対象となる。

　ここでは、すべて「不幸」の原因は意図したものであれ、意図せざるものであれ、当事者の行動であるという、ある意味での「自己責任論」が徹底している。

　「呪詛」の存在についても否定はせず、「悪事」としつつも「それなりの理由」（⑭）「深く考えてのこと」（⑯）であろうと、同情的あるいは共感的である。そういった人には祈りを捧げる（⑮）。また、婉的な言い方だが、教会の仲間内でも呪詛の被害者がいたこと、それが公になったことがほのめかされている（⑰）。

　対策としては祈りの最中に許しを乞うことに加え（⑱）、「ひざまずき、許しを乞う」ことが必要であるという（⑲）。その後、話し合いをして、何が反抗的だったかを明らかにする（⑳）という。

　「呪詛」の悩みで相談にきた親子の具体例では、話し合いのなかで問題が明確となり（㉒）、それが「呪詛」を解く「鍵」で祝福のはじまりであるという（㉓）。しかし、ここでは金銭問題があったようだが、結果的には教会の関係者が代わりに賠償してしまっている（㉔）。

　「賠償」と「話し合い」による「和解」そして「ひざまずき、許しを乞う」こと、さらに、「さあ、行って仕事を探すがいい」（㉕）という言葉による解呪は、こ

第 1 部

れまでにみた解呪の儀礼とコンポーネントがそっくり同じである。鶏の血、コンゴや水が用いられていないだけである。さすがに、「水」を用いると同じになってしまうことは自覚しているのか、そういった要望は認めず(26)、許すと口にするだけにしており(27)、それで十分であるという(28)。

水を振りかけたりするかたちを整えても「悪意」が残っていれば問題は解決しないとする(29)。それはその通りだが、これまで見てきたとおり、「ニャパドラ」の「浄めの儀礼」では何よりも「和解」の意志が大切であった。その合意形成のために被害者の父親の仲介でクランや周囲が意を尽くすのであった。

このように、否定すればするほど、この主教の話は、「ニャパドラ」の論理構成の上に乗っていることが明確になってくる。

「祈り」によってどんな病でも治るはずなので(32)、ルスワもまず自分の犯した罪を告白し(31)、さらには「祈り」のみによって解決し(30)、「ワンゴ・ルスワ」は行わないという。

ティポは、死者の抜け殻で(33)、それ自体はたいしたことはない。殺害した人、あるいは運悪く死体を発見してしまった人の心の内面に起こることに過ぎない(34)。「祈り」によって、そのティポを信じる心の影響は次第に弱まるはずであるとする(35)。

このことについても、効果的とされるのは、「祈り」の最中の告白と、「祈り」の中での言及である。言及されるごとに「ティポが遠ざかる」(36)というのは、ティポの実在を認めているような、いないような曖昧な言い方ではある。

中でも、屋敷で頻繁に供犠を行う大人たちは問題であり(37)、たくさんの霊を招いてしまうという(38)。そういった親から病気のときにあずけられたままの子供たちが教会でたくさん養育されていた。

ルンベは行わない(39)。いったん死んだら終わりであり、生きている人間が招かなければ何も起こらない(40)という。生きている人にすべての原因を求めるこの考え方は、特殊ではない。

ランギの哲学について説く Hayley［1947］によってすでに指摘されていることを再度想起しよう。彼がジョクについて説く原則の第 1 は、すなわち、「A. ジョクは、宇宙 (universe) に浸透している中立的な力の 1 つであり、人間が用いることなしには、人間に対してよく働くことも悪く働くこともない」[Hayley 1947: 3]ということであった。

「夢」についての考え方は、次のマリアとは対照的である。昼間起きているときに考えていたことを夢に見る、というものである(41)。主教オドンゴは、い

402

第9章　聖霊派教会の指導者たちとの対話

くつかのカテゴリーに分けて説明しようとしていたが、質問がそれを遮ってしまったようだ。後の2つは神の言葉を聞いた夢（㊷）、もう1つは現在起ころうとしていることや未来についての夢である（㊸）。いずれにせよ、夢のなかでの予知には否定的である（㊸）。

現在起こっていること、これから起こることについては、夢を通さなくても神が語ることがあるとほのめかしているが、それは「夢」という言い方でないと受け入れられない、ということだろう（㊹）。

アゴラ聖霊教会では「双子を連れ出す儀礼」も行わない（㊺）。皆で集まって宴会をして「祈り」を捧げるという（㊻）。

花嫁代償の類いは問題だらけであるという（㊼）。確かに、「呪詛」の事例も花嫁代償に不満を感じたオジが主体になることが多かったから、この指摘はその通りである。また、不満の種でもあるからやらないにこしたことはないという（㊽）。

この教会は、1992年に設立され、遺棄された多くの子供を教会の畑でできた作物で育てている。学校へも通わせている（㊾）。保育園も開いたが、先生の給料を捻出するのに苦労しているという（㊿）。

3　レジオ・マリア教会のマリア・アディキニの話

(1) 夢で召命

「私の運命は、はじめはレック（夢）として知らされました。しかしやがて声が聞こえるようになりました。はっきり「私は神だ」アニ・ア・ウェレ *ani a were* と言いました。「私は主であり、神である。お前を油と水で人を癒すことができる能力を授ける」(アニ・ア・ウェレ・イキド・チャコ・ボソ・ジ・ギ・モー・ギ・ピー *ani a were i kidho chako botho ji gi moo gi pii*) とはっきり言いました（①）。

この言葉を聞いたときに、私は起きて年老いた母のもとへ駆け寄りました（②）。私はヴィジョンで見聞きしたことをすべて話しました（③）。事実、ヴィジョンの通り、私はどんな病でも治せるようになり（④）、私自身がながらく病に臥せっていたのですが、その病さえ治ってしまったのです（⑤）。そのことは、たちまち人々に知られるようになり（⑥）、新聞でも報道されるようになりました（⑦）。それらはすべて、私マリア・アディキニ個人としてやっているわけではないのです。神がすべてをそのように導いているのです（⑧）。あなたが私のもとに訪ねてくることになったのも私の功績な

403

第1部

んかじゃありません (⑨)。このレジオ・マリア教会のリーダーの1人に私がなったのも、みなさんがそう決めたことで私の力などではないのです。すべて神の御心です (⑩)。

　私ははじめ、神の思召しで教会で1人で祈っていました (⑪)。いつもロザリオをもっているように、言われました (⑫)。病も治り、両親と、そして私の癒しを必要とする人々と暮らしています (⑬)。本当に祈るのに適切な場所を探して結果的にいくつかの教会を回りましたが、このレジオ・マリアの牧師さんの方針が私のものとぴったり合ったので、この教会の伝道活動に加わるようになったのです (⑭)。

　私はまたヴィジョンを見ました。そのヴィジョンの通り、現在の夫と結婚し、2人の子供に恵まれました (⑮)。結婚して親元を離れ、そのとき通っていた教会から離れました (⑯)。その建物は現在は使われていないようです (⑰)。この場所に来て、支援してくれる人がいたわけではありませんでしたが不安はありませんでした (⑱)。使っていない土地を寄付してくれる方がいて、また教会の建築に力を貸してくれる方々も現れて、現在の教会ができたのです (⑲)。ヴィジョンは、夢のかたちであらわれることが多いようです。朝めざめたら、夫にその夜に見た夢について話します。夢に見たことは必ず決まって現実のものになるのです (⑳)。」

(2) HIVの治療

「Q：1995年にHIVを治療したとおっしゃいましたね。
A：そうですね。その年、薬というのではなくて油と聖水で治った方が何人もいたことは事実です (㉑)。信仰の力のおかげでしょう。信仰がなければ、治ることはないと私は思います (㉒)。聖霊に満たされて（メン・パ・チュニイ・マレン *men pa chuny maleng*）、聖水と塗油によって治すことができるのです (㉓)。毎日、毎週、毎月、数えられないくらいの方々をそうやって治しています (㉔)。

　中には私が1度死んで、よみがえったと言う人もいるようですが、それは違います (㉕)。私は病に伏していてほとんど死にそうな状態から回復した、それは事実です。しかし死んだ、というのは事実と違います (㉖)。

　しばらくは母と暮らしていましたが、今いるこの場所、夫のところに住むことに決めたのです (㉗)。」

第9章　聖霊派教会の指導者たちとの対話

(3) ラブキ *rabuk*（報酬）について

　「治った方から報酬をいただくことはありません（㉘）。私のこの力も神からただでいただいたものなのですから（㉙）。あなたが何かすすんでこの教会のために施しをするのは結構なことだと思います（㉚）。でも私が聖書を読んだり、将来起こることを見通したりする、そのこと自体にお金を払ったりお礼を持参する必要はないのです（㉛）。

Q：どうやってお母さんの住居に教会をたてたのですか。
A：1995年だったでしょうか。治った人びとが信者さんとなり、数が多くなってきたので、LC1（最小の行政単位　P.92参照）の議長オボ・シドロさんが、多くの人を収容する、雨露や太陽の光から守られた建物が必要だと考え、計画を立てたのです。オボ氏はお金を集め、トイレを作り、小屋を建てました（㉜）。私自身が資金や資材を集めたことは1度もありません（㉝）。本当にここは人が多いんですよ。食事の暇もないくらいです（㉞）。

　私は、カタジュラパリッシュに1970年に生まれました。そのころは名前をアディキニ・スコヴィアと言ったのです（㉟）。私は全部で5人子供を産みましたが、1人は夭折しています。メン・パ・ウェレ *men pa were*（神の力）！（㊱）

　聖書を読みながら祈っていると、これから起こることやすでに起こったことのうち知られていなかったことを言い当てることがあります（㊲）。この力が私にそなわってから、ずっと失われたことがありません（㊳）。人々を治す力と同じだと考えています（㊴）。たぶんお金や贈り物を要求したりすれば神は私からその力をとりあげるのではないかと思っています（㊵）。神はこの力を何の代償もなく私にくださったのですから（㊶）。ラブキは、実際には薬、つまり神が人々を治す力を確実にするための薬草の代金と考えればいいかもしれません（㊷）。

Q：ほかの宗教の指導者が治療を受けにくることもあるのですか。
A（別の協会関係者の発言）：ええ、ありますよ。カトリック、プロテスタント、どんな宗教からもきます（㊸）。中庭に木でできたナイフがありますね。あれはマリアがお祈りのときに誰かに憑りついた悪魔や死霊を追い払うために使うのです（㊹）。
A（マリア）：神は、人間とコミュニケーションするさいに聖霊を用います（㊺）。主の戒めには従わなければなりません。ことのはじめは、神が私に「夢」をつうじて話しかけました。現在でもそうですが、現在の私にとって神と

第1部

　　交流する世界は、祈りの言葉なしには存在しません（㊻）。神に毎朝祈る
　　ことで、私たちは罪咎から浄められて、清らかでいられるのです（㊼）。旧
　　約聖書で禁じられた、穢れた動物、鳥、そして野菜は食べてはいけません
　　（㊽）。」

【解説】
　夢と現実との関係を少なくとも表向きは否定的にとらえるオドンゴ主教とは対照的に、レジオ・マリア教会のマリア・アディキニは「夢」で自分の運命を知らされた。病に臥せっていたときのことである（⑤）。「夢」の中で、「神」がはっきりと、「油と水で人を癒やすことができる能力を授ける」と言ったという（①）。
　マリアは起き上がり、母に一部始終を話した（③）。神の言葉は本当だった。それ以来マリアは自分自身も病を克服し（⑤）、どんな病でも治せる力を得たのだった（④）。そのことは、やがて周囲に知られるようになり（⑥）、新聞報道もされるようになる（⑦）。
　マリア自身は、治療する力は自分という個人に属しているのではなく（⑧）、その効果についての風評も（⑨）、レジオ・マリアの指導者となったこともすべて神の御心であるという（⑩）。当初はロザリオを常に携行するように言われ（⑫）、1人で教会で祈っていた（⑪）。いくつかの教会を回ったが、現在は方針があっているレジオ・マリアに加わり（⑭）、家族とともに暮らしている（⑬）。
　結婚さえもヴィジョンで予言されていた。そのとおりの夫と結婚し2児の母になっているという（⑮）。あわせて当時の教会からも離れた（⑯）。ここにきたときにも知人や援助を期待できる伝があったわけではなかったが、不安はなかった（⑱）。自然と寄付者が現れて現在の教会ができた（⑲）。
　かつて自分が属していた教会は現在は使われていないようだ（⑰）、と言う。かつての教会の荒廃についてさりげなくコメントしているが、どういう感想を持つのか、あらためて聞き直さなかったのは迂闊であった。
　ヴィジョンは夢のかたちで提示される。朝、前の晩の夢について夫と話すのが日課となっている。それらの内容は現実化するという（⑳）。
　1995年には、「信仰の力で」（㉒）「聖霊に満たされた」水と油を用いて（㉓）HIV患者を何人も治療している（㉑）。現在も毎日数え切れない患者を治す（㉔）。
　召命前にマリアを苦しめていた病は深刻で、ほとんど死ぬだろうと思われていたところから、1度死んで蘇ったという風説もあるが、それは否定した（㉕）。あくまで死にそうな状態から回復した、というのが真相である（㉖）、というこ

第9章　聖霊派教会の指導者たちとの対話

とだ。現在は夫と教会の別棟に住んでいるが、かつては彼女は母親と同じ小屋に住んでいたようである (㉗)。これまでの本書の記述でおわかりのように、結婚した娘が母親と住んでいるのはパドラでは「異常」なことに属する。ありていに言えば、「ジャジュウォキ」である。

報酬についての考え方は、すでに見た2者と大きく異なるところはない。教会への施しは結構だが (㉚)、「力」は神からもらったものなので (㉙)、それに対する代価はとらない、という考え方である (㉘)。興味深いのは、「将来起こることを見通したりする」、すなわちアドラ語でいうシエシ *thieth* を肯定してしまっていることである (㉛)。また、先のオドンゴは、水の使用を否定し、用いるのは「聖書」と「祈り」のみであることを強調したが、ここでは「油と水」を用いるということで、ジャシエシとの行動面での親和性も有している。これらの点についてはあとで論じる。

ここでは母親の小屋が教会になっているが、LC1議長のオボ・シドロが募金を募り、小屋とトイレをつくったこと (㉜)、自分では資金を集めていないこと (㉝) などが強調される。信者は治療の結果治った人々が集まってきたので手狭になったのだという。「食事の暇もない」ほどの忙しさだという (㉞)。

アディキニ・スコヴィアは本名だが、旧名あるいは俗名のような語り口で語った (㉟)。子供が5人とのことで (1人夭折) ある (㊱)。現在の夫との子供は2人なので、離婚歴があることがわかる。ただし、アドラでは離婚は一般的ではないので、このことも重要なポイントである。

これから起こることを言い当てる予言の能力がずっとそなわっており (㊲)、失われたことがないが (㊳)、神は何の代償もなくくれた力だから (㊶)、代価をもらったら失われるのではないかという (㊵) 主張を繰り返すが、実際には受け取っているので、薬草代金という説明を付け加えている (㊷)。しかも、「神が病人を治す力を確実にするため」に薬草を用いることも認めた。

別の宗派の人間が治療を受けにくるのか、という質問に対してはマリアが答えるより先に教会の他の指導者が、どんな宗派からも治療にくると語っている (㊸)。悪魔祓いの儀式を行うこと、しかもそのときに木製ナイフを用いて追い払う所作を行うことが推測されるような発言が認められる (㊹)。

神と人間の間には「聖霊」がおり (㊺)、「夢」と並んで「祈り」が神との交感にとって重要であることが強調される (㊻)。宗教者らしく毎朝祈ることで罪から免れることを奨励し (㊼)、旧約の食物禁忌を確認する (㊽) ことでインタヴューは締めくくられた。

第 1 部

4　夢（レック lek）の観念

　最後に、ここで触れられた夢の観念について補足的な資料を検討したい。

　マリア・アディキニにあった後、マリアは「夢」を「ヴィジョン」と見なしていることに気づいた。マイケルやポールによると、多くの場合「夢」と「ヴィジョン」は区別されないという。また、オドンゴ主教のテキストのうち、夢と現実について語る部分、とくにカテゴリーのことがわかりにくかったので、別の長老に夢についてのインタヴューを試みた。本章のテキストのなかで、この部分だけは「聖霊派教会」関係者とのインタヴューではない点に注意されたい。

「Q：夢のタイプについてお話しいただいたのですが、もう少し詳しくお話しください。
A：以前も少し述べたことですが、私たちの夢はいくつかのタイプがありますね。1つは、よく覚えていること、深く考えていることが夢に出てくる場合（①）。実際に実現することもしないこともあります。夢のなかで食べ物をたらふく食べた夢を見ても、目が覚めてがっかり、ということはありますよね。大金を手にして大喜びしていましたが、目が覚めてそれが夢だった、ということもありました。似たものとして、何かいいことがあって来客があり、肉を買ってきてお祝いをしている夢を見ることもあります（②）。

　あまり楽しくない夢としては、動物が外で待ち構えている、そんな夢も私にとっては比較的よく見る夢です。人に追いかけられる夢もよく見ます（③）。一時見た夢では、大金でいっぱいの箱を手に入れた夢を見ました。それは、そのときよくつきあっていたオウィノ・アントニオ[3]という人を通じて大金をくれる、というメッセージ性のある夢でした。起きてからその夢の話をオウィノにしましたが、そんな予定はない、と彼は言っていました。どういうことかわかりませんが、それからすぐにオウィノは亡くなりました（④）。

　死んだ人が夢にで出て、生まれた子供に自分の名前をつけるようにと希望を言ったり、強制したりすることもあります（⑤）。ずっと以前、子供が名前をつける前に亡くなったことがあって、その時にそんな夢を見たことがあります。

---

[3]　妻のドロシー・アントニオがシワの小学校で教師をしていたので安定した高収入があり、彼は、近隣では有名な金持ちとして知られていた。

第9章　聖霊派教会の指導者たちとの対話

霊のしわざで見る夢もあると思っています ⑥。夢で死んだ人に会うことがあるでしょう。それはその死霊がその夢をもたらしたのだろう、と考えています。霊によってもたらされるチェン chien の1種です ⑦。ライオンや豹のような野獣に追いかけられる夢を見ることがありますが、それは死霊の仕業です。死霊に何か不満があるか、あるいはその人に何らかの不幸が訪れる前触れです ⑧。たとえば、戦場で亡くなった祖先や親族がいたとします。そうして自分の屋敷に遺体が埋葬されなかった場合、遺体を屋敷に連れ帰って埋葬してほしいということで、そうした夢を見せるのです ⑨。

　誰か知っている人が死ぬ夢を見て、実際に目が覚めたら、亡くなった知らせを受けた、ということもありますが、そうした夢を見ても夢のなかで亡くなった人が実際には生きていることもあります ⑩。それはたぶん、何らかの理由で死霊が満足したために、当の人を殺すことがなかったということなのでしょう ⑪。でも一般には、誰かが夢で訪れてくるときには、まさに死にそうで、夢のなかで別れを言いに訪れるというケースが多いようです ⑫。霊と一緒に動き回る夢（レック・ウォルス・ギ・ジュウォギ lek wolth gi juogi）を見ることがあります ⑬。

Q：年長の方々が言うように、その夢に見ることというのは本当ですか。実現することが多いのでしょうか。

A：年長者たちのなかには、夢は真実だと考える人もいますが ⑭、もともと予測していたことが実際に起こったときに、夢に見た、と言いつのる人もいるようですね ⑮。神は誰かに話しかけているのかもしれませんが、その人がしかじかの夢を見た、と他人に語らないかぎりはそのことはわかりませんしね ⑯。

　しかし、夢は現実であり、私にとっては現実の少なくとも一部です ⑰。

Q：多くの人が「夢」と「ヴィジョン」（メニロック menyirok）を区別しないで考えているようですが、正夢（レック・マラ・デイエリ lek mara dyeri）を見ることがありますか。

A：はい、誰かが私を逮捕しに来るような夢を見ました。眠っていたときでした。目が覚めたときに誰かが小屋の扉を叩いているのが聞こえました。アスカリ（警備員）が小屋のところへやってきてノックしていたのです。私は逮捕されてしまいました ⑱。夢見のずっと後、たとえば10年も前に夢見たことが実現することもあります ⑲。ここの、沼地からこちら側の土地

409

第1部

を、私は5頭の牛と11頭の山羊と引き換えに買いました。かつてたくさん持っていた牛を私はいまは持っていません。何頭か持っていた山羊も最近死んでしまいました。そういった問題がおこると、ジャシエシのところを訪ねて相談するのです。門のウェレ、ブッシュのウェレ、そして屋敷のウェレの機嫌を損ねたからだ、などと教えてくれるでしょう⑳。そのウェレは皆同じものです。天地を創造した創造主は1つですが、それを別な呼び方で呼んでいるだけのことです。入口を司るのは門のウェレ、屋敷を守るのはディオディポ、そしてブッシュについてはブッシュのウェレ、というように。天地を創造した神は1つです。」

【解説】

この話者は、オドンゴ主教も述べていたことだが、よく覚えていること、深く考えていることが「夢」に出てくる場合(①)について指摘する。この場合でも(ごちそうを食べるなど)非常に楽しい経験を夢のなかでする(②)ことがあるが、それは現実世界とは関係がない。動物が外で待ち構えている夢、人に追いかけられる夢もよく見るという(③)。知人が大金をくれる夢も見たが現実とは関係がなかった(④)。ただし、その後、夢のなかで大金をくれた人は亡くなっているという(④)。死者が子供の命名に干渉してくるときに夢に出ることがあるという(⑤)。しかしそのケースでは、子供に名前をつける前にその子は死んでしまっていた。このあたりから話はキリスト者らしくなくなってくる。霊の仕業で見る夢があり(⑥)、それはチェンである(⑦)。野獣に追われる夢はチェンであるか、不幸の前触れである(⑧)。たとえば戦死者が遺体を屋敷に連れ帰って欲しいというメッセージであるという(⑨)。

知人が死ぬ夢を見て、当たることも外れることもあるが(⑩)、この場合話者は、死霊は本当は当該人物を殺すつもりだったが、何らかのかたちで満たされてやめにした(⑪)と解釈する。

死が間近な知人が死に際に別れを言いに来るのは一般的であるという(⑫)。死霊と一緒に動き回る夢をみることもあるという(⑬)。

年長者がよく言う「正夢」については(⑭)、もともとの予測が当たったときにそれを言い出す例が多いという立場をとる(⑮)。それが神からの啓示だとしても「夢」以外の言い方では人には言えないだろう、という考えはオドンゴ主教と同じ考えである(⑯)。

目が覚めると、現実には夢で経験したこととは違うとは言いつつも、「夢」

は現実の一部であるという(⑰)。夢が現実のものとなり逮捕されたこともある(⑱)。夢見から実現まで10年以上かかることもあるという(⑲)。

　文脈とは関係ないが、⑳のようにこの話者はジャシエシの診断に対する信頼とウェレ信仰は維持しており、キリスト教の教えと併存していることがわかる。

　一般には、アドラは「夢」と「現実」との区別を独自のかたちですることが多く、一概に「虚実」の二分法で判断しない。また、「夢」＝眠っているとき、「ヴィジョン」＝起きているとき、のような二分法も不分明である。しかし、以下のような話者もいる。

　　……夢は事実ではありません。ずっと気にしていることが夢に出てきて、それを事実と考えたり、解釈したりするだけのことです。それに実際に問題をたくさん抱えていてそれが夢に出てきたとします。現実にもその不安が的中して結果的に夢が実現することはありますね。アミンがインド人を悪い兆しと夢見て、90日以内に国外退去を命じたことがありましたね。あの有名な宣言が行われたのは、トロロのルボンギ兵舎でのことです。例のACKもそこにいました。その夢が本当かなんて私にはわかりません。しかし、ヴィジョンは、困難に直面しているときに見えやすい、ということはほとんどの人が同意することです。……

　トピックも時事問題を例に出すなど、近代的な関心を前面に出す話者だが、結局「わからない」とし、「困難に直面していると夢を見る」という程度の結論に落ち着いて、現実世界との連関を緩やかながら認める結果となっている。

Ⅲ　まとめと考察

まず、まとめよう。
1. 彼らは儀礼のシンプルさを主張する(「聖書」と「祈り」のみを用いた「ヴィジョン」によると強調する(とくにⅡ.1と2)。水と油のみを治療に用いる(Ⅱ.3))。しかし、2も盥を用いる例外があり、しかも3は草や木製のナイフを用いて悪魔祓いを行う。基本的な「呪詛」の解呪コンポーネントは、チョウォ・ラミ *chowo lami*(「「呪詛」を浄める」)とあまりかわらない。「水と油」を用いると外見的にも似てくる。
2. Ⅱ.1については「憑依」が肯定的に「ヴィジョン」として読みかえられて

第1部

いる。通常は多くの憑依は「霊からのメッセージ」として「死者の要求」を果たすと治癒することが多かった。例外的なものとして、失敗に終わったが「ジャシエシになるように祖先が召命」というパターンがあった（第8章11）。しかし、この場合、「ヴィジョン」というかたちでさまざまな病に対する処方箋が伝えられる。その対象の多くはシココ、キダダなど「ニャパドラ」の「災因」である。

3. Ⅱ1は、「天使」と「聖霊の力」で「ビジョン」を通じて「草の抜き方」を教えてくれる。Ⅱ3は、ラブキを「力」ではなく「草」の代金として根拠づける。

4. ラブキは、「基本的にはただで与えられた力なので不要」だが、教会のためには「治ったらお礼」すればよいとの考え方は共通。受け取ったら「力」は失われるとの考え方も共通している。ジャシエシとの差別化をはかるのはこのあたりだが、せいぜい前払いではない、額が安いというほどの違いしかないようにも思われる。

5. とくにⅡ2だが、人間は本来無垢なのだが、霊的な成長がうまくいかないために「霊」を刺激して「不幸」を呼び込んでいるとの考えを主張している。しかしこの考え方自体は、Driberg [1936] やそれを踏襲した Hayley [1940, 1947] の「力」の考え方をむしろ裏づけるものであり、目新しいものではない。

6. Ⅱ3は、きわめて重い病を克服した。しかも「ヴィジョン」というより「夢」で「予言」（シエシ）も行う。離婚、母と同居など、ニャパドラの慣習からすると「ジャジュウォキ」とされそうな生活形態である。

7. アドラでは夢の観念は非常に重要である。正夢の観念もあり、死霊との回路とも考えられている。とくにⅡ3で「夢」と「ヴィジョン」との区別が明確でないところを、かなり体系的にすべてヴィジョンとみなし、神の意図を読み解く点に、アドラに支持される基盤があるように思われる。

このように、彼らは、ニャパドラの「災因」を相手にしない既存のキリスト教の受け皿となって勢力を伸ばしていると言えるだろう。ジャシエシを否定しながらも結局はニャパドラの「災因」の解決にこたえることで同じ役割を担っていると言える。しかも、彼らがその教会や「神の力」の根拠を語るときの論理基盤はすべてアドラの「災因論」である。とくに6でまとめたように、離婚したりして落ち着かない、あるいは「子供の夭折」などは、「「呪詛」の結果」と見なされてもおかしくない。かつてならチョウォ・ラミの対象であっただろう

第 9 章　聖霊派教会の指導者たちとの対話

人物が、その条件を逆転させて、「奇跡」として肯定的に提示することに成功しているとも言える。

　むしろ逆に、否定形で語られる彼らの描くアドラの文化は、こちらがトピックを誘導的に質問しているとはいっても、「双子」にしろ「ルスワ」にしろ、当該文化の本質を浮かび上がらせる結果になったと考えられる。そういう意味では、ウガンダのテソの間で勢力を広げる PAG（Pentecostal Assemblies of God）とカリスマ派（Catholic Charismatic Renewal Movement）の調査をした長島［2007］が、「文化は悪魔」としたのは、出発点としては適切だったであろう。つまり、彼らはそれまでの文化を「悪魔」と見なしつつも、逆転したかたちでその実践や教義の内部に取り組まざるを得ないのだ。もともとキリスト教の「悪魔」は堕天使であり、神の論理をすべて知った上で闘争をいどんだ存在であることを思いおこせば、ポジとネガのたとえを例に出すまでもなく、彼らが否定形で語るアドラ文化が本質を鋭く突いていることも納得がいくであろう。

　本章では、第 2 章の話者とは立場の若干異なる特定個人との対話を詳しく見ていくことで、これまで見てきた観念についての見解が、第 2 章の話者とは異なった特定個人の中でいかに理解されているのか、またそれが、その概念を共有していない外部の人間に対してどのように語られるのかを紹介してきた。言及される概念が同じであっても、立場の違いによって同じ観念に関する理解が異なってくる点にも注目する必要があるのは当然である。言うまでもないことだが、他の諸社会と同じく、アドラ社会も決して一枚岩ではないのである[4]。

---

[4] いわゆる「ニャパドラ」（アドラ流の）霊の諸観念を語ってくれた老人の 1 人は、イギリス軍の一員としてミャンマー戦線で日本軍と戦ったというし、海外経験のあるアドラ人は少なくない。後に見るアディオマ Adioma Okoth（1932-2012）のように、現在は隠棲しているような老人でもある時期には活発に海外に出ていた例もあるのである。

第 2 部

第10章　葬儀の語られ方

I　はじめに

　本章の目的は、アドラの葬儀の一部についての概略をテキストに注釈を加えるかたちで紹介することにある。このテキストは、もともとは本書第2章で扱ったテキストにそのまま続くものである。

　資料とするテキストの中心的な話題は、いわゆる「葬送儀礼」(カリエリ *kalieli*)だが、ガンダ語を用いてルンベ *lumbe* と言い習わされている最終葬送儀礼ジョウォ・マサンジャ *jowo masanja* や、特に社会的に重要な位置にあった人物に対して行われるオケロ *okelo* 儀礼[1]については、触れられておらず、埋葬儀礼イキ

---

[1] オケロ *okelo* 儀礼は、クランや民族を守るための戦いで際立った武勲をあげた死者、あるいは文化的に民族に大きな貢献をした死者の功績をたたえるための儀式である。ドラムが打ち鳴らされ、歌と踊りが供される。オケロの太鼓を鳴らすときには、戦いと戦術や武術のシンボルとして、太鼓のかたわらに槍を置いておく決まりになっている。
　1人の女が戦勝のしるしとして頭に角をつけて踊る。これは勝ち戦で戦士を送り出す際に行われていたことである。太鼓の叩き手は、死者のクランから専門家が選ばれる。
　いばらのある木の叢は戦士の勇猛さを象徴する。その叢の近くの沼地で雄牛が供犠される。まず、屋敷のある場所から会場となる沼地まで、「戦士だった死者の魂を再び戦地へ連れ戻す」(コジュウォコ・オケロ *kojwoko okello*)と呼ばれる踊りを踊りながら、向かう。
　オケロ儀礼には、以下のものが必要である。
1. 2頭の牛、雄牛と雌の子牛の犠牲獣。
2. 小屋の中心となる柱に供犠するための雄鶏。
3. 2羽の黒い雛。これは霊を沼地に連れて行くときに用いられる。
4. 2羽の白い雛。これはオケロ奏者への謝礼として用意される。
5. 太鼓を乾燥させる(ソロ・ブリ *tholo buli*)ために2羽の雛。
6. この儀礼を取り仕切るオケウォに捧げる鶏を1羽。
7. アンテロープの角1組(トゥンギ・ラゴット *tungi ragot*)。
8. 楯と槍(クゥオット・ギ・トンギ *kwot gi tongi*)。
9. カバの顎(ラク・ラウィ *lak rawi*)。
10. バナナの葉で作った着物1揃い(ニインジャ *nyinja*)。
　コンゴが用意され、2つのオケロが演奏される(ニンシンディ・オケロ *nyinthidhi okelo*)。フンボ、ムレゲ(*mulege*)アンクル・ベル、そしてテケも演奏される。

第2部

ロキ yikiroki とリエド儀礼 liedo（別名ピド pido）、ジョウォ・ブル儀礼 jowo buru についての言及が中心である。

コイ＝カタンディ・クラン Koi-Katandi clan のオケッチ・ダンバによると、人間は3つの世界を生きるとアドラ人は考えているという。1つ目が「子宮」（イイミニ・ジョ iymini jo）であり、次が「この世」（イピイニイ ipynyi）、そして「永遠の霊の世界」（クウォ・マ・キルミ kwo ma kirumi）である。人間の死は、この第2の世界から第3の世界への移行であるという。「埋葬」（イキロキ yikiroki）は段階的に行われるこの移行の最初の1段階であり、それに続くリエド、ジョウォ・ブルは、いわゆる移行期間とみていい。

Ⅱ　テキスト

1　埋葬（イキロキ yikiroki）

「……人が死んだら（ダノ・オソ dhano otho）、まず仰向けに寝かせ、すべての関節をまっすぐに伸ばしてから、体を洗い、服を着せる（①）次に、死を知らせるユーヤレイション（ululation）だ（ンドゥリ nduri）。それから、死者が出たということを人々に知らせる太鼓を叩くのだ（ブリ buli）（②）。（写真38）このことを知ったオケウォ okewo（オイのこと）がきて、ブッシュの中へ分け入り、屋敷のなかを照らすために燃やす乾いた丸太（カシック kasik）を探しに行く。この丸太は毎晩、葬式が終わるまでずっと燃やされる（③）（写真39、40）。

Q1：なぜ、ユーヤレイションをしたり、太鼓を叩いたりするのですか。
A1：それは、村の人々に誰かが死んだことを知らせるためだ（④）。……
大人が死んだ場合、パドラ（アドラの場所の意）では、遺体は埋葬の前に

ケノ・イエッチ（keno iyech）という小さなまるい瓢箪に薬草を入れて、死者の精霊を招き、その勇猛さと活力を子孫に伝授し、死者が果たした功績を超えるような偉業が成し遂げられるようにと祈る。同じ沼地で女のためには雌の子牛が供犠されて煮られ、男が雄牛を供犠して焼いて、料理して共食する（この際に雄牛は焼き、雌牛は煮るなどのような対応があるかは不明）。本当に激しい戦闘の時代を生きた戦士に対してしかオケロ儀礼は行われない。それも80歳以上まで生きた長老に対してのみ行われるのが特徴である。逆に、そういった人物のためにオケロ儀礼を執り行わないと、クランの誰かが霊に祟り殺されることになる。その不幸はオケロ儀礼の執行が満足されるまで続く。もしオケロ儀礼を行う経済的余裕がない場合は、子牛を手に入れ、それが雄牛になったら、儀礼の執行を行うからと約束する呪文を唱える。

第 10 章　葬儀の語られ方

写真 38　ブリを鳴らす

写真 39　ピド喪をしるしづける丸太（カシック）

写真 40　集まってくる参列者（手前に丸太も見える）

　2 日間小屋の中で安置されるが、子供[2]の場合は 1 日と決まっている。親族たちは葬儀に使う白いシーツ[3]を持ち寄り、死者が大人であれば姻戚たちも毛布とシーツを持ち寄ることになっている。既婚の娘たちは山羊を持ってくるし、まだ花嫁代償を支払っていない者は、父親の埋葬儀礼のために牛を買って持ってくる義務がある。実の息子たちも父を失った場合、同じようにしなければならない。故人が牛を残して亡くなった場合には、その牛を屠ることもできる（⑤）。パドラには 53 の異なったクランがあり、特に埋葬の作法についてはちがった文化を持っている。埋葬の折に、頭を向ける方向がクランにより異なっているのだ。また、男は左側が下を向くようにし、女は右側が下に向くよ

2　子供（ニャシ nyathi）は 17 歳ぐらいまで、つまり成人は 18 歳から。
3　シーツは遺体を包むだけでなく、墓穴に棺を吊り下げる際にも使用される。

419

うに安置しなければならない。クランによって安置されるときの遺体の頭の向きは、北のものもあれば、南のことも、東のことも西のこともある。コイ・カタンデ (Koi Katande) というクランの場合を例にとると、このクラン出身者を埋葬するときは西 (ポド・チェン *podho cheng*) 向き。オルウァ・デンバ (Oruwa-Demba) クランの場合には東 (ウォキ・チェン *woki cheng*) で、ビランガ・オウィニィ (Biranga-Owiny) の場合には北 (ヨ・マロ *yo malo*)、ゲミ・クランの場合には南 (*Samia*) に向けなければならない (⑥)。……」

【解説】
　埋葬儀礼は、死者の屋敷で執り行われる。カンパラなど町で仕事を得て、町での生活が常態となっても、出身の村には屋敷を建てるのがふつうで、週末や休暇中のみ村に帰省する二重生活を送る者も、村の屋敷に埋葬される。病院で死亡しても、遺体は速やかに搬送されて埋葬される。霊の祟りによる攻撃はムウォンジョ *mwonjo* と言う。ムウォンジョを招かないためにも細心の注意を払ってそれぞれの儀礼が執り行われる。
　まずは、女たちの手で遺体 (リエル *liel*) をミスミヤ・ペンディ *misumiya pendi* (腐ったバナナの茎) とバナナの絞り汁で洗い浄め、盛装させる (①)。この一連の流れは、「遺体を洗い浄めること」(ルウォコ・リエル *lwoko liel*) および「遺体に衣服を着せること」(トゥエヨ・リエル *tweyo liel*)、「遺体埋葬」(イコ・リエル *yiko liel*) からなる。この間、太鼓が叩かれ、近親の女たちのユーヤレイションがこだまし、近隣の人々に死が伝えられる (②)。このとき叩かれる太鼓は、アドラで一般的なロングドラム (フンボ *fumbo*) ではなく、ブリ *buli* と呼ばれる銅の短いものである。太鼓の音色は、その場の雰囲気や感情をかなり細かく伝えることができる。ゴヨ・フンボ・イカリエリ *goyo fumbo ikaliel* と言い、老人が死んだときには、埋葬前にフンボ演奏が欠かせなかったと言う古老に出会ったが、現在では非常に珍しい部類であると口をそろえた。
　儀礼執行責任者としてのオケウォの最初の仕事は、適当な乾いた丸太 (カシック) を探しに行くことである。丸太は、葬送儀礼の間中絶やさず燃やされる (③)。途中で消えたりすると、何らかの霊のメッセージが取り沙汰される可能性がある。
　「死」の知らせを受けて立場に応じた対応が期待される (④)。死者が大人の場合には、姻族も含め親族が毛布とシーツを持ち寄る。婚出した娘たちは山羊を、

第 10 章　葬儀の語られ方

息子たちは牛を持ちよる。広く義理の息子も含め息子（要するに死者の次世代の男子）の義務は、牛を準備することである。テキストにあるように死者が牛を残して死んだ場合にはその遺産で代用してよい（⑤）。かつては雄牛を屠り、その革で遺体を包み埋葬したとの伝承もある。牛を供する側である親族は、この料理は食べないことになっていた。

　オケウォのリーダーシップのもとで、地域の議長、クラン・リーダーなどと相談しながら、埋葬の日程が決定され、発表される。死者の宗教に合わせて牧師などが呼ばれ、棺が注文され、墓を掘る労働者、「アジョレ」 ajore を演奏する楽団、ジョンディジョ jondijo が手配される。楽団は普通、ロングドラム（フンボ）と弦楽器トンゴリ tongol、そして打楽器テケ teke から構成されている（写真46）。

　集まってくる参列者の居場所をつくるために、テントやブルーシートを張ったりして日陰（キガンゴ kigango）をつくり、バナナの葉を敷き詰める。男は椅子に腰掛ける慣例になっているので、近隣からできるだけ多くの椅子をかき集めてくる必要がある。この間、女たちは遺体のもとにつきそうことが期待される。これをニンディ・カリエリ nindi kalieli と言う（写真44、45）。

　埋葬当日、参列者が盛装して集まってくる（写真40）。彼らにはペサ・マ・カリエリ pesa ma kalieli（ガンダ語ではマブゴ mabugo）をおさめることが期待されている[4]。会計担当が決められ、おおむね2〜3種類の記帳所が設けられる。ノノ（nono：クラン関係）、モニ（moni：おつきあいのある人）、オリ（ori：姻族。忌避関係）の3種類である。ノートに名前と受け取った金額を記帳する。棺が町や近所のトレーディング・センターの大工から届けられ、屋敷の片隅には、墓穴が掘られ、昼前の儀式を待つ（写真50）。墓穴を掘る作業は葬儀に参列しない近隣の者に依頼される。楽団が到着すると、数回、楽団の演奏するアジョレに合わせて女たちが踊る[5]（写真48）。地方行政職議長の開会の式辞、クランの代表者の式辞、姻族の式辞、職場関係など社交上の関係者式辞、選ばれた長老によるバイオグラフィ朗読、死者の信仰していた各派教会のサーヴィスへと続く。

　遺体は弔問客との対面の際はベッドやマットレスに仰向けに横たえられている（写真45、46）。納棺の際には男なら右側を下に、女なら左側を下にして棺に納

---

[4] 1997年の調査開始時には500シリングが相場だったが、2006年には1000シリング、2012年には5000シリングとなるなど、インフレを反映して高騰している。
[5] 歌詞は村により、楽団により若干の差があるが、「兄弟たちよ、母よ」など親族を呼びながら、友人の戦死を悲しみ、死とその傷みを呪う歌詞が歌われる。アジョレは隣接するテソの言語では「軍人」をあらわす。

第 2 部

写真 41　酒を飲んで歌を演奏する

写真 42　ンダラという楽器を演奏する

写真 43　時事を歌い込んだ歌を演奏する楽団

写真 44　遺体を守る遺族の女性たち

写真 45　「最後の敬意」を表するため遺体と対面する

写真 46　アジョレを演奏する楽団（ジョンディジョ）

422

めることになっている。これは、ベッドで夫婦が寝ているのと同じ格好（*ngeri ma nyichwo nindo gi dhako ikanindo par jo*）である。毛布にくるまれて棺に納められた遺体は親族の男たちの手で小屋から運びだされる（写真49）。あらかじめ屋敷の庭の適当な場所に棺を安置し、その前でミサを行ってから埋葬する場合もある（写真52）。墓穴の中で遺体が頭を向ける方角は、死者の属するクランがどの方角からパドラに入ったかによって決められており、その方角に遺体の頭部が向くように埋葬する（⑥）[6]。ウィロ・ジュマトウォ *wiro jumatwo*（墓穴に対する最後の祝福）の後、シーツを結びつけて紐状にして棺を墓穴に下ろす。神父や牧師などにより祈りが捧げられたのちに、参列者が一掴みずつ土塊を墓穴にふりかける。ひとしきりすると、墓穴を掘るために雇われた人々が鍬などの農具を使って棺の上に土砂をかぶせ、墓穴を埋める。埋葬が済むと墓穴を守るべき近親者を残して近隣の人々は三々五々帰宅する。

2　リエド *liedo* 儀礼

「……また、アドラでは、親族に死者が出ると、頭髪を剃る習慣がある（①）。これをリエドと言う。

---

[6] ただし、伝承上の移住が史実かどうかという点には疑問の余地がある。たとえば、1942年にクラン・リーダーを創設して分裂したオルワ・デンバ（Oruwa-Demba）とオルワ・ラパ（Oruwa-Lapa）は、デンバが東、ラパは正反対の西に頭を向けることになっている。以下 Oboth-Ofumbi [1960] にもとづいてそれぞれのクランのクラン・リーダー創設年をわかっている範囲で紹介する。アゴヤ Agoya は北の方角、クラン・リーダー創設は1945年。アモリ・カグル・アドゥンド Amor Kakuru Adundo は方角は西で同じく1945年。アモリ・キジュワラ Amor Kijwala は西1947年。アモリ・オラム Amor Olam は西で1938年。アモリ・パ・ティキディエギ Amor pa Tikidiegi は北で、1936年。アモリ・ムグル・カセデ Amor Mugulu Kasede は西で1954年。ベンド Bendo は東で1923年。ビランガ・ララガン Biranga Raragang は東で1945年。ジェップ＝オドウィ Jep-Odwi は北で1945年。カソワ Kathowa は西で1945年。コッチ Koch は北で1908年（カクングルの外圧力から創設されたため非常に早期の創設）。コイ Koi 西で1941年。コヨ Koyo は西で1939年。ロリ Loli は西で1937年。モルワ・グマ Morwa guma は東で1945年。モルワ・スレ Morwa Sule は方角はおそらく東で1935年。ナム Nam は東、創設年未詳。ニャケノ Nyakeno は東で1953年。ニャポロ・オランギ Nyapolo Orangi は西で1945年。ニャポロ・オグレ NyapoloOgule は西で1941年。ニイレンジャ Nirenja は西で1933年。ジョデ Jode は西で1953年（Appemdix II の6. デ・ムブルク Dde-Mbuluku に対応、いわゆるトーテムがムブルクなので、公式名としたと考えられる）。オジライ・ディブウォロ・パ・アラック Ojilai Dibworo pa Arak は東で1933年。オジライ・ディブウォロ・パ・クウォム Ojilai Dibworo pa Kwom は東で1933年。オルワ・デンバ Orwa Demba は東で1942年。オルワ・ラパ Oruwa Lapa は西で1942年。ラモギ Ramogi は西で1940年。ゲンベ Gembe は西で1945年。

第 2 部

写真 47　泣き悲しみながらも撮影のために道を空ける遺族

写真 48　アジョレを踊る

写真 49　出棺のとき

写真 50　準備された墓穴

Q2：リエドとは何ですか。

A2：死者が出ると、親族は死者が男なら 3 日間、女なら 4 日間の間、水浴びを控えることになっている（②）。その間は、死者が出てしまったというまちがい、あるいは不幸のことを考え、そのようなことが 2 度と屋敷に起こらないようにという祈願をこめて、女の手によって頭髪や身体に灰をふりかける（③）。リエドの日に集まったクランのメンバーと近隣の人々の前で、死者の屋敷の人々はオケウォの先導で水辺に行き、死者が出た日から振りかけられてきた砂や灰を洗い流し、髪の毛を剃りあげるのだ。アドラの人々は、人間が死に、埋葬されるとはじめに頭から頭髪が抜け落ちると信じているので（④）、その親族も同じように髪の毛を剃ることになっている。その日をリエドと呼んでいる（⑤）。

Q3：リエドの日には何が行われるのですか。

A3：死者の屋敷の人々が、そのクランの歌を歌いつぐオケウォに伴われて水

第10章　葬儀の語られ方

辺に行き水浴びをするのだ（⑥）。帰ってくるときには、歌い、太鼓を打ち鳴らしながら走って帰ってくる。オケウォは、屋敷に残った者が水浴びをするための水を汲んで持ってくる。オケウォは、1本の棒を持って後からついてくる。屋敷に着くと、死者の小屋を死者が男なら3回、女なら4回練って回る（⑦）。その間オケウォは水浴びから帰った親族を屋敷まで送り届けると入口のところにとどまり、棒を持って立っている（⑧）。クランの歌を歌いながら親族が水浴びをしている間、クウォン *kwon*[7]や鶏、肉が調理されているが、これは「誰かに食べることを教えるための食事」として知られている。これは小屋の中で食べる決まりになっていて、食べ物をのせたバナナの葉や骨も外へ持ち出してはならない、残飯もその場にしばらくの間捨てずに置いておかなければならないことになっている（⑨）。食事が済むと、墓のあるところに皆出て行き、遺体の頭に当たるところに向かって座り、親族の頭髪を剃り上げる（⑩）。……」

【解説】
死者の屋敷と近所の水場を舞台として、オケウォの指揮で親族たちが参加して行われるリエド儀礼の本質は、基本的には死の発生以来近親者を縛ってきたさまざまな禁忌からの解放であり、喪明けである。決められた服喪期間（②）、親族は女たちによりたびたびかがり火の灰で浄められる。親族は水浴びや清掃の他、さまざまな禁忌を守っている。その終わりを印づけるために、髪を剃るのである（①、⑤、⑩）。道具立てとしては、服喪期間中の灰と、それを洗い流す水浴び、それに続く共食と、そして剃り上げられる髪が象徴的意味を持つ。髪の毛が遺体から抜け落ちるさま（④）を模倣している、と解釈される。親族たちはオケウォの先導でクランの歌を歌いながら水辺に行き、水浴びをし（⑥）、灰を洗い流すのである。この灰は一般には、死の不浄から身を守る効果があるとされる。すでに触れたように、葬式のときに灰を体に塗るせいか、ジャジュウォキも裸で踊るときに灰を体に塗る、とも言われている。この問題は、分析的に深めることができそうな気もするが、本書では難しいので、指摘するにとどめておく。

さて、親族たちが灰を洗い流しているその間、遺体の脇にも必ず近しい親族が残って帰宅後の食事の準備をするが、遺体を守る意味合いもつよい。かつて

7　シコクビエ（カル *kal*）を湯でこねた主食。

第2部

は肉食獣に遺体を食べられてしまった例もあったようだし、なによりジャジュウォキ jajwok（ここでは妖術師？）に遺体を盗まれないように見張っていなければならない。水浴びを終えて走って屋敷に帰ってきた親族たちは死者の小屋を男なら3回、女なら4回列をなして回る（⑦）。その間、絶え間なく歌が歌われ、太鼓が打ち鳴らされている。オケウォは入り口で棒を持って屋敷を守護している（⑧）。

あらかじめ準備されていた料理をバナナの葉に乗せて死者の小屋の中で共食する。食事は持ち出してはならず、骨などの残飯も小屋の中に置いておかなければならない（⑨）。この食事は死者との最後の共食であると考えられるが、持ち出しの禁止と残飯の遺留は、おそらく死をもたらした「何か」が他に波及するのを嫌うためであろう。

食事が済むと、墓の遺体の頭部に見当をつけて親族が向い、髪を剃る（⑩）。剃刀は伝統的には、ベンド・クランなど鉄器製造に定評のある人々がつくったリルウェゴ lilwego を用いる。この際、寡婦（チト chitho あるいはチリエンディ・ジャソ chiliendi jatho）は、頭頂部の髪を少し残す。このことによってクランの男たちにとっては、彼女が花嫁代償なしに相続できる立場にあることが示される。近年では髪の毛を剃ることはぜずに、額のうぶ毛を少し刈り込むだけで「剃ったことにする」ことも多い。

リエド／ピドについて、別のテキストから補足説明をしよう。

「死者が女ならば4日間、死者が男ならば3日間、埋葬後に見守る期間がある。それが、ピドである。悲しみを表現するためと魔よけの意味があって、体に丸太の灰を塗りたくって過ごすのがならいである。ピドの終わりには、オケウォの先導により、遺族と親族たちが泉や湧水、あるいは沼地に連れて行かれる。そこで水浴びをし、近親者を失った悲しみの表現として髪の毛を剃る。それまでは、彼らは水浴びをしないことになっている。家畜の放牧も、搾乳も控える。家畜も喪に服している、と考える人もいたようだ。その日初めて参列者は、遺体が野獣に食われたり、ウィッチに盗まれたりしないように見張る数人の親族と近隣の人々を残して、めいめい自宅に帰っていいことになる。

この日は、死者が残した財産と、何がこの死をもたらしたのかその原因が公に明らかにされることが期待されている日でもある。遺族たちは流した涙の分だけ自分たちを慰め、その人を失ったことがふつうの死で、何か邪悪な原因によるものではないとして、納得しなければならない。」

3 ムシカ musika とムクザ mukuza の指名

「……それが済むと、クラン・リーダーとクランの成員そして近隣の人々が集まり、何が死をもたらしたのかを話し合うのだ。誰かがいかに死んだか、つまり闘病した期間、生没年を公表するとともに（①）、土地や妻あるいは夫、子どもたち、牛、山羊などの個人的な遺産について説明する（②）。家族、あるいは子どもたちは死者が男なら男のムシカ musika（後継者）を、死者が女なら女のムシカを1人選び出し、遺産を相続させるのである（③）。

Q4：もし死者が未婚だったら、誰が後継者になるのですか。

A4：その場合は、死者が男なら兄弟が、女なら姉妹がムシカに選ばれる（④）。結婚していても子供が生まれていなかった場合には、死者が男の場合兄弟の息子、女の場合には姉妹の娘が後継者になる（⑤）。死者が既婚の男であっても娘しかいない場合には兄弟の息子が後継者となるし、既婚の女に息子しかいない場合には僚妻が後継者となる。

Q5：死者に兄弟も姉妹もいなかったら、どうなるのですか。

A5：クランの成員から1人後継者が選ばれる。

Q6：どうやって選ぶのですか。（⑥）

A6：クランの責任で選んだ後継者候補を、後継者のためにあつらえた椅子に座らせ、死者の用いていた槍と杖、あれば盾やその他死者が残した品を持たせるのだ。これは誰が後継者となっても同じことである。これらの品がオケウォの1人の手から後継者に渡され、クランの前で、死者がそうであったようにそのあとを継ぐこと、死者がしていたのと同様人々に尽くすことを誓う（⑦）。

Q7：どうして後継者が必要なのですか。

A7：死者が残した財産や、逆に残した負債の責任を持つためと[8]、死者に対して負債をもつものがそれを返済することができるようにするためである。後継者は兄弟の花嫁代償を支払う義務があるし、兄弟に土地を分け与える義務もあるのだ（⑧）。

Q8：死者の財産を管理できるのはムシカだけなのですか。

---

[8] さりげなく述べられているが、現在のパドラでは、花嫁代償を完済できず、伝統的な結婚式を執り行えないままに死んでいく者がほとんどである。逆に言うと、子供は生まれながらにして親の負債を引き継ぐことが想定されているのである。わずかな現金収入があってもあっという間にどこかへ行ってしまう一因はここにある。村のあちこちに取り立て人がおり、しかもそれが、父の姻族、祖父の姻族という具合なのである。

第 2 部

A8：独断ではどうこうできない。ムクザ mukuza といわれる相談役と合議しながら管理することになっている。(⑨)
Q9：それは、どういう人なのですか。
A9：死者の兄弟か姉妹であることが多いね。
Q10：どんなことをするのですか。
A10：後継者と手を取り合って死者の屋敷を盛り立てることだ。死者の妻、幼い子供の面倒を見るし、土地の管理もする。後継者を意味する椅子や槍がないだけで、することは後継者と変わりはない（⑩）。ムシカとムクザは、そろってオケウォに誓いをささげ、屋敷のために必要なものを購入するための小額の資金を与えられる（⑪）。オケウォが人々に誓いをささげたあと、クランの代表者もまたオケウォに誓いをささげ、鶏を購入するための資金を提供する。クランの年長者たちが訪ねてきたときに屠って歓待するための雌鳥を購入するのである（⑫）。誓いが済むと、オケウォはムシカとムクザを死者の小屋の中へ導き、食事を与える。外にいる人々にも食事がふるまわれ、祝福して共食する（⑬）。その後解散となる（⑭）。屋敷の者と親族は、灰を取り除く日までそこにとどまり、屋外に寝るきまりである。その日にはコンゴがふるまわれ、ピドの終りが宣言される（⑮）。この役目を果たしたオケウォは、すべての行事が終わって屋敷に帰るとき、雌鳥かお金をもらうことができる（⑯）。
Q11：もしオケウォが行事のあとにお金も雌鳥ももらえなかったらどうなりますか。
A11：そんなことがあれば、不幸が人々を襲うだろう。それはとんでもないことだ（⑰）。……」

【解説】
　リエドが済むと、続けて親族会議が開催される。公式的な原因説明（①）と遺品整理（②）、そして相続（③）が焦点となる。①は、この地域では多くの場合、死亡確認に医師は介在しないので、遺族やコミュニティが納得するためにも非常に重要である。遺品整理の過程で借金などの「負の遺産」が表面化することがあるが、それらもすべて相続の対象となっている。⑧で指摘されるように、花嫁代償や負債の返済などの義務をも負うことになる。相続人ムシカの指名にあたっては、介在する性の原理と親子ないし世代原理のうち、性の原理が優先されることが明らかになっている（③、④、⑤）。死者と同性のムシカを選ぶわけ

428

である。

　Q5 では、兄弟姉妹がいない場合にムシカを選ぶ基準について質問したが、明確な回答が得られなかった。上記の原則とこれまでの観察から考えると、親族の中で最も関係の近い次世代の同性メンバーから選出されることが想像される。

　また選出されたムシカが正式に就任する際の儀礼の様子が A6（⑦）で示されている。椅子に座り、槍、杖、盾などのレガリアをもちいた宣誓儀礼は、クラン・リーダーなどの就任式とほぼ同じ形式である。後見人としてムクザが任命され、レガリアがないだけで同様の儀礼を経て補佐役としてその後共同作業を行うことが確認される（⑨、⑩）。

　屋敷のために初めての共同作業を行い（⑪）、代表者を通じて、いつでもクランのメンバーが訪れてもいいようにあらかじめ接待用の鶏を準備させる（⑫）。最後はオケウォがホスト役をつとめ、死者の小屋での最後の共食が行われる。今後の屋敷の運営体制が整ったことを祝福し、共食する（⑬）。その後、屋敷の者、親族を残し、クランの構成員、そして近隣の人々は解散となる（⑭）。だいたい 1 ヶ月後にオケウォによって「灰を集める」儀礼が執り行われ、ピドの終わりが宣言されると（⑮）、オケウォは雌鳥か現金を報奨として受けとり、帰宅する（⑯）。この間の儀礼の執行に関わるオケウォの役割は非常に重いもので、その労には充分に報われるべきであるとされる。オケウォをないがしろにしたりすれば、それが不幸の原因と考えられるようにもなる（⑰）。

4　喪の禁忌と喪明け

　　「……パドラで人が死んだときに行ってはならないことは、まだいくつかある。たとえば、耕作だ。死者の家族は、埋葬のあとコンゴかムウェンゲ[9]を飲まないうちは、畑を耕してはならない（①）。農繁期で、先延ばしできない仕事がたくさんあるときには、少量のコンゴなどを鍬に振りかけて畑に持っていく許しを乞う。
　Q12：タンガ *tanga*[10] とは何ですか。
　A12：それは、炒っていないシコクビエを粉にして水と混ぜたもので、埋葬の

---

[9] バナナからつくる醸造酒。
[10] タンガの由来はよくわかっていないが、外来の白人にまつわることであるという認識は共有されている。白人の名前だという説もあったが確認できなかった。この場合には、白人はピドをしないので、その名がついたと推測される。ほかにも、ンゲレザ Ngereza という名前をもつ人物には何人か遭遇したが、この名は、カトリックを意味するワ・フランサに対するプロテスタントを意味するワ・イングレザの転化である。

第 2 部

日のあと、これを耕作用の鍬にふりかければ、家族が畑を耕しに出てもよいのだ（②）。

Q13：どうしてタンガをしないで耕作してはいけないのですか。

A13：家族の1員が死んだのだ。残された家族がその喪失感で幸せではないのは当たり前のことだろう。畑に行って何か仕事をするような気にはならないのは当たり前のことだよ（③）。畑仕事だけではない。牛の乳搾りだってしない。埋葬儀礼がすべて済むまで仔牛は親の乳を飲み放題だ（④）。

Q14：なぜ死人が出たからといって乳搾りもしないのですか。

A14：屋敷で死人が出たら誰1人として元気が出ない。何もする気が起きないのだ（⑤）。ここパドラでは、ニイレンジャ Niirenja[11]・クランのように、牛をトーテム kwero のようにして非常に大切にするクランもある。そうでなくとも人々は牛を大切にしている。人が死んだら搾乳などできるものではない。あまりに大切なのでときに憎らしくなるほどだ（⑥）。これ以外にも、遺体を安置していた小屋だけでなく、他の小屋掃き掃除も、通常はリエドの日に行うことになっている。リエドの日に、オケウォや姪に命じて小屋と屋敷の中を掃き清めるのだ（⑦）。パドラでは、家族のなかに死者が出ると埋葬儀礼が終わるまでは悲しみの時間である。したがって屋敷の中を清掃したり、服を着替えたりする余裕はないし、靴も履かず、水浴びもしない、それがパドラの文化なのだ（⑧）。また、既婚者が亡くなったとき、つまり父または母が亡くなったときには、その息子や娘は、儀礼の義務をすべて果たすまで自分たちの小屋に戻るべきではないと考えられている。たとえば、娘の夫は儀礼で屠る山羊を持ってこなければならないし、息子もそうである。そうでなくては、自分たちのベッドのある小屋で眠ることは許されないのだ（⑨）。自分の親の名誉を文化的に尊重する行事のすべてが滞りなく行われ、宴会が終了してはじめて、すべてが成功裡に終わることになるのだ。もし、娘がこれらの義務を果たさずに家路につくと、当然のことだが、母屋には入れず、キッチンの小屋で眠る羽目になる。夫はその気にならないはずだが、無理にでも性交渉を持とうものなら、死者の霊に襲われることだろう（⑩）。

---

11 アドラの53のクランのうち、ムランダを拠点とするクラン。1説によるとソガ由来とも言われるが、その説を唱える Ogot はオボス＝オフンビ [Oboth-Ofumbi 1960] の歴史記述の無根拠性について批判するが、ニイレンジャがソガ由来であるという証拠を示していない [Ogot 1967a: 21-22]。

第 10 章　葬儀の語られ方

Q15：ムコラを返す、とは何ですか。
A15：結婚した娘が嫁ぎ先に行き、牛肉、鶏、コンゴなどを整えて死者が横たわる小屋で食べるのだ。ビールを飲み、それが終わると帰ることが許される。もし、父母の屋敷から遠くに嫁に行っている場合には、シコクビエの粉、雌鳥を持ってきて肉を買い、父母の屋敷で調理して食べる（⑪）。

Q16：コンゴとムウェンゲで鍬を畑へ持って行けるようにするというお話でした。どのようにするのですか。
A16：このムウェンゲは、埋葬があったとき、時間を短縮し、老人と老婆が無事に帰りつくためにもつくられるものだ。酔うと、死んでしまった人のことも悲しみも忘れてしまい、ゆったりと自由な感じになる。飲み始める前に、祝福を意味するユーヤレイションが行われ、朝から飲み始められる。コンゴについても同様だ。どちらかをほんの少し墓と鍬に注げば、家族の成員は畑に行ってもいいことになっている（⑫）。

Q17：どうして墓に少し注ぐのですか。
A17：アドラの信仰では、家族の死んだ成員は、目には見えないけれども家族とともにとどまっていると考える。だから墓にコンゴやムウェンゲを注いで生者とともに幸せな気持ちになってもらおうとするのだ（⑬）。

Q18：なぜ、コンゴやムウェンゲを飲むのは朝早くでなければならないのですか。
A18：人々は鬱々たる心境で眠りにつき、重苦しい考えに支配されていた。これからは楽しむのだ、という気持ちで朝早く飲むのだ。また、人々が外で眠っていてどこへも行けなかったから朝早く飲む、ということもあるね（⑭）。

Q19：だれがお酒を用意するのですか。
A19：家族の成員と近隣の人々によって、飲む日を見て用意される。実際には、オケウォがこれらのことをすべて取り仕切り、全員に配る役目を果たす。コンゴのためのお湯を沸かすのもオケウォの役目だ。屋敷の中で、朝飲むのだ（⑮）。コンゴとムウェンゲを飲み終わると、人々は畑へ出てもいいし、結婚しているものは帰って通常の生活に戻っていい（⑯）……。」

【解説】
　喪の期間中には、耕作など農作業が禁じられている（①）が、農具にタンガのまじないをすれば、耕作してもよい、という例外規定がある（②）。また、搾乳

も禁じられている（④）。⑥のように、もと牧畜民であるアドラにとっては、儀礼的な価値も含めて、牛の大切さについては言い足りないことがたくさんあるようである。ただし、この禁忌の理由については、死による意気消沈などという心理学的な説明にとどまり（③、⑤）、説得的な説明を与えてはくれない。

　それだけではなく、水浴びも着替えもせず、靴も履かない（⑧）、また自宅に帰って眠ってはならない（⑨）、セックスを行ってはならないなど（⑩）、禁止事項について再確認し、それらがリエドの日に終わることが述べられている（⑦）。

　Q15とA15では「ムコラを返す」ことについて述べられている。これは、嫁に行った娘の義務であり、本来は嫁入り先で料理をあつらえて死者の小屋で共食するものであるが、遠方への嫁入りが増えて近年簡略化されていることに触れている。

　コンゴやムウェンゲなど酒の心理的な意味についても解釈しつつ、墓と鍬に酒を捧げる、という例外規定についても繰り返し言及される（⑫）。また、飲んでいるときには死者と共にそれを飲んでいるという認識も語られるが（⑬）、平素とは異なり朝から飲む、いわゆる「象徴的逆転」の意味についてはあまり考えたことはないようだ（⑭）。なお、これらの宴においても酒の準備と分配にかかわるオケウォの果たす重い役割が再度確認される（⑮）。すでに述べたリエドの後、この酒を飲んではじめて参列者の帰宅が許されるのである（⑯）。

5　ジョウォ・ブル jowo buru 儀礼

　「Q20：「灰を集める」（ジョウォ・ブル jowo buru）についてお話しされました。それはどういうものですか。

　A20：人が死ぬと、人々が集まった死者の屋敷の中では葬送儀礼の間中、焚き火がともされている。これは料理のためではなくて葬儀に集まった人々が暖をとるためのものだ。前にも言ったとおり、死者が出た日にオケウォがブッシュに入り、乾いた丸太を探してきて火をおこすのだ（①）。埋葬儀礼のあと雌鳥をもらったオケウォは、その丸太に雌鳥を打ちつけて殺し、焼いて食べる（②）。この火は「灰を集める」日までずっと燃やされる。オケウォはシコクビエをあつらえて粉にし、それを炒ってコンゴをつくる（③）。ふつうそれは土曜日と日曜日に飲まれる。死者の屋敷の門の前に壺が置かれ、人々にも飲んでもらう。日曜日になると、近隣の人々や親族も加わって死者の屋敷でビールを飲む（④）。

　Q21：どこでコンゴをつくるのですか。

第 10 章　葬儀の語られ方

A21：「灰を集める」場合も、最終葬送儀礼（ジョウォ・マサンジャ）とまったく同じようにつくられる。死者の小屋で、3つの小さな壺をつかってつくるのだ（⑤）。

Q22：「灰を集める」とはいったいどのようなことをするのですか？。

A22：死者の屋敷で燃やされていた丸太の灰を集めるのだ。土曜日の夜、コンゴの壺が1つ屋敷に運び込まれ、夜通し飲まれる。これは追加することは許されない（⑥）。人々は陽気に歌い踊る。朝が来る前に、オケウォが屋敷にある灰をかき集める。焼け残った丸太も運び出され、どこか遠くに打ち捨てる。帰ってくるとオケウォは、夜の間に飲み残したコンゴを壺から捨てる（⑦）。コンゴがいっぱいに入った新しい壺が運び込まれ、また飲み始める。これは飲み終わるまでは動かされることがない。オケウォも灰を取り除いた場所に壺を置いて飲みはじめ、鶏が彼に供される（⑧）。近隣の人々が集まってくるまでにオケウォは小屋と屋敷を掃き清める。人々がくるとオケウォはコンゴをふるまい、お湯を注いでもてなす。近隣の人々は終日コンゴを振舞われ、日が暮れて帰るとようやく小屋の扉を閉めて開放感を味わう。日常がまた始まるのだ（⑨）。

Q23：なぜ灰を集めるのですか。

A23：昔は灰を集めず、雨が洗い流すままにしていたらしい。最近は灰をごみと同じように考えて死者のことを忘れるために集めて捨てることにしたのだろう（⑩）。

Q24：もし小さな子が死んでも焚き火をして灰を集めるのですか。

A24：アドラは子どもが死んでも火はおこさないし、喪にも服さない。埋めてしまえばそれまでで、葬送儀礼もしない（⑪）。

Q25：「灰を集め」たあと、死者の小屋に鍵をかけるのはなぜですか。

A25：結婚している者の片方が死んでも小屋に鍵はかけない。両方死んではじめて小屋に鍵をかけるのだ。子どもが小さい場合には、親族とともに暮らすことになる。扉を閉めるのは、恐れもあるし、死霊も怖いということもある。また、彼らは彼らで安らかに過ごしてほしい、ということもあるね（⑫）。これらの死霊は、葬送儀礼の一環として人々が死者の住んでいた小屋を壊すときにどこかへ行くと信じられているのだ（⑬）……。」

【解説】
ジョウォ・ブルには、ネコ・マッチ *nako mach* とネコ・カシック *neko kasik* と

第2部

言う別名がある。

　この儀礼の要諦は、葬儀の間中、屋敷の中で燃やされていた太い丸太の火を、オケウォがムウェンゲ（バナナの酒）を注いで消すことである。オケウォが屋敷を掃き清め、灰を集めて近くの茂みに置く。コンゴが新しく醸されて飲まれる。

　これが行われないと、死者は家族を攻撃する、いわゆる祟り（ムウォンジョ mwonjo）があると考えられている。

　まず「1 埋葬（イキロキ yikiroki）」の③でみた、オケウォがおこした「丸太」(カシック）の火についての説明を確認する（①）。時系列的には遡るが、オケウォは埋葬が終わった後、雌鳥をもらい、丸太に打ち付けて焼き、食べるという（②）。別のインタヴューによるとジョウォ・ブルの日にも雌鳥がオケウォに与えられ、この雌鳥によってその家族の不幸がすべて祓われるという。灰はオケウォによって取り除れ、ブッシュか辻に捨てられる。このことにより、通りがかりの人に不幸を押しつけるのだ、という説明がなされることもある。オケウォはこの鶏を灰を捨てたあとに食べるのだが、他の者に鶏を分配することは禁忌である。「ミウォロ（エイジメイト）の山羊」(diel miworo)[12]にも、同様の考え方が見られる。リエドのあとの親族会議でのバイオグラフィ朗読は、クランのミウォロ miworo によって行われることになっており、その報酬として山羊が与えられるが、ミウォロにはそれを盗むようなかたちで奪って逃げることが期待されている。この際に親族は奪われないよう抵抗するので、怪我人も出る。山羊には死の原因を作り出した「不幸」が呪的に封じ込められていると考えられている。

　コンゴは「灰を集める」日に飲めるように、埋葬の日からつくりはじめられるが、このコンゴ作成もオケウォの手によることが明らかにされる（③、⑤）。コンゴのつくり方はオケウォが儀礼用につくる場合でも、通常と同じプロセスを経て行われる。まず「粉にひく」（レンゴ・モコ rengo moko）。現在では粉ひき器を用いるが、かつては屋敷の女たちの手で石を用いてひかれた。続いて「粉を発酵させる」（バコ・モコ bako moko）。粉を水と混ぜ、バナナの葉に包んで地面に掘った穴に埋め、5日から7日間おいて発酵をまつ。そして「粉を炒める」（チェロ・モコ chielo moko）。5日から長くて14日目、オケウォの手で埋められてあった粉を取り出して開き、油で炒める。続いて「コンゴを醸す」（ドウォヨ・コンゴ dwoyo kongo）。炒めた粉を天日に干して、大きな壺、ポリタンクあるいはバケツに入れて醸造される（伝統的には、テキストで述べられているように3つの壺を用いる）。この場合に

---

[12] 「ミウォロ（エイジメイト）の山羊」については、第2章参照。

第10章　葬儀の語られ方

は、オケウォが最初にきめられた壺で醸造作業をはじめることになっており、このことが守られないと、予定通りに醸造できなかったり、できが悪くなったりすると言われている。そして飲む当日が、「灰を集めるコンゴを本当に飲む日」(delo ma madho kongo ma jowo buru) という。飲み頃になるまで3日か4日かかるが、3日目のそれをコンゴ・リンゴ kongo lingo といい、4日目のそれをコンゴ・ンドト kongo ndoto という。酒が整って皆で飲む日が儀礼当日ということになる。最短で8日、長ければ17日ほどかかることになる。飲みはじめられるのが土・日であること、追加することなく夜通し飲み続けることにも言及される（④、⑥）。はじめに「柱のコンゴ（コンゴ・マ・ルシロ kongo ma rusiro）」としてオケウォが死者を慰撫し、死者の小屋の柱に注ぎつつ、飲みはじめる。これは深夜からはじめられる。かつては長老のみ参加していたが、現在では若者もこのコンゴをかまわず飲むようになった。朝が来る前にオケウォは灰を捨て、コンゴの飲み残しを処分し（⑦）、焚き火のあった場所に壺を置いてオケウォも飲みはじめる（⑧）。続く「死者の墓前で飲むコンゴ」(コンゴ・マ・ト・ピンウィンジョ kongo ma to pinwinjo) は、壺を墓前に置き、死者が友人を酒に招くさまをイメージして朝飲まれるビールである。土中の遺体の頭部にねらいをつけてビールを注ぎ、死者の安寧を祈願する。屋敷の前にも壺が置かれ、近隣の人も招いての宴になる。夜通しアジョレが歌われ、踊られて（ミエリ・アジョレ miel ajore）、翌日の昼食まで続けられる。終日飲んで客が帰ると、儀礼は終わり、死者の小屋の扉を閉めることができる（⑨）。昔は灰を集めることはなかったらしいこと⑩、子どもの埋葬に際しては服喪や儀礼はないこと⑪などが言及され、夫婦の一方が生きているときには小屋の扉は閉めるが鍵はかけないこと⑫が指摘される。この場合には、死霊は小屋に住んでいるとの認識がうかがわれる。双方が亡くなり、最終葬送儀礼で小屋が破壊されてはじめて、死霊はこの小屋を離れるのである⑬。

III　結論

まとめよう。ここでは4点を指摘するにとどめる。まず、儀礼の中でオケウォの示す特権的地位は明確である。Sharman & Anderson［1967］は、「親族の通常のグルーピングと特定の団結や紛争の外部に存在すると見なされている。つまり、すべての紛争や病を収束させることのできる唯一の存在である。だから、その特別な位置ゆえに、多くの危険を潜在的に持っている儀礼に際して招聘され、

儀礼の執行を補助するのである」[Sharman & Anderson 1967: 199, f. n. 16] と述べる。ここでみた埋葬儀礼は言うまでもなく、たとえば第7章でみた「ワンゴ・ルスワ」でもオケウォの果たす役割は顕著であった。

第2にコンゴを共に飲むことが儀礼の節目に組み込まれていることである。性格の違うコンゴが供され、そのプロセスを経て、死の事実が受容されていく。そのすべてがオケウォによって取り仕切られることは、非常に深い意味がある。逆に言うと、今日コンゴを醸す財力がないものは、儀礼を正しく執行することができないということでもある。ルンベがもっとも顕著であるが、このことは切実な問題として内戦後のこの地域にのしかかっていることは確かである。

第3点として、死者が女でもムシカとムクザが任命される、ということである。父系社会であるアドラにとっては、妻の死を契機として妻方のクランの政治的経済的介入が可能となる。これを決定的な構造的脆弱性に結びつけないためには、寡婦相続と寡夫相続が推奨される。

第4の論点として注目されるのは、オケウォが受け取った鶏や灰には、死の不幸が呪的に封じ込められていると考えられている点である。それに類似したミウォロの山羊の儀礼的意味については、今後の分析が必要である。

双子儀礼など他の儀礼でも表現されるオケウォの儀礼的特権は、アドラの儀礼文化を検討する上で避けて通れない論点である。実際には儀礼の現場は雑然としており、またそれぞれに大きな差異が認められる。その要点を抽出することは非常に困難なものである。本章では、大まかな枠組みを提示するために「テキスト」にもとづいてアドラの人々が認識し語る儀礼の要点を、葬送儀礼の一部に限って確認したことになる。

第11章　あるポストコロニアル・エリートの死
──ウガンダ東部パドラにおける葬儀の記録

I　はじめに

　葬送儀礼は、パドラのあらゆる活動の中で目につく大がかりな仕事の1つである。現地でしばらく滞在していると、近隣では経験的に数多く執り行われていることに気づく。通りをゴマス（*gomasu* ガンダ風の女性用ドレス。ガンダではゴメス *gomesi*）で盛装した女たちが歩いていれば、葬式と考えてほぼ間違いない。

　パドラに滞在中、数多くの埋葬儀礼に出席したが、ここでとりあげるウィルバーフォース・チャールズ・エドワード・カブル・オウォリ（Wilberforce Charles Edward Kaburu Owor, 1927.11.24-2002.11.2）[1]の埋葬儀礼は、その中でも規模が最大のものであった。後に見るバイオグラフィでも了解されるように、彼は中央の警察官僚としてコロニアル／ポストコロニアル時代双方を生き（ウガンダの独立は1962年）、退職後はNGOその他で要職を歴任したこの地域を代表するエリートだった。式次第もきわめて整っており、マイクを使用する司会（M., C: Master of Ceremony）の進行も非常に洗練されたものだった。

　私は幸い、その参列時にずっと録音をし続けていた。その後、ポール・オウォラ（Paul Owora）の協力で、録音資料を逐語的に書きおこし、テキストを作成した。本章では、テキストを追いながら、葬儀の流れを確認したいと思う。テキストは一続きの途切れない録音を起こしたものだが、まとまりごとに解説を付すことで、内容の理解と分析をしやすいように配慮した。

　カブルの遺体は、前日2002年11月3日に入院先のムラゴ病院の4C病棟（Ward4C）からオイ（BS: Brother's Son）[2]にあたるゴドフリー・オティティ・オボス＝オフンビ（Godfrey Yolamu Otiti Oboth-Ofumbi, 1964- ）らが自家用車で運搬してきた。

---

[1]　この人物との生前のかかわりについては第13章を参照。
[2]　オイといっても、Daughter's Sonであるオケウォ（*okewo*）が大きな役割を果たすことは、すでに第10章で示したとおりである。ただし、これらの区別は現在ではなかなか困難になってきている。

第2部

埋葬の予定は14時とゴドフリーからは聞かされていた[3]。

2002年11月4日、9時過ぎに私が会場に到着したときには、屋敷の外れに墓穴が掘られ、棺の準備が進められていた。屋内ではすでにきれいに背広を着せられたカブルは、寝室のベッドに寝かされており、花輪と肖像写真がその上に置かれていた。やがて小屋の外には親族とみられる女たちがたむろするようになっていた。

10時過ぎに埋葬を印づけるジョンディジョ（*jondijo*）[4]が挽歌を奏ではじめ、アジョレ（*ajore*）[5]が歌われた。アジョレは、イテソの言語で、軍隊を意味する。かつて近隣民族との紛争で失われた命を想起するとともに、死という痛み、苦しみとの戦いが、歌い込まれている。地域によって歌詞にヴァリエーションがある。アジョレは、現在でも戦いの記憶とともに歌われるとされ、戦いはいまだ終わっておらず、継続中であるというダウィ・オニンド（*dhawi onindo*）という語を口にする。楽団の歌に合わせ踊る女たちも歌詞を口ずさむ。

踊りに参加したのは、妻を含め数人の老婆ばかりであり、私がこれまでに参列したほかの葬儀にくらべるとこの部分がやや寂しい印象を持った。その意味では、ニャパドラ（アドラ流の、の意）の部分はきわめて貧相だったと言える。

この時点ではマイクやアンプはテスト中であり、本格的にアナウンスは行われていない。葬儀が行われたカブルの屋敷と農場はオスクル準郡にあり、近隣住民のほとんどがテソ人である。また、仕事関係で参列した者はアドラに限らず、さまざまな民族の人間が参集しているのが見てすぐにわかった。

12時になると家のなかでひっそりと賛美歌が歌われた。

録音は、カブルの屋敷のある農園で、2002年11月4日10時ごろからのものである。

---

[3] 訃報を聞いた私の調査基地、グワラグワラでも人々の反応はさまざまだった。ナブヨガの警察で働いていたことのあるアスカリ（警備員）のオウォリ＝オダカ（Dominic Owor-Odaka）は、カブルを自分の「OBだ」と表現した。詳しい考察は別稿にゆずるが、OBという概念は、ほとんど関係のない人間同士をつなぎ合わせるネットワークとして非常にうまく用いられている。

[4] 楽団は、堅い板に木製のばちを打ち付ける打楽器テケ（*teke*）、ロングドラム（フンボ *fumbo*）、弦楽器トンゴリ（*tongoli*）からなっている。第10章参照。

[5] アジョレにはいくつもの種類があり、地域や楽団によって伝承されている。

第11章　あるポストコロニアル・エリートの死

Ⅱ　テキスト

1　式次第と席次案内

　M・Cの発言［英語による。以下Eと略す］：……本日皆様がこちらに足を運ばれた式をそろそろはじめたいと思います。プログラムを読む前に、万難を排してご来場くだされました皆様に感謝申し上げます。ご来場の紳士、淑女、様々なクラン・リーダー[6]、宗教的指導者（canons）、ご親族の皆様、そしてすべてのご来場ご参列の皆様に。

　私たちは、この葬儀を、完全にアドラ語で行うことにしておりますが（①）、もし、アドラ語がおわかりにならない方がお近くにおられましたら、これから話されることの要点をその方に解説していただけると幸甚です。

　重要な点は、まず第1に、もし2つや3つの言語で進めることにしますと、私たちの本日ここで予定していることはとてもできないということであります。

　もし、ただいまこちらにお越しになったばかりで、ご遺体にご対面を果たしていらっしゃらない方がおられましたら、お屋敷の中へどうぞ。席をお立ちになり、ご対面の後にお戻りください（②）。

　その次に、2つ目のご注意ですが、遺体の安置されている場所の特に近くにご注目ください。皆様がご対面を果たした後に、来場のこの村のLC議長により、この集会の開会が宣言されます（ⅰ）。

　そのスピーチのあとに、ニイレンジャ・クラン（Niirenja Clan）のトロロ郡のチーフにお話をしていただき（ⅱ）、続いてニイレンジャ・クランの判事（magistrate）（ⅲ）のお話、とさせていただきます。判事は、故人の死を受けて、ニイレンジャ・クランの暫定的なクラン・ヘッドを拝命しております[7]。

　さて第4番目には、故カブル様のバイオグラフィをご紹介いたします。教会の儀式の中、ティエン・アドラのご臨席のもとでバイオグラフィを読

---

[6] クラン・リーダーは、広義のものは、クランの役職にあるもので、郡や準郡などのチーフを含むが、狭義にはクランのトップであり、これはクラン・リーダーのなかのクラン・ヘッドとして弁別されることがある。

[7] カブルの墓碑には、初代クラン・リーダーと刻まれたが、Oboth-Ofumbi [1960: 74] によると、ニイレンジャのクラン・リーダー（クラン・ヘッド）創設は1933年ということになっているので、カブルの生年（1927年）から考えても、それ以前に誰かいたはずだが、このあたりの経緯は不明。

439

第 2 部

むことを (③)、先ほど教会関係の方々と打ち合わせしたところでございます。

クラン判事様のご挨拶のあとに、ご親戚のお話 (iv)、そして、故カブル様の治療に従事しておられたお医者様に、どのような病にかかり、ついにお亡くなりになったのかをご説明いただきます (v)。そしてその後、AIDSの援助に尽力されている組織の方に (vi)、故人を偲んで、故カブル様の人となりについてのお言葉を戴きます。

続きまして、トロロ県の弁務官 (RDC: Resident District Commissioner) (vii)、および地方会議 (LC) V の議長 (viii) [8]、そしてパドラの文化大臣 (viv) にご登場願います。文化大臣からパドラの総理大臣 (x) を、そして総理大臣に引き続きましてティエン・アドラ (xi) のお話を賜る、といった流れで、そのあとに儀式を教会にお返しする (④)、そういった段取りで進めて参りたいと思います。

もう1度申し上げます。もし、まだご遺体に最後のご対面をお済ませでないかたは、どうぞ、この間、次の式次第に移ります前にどうぞ足をお運びになって、ご遺体をご覧くださいますよう [9]。

ここで、この会場の座席を担当されたオケロ・オウォリ氏 (Okello Owor) からご案内がございます。

オケロ・オウォリ (Okello Owor)［アドラ語による。以下 A と略す］：……レディース・アンド・ジェントルメン (monidongo gi judongo)、座席について先に申し上げたことを繰り返します。今私は木陰を右に見て立っておりますが、私から見て左側の座席、これらは、教会関係の方の座席になっております (⑤)。私の前の座席は、親戚関係の方のお席となっております (⑥)。女性や子供は、そちらの敷物にお座りになることになっています (⑦)。もし、今申し上げた関係の方に該当しない方がおられましたら、申し訳ございませんがその場所からの移動をお願いいたします。クラン・リーダーの方々は、木の下におかけください (⑧)。

キソテ (Kisote) 氏が、クランの皆様からお金を徴収しに巡回しているはずであります。ニイレンジャ・クランの方は、キソテ氏まで、お金をお納めください (⑨)。

---

8 ウガンダの行政単位については、序章参照。
9 「遺体を見る」ように示唆した。

第 11 章　あるポストコロニアル・エリートの死

　私の右側は、主賓席となっております。私がご案内した方、またこれからそちらにお席をご案内いたします方々はそちらにおかけ願います（⑩）。それ以外のご参列の皆様は、左前方のテントに座席をお取りください（⑪）。席順はこのようになっておりますので、今申し上げた方々以外の方は、どうぞご自分で適宜お席におつきください。あちらの木々の下にも敷物と椅子がご用意してございます。以上で座席のご説明を終わります。

　M・C［A］：……我々の恵みの愛に感謝しましょう。これほど大勢の方々のご参列は、その愛の大きさを示すものです。もし何かご不便があった場合には、深くお詫びを申し上げます。どうぞ、式次第がスムーズに進むよう、ご協力ください。お席から追い出すつもりはありません。ご親族の方にお願い申し上げます。ご会葬関係者の方でお立ちの方がいらっしゃいましたら、お席をお譲りください。ご親族の方は、こちらの屋敷の方は、お客様に席をお譲りください（⑫）。
　クランの郡チーフ、LC 議長がおいででないようなので、まず、こちらにおいでになってお言葉をいただけますでしょうか？

【解説】
　儀式の冒頭部の「式次第」にあたる部分である。M・C のオティエノ・アレド（Othieno Aredo）が式次第について、会場担当のオケロ・オウォリが席次について概説する。要点は、アドラ語で進行すること、その意味が説明され（①）、遺体への対面は各自済ませ、着席すべきこと（②）、弔辞は、予定では以下の 11 人。(v) の医師の診断は弔辞かどうか判断が分かれるところだが、当該医師の故人との関係（一緒の家庭で育った義兄弟：後述）からして、弔辞の意味合いを含むと思われる (i) LC1 議長、(ii) クランの郡チーフ、(iii) クラン判事（リーダー代行とあとで知れる）、(iv) 姻族、(v) 医師の診断、(vi) 故人が議長をしていた AIDS 支援の NGO 関係者、(vii) 県弁務官、(viii) LC5 議長、(viv) アドラ・ユニオンの文化大臣、(x) 総理大臣、(xi) アドラの順に進める予定であることがアナウンスされた。バイオグラフィ紹介は、アドラ・ユニオンの長であり、パドラの「王」とも擬される、モーゼス・オウォリの到着後に読むことが宣言された（③）。
　また、席次についても、主賓席（⑩）の他、教会関係の席（⑤）、親戚の席（⑥）、クラン・リーダーの席が示され（⑧）、一般参列者の席（⑪）と女子供のための敷物が指定された（⑦）。また、親族は客である参列者に席を譲るべきことが述べ

441

第 2 部

られた（実際このマナーは徹底しており、会場のどこにいても席を譲ろうとするので、儀礼の観察のために行動の自由を確保したい私としてはかえって閉口した）。

　いわゆる、香典に当たる金銭、ペサ・マ・キカ pesa ma kika、あるいはガンダ語を用いてマブゴ mabugo は、ニイレンジャ・クランではキソテ氏に納めるべきことがアナウンスされた（⑨）。

2　弔辞　クラン関係

　（1）弔辞　オボ・マウェレ（Obbo Mawele　ニイレンジャ・クランのトロロ郡のチーフ）[A]：……クラン・リーダーの皆様、政府や教会の指導者の方々、その他ご参列の各位にご挨拶申し上げます。ニイレンジャ・クランの名において、また、当家の名において本日このお別れの場にご列席を賜り、私どもの死別の悲しみをともに癒やし、過ごしていただけますことを感謝いたします。これも、故人およびその家族が愛されているがゆえであると、なりかわりまして改めて御礼申し上げます。

　私は、ここにニイレンジャ・クランのメンバーとしてご挨拶に立っているわけでございますが、そのクランはこのトロロの地域におりまして、私はその郡のチーフをしておりますオボ・マウェレと申します。クランのリーダーの1人として（①）、このたび、この世を旅立ちました、そのメンバーの1人であるカブル氏について少しお話しさせていただきたいと思います。本日私たちがお見送りする故カブル氏は、ニイレンジャ・クランのリーダーでした（②）。私たちは統率者を1人、失ったことになります。私どもの郡のスタッフも、故人にはたいへんお世話になりました。ことに郡の外部からきた者がそうでした。もし何かいい考えが思い浮かんだら、このクラン・リーダーはすぐにわれわれに教えてくださいました。また、クランの発展に関係するさまざまなことなどについても、郡の私の部下たちが行うことを、絶えず励まして力になってくださいました。重要な会合に出席できないときにも必ず代理を立ててくださいました。彼は、真のリーダーというのがどうあるべきか、身をもって示してくれたのでした（③）。何か出費が必要なときには率先して出してくれるのが彼でした（④）。言いたいことは、彼がクランの長となった1983年の3月12日[10] 当時には、そのようなリーダーシップを持った人は稀でした（⑤）。まさに彼がその強い個性でこのク

10　この発言で、カブルのクラン・ヘッドの着任年月日が知られる。

第 11 章　あるポストコロニアル・エリートの死

ランを変えたのです。そのようなクランのあり方にほかのクランも大いに影響を受けた、と言うことができます（⑥）。彼はクラン・リーダーへの就任以来、クランを協力的な社会に作り上げました（⑦）。彼自身が何の利益も得ていないことを思うとき、またニイレンジャの人々が彼を援助しなかったことを考えるとき、私は心が痛みます（⑧）。彼はそのニイレンジャを作り上げる途上で、道半ばにして倒れたのです。ちょうど、私がマネージャーとして始まるはずだったプロジェクトもありました（⑨）。それらすべて、ニイレンジャ・クランを率いてみんながついて行くべき道を示そうとしていたのです。故人は、ニイレンジャを率いて、進むべき道を示すのだ、というモットーを持っていた、と言ってよいでしょう。このことによって、ニイレンジャは、憲法にのっとった国家のように、きちんとしたものになったと言ってよいのです（⑩）。いまや、それを率いていたクラン・リーダーが病に倒れ、リーダー不在と言われるかもしれません。しかしわれわれの憲法にのっとって、裁判長である人物、あるいは判事になっている人物がその代理を務めることになっています。ちょうど私がLC1の代理をしているようにです（⑪）。しかし、代理は代理です。いまや、私は、この地方行政職もクラン・リーダーとしての地位も、ほかの人物に対して開かれているということを申し上げたいのです。それが故カブル氏の意志でもありましょう。この地位は非常に名誉ある地位であります。私はここでクランの最高評議会委員のオゲンダ（Ogenda）氏に代わりたいと思います（⑫）。彼の靴は私には大きすぎるが、オゲンダ氏ならまっとうすることができるでしょう。ご清聴ありがとうございました。

　Ｍ・Ｃ［Ａ］：……トロロのニイレンジャ・クランのチーフでした。どうもありがとうございます。

【解説】
　弔辞を読んでいるのは、故人が属していたクランの郡レヴェルのチーフ。故人もその1員でもある（②）クラン・リーダーの1人としての発言である（①）。
　道半ばで倒れたとはいえ（⑨）、故人が示した、クランを協力的な組織に作りあげたリーダーシップ（⑦）こそが、その時代には稀なものであり、リーダーシップを考える際の雛形でありうること（⑤）、国家における憲法に比することができるような、クランの成り立ちに輪郭を与えたことが讃えられる（⑩）。

また、それがクランの範疇を超えて、別のクランにも影響を与えたこと（⑥）に言及する。具体的には、出費が必要なときは率先して用立てる（④）、重要な会合には出席し、やむを得ず欠席するときには代理を立てるなどの仕組みを整え（⑪）、リーダーたるものはどうあるべきか、身をもって示してくれたということが指摘される（③）。

一方で、クランによって故人に反対給付がなされていないことが述べられ（⑧）、さらに代理ではなく、故人のあとを継ぐ後任としてオゲンダ氏を任命することを公言した弔辞である。

クラン・リーダーの創設は比較的新しく、ガンダ王国はじめとするバントゥの影響であると見られている。アドラ・ユニオンが、その憲法のなかで、公認しているクランは 53 ある[11]。父系「クラン」、ノノ nono は、祭祀装置であるクヌ kunu があり、埋葬の際に遺体の頭部を向ける方角も違い[12]、葬式の式次第の細部も異なっている。

すべてのジョノノ（jonono）をはじめとして（クラン構成員）は、村ごとにいるジャキソコ（jakisoko）という最下位のクラン・リーダーがおり、ジャムルカ（jamuluka）、ジャゴンボロラ（jagombolola）、ジャサザ（jasaza）など、順次、上位の行政区を代表するクラン・リーダーのもとに統括されている[13]。最高位はクワル・ノノ（kwar nono）である。アドラ・ユニオン創設後は、「アドラ」の称号をもつモーゼス・オウォリがつとめている。葬儀の際にもかならず死因の説明でノノ代表者が出て公のスピーチを行うので、今回の弔辞は、こうした性格ももっている。裁判（コティ koti）の際にも同じように段階を踏んで法（チク chik）を管理するシステムがある。また、「呪詛」や、ルスワ（タブー侵犯による厄災）に関するチョウィロキ（chowiroki）（祓いの儀礼）など、クランの秩序がかかわる儀礼にもこの代表者が立ち会う。次のスピーカーが裁判長であるのも、こうしたクランの管理システムを反映したものである。

各村には長老会議（baraza）があるにはあるが、クランをまたいで行われる会議は地方行政単位で開催されるので、形式的な側面が強く、現在では、積極的な機能を果たしているとは言えない。

11　アドラ・ユニオンに登録されているクランは、Appendix 参照のこと。
12　序章参照のこと。
13　これらのクラン内部の組織と、それにのっとった裁判制度については Owor［2009, 2011, 2012］がある。

第 11 章　あるポストコロニアル・エリートの死

(2) 弔辞　フリスコ・オコス（Frisco Okoth　ニイレンジャ・クラン裁判長）

　M・C［A］：……続きまして、ニイレンジャ・クランの裁判長に故カブル氏を偲ぶお言葉をいただきたいと思います。

　フリスコ・オコス［A］：……ご列席のさまざまな宗教的指導者の皆様、ニイレンジャ・クランの、またその他のクランの指導者の皆様、アドラ・ユニオンの指導者の皆様、そして、この故人の遺族、姻族の皆様、またその他ご来場の皆様に改めてお悔やみ申し上げます。

　私は、この場に、2つ、あるいは3つの立場で立っております。

　まず第1に、故人とのニイレンジャ・クランの同胞としてのものであり、その立場で喪に服しております（①）。第2に、私は親、そして父親を失った子として、悲しみにうちひしがれております（②）。最後に、最も大きな役割ですが、すべての弔問のお客様を、ここに眠る故人、やがて埋葬されるべきクラン・ヘッドの名の下にお迎えする喪主としてのものがございます（③）。故オムイエ・マウェレ（Omuye Mawelle）の名代として、お互いに握手できなかった多くの人々の代わりに私を派遣されました。私は、皆様にここに眠る故人の前に参集していただくためのトランペットの役割を果たすために遣わされたのです。

　今お話しさせていただいている私は、フリスコ・オコスと申します。私は故人がクラン・ヘッドを務めていたニイレンジャの裁判長を仰せつかっております。私どものクランでは、このような場では、通常クラン・ヘッドである故人が挨拶するのがならいで、私の出る幕はなかったわけでございますが、死は、いろいろなことの順番を狂わせてしまいます。そうした問題が起こったときのために、ニイレンジャ・クランでは、クラン・ヘッドが亡くなったときには、誰が代理を務めるかあらかじめ規定してありました。ニイレンジャにおける判事を務めているものがその任に当たることになっているのです（④）。

　皆さま、今日私どもニイレンジャは大きな損失を経験しております。私どもの父であり、祖父である、カブルの死は、これからニイレンジャを続けざまに襲う不幸の前触れかもしれません。クランの副ヘッドの死からも、まだそれほどたっていません。そのときには、今ここに横たわっているカブル氏が、閣僚を集め、誰を代理に任命するか、決めたものですが、そのカブル氏も死んでしまいました。これらのことは、ニイレンジャにとって大きな問題で、大変な危機に間違いありません。生きている者は、それぞ

445

第 2 部

れお互いに手を取り合って支えあっていくしかないように思われます。

　ここで申し上げるべきことはそれほど多くないのですが、2、3のことを述べておきたいと思います。クラン・ヘッドが亡くなり、その補佐も亡くなりましたが、クラン・ヘッドのポストは生きています。カブル氏が病に倒れたあとも、その機能はきちんと果たされていました。このお方は、亡くなる前に、ニイレンジャにかかわるすべてのことをやりおおせていたのです（⑤）。

　クランの中心人物たちを呼び上げて皆さんにご紹介します。アツァルコ・オムニェ（Atsaluko Omunye）氏は、ニイレンジャの文化保存と、公序良俗教育についての責任者です。オペンディ・コシア（Opendi Kosia）氏、オヨ・オシガ（Oyo Osiaga）氏もクランの大切なメンバーです。事務総長、どこでしょう？姿をお見せください。彼が事務総長のオウォリ・オゲン（Owor Ogen）氏です（⑥）。このように、その席は継承されていきます。今カブル氏は埋葬されますが、氏の果たした役割は、このように継承され、休むことなく機能しているのです。明日、カブル氏の閣僚がここに集まって会議を行い、カブル氏がその命を終えたあとに、何が語られるべきか、そして氏がニイレンジャをいかにその柱として支えてきたかが検討されるはずです。私どもはここにいるのは、このように、私どもにふりかかるさまざまな問題を受け止めるためであるのです。すでに述べたように、カブル氏が組織したニイレンジャは、4つの郡にまたがっております。すでにスピーチされたオボ・マウェレ（Obbo Mawele）氏が率いるトロロ（地名、カウンティ）を筆頭に、ジョン・オボ・ムジャシ（John Obbo Mujasi）がヘッドであるムランダ（Mulanda）（地名、サブ・カウンティ）、ピーター・オブル（Peter Oburu）が長をつとめるイヨルワ（Iyolwa）（地名、サブ・カウンティ）、またソニ（Soni）（地名、パリッシュ）にはオロカ・オドゥラ（Oloka Odula）がいます（⑦）。すべてのニイレンジャの長老たちにお願いしたいのは、皆様の郡のクラン・リーダーに用向きがおありでしょうが、2日の間、お待ちいただきたいのです。2日待てば、元通りに機能することをお約束いたします。クランの指導者たちよ。私どもは、何かをはじめるときにはいいことも悪いこともあるのが普通で、スムーズにいかないことがよくあることだということを知っています。そこを知恵を使って何とか解決するわけです。そうしないと不満は争いごとにつながってしまいます。さて、参列の皆様。私はすこし喋りすぎたようです。今日は、スピーチする場ではありません。それは明日またここで行うことにして、

第11章　あるポストコロニアル・エリートの死

私どもニイレンジャの発展に何かアドバイスをくださる方は明日どうぞご参加ください。クラン長そして要人は、午前8時前にここにお集まりください。後継者指名され、髪の毛が剃られる前です（⑧）。皆様は喪に服しておられるわけですから、遠方の方もお帰りにはならないでしょう。この場所でともに一夜を故人を偲んで明かしましょう。ありがとうございました。

【解説】
　弔辞を読んでいるのは、クランの裁判長である。故人との関係は、父子であるというが（②）、こうした場合、比喩的な親子関係なのか、同じクランのなかでも近しいということなのか、あるいは実際の血縁関係にあるのかは、この文脈では不明である。当然のことだが、弔辞を読んでいるフリスコ・オコスは同じニイレンジャに属するクラン・メンバーでもあるのでその意味でも弔意を表している（①）。
　葬儀の喪主は、クラン・ヘッド（クラン全体のリーダーを特にクラン・ヘッドと呼ぶこともある）が務めるべきことが知られる（③）。本来は、ここではクラン・ヘッドが弔辞を読むはずだったが、今回は、そのクラン・ヘッドこそがカブルなのであり、故人である。クラン・ヘッドの代理は裁判長という決まりなど（④）、故人が、そうしたケースに誰が代理すべきかといったことを含めクランの仕組みづくりに尽力した人物である、ということが紹介された（⑤）。ここで、フリスコ・オコスは、文化担当や事務総長、クランの中心人物の名前を読み上げ（⑥）、さらにその分布域に応じて、それぞれのテリトリーの代表者（チーフ）を読み上げた（⑦）。
　最後には、翌日行われるはずのリエド儀礼への参列が訴えられた（⑧）。通常はその儀礼では、死の原因についての公式見解がとりまとめられ、ムシカ（*musika*）やムクザ（*mukuza*）の指名などが行われる[14]。

3　アドラ到着

　M・C［A］：……レディース・アンド・ジェントルメン（*monidongo gi judongo*）、私たちのティエン・アドラが到着したようです。立ち上がってお迎えください。拍手を。お座りください。女性はユーヤレイションを。

14　ムシカは相続人。ムクザは後見人。詳細は第10章参照。

第 2 部

【解説】
　ここで弔辞の間を縫ってまで M・C に到着がアナウンスされた「アドラ」と「アドラ・ユニオン」(ティエン・アドラ) について解説しておこう。歴史学者たちによって推測されているそのなりたちから考えても、寄せ集めであるパドラは「無頭的」で「脱中心的」であり、隣接するソガ (Basoga) と比してもそれぞれのチーフの権力の及ぶ範囲はきわめて限定的であったとされる。ここで扱うクラン・リーダーのような指導的立場も公式的にはごく最近まで制度化されていなかったとみられる。創設者とされるアドラを別格にすると、現在では、保護領化される直前に超自然的な力をもって統率力を示したといわれるマジャンガが記憶されているにすぎず、前節で紹介したルウォースらは、クラン・リーダーたちによってそれぞれ部分的に記憶、伝承されているにすぎない。
　1990 年代に、アドラと同じ西ナイロートで、伝統的には脱中心的な政治機構をもっていたはずのアチョリがルウォト (*rwot*) というタイトルを最高首長 (paramount chief) として戴き、ランギが同じく最高首長を、東ナイロートに分類されるテソまでがエモルモル (*emormor*) という文化的リーダーをあいついでウガンダ政府に承認させるという流れがあった。それぞれの民族がその国内的な存在感を公式的に確保していく動きに対応して、アドラも「アドラ・ユニオン」設立に向けて動くことになる。当初はアドラのホームランドであるナゴンゲラを中心に社会調査を行い、49 〜 51 のクランを同定した。続いて、1998 年 9 月 19 日に 52 のクランのクラン・ヘッドが参加した選挙を行い、「王」としてモーゼス・オウォリが選出されたのである。この選挙については、「ジョパドラが王を選挙する」としてウガンダの代表的英語紙『ニュー・ヴィジョン』(The New Vision) にも報じられた。
　候補者は、今回は埋葬される当事者として焦点をあてているニイレンジャ・クランのエドワード・オウォリ・カブル Edward Charles Owor Kaburu (1927-2002)、ベンド・クランのモーゼス・オウォリ Moses Owori(1926-)、ニャポロ・クランの S・K・オロウォ S.K.Olowo、ロリ・クランのロジャース・ジャサ・クウェロ Rogers Jassa Kwero の 4 人であった[15]。
　県会議事堂 (district council chamber) で行われた選挙の結果はモーゼス・オウォリが得票数 1 位で「アドラ」となり、組閣のプロセスで 2 位のジャサが首相に任命された (ジャサがカブルに先立つこと約 1 週間前に亡くなっていることは、一連のスピー

15　このあたりの経緯については第 13 章で再び触れる。

第11章　あるポストコロニアル・エリートの死

チでもたびたび言及される)。

　カブルはTASO[16]の長として活躍していたが、すでに高齢であり、早くからモーゼス・オウォリ支持を表明していたとされる。カブルは、イディ・アミンがクーデターを起こした1971年に1度公職を退き、1979年に再び地方警察に返り咲いた経歴を持つ。最終的な官職は副警視総監（AIGP: Assistant Inspector General of Police）と言われていたが、この日読まれたバイオグラフィで言及された官職は、警視正（Senior Superintendent of Police）だった。

　モーゼス・オウォリは、独立前夜の1950年代を保護領の地方公務員として過ごし、1960年代前半を県公務員として、1965年より労働省職員として中央政府に転じた。アミン政権下で労働省次官を務め（1974-1977）、その後ILO/ UNDPで労働管理の専門家として講師や委員会の議長として活動していた。中央政府との人脈が期待されたものだと考えられている。以後はウガンダ国内でも無視されえない「カルチュラル・リーダー」としてさまざまな式典に出席し、現在では絵はがきになっているほどである。

　晩年故人が熱心に「アドラ・ユニオン」の運営にかかわっていたこともあって、この葬儀は「アドラ・ユニオン」を中心に回っているところがある。厳密に言うと、「ティエン・アドラ」は「アドラ・ユニオン」の別名であり、オウォリの呼称は「アドラ」であるとされているが、しばしば混同される。

4　弔辞　姻族

　　弔辞　オチュウォ・ダウディ・マコラ（Ochwo Daudi Makola　姻族(ori)代表）

　　Ｍ・Ｃ［A］：……ありがとう。続いては姻族に登壇願って、お言葉をいただきたいと思います。

　　オチュウォ・ダウディ・マコラ［A］：……宗教的指導者たち、そしてニイレンジャ・クランの皆様！　詳しく語るつもりはありませんが、私たちがここにともにいることは1つの大きな成果です。すべての参列者の皆様、ここにお集まりになったのは、主の名のもと、主の御心のなさしめるところであります。誇りとともにその名を讃えましょう。

　　レディース・アンド・ジェントルメン、皆様とご一緒できて幸いです。ここにいらっしゃる多くの方は私をご存じだと思いますが、ご存じない

16　TASO: The AIDS Support Organization。HIVキャリアのQOLをサポートするため、1987年にノエリン・カレーバ Noerine Kaleebaにより創設されたNGO。カレーバはHIVにより同年死去。

第 2 部

方もいらっしゃいます。私はオチュウォ・ダウディ・マコラ（Ochwo Daudi Makola）と申します。パヤ（Paya）からやってきました。ビランガ・ニャカンゴ（Biranga Nyakango）・クランの者です。ニイレンジャからみますと、正直申しまして、「上からものを食う者」(*jie maju chamo gi malo malo*) です ①。ニイレンジャの方々は、姻族の土地であるパヤに関して、完全にその義理を果たし、大きな貸しができたということを、ここに強く申し上げたいと思います。もし敬意を示してくださるならば、近隣の方々も友人たちも一緒に訪れていただきたいものですし、その折には、私どもの数万の仲間でもてなすべきなのでありますが、昨今では、なかなかそうもいかず、このように申し上げているのです ②。故人、エドワード・オウォリ・カブル氏は、私の姉妹ジェシカをめとり、30 年以上の長きにわたり——彼らが結婚したのは 1960 年ですから——神の御心をもって、彼らは子供を数多くもうけました。神の思し召しですでに召されたものもおりますが、3 人の男の子と 3 人の女の子が生きています。ごらんにいれましょう ③。それからその姉妹たち、兄弟たちもおります。それではビランガ・ニャカンゴのメンバー、つまりジェシカの姻族は、立ち上がって皆さんに姿を見せてください。ナゴンゲラ国立教員養成校の校長、オボ氏（Obbo）、ケネス・マコラ（Keneth Makola）、その兄弟もおります ④。着席ください。

この私たち姻族の、ニイレンジャ・クランに対する借りについて私が言おうとしているのは、故人の死は事実ですが、私たちは続けてニイレンジャ・クランのために祈る、ということです ⑤。最も重要な人物を失ったのは事実ですが、それは主が何らかの計画があってのことです。私たちはひきつづき、隣人と親戚、そして友人のために祈ります。私との関係はさまざまな、親戚たちのために祈りたいと思います。私はパヤの姻族ですが、その他の場所から、遠い場所からおいでの姻族もあることでしょう。私たちにできるのは、このエドワード・カブルの屋敷の子孫たちに神がよりよいお導きをし、参列者ともども、この喪失にもかかわらず、ともに友人としてあるように思し召してくださるよう祈るだけです。昼夜お守りくださる主、イエス・キリストの御名によりて、皆様がすこやかでありますように。

ご静聴ありがとうございます。どうもありがとうございます。

【解説】

450

第 11 章　あるポストコロニアル・エリートの死

　結婚によって発生する親族、すなわち姻族との関係の難しさは、アドラでもしばしば話題に上るものだ。ここでも、「上からものを食う者」という比喩からも、アジョレでしきりに歌いこまれる姻族が訪ねてきたときにのみ用いられる食器、アチェロなどの存在からもそのことがうかがい知ることができる（①）。しかもアジョレの歌詞では、死によって姻族のためのアチェロが「乾く」、つまり供すべき食べ物がなくなるという比喩から姻族との関係がおろそかになることを恐れる価値観が歌いこまれている。
　しかし、カブルは、その難しい姻族との義務を果たしたとされる。その評価は、とりわけこのスピーカーが居住するパヤのビランガ・ニャカンゴ・クランの人々は、故人が亡くなってなおニイレンジャのために祈る（⑤）、という表明にあらわれていよう。その評価の根拠となっているのが、ビランガ・ニャカンゴ出身のジェシカとの30年以上に及ぶ結婚生活と、2人の間にもうけた子供たちである。カブルがある程度長命であったぶん、すでに他界したものも多い（③）[17]。姻族の紹介を兼ね、またそのなかにも重要人物がいることを示唆しつつ（④）、故人の姻族との関係が非常に良いものであったことを示す弔辞である。

　　M・C［A］：……姻族代表、ありがとうございました。お言葉は実に、よいお言葉でございました。それでは進行させていただきます。故人のそばで、故人を看取った医師として、一言いただきたいと思います。
　　たった今、労働担当大臣のジョセフ・ヘンリー・オボ（Joseph Henry Obbo）氏が、県弁務官（RDC）とともに、そして、LC5議長と副議長が、秘書官一名を伴って到着されました。拍手でお迎えください。ようこそいらっしゃいました。
　　それではオティティ医師、ご面倒でも1度こちらにいらして、お言葉をいただきたいと思います。
　　進行表では、11時から始まりまして、現在、ニイレンジャ・クランの郡のチーフ、そして姻族のご挨拶が終了したところです。

17　のちに別の機会にママ・ジェシカを訪ねた折には、ジェシカは壁にかかった息子たちの写真を指しながら「すべて私を残して死んでしまった」と、子に先立たれた母と、残された者の悲哀を語った。

第 2 部

5　医師の診断と弔辞

　　オティティ医師（Dr. John M. L. Otiti）[E] [18]：……ティエン・アドラ、そして私たち遺族に敬意を表し集まってくださったすべての方々にお礼申し上げます。この困難なときをともに過ごしてくださるために足を運んでくださった方々すべてに感謝します。

　　カブル氏は、若者たちがそうありたいと見習うべきよい見本であり続けました。勤勉という考え方、清廉潔白で真に正直な、というのがこの1942年からまさにいま神が彼を連れ去るまで彼に関して私が知っていることです。

　　皆様方すべてが彼がこの地で努力していたことをご存じでしょうが、白人が常々言いますように、成功した人、努力した人の背後にはそれを支えた女性、妻がいます。そのことは必ずしもつねに認識されることではありません。私はこの機をとらえて、ママ・ジェシカと、ママ・フランチェスカにかくも長い間、この偉大な人物のそばでその仕事、そして暮らしを支えてきたことに関して感謝の意を表したいと思います。ことに、故人が病に苦しむようになってから最後の2、3年の介護は大変だったでしょう。最後にムラゴ病院に運び込まれたときまでに、彼らがどんなに苦労をしてきたか、余人の理解を超えるものであったでしょう。しかし、今やそれからも神が解放してくださいました（①）。

　　知られるように、故人は生前、高血圧に悩まされ、近年は、腎臓機能が思わしくありませんでした。やがて病が彼をむしばみはじめ、脊髄や頭蓋骨が冒されていきました。調査の結果は出ておりませんが、おそらく、これは癌でしょう（②）。いずれにせよ、神は彼を連れ去りました。私たちは彼を誇り、その残してくれた見本に従って生きなければならないということでしょう。

　　余計なことと思われるかも知れませんが、もう一言申し上げます。多くの方はご存じのように、私はたんに1人の話者ではなく、もっと現実にかかわったことを申しあげています（③）。私たちは故人と、老齢が私たちをここまで弱らせてしまった、と近頃話し合っていたところでした。ニイレンジャ・クランを代表して、ちょっとだけ昔に戻って、協力を、何かを力を合わせてなしとげる、ということをお願いしたいと考えています。そ

18　記録によると12時30分ごろ。同時にゴドフリーらが呼ばれ、棺を屋敷の中に運び入れた。

第 11 章　あるポストコロニアル・エリートの死

れはできないことではありません。なにも、嫌みを言っているわけではありません。事実です。ほんの数分前、墓の作業をしようと、何人かのニイレンジャの若者に声をかけてきたのですが、全く集まりはしませんでした（④）。ニイレンジャではない若者のほうがずっとよく働いてくれました。このようなことでは、どこのクランのものと結婚するとしてもニイレンジャよりはずっとましでしょう（⑤）。自分が座る椅子を探すより先に、何ができるか尋ねるべきでしょう。そんなメンタリティがニイレンジャに蔓延しているとすれば、ティエン・アドラに知ってもらわなければなりません。パドラには、好ましくありませんから（⑥）。

　他人を助けるために何ができるかを考えるべきです。クラン、あるいはパドラが自分に何をしてくれるかではなく、クラン、そしてパドラのために何ができるか考えるべきです（⑦）。

　ありがとうございました。
　M・C［A］：……オティティ先生、ありがとうございました。オティティ先生は昨夜 7 時 30 分に遺体を搬送して参りました（⑧）。彼が今回故人のためにしたことははかりしれないものがあります。ご会葬の皆さん、拍手でオティティ先生の 1 人のアドラとしての功績を讃えましょう。オティティ先生、ありがとう。神はあなたを讃えるでしょう。この屋敷の発展のためにこれからも協力をどうぞよろしくお願いいたします。
　まもなく何人かの来賓がお帰りになりますが、驚かれないようにお願いいたします。RDC および LC5 議長は、要人が県を訪問するため、まもなくこの場を去らねばなりません。どなたさまもどうぞお気落ちなさりませんように（⑨）。その前に、故人を偲んでお言葉をいただきましょう。

【解説】
医師の診断と表むきにはなっているが、オティティ医師は故人とは一緒に育った血のつながっていない兄弟のような関係である。また、カブルが息を引き取ったムラゴ病院にほど近いキラ通りにクリニックを開いており、遺体搬送はゴドフリーと共同で行われた（⑧）。
　遺体搬送は、もっとも気を遣う作業である。病院で亡くなった場合には、遺族は大声をあげて嘆き悲しんではならない。死霊を驚かせるかもしれないから

453

第2部

である。遺体は埋葬されるべき場所にそっと迅速に運搬されなければならない。それは出身村の、故人の父親ないしオジが最初の妻のために小屋を建てるようにと祝福してくれた場所であるのがふつうである。そこに到着してはじめて、遺族は声をあげて嘆き悲しむことが許されるのである。遺体搬送した車両は、そのタイヤで卵を3つ踏みつぶすことが必要とされ、運転手には鶏1羽が与えられるなど、儀礼的な処置も要求される。

オティティ医師の（そしてアミン政権時の国務大臣であり、アミンに殺害されたとされるA・C・K・オボス＝オフンビの）実父であるセム・K・オフンビが、カブルを引き取って育てたからである[19]。このことは、周囲ではよく知られた事実である。そのあたりが、③で微妙な表現で表されていると言えそうだ。ここでは、カブルの正式な妻2人の労をねぎらい（①）、「調査の結果は出ていないが、たぶん癌」ときわめて根拠に乏しい診断を下してはいるが（②）[20]、むしろ非常に大きな比重を現在のニイレンジャ・クランの若者批判に置いている。墓堀りに協力を求めたが集まらなかったことなどを挙げて（④）、ニイレンジャと結婚するよりは別のクランのものと結婚するほうがましだ（⑤）、とアドラ・ユニオン向けに（⑥）こき下ろしている。最後はケネディ元米国大統領の演説をもじって大いに嫌味を言っている（⑦）。

しかし、同じクランのものが墓穴を掘る作業を手伝う慣習はなく、葬儀の参列者は、墓堀りなどの作業への従事を忌避する慣習があることを知るなら、こうした批判は必ずしも正鵠を射たものとは言えないかもしれない。このあたりの、墓穴を掘る作業をめぐる民俗宗教的な背景をうかがうことができる記述が、オティティ医師の実兄である、オボス＝オフンビの報告に見られるのは皮肉である[21]。

すでにわかっているRDCやLC5議長といった要人の離席をあらかじめM・Cが指摘することで無用の混乱を避けようという配慮もみることができる（⑨）が、これも医師の死亡確認といった事務連絡的な部分とは親和性が高いので流れとしては非常に自然なアナウンスとなった。

---

19 オボス＝オフンビやセム・K・オフンビについては第3部参照のこと。
20 頭蓋骨がスカスカになるという癌の症状は、私はこれまでに聞いたことがないので、この発言を聞いて私は大いに驚いた。
21 Oboth-Ofumbi［1960］には、かつてはジョチェンビ（jochembi）という特定クランがあったとしている。また、墓穴を掘る作業が「死」と緊密に関係する若干不吉なものであると想像されるような記述がある。また、単純労働化した現在でも、参列すべき故人のクラン・メンバーに委託するのは一般には「非常識」ととられる面がある。

第 11 章　あるポストコロニアル・エリートの死

6　弔辞　TASO と技術訓練校 [22]

　M・C[A]：……また、私たちは「AIDS 支援組織」TASO から手紙を受けとっております。オブル・ドーソン（Oburu Dauson）様、立ち上がってお姿をお見せください。この方が故人に代わり新しく TASO の諮問機関の議長に任命された方です（①）。

　TASO の会長のお手紙を読むようにオブル・ドーソンさんはおっしゃっています。ご本人からも後ほどお言葉をいただくことにして、まずはお手紙を紹介いたします。

　TASO 代表からの手紙 [E]

　故カブル・オウォリ氏のご遺族の方々に衷心より、イエス・キリストの御名によりお悔やみ申し上げます。友人であり、HIV/AIDS に対する戦いに関する戦友であり、TASO トロロの設立メンバーでもあり最初の議長でもあった、TASO 一家の長老の突然の訃報は、深い悲しみと衝撃を私たちに与えました。TASO ウガンダ有限会社とくに TASO トロロのスタッフ、クライアント、代表者を代表し、中央アドヴァイザリー・コミッティー上級官（Chief Exective Officer of Central Advisory Committee）として、ご遺族に心よりお見舞い申し上げます。主が彼に永遠の平安をお与えになりますように。代表者がなにかメッセージを述べるはずですが、それは神のしるしとなるでしょう。遺族の皆様は、主が与えたしるしを受けとることになるでしょう。

　TASO 代表　アレックス・G・コウティノ博士（Alex G. Coutinho）[23]（②）。

---

[22] 13 時ごろ、この弔辞のさなか、屋敷のなかの遺体の周囲では、アジョレがふたたび奏でられ、女たちが踊りを踊った。M・C による埋葬儀礼と、アジョレなどいわゆる伝統的な儀礼は完全に併走していた。13 時 15 分頃、キリスト教徒たちが、屋敷の戸口に集まり、まず戸口を、続いて屋敷の中を祝福する所作を見せた。遺体はすでに棺に納められていた。13 時 20 分になると屋敷の中から教会関係者に先導されつつ、棺が運び出された。バイオグラフィが読まれたのは、そのころのことである。

[23] アレックス・コウティノ博士（1959-）は、ウガンダ生まれのインド系医師。マケレレ大学医学部卒。科学修士。南アフリカ、ウィットウォーターズランド大学修士（公衆衛生）。2001 年より TASO の代表を務める。民間での経験を踏まえてこの NGO を改革した手腕で知られる。TASO の活動を通じて構築されたコミュニティ・モデルは広く活用され、抗 HIV の治療およびケアの普及に関する功績が高く評価されている。2013 年日本の内閣府より野口英世アフリカ賞受賞。マケレレ大学感染症研究所（IDI: Infectious Diseases Institute）特任所長。

455

第 2 部

　　M・C［A］：……1991 年に TASO が設立され、1994 年の引退にともなって議長を交代するまで、故人は TASO トロロの最初の議長を務めていました。AIDS 患者が治療を受けている新しい建物は、彼が力を注いで建設を実現したものです。また、命を長らえるのに必要な医薬品の確保にも尽力されました。故カブル氏の、この得がたい人徳を、神に感謝し続け、その魂が、永遠に安寧であるように、その遺族のために祈り続けましょう。
　それではドーソンさん、よろしくお願いいたします。

　　(1) 弔辞　ドーソン・オブル　TASO トロロ議長［E］：……アドラ閣下、奥様、労働相、ジェンダー相、経済開発相、RDC、LC5 議長ならびにすべてのご参列の各位、僭越ではございますが、TASO を代表しまして一言ご挨拶いたします。これはいま読まれました弔辞にいくつかのことをつけ加えることになります。手紙で読まれたように、カブル氏は、TASO トロロの設立メンバーの 1 人で、最初の議長でした (③)。その当初から現在に至るまで HIV/AIDS との戦いにおいて欠くべからざる戦力であり続けていました。
　今朝、私はカンパラの TASO 事務局から彼の死を電話で知らされました。あいにく、代表のコウティノ医師も不在でした。またコウティノ医師が残していったスタッフたちも、今日参列に代表者を送ることはできないということでした (④)。かわって私が、TASO を代表して、彼ら全員がこの死に際し、深い悲しみにうちひしがれていることを改めて申し上げます。コウティノ医師もご遺族にも改めてお悔やみを申し上げに参ることでしょう (⑤)。カブル氏は、TASO の議長であるだけでなく、私にとっては、妻のオジにあたります。ムコ (*muko*)[24] です (⑥)。ですからご一家とはきわめて近しいおつきあいをしていただいていたわけであり、このたびカブル氏を失った悲しみは筆舌に尽くしがたいものがあります。ただ神に永遠の安寧を祈願するだけです。

　　M・C：……どうもありがとうございました。ドーソン様。ドーソン氏は故人の姻族でもあり、TASO の同僚でもありました。

24　ガンダ語（Luganda）で、姻戚関係によって結ばれた義理の兄弟を指す。

456

第11章　あるポストコロニアル・エリートの死

(2) 弔辞　ポール・エティヤン（Paul Etyang）イヨルワ技術訓練校関係者

M・C［E］：……続いて、故カブル氏の友人の1人でもあるポール・エティヤン（Paul Etyang）氏にご登壇いただいて、故人の思い出を語っていただきましょう。

ポール・エティヤン［E］：……アドラ閣下、労働担当大臣、LC5議長、RDC、そしてその他ご参列の諸先輩方各位。私はこのたびは皆様にお目にかかるために参ったわけではありません。私たち誰にでも訪れる死が、私たちの友人に訪れたことを、ともに悲しむためにここに参りました。

カブルについてここですべてを語り尽くせるわけもありません。ここでは、警察官としての、彼の卓越したキャリアについて一言申し上げたいと思います。警察官、あるいはその他の公職の汚職と聞くと、私はカブルのことを思い出します。カブルほど、そうした問題に一家言持ち、厳しく立ち向かったものはおりませんでした。カブルは、警察の中でのそういった問題の再教育にも携わっていました（⑦）。

私たちは親しい友人としてつきあっていましたので、この屋敷は我が家のようなものです。2人とも停年を迎えて、週に1度とは参りませんがときおり、ここか私の家で、奥様を交えて会っていました。言い換えると、公職を去った後の農家暮らしを、ともに楽しんでいたとも言えるでしょう。もちろんカブルは農業でも際だった実績をあげておりました（⑧）。

カブルは、多くの人が持っている複雑なところ——部族主義、宗教などあるいはその他の思い込みの類いも含めて——は一切もっておらず、清廉潔白な人間でした（⑨）。見たままに清廉潔白で、見たままに健康でした。実際、病気のことは口にしていましたが、不満がましいことは一切聞いたことがありません。私のようなごく近しい友人にさえ、高血圧で余命幾ばくもないなどということは言わなかったのです。数週間前に、ここかムラゴに見舞うことを約束したのに、それが果たせなかったのが残念です（⑩）。どうしても手が離せませんでした。2ヶ月間ある仕事をしていて、それが終わったら、別の仕事が待っていました。ご存じの方もおられるでしょうが、結婚式、披露宴など、このたびの葬儀同様大変なものでした（⑪）。2週間前、もう1人の友人ジャサが亡くなりました。その悲しみも、ここで表明したいと思います（⑫）。主の招きにより、カブルは安らかに眠っているはずです。故人の遺志を、私たちはバトンを引き継がねばなりません。彼が残してくれたものは、たんにともにいるだけではなく協力すること、一体となっ

457

第 2 部

て、発展すること、平和を築くことです。私はここに改めて、私と私の家族を代表して、遺族の皆様に追悼の意を表したいと思います。私たちは、病によりときを得ずしてこの世を去った友人の死に際し、ともに悲嘆の涙に暮れています。しかし、この別れは一時的なものであり、やがてまた会えることもわれわれはよく知っているのです。ご静聴ありがとうございました。

　　M・C［E］：……エティヤンさま、心あたたまるメッセージをどうもありがとうございました。
　　ただいまの弔辞は、イヨルワ技術訓練校のメンバーからのものです。

　（3）弔辞　ヘンリー・オキニャル（Henry Okinyal）教育省イヨルワ技術訓練校評議会
　　M・C［E］：……こちらには、技術訓練評議会の副評議員（assistant commissioner）オキニャル（Okinyal）氏がお見えです。皆様ご存じのように県農業試験場（District Farm Institute）の校長を務めた後国立ブステマ（Busitema）農業専門学校校長を歴任、教育省にお勤めです。オキニャル様、こちらにお進みになり、ご挨拶をお願いいたします。
　　ヘンリー・オキニャル［E］：……ご紹介どうもありがとうございます。ご参列の皆様、わたくしも、聡明なカブル老とお別れを言わなければならないというこの悲しい事態において、言葉もございません。6ヶ月ほど前でしょうか、イヨルワ技術訓練校の運営委員会議長オカダパウ氏とともにカブル老はわたくしを訪ねていらっしゃいました⑬。カブル老は、その訓練校の出発についての、概要をお示し下さり、私どもは十分な議論を深めることができました⑭。彼はわたくしのことをいつも「ヤングボーイ」と呼んでいました。もう1人の「ヤングボーイ」は元気か、と尋ねるのが常でした。それがたいてい会って最初の一言でした。私の老父のこともカブル老は「ヤングボーイ」と呼んでいたのです⑮。いつもならば「元気です」と答えるのでしたが、今回は、もしいつも通りそう問われたならば、これから行って確認します、と言わなければいけません。というのも3日前にブイェンバ（Buyemba、地名）にいる彼はひどい脳マラリアで倒れ、私は昨日までそこで看病していたからです⑯。
　　カブル老はオカダパウ氏とともに私を訪れ、助力を求めました。私どもはこの国の教育を見渡して、考えたのでした。それが、私がカブル老に会っ

第 11 章　あるポストコロニアル・エリートの死

た最後になりました ⑰。その前にもここには何度も訪れたことがあります ⑱。ここで一時、時を過ごしたとき、彼は私を大いにもてなしてくれました。その話しぶりはあたかも実の父親であるかのようでした。本当の親であるかのように、お会いするときはいつでも笑って送り出してくれたものです。「「ヤングボーイ」によろしく」それが彼の別れ際の常套句でした。私の父のことです ⑲。老カブルが逝去されたのは誠につらい。私に訃報を伝えたのは、イヨルワ技術訓練校の校長でした ⑳。昨日の朝のことです。私は彼に、文書にしてくださいと伝えました ㉑。ここに私の気持ちもあらわされていると思います。彼の魂が永遠に安らかに眠ることを主にお祈りしたいと思います。ご清聴ありがとうございました。

　M・C［E］：……オキニャル様、ありがとうございました。これがイヨルワ技術訓練校のメッセージです。読ませていただきます。

　弔辞　［E］
　イヨルワ技術訓練校運営委員会副委員長オカダパウ・ジョセフ氏、委員会委員、そして教職員と学生のすべてを代表して、このたびの突然のオウォリ・カブル氏の死について、衷心より遺族、親族の方々にお見舞いを申し上げます。カブル氏は、イヨルワ技術訓練校の運営委員長をこれまで10年間つとめてこられました ㉒。オウォリ・カブル氏は、学校の発展に尽力され、父として、友人として、主たるアドヴァイザーとして、イヨルワ技術学校の柱であったことをわたくしたちは忘れません。ご家族、そして本校が、まだまだ故人の力を必要としておりましたときに、道半ばにして彼を失ったことは残念でなりません。彼を失った損失を埋めることは困難です。全能の神よ、家族、親族にこの困難を乗り越えるすべを与えてくださいますように。そして、父よ、故人の魂に永遠の安らぎを与えたまえ。
　イヨルワ技術訓練校を代表して
　イヨルワ技術訓練校　校長

【解説】
6にまとめた3つの弔辞はともに、故人の晩年の活躍の中でかかわりを持った仕事の関係者によるものである。
　AIDS支援組織、TASOを総括する代表、コウティノ医師からの書面がM・Cによって読みあげられたのちに ②、故人の後任である、TASOトロロ議長、ドー

第2部

ソン・オブルが弔辞を読んだ（①）。カブルはオブルにとって妻のオジにあたる姻族でもある（⑥）。カブルは、1989 年 TASO トロロが聖アントニー病院の病床 2 つ（1991 年までに 827 床に拡大）を拠点に出発した折からの設立メンバーであり、最初の議長であった（③）。本来は、TASO からは（コウティノ医師をはじめ）直接代表を送り出すべきであるが、今回は事情によってかなわないことが述べられ（④）、TASO 代表コウティノ医師も必ず後日弔問に来るだろうと予告された（⑤）。

続くエティアン氏の弔辞では、警察勤務の現役時代も、公職の汚職と厳しく戦い、再教育の問題にも真摯にとり組んでいたカブル（⑦）が、リタイヤ後にともに農家暮らしを楽しんでいた（⑧）としながら、故人の清廉潔白で偏見のない公明正大な性格が、どんな場面でも際立っていたと述べる（⑨）。また泣き言を言わないので、病気がここまで重かったことは知らず、結婚式などの多忙を理由に（⑪）見舞いの約束を果たすことができなかったことを悔やむ（⑩）。また、2 週間前の、カブルとも近しかったジャサの死にも改めて言及することで（⑫）、ユニオンの危機を印象づけるものとなっている。

最後のオキニャル氏の弔辞では、半年ほど前の故人とオカダパウ氏との最後の面会が（⑬、⑰）、技術訓練校の今後にとって非常に重要な意味をもつことを示唆する（⑭）。また、教育省の官僚と言えば、押しも押されもせぬ中央官僚だが、その官僚がこの屋敷の当主（故人）を父と擬して何度も訪れる間柄であり（⑱）、その当人ばかりでなく、父親までを「ヤングボーイ」と呼ぶエピソードの紹介は（⑮、⑲）、故人の貫禄を印象づけるものとなっている。もっとも、その父親がマラリアで病床に伏しているという事実は、病や死が誰にでも訪れるという真理を思い出させてくれる（⑯）。

訃報の出所も、技術訓練校という公式なものであったこと（⑳）と、またお悔やみを文書として公のものにした（㉑）ということがあらためて紹介された。

校長の公式的な弔辞には、故人が訓練校の運営委員長を 10 年の長きに渡り務めてきたことが触れられている（㉒）。

7　弔辞　地方行政関係

（1）弔辞　キザ・ジェームズ・ルウェベンベラ・アモーティ（Kizza James Rwebembera Amooti　RDC）

M・C［E］：……続いて弁務官、弔辞をどうぞ。

キザ・ジェームズ・ルウェベンベラ・アモーティ［E］：……ありがとうございます。司会進行の方。アドラ閣下、奥様、そして大臣、県会議長、

第11章 あるポストコロニアル・エリートの死

CAO、奥様方、そして子供たち、すべてカブルを知る方々へお悔やみ申し上げます（①）。

人間というものは、生まれ、最後には必ず亡くなるものです。しかもそのことを知っています。ほかの動物とは、人間はここが違うと私は考えております。人間は、遅かれ早かれ死ぬことを知っており、だからこそ生きているうちにできることを力を尽くしてやろうと考えるのだと思うのです（②）。

私はカブルを個人的には存じ上げませんでした。この屋敷を訪ねるのもこれが初めてのことです（③）。しかしながら、私は彼がこの世で何を成し遂げたのか、よく存じています（④）。私は、彼のようなこの地域にとって有為の人物が亡くなったことを心から残念に思います。

アドラよ。そしてその臣民たちよ。人間が死んで泣くものではない[25]、とイエスは説きましたが、あなた方には泣く理由が十分にあると思います（⑤）。経験がある年長者のほうがどうしてもうまく物事を進めることがあり、年長者が亡くなって若者があとに残されると、しばらくの間はうまく進めるのに時間がかかるかもしれません。しかし神が導いてやがて残されたものの間でやり遂げることができるようになるにちがいないと信じたいと思います（⑥）。

心から故人の業績に感謝しましょう。とりわけ筆頭にはTASOトロロの議長だったことを挙げさせていただきたいと思います（⑦）。TASOの議長としてAIDSと戦った。彼にしてみれば、議長としての仕事がベストではないと思っていたかもしれないのですが（⑧）、彼が議長でいてくれたおかげで今日のTASOトロロの成し遂げた仕事があると言うべきでしょう。

後継者が彼の意思をついで、彼のようにいい仕事を成し遂げてくれることを望んでいます。神よ、彼の魂に永遠の安らぎをあたえたまえ。

M・C[E]：……ありがとうございました。弁務官殿。すべてのクラン・リーダーは果物の樹の下に集まってください。キソテ氏、立ち上がって姿が見えるように。あの紳士がいるところが、クラン・リーダーたちの席です。また何か遺族にお見舞いの品をお持ちの場合もそこにお持ちください（⑨）。

さて、続いては、LC5議長に弔辞を読んでいただき、その後、担当大臣その後はまたこの司会のほうへマイクを返していただくことにいたします。

25　葬儀の定番である、後出の「テサロニケ人への手紙」第4章の翻案であろう。

第 2 部

(2)　オウォラ・ノア（Owora Noah　LC5 議長）[E]：……アドラ閣下。その奥方。そして労働と工業担当大臣閣下。尊敬すべきポール・エティアン様、そして参列者各位。

　この儀式にこうして集まることは、実に寂しいことです。何かをお祝いするのではなく、故人を偲んで集まるのは、RDC が述べたように、私たちは、つい先だってジャサを失いました (⑩)。彼はアドラ人のなかでも傑出した人物でした。それからまだ 1 週間もたたないような気がしています。ここにまた、ニイレンジャ・クランの偉大な偉大なアドラ人である故人を悼んで集まらなければならないのは、悲しいことであり、何か誇らしいことというよりは、心配事の種になるようなことだと思えます。

　ご参列者各位、私は本当に悲しいのです。本当ならば、故カブルの息子や娘の業績をお祝いしてここに集まることができていたら、どんなにいいことだったでしょう (⑪)。

　私の記憶をさかのぼれる限りで言えば、私がカブル氏をはじめて知ったのは 1960 年代のことでした (⑫)。当時彼は警察の警視正（senior superintendent）、上級管理職であり、彼が残した教訓は、アドラの人、ひいては、県全体に貢献したことにかかわります。このことをアドラの人々は知らなければなりません。警察の職務にあって、カブル氏は、彼を知る人の力になっただけではなく、広くトロロ出身者を助けたことを知るべきです (⑬)。

　今日、トロロ出身のたくさんの警察官がおり、その一部は、かなり高い地位についています (⑭)。アドラ出身者も非常に多いのです。彼らが警察に入ったきっかけも、そして出世の糸口を作ったのも、すべてカブル氏でした。この教訓こそが、カブル氏が若い世代に残したものです。自分自身のために働くよりも、ほかの人のために働くことです。樹となり、それに実をつけることなのです。

　今日、故カブルを見送るにあたり、ウガンダの様々な場所から、警察に入るとき、そしてその警察の中での出世においてカブル氏に大いに世話になったと思われる警察の高官が参列されています (⑮)。このことこそが、パドラにカブルが残した貢献なのです。本当に喜ばしいことで、拍手賞賛に値することは言うまでもありません。

　カブル氏が引退したとき――人生とは 1 つのプロセスであり、誰にでも

第11章 あるポストコロニアル・エリートの死

違うタイミングでその時が訪れるだけなのですが——カブル氏にその時が訪れたとき、彼は全く動じることなく、また、それを延長したいような希望をすることも全くなく、人生で初めて、新しく農業に挑戦するために土地を手に入れました(⑯)。それこそが、私たちが現在いるこの場所なのです。カブル氏について、1つ言えるとするならば、彼は何を実現したいのか非常に明確な人物で、またその成功への道筋を大変明確に意識していた方でした(⑰)。

　カブル氏が農場を始めたころ、私たちの年代の者にとっては、彼は最初に輸入牛を扱いはじめた人物、として認識されるようになっていました。私たちにとって輸入牛を見るのはそれが初めてでもありました。この地域では、明らかに挑戦的なことでもありました(⑱)。私どもカンパラ、エンテベの高官は、自ら農場に出て汗をかくことを知りません(⑲)。カブル氏が与えてくれた教訓の1つです。今では、輸入牛が私たちの子供たちのミルクや食肉として、子供たちをはぐくんでくれています(⑳)。これがいま1つの、まさに称賛されるべき、故カブルの業績です。

　レディース・アンド・ジェントルメン、これですべてではありません。カブルが行ったことのうち、私たちが享受していることはまだまだあります。すべてではないにせよ、ずっと以前にここを訪れたことがある方が多いに違いありません。カブル氏は、聖職者としての生活もしていました(㉑)。彼はキリスト教を大切にし、理性と良心の人でした。そのことを最初にここでオティティ医師が語ってくれたのは、喜ばしいことでした。カブル氏の命を奪ったのはいわば自然の摂理であり、道徳的に不道徳な行いや人生で不適切な行いを行った結果ではありません(㉒)。カブル氏は高貴に生まれ高貴な生を生き、そして一生懸命働いて、死後に全員に大きな教訓を残したと言っていいと思います。

　カブルの業績をたたえる唯一の道は、彼が自らを手本として開拓したその道を歩むことです。私はそう訴えたいと思いますが、今日は、講演をするべき日ではありません。いまはただ、カブルが生前と同じ安寧を、死後の永遠の命のなかでたまわらんことを神に祈るだけです。

　M・C［E］：……ありがとうございました。LC5議長。続きまして、ジョセフ・オボ大臣閣下に登壇していただきたいと思います。

第 2 部

8 弔辞 飛び入り

　すでに見たとおり、RDC の客として中央政府から労働担当大臣がトロロ入りしていたので、急遽弔辞を頼んだものと思われる。

　　　ジョセフ・オボ（Joseph Henry Obbo　労働担当大臣）[A]：……アドラ閣下、奥様、そしてその閣僚のお歴々、県の議長様、わたくしがここに参るためにお骨折りくださった友人各位に感謝します。また、ご参列のご遺族、ご友人各位には、追悼の儀にご協力いただきまして感謝いたします。
　　　追悼の儀にご協力、と申し上げましたのは、2 つの意味を持っています。1 つは、カブル氏は私の出身の一族にとって、姻族にあたります。ここにいる子供たちは、私にとって姉妹の子供たちにあたりますし、故カブル氏は私の姻族なのです (23)。
　　　それと、もう 1 つ、カブル氏と私は、同じ言語アドラ語をしゃべります。だから、同胞としてご参列の御礼を申し上げたかったわけです (24)。
　　　故カブル氏を知るようになったのは 1960 年代の初めでした (25)。はじめは、カンパラでのことだったでしょうか。そのころは、オボという私の名前は、どうもパドラの中でしかないもののようで、パドラから出てきた仲間たちに大いに支えられ、援助を受けておりました。中でもカブルは、そういった民族を同じくする同胞に対する援助を無私に提供する方の 1 人であり、そのようなものばかりではないことはここにご列席の方々ご承知の通りです。情けは人のためならず、と申しますが、なかなか難しいことです。そのころ、出身者が集まって助け合っていた互助組織的な集まりで知り合うようになり (26)、カブル氏とのおつきあいは今日まで続いてきたわけであります。カブル氏はきわめて純粋な心の持ち主で、その言葉をたがえることがありません。私が氏を心から信頼するようになり、一緒に過ごすようになるのにそれほど時間はかかりませんでした。そのような、何か問題が生じたら相談するような信頼関係を築き、ともに過ごすようになるほどに信頼できる人に出会うことはめったにありません。それほど信頼に足る人もほとんどいないのです (27)。
　　　だから 1998 年に私が選挙に出馬したとき、彼に相談したのです。さまざまなところで苦戦している私の説明を聞き、戦略を授けてくれました (28)。そのときがたぶんこの屋敷にきたはじめての機会だったと思いますが、そのあともたびたび参っていたはずなのに、ずいぶん時間がたってしまって

第11章 あるポストコロニアル・エリートの死

いますから、道に迷うところでした (㉙)。彼の妻は、私のクランから嫁したので、彼は私の姻族に当たります。姻族はときに面倒なものですが、カブル氏との関係は極めて良いものでした。姻族もあまりたちのよくないものは、嫁に手をあげたり、訪問しても姻族のことをよく言わなかったりするものですが (㉚)。

　私を含むティエン・アドラの者にとり (㉛)、これは不幸なことと言わねばなりません。お考えください。リーダーも、父親も、祖父もいない屋敷、そのような屋敷でもめごとやいさかいが起こったとしても、誰もそれをおさめるための助言をしたりしなめたりすることがないのです。もめごとは、当初はヒヨコのように小さなものだったとしても、やがてはトロロ・ロックの巨岩のように大きなものにもなるでしょう。とりまとめるものがいないからです (㉜)。このようなことを申し上げるのは、カブル氏がまさにこのパドラのリーダーだったからです。パドラにはほかにもリーダーはいますが、それを失うのはやはり痛手です。このことをことさら言うのは、最近同じようにもう1人別のリーダーを失ったばかりだからでもあります (㉝)。

　リーダーがいない屋敷の問題は深刻です (㉞)。リーダーがいる屋敷の暮らしと比べてみればそれは明らかです。2つの屋敷の暮らしがいかに違うか、おわかりでしょう。ですから私は大変心配しています。そしてこの心配はみなさんも共有されていると確信しております。

　私は彼の病気を知りませんでした。知っていたら見舞いに訪れたに違いないのですが (㉟)。実は、本日トロロに別の用事できてからのち、彼の死を知らされたのです。そのとき、体が震えました。まだ少し混乱しています。残念なことにトロロにきたのは、地域振興のための別の用事で、私はこれから一緒にきたこの人物と、トロロの各地を回らなければなりません。ですからこの後すぐに、午後2時までにこの人物をしかるべき方に紹介した後に戻ってくるつもりです (㊱)。

　ご列席の方々すべてに対し、そのさまざまな形での支援に改めて感謝申し上げます。またこの場をすでに離れた方々の支援、支えに感謝申し上げます。いまはただ、彼の魂の安寧を神に祈りたいと思います。私たちにできるのは祈ることだけです。幸い、主教さまがおり、それ以外にも多くの宗教的な指導者がご列席です。そのことに感謝したいと思います。そして、この故人にやがては私たちも行くはずの、天国で再会することを望みたい

第 2 部

と思います。
　ご清聴ありがとうございました。

【解説】
　7 にまとめた 2 人と 8 の「飛び入り」は、いずれも地方行政関係の弔問客である。RDC（Resident District Commissioner）は大統領から任命され、中央政府から派遣される県のトップである。この RDC が中央政府の意向を伝え、LC 側から選挙で選ばれた LC5 議長やチーフと調整しながら地方行政は動いていくのである。
　最初の話者、アモーティは中央から派遣されたので当然でもあるが、名前からしてアドラ人ではない。スピーチは英語であり、ユニオンの長である「アドラ」や遺族にも気は遣うものの、想定する聞き手は地方行政の関係者となる（①）。正直にカブルを個人的には知らず、この屋敷への訪問も初めてであると告白する（③）が、TASO トロロ議長職を筆頭に（⑦）、故人の業績はよく知っているという（④）。また、聖書を引きながら、コミュニティの人々（より直截には、アドラ・ユニオンを名指しで）に、聖書の教えに反して「泣く理由がある」とお悔やみを言い（⑤）、故人を失ったことで一時的な機能不全はありうるだろうが、やがて正常化するだろうことを説く（⑥）。TASO トロロ議長職を筆頭に挙げながら、やや躊躇した物言いになっているのは（⑧）、警察官としての華々しいキャリアも知っているからだろうが、地方行政がらみということになると、立場上、トロロにおける隠遁生活に入ってからのものをあげることになるのであろう。
　続く LC5 議長、オウォラ・ノアは、LC で選挙で選ばれる、地方行政のトップである。地方行政には、ほかになかば世襲にちかいチーフがある。オウォラは名前から考えてもアドラ人。トロロ県はイテソの勢力とアドラ人の勢力が拮抗しており、しばしば分裂の議論になる。アドラや中央政府の閣僚に続けて、おそらくはイテソと見られるエティアンの名前にわざわざ言及したのは、配慮の表れともみることができる。またうがった見方としては、オウォラはアドラ語ではなく英語でスピーチしていることも、県の人口の多くを占め、参列者のうちの少なくない比率をしめるイテソへの配慮かもしれない。
　本当は、故人の娘や息子の慶事で集まりたかったとしながら（⑪）、間接的に故人の死を惜しむ。1960 年代に故人の知己を得たというオウォラは（⑫）、警察時代の故人の業績に言及する。しかも、知人だけでなく（暗にアドラだけでなく）トロロ県出身者が警察で出世することの助けになったと指摘している（⑬、⑭）。そのことが、当日警察の高官が数多く参列していることの理由であると説明す

第 11 章　あるポストコロニアル・エリートの死

る ㉕。

　また、リタイヤ後は、自ら農場で汗を掻くことを知らないという中央高官の一般的欠点をもたない故人は ⑲、潔く身を引いて農業に専念したこと ⑯、また、持ち前の目的意識を農業にも発揮したことを論じつつ ⑰、実例として、当時あまり手を出す人の少なかった輸入牛の導入に挑戦的な業績を残し ⑱、またそれが今日の地域の食料供給に多大な貢献になっていることを強調している ⑳。このことは、言及されていないが、アミン政権成立と同時に、カブルともオティティ医師ともともに育てられたオボス＝オフンビの入閣との関係もあるだろう。オボス＝オフンビの妻エリザベスは、イスラエルで先進的な集団農業の研修を受け、その屋敷のあるニャマロゴでも実験的な農場経営に乗り出していたことで知られている。事実カブルの屋敷には、オボス＝オフンビにプレゼントされたという、当時最新鋭のトラクターが何台か保管されてあり、これらのコネクションがカブルをして野心的な酪農経営に乗り出したであろうことは想像に難くない。

　また、故人の宗教生活に触れ、キリスト教的理性と良心（英語では同じ reason）の人だったこと ㉑、さらには、故人の死が、呪詛その他、故人の所業によるものではないことを明言し ㉒、結果としては後にリエド儀礼の際に求められるいわゆる「死因」の合意形成に貢献しようとしていると言える。

　続くジョセフ・オボ（労働担当大臣）は、RDC のもとを訪問していた客だが、アドラ人であり ㉔、ティエン・アドラのメンバーでもある ㉛。到着時に M・C にも紹介されたし、「UG145Y」という閣僚に配分されるナンバーの車を会場に乗り付けていることもあって、存在は参列者には到着時より知られていた。オボの身分と故人との関係から考えて、最初に M・C が読んだ「式次第」には入っていないので、飛び入りで弔辞を頼んだものと思われる。この弔辞の後に公務を済ませ、またこの会葬場に戻ってくるという ㊱。

　オボには、カブルが病床にあることは知らされていなかったが、知っていたら見舞っていたはずの関係である ㉟。故人とも姻族の関係があり ㉓、しかも、故人とはきわめてよい姻族関係にあったことが強調されているからである ㉚（このことはあらためてアドラの姻族関係が難しいことの証左となっている）。個人的には、オウォラと同じく、60 年代カンパラでの警察官僚時代のカブルの知己を得て ㉕、出身者が集まる互助組織を通じた信頼関係を構築したとされる ㉖、㉗。おそらくは、当時の官僚であり、70 年代からは国務大臣となったカブルの義兄弟分であるオボス＝オフンビもまじえて交流したことであろう。すでに述べた

第2部

OB概念は、中央政府閣僚経験者などについても当てはまり、地方の少数民族なだけに、アドラ出身の閣僚、あるいは中央官僚同士は、特定の連帯意識を有していると考えて間違いない。

オボが1998年に選挙に出たときには、故人は参謀として戦略を授けてくれたと回想する。そのことで、この大臣が単なる任命による大臣ではなく、国会議員として選ばれた政治家であることを物語る。選挙対策でここを訪れたのがこの屋敷にきたはじめだと当時を振り返り、その後も頻繁に足を運んだことを思わせるが（㉘）、「道に迷う」などという比喩で故人の死も手伝って往時とは様子が異なっていることを暗示する（㉙）。

カブルというリーダーを失ったことの危機感をティエン・アドラと屋敷に対する危機として捉え（㉜、㉞）、ジャサの死とあわせて（㉝）克服すべき状況であると説く。

スピーチはアドラ語。中央政府の閣僚は、イテソとアドラの確執にはさほどの配慮をしめしていない。立場上、必要ないのであろう。

9　バイオグラフィ朗読

M・C［A］：……ご参列の皆様、長時間にわたるご会葬まことに恐縮です。そろそろ、バイオグラフィをご紹介し、ティエン・アドラ、文化大臣、そして総理大臣、そしてティエン・アドラに登壇していただいたのちに、教会のほうにお返ししたいと思います。

……いま教会の方々がお着きになりましたので、まずは、ご起立してお迎えいただきますよう、お願いいたします。その後、進行を続けたいと思います。

［アドラ語から英語にスイッチ］

オメラ主教、ありがとうございます。閣下、そして主教様のご臨席がこの列席の方々のスピーチが終わる前にかなったことは、大変重要なことでした。

故人の生前の事績を私たちであらためて確認するために、バイオグラフィは、儀式の最も大切な部分です。アドラ閣下には最後にスピーチしていただこうと思います。ご参集のみなさんにとり、アドラの子供の1人である故人に対してどのようなお言葉を賜るのか、その言葉に耳を傾けることは、此度の参列をより意義あるものとするでしょう。

時間をあまり無駄にする前に、まずバイオグラフィを読ませていただき、

第 11 章　あるポストコロニアル・エリートの死

その後に閣下に改めて登壇いただきます。そしてその後、すべてを教会のほうに引き継ぎたいと思います。それほど長くはかからないと思われます。

　……彼は、ウガンダにおいて O レヴェル[26]に合格しました。1960 年に公共政策と社会科学のディプロマを取得（①）。国際法の資格を取得し、1960 年に官僚に登用されました（②）。1961 年にロンドン、西ライディング、ウィグフィールドの刑事捜査訓練に参加しました。1962 年にはロンドン、ラムシールドの上級警察コースを修了し、警部に昇格しました。1963 年には、ロンドン、ヘンドンでの司令官コースを修了し、1963 年にはさらにスコットランドヤードでのスペシャル・ブランチ上級コースをとりました。1964 年にはロンドン警察の警察管理者特別コースをおえました（③）。1965 年から 1969 年までカンパラのスペシャル・ブランチ司令部に勤務し、1966 年には、カラモジャの外部地域司令官（警察）に任命されました。1970 年には、ナグルの警察学校の県警察司令官コースをおさめ、1970 年から 1975 年までは、ウガンダ・ジュート・バッグ（麻袋）の代表でした（④）。1971 年に「悪魔」によって退職しました。私はこれを故人の書いたまま読んでいます（⑤）。
　1973 年から 1981 年まで、ウガンダ乳製品組合の代表に任命されておりました（⑥）。1979 年にウガンダ警察に復職し、ムバレの地域警察司令官として務めました。その職も 1982 年に停年で退職いたしました（⑦）。ウガンダ酪農家組合トロロ支部の会長に選任されました。そのほか、アシンゲ酪農協同組合、ニイレンジャ多目的協同組合の議長を務め、キソコ女子小学校の PTA 議長、キソコ男子小学校の PTA 会員も務めておられます（⑧）。今日までニイレンジャ・クランのクラン・ヘッドをおつとめです（⑨）。1984 年には、ウガンダ畜産業株式会社協議会の会長に選任され（⑩）、1993 年 2 月 25 日には、イヨルワ技術訓練校の運営協議会議長に任命されています（⑪）。また、TASO トロロは 1998 年はじめに停年で退いていますが、カンパラの TASO 中央執行委員会の委員であり続けておりました（⑫）。トロロ警察／刑務官退任者組合の議長もつとめ（⑬）、10 月 31 日には、ティエン・アドラの内部クラン関係調整秘書官に任命されておりました（⑭）……。

---

[26] "ordinary" の略で、7 年の初等教育をおえたのち 4 年間のセカンダリー・スクールへの進学資格を得るための試験。その後、A("advanced")レベルに合格すると（合格率約 40 パーセント）、2 年間の中等、技術教育プログラムなどを経て、修了者は国立マケレレ大学あるいは海外で勉強する資格を得ることができる。

469

第２部

　これが私たちの眼前に横たわる、今日私たちがともに見送る兄弟の生涯でした。……こんなに多くのことがバイオグラフィで読まれることは稀でしょうが、すべては事実です。私たちティエン（ユニオン）がこのような人物を失ったことは大変な痛手だと言うべきでしょう。このような重要な人が世を去ったあとも、残された私たちは力を合わせていかなければならない。私たちは神との約束を果たさなければならないのです。

【解説】
　バイオグラフィは、故人が病床でまとめたものとされている（⑤）。バイオグラフィの要点としては、1960年（独立は1962年であるから、保護領時代。後に言及されるように当時の学位は一般に素性がいいと考えられている）にディプロマ取得（①）。生前のインタヴューによれば、キングズ・コレッジ、ブドでS4（高等学校4年）を終えたころ、リクルートのために学校に訪問してきた警察に応募したという。生年が1927年であるところからすると、いったん警察に勤務し、その後学位を取得したものであろう。ディプロマ取得とほぼ同時に官僚となっている（②）。このころの官僚や閣僚などのバイオグラフィを見るとわかるのだが、学位や資格試験が職階の上昇に直結していることがわかる。同様に、スコットランドヤードやロンドン警察の研修を受けて管理職に就く（③）。これらの派遣については *The Uganda Gazette*（『ウガンダ官報』）にうらづけの資料が記載されている[27]。クーデターのあと、警察などの公職からは1971年に「悪魔」によって離れることを余儀なくされた（⑤）。「悪魔」とは、のちに義兄弟オボス＝オフンビを殺害することになるイディ・アミン大統領のことである。アミン政権が崩壊するとその年に公職に戻り、ムバレの警察で停年まで勤務している。(1979-1982)（⑦）。その後トロロ警察／刑務官退任者組合の議長（⑬）。
　公職を離れたあとには、ウガンダ・ジュート・バッグ代表（1970-1975）やウガンダ乳製品組合（1973-1981）（⑥）などを歴任、弔辞で触れられたような、農業の生活にいそしんでいたわけである。ウガンダ畜産業株式会社協議会の会長（⑩）、イヨルワ技術訓練校の運営協議会議長（⑪）、TASO中央執行委員会の委員（⑫）な

27　例えば、The Uganda Gazette, Vol. LIV, 21st December, p.890 には、「Mr. K. W. C. E. Owor, Inspector of Police, to be Assistant Superintendent of Police (on trial), with effect from 1-11-61」と記載されている。同じく、The Uganda Gazette, Vol. LV. p.823 には、1962年9月22日にエンテベ空港発、p.881 に10月21日エンテベ空港着と記録がある。

第11章 あるポストコロニアル・エリートの死

どを務め、畜産関係以外からは、それぞれ関係者からの弔辞が寄せられている。

　地域のための活動としては、酪農協同組合のほか、ニイレンジャ・クランの協同組合、キソコの男子小学校、女子小学校のPTA役員を長く務めた（⑧）。

　ティエン・アドラでは、内部クラン関係調整秘書官（⑭）であるとともに、ニイレンジャ・クランのクラン・ヘッド（⑨）であった。改めてバイオグラフィを検討すると、それぞれの業績に合わせてバランスよく弔辞が読まれていることもよくわかるであろう。また、このバイオグラフィを、このあと弔辞を読む「アドラ」であるモーゼス・オウォリ臨席のもとで読むことにスケジュール調整の要諦があったことも、注意すべきことの1つであろう。

10　弔辞　アドラ・ユニオン関係

　(1) オティエノ・テフロ（Othieno Tephro　文化大臣）

　M・C [E]：……残りも少なくなってきましたが、続いては、文化大臣、総理大臣代行をお呼びして、最後にアドラ閣下にご登場いただきましょう。

　オティエノ・テフロ [E]：……司会に言及されましたように、私に課された仕事はごく単純なものです。つまり、そののちにお言葉を賜るはずのアドラ閣下を招き入れるべき首相を呼びだすことなのです（①）。

　私がここでお話しするべきことは、すべて先に登壇した方から紹介されているように思われます。それを繰り返すのは、意味のあることとも思えません。それとは別の、彼がいかによい人であるか、といったことは、宗教的な場所で雄弁に語られることでありましょう。私の前にお話しになった方が話さなかったことで、私がここで話した方がいいと考えますことは、チャールズ・エドワードというクリスチャン・ネームを彼が名乗っていたことです。これは、彼が洗礼を受けたという事実を物語っています（②）。彼は今、すべての悪いことを手放してこの世に残し、失うべくもないよいことだけをもって天に召されたのです。故人は、俗的なことを好みませんでした。これは永遠の命につながることです。彼の命は、彼の望み通り、天に永遠の安寧のうちにあります。

　名誉ある総理大臣閣下、まことに恐縮ですが、こちらに足をお運びになり、アドラ閣下を呼んではいただけないでしょうか。ご静聴に感謝します。

　(2) オボ・ケネス・マコラ（Obbo Keneth Makola　総理大臣）[E]：……アドラ閣下、ご参列の執事、そして教会関係の指導者、さらに大臣閣僚、国会議

471

第 2 部

員の方々、県の長または、ご弔問の皆様、紳士淑女の皆様。
　パドラの子供のなかでも非常に特筆すべき人物の 1 人を見送らなければならないのは大変悲しいことです。故人は私の、義理の兄弟に当たりますので、まことに言葉もございません（③）。しかも、最後の義理の兄弟でありました（④）。ほかの兄弟は皆他界しておりますので、最後の、まことに誇らしい、義理の兄弟でありました。しかし、勇気を出して、聖書にあるように、彼は、現在ここに横たわっているのは一時的なことで、父のもとに召されるのだと、それは彼にとってもよいことなのだと、つよい気持ちで涙をぬぐう必要があるのだろうと思います。
　これまで登壇された方々が口をそろえて、故人はこの国のなかできわめて傑出した人物だ、と繰り返してきました。彼は公僕としてよく働き、その多様な業績の記録はいたるところに残されています。ニイレンジャ・クランのクラン・ヘッドとしても知られ（⑤）、また同時に、オウォリはティエン・アドラの閣僚としても務めていたのです（⑥）。彼は、私たちが先ごろすでに埋葬した故ジャサに代わって、副議長代行の要職を務めていました（⑦）。ここで私は、これ以上多くを語るよりも、アドラ閣下にご登壇いただき、家族、ティエン・アドラ、そして多くの人々に代わってお言葉を賜りたいと思います。アドラ閣下、あなたの臣民のためにご挨拶ください。ご清聴ありがとうございました。

　（3）モーゼス・オウォリ（Moses Owori　ティエン・アドラ）[A]：……執事様、教会の方々の面前でお騒がせすること、お許しください。私たちは臣民に会ったとき、彼らを迎える、また挨拶する 1 つのやり方があります。そのやり方での挨拶を今ここですることをお許しください。

　……「アドラの孫たちよ、どこにいるのだ？」（*Nyikwayi Adhola, wini kune?*）
　「われわれはここだ」（*Wani ka!*）（臣民は答える）
　よく聞こえないのでもっと大きな声で聞こえるように答えてもらいたい。
　「アドラの孫たちよ、どこにいるのだ？」（*Nyikwayi Adhola! Wini kune?!*）
　「われわれはここだ」（*Wani Kaa!!*）
　「カブルを埋葬に来たのか？」
　「そうだ！」
　今度は、聞こえました（⑧）。

第 11 章　あるポストコロニアル・エリートの死

　……執事様、教会の指導者たちよ、名誉ある大臣ヘンリー・オボ、県の議長、弁務官、夫を亡くした寡婦よ、父親を亡くした孤児よ、そして参列者各位、誰 1 人として私は除外すまい。しかしながら、私ほどカブルを失ったことを大いに悲しんでいるものはいない、とあえて言おう。というのも、参列者各位を見渡しても、私ほど長らく彼と友情をはぐくんだものがいようとは、一見したところ思われないからです（⑨）。今日埋葬されようとするカブルと私との友情は、65 年に及びます（⑩）。1937 年、幼い私は、そのころムランダのカウンティ・チーフだった叔父のところに寄宿して初等学校 1 年に通い始めました。カブルも初等学校 1 年でした。私はカトリックの学校で、カブルはプロテスタントの学校でした。しかし私たちはいい友人でした。カトリックの学校に私が通う際に一緒にきたり、翌日は私が彼のプロテスタントの学校に行ったりしました。その際にお互いにエスコートしたのでした（⑪）。学校の教師たちも不思議そうに私たちを噂していました。ある日いたかと思ったら、次の日はいない。シワの学校でのことでした。正規の学生なのかどうか、教師たちはいぶかしんでいたようです（⑫）。

　1938 年に叔父がモロ・サブカウンティ・チーフに配置換えになり、私はカブルとは別れることになりました。それから 1947 年にナミリャンゴ・コレッジに入るまで、別なところで学びました。そのころカブルはすでに警察に入っていて、私を探し当てて、会いにきてくれました（⑬）。休暇のときはよく彼の家で過ごしました。彼は私に銃の面白さを教えてくれました。私が銃に魅せられ陸軍の訓練を受けるようになったのは彼の影響です。その後、ジンジャで軍人の訓練を受けるようになったのも彼の影響でした（⑭）。私たちの関係は続き、私がイギリスに留学するときには、すでにイギリスにいたカブルは、それを聞きつけて多くの友人を紹介してくれ、おかげで私は、イギリスについたときはストレンジャーではありませんでした。カブルの友人は私の留学中も親切に援助してくれて、私は無事留学生活を終えることができました（⑮）。

　そればかりではありません。1980 年に政府を引退した私が国連に務めるようになり、家を留守にして国外に暮らすようになったとき、家の管理をしてくれて、何であれ家に起こったことは事細かに知らせてくれたのも、カブルその人でした（⑯）。それで話はおわりません。

　そのようなわけでしたから、私たちがアドラ・ユニオンをつくって、先

473

第 2 部

に紹介されたように、暫定政府の副議長代行として、私はアドラの座について
から、すべてのクランの統率をカブルに任せました(⑰)。彼はそのと
きから「まるで辞書のように」その仕事に邁進しました。パドラを統べる
にあたり、何か考えたり、理解の及ばないところがあるとカブルのところ
を訪れるか、逆に彼が私のところにきて考えを知らせてくれるのが常でし
た(⑱)。

　改めて申し上げますが、ご参列の多くの方々の誰よりも、私はカブルの
損失を身に染みて感じております。カブルの損失が何か、すでにたくさん
のことは指摘されましたから、ここでは改めて付け加えません。1つのこと
を除いては。私が申し上げたいのは、カブルはこの国を発展させた重要人
物であるということ、そしてこの屋敷の遺族、子供たちのことは、私たち
が心配しなければならないということです(⑲)。この屋敷は大きく、重要
な屋敷です。大臣ヘンリー・オボが申しあげたとおりです。ここに遠くか
ら参列された方にも近所の方にも申し上げますが、この屋敷は、権威ある
屋敷です。しかし、この屋敷を去った子供たちよ、カブルの兄弟よ、ニイ
レンジャの人々よ、あなた方はこの屋敷に何をしようとしているのか。こ
れは重大な問題です(⑳)。カブルは彼の役割を果たしました。それは見る
ことができるでしょう。しかし、残された私たちは何をしたというのでしょ
うか。私がここに参ったとき、この屋敷は壊れかけて、しかも問題が起こっ
ていたのは口惜しいことです(㉑)。ですから私たちもこの屋敷の重要性を
よく理解しなければなりません。問題解決をニイレンジャ・クランの方々
には求めたいものです(㉒)。その問題解決なしには、ニイレンジャの方々
には私の宮殿にきてほしくありませんし、私たちの友情も問題解決までは
お預けです(㉓)。ニイレンジャの方以外に申し上げます(㉔)。私の友人の
埋葬にご参列いただいてありがとうございます。

【解説】

　10としてまとめたのはティエン・アドラ関係の弔辞である。非常に回りくど
いことであるが、アドラの「王」たる「アドラ」、モーゼス・オウォリに弔辞を
読んでもらう以前に2つのステップが踏まれている。第1に、最初のスピーカー、
オティエノ・テフロを呼び、ティエン・アドラの首相、オボ・ケネス・マコラ
を呼び出してもらい、第2に首相によって「アドラ」を紹介してもらうのである。
もったいつけた、と言いたいようなこの迂遠な手続きは、王国の儀礼を模した

第11章　あるポストコロニアル・エリートの死

 もののようで、ブガンダ王国でもほぼ同じ手続きが取られるという。基本的に文化的な行事には文化相が同行しているが、カティキロ（*katikiro* = 首相）が臨席している場合には、礼儀上カティキロに、カバカ（*kabaka* = 王）を呼んでもらうのだという。

　したがって、最初の話者であるオティエノ・テフロは、自らの役割を「アドラを招き入れるべき首相を呼び出すこと」(①) に限定しているし、論点もカブルがクリスチャン・ネームを持っていることから、キリスト者であることを強調するにとどめている (②)。

　続く首相のオボ・ケネス・マコラは、カブルが、自分にとって最後に残った義理の兄弟であること (③、④)、ニイレンジャ・クランのクラン・ヘッドであること (⑤)、ティエン・アドラの閣僚であること、ジャサの死後は副議長代行を務めていること (⑥、⑦) にのみ触れて、「アドラ」であるモーゼス・オウォリを招き入れている。また、「アドラ」を「王」に見立て、その聴衆に多く含まれるアドラ人を「臣民」と呼ぶなど、本来のアドラ社会にはなかった、王国に見立てた組織を思わせる用語法が注目される。

　首相に乞われ、レガリアを身に着けて登場した「アドラ」、モーゼス・オウォリ（私自身はこの場で見たのが最初で最後だが）は、臣民と問答する挨拶を恒例としている (⑧)。これは大変新しい慣習で、ブガンダに類似のものがあるかどうかは現在調査中である。双方とも叫び声をあげるもので、大変騒々しいことは確かであり、それを行う前に教会関係者への配慮を述べている（なかには苦々しい顔を見せる参列者が皆無とは言えなかった）。

　自分で述べるように、小学校1年からプロテスタントとカトリックの双方の学校を行ったりきたりしていたという (⑪)、実に65年にも及ぶ (⑩) モーゼス・オウォリとカブルとの交友関係の長さ (⑨) は別格だった。しかも、ここで深入りする余地はないが、パドラはカトリックとプロテスタントの布教競争と地方行政職のポスト争いとが複雑に絡み合って、非常に根深い対立構造があり、教師が正規の学生かどうかいぶかしんだような状況 (⑫) で交流することには大きなリスクが伴ったことが想像される。逆に言うと、そうした根深い対立構造をやすやすと乗り越えるような友情だった、という演出とすれば、これはきわめて効果的に働いていると言っていいだろう。

　1938年に、寄宿先の叔父の配置換えによるモーゼスの転校で1度は分かれた2人だが、1947年にすでに警察勤務のカブルが大学生のモーゼス・オウォリを探し当て、訪ねてくれたことで (⑬)、更なる友情を育むことになる。おそらく

第2部

は聴衆にとっても驚くべきことだが、モーゼス・オウォリのキャリアを特徴づけ、さらには、「アドラ」に選ばれる際のポイントになったいくつかの点、つまり軍事訓練の経験があり軍事に明るいことも (⑭)、その後の国際的な活躍につながるイギリス留学も (⑮)、大いに故人によっているというのである。しかもモーゼス・オウォリの1980年からの海外生活に当たっての留守中には自宅の管理まで買って出たという。それもきわめてきめこまかいものであったことがうかがわれる (⑯)。

また、選挙の折には、同じく候補だったカブルがモーゼス・オウォリ支持をあらかじめ表明しており、次点のジャサが首相兼副議長となったが、亡くなったために、カブルが副議長代行となった。事実上、ティエン・アドラの統率を任されたわけである (⑰)。アドラのような寄せ集め社会で、急ごしらえの「王国」が、それぞれの文化もかなり異なっている53ものクランを取りまとめるのには、大変な労力が必要とされると容易に想像されるが、お互い密に相談しあって進めていたようである (⑱)。

最後に、故人の偉業をたたえるものの、懸案事項としてこの屋敷の荒廃について心配事を口にする (⑲、㉑、㉒)。「問題が解決しなければ、私の宮殿に来るな」「友情はお預けだ」(㉓) とか、「ニイレンジャ以外の方々、ご参列ありがとう」(㉔) などは、もはや弔辞というより厳しい警告であり、あたかもニイレンジャ・クランの人々が故人の遺産を狙っているかのような告発であるともとれる (⑳、㉒)。詳細はここでは扱わないが、一般に知られるところでは、故人には正式な結婚をせずに事実上の妻が2人、さらには数多くの非公式な女がおり、彼女たちとの間にも多くの子供たちがいたと言われる。カブルの遺族のうちで、相続をめぐる問題が起こっていたことは容易に推察される。

11 教会のサーヴィス

オメラ主教 (Bishop Omella) [ガンダ語による 以下G]：……主はあなたとともにありますよう、また、聖霊とともにあれ。

ご起立願います。ルガンダ聖歌番号77番。

聖歌77

私は復活であり、命である。私を受け入れるものは、死者でもよみがえるであろう。生きているもので私を受け入れるものは、その命が永遠に続くであろう。私は私の贖い主がこの世に生きていたのを知っています。そ

第11章 あるポストコロニアル・エリートの死

して、その皮である肉体は滅びようとも、私の血肉は、主に対面するであろうことを疑いません。私たちは死後の世界に何ももっていくことができません。神の名だけを、誇りとして持ち続けることができるのです。

「詩編90」を読みましょう。

90:1 ［祈り。神の人モーセの詩。］主よ、あなたは代々にわたしたちの宿るところ。

90:2 山々が生まれる前から／大地が、人の世が、生み出される前から／世々とこしえに、あなたは神。

90:3 あなたは人を塵に返し／「人の子よ、帰れ」と仰せになります。

90:4 千年といえども御目には／昨日が今日へと移る夜の一時にすぎません。

90:5 あなたは眠りの中に人を漂わせ／朝が来れば、人は草のように移ろいます。

90:6 朝が来れば花を咲かせ、やがて移ろい／夕べにはしおれ、枯れて行きます。

90:7 あなたの怒りにわたしたちは絶え入り／あなたの憤りに恐れます。

90:8 あなたはわたしたちの罪を御前に／隠れた罪を御顔の光の中に置かれます。

90:9 わたしたちの生涯は御怒りに消え去り／人生はため息のように消えうせます。

90:10 人生の年月は七十年程のものです。健やかな人が八十年を数えても／得るところは労苦と災いにすぎません。瞬く間に時は過ぎ、わたしたちは飛び去ります。

90:11 御怒りの力を誰が知りえましょうか。あなたを畏れ敬うにつれて／あなたの憤りをも知ることでしょう。

90:12 生涯の日を正しく数えるように教えてください。知恵ある心を得ることができますように。

90:13 主よ、帰って来てください。いつまで捨てておかれるのですか。あなたの僕らを力づけてください。

90:14 朝にはあなたの慈しみに満ち足らせ／生涯、喜び歌い、喜び祝わせてください。

90:15 あなたがわたしたちを苦しめられた日々と／苦難に遭わされた年月を思って／わたしたちに喜びを返してください。

90:16 あなたの僕らが御業を仰ぎ／子らもあなたの威光を仰ぐことができます

477

第 2 部

ように。
90:17 わたしたちの神、主の喜びが／わたしたちの上にありますように。わたしたちの手の働きを／わたしたちのために確かなものとし／わたしたちの手の働きを／どうか確かなものにしてください……[28]。

　はじまりであり、また永遠でもある、栄光なる父と子と聖霊とのみ名によりて、アーメン。
　ご着席ください。
　聖書の「テサロニケ人への手紙」第 4 章。
　聖パウロの手紙、13 節。

　……兄弟たち、既に眠りについた人たちについては、希望を持たないほかの人々のように嘆き悲しまないために、ぜひ次のことを知っておいてほしい。イエスが死んで復活されたと、わたしたちは信じています。神は同じように、イエスを信じて眠りについた人たちをも、イエスと一緒に導き出してくださいます。主の言葉に基づいて次のことを伝えます。主が来られる日まで生き残るわたしたちが、眠りについた人たちより先になることは、決してありません。すなわち、合図の号令がかかり、大天使の声が聞こえて、神のラッパが鳴り響くと、主御自身が天から降って来られます。すると、キリストに結ばれて死んだ人たちが、まず最初に復活し、それから、わたしたち生き残っている者が、空中で主と出会うために、彼らと一緒に雲に包まれて引き上げられます。このようにして、わたしたちはいつまでも主と共にいることになります。ですから、今述べた言葉によって励まし合いなさい……[29]

　これが主のおことばです。神に感謝。

＊　＊　＊

　この機会に、参列者のうち、十字架を頂く神に仕える方々を紹介いたします。皆さまご着席のまま、教会の指導者の方だけ立ち上がって、どこにいらっしゃるかわかるようにお姿をお見せください。元大執事と現大執事のお 2 人、まずはお立ち上がりください。私も含めまして、ブケディ管区

28　共同訳聖書実行委員会［2005: (旧) 929-930］。
29　共同訳聖書実行委員会［2005: (新) 377-378］。

第11章　あるポストコロニアル・エリートの死

の司祭たち、立ち上がってください。ご参列に感謝いたします。カリスマ派教会のレヴランドたち、由緒ある大執事の方々、起立願います。私たちの兄弟マイケル・オウィノとその妻も、紹介させてください。ようこそいらっしゃいました。私の兄弟、レヴランド、神父もここにいらっしゃいます。ヴァリヴィアン・オケチョ（Valivian Okecho）様、ようこそいらっしゃいました。つづきまして、ペンテコスタ教会の主教様たち、ここにいらっしゃいます。そしてなによりも、兄弟、姉妹たちよ、私たちの母である、アイダ・オキレ（Aidah Okile）もこちらにいらっしゃいます。この機会をとらえて、管区の厳しいスケジュールのなか、ご参列いただいた主教様に感謝申し上げます。このために彼はすでにあった予定をキャンセルしてご列席くださいました。お祈りいたします。主教様。お言葉を賜りますようよろしくお願いいたします。ご存じない方のために、ご紹介いたします。この方が私共の主教様で、レヴランド・ニコデマス・エングワラス・オキレ博士です。ときどきたんに私たちはブケディと呼んでいますが。ようこそお運びくださいました（①）。

　さあ、ガンダ語聖歌の267番を歌いましょう。神はあなたの近くに。

　オキレ主教（Bishop Rev. Canon Necodemus Engwalus Okile）[G]：……私の唇から出る言葉、私の心から出る考えが、あなたの御心にかないますようにお導きください。私を強く導いてください。贖ってください。アーメン。

　私には、残された妻と、亡きチャールズの子供たちに立ち上がることを促し、皆さんに紹介することが求められております（②）。

　神の人々よ。ふたたび再び私が述べるのは、生命のことにほかなりません。特定の誰かの死がほかの誰かにとっていかなる意味があるのかは、本当のところわかりません。誰か死んだあとにも、生きている人は、日々の暮らしをまた紡いでいかないといけないのですから。私たちが戦わなければならないもっとも究極の敵は、死ではありません。最大の敵は、罪です（③）。死は最大の敵ではないどころか、死はむしろ死こそが過去の罪を終わりにしてくれるからであり、それがなければ、生には究極の敵である過去の罪が付きまとったままだからなのです。聖パウロを引いてこの朝説かれた通りです（Saint Paul's Letter to the 1st Thessalonians 4:13ff.）。これは、非常に考えの深かった、聖パウロのものです。故チャールズ・カブルのような方は、このような考え方を共有していました。

479

第 2 部

　　私は、カブルが生前何を成し遂げたか、皆様が語るのに注意深く耳を傾けておりました。カブルは学究の人で、外交の人でした。といっても今のような、いやどのような時代にも比肩することのない、優れた外交手腕を発揮しました。当時カブルの答案採点をしていたのは白人ですから、賄賂が通じるわけもありません。最近では卒業資格を得るのにお金にものを言わせて事実ではない学位を持っている人もいるようですが、そういうものではありませんでした。その時代の人々は苦労したものです (④)。セバガラ (Sebaggala) [30] だってロンドンで苦労したのかもしれません。しかし、故人の業績は本物です。セバガラのものとは違います。セバガラは警察にマークされていて 2006 年の大統領選に出馬できるとはとても思えません (⑤)。

　　カブルは学校に行くように言われず、自分の分を知り、自分の進路を選びました。法を知り、それにのっとって生きる人は、素晴らしい (⑥)。ほめたたえたいと思います。彼が残した業績が際立ったものであることは、この埋葬の場で皆さんが目撃したり聞いたりしている通りです。

　　さて、再びまた今日の午後に聞かれた聖パウロの手紙から引用したいと思います (⑦)。この聖書の小見出しには、主が来た、とあり、その 4 章 13 節において、パウロは、死後に死者の真実について知りたがる私たちの兄弟に向かい、言葉を選びながら次のように述べます。

　　まず、はじめに、知ってもらいたい、と話し始めます。この国そしてほかの国々、ひいては人間をもむしばんでいる問題は、知ることができず、事実を語ることができないことです。

　　知るという行いは、選択的なものです。あなたがさまざまなものから何を選び出し、重視するのかを試すことになります (⑧)。

　　私たちの現在の問題は、ラジオ番組の「カトウェ」が度を越しており、誰の歯止めもきかないことです。本当のニュースはなく、路上で得るものと大差ないものしか放送されていません。また視聴者も、半分、悪くすると 4 分の 1 が本当、つまり 4 分の 3 が嘘というような放送に人気が出たりします (⑨)。

---

[30] ナサー・ンテゲ・セバガラ (Nasser Ntege Sebaggala) は、カンパラで商店を経営して成功したビジネスマンだったが、1998 年 DP (民主党) からカンパラ市長選に出馬して勝利するも、アメリカ合衆国で逮捕され勾留。2000 年に帰国すると、2001 年の大統領選に出馬を検討していると言われていた。その後、2006 年の大統領選に向けた DP の予備選で党指名第 3 位に甘んじると、市長選に転じた。2006 年から 2011 年までカンパラ市長をつとめた。

第11章　あるポストコロニアル・エリートの死

聖パウロが死んだ者についての真実について知るべきだと説いたとき、私たちの関心を死の真実に向けるべきだと論したのです。それでは、死の真実とは何でしょうか ⑩。

死の真実を語るとき、私たちの愛すべきカブル・チャールズの死を例にとって、考えてみましょう。カブルは、医学的にはなくなって、やがてチリやほこり、灰と同様土にかえる宿命です ⑪。

しかし、その家族にとってはどうでしょうか。ジェシカと子供たちにとっては。このことは、夫の死であり、父の死であり、そして、祖父の死である、また、友の死であり、親族の死であり仕事仲間の死であると考えます。それぞれのかかわり方により、受け止め方も異なるのです。このことは、故カブルが、彼を知っていた人々のコミュニティと別れること、彼の妻と別れること、そして友と別れることを意味します。そしてその遺産のもとに育てられ、ジェシカとともに育てあげた子供たちの記憶とも別れることです ⑫。

私たちは、友人として、故人をそれほど知っていると言い立てることはできませんが、今別れようとしている故人が私たちのために果たしてくれた大きな役割についてはよく知っているつもりです。遺族である、ジェシカ、子供たちの、耐え難い心の奥の悲しみもいくらかは察することができるつもりでおります。この悲しみがわかる者は、また彼らの鼓動の音を聞くものは、そこに込められた、不安の気持ちも聞き逃すことがないでしょう ⑬。

死は遺族に対しては、悲劇を持ってきてそこに置いていきます。家族が抱くべき悲劇は、もういっぱいいっぱいで抱えきれないほどです。一方、私たちはここへ集い、首を振って無念の情を表し、悔やみの言葉を言っておしまいです。帰ったらまた関係ない日常が始まります ⑭。これが死の真実ではないでしょうか。死はあとにこれらのことを残すのです。しかし、私たちは、偉大な男も女も、次から次へと死んでいくことを知っています。

このことは、伝統的リーダーとしてのアドラ閣下と私が、皆さんに共通の規範として共有されている哲学を使って述べようとしていることと同じことを言おうとしている、と考えることもできます。アドラが「あなた方はどこにいる？」と問いかけると、みなさんは「私たちはここにいる」と答えました。しかし、皆さんは問題を抱えているのです。これからどうするかが問われているのです。このことが、全アドラ人に向けてされた、ア

第 2 部

ドラ閣下のお話の核心だったではないですか。みなさんが「私たちはここにいる」と言うとき、それは、いまここにカブルの死が残していった問題を解決するということを確約することだと思います。または、ジェシカと子供たち、遺族の悲しみと嘆きを取り除き、癒すことを宣言しているのです。みなさんが「ここにいる」と言うとき、この場の人間であれば誰にでも訪れる死という状況による希望のなさ、暗さ、そういったものを取り除くのだ、といった気持ちでいてもらいたいと思います (⑮)。

私の第 2 のポイントは、聖パウロは、喪に服すときに、悲しみをもって喪に服すべきではない、ということを教えていました。こうすることによって、当の遺族の悲しみを推察する能力に障害ができ、大切な人を失った人たちの側の立場に立ってあげることができなくなります。だからそれぞれの孤立や別離は、ここでは強調されてはなりません (⑯)。

私が最も言いたいことは、ニイレンジャ・クランの人々、そしてクラン自体に対する警告です。今日ことが起こったことを知り、明日には、これ幸いと故人の財産を奪いにくる欲望にかられるものがいるかもしれません。たとえば、大きな鍋をもってどこかに逃げ去るものがいるかもしれない。未亡人と残された者たちへの略奪行為[31]は、皆が黙認してアドラの文化が許すとしても教会は許しません (⑰)。

最後に私のスピーチを希望の言葉でしめくくりたいと思います。聖パウロ自身の言葉です。イエス・キリストを信じて死んだ者は、最初によみがえる。このことは、私たちに安堵を与えてくれます。というのも、亡くなったチャールズは、極めて主に忠実な信仰を抱いていたからです。もっと前に亡くなったほかの信仰心厚い人々と同様に、彼も最も先によみがえるでしょう。チャールズは、イエス・キリストを信じて生きました。そしてまたよみがえるでしょう。イエス・キリストは、彼を信じるもののために生き、死んでもよみがえったように。私はチャールズがイエスとともによみがえると信じます (⑱)。

神よこの言葉に祝福を与えてください。言葉を聞き入れてください。神がチャールズに永遠の命をお与えになりますように。

ご起立ください。信仰告白。

---

[31] 主不在の屋敷から家財を持ち出したクラン・メンバーを告発している。

第 11 章　あるポストコロニアル・エリートの死

　アーメン。私は、天にまします父なる万能の創造主、神を信じます。処女マリアに聖霊のために宿せられたその子イエス・キリストを信じます。ポンティウス・ピラトによって責め抜かれ、磔の刑に処され、埋葬されて地獄に送られましたが、3 日目によみがえって天に昇られました。イエスは、万能の神の御坐の右手におられ、生きた者死んだ者の審判に降りて来られます。私は聖なる教会を信じ、聖霊との共食を信じます。また、復活の日の罪の許しが永遠に続くことを信じます[32]。人間として生まれた者は、その短い生涯の間に実にさまざまな問題があるのです。

　M・C［A］：……棺を運ぶことになっている方々は、運び始めてください。最後の表敬をする方は墓穴のほうにお集まりください。それがおすみになりましても、慌ててお帰りにならないでください。お水をいくらか用意してございます。家族とニイレンジャを代表して改めましてご参列の方々に厚く御礼申し上げます……。

【解説】
　M・C がしばしば教会に儀式を「引き渡す」（hand over）という言い方をするように、この 11 の部分は教会主導で行われた。ウガンダ教会（Church of Uganda）の儀式は基本的にはガンダ語である。

---

[32] プロテスタントでは信仰告白と呼び、カトリックでは使徒信条と呼ぶことが多い。ラテン語のオリジナルに対し、教団ごとのいくつかの訳が存在する。ここでは、代表的なプロテスタントとカトリックの訳をそれぞれあげておく。「我らはかく信じ、代々の聖徒と共に、使徒信条を告白す。我は天地の造り主、全能の父なる神を信ず。我はその独り子、我らの主、イエス・キリストを信ず。主は聖霊によりてやどり、処女マリヤより生れ、ポンテオ・ピラトのもとに苦しみを受け、十字架につけられ、死にて葬られ、陰府にくだり、3 日目に死人のうちよりよみがへり、天に昇り、全能の父なる神の右に坐したまへり、かしこより来りて、生ける者と死ねる者とを審きたまはん。我は聖霊を信ず、聖なる公同の教会、聖徒の交はり、罪の赦し、身体のよみがへり、永遠の生命を信ず。アーメン。（1954 年 10 月 26 日第 8 回教団総会制定）」。「使徒信条／天地の創造主、全能の父である神を信じます。／父のひとり子、わたしたちの主イエス・キリストを信じます。／主は聖霊によってやどり、おとめマリアから生まれ、ポンティオ・ピラトのもとで苦しみを受け、十字架につけられて死に、葬られ、陰府に下り、3 日目に死者のうちから復活し、天に昇って、全能の父である神の右の座に着き、生者と死者を裁くために来られます。／聖霊を信じ、聖なる普遍の教会、聖徒の交わり、罪のゆるし、からだの復活、永遠のいのちを信じます。／アーメン。（2004 年 2 月 18 日、日本カトリック司教協議会認可）。

第2部

　「聖歌77」が歌われるが、すべての儀式がガンダ語で行われるプロテスタント教会系の信者、あるいはガンダ人しか歌えない。
　続いて、葬儀では一般的な「詩編90」が読まれ、続いて「テサロニケ人への手紙」が読まれる。これは、聖パウロが布教先のテサロニケの人々に、死んだあと人がどうなるのか、という関心にこたえて書いたものとされる。
　続いて各種の教会関係者が紹介される。中でも、最後に儀式を締めるブケディ主教のオキレを紹介することに眼目が置かれている（①）。
　続いてオキレ主教の説教。この中で、故人が残した遺族を参列者たちに紹介するのが最も大きな役割の1つである（②）。この部分は、一般の葬儀でも最も大切な部分の1つで、しばしば、遺族の教育（ときに養育）に参列者たちのコミュニティの協力が必要だ、と訴えられる。そして「死」を、「敵」というより最大の敵である「罪」をも無化してくれるものであると位置づける（③）。さらにバイオグラフィや弔辞を受けて、カブルを「学究の人」と位置づけ、経歴をつくり上げることでも有名な昨今の政治家、とくに時事的にホットなセバガラなどと対比して（⑤）、独立前に取得した学位の素性のよさを強調する（④）。また、カブルが主体的に職業を選択したことに触れ（⑥）、それを高く評価する（逆に言うと、故人の学歴がディプロマにとどまり、この社会では極めて高く評価されており、多くのコロニアル／ポストコロニアル・エリートが得ているマスターやドクターを得ていないことに対する弁護にもなっている。）。
　聖パウロの手紙第4章13節に戻り（⑦）、「知る」ことが非常に選択的な営為であること（⑧）、しかも正しく知るためには、メディアの人気を得るために度を越した「嘘」に騙されないようにすることが必要だと訴える（⑨）。
　聖パウロの説く「死の真実」（⑩）とは、カブルを例にとれば、肉体は土に帰る運命にある（⑪）ものの、それぞれの関係者にとっては、父の死、夫の死、祖父の死、友の死、親族の死、仕事仲間の死であり、それぞれのコミュニティとの別離であること——すなわち社会的存在としての死——を論じる（⑫）。だからこそ、遺族の喪失に深い配慮を行うべきだとする（⑬）。
　死の特徴として、関係者に対しては「悲劇を持ってきてそこに置いていく」のに対し、関係者以外にとっては容赦なく変わらぬ日常が始まるという特徴に触れ（⑭）、それら「死の真実」に意識的であるように説いた。
　また、「アドラ」とその「臣民」とのやり取りに触れ、「私たちはここにいる」という言質は、まさに参列者として、ともにこの屋敷の悲劇を取り除くことを宣言しているのだと訴える（⑮）。

第11章　あるポストコロニアル・エリートの死

別離の悲しみは喪に服す参列者にとっては、遺族の悲しみを押しはかる障害になるので控えるべきだとの聖パウロの教えを敷衍したうえで(⑯)、ほとんどルーティンと言っていいほどのニイレンジャ・クランの人々の悪行に、警告している(⑰)。

最後には、3度聖パウロの言葉によりつつ、イエスとともに、チャールズ（カブル）のよみがえりを信じることばで締めくくっている(⑱)。

その後、「信仰告白」を経て、棺が墓穴に運ばれる。私も慣例にならって、棺のあとを追い、墓穴の前の最後の祈願と讃美歌のあと、一掴みの土塊をカブルの墓穴にむけて振りかけた。その横では、屈強な制服姿の警察官が、同じように土塊を投げかけてから、私に向って目くばせをし、「わがOBの埋葬に参列してくれたことに感謝する」と述べた。それまでのウガンダでの生活で、警察官からここまでシンパシーのこもった目で見つめられたのは初めてであった。

おわりに

以上、録音資料を書き起こしたテキストに解説を加える作業を通じて、独立前から活躍した1人のコロニアル／ポストコロニアルエリートの埋葬儀礼を具体例としてできるだけ詳細に検討してきた。もともとが牧畜民であり、近隣のバントゥ諸族と比べるとクランの観念や統合原理がそれほど強くなかったと想像されるアドラにとって、葬送儀礼の喪主がクラン、という現状がいつのころか定着したのはよくわかっていない。おそらくは現在もカリモジョンがそうであるように、遺体埋葬をしなかったであろう原集団がいつごろから埋葬慣習を受け入れ採用したのか、という点も含め、比較民族誌的な研究が俟たれるところでもある。クランを単位として法的問題が処理される現状の考察も必要だろう。

しかも、今回取り上げた2002年の葬儀を起点にすると、ごく最近誕生した「ティエン・アドラ」が主に取り仕切ったカブルの埋葬儀礼は、例外的なほどにうまくウガンダ教会と「ティエン・アドラ」という両輪が組み合わさった進行のもとですすめられた。また、随所で確認されたように、ティエン・アドラの多くの慣習プロトコルは、ブガンダ王国をかなり忠実に模したものであることが推測され、詳細な比較検討をしてみる余地が残された。

葬儀は、死者の社会的な存在としての役割が集約される、という。その意味では、今回のカブルのケースでは、カブルがもっとも大きな権力を握っていた

第2部

はずの現役時代の警察関係者は弔辞を読んでいないとはいえ、いくつかの社会的存在としてのカテゴリーに分けられる式次第が構想されていた。

15人以上もの話者が立ったこの壮大な埋葬式も、Ⅰ　クラン関係者（とくに居住地のチーフとクラン・ヘッド）、Ⅱ　姻族関係、Ⅲ　仕事関係（この場合はTASOと技術訓練校関係）、Ⅳ　地方行政関係、Ⅴ　ティエン・アドラ関係（文化相、首相、アドラ）、Ⅵ　教会関係、といった骨組みで組み立てられていたのである。これは、ポストコロニアル・エリートの埋葬儀礼のある意味では典型とみてよかろう。この構成から、Ⅴを除くと、ほぼ都市のプロテスタント信者のポストコロニアル・エリートの葬儀の式次第のモデルができあがり、さらにこれからⅢを除き、Ⅳの規模を狭くすれば、現代アドラ人の村人の葬式の式次第ができあがる。

その意味では、規模の違いや、弔辞を読む参列者の顔ぶれの豪華さは群を抜いていたとはいえ、死の前にはまさに平等なのであり、葬儀は似たような形でしか開催されえないとも言える。中でも、随所でうかがうことができる、故人の性格の投影は、ネガティヴなものも含めてその社会的な存在の最後を飾るのにふさわしいものとなっていると言えるかもしれない。カブルについては成功したとされているが、姻族との関係に不可避的に悩み、また、かつては一世を風靡したと言われるニイレンジャ・クランの一族が、あたかも盗賊に堕しているかのような様子が参列者のコメントから読み取れるのも、人生の無常を感じさせる一側面ではある。

モダンな、と形容される大立者の死ほど、その後の遺産の配分や後継者問題で揉めることが多い。私のフィールドノートには具体的事例が複数記録されているが、それらの詳しい検討は本書の範囲を超えるので、他日を期すことにする。

第 12 章　葬儀の実際

I　響き渡るブリ *buli*

　ひーっ、ひーっ、という数人の男女の叫び声が夜の静寂を引き裂いた。これは死などを伝える悲しみのユーヤレイション[1]である。それに続いて、とん、とん、とん、と太鼓の寂しい音が響き渡る。音の調子でこの地域で一般的なロングドラム（フンボ *fumbo*）ではなく、胴の短いブリ *buli* であると知れた。私は足下だけを照らすために炎を絞った灯油ランプを頼りに、かんぬきと鍵をあけて小屋の扉を開いた。灯油の煙と蚊取り線香の煙る小屋の中とは明らかに異質の新鮮な空気が隙間から入り込んだ。音のする方向に耳を澄ます。露にぬれたアカシアの枝には蛍が薄煙のように群らがっている。2001 年 7 月 24 日 23 時 30 分ごろのことである。

　「また、誰かが死んだのだ。」私は小屋の扉を開けて方角を確認し、私の暮らす小屋から 1 キロほど離れたとある小屋からの声だと確信して、改めてシュラフにもぐりこんだ。その小屋に住んでいるのはかねてから病を得ていた人物で、2、3 日前から容体が悪化し、寝込んでいたはずだった。

　朝方に、隣人のワンデラ・メルキセデクから、昨夜飲みすぎ（メド・マ・ラーチ *medho ma rach*）で死んだ人がマゴロ・ゾーンにいる、と聞かされた。「やっぱりそうか。」私は得心した。ワンデラは、最寄りの診療所の医療に常時携わっているメディカル・アシスタントで、近隣では「ドクター」と呼ばれていた。そばにいた宿舎の管理人、バジル・オケチョが、「皆時計なんか持ってないから何時かなんてわからないけど、今朝は鶏が泣く前に人の泣き声がした」と言う。方向で、死んだのはオポウォと推測したという。「病んでいたし、食わずに飲んでばかり

---

[1] "ululation" は、「哭く」こと、ある特定の目的で叫び声をあげること。比較的短いものを繰り返すものが悲しみを表す。主に悲しみを表現するンドゥリ *nduri*、服喪の表現であるイワク *iywak* のほか、アイヤイヤイヤイヤイヤイと手振りを加えて甲高い声をあげる喜びのキガラガサ *kigalagasa*、同じく甲高いが、警報や援助を求めるものがある。

いたから」と付け加えた。バジルによれば、他人の死を知る手がかりは、およそ4つあるという。すなわち、①悲しみのユーヤレイション、ンドゥリ (*nduri*)、②方角の特定、③死を知らせる太鼓ブリの音、そして④死のメッセージを伝える使い、ルウォンゴソ (*lwongotho*) である。よそ者の私に察しがつくくらいである。この全てが満たされるのにそう時間はかからなかった。オポウォと親戚関係にあり、看病していた隣人がメッセンジャーとなったのである。

　第10章で、1人の話者からの「テキスト」に解説をくわえることで、葬儀のプロセスを確認した。本章では、この日の埋葬儀礼を手がかりにして、私自身の参列した数多く儀礼の観察記録を用いて埋葬儀礼のプロセスを立体的に描写する努力をしてみたいと思う。

Ⅱ　パドラ飲酒事情と身近な「死」

　調査に入る過程でもアルコール問題はあらゆるところで目についたが、現地について驚いたのは、噂以上に現地の人々が頻繁にコンゴの壺を囲み、ワラギのコップをあおることである。それでもまだグワラグワラはましなほうだとわかった。隣村のチャモクウォックはさらに重症で、「汗を代価に食べる」という勤勉を示唆する名をいただいているのにもかかわらず、朝早くから多くの飲酒者がトレーディング・センター付近でたむろしている。幻覚でも見ているのか、壁に向かって怒鳴り声を上げる老人をしばしば見たことがある [2]（写真16、17）。

---

[2] チャモクウォック・トレーディング・センターでの話。酒を飲んで呂律が回っていない。
　「このトレーディング・センターのほとんどの人は独り身だ。レジュラ *rejula* 英語レギュラー regular の転訛）として知られる未精製のワラギを飲んでいる。あるいはもう少し文化の香り漂うコンゴだ。彼らはその日その日のこまぎれの仕事を探して、夕方レジュラを飲む金を稼ぐのだ。
　1日か2日かもつ金を与えたとすれば、その金がなくなるまで働きはしない。彼らはその性格上、次の特徴を持っている。いいか、まず、
1. 毎晩踊ること。
2. 本当に、「毎日」飲むこと。
3. 経済的・社会的に同格の者、つまりは何の財産も持っていない者たちのことだが、そういう連中と毎日浴びるほど飲むということ。
4. たくさん食べ物や持ち物を持っているのは犯罪的だという価値観をもっている。
5. 陰口を言ってはならない。もし、他人のふるまいなどに不満があるときには、堂々と目の前で本人にそのことを言うこと。ときどき喧嘩にはなるが、それはそれでよい。
　この村の通名であり、モットーはチャモクウォック *chamo kwok*。文字どおりには「汗を食べろ」という意味だ。チャモクウォック村では、文字通り24時間、朝から晩まで老

第 12 章　葬儀の実際

写真 51　泥酔して歌い踊る（チャムクウォック村）

写真 52　地酒は空き瓶やペットボトルを単位に売られる

　ここで飲まれるのは、コンゴ（前出）と呼ばれるシコクビエから醸造したビールと、バナナを醸造したムウェンゲ mwenge、それらを蒸留したングリ nguli（蒸留酒やバナナからつくられる市販品の通称はワラギ waragi である[3]。以下市販の蒸留酒をワラギと呼ぶ）である。もちろん、工場生産され販売されるもの以外は全て密造酒だが、首都カンパラで時折思い出したように取り締まりが行われるだけで、少なくとも首都の中心部以外ではわりに自由に飲まれている（写真51、52）。調査助手のポール・オウォラによれば、*o cheri cheri ngri, a cheri cheri ngri*（ングリを飲むことを避けなければいけないよ、絶対だよ）というアルコール度数の高い強い蒸留酒に対する警戒心を呼びかける歌もあるとのことだが、ボーン・アゲイン派の敬虔な信者で一切酒を口にしない彼は、「その歌は、たいがいングリを飲みながら歌われるんだけどね」とつけ加えることを忘れなかった。
　飲酒事情とともに驚かされたのは、当地ではきわめて頻繁に人が死ぬことである。把握できる範囲内でも 2 週間と間をあけずに近隣で葬式が執り行われ、

　　若男女が酒を飲んでいる。
　　　彼らは世界中で現在何が起こっていようと、全く知らないし、関心もない。内的要因であれ、外的要因であれ、彼らがこの土地を離れることはないからだ。彼らはこの土地、1 つところに定着している。」
3　2007 年の調査では、コンゴ 1 リットル 700 シリング、ムウェンゲ 500 ミリリットル 100 シリング、ングリ 500 ミリリットル 600 シリング。2008 年には、コンゴ 1 リットル 800 シリング、ムウェンゲ 500 ミリリットル 250 シリング、ングリ 500 ミリリットル 600 シリング。換算レートは、2009 年 9 月現在、1 アメリカ・ドルは、2103 シリングで、約 97 円である。1998 年には、1240.2 シリング（130.9 円、年平均、以下同じ）、1999 年には 1454.8 シリング（122.83 円）、2000 年には 1644.5 シリング（99.6 円）、2001 年には 1755.7 シリング（108.44 円）、2002 年には 1738 シリング（117.84 円）だった。

地域の人々は半ば葬式疲れしていた[4]。結核やマラリアなど原因はいろいろあるが、そのうちもっとも際立ったものは、AIDS／HIV の蔓延のためであることは、誰でも知っていた。もっとも、村まで医師が来るわけでもないし、病院に連れて行かれてから死ぬなどということは平均的な村人の経済や交通の感覚からするとありえないから、正式な診断が下されてのことではない。次第にやせ細る患者の体を見て「スリム」*slimi* という HIV のあだ名を想起し、自己診断するだけのことである[5]。

Ⅲ　オポウォの「埋葬儀礼」（イキロキ *yikiroki*）

これまでにたちあった「埋葬儀礼」（イキロキ *yikiroki*）のうち印象深いものの1つに、酒の飲みすぎで死んだと言われる男の埋葬がある。冒頭に紹介したのは、その前日の模様である。これは、明確に飲酒が何らかの負の帰結と結びつけて語られた、私にとって初めての体験であった。それまでの私の印象では、チャモクウォック村は飛びぬけて特殊であるとはいえ、地域全体としても国全体としても飲酒に対して寛容な社会に映っていた。平日でも少し日が傾くと、コンゴの壺やポリタンクを囲む姿があちこちで見られる。隣屋敷に住む看護婦も時折昼間からングリの微醺を漂わせていることもあった。オウォリ教授の実弟で NGO 施設とそれに付随するキオスクの管理者であるバジル・オケチョは、商売ものの市販のビールをちょくちょく飲んでおり、ときには隣接するバーでワラギを飲んでいることもあった。週末ともなれば、あちこちでグループができ、ときには酔っ払った老婆同士が半裸で掴み合いをしていることもあった。大家

---

[4] マゴロ・ゾーンの LC1 議長だったオペンディ・コンスタンティノ（2001 年現在 60 歳）によれば、彼が在任していた 1993 年から 2001 年までに合計 23 人の死者が出ている。2001 年現在のゾーンの総人口が 661 人であることを考えると、大変な高率であることがわかる。年ごとの内訳は、1993 年 1 人、1994 年 2 人、1995 年 0 人、1996 年 4 人、1997 年 3 人、1998 年 2 人、1999 年 7 人、2000 年 1 人、2001 年 3 人。

[5] 1982 年の報告で、ウガンダにおける HIV の蔓延の現状が初めて明らかにされた。それによると妊婦の 15 パーセントが HIV に感染しており、それが子供に感染する確率は 60 パーセントであるという。AIDS Control Programm（ACP）議長は、「国民のほとんどが死んでしまう」と嘆息したという。*Chicago Tribune* 1993 年 8 月 17 日、p. 4、*Uganda: 1986-1991, All Illustrated Review*, p. 76, *Boston Globe*, 1993 年 7 月 22 日、p. 10, Ofcansky [1996: 83] 参照。カンパラ郊外のカモウチャで調査したウォルマンらによれば、調査に協力した 726 人のうち実に 71.2 パーセントが HIV キャリアであるという。Wallman [1996: 99, Table 5.10a] 参照。

第 12 章　葬儀の実際

写真 53　臨時に記帳所が開設される

となったオウォリ教授夫妻も夕方になるとマケレレの自宅でもグワラグワラの屋敷でも[6]決まってコンゴの壺を囲む[7]。夕食は 11 時ごろで、6 時ごろからそれまでひたすら飲んでいる。夕方コンゴの壺を囲むことは社交の一環として奨励されこそすれ、後ろ暗いことは全くない。

　フィールドノートによれば、翌 25 日、解説と通訳をかねて行動を共にする約束を前日にとりつけておいたオマディアがいつまでたってもこないので、午前中から参列する場合に常識的な午前 10 時を目途に、私は 9 時 30 分に小屋を出発した[8]。途中ボーダー（トレーディング・センターの略称）を通りかかると、バジルとアディン・フランシス（教授の親戚筋にあたる 1968 年生まれの若者で、私の最初のアドラ語の先生）が通りから見えないところで飲んでいた。メモによれば、アディンはングリ、バジルはビールを飲んでいたようだ。

　近くの薬局の店員マクリナにオマディアに先に行くと伝えて欲しい旨、伝言

6　マケレレ大学から副学長公邸横の旧副学長公邸を官舎としてあてがわれていたが、2004 年、退職を機にムブヤの丘に屋敷を建て転居した。一般に教授のような都市生活者でも村を完全に放棄することはなく、二重生活を維持して、できうる限り頻繁に帰省する例が多い。死亡した場合にも遺体は村の屋敷の外れに埋葬されるという社会的規範がある。この点は「オティエノ事件」で有名になったケニア・ルオと同じである。この事件については、Cohen & Odhiambo [1992]。

7　コンゴは、近隣のテソ人の間で飲まれているアジョン *ajong* とほぼ同じ手順でつくられる。シコクビエの粉を発芽したシコクビエの酵母と混ぜて発酵させ、炒めた上で酵母と水を混ぜて壺に密閉してつくるもので、それに湯を注いで葦やビニルのチューブで飲む。よいコンゴをつくれることが伝統的には女の魅力の 1 つと考えられていたようである。

8　埋葬はだいたい 13 時から 14 時が普通だが、その時間まで立ち会えないことがあらかじめわかっているときには早めに（10 時ごろまで）に訪れて遺体との対面を済ませ、記帳をして、「1 度椅子に腰掛けてから」その場を辞するのがマナーである。

491

第 2 部

を頼む。マクリナとその親戚の老女ナンタリアが口々に、「チャンピオン」という銘柄のビールが新しく売り出されていると教えてくれた。「口当たりは甘いが、強い。チェアマンくらい強い」と言う。チェアマンは、アルコール度数が 7 度もある当時のウガンダで最も強い市販の瓶ビールである。「試してみるべきだ」とか。どこに行っても酒の話にはこと欠かない。

埋葬儀礼を含め、死者に関わる行事をカリエリ kalieli と言う。たんにリエリ lieli と言うと墓のことを指す。

カリエリがあるときは、地域の誰にも、どこでそれが行われるのか周知されているのが普通である。カリエリは、村の生活の最優先事項の 1 つなのだ。出会う人出会う人から情報を得てオポウォの屋敷にたどり着いた。

泣き声が聞こえる。屋敷に入って 1000 シリングのペサ・マ・キカ pesa ma kika、あるいはガンダ語を用いてマブゴ mabugo と呼ばれる香典にあたる金銭（当時の相場は 500 シリングだが、2006 年 9 月現在 1000 シリングに高騰していた）を係の男たちに渡し、記帳する（写真 53）。私がカメラを持っているのを認めると家人は小屋に招き入れた。撮れ、と言うのだ。ここ数年の習慣で、埋葬儀礼に参列した私には遺体の写真を撮影することが求められていた。改めて家人に乞われもして、遺体の写真を撮影した。記帳するノートは 2 種類ある。1 つはノノ nono つまり「クラン・メンバー」たちの記帳するものであり[9]、もう一方はモニ moni、近隣の人々が記帳するものである。クラン・メンバーでない私は、当然モニに記帳した。金は LC1 レヴェルの行政組織で管理しているようだった。ノートを見ると、「オポウォ・ジョン・マーティン 2001 年 7 月 23 日ここに眠る（"Opowo John Martin otho ka 23/7/2001"）、クランはモルワ・スレ（Moriwa-Sule Clan）、妻のクランはワグウェレ・ワニャケロ Wagwere wanyakero」とある。妻は近隣部族、グウェレの出身である。

オマディアが現れたのは、正午ぐらいのことだった。ワンデラ[10] というペンテ

---

[9] この「ノノ nono」という概念が、人類学者が言うようにリジッドに定義可能なものなのかは議論の余地がある。本書ではこの「ノノ」概念の見直しはできないが、以下の事実を指摘しておく。現在のようなクランの運営形態が固まったのはガンダとの接触による影響が大きいこと、口頭伝承のいくつかで明らかなように、もともとは、戦争で得た捕虜などもクランの構成員に容易に組み込んでいたこと、さらには、婚入によって妻方の出身クランでの権利が消えるわけではないこと、また葬儀に際して、女にも後継者が立てられることなどである。

[10] 生まれてきたときに臍の緒が 2 本あると、自動的にこの名がつけられる。

第 12 章　葬儀の実際

写真 54　「オポウォのようになるな」と演説するムロコレ

写真 55　バナナの葉を身にまといアジョレを踊り歌う親族

コスタのムロコレ mulokole[11] が、やおら立ち上がって説教をはじめたころだった。曰く「オポウォは、日曜日に教会に来なかった。ボーダーで飲んでばかりいた。何も食べずにだ。彼が残してくれた教訓を大切にしよう。飲んだら、食べるのだ。飲むのなら、きちんと食べなさい。」(写真 54)

「彼は、クリスチャンなんだ。」穴があいていてぼろぼろだが、木炭を入れて用いるアイロンをかけて折り目の入ったスーツを着た、クリストファーというれっきとしたクリスチャン・ネームを持つアスカリ[12] のオピオがそう解説してくれた。

続いてその妻が立ち上がり、同様に説教を始める。訃報を遠方で聞いたのか、たった今到着したばかりの女が、屋敷の真ん中で泣き崩れた。

こうした中でも、オポウォを埋葬する墓穴は着々と掘られ、小屋の入り口の前には自転車で町から運び込まれた棺が置かれ、参列しているおもに親族たちに配られる食事の準備が進んでいる。先ほど屠殺された山羊は、吊るされて内臓を抜かれ、バナナの葉の上でその肉を分割されている。内臓はきれいに内容物を抜かれ、その他の部分と均等に分けてバナナの葉でくるんだ包みをいくつかつくった。ある包みは子供を使いにやって近所に配布され、残りは大きな鍋に入れられて煮る準備が整った。脇では、別の鍋でポーショがこねられている。

カン、カン、カン、カン……と打楽器の甲高い音がして、楽団が演奏を始めた。女たちがそれに合わせて身をゆらしはじめる。アジョレ ajore である（写真 55）。

11　ガンダ語でボーン・アゲイン派のキリスト教徒のこと。
12　スワヒリ語で警備員のこと。当時オピオは、留守中教授の住居や前述 NGO の建物その他を警備するために雇用されていた。

493

第2部

アジョレとは、アドラ語で、心が悲しみと悔恨でいっぱいになった状態をあらわしている。人間が死んだときの挽歌として演奏され、歌われる曲全般をさす。それに合わせて踊られる女たちの踊りもそう呼ばれることがある。この歌によってジュウォギ *juogi*（死者の魂）は、死者の世界に統合され、その状態の安寧がもたらされると考えられている。

かつては、他民族やクラン間の紛争で戦いがあったとき、その凱旋の際に歌われた。兄弟を失い、姉妹を失い、あるいはそれ以外の家族を失った者が、その死を悼む。それだから、アジョレは、現在でも戦いの記憶とともに歌われるとされ、戦いはいまだ終わっておらず、継続中であるというダウィ・オニンド *dhawi onindo* という語を口にする。

楽団は、堅い板に木製のばちを打ち付ける打楽器テケ（*teke*）と、ロングドラム（フンボ *fumbo*）、弦楽器トンゴリ（*tongoli*）からなっている。楽団の歌に合わせて踊る女たちも歌詞を口ずさむ。

> ……*otomeran!*
> *thwodhe oromo gi wadi yokoro*
> *aa, aa, mama dhawi onindo kaa!*
> *woto meran!*
> *thwodhe oromo gi wadi yokoro*
> *achulo banja machago akitimo!*
> *wano kwongere gi yamo*
> *kere dhawi onindo! olelo! olelo!*
> *wodi mama kodhwoko, kere otho!*
> *dhawi onindo kaa! olelo! olelo!*
> *kere banja! kere banja!*
> *dhawi onindo kaa! olelo! olelo!*
> *wano kwongere gi yamo*
> *dhawi onindo ochulere banja*
> *nyath pa mama igalo kune mogwangi kayan ayino?*
> *Opowo*（この部分は死者の名に置き換えられるのが通例である）*kodwoko kere banja!*
> *aa, aa, mama kere banja, dhawi onindo!* ……

第 12 章　葬儀の実際

……きょうだいよ！
その戦いは、雄牛たちとそこで
ああ、ああ、母よ、また戦いがここに！
きょうだいよ！
その戦いは、雄牛たちとそこで
経験したことのないような痛みを受けた
我々は死を呪う
その戦いがまた！オレロ！オレロ！（すすり泣く擬態語）
私の母の息子は戻ってこなかった、死んだのだ！
その戦いがまたここに！オレロ！オレロ！
痛み、そう痛みのため！
その戦いがまたここに！オレロ！オレロ！
我々は死を呪う
戦いはひとびとに経験したことのない痛みをもたらす
そこから帰りの遅れた母の子は、野獣にでもやられたか？
オポウォは（戦いから）帰ってこなかった、痛みのため！
ああ、ああ、母よ、かつてない痛みがここに、戦いはすでにここまで来た！……

その後の調査で、アジョレにはいくつもの種類があり、地域や楽団によって伝承されていることがわかってきた。以下はそのうちの一部である。

...yamo obedo gima rach kada wa iywaki riyamo yamo rach!
watero gwendi I wang kachgi ndyegi ni ywakiriyamo yamo rach !
yamo oweyan pa ngata konywol !
yamo rach !
eeeh! eeeh!ereba!
Akwogere gi yamo!
yamo rach akwongere
gi yamo !
yamo rach omiyan
adong pa'akinywol yamo rach!
achero ma e chago anorigine saume orumo!

第2部

achero ma e chago asangala gine chieng owango
eeeh! eeeh! eee! chieng owango!
achero paran mageno chieng owango!
achero eeah!
mageno chieng owango!
achero ma wok both mere paran chieng owango!
achero chieng owango!...

　……死のことは考えたくもない、私たちがその悲しみにすすり泣いているときにさえ、それは考えたくもない！
　私たちは祭壇の入り口で鶏と山羊を供犠して、死の悲しみにすすり泣いている、しかし死は考えたくはない！
　死は私を取り残す、子供もつくれない男のように！
　死は、悪である！
　エー！エー！エレバ！（嫌悪をあらわす擬態語）
　もうまったくいやになる
　私は不毛な男みたいだ
　死は悪だ！
　私が誇る人は逝ってしまった
　私が愛用したアチェロ（食事に用いる皿）も日光でからからに乾いて
　エー！エー！エエー！（すすり泣く）
　私のアチェロが日光でからからに
　アチェロ、エー！
　愛用の皿がひからびた！
　私の友のアチェロも、日光でひからびた！
　アチェロが、乾いた！……
　※　アチェロは、姻族を迎え食事を供するときだけ用いることになっている素焼きの皿のこと。

……olelo! olelo !
sawa oromo ma Opowo kodwoko !
Opowo kodwoko!
buli oringo ma Opowo kodwoko?!

第12章　葬儀の実際

mama!
buli ogwak ma Opowo kodwoko!
kelo gimoro ochwowo wangan!
Opowo kodwoko omiyo omin baba chwowere gi tong , woo ga yamo rach!
lelo!lelo!lelo!
buli omono wangan akinindo!
oyayo! ya! ya! yaah!
eeeh! lelo! lelo! ereba !
Opowo oywak in mamaye! tho lith !
obedo ned ma Opowo ywak ni tho lith ?!
ani bende onyewan anyewa!!
obedo ned ma Opowo ywok ni mamawe tho lith ?!
ani bende onyewan anyewa!!
obedo ned ma yach chwowere gi tho?!
ani bende onyewan anyewa!! ……

　……オレロ！オレロ！
　オポウォが帰らぬ人となったこのとき！
　オポウォは帰らない！
　ブリ（前出：葬儀を知らせる太鼓）は、オポウォが帰らないことを知らせるものか？！
　母よ！
　ブリもオポウォが帰らないことを知りむせび泣くようだ！
　私の目は、射貫かれたようだ！（一家の主が死んだ喪失感の含意）
　オポウォは帰らず、オジたちは互いに殺し合っている、ああ、死は悪だとも！
　レロ！レロ！レロ！
　ブリが鳴り響き、私はこの耐えがたい時間を眠れずに過ごす！
　オヤヨ！ヤ！ヤ！ヤア！（復讐の意図を含んだかけ声）
　エーエ！レロ！レロ！エレバ！
　オポウォは泣いた、死は耐えがたい苦しみだと！
　私もブリにあわせて歌う！！
　オポウォを泣かせる一体何がおこったというのか？！

497

第 2 部

写真 56　別の葬儀での出棺

写真 57　コンパウンドに引き出すこともある

写真 58　棺を前にミサとスピーチが行われる

写真 59　参列者は一掴みずつ棺に土をかぶせる

写真 60　墓穴の前で讃美歌を歌う

写真 61　墓穴に運ぶ

第 12 章　葬儀の実際

　　私もブリにあわせて歌う！！
　　起こったことは、若者たちの殺し合いか？！
　　私もブリにあわせて歌う！！……[13]

　アジョレが終わり、ひとしきりする。あちこちで女たちがすすり泣いている声が聞こえる。困ったとき、悲しいときに女がとる、頭の後ろに手をやるしぐさや、後ろ手をくむ姿勢で悲しみのため体をねじっている女たちがいる（第 10 章写真 47）。

　小屋の中から聞こえる泣き声がさらに大きくなる。最後の別れをしているようであった。しばらくすると順に小屋から泣きながら出てくる。

　男たちが「右が下だぞ」と言い合いながら遺体を棺に移し始めた。近隣のバントゥ諸族と同じく、パドラでも、男の埋葬のときは右肩が下で、女の埋葬のときは左肩が下になるように埋葬する。これは、生きているときの格好だと言うのだが、性交のときの正常位なのだそうである。それを死者に近しい女たちは泣きながら見守っていた。子供も 2 人いたが、事情が飲み込めていないようできょとんとしている。

　棺に遺体を納め終わった直後に、それに間に合わなかった若い女性が小屋に飛び込んできて最後の対面を求めた。彼女の哀願は厳かに退けられ、彼女は小屋の外で背を向けて泣いていた。

　ワンデラが太鼓を叩き、賛美歌とともに棺は屋敷の中央に設けられた日よけの真中に運び出された。男の信者によって賛美歌と祈願が捧げられる（写真 49、56、57、58）。

　司会進行役が父親にスピーチするように促しながら遺族を紹介し、故人の業績を読み上げる。父親、続いてクラン・リーダーがスピーチする間、子供も含めて声や物音をたてるものは誰 1 人いなかった。クラン・リーダーは、18 日に容態が悪化したこと、トロロ病院に連れて行ったが改善せず、今日に至ったことなどを説明している。オジのチャールズ・オドイにもスピーチが求められたが、かねてから話好きの彼は 20 分経っても話すのをやめない。父親やクラン・リーダーよりも長くオジがスピーチするのは一般的でないので、しばらくすると進行役はオドイを遮って進行した。

13　以上の歌は、それぞれ別の村で記録したものであり、担当するジョンディジョ *jondijo* やその村によりヴァリエーションがある。すべてがこのオポウォの葬儀で歌われることはない。

499

第 2 部

写真 62　最後の別れに讃美歌を歌う

写真 63　参列者は一掴みずつ土塊を投げる

写真 64　一般の墓標

写真 65　墓石の上で記念写真を撮影する遺族

　死者のバイオグラフィが進行役によって紹介される。ウガンダ教会で洗礼を受けたこと、子供を 5 人もうけたこと、また、晩年はトレーディング・センターで飲みつぶれてばかりだったことなどが言及された。遺族として紹介された妻と子供たちは、恒例に従ってさっと参列者のほうを向いて立ち上がった。

　続いて棺はクランから寄進されたこと、15 枚の白いシーツと 1 頭の山羊が参列者（特に近親者）から贈られたこと、そしてリエド liedo 儀礼は明日行うことが発表された。

　キリスト教の祭服に身を包んだ男たちが、かわるがわるスピーチをし、続けてワンデラが聖書を朗読した。その焦点の多くは、故人の飲酒癖と、その際に食事をしない、という点に向けられていた。これは、のちに聞いたところでは、かなり異例だそうである。司祭とワンデラ、そして数人の熱心な信者の主導で、賛美歌が歌われた。今回の場合、プロテスタントのため、全て使用言語は、ガ

ンダ語である[14]（写真60、61、62、63）。

　雲行きが怪しくなってきたが、それにかまわずワンデラは再び演説をはじめた。曰く、日曜日には教会に行きなさい、酒を飲むならば食事をとりなさい……。

　雨雲が近づき、あわてて棺が埋葬される。参列者の持参した白いシーツを裂いてつくった紐で墓穴に吊り下ろされる。墓穴の頭側は東を向いていた。本来、モルワ・スレのクラン・メンバーは西に向けて埋められるはずである。オマディアも「ルールが変わったのかな」といぶかしんでいた。

　賛美歌の歌声が響く中、参列者皆が一摑みずつ、土くれを棺の上に投げかけていく（写真63）。それがひと回りすると、スコップを持った男たちが一気に穴を埋めはじめ、土かさが地面と同じになったところで賛美歌はひとたび途絶えた。しかしそれで終わったのではなかった。一段落したのを見届けてワンデラが去ってもなお賛美歌は歌い継がれた。やがてそれも聞こえなくなり、オポウォの埋葬儀礼は終了した。墓はセメントを塗る部分だけを残してかたちを整えられていた。小屋の中からベッドが運び出され、墓穴の近くに置かれた。悪霊や邪術師などに遺体を乗っ取られないように守るのだという。帰り道、私を含め連れ立った人々はしきりに噂しあった。「オポウォは死んだ。ングリが殺した」(*Opowo otho. Ngri neko.*) そして私に向かって、「ヤコボ、お前の友人が死んだのはどんな気持ちだい？お前も何年か前は彼と一緒によく飲んでいたものだよ。彼も昔は村きっての優等生だったんだけどね」と、人々は口々に囁いた。私には、オポウォという人物とともに酒を飲んだ記憶はなかった。

　おそらく明日には、近親者の髪がそられるリエド儀礼が執り行われることだろう。そして、しばらくして経済的な条件が整えば、近隣の人々を招いて宴席、ムウェンゲ・マ・ピ・ワングジョ *mwenge ma pi wangujo* が開かれるはずである。さらには甥たちの手で「灰を集める」儀礼、ジョウォ・ブル *jowo buru*、ネコ・カシック *neko kasik* が行われる。埋葬儀礼の間中絶やさず燃やされていた焚き火の灰を集めるのである。雨に濡れないようにこのときまで灰にはビニルなどの覆いがかけられる場合もある。これは遺体を守る意味合いを持つという。遺体

14　カトリックは儀礼を現地語で行い、聖書も部分的に現地語に翻訳したものを用いる。プロテスタントは、ウガンダ教会の方針でガンダ語の聖書を用い、儀礼をガンダ語で行う。また、教育方法にも方針の違いがあり、カトリック系は初等教育は現地語で、中等教育で英語を使用する。プロテスタント系は初等教育でガンダ語を用い、中等教育で英語を用いる。このことは、公職に就く際ガンダ語の運用能力が重視されていた時期には、プロテスタント側のアドヴァンテージだった。

が土に帰り、もはや守る必要がなくなったころ、近隣全ての人を招いて行われる盛大な宴会、「忘れる」「全てのことに感謝する」儀礼、ルンベ lumbe 儀礼が行われて初めて、亡きオポウォについて親族が果たすべき義務はすべて終わることになる[15]。

　ジョウォ・マサンジャ、あるいはルンベについて、コイ＝カタンディ・クラン（Koi-Katandi clan）のオケッチ・ダンバは、次のように言う。長くなるがテキストをそのまま紹介する。

　　……人が死んだときには、3段階に渡る儀礼がある。まず近しい人の死の悲しみに、避けがたく零れる涙。その象徴としてバナナの酒が飲まれる。次に、それまで外で眠っていたピドの期間が終わり、「灰を集める」儀礼。ここではシコクビエの酒（コンゴ）といくらか食事が出る。ルンベはその最後の儀礼だが、埋葬後しばらくしてから、場合によっては10年間たってから行われるような儀礼である。ルンベの開催にあたっては、死者の親族がすべて出席できるように、周知せねばならない。

　　このときまで閉じられていた死者の小屋の扉が開かれ、壺2つ分のコンゴが醸される。3日後に酒が持ち込まれ、1つの壺は小屋の中、もう1つの壺は小屋の外に置かれて、皆でそれを飲む。親族や姻族は手紙などでこの儀礼のことを知らされ、ほとんどのものが出席する。それらの参列者も思い思いにコンゴを持ち寄り、それをまた飲む。小屋の内外で飲まれていた2つの象徴的な壺のコンゴを飲み終えると、茅葺屋根が引きおろされ、死者の小屋が破壊される。死者が女の場合、4束の茅を結んでから同じことを繰り返すことになる。

　　ルンベは死者のために行われる儀礼であり、この地域最大の宴会の1つである。この儀礼が執り行われないうちは、死者はまだその屋敷の構成員のひとり1人であり、遺族との関係は継続されたままである、という考え方をもっている。死というものもその人の本当の終わりのように考えているわけではない。身体は失って朽ちていくが、霊の形でとどまっている、と考えているのだ。霊に別れを告げ、霊の世界、つまり生者が生きるこの

15　ルンベ儀礼には莫大な費用がかかるため、これをこの地域の貧困の遠因と考える人もいる。しかしながら、死者の霊魂の祟りをおそれるアドラ人が、この儀礼を省略することは今のところ考えられないという。一方、特に生前大きな実績をあげた人物のオケロ okelo 儀礼については、前章で触れたが、現在はほとんど行われていない。

第12章　葬儀の実際

世界とは別の世界で平安に暮らすように、と飲み、歌い、踊るのがこの儀礼の要諦である。この儀礼が執り行われないと、死者は生者に対してなんやかやと問題をもたらすと考えられている。もし行わないままだと、人を招くことがない「ドケチ」として不平を言い、病や不幸をもたらすなどの厄災が降りかかるが、行えば、死者は安寧な気持ちとなり、とかく要求を言うこともなくなる。その日宴が終わると、死者が住んでいた小屋が壊され、このことによって死者が自由に霊の世界に移行できるようになる、と言われる。

　この儀礼の執行をもって、遺族が死者を悼むことは社会的には「終り」である。死者のことを思い出すことも公式的にはない。

　かつては、もし私が妻を残して死んだとしても、この儀礼が終わるまで妻の相続（ルンジョ・ダコ *lunjo dhako*／ルンジョ・チソ *lunjo chitho*）をすることはできなかった。最近はこのルールを守らない者が多く、夫の死とともに妻の相続の交渉がはじまっているようだ。しかし、かつてはルンベ終了まで待つことになっていた。また相続の最初に山羊を死者の屋敷に連れて行き、それを供犠する儀礼を行ってからでないと妻を連れだすことはできないと信じられていた。現在ではそれらは迷信だったと多くの人が考えているし、それなしに妻の相続が行われている。

　しかし、興味深いのは、このルンベの宴席では、死者の自由や解放ではなくて、むしろ勝手に友人たちと出歩いたりすることを許さない、非常に拘束的な要素が描かれることだ。彼の友人ですら、彼の悪口をしきりに言うことが期待される。牛を供犠して共食するときには、死者はもう食べられないから、その境遇をあわれみつつ「うまい、うまい」と言って、みんなそれを思う存分楽しむ。そんな宴だ。

　参列者は言う。「私たちはお前のために宴を開き、飲み物、食べ物を用意した。お前が用意したものはどこにあるというのか。」これを聞いた霊の世界にいる死者は侮辱されたと感じ、参列者の1人にとりついて、「私が何をしたというのだ。私のためのルンベを開いてください」と言うこともある。それを受けて、山羊や牛が屠られて、ビールを全員で飲む。

　「いまや、お前の最後の葬送儀礼は終わった。お前のともがら、そして祖先ともども、このごちそうを食べ、以降2度と問題や悩みごとをわれわれにはもちこまないでもらいたい」

　そう言って、死者の友人や長老、あるいはもっと以前に亡くなった祖先

の名前に言及して、この葬送儀礼を要求した死霊たちをビールの壺のもとに呼び出し、象徴的にひきだして、霊の世界に戻らなければならないと説得する。

先に挙げた例のように、この場で死霊はときに参列者に憑依する、と少なくとも昔は考えられていたので、儀礼に失敗して他人のルンベに参列してとりつかれた人が亡くなる、というようなこともかつてはあったようだ。死者の世界に引きずり込まれてしまったわけである。

ルンベの場にただ参列するか、そこで酒をえんえんと飲むことになるかは、その屋敷と参列者との関係にもよるし、宴会の主催者の屋敷の考え方にもよる。

ある屋敷では、ルンベ儀礼の際、次のように言っていた。

「この宴は、死んだ霊のために行う、というよりは、それに参列してくださるあなたのために行うものなのですよ。ルンベ儀礼を行うべきだ、と言いつのる親族に、酒を注いでやって、扉のところで帰ってもらうのです。「儀礼のためにきてくれる人もいれば、そうではなく別の目的や意図があってくる人もいることはわかっていることです」と、はっきり言います。」と。

しかし、儀礼の場で何が期待されているのかも、その場の状況次第である。盗みなどでいわゆる「モブ・ジャスティス」の対象になった人、自殺した人についてはルンベはとり行われない。こうした霊は、ルンベを執り行うように親族にとりつくような力も、正当性もないし、もし万が一そういった兆しがあれば、ジャシエシを呼んできてそれを捉え、瓢箪に詰めて焼いてしまうだけである。ジャシエシは、そういった邪霊を追い払う能力を持っており、その辺をふらふらしている霊から守るための霊的な防御にも詳しい知識を持ち合わせているのだ。……

ルンベ儀礼以降、災因としてその人の霊ジュウォキ jwok が名指しで問題にされることは一般的にはない。ありうるとすれば、集合的な霊ジュオギ jwogi として匿名的に包含されるだけである。

夕方になって、私はオポウォの死因についてより詳しく知ることになった。「酒の飲み方が悪い」(medho ma rach) のは、誰かのラム lam (「呪詛」) の結果か、ジャジュウォキ jajwoki (妖術師) の仕業だというのだ。一般に彼らは「『自然死』を信じて

第12章　葬儀の実際

いない」[16] ので、誰の死に対してもそれぞれ「災因」が持ち出されるが、生前の行状によって持ち出される「災因」の解釈にはヴァリエーションがある。これまで見てきたように、この地域で言う「呪詛」は、目上の者に無礼なことをした、などの理由で怒った年長者などが懲らしめのために行う、公共的に承認された正当な呪術である[17]。それに対し、邪術師の行いは反社会的なものとされ、処罰の対象となる[18]。また、同じように、パドラの場合、「邪術師」はいわゆるナイト・ダンサーのもつ反社会的イメージとかなり重複しており、明確な意味領域を形成しているとは言えない。繰り返すことになるが、ある人によると、ナイト・ダンサーは、日中はふつうの人間のように振る舞っているが、夜密かに出歩き、裸で、灰を体に塗りたくったり、しゃれこうべを腰から下げてカトゥール、カトゥール、カトゥール、カトゥールと音を鳴らしながら背中で他人の小屋の扉をノックするものだ、という。あるいは、裸で片足の踵を後頭部に引っかけてとんとんと歩く、などともいう。彼らは毒を持っており、気に入らない人々、自身がナイト・ダンサーであるという秘密を知って告発した人々に危害を加える、ともいう。

　一方で妖術師は、意識的であれ無意識的であれ、「超人間的な力」[19] に訴えて他者に危害を加える者である、というが、そのイメージは漠然としており、端的に言うと、両者をあらわす語彙はともにジャジュウォキしか私は聞いたことがない。エヴァンズ＝プリチャード[20] の言う意識的な邪術と無意識的な妖術という区別もなく、強いて言えば、わざわざ薬草を用いたかどうかという規準ぐらいしかない。同様に、異能を持つ者を指す語彙として雨や雹を降らせることができるというジャミギンバ *jamigimba*[21]、シココ *sikoko*[22] などに言及されるが、それ

16　長島［1972b］。
17　同じ動詞「ラム」には、祈願する、崇拝する、言葉に出して何事かを実現する、など善悪に関係ない中立的な意味もあることはすでに議論した。
18　LC1 レヴェルの裁判の多くは、妖術告発とその判定のために開かれる。
19　Lienhardt［1961］、栗本［1988］。
20　Evans-Pritchard［1937］、Middleton & Winter［1963］。
21　ジャミギンバは、小さな壺に人間の目のようなものを入れて持っている。その「もの」には水を時々たらして、乾燥しないように保たなければならない。雨が降ると、その泡を壺に入れる。晴れているときは、壺のかけらで壺の口を塞いで森の木の下に安置する。彼、彼女を怒らせるとその蓋を開き、雨が降らないようにするのだという。詳しくは第4章。
22　シココやジャタークの概要は以下のテキストに詳しい。

　　……シココ *sikoko* とジャターク *jatak*、別名はジャジュウォキ・マ・ボロ・ギキピニイ

第2部

らも、反社会的な点などでジャジュウォキと緩やかな形で関係しているという認識が持たれているようである。

彼らは言う。「だって、普通の人間は、どんなに酒好きでもあんなに飲んだりしない。食事も摂らずにほとんどトレーディング・センターで酔いつぶれて寝ていたんだよ。病院に連れて行かれ、帰ってきたと思ったらまたトレーディング・センターだ。あの日だって……」

その夜、オポウォは、ひどく酔ってつぶれてしまったという。旧知の友人で

---

jajwoki ma bolo gikipinyi。石や食べ物、ガラスのかけら、金属などなんでも他人の胃の中など身体の内部に送り込む能力がある人がいる、と考えられている。体の中から出てくるのは、ときには生きた蛇であることもあるという。そうした能力をタークまたはシココという。シココ *sikoko* はおそらくサミア語であると言われる。ギス語かもしれないという者もいる。非常に新しい信仰であるという。北の方から比較的最近になって伝わったものである。ある人は、「*jwok*を送りつけること」という表現をつかっていた。ジュウォキの1種でもある。そういった意味では、モノを人の身体に送り込もうとするこのシココやジャターク、食べ物のなかにモノを仕込もうとするジャジュウォキ、そして和解儀礼の時の「骨囓り」、すべてなにがしかジュウォキが関わっている、最後のものはわかりにくいだろうか。これも、殺人などでつきまとう邪悪な何かを、皆で集まって食事し、そこで一緒に食べることはできないにせよ、ジュウォキにいくぶんか食べるものを捧げて、悪いものを祓う、そんな儀礼である。シココは呪術的に何かモノが身体の中に入れられてしまうことである。一部では、邪視のことをシココという人もいる。これは妬みの心を持って誰かを見ると、その誰かが病気になってしまう、そんな病である。その相手の影を通して動物の骨や石、ビール瓶やガラスのかけらなどのモノを投げ込むと言われている。影にまずモノを置き、それが相手の身体に入り込む、と考えられている。とりのぞくことができないと犠牲者は死に至ることもあるそうだ。私にはそんな術は効かない。何かが私の身体から出てきたこともない。女が犠牲になることが多いようである。とくに埋葬儀礼などに参列して、もらってくることが多いように思う。そこにいる私の妻は、2度もこのシココの犠牲になっている。ある男が子供が生まれたばかりの屋敷を訪ねてきた。その男は子供に恵まれたこの屋敷がうらやましくて生きたトカゲを赤ん坊に送り込もうとしてきたのである。まさに送り込もうとしてトカゲは実体化したのだが、残念なことに、赤ん坊も母親もすでに強力な薬草で守られていた。実体化したトカゲは男のズボンの衣服のなかに逃げ込むしかなかった。治療師(ジャターク)の所へ行けば、薬草を飲ませ、それらを取り除こうとする。私はまるっきり信じていないが。ある男(マカワリ村のカシンビエ Kasimbye)が腹痛を訴え、母親がジャタークに見てもらいに連れて行った。小さな手斧が胃の中から出てきた、と聞いている。ジャックフルーツの種や、煉瓦、ゴム草履などを出してもらった人もいる。身体からは1滴の血も出ないという。オウォラ神父があるとき、そういうことをしている女の所に、腹痛があるのだ、と言って訪ねたことがある。そうすると女は腹から出てきた、と言って非常に大きな干し肉の塊をとりだしたということだ。神父は「腹が痛いと言ったのは嘘だから」と言ってやった。なかには聖書を使ってこのモノをとりだすヒーラーもいる。しかし、それはキリスト教徒ではない。ただ「聖書」を使うウィッチである。……

もあるバーの主は、客も途絶えたところで、このまま朝まで放っておこうとバーを閉めて施錠し、帰宅した。ところが、これはオポウォの巧妙な作戦であった。主が帰ったあとのバーで、オポウォはほしいままにングリを飲んだというのだ。しかし、その作戦には計算違いがあった。翌朝バーの主が発見したのは、ングリでご機嫌のオポウォではなく、空になったングリの壺とその傍らで死にかけて冷たくなったオポウォだったのである。

Ⅳ 「呪詛」で酒が手放せなくなった男——オドウェ

　オポウォの埋葬儀礼から2日後の2001年7月27日、外から激しい叱責の声が聞こえた。隣人のエマの声である。耳を澄ますと、「ングリはよくない！　量を減らせ！　あの男を知っているだろう。ングリのために死んだ。あのようになりたいのか。5リットルも飲めば、たちまちショック死してしまう恐ろしい飲み物なんだよ……。」
　あの男というのは、言うまでもなくオポウォのことである。当時TOCIDAの一角に事務所を間借りして有機農法の普及に取りくんでいるNGOのチューター、エマに怒鳴られ立ちすくんでいるのは、グワラグワラではオポウォと並んで有名な酒豪、「ワラギマン」と異名をとるオドウェであった。彼は掃除や草刈り、水くみ、運搬など単純労働で小銭を稼いでは、いつでも朝からングリを買って飲んでいた。着替えも1着しか持っていないようで、いつも見慣れた黄色と黒のぼろぼろの服を着ている。その日も4年前に初めて見たときとまったく同じ服を着ているのには驚かされた。エマは私を認めると、「私はこの男を刑務所に連れて行かなければならない、彼は私のお金をだまし取ったんだよ」
　「そのお金で飲んでいたんですね。」エマは私の推測に深くうなずいて、「代わりに働くなんて言っているけど、信用できるもんか。」オドウェは煙草を燻らせ、曖昧な笑みを浮かべながら、「仕事はしようとしてますよ、あなたのバナナは……」と言いかけて、エマに遮られた。「バナナをむいて蒸す仕事は生徒がやったんだよ、お前じゃない。近寄らないで。水浴びぐらいしなさいよ、ぷんぷん臭うわ。それから……」、きっと睨みつけて、「2度とここに煙草を吸いながらこないで。いまにお前はそれで胸もやられて、おしまいよ。」
　私が積極的に飲む側にいたので、飲酒に関する批判めいたコメントを周囲が遠慮して口にしなかった可能性もあるとはいえ、オポウォの埋葬儀礼の際のムロコレの説教といい、このエマの説教といい、初めてここに住み着いた1997年

第２部

には見られなかった現象である。思い返してみると、2001年に再訪して気になっていたいくつかのエピソードが想起された。昨年ここに遊びに来たカンパラ在住の日本人の男が飲み過ぎて宿酔いになり、翌朝チャイ（紅茶）を飲めなかったことがあった。そのとき居合わせた２人の老女ナンタリアとドロシーは、今年になって、結局連れの女が運転してカンパラに帰った事実など、いかに彼がたくさん飲んだかを口々に言いあいながら、「ア！ア！（強い否定または批判の感嘆詞）、カンパラまで女の子の運転で！」などと強く批判していた。私は語調のあまりの強さに違和感を覚えていた。また、数日前も若い男が次のように嘆息していた。「白人は賢い。一生懸命仕事をして少しだけ飲む。アフリカ人は飲んで、飲んで、飲んで……ばっかり。だからいつまでも貧困に苦しまなければならないのだ。」*Monitor* や *New Vision* などの英字新聞には毎週のようにアルコール濫用への忠告記事が載っていた。多くは、「ビール２本（１本500ミリリットル）以上飲んだら自動車の運転はやめるべきです」というような楽観的なものではあったが[23]。

　ある日、夕刻を待って、私は隣人を質問攻めにした。オドウェはいかにしてあのような飲み方をするようになったのか。隣人の口は重かったが、やがて期待された１つの言葉を口にした。「ラムなんだよ。」やはり、「呪詛」だったのである。オポウォについては、隣人は知らないようだったが、オドウェについては詳しかった。当時TOCIDAで働いていたアレックス・オコンゴの話。「……オドウェは、ここTOCIDAでも鍋など食器を洗う仕事を頼んでいたこともある。しかし、つまみ食いが見つかって以来、彼に仕事を頼むのはやめたんだ。誰かが彼を呼んだんだが、返事がない。手にも何も持っておらず、ポケットに何か入っているわけでもないがオドウェはしゃべることができない。それもそのはず、マトケ（料理用バナナ）を６つも、口いっぱいにほおばっていたんだ。……オドウェは結婚していたこともある。結婚した当初は屋敷だってきれいだった。奥さんもきれいなゴマス[24]を着ていたものだ。子供もいるんだよ。女の子が１人。彼は、健康で働くんだけど、稼いだものは全部飲んじゃう。子供にノートが要るとか、制服が要るとか、奥さんだって新しい着物が要るとか、そういうこと

23　2006年の観察では、少なくとも首都近郊での酒気帯び、酒酔い（こういう区分はないが）についての取り締まりは厳しくなってきており、警察は、指示する血中アルコール濃度検査を拒否すると逮捕する方針を打ち出した。

24　ガンダ語ではゴメスという、腹に帯を巻き、肩の部分が三角形にとがった共布であつらえた女向きの正装。

を考えないで稼いだものはみんな飲んじゃう。だからついに、本来、我々の文化ではありえないことなんだけど、奥さんは実の両親のもとに帰って行っちゃったんだ[25]。だから彼の実の両親も怒って、帰ってきたら死ぬまでぶつよ、と言っているから、彼は、トレーディング・センターの鍵のかからないつくりかけの小屋の中で寝ることにしたんだよ。セキュリティなしの世界でね。奥さん？実の両親の屋敷のキッチンで寝ているよ、子供と一緒に……それというのも、あるときオドウェは母親にお使いを頼まれてね。父の母に牛肉を持って行くように言われたんだけど、全部自分で食べちゃって。代わりに牛の糞をバナナの葉っぱに包んで持って行ったんだ。お婆さんは目が悪かったけど、すぐに気づいて怒ってね。お前なんて、駄目になってしまえ！　とその場で「呪詛」をかけたんだ……。[26]」

いっそ何も持って行かなかった方がいいと思うし、なぜ牛糞なのかも釈然としないのだが、これが意味のある、しかも「呪詛」の効力と恐ろしさだけではなく、目上の人を敬うべきだという教訓を含んだ話として成立し、しばしばこのエピソードが語られているところをみると、そこには私が現在理解し得ない何らかの文化的な背景があると考えておくべきであろう。いずれにせよ、祖母に「呪詛」をかけられたオドウェは、それから片時も酒が放せなくなったのである。一説によると、「呪詛」の効果がいつあらわれるのかおそれ、そのことを考えないようにするために酩酊しているとも言い、パドラでは一般に霊の世界であると考えられている夢を見ないように毎夜酔いつぶれようとしているとも言われていた。

V　バジルの死とアディンの病

ところで、先に言及したエマのオドウェへの説教は、私に2人の人物の顔を思い浮かべさせた。アディン・フランシスとバジル・オケチョである。私と同

25　アドラ人の慣習法には、正式な離婚手続きはないという。
26　どのような文句を口にしたのか尋ねたが、口は重かった。ようやく *Bedi nyathi mo gaya-gaya imyenere!*（小僧め、駄目になってしまえ、狂ってしまえ！　の意）という文句を教えてくれた。ただし、日本語のいわゆる「呪文」と異なり、定型が決まっているわけではなさそうだ。これらの呪文の定型が決まっていないアザンデ流の呪文と、トロブリアンドなどのように定型通り朗唱しないと効果がないと考えられている手法の差異については Evans-Pritchard［1929］、Tambiah［1985: 18-59］や Kaplan［2003: 183-199］により再検討されている。

第 2 部

年輩のアディンは、期限つきのソシアルワーカーの仕事をしていた。小金を持っているので、煙草と酒は欠かさない。2001 年 8 月 9 日のフィールドノートには、以下のような記述がある。

>　……夕刻、アディンが訪ねてくる。彼は病気だ。ずっと病気だが、最近特にひどい。昼間喀血したという噂だ。隣に住む看護師のドロシー（前出のドロシーとは別人）は、『飲み過ぎよ、酒も煙草も』と冷たい。私が、インフォーマントを捜していることを聞きつけて訪れたらしい。絶え絶えの苦しそうな声で『……キソコに 1930 年代から住んでいるいいインフォーマントを見つけた……』という……

私はその夜、ドロシーと月を見ながらアディンの病状について雑談したのを記憶している。記録は見あたらないが、「まだ若いのに酒も煙草もあんなに飲んで。もっとこのコミュニティのために働いてもらわないといけないのに」という一言が印象に残っている。

その後、アディンの推薦するキソコのインフォーマントに会いに行ったのかは、フィールドノートにも記録されていないし、記憶にもない。ちょうどその下に、バジルについての次のような記述がある。

>　……NGO のホールの電気（弱いものだが、ソーラー・バッテリーが設置されている）は現在使えるのかどうかバジルに訊くと、『主電源を切っている。なぜなら、おまえにはやりたくないからだ』と言われた。結局は繋いでくれたが。彼も最近精神的にやや不安定なのではないか。……

当時バジルの酒量もずいぶん上がり、「校長だった頃（彼はポメデ小学校というカトリックとプロテスタント双方の小学校の校長をしていた。もともと対立していた両校を調停し統合したのも彼だという）はよかったが、兄の命令でこんな店を任されてから退屈で死にそうだ」など、実の兄である教授の批判を延々と聞こえよがしに公言したり（兄の批判を公けにすることはパドラでは一般的ではない。オジほどではないが「呪詛」を招く可能性がある）、非常識な行動が目についていたのである。

私の自転車を執拗に欲しがり、ホールの机や椅子、ベッド、タイプライター（もちろんリボンや紙などの消耗品は私自身のものを使っているのだが）など、従来は自由に使えていたものについても賃貸料を請求しようとするなど、異様なまでの金銭

第 12 章　葬儀の実際

への執着が目についた。

　あげくの果てには、近隣住民の要望でようやく TOCIDA 入口付近に設置された MTN 社の公衆電話のソーラー・バッテリーからの電気代を、公衆電話を使用する人々から徴収しようとしたほどである。また、オウォリ教授の屋敷に遊びにきたカナダ人のニューフィールド博士の息子がアスカリのオウォリ＝オダカにプレゼントしたマウンテンバイクを、実兄である教授とその妻の権威を嵩にかけて、これは TOCIDA へのプレゼントなのだと接収し、事実上彼のものとした。教授やその妻マリーがその事実を把握していないのは明白だった。あとで人々に訊いたところでは、自らが飲んでしまった商売ものの酒代の補填で必死だったのだ、という。

　2004 年 6 月に、私は大阪でバジルの死を知らせる電子メールをオウォリ教授から受け取った。同じ年の 8 月 20 日、ウガンダに着いた私は、意図したわけではないが、結果的にその間の事情を尋ねて回ったことになる。8 月 24 日、私の再訪を聞きつけたアディンが 1 番に訪ねてきた。2 年間職がないので何とかしてほしい、と言う。彼は我が強く、1 ヶ所にいたり私に付き添ったりする通常の助手や通訳の勤務形態を遵守できないことはすでに経験済みなので、ノートとボールペンを渡し、「呪詛」についての独自の聞き取りを依頼する。聞き取りにもとづいたいいレポートを書いたらその情報を買い取る、という約束をする。

　入ってきた噂を総合すると、晩年のバジルは、朝店を開けてからから夕方店を閉めるまでの間に約 1 クレート（20 本）ものビールを飲み干し、夜は飽くことなくングリを飲んでいた。精神的に尋常ではないことは誰の目にも明らかだったという。例えばアスカリのオウォリ＝オダカは、バジルとの理不尽な諍いが原因で解雇されていた。ある晩、オウォリ＝オダカは夕刻になったので TOCIDA の入口の鍵を閉めたのだが、そのことで出入りができなくなったことを怒ったバジルは梯子をかけて入ろうとした。警備の職務上オウォリ＝オダカは咎めざるを得ない。両者は対立し、ついにはバジルが、「自分がやめるか、オウォリ＝オダカをクビにするか、2 つに 1 つだ」と実の兄であるオウォリ教授に詰め寄ったのだという。教授も含めて周囲の人間も、そのころのバジルにはほとんど何の論理も通用しないので、ただ遠巻きにするだけだった。

　ある日、バジルは盥に一杯ほどの大量の血を吐いて意識を失った。ちょうど 1 週間人事不省だったが、意識を取り戻し、まるで子供のように手を叩いたり子供の歌を歌ったりしたが、しばらくしてこと切れたという。

　「HIV だったんだよ。」そんな噂も、耳に入ってきた。ずっと前に調べて、自

511

第 2 部

分の病のことも知っていたらしい、ともいう。これも周囲に尋ねるわけにもいかず、真偽のほどは定かではない。しかし、仮にそうだとすると、オドウェについて噂されている説を敷衍すれば、バジルもいつ発病するかわからない病に怯えて飲んでいたという憶測も成り立つ。

　アディンは、私がこの間の約1ヶ月の滞在中、見かけたときには必ず酒を飲み、煙草を吸っていた。たとえば、「そんなことでレポートが書けるのだろうか」と8月31日のフィールドノートには書かれている。しかし、さすがにこのあたり一帯で1番のエリートだけあって（Oレヴェルの試験を通過しているのは、30代ではアディンだけである）素晴らしいレポートを書き上げて、帰国前の私を大いに喜ばせた。とはいえ、謝礼金以外にかなり不当な要求をしてきたことは事実だが。

　2006年8月15日、グワラグワラを訪れた私は、予想していたことではあるがオドウェが死んだことを知った。トレーディング・センターの真ん中で大量吐血し、そのまま帰らぬ人となったそうである。そして数日後、アディンが昨年10月から今年7月まで生死の間をさまよう大病を患ったことを知った。一説によると肺ガンであるという。オウォリ教授は親族としてできる限りのことをしたようだ。一時、ムラゴ病院にも入院させたという。「しかし、教授がアディンをムラゴから連れてきたその日にアディンは再び酒と煙草を始めたのだ」と、人々は口々に言う。

　その日、宿舎の庭で助手のオロカ・マイケルと打ち合わせをしているところにアディンが無言で近づいてきた。やや太ったようだ。むくんでいるのかもしれない。「大病を患ったので健康のために酒はやめたんだ」という彼の口から、ぷんとアルコールの臭いがした。それでも2004年に滞在した際は名門マケレレ大学の卒業生であり、年長ということで敬意を払っていたオロカにも、「新米なんだからでかい面するな」と暴言を吐く。年長者への暴言は、「呪詛」を招く可能性があるためパドラでは忌避されている。話にも脈絡というものがなく、突如、「私は、お前からお金を奪おうとしているのではない。正当に働いて給料をもらいたいだけだ」と言いつつにじり寄ってくる。異様な雰囲気を察知した私は、とっさに全権をオロカに委譲し、以降オロカと交渉するように言ってその場を離れた。当惑し、心配もして、周囲に聞いてみると、アディンの病はよほどひどかったようだ。およそ3ヶ月は全く意識がなかったという。誰もが、もう彼は助からないと思っていた。グワラグワラに帰ってきてからも、奇矯な言動が目立ち、ついに妻は子供を連れて逃げてしまった。図らずしてオドウェと

同じ結末を引き起こしてしまったわけである。

オロカは、その後何度かアディンの訪問を受けており、その都度無難にやりすごしていたが、私と2人の時には「狂人に任せられる仕事はない」とにべもなかった。私も滞在中何度か彼を見かけたが、必ず1人であり、アルコールの臭いを漂わせていたようだった。向精神薬を処方されているとの噂も耳にした。

以前に聞いたことがある。アディンはこの地域きってのエリートなだけに誰からも妬まれており、しばしば妖術や邪術の対象となっているに違いないと。

Ⅵ　モダニティの邪術

以上、数知れず出席した埋葬儀礼のなかでも印象的だったオポウォの死と、オポウォを死に至らしめたとみられる「飲酒」との関係を手がかりとしてオポウォ、オドウェ、バジル、アディン4人の人物について素描してきた。その過程で、彼らの社会階層と行動様式には、奇妙なほどに符合する共通点が認められた。ある程度地位や教育があり（バジルやアディンなどはスーパーエリートに属する）、成功者でもある彼らが、ほとんど同じ経緯をたどりつつ破綻していった。これは、脱植民地化の過程で生まれたエリートの典型的症例であるととらえることができそうなほどである。近年アルコール依存症に代えて導入されるようになってきた「問題飲酒」[27]の概念が、「飲酒」が問題視されるかどうかは社会的な基準に照らし相対的なものだ、という理念から発想されたものであることを考えると、このことはひどくアイロニカルである。近年になって導入された飲酒様式や、安価に工業的につくれるようになったングリに対し、村落社会はなんの社会的な歯止めをもっていない。「社会問題」にはなってはいないのだ。ただし、それは個人のレヴェルでは破滅の将来にゆっくりと進んでいるようにもみえる。ただし、「チャモクウォック」村のように、「文字通り24時間、朝から晩まで老若男女が酒を飲んでい」て、「世界中で現在何が起こっていようと、全く知らないし、関心もない」(註2参照)とすれば、何が問題なのか、認識することも難しいだろう。

27　Room［1985］、Robbins［1977］、Marshall［1979］、Heath［1987］、Douglas［1987］、McDonald［1994］、野口［1996］など。文化的な問題としてアルコールを考えようとする一環として、「飲酒問題」ではなく、より相対的な「問題飲酒」が提唱されてきた。この問題については梅屋［2007a］。平野［2013］がオーストラリア先住民について展開しようとしている。

第２部

　結果的に、観察可能な実態として、現在グワラグワラにいるエリート[28]の多くは、仕事もなく、朝から酒浸りである。ちょっとした小金を持っていれば、地酒はいくらでも飲めるのだ。「退屈な村の生活では、それぐらいしかすることがないから」という者もいる。それはエリートへの妬みから発する妖術の犠牲になることを恐れてのことかもしれないし、蔓延するHIVの発病を恐れてのことかもしれない。ことによると、エリートにふさわしい仕事がないことからくる現実逃避かもしれない。しかし、彼らが酒浸りになることそれ自体も、妖術や「呪詛」の効果と見られてしまう。どこからも断ち切りがたいこの悪循環は、グワラグワラのエリートのほとんどについて回っているのである。
　もちろん、私は、彼らを批判しようとして本稿をしたためているわけではない。私は単に自分の関わった一社会の実態を描き出そうとしているだけである。パドラにおいて、アルコールについて語ることは、しばしば妖術について語ることでもあり、ときにAIDSに、そして脱植民地化のエリートの悩みについて語ることにも繋がることであった。ここには、解きほぐしがたい、さまざまな一見新しい問題が集約していることが、再び確認されたと言っていい。もっとも、妖術の近代性を巡る最近の知見から言えば、これは当然のことなのかもしれない。妖術が伝統の残存などではなく、近代性の中で息づいており、それがステレオタイプ化された妖術の領域ではなさそうなところで生き生きと機能していることは、たびたび指摘される[29]。妖術の問題は、しばしば近代性の問題だというわけだ。
　新しく知られるようになった近代性を帯びた病が妖術の言葉で語られ、説明されるような現実は、ここパドラに限らない。類似した報告は、例えばHIVやエボラ出血熱などを対象としてもあちらこちらでなされている[30]。脱植民地化のさまざまな問題の中でも、こうした不治の病のイメージとそれに対する対処行動は、近代化がアフリカ諸社会にもたらした邪術の効果を顕在化させる。しか

28　アフリカのエリートを対象とした研究は、以前よりあった。近隣地域でもVincent [1971]が小都市を対象として「ビッグマンシップ」の社会学的実態分析を行った例もある。現在ではエリートの実態分析を公共人類学として構想する試みもある［Werbner 2004］が、本書では、そこまでのもくろみは持っていない。

29　Bond & Ciekawy [2001]、Comaroff & Comaroff [1993]、Geschiere [1997]、Fisiy & Geschiere [2001]。

30　例えば、南アフリカのAIDSと妖術について説くAshforth [2002] 参照。ウガンダ北部のエボラ出血熱の文化的意味を論じるHewlett & Amola [2003] にもジョク *jok* の観念が説明体系として言及されている。

し、これら「私たちから見た」近代的社会問題が、「妖術」や「邪術」の語彙で語られることが、妖術の「あいまいさ」「両義性」を代表するような性質によるもので、それによって近代を「飼いならしているのだ」、などと結論づけるとすれば、それは拙速に過ぎる議論であろう。見てきたように「妖術」や「邪術」その他の語彙は、前近代からさまざまなものを「説明」し、「表象」し、それに対応してきた。近代のさまざまな文物への対処も、そのヴァリエーションの1つかもしれず、「近代」「前＝近代」の分水嶺は、私たちが考えるほど決定的だったかどうかは疑ってかかる余地がある。

確かなことは、植民地運営のために移植された教育システム[31]のなかで出口がなくなったエリートたちも、「問題飲酒」も、AIDSも、エボラ出血熱も、疑いなく「近代化の邪術」の産物である、ということである。しかし、それは、社会や文化の中に独立して、ぽっかり存在するのではなく、しばしば別の、これもまた深刻な問題群と分かちがたく結びついているのである。その問題群のすべてが「近代」的なものである必然性などはない。ここでもやはり、人が語りの中でそうした災いの原因を何に求めるかは、その社会の文脈の表明であり、悩みや問題の本質を語ることでもあったということなのである。

---

31 イギリスは、そもそもは植民地運営を任せるためにエリート育成に力を注いでいた。パドラで最初の医師となったオウォリ教授などは、その第1世代の1人である。

第3部

第13章　ある遺品整理の顚末

I　序論

1　問題の所在

　私はある時期から、これまでに紹介してきた「災因論」のテキストを収集する一方で、アドラ出身でアミン政権 (1971-1979) の閣僚だった故 ACK の「遺品整理」とでも言えるような作業を行っていた (写真66、67)。ティポ *tipo* の語も、最初は彼との関係で出会った用語だった。彼はアミンの側近でありながら、ついにはその命令で殺害された人物である。

　彼はルワンダ・ブルンディ、ボガ＝ザイール大主教のジャナニ・ルウム Janani Jakaliya Luwum (1922-1977)[1] と同僚閣僚のエリナヨ・オリエマ Erinayo Wilson Oryema (1917-1977)[2] とともに、カンパラで死亡したのだった。当時の政府見解によれば、それは「交通事故」だった。

　この事件は、アミン政権末期を象徴する大事件であった。とくに大主教ジャナニ・ルウムの殺害は、アミン政権におけるキリスト教徒の弾圧を決定的なものとして印象づけ、たとえば当時マケレレ大学宗教学科長の職にあった宗教学者ルジラ Aloysius M. Lugira を含めて多くの亡命者を誘発した。

　閣僚のなかでは閑職にあったものの、かつては警察のトップだったオリエマも、1966年にアミンがケイ・アドロア Kay Adroa (未詳-1974) と結婚するときにはベスト・マン (新郎付添い役) をつとめるほどの蜜月時代があった。その彼もあっけなく殺されたのだ。

　ACK はアミン外遊時には大統領代行[3]をつとめた。アミンは ACK のトロロの自宅もたびたび訪れ、3度ほどは宿泊もしているという。家族ぐるみのつきあ

1　6頁「はじめに」註9参照。
2　5頁「はじめに」註8参照。
3　1972年6月9日〜16日。

第 3 部

写真 66　ACK の ID カード　　　　　写真 67　オチョラ失踪の年の日記

いだったのだ[4]。アミン政権の中では、政権発足時から常に閣僚にいたのは彼だけだった。途中 1974 年に 1 度だけ追放アジア人遺棄資産管理庁 Departed Asian Property Castodian Board の長として内閣からはずされたが、閣僚に返り咲いた。側近のなかでもアミンから絶大な信頼をかちえているとみなされていたのである[5]（「はじめに」の写真 1、2、3）。

　この事件について現存するインサイダーからの告発の中で、最も詳細なものは、Kyemba［1977］と Lawoko［2000］であろう。

　Kyemba［1977］は、ここで、「私を直接亡命に踏み切らせた、ジャナニ・ルウム大主教と同僚だった閣僚 2 人が殺された原因は、アミンがイスラエルによって屈辱を受けたエンテベ空港事件にあった」［Kyemba 1977: 179］とする。エンテベ空港事件とは、パレスチナ解放人民戦線ゲリラにテルアビブ発シャルル・ドゴール空港行きのエール・フランス機 139 便がアテネ空港離陸後にハイジャックされ、1976 年の 6 月 28 日未明にエンテベ空港に着陸したことに端を発する事件である。イスラエル人およびユダヤ人乗客を人質にとり、その命と引き替えにイスラエルで服役中のテロリスト 40 人の釈放を要求したのである。これに対しラヴィン首相の密命を受けたイスラエル空軍は 7 月 3 日から 4 日にかけて奪還計画を敢行し、エンテベ空港を急襲。誤射で死んだ 3 人と、病院に搬送されていた 1 人を除く乗客全員を解放した。「サンダーボルト作戦」と呼ばれる。「あ

---

[4]　噂のレヴェルでは、ACK の妹の 1 人、アコスとアミンは恋愛関係にあったと言われている。アコスは ACK が閣僚であったころに病没している。

[5]　たとえばオリエマにとって義理の息子に当たる Onen［2000: 155］は、ACK はアミンに忠誠を誓っていたので、その死は意外であると述べる。それに続けて、逃亡したヨナ・オコスと通じているとみられたのではないかと言うが、ACK の死の直前までヨナ・オコスは同行していて、亡命はその直後のことだから、これも当たらない。

の事件で地に墜ちた権威を取り戻そうとあせったアミン大統領は、めざわりなやつは抹殺してしまう方法をとったのだ」[Kyemba 1977: 179] と Kyemba [1977] は言う。

2 背景となる状況

　この Kyemba [1977] の分析が当たっていてもいなくても、たぶんそれはそれほど大きな意味をもたない。この時期のアミン政権下のわけのわからない無秩序状態には、合理的な説明がつきそうにないからである。また、Lawoko [2000: 135-161] が目撃したという、ナカセロの独房での ACK らの最後の光景についての描写も、ACK の身の上に起こった不幸の原因を説明してくれるわけでもない。ウガンダ現代史について詳しく解説する紙幅はないので、ここでは、本書に関係する最低限の背景を列挙しておこう。

1. 1971 年 1 月、アミンはクーデターにより政権を奪取。当初は暫定政権をうたい、軍事政権を継続するつもりはないと言っていた[6]。オボテは「左への動き」により、タンザニアのように社会主義化するのではないかと疑われており、アミン新政権は当初は西側諸国に期待された政権だった。しかし、ソ連との国交断絶 (1975.11.) に続き、ザイール (1975.12)、イギリス (1976.7) とも国交を断絶。英字新聞 4 紙を廃刊 (1973.11)、海外の新聞雑誌を禁止 (1974.6)。国際的に孤立を深める。
2. クーデター時にシンガポールで開催されていたイギリス連邦会議に出張中の大統領アポロ・ミルトン・オボテ Apolo Milton Obote (1925-2005)[7] は、クーデター前に警察庁長官のオリエマにアミン逮捕命令を出していたのだが、オリエマは装備の違いを理由に拒否。
3. オボテは、タンザニアでニエレレ Julius Kambarage Nyerere (1922-1999) 大統領

6 　もっとも Kyemba [1977: 42] は、アミンは 2 月 22 日には 5 年間の軍事政権継続を口走ったが、閣僚の反対によって「5 年以内」に修正したのだと言う。

7 　Apolo Milton Obote (1925-2005)。ランゴ生まれ。リラ中等学校 (1940-1941)、グル高校 (1942-1944) を経てブソガ・カレッジ・ムウィリ (1945-1947)、マケレレ・ユニバーシティ・カレッジ (1948-1950)、ロングアイランド大学優等、法学博士 (1963)、ケニアで労働者、書記、セールスマンを経て (1950-1955)、ケニア・アフリカン・ユニオンを共同設立、ウガンダ人民会議 (UPC) 結党 (1952)、同党首 (1952-1960)、ウガンダ首相 (1962)、大統領兼国軍総長 (1966-1971)、アミンのクーデターによりタンザニアに亡命した後、大統領に返り咲く (1980-1985)。再びクーデターで追放され亡命してザンビアにて客死 (2005)。

の支援を受けつつ政権奪取の機会をうかがい（1972.9.17 など）、数回のアミン殺害計画を指揮するが失敗。
4. アミンはオボテと民族的に同系統の、アチョリ、ランギなどを軍の中で弾圧し、虐殺した。もともと軍にはこの系統の民族出身者が多かった。アドラも知名度は低いが同系統であり、他民族からは同一視される。
5. アミンは、カクワ人の父とルグバラ人の母をもつと言われ、ウガンダで「ヌビ」[8]と呼ばれるグループに属していると言われる。「ヌビ」とは、とくに軍の用語で、南スーダン出身のイスラム教徒という含意をもつ。アミンはイスラム教徒として熱心に布教活動をすすめ、ときには他宗教を弾圧した。
6. キリスト教にはかねてから敵対的で、当初はバランスがとれていた閣僚に占める比率もどんどん減少していった[9]。カトリックの殉教者聖堂除幕式にアラブの服装で参列したりした。キリスト教（とくにプロテスタント）は 100 年記念を控えていて活発に募金など式典準備を行っていたが、アミンはことごとくそれを妨害した。クリスマスにラジオを通じて批判的な放送を流したり、大主教の邸宅に家宅捜索に入ったりしていた（1977.2.5）。数日後にはトロロのヨナ・オコスの邸宅にも家宅捜索が入った。
7. 国家諜報局（SRB: State Research Bureau）という秘密警察がアミンの側近としてほとんど無限の権力をもつようになった。1972 年 9 月に、「著名人でも身の安全は保証できない」とアミン自身が閣僚に警告するように［Kyemba: 1977: 116］、元首相で最高裁長官のベネディクト・キワヌカ Benedicto Kiwanuka はじめ、銀行家、新聞記者、フランク・カリムゾ Frank Kalimzo（1925-c.1973）[10] マケレレ大学副学長を含む大学の研究者（特に社会科学者）、法

---

8 本来はエミン・パシャ率いる軍の末裔のみそう呼ぶが、当時は西ナイル出身者で比較的イスラム教に改宗して間もない人々もそう呼ぶ傾向にあった。
9 閣僚の構成が度重なる内閣改造のたびに悪化していったことは宗教的な面に限らない。当初、アミンがどうしても大臣に任命したがったのは ACK 含め 2 人のみで、いかに有能な人材を登用するかに心を砕いていた。民族のバランスもとれていたという［Kyemba 1977: 40-41］。
10 Francis Kalemera Kalimuzo（1925-c.1973）は、ウガンダ西部のキゲジ生まれ。セセメ初等学校、キゲジ中等学校（1936-1937）、ニャカスマ高等学校（1938-1941）、キングズ・カレッジ、ブド（1942-1943）マケレレ・ユニヴァーシティ・カレッジ（1944-1946）、ウェールズ・ユニヴァーシティ・カレッジ（1951-1955）、オックスフォード大学（1955-1956）、キングズ・カレッジ、ブド教員（1947-1951）、1956 年行政官となり、秘書官（1961）、ウガンダ職業訓練省政務次官（1962）、内閣官房長官（1962）、1970 年、大学に昇格したマケレレ大学初代副学長（VC）。

第13章 ある遺品整理の顛末

律家、医師、事業家、宗教家、政治家など、立場を問わず著名人が次々と行方不明となったのは、彼らの仕業とされていた[11]。

Kyemba [1977] が重視するのは、大主教とエリナヨ・オリエマがアチョリ出身だったことである。「サンダーボルト作戦」の成功には、イスラエル軍にアチョリとランギ出身の将校たちが内通していたとアミンは考えていた、と言われる。3人はともにアチョリ、ランギと同系統である。

もう1つまことしやかに言われているのは、キリスト教の文脈である。アミンはある時期からアラブ諸国と非常に親密な関係を維持し、イスラム教徒の数を増やそうとしていた。アミンが政権をとった1971年にはアミンと教育相の2人だったが、1977年8月には、閣僚21人のうち14人までがイスラム教徒となった。

さらに宗教面が経済面と結びついて事件は起きた、という説もある。1977年6月号の『ドラム』(Drum) 誌は、「なぜアミンはルウムを殺したか」とする記事で、アミンのボディガードにごく近い人物の談話として、アミンの経済問題を挙げている。

それによると、サウジアラビアから送られてきていたモスク建造用の資金を、イスラム教徒最高評議会のメンバーが、使い込んでしまっていた。そこでアミンが目をつけたのが教会100周年を記念して碑を建造するためにイギリス国教会からルウムのもとに送られていたはずの多額の資金だった。

最初にアミンの使いとしてルウムに資金援助の仲介をしたのはオリエマだったが、うまくいかなかった。ルウムは、アミンにその資金は教会のためのものであり、勝手に流用はできないと断った。その後に使いに立ったのがACKで、記事では「ルウムと同じアチョリ」だったから、と伝えている。もちろんACKは「アドラ」であり「アチョリ」ではない。

記事は、とある人物の談話として、「このたいしたことのないクーデター計画の露見にかこつけて、恐喝の事実が実際に記念祭に出席する国際的な教会関係者に明るみに出るのを恐れたアミンは、クーデターの濡れ衣をルウムに着せて逮捕したのだ」という [Seftel 1994: 176]。

1977年2月14日のラジオ放送に続いて、15日の『ヴォイス・オブ・ウガンダ』(Voice of Uganda) 紙には、オボテの指示による政府転覆作戦の存在と、その首謀者として大主教が名指しで批判された。「オボテは再び古い手を──大主教邸宅の近くで兵器を発見」との見出しが躍った。記事は学童と市民が11箱もの弾薬を

11　Jørgensen [1981: 310-312] には、膨大な著名人犠牲者リストが掲載されている。

523

大主教の屋敷のそばで発見したこと、グルと、トロロのヨナ・オコス・ブケディ主教の屋敷からも武器弾薬を押収した件で、アミンは大主教夫妻に面会し、「わがままな政府転覆計画など忘れて、神の言葉を伝えてください。平和のために祈ってください」と伝えたとある。記事にはアミンが夫妻とエンテベの大統領官邸で対面する写真が掲載されている（資料1、2）[12]。

この記事内容と矛盾するのだが、翌日、1977年2月16日に「カンガルー軍事裁判」と呼ばれる軍事裁判が、外交官、閣僚、教会指導者らも含めてナイル・マンションで行われることになった[13]。

翌17日の『ヴォイス・オブ・ウガンダ』紙第1面には、「オボテの計画が明るみに — 人民を殺害しようとしていた手下たち」（資料3、4）として、軍事裁判で公開されたアチョリとランギの腹心にあてたオボテの檄文の全文が掲載された。檄文を朗読するアンユルの小さな写真、会合で陳列されたオボテによって密輸されたという中国製マシンガンの写真と、ナイル・マンションで開かれた会合に出席する主教たちの写真、聴衆に問いかけるムスタファ・アディリシ Mustafa Adrisi 司令官の顔写真も掲載されている。同じ第1面には同時に、「オリエマ、オフンビ、ルウム死亡」がそれぞれの顔写真入りで、また「大統領はアチョリ・

12　*Voice of Uganda*, February, 15, 1977, p. 1, 3。
13　ナイル・マンションでは、中国製の兵器が「大主教の屋敷」から没取したものとして陳列され、未遂に終わったオボテの指示によるクーデター計画の存在が提示された。集会はマリヤムング大佐の司会で11時ごろにはじまり、3時頃に閉会された。まず公務員評議会元評議員長アブドゥラ・アンユル Abdulla Anyuru（その年（1977）のうちにアミンの手下により殺害）がオボテ自身によるというクーデターの檄文を読み上げ、「兵器は大主教のもとに運んであるから、それをもって立ち上がれ」という主旨のことが述べられた。続いて、オグワング中尉 Lieutenant Ogwang とベン・オンゴム Ben Ongom により、反政府軍ゲリラの自白の声明文が2通読まれた。朗読が終わってから、司会のマリヤムングは、これら反逆者をどうすればいいか、軍人たちに意見を求めた。軍人たちは声をそろえて「Kinja yeye! Kinja yeye! 殺してしまえ！　殺してしまえ！」と叫んだという。その後、3時過ぎにアミン大統領の演説があるというので国際会議センターに移動を命じられた。壇上に立ったマリヤムングに、教会関係者たちはホテルへ戻るようにと命じられて退出した。ACKとオリエマは別の出口から退出を命じられたという。大主教はホテルとの連絡通路の途中で兵士から「大統領が大主教1人に会いたがっている」として呼び止められ、ホテルの部屋の中に入って数分後に自動車に押し込まれてナカセロのSRBに連れ去られた。閣僚2人は会議センターの反対側の入口で待ち伏せていたSRBの男たちに自動車に押し込まれて連れ去られたという。アミンはこの様子を大統領執務室で眺めていたはずだという。Kyembaも含め複数が3人の遺体の銃創を確認している［Kyemba 1977: 184-187］。当初は殺害の現場は大統領執務室となっていたナイル・マンションの270号室のスイートと考えられていたが、当日のナカセロのSRB本部の牢獄での目撃談などがあり、実際にはナカセロで射殺されたものと見られる［Lawoko 2005: 135-148］。

第13章　ある遺品整理の顛末

資料1　*The Voice of Uganda*　1977年2月15日付、大主教の家とトロロのヨナ・オコスの自宅から兵器が発見されたことを報ずる（情報元はアミン）(1)

ランギに敵対するものではない」と題する記事が掲載された。続報で、アミンは彼らの死に対して「天罰だ」とのコメントがラジオなどで紹介されたという。

また、事故車の写真も公開されたが、それもまた不思議な話だったという。写真はいくつかの点で疑義の多いものだった。トヨタ・セリカ（UVS299）は国家調査局（SRB）のもので、故障車としてガレージにあったという。レンジ・ローバー（UVW082）はアミンの持ち物であった［Kyemba 1977: 191］。無限とも言われるその権限から恐れられたSRBのスタッフはその自動車の登録コードから「UVSボーイズ」と呼ばれていた［Pirouet 1995: 334-335］。

3　交錯する解釈

このような彼の死の背景となる状況や経過は、新聞報道その他で、パドラでも十分に知らされていた。1970年代のラジオ、新聞などを通じて一般の報道の状況は想像するよりもずっとよかったとの証言もある。

また、アミン政権成立後の1972年には、独立準備委員会のメンバーでアドラ

525

第3部

資料2　*The Voice of Uganda* 1977年2月15日付、大主教の家とトロロのヨナ・オコスの自宅から兵器が発見されたことを報ずる（情報元はアミン）(2)

第13章　ある遺品整理の顛末

資料3　*The Voice of Uganda*　1977年2月17日付。カンガルー軍事裁判の模様（1）

第 3 部

資料 4　*The Voice of Uganda*　1977 年 2 月 17 日、カンガルー軍事裁判の模様（2）

出身の国務大臣第 1 号、ジェームズ・オチョラ James Ochola（1923-1972）[14] 元地方行政大臣が失踪し、その生存が絶望視されていた（この経緯は次章、第 14 章で詳しく紹介する）。オチョラは、ACK にとってもオミン（兄弟の意）あるいはオミン・ババ（オジの意）と呼ぶような関係にあった。オボテ政権時に閣僚だった彼は身の危険を感じ、かねてから亡命計画を立てていたと言われるが、同じニイレンジャ・クランのメンバーでもある ACK が当時国防大臣でもあり、身内の亡命は職務上瑕疵に当たるとして妨害したともいう（この件については第 14 章でとりあげる）。また、直接の血縁関係は不明だが、ACK の義理の兄に当たるカブルは、オボテ政権下では警察の中枢にいたが、アミン政権成立と同時に失脚していた。

また、Kyemba［1977］も言及していないことだが、本章で紹介する ACK の

14　ジェームズ・サイラス・マリロ・オンドア・オチョラ（James Silas Malilo Ondoa Ochola, 1924- c1972）については、後で詳しく扱う。アドラ出身の政治家。第 1 次オボテ政権で国務大臣を歴任。1971 年のアミンのクーデターによって公職を離れる。1972 年 9 月より行方不明。1973 年アミン大統領が公表した 85 人の失踪者リストには、「行方不明。国内にはおらず、行く先を知るものは誰もいない。」［Seftel 1994: 122］とある。遺族は、このコメントを受けてオチョラの死を確信したという。

528

第13章 ある遺品整理の顛末

資料5　*Munno*（カトリック系新聞）　1977年2月18日付。

第3部

資料6　*The Voice of Uganda*　1977年2月19日付。3人の検死結果の発表

第13章 ある遺品整理の顛末

　自宅で確認されたアルバムのなかには、アミンが同行せずに ACK がイスラエル軍の視察をしているものが多く確認され、モーシェ・ダヤン将軍やラヴィン首相といっしょに写っているものさえある (写真98)。正確な資料は手元にないが、遺族の記憶では、イスラエル軍の視察は少なくとも 1970、1972、1973 年の 3 度にわたり、しかも 1969 年には、妻のエリザベスがイスラエルの農業高校で農業、酪農のイロハを学んでいる。ACK とイスラエルとのつながりは非常に深いのである。サンダーボルト作戦との関係があるのならば、このあたりも大いに影響したものだろう。

　アドラはもともと母数としての人口が少なかったので数的には目立たなかったが、軍人も多く、軍関係者は、数多くのアチョリ、ランギの虐殺を身近に感じていた。アチョリ、ランギとも言語的・文化的に類縁であることもあって、マジョリティであるバントゥ系の民族とは混同される、というより区別がつかないことがほとんどだった。危機感は十分に感じていたはずである。

　アミンに殺害された人間は 1 説によると 30 万人を数えるという。ACK のように現役の閣僚、大臣経験者、宗教家、ジャーナリストなど著名人も多い。ウガンダ現代史のアミン政権時のひとこまとして、「独裁者」「アフリカのヒトラー」アミンの指示による現役閣僚の抹殺、で彼の死についての関心はつきている。

　Kyemba［1977］の説く ACK の「死の原因」は、アミンが起こした 1960 年代の「ゴールド・スキャンダル」の内情を国防省次官として熟知していたし、国防大臣、内務大臣、財務大臣を歴任した彼は、アミンが関わった「いずれの事件においても責任者」であり「知りすぎた男」であり「生かしておくほどには信頼されていなかった」というものだ。また、1973 年に内閣からはずされた降格人事について不満を持ち続けていることもアミンは知っていた［Kyemba 1977:183］[15]。

　実行犯が誰なのかは今となってはよくわからないが、ほとんどのウガンダ人にとっては、彼の突然の死に結びついた「災因」は、「アミンによる虐殺」で説明がついてしまっているのだ。

　しかし、アドラ人の多くにとっては状況が違っていた (全部ではない)。ACK の死は、パドラでは予言されたものであったと言ってもよい。ある意味では当然のこととして受け入れられた、という。まず、ACK のめざましいばかりの出世はすべてアリ・オボという予言者によるものだ、とアドラの人々は言う。ほと

---

[15] 遺族の 1 人ゴドフリーは、モンドー将軍 Maj. Gen. Mondo にかねてからこの理由を聞かされていたという。

第 3 部

んどのウガンダ人にとって、「アミンの虐殺」で説明がついてしまうACKの死についても、「ならばなぜ死んでしまったのか」と問えば、ほとんどのアドラ人からは、即座に「ティポのせいだ」との答えが返ってくる。場合によっては「ラム（「呪詛」）だ」と答えるかもしれない。どちらの観念に訴えるかは、多くの場合、どのコンテキストの中にそのアドラ人がいるのか、そのことによっている[16]。このことは、おいおい明らかにしていくつもりである。

序章で紹介した通り、彼はアドラについての最初の民族誌の著者であり、それは最初のアドラ人による自民族の民族誌であり、言語学者による断片的なグロッサリーを除くと最初のアドラ語の出版物だった。

一方で、彼はアミン政権の国防大臣として軍の兵舎をトロロに誘致し（ルボンギ兵舎）、父の墓を2度建てかえ、その名を冠したチャペルを建造した。邸宅には当時を知る手がかりとなる数多くの遺品が残っている。

本章は、その「遺品整理」の経緯を描くことで、ACKが生きた背景となるパドラのコロニアルおよびポストコロニアル経験を素描しようとする試みである。そこには、ACKの著書の成立過程についての関心にかこつけて、この地域で長老たちを訪ね歩いた痕跡のいくつかを書き残しておきたいという筆者自身のもくろみもあったことは確かである。

しかし、より大きな目的は、少なく見積もっても、ティポ、「呪詛」、ジャシエシそしてジャジュウォキなど、これまで検討してきた概念の多くが1人の個人に集約して語られている特異な例についての事例研究のための地ならしである。

このような存在は、少なくともパドラでは、わずかにニョレのアサナシオ・マリンガの他には比肩するものはおらず、空前をもって絶後とする。

しかし、そうしたACKをダイレクトに紹介する前に、そのようなものとしてACKの人物像を語る人々、そしてそのような観念による表象を拒否する、遺族たちを含めたパドラの群像を、まず描いておきたい。

II　ACKとの出会い

ニイレンジャ・クランのアルファクサド・チャールズ・コレ・オボス＝オフ

16　たとえば、アドラ人のなかでも、閣僚に抜擢されたACKの後を襲って停年まで国防省次官をつとめたアディオマ・オコス Adioma Okoth（1932-2012）は、「あくまで政治的なもの」とする。

第 13 章　ある遺品整理の顛末

写真 68　オボテ（左から 2 人目）と ACK（左から 4 人目）

写真 69　サウザールらの名前が書かれた部分の日記

ンビ（Arphaxad Charles Kole Oboth-Ofumbi（1932 年 7 月 12 日〜 1977 年 2 月 17 日）[17] は、日本でもよく知られているイディ・アミン政権の閣僚だった。アミン大統領の命令で殺害されたと言われている。ここ 10 年ほど私の調査の焦点となっている人物である。その経歴についてはおいおい触れるとして、まずはこの人物に関心を持つようになった経緯から記しておきたい。

1999 年のある日のことだった。私の調査基地のあるグワラグワラ村を訪ねてきた人物がいた。男はオボと名乗った。ニャマロゴ村からきたという。男は私の調査目的を尋ね、アドラの歴史・文化・言語だと知ると、「そんなことなら ACK の本を読めばすべてわかる」と言った。

首都カンパラのマケレレ大学が作成した文献目録を繰ると、確かにそれらしい文献があらわれた。『パドラ――アドラの歴史と慣習』（以下『パドラ』と略す）というその書物は、東アフリカ出版局から 1960 年に出されたものだった[18]。アドラに関する先行研究の多くにこの文献が引用されていることに気がついた。

この書物は現地語で書かれている。パドラの研究史上も重要なものの 1 つである Ogot［1967a］は、自分の研究の出発点にこの著作の英訳を用いており、「パドラ歴史的テキスト」[19] として引用している。資料の出所は「著者所蔵」とされ、しばらく手を尽くしたが入手できなかった。

17　国防担当大臣（1971）、国防大臣（1971-1973）、閣外大臣として追放アジア人遺棄資産管理庁（1974-1975）、財務大臣（1975-1976）、内務大臣（1975-1977）を歴任した。Jørgensen［1981］参照。

18　Oboth-Ofumbi［1960］。2005 年ごろ、オフンビ家により復刻版が出された（復刻版に出版年の記載なし）。

19　Ogot［1967a］の随所に *Padhola Historical Text* として引用されている。

533

第3部

　村を尋ねてきた男、オボが私に貸してくれたタイプスクリプトが興味をそそった。著者はエイダン・サウザール（Aidan Southall 1920年7月20日～2009年5月17日）。著名な社会人類学者で東アフリカ社会調査研究所（1970年、東アフリカ大学マケレレ・カレッジからマケレレ大学への再編時にマケレレ社会調査研究所と改称）の所長（在任期間は 1957-1968）を務めた人物のものだったのだ[20]。

　のちにマケレレ大学中央図書館でコピーを入手した私は、何人かのアドラ人に頼んで『パドラ』の翻訳作成に着手した。私のアドラ語運用能力では、1冊の書物を訳すことはかなわなかったからである。この翻訳はかなりの時間を要したが、現在手書きのかたちで完成された2つのヴァージョンが手元にある。

　それから私はしばしば、従来の調査項目に加えて、ACK の名前を出し、彼についても尋ねることにした。

　あるときは、村人が「彼はアフリカ人だがとってもカラフルだった」と了解困難なことを教えてくれたりした。何度聞き返しても、「黒人だからこそカラフルなのだ」とはぐらかされた。今思うと、お洒落だった、というような意味合いだったのだろう。

　たびたび身の回りのことをしてくれているグワラグワラ村のオシンデ氏が遠い親戚だということや、風の便りに聞いたのだろう、ACK の写真が掲載された、風雨にさらされてぼろぼろになったリーフレットを持ってきてくれる村人がいたりした。

　何らかのかたちでこの書物の著者やその調査状況を知りたいものだ、と考えた。

　この民族に関する数少ない先行研究のうち、重要な物の1つに Crazzolara の「ジョパドラ」[21] がある。これは、彼の大著の一部である。私はこの本の著者、ACK は Crazzolara の調査協力者だったのではないかと考えていたのである[22]。

　驚かされたのは、私が漠然と民族誌家だと考えていたこの人物の名前を、一

20　"Padhola: Comparative Social Structure" と題するもので、ことアドラに関わる諸研究では比較的多くの先行研究に引かれているが、未刊行である。1957 年 1 月、東アフリカ社会調査研究所の会議における報告論文、と末尾にある。私の見たものには、丁寧に鉛筆で下線が引かれ、「この部分には同意する」といった書き込みが見られた。のちに触れるオボス＝オフンビの日記とおなじ筆跡で書き込みがされている箇所は、「すべてのクランがアドラという名の伝説的な始祖の2人の妻のうちどちらかの子孫であるというクラッツォララが記録した伝承を、聞いたことがない」という部分。

21　Crazzolara［1951: 315-323］。

22　その追跡についての詳細は、梅屋［2002］参照のこと。

定年齢以上の人のほとんどが知っていたことだ。近くの小学校の出身者は、彼は大臣だった、と言う。授業で習ったのだと。正確なことがわかったのは、その小学校の校長だったバジル・オケチョに話を聞いた時だ。彼はアミン政権時代の国防大臣であり、政府転覆の濡れ衣を着せられ、ついにはアミン大統領に抹殺されたのだ、という。私は一気に熱がさめたような気になった。今考えると狭量だが、そのようなスーパーエリートが民族誌的な研究の対象になるはずがない、と考えたのである。また、当地でのカトリックとプロテスタントの熾烈な勢力争いの歴史を知るにつれ、Crazzolaraとの協力関係はなかった、との考えに傾いていったことも、熱が冷めた1因であろう。

Ⅲ 国務大臣と死霊、そして予言者

ところが、あるとき、私の調査の相談に乗ってくれていたある年長者に話を聞いてから、事態は一変した。彼が死んだのはティポ[23]のせいだ、というのである。並外れた出世がかなったのは予言者の力だ、という噂も伝わってきた。

ニャマロゴ村のACK邸には、夫人が住んでいるという。

村の人に相談すると、あの屋敷には決して行ってはいけない、ろくな死に方はしないから、と皆に引きとめられた。連続して変死した人が3人もいる、というのだ。1人は蛇に咬まれた、という。蛇に咬まれて死ぬという死に方を彼らはきわめて不吉な兆しと考えているようだった。また別の人は、彼の世俗的成功は予言者の力によるものだ、と語った。こうしたいくつかの出来事は私に、一見なじまないけれども、このアドラ随一のスーパーエリートと死霊の観念、そして予言者との関連を予感させることになった。

少し本腰を入れようと、グワラグワラ村の人に最初に紹介してもらったニャマロゴ村のオポヤも、決して私自身が村に行ってはいけない、と助言した。その代わり、ACKの噂を自分が集めておく、自分はトロロの街にあるアイスクリーム屋で働いているので、毎日グワラグワラを通るから、調査結果を今度持ってきてあげよう、と。ありがたい申し出だった。

そういったわけで、1999年の調査時には私はニャマロゴの邸宅を訪れていない。実は1度だけ訪ねようとしたことがある。そのときは、門番の男に追い返された。けんもほろろ、という印象だった。このとき、私は人々が口を閉ざす

---

23 ティポについては、第5章参照。日常的には「影」あるいは「陰」を意味するが、写真に写った姿や水鏡にうつった姿チャル chal もティポだという人もいる。

第 3 部

写真 70　サバンナに聳えたつ現在の ACK の屋敷

写真 71　邸宅に隣接するセム・K・オフンビ記念チャペル

写真 72　チャペルの壁に白いタイルが貼られているのはアミンの置いた礎石

写真 73　チャペルの内部

原因の一端を知ったような気がした。グワラグワラと同じく、ニャマロゴのあたりは典型的な農村で、地区の役場を除くと建物は伝統的な草ぶきの屋根と土塀の小屋ばかりだ。そのサバンナの真ん中に ACK の 2 階建て総レンガ造りの邸宅がそびえていたのである。自邸に隣接した敷地には、自分の父親を記念するチャペルがみえる（写真 70、71、72、73）。

しかも、近隣の話を聞くと、このあたりはすべてオフンビ家の土地なのだという。ヘリコプターや小型飛行機が発着できる滑走路を含め 5000 エーカーほどある、という[24]。

そんなエリート一家につてはない。しかも、次に調査結果を書き記したノートを持ってきたときにニャマロゴ村のオポヤは言った。「あれだけ忠告したのに

24　後に遺族に尋ねたところでは、実際は 2000 アールあまり。土地を剥奪されたという意識を持つ人々の記憶より広大な面積を誇っている。

536

第13章 ある遺品整理の顛末

写真74 セム・K・オフンビ（左から2人目）左はACK

写真75 1976年に建て替えられたオボ・コレの墓

あそこへ行った。みんなもう知っているよ。もう協力はできない。」そうこうするうちに私の調査資金はつきた。1999年3月に帰国。

オポヤの聞き取りは興味深いものだった。ACKの死は父の代からの、日本語に無理に訳すなら「因縁」あるいは「祟り」によるものだというのである。

オポヤの調査記録からは、ACKの父、セム・コレ・オフンビ Semu Kole Ofumbi（c.1904年〜1951年4月5日）が、1890年から1920年のあいだにガンダ王国へ厳しい徒歩の旅をしておもむき、そこでイギリス国教会系のプロテスタント教会と出会ったこと、その後ブワラシの神学校で学んだこと、1944年の「マウェレの飢饉 Kech Mawele」と呼ばれる飢饉のときには、白人宣教師レヴランド・ランプレーを助けて海外からの援助物資の配給に尽力したことなどが伝えられる（写真74）。ガンダ王国への旅が当時厳しいものだった様子が窺われる。焼いたキャッサバやすりつぶしたゴマなど腐りにくい食料を携行していったものらしい[25]。

問題はその後の記述である。

---

25 後に得た資料によると、若いころ、兄の1人バトルマーヨー・オロー・ジャッボ Batulumayo Olo Jabbo とともにブガンダに出稼ぎに行き、CMS（Church Missionary Society）および NAC（Native Anglican Church）より信徒奉事師の資格をとり（1919）、1930年までブガンダで布教。1931年から1946年までは、トロロで布教活動に従事し、その間ブワラシ・カレッジにも通っている（1933-1935）。資料は、*The Form and Order of Memorial Service of Semu K. Ofumbi at Korobudi, Mulanda and The Service for the Consecration Dedication and Blessing of Semu K. Ofumbi Memorial Chapel St. Paul's Church, Nyamalogo, Mulanda*, n.d.［以下 FOMS と略す］Entebbe: Government Printer, pp.1-8。グワラグワラ村の住人がもってきてくれたリーフレットはこの1部であった。

537

第 3 部

　……1944 年の飢饉のさなかのことである。その運命的な夕方が訪れたのは。セム・コレ・オフンビは、ムルカ *muluka*: parish（地区）・チーフのカム・オボスという友人と歩いていた。帰り道、教会の管理しているキャッサバの畑を見回ることにした。そこで彼らは、若い同僚がキャッサバを畑から掘り出し、頭陀袋に詰め込んでいるところを見つけてしまった。セム・コレ・オフンビは彼をその場で殺害した、と言われている。一緒にいた友人が手を貸したのかどうか、あるいはどのように殺害したのかは伝えられていない[26]。ただ、セム・コレ・オフンビがその後生涯アルコールを遠ざけたことはよく知られている。この事件は、どういうわけかほとんど問題にされなかったらしい。地域住民は亡くなったオクム[27]という男を追悼する歌を作った。「オクムを殺したキャッサバ *Mwogo neko Okumu*」と題するその歌は、一時は近隣で機を捉え頻繁に歌われていたという。その後もセム・コレ・オフンビが教会付属の学校で働いていたのかはわからない[28]。人々は肝心のところになると警戒して口をつぐんでしまう。セム・コレ・オフンビはやがて病を得て 1950 年に亡くなった[29]。42 歳だった。彼の死にはミステリーがつきまとっている。誰かを殺害すると、その人の死霊、ティポが家までずっとついてくる。殺害者が最初に会った人、最初に入った小屋、遺体を最初に発見した人、それらの人々は、みなティポにつきまとわれる。このティポはおそろしく強力で、いかなるジャシエシの浄化儀礼も効き目がないと言われている。ひとたびこれに取り憑かれたら、世代をこえてその被害は続くのだ[30]。……

　生前は予言者を帯同していた、との噂も耳にした。その輝かしいキャリアと死後もこの地域で圧倒的な存在感を誇る富は、その予言者の力によるものだという。
　死霊、予言者、祟り。私が関心を持つことの多くがこのオフンビ家には集約

26　子供を袋だたきにした責任をとったのだ、という説も後に聞いた。また、この時代は保護領時代でもあり、見逃されることはありえない、という見解もある。
27　生理が止まらないまま生を受けた子供にオクムという名がつけられ、双子ほどではないが、ある意味で神秘的な含意があることは、すでに紹介した。
28　実際には教会を辞している。
29　前出資料 FOMS によれば、正確には 1951 年 4 月 3 日。
30　一説によると 7 世代とも。

第 13 章　ある遺品整理の顛末

しているように思われた。私は、この家族を追ってみようと考えた。

Ⅳ　再訪

　気を取り直して 2001 年に立てた研究計画は、ACK とはどういった人物だったのか情報を集めるという、いままでとは全く別なものだったが、意外なことにその年の計画はグワラグワラの村人も大いに興味を持ってくれた。2 人の住民が調査を手伝ってくれることになった[31]。この土地には今でもオボテ元大統領が党首をつとめていたウガンダ人民会議（UPC: Uganda People's Congress）の支持者だった人が多く、70 年代の政治史と地域出身の大臣について知りたかったようだ。

　2001 年 8 月 6 日、村のぼろぼろの自動車をチャーターして、私と 2 人の調査協力者（アレックス・オコンゴとジョセフ・オマディア）はニャマロゴを含む（と思っていた）ムランダ準郡のチーフをたずね、研究計画を説明した。チーフも、突然行かないほうがいいだろう、まず、この準郡で隣接しているコロブディ村の議長をたずねたらどうかと助言してくれ、何人かの長老の名を口にした[32]。このとき、ニャマロゴはムランダ準郡ではなくナブヨガ準郡に編入されているのを知った。ナブヨガには知人もいないし、宿舎から 15 ～ 16 キロほど距離があるので、暗澹たる気持だった。コロブディ村の議長、オベリ・ヤイロ、その父で ACK 家の警備をしているというヤイロ・オウォロ老（80 歳）の口も固かった。やはり、ここでの調査は無理なのか。

　幸運もあった。調査を手伝ってくれているオマディアが、「是非とも会わなければならない人がいる」と言うので、ナブヨガ準郡のミガナという村に行ってみると、そこはイキロキ儀礼 yikiroki（埋葬儀礼）の真っ最中だった。私が「会わなければならない」のではなく、彼が「出席しなければならない」のだった。死者を追悼するしめやかな空気のなかで聞き取りすることには抵抗があったが、彼らは平気なようだった。私を紹介し、あちこちで聞き取りをはじめようとする。

　1 人の聾唖の人物が、近寄ってきて何か言おうとしている。そばにいた人が通訳を買って出て説明するところによると、彼はオウェレ・ムゴ（1945 年 5 月 7 日

---

[31] これまでの伝統的病いやその治療方法についての調査は、現地では退屈なものと考えられていたらしい。おそらくその一因は、彼らにとってあたりまえのことを一から尋ねられるからだろう。

[32] このときにニイレンジャ・クランのリーダーとしてカブルの名をメモしてあったが、気づいたのは本稿執筆時のことである。

539

第 3 部

生まれ）と言い、ACK 所有のヘリコプターのパイロットだったという。ACK 邸のすべての鍵の管理を任されていたそうだ。興奮して身振り手振りでいろいろ教えてくれようとするのだが、残念なことにあまりよくわからない。手錠をはめられたように両手を合わせ、地面でしきりに何かを書いて、泣く仕草をした。「17/02/1977」。1977 年 2 月 17 日。ACK がカンパラで亡くなったことが公になった日である。

　この日の帰り道、私は、コロブディでオフンビ家の力を示すかのような象徴的なものを改めて目撃した。それは高さ 3 メートルほどもある巨大な墓だった。ACK の父セム・コレ・オフンビのものだという（写真 76）。

　その隣には、その父オボ・コレ（Obbo Kole　異名は Ogweyo、？〜 1947 年 6 月 7 日）とその妻ニャゴリ（Nyagoli　異名は Lipya、？〜 1955 年 6 月 13 日）の墓がある（写真 75）。なめらかな大理石の墓石には、19 世紀末から 20 世紀初頭までのオボ・コレの戦士としての業績を称える言葉が刻まれている。

Obbo Kole (Ogweyo) of Niirenja clan born in the last century and died on 7th, June, 1942. He was a warrior and together with his elder brother Otiti Kole took part in the various wars fought by the Jopadhola (Badama) during the last century and during the early part of twentieth century before the British over-powered the eastern part of Uganda and put it under their rule. He was the father of the late Semu K. Ofumbi.

May the almighty God rest his soul in eternal peace.

　The tomb was constructed by his grandson, A. C. K. Oboth-Ofumbi and his family on 2nd Jan. 1965 and reconstructed on 18th Dec. 1976

　（ニイレンジャ・クランのオボ・コレ（オグウェヨ）は、前世紀に生まれ、1942年 6 月 7 日に死んだ。彼は、前世紀と 20 世紀の初め、イギリスがウガンダ東部を征服してその支配を確立する以前、アドラが戦ったさまざまな戦いに兄オティティ・コレとともに参加した戦士であった。彼は、故セム・K・オフンビの父である。

　この墓は、彼の孫に当たる、A・C・K・オボス＝オフンビとその家族が 1965 年 1 月 2 日に建立し、1976 年の 12 月 18 日に再建されたものである。）

第 13 章　ある遺品整理の顛末

写真 76　1976 年に建て替えられたセム・K・オフンビの墓標

写真 77　1971 年に建て替えられたセム・K・オフンビの墓

写真 78　フンボにあわせて踊る

写真 79　ルンベ儀礼には厳重な警備体制で臨んだ

写真 80　ルンベ儀礼の様子を伝える写真

写真 81　ACK（左から 4 人目スーツ姿）とアミン大統領（同 6 人目軍服姿の人物）

541

第3部

なにより3メートルの十字架は周囲を圧倒していた。

すでに見た通り（第10、第11、第12章参照）、この地域には、生前に功績をあげた男の埋葬から数年後に行われるルンベ儀礼 lumbe という盛大な宴会を伴う儀礼がある。その中でもとくに特筆すべき「偉大な人物」に対してのみ、さらにオケロ儀礼 okelo が催される。これらの儀礼は、生前の人物を讃えるとともに死霊が災厄をもたらさないように慰撫するために行われる[33]。墓の建て替えは、こうした契機に行われたものであろう。

こんな巨大な墓碑は見たことがなかった。おそらくカンパラのウガンダ教会の本部ナミレンベ教会にもないだろうと思われた。後に確認したところでは、この墓は1965年に建てられ、1971年、1976年の2回建て替えられたという（写真77、78、79、80）。2回目の建て替え儀式の冒頭を飾ったセム・K・オフンビ記念チャペルの定礎式には、大統領になってわずか3ヶ月のアミンがヘリコプターで出席した（写真81）。オボ・コレの墓も1976年に同時に建て替えられていることがその大理石の墓碑銘からうかがわれる。自邸の建造もこの年だったという。

思えば、彼はそのキャリアの節目ごとに墓を建て替えている。1965年は、当時オボテ内閣（大統領はムテサⅡ）の内閣総理大臣室の秘書官長だったとき。本稿の終盤で触れることだが、このとき彼は東部の協同組合への異動を申し出ている。

また1971年は国防大臣に就任直後で、あとから考えて彼の権力の絶頂期である。トロロ県に兵舎を誘致し、チャペルもこの年に建造された。

そして1976年は死の前年であり、そろそろ彼の周囲にきな臭い霧が漂いはじめた頃であった。

現在のセム・コレ・オフンビの墓碑には大理石の墓碑銘がなかった。設置された形跡はあるのだが、外されているのだ。自転車で通りかかった近隣住民によれば、「何度とりつけても、誰かが持っていってしまう」。

この誰かがオフンビ家に悪意をもっていただろうことは、容易に想像がつく。この地域では、他人に危害を加える呪術の方法の1つに、墓石に手を加えて行うものが知られている。一般に病気などで施術師にかかっても、占いの結果、墓がセメント加工されていないとか、壊れかけているという理由で、祖霊が祟っ

---

[33] この意味では、この地域の生者と死者とのかかわりは、池上良正の提唱する祟り－祀りシステムに近い。本稿では触れられないが、それとセットになる穢れ－祓いシステムで説明できそうな儀礼も多く見られる。池上良正［2003］参照。

て子孫に病がもたらされると判断されることはよくある。墓石に手を加える呪術は、それを逆手にとって祖霊の祟りをその子孫たちに意図的に発動させる技法なのである。

　私は、度重なる壁に当たって調査が頓挫したこともあり、少し目先を変えて広域調査を始めた。

　Crazzolara の調査に協力をしたのは誰だったのか。『パドラ』の資料は誰が収集したのか。

　コロブディ村の議長ヤイロからは、『パドラ』のもととなる調査は父セム・コレ・オフンビの代から実施されていた、と聞いていた。死後に残された資料をまとめ、出版にこぎつけたのが ACK だということだ。イギリスの出版業界への紹介は、宣教師が仲立ちしたという。その時代に、協力者なしで単独で調査を行ったとは考えにくい。どこかに協力者の記憶や痕跡が残っているのではないだろうか。手がかりは、読み書き能力とキリスト教である。ある時期までこれは重なり合う部分が多かったことは容易に想像がついた。出会った長老に、かつて評判のエリートたちの名前を聞いてまわり、リストアップする日々が続いた。何人かのキーパースンが浮かび上がってきた。私と助手が「地域の偉人」と呼んだ、ヨナ・オチョラ、ゼファニア・オチェン、ミカ・オマラ、アサナシオ・マリンガ、ヨナ・オウァリ、オライアス・オティレ、セバスチャン・オラッチ、サウロ・オカド、オボニョ・アフリカ、テフラ・オロウォなどがそれである[34]。

V　ゼファニア・オチェンの墓

　訪れることになったのは、ACK の『パドラ』の「序文」に謝辞が記されている、ときのサザ・チーフ（郡のチーフ：saza はガンダ語）の屋敷である。ここは現在でも「富貴」とでも訳すべきムブガ mbuga、あるいはアシエップ Asiep の異名で呼ばれる。

　屋敷の主だったゼファニア・オチェン・オブル（Zefania Ochieng Oburu 1904?-1964年 11 月 30 日）は、植民地時代に名をはせた行政官である。彼の生前の履歴を未

34　彼らは、地域史の綺羅星のような存在であり、あるいは公式文書にはその名があるはずだと思ったが、脱中心化政策の影響もあってトロロ県に送られた文書は、建物が建築中で利用できなかった。方針もなくエンテベの政府文書館を訪れたが、オボス＝オフンビの文書はまだ軍にあり、この時代の人物の資料を探すのは雲をつかむような話だった。口頭で得られる情報にたよるしかなく、暗中模索のまま、「地域の偉人」のリストは何度も書き直された。

第3部

刊の記録「パドラのコヨ・クラン」[35]から辿ってみよう。キデラ村にルボンギ準郡のチーフ、サムウィリ・ディンガの私設秘書、イェコニヤ・オブルの子として生まれた。1918年8月4日にサムウィリ・ナムイエンガにより受洗。ルボンギ小学校（1922-1928）、ナブマリ高校（1928-1934）を経て、キングズ・カレッジ、ブド（1934-1935）へ進学するが、キリスト教の道に転じ、リラのボロボロ村で信徒奉事師となり、キソコに配置替えとなる（1936）。キソコでは、キソコ小学校の開校に尽力した（1937）。その後、すすめがあってブワラシ教員養成校（1938-1939）を経て教師の資格をとり、キソコ小学校の校長を1948年まで務め、当時キソコを地盤としていた白人宣教師レヴランド・ランプレーを支えた。この当時彼の下で働いていた教師の1人がセム・コレ・オフンビである。生年もともに1904年頃とされているから、いわゆるエイジメイトとして儀礼的、社会的に近しい関係であったことが想像される。校長であるオチェンには、1947年から1948年にこの地を襲った飢饉[36]の際も変わらず開校していた功績が認められ、当時のイギリス国王ジョージ6世から表彰状が贈られている。

　その人格はきわめて厳格であり、生涯一教師として振る舞った。その態度は、準郡や郡の長となっても変わらなかった。公衆衛生に関しては便所や（水浴びのための）浴室の設置、寝るための小屋を台所や家畜小屋とは別棟にして屋敷の中を常にきれいに保つこと、村の道路を維持するために自助団体を組織して毎週整備するなどの政策を打ち出し、それをかなり強硬に推し進めた。

　地域をたびたび襲った飢饉に関しても対策を立てた。各屋敷の穀物倉にシコクビエを蓄えさせ、チーフの許可がなければ触ることのできない、緊急用のジャガイモとキャッサバの畑をつくらせたのである。現在パドラの独自の景観を形作っているバナナの葉が生い茂る村も、彼の計画した植樹によるものであった。

　これらの事業は西ブダマ県をウガンダ東部州（現在州制は廃止）のモデル地区に押し上げ、1956年の10月にオチェンは郡特任チーフに任命される。

　これらの事業は多くの人々に歓迎されたが、中にはこれを圧政ととらえる人々もいた。また、自らが働いていたイギリス国教会系のミッション・スクールとのつながりからイギリス国教会系を重用する傾向もあった[37]。1960年1月16日

35　Owori ［1996: 58-62］。
36　前出の「マウェレの飢饉」とは別。なぜならば、セム・コレ・オフンビは1946年には教会から身をひいているからである。
37　1957年には、カトリック人口が75パーセントを超えていたにもかかわらず、伝統的首長を輩出していたニャポロ・クラン出身でカトリックのチーフは1人しかいなかったという。Yokana ［1993: 79-85］参照。

第 13 章　ある遺品整理の顛末

写真 82　2001 年現在のゼファニア・オチェン（1904-1964）の墓

写真 83　2010 年現在のゼファニア・オチェンの墓

から 22 日にかけて起こったルウェニ・アビロ（Lwenyi Abiro「棍棒を携えた闘い」の意）と呼ばれる暴動では、彼の屋敷が攻撃対象の 1 つとされた[38]。

その後 1960 年 2 月ブケディ県の事務総長補佐に任命され、ムバレ県で職務に就き、1961 年コロニアル・チーフ・メダルを授与。1961 年 5 月と 1963 年 1 月、エンテベのンサミジで地方行政官コースを履修している。

独立とともに行政機構が変わり、事務総長補佐は管理事務長官補佐役と改称され、オチェンは最初のブケディ県管理事務長補佐役の職に就き、病を得て 1964 年 11 月 30 日に首都カンパラのムラゴ病院で没するまでその地位にいた。このようにオチェンは、初期の現地人宣教師として、教師として、また行政官としてその評価と批判を一身に浴びていたようである。

残念なことに、「パドラのコヨ・クラン」は、『パドラ』については沈黙していた。

現在、彼の遺体は、キデラの自宅の庭先の墓に納められている。その造作からしてつくり替えられているに違いないが、おそらくはこの墓は当地で最も早くにできたキリスト教風の墓の 1 つだったろう[39]（写真 82、83）。

セメントで固められた墓石の上には、慎ましやかな十字架が浮き彫りになっている。高さ 40 センチほどの小さな字架の墓標も建っていたようだが、壊れていた。現在ではそうした被害を防ぐために墓の周囲に煉瓦づくりの小屋が建造され、扉には鉄製のかんぬきと南京錠がかけられている。セム・コレ・オフン

38　ルウェニ・アビロについては、梅屋［1999: 413-431］、Yokana［1993］。とりわけ後者は、暴動全体の流れに焦点を絞ったこの地域の未刊の論文の中でも優れたものである。

39　CMS（Church Missionary Society）がパドラに常駐するようになったのは 1925 年のことである。第 1 章参照。

第3部

ビの墓碑銘が持ち去られてしまう、という話を思い出した。ここにも私はエリートに対する「呪詛」の痕跡を認めたような気がした。ACKと同じくアミン政権の閣僚だったファビアン・L・オクワレ Fabian Luke Okware (1929-1975)[40]の墓を訪れたときも、屋敷の中庭にあった墓は同じように頑丈な小屋の中に安置されていて、鉄の扉とかんぬき、そして南京錠にまもられていたのである。

　その後も、リストを絶えず修正しつつ、つてを辿り、長老たちの記憶に残る偉人たちを訪ね歩いた。多くは不明で、わかってもすでに亡くなっていた。

Ⅵ　ゴドフリー・オボス＝オフンビと2人のムゼー *Mzee*(長老)

　事態が急展開したのは、2001年9月5日のことである。

　その日、私はナイロビ経由でウガンダに入るはずの人物と待ち合わせをしていた。トロロ市街地では電子メールを比較的スムーズに送受信できるのは、のちに友人となるデヴィッド・オクルットが営んでいる事務所だった。今はトロロ市街地には複数のインターネット・カフェがあるが、端末の数が少なく、送受信を代行してくれるサーヴィスだった。そのころインターネット・カフェを開く夢を私に語ってくれたオクルットは、現在ではそのビジネスをマラバで営んでおり、オスクル準郡議会議長として活躍している。

　当時のウガンダでは、メールの送受信は通常の電話回線だった。停電や電話回線にちょっとした事故があるとメールは不通となる。私はある人物との待ち合わせの日にそなえ街に出ていたのだが、その日も何らかの原因でメール不通の状態になっていた。本人はCPUを持って国境のマラバまで行き問題を解決するという。私はオクルットのすすめで、当時トロロ市街地にあった英字新聞『ニュー・ヴィジョン』紙の事務所を訪ねた。私の後ろから同じ用件で1人の人物がついてきた。私が、スタッフに問題を告げると、残念なことにこの事務所でも事態は同じだという。私とその男性は、困ったものだね、と同様に肩をすくめた。

　同じ立場でもあるし、こちらが日本人だから珍しかったのかもしれない。自己紹介をしあって驚いた。

　彼はゴドフリー・ヨラム・オティティ・オボス＝オフンビと名乗った。ニャ

---

[40] 私の助手の1人ポールは、1975年10月6日に埋葬された彼もアミンに殺害されたと信じていた。いささか大げさな言い方をすれば、一時期は、閣僚経験者や大立者の死因は「アミン」だったのである。

546

第13章 ある遺品整理の顛末

写真84　カブル（1927年11月24日-2002年11月2日）

写真85　ナブヨガのチーフの血を引くオロー・オタバ親子

マロゴの屋敷に母とともに住む、ACKの息子だった。1995年までロス・アンジェルスに亡命していたのだという。『ニュー・ヴィジョン』のスタッフは黙ってヴィジターズ・ブックを差し出した。

　彼の紹介で、私は2人の長老に話を聞くことができた。1人は、ヨナ・オコス元大主教、もう1人は、ウィルバーフォース・カブルであった。

　2001年9月11日にまずヨナ・オコス元大主教を訪問した。彼の所在はすぐわかった。トロロ市街で「シェパード・レストラン」というレストランを経営し、その2階に隠棲していたからである。体調がすぐれないとのことだったが、娘さんが当人に問い合わせると、会ってくれるとのことだった。ヨナ・オコスはアメリカのヴァージニア州、リーズバーグの聖ジェームス教会に亡命していて、1979年4月アミン政権が崩壊すると戻ってきた。依然として自分がブケディ主教であることを知り、そのまま教会のつとめを続けたという。1984年1月、ウガンダ教会大主教にえらばれ、11年間その地位にいた。

　1時間足らずの短い時間だったが、ここでの話は多岐にわたる。

　ACKとはともにムランダ出身、子供のころは近所に住んでおり、そのころからの友人だそうだ。

　残念なことに、予期したとおりカトリックとの縁は薄く、Crazzolaraの名前は知らなかったし、『パドラ』のもととなる資料を集めたのが誰か知らないようだった。今思えば、失礼な質問もいくつかあったかもしれない。ここでは、ACKの経歴について、「ACKは、神学者になりたかった。しかし、父の死でそれを断念したのだ」という証言が得られたことだけを指摘しておこう。ACKの死につながる政府転覆計画の噂についても、彼は否定した。

547

第 3 部

　のちに新聞の特集記事で知ることになるが、事件の前日、ACK と主教だったヨナ・オコスはカンパラに一緒に泊っており、ACK に会議に出席するな、と助言したとのことだ。
　帰国後ゴドフリーが電子メールで教えてくれたところによれば、彼はその後体調を崩し、9月27日に首都カンパラにあるムラゴ病院で亡くなったそうである。
　9月20日、あと5日の滞在予定日を残して、私はトロロのオグティ農場の向かいにあるカブル農場を訪れた。
　「まず、はじめにはっきりさせてほしいことがある。」私が手渡した協力を要請する趣旨の手紙を読み終わると、老人は薄い色のサングラス越しに私を凝視した（写真82）。「この調査計画を政府は承知しているか、ということだ。」調査許可について尋ねられたのはウガンダにきて初めてのことだった（現在までも最初で最後である）。おそるおそる調査許可証を差し出す。「ACK の本はアドラについてまとまったものとして最初のものだから、その著者についても知りたいのです」と付け加えた。
　老人はしばらく調査許可証と手紙を見比べていたが、やがてとつとつと、しかししっかりした声で話し始めた。
　「持病があってね、血圧も高い。このあたりではお金があるとすぐ肉を食べる。それがいけないのだと思うが……。」どうやらインタヴュー前の審査はパスしたようなのでほっとした。「私の名前はカブルと言う。フルネームは、こうだ。」おもむろに私の大学ノートとペンを取りあげ、震えてはいるが力強い筆跡で「フルネームは、ウィルバーフォース・チャールズ・エドワード・カブル＝オウォリ」と書いた。「ACK の父、セム・コレ・オフンビは、私の義父だ」と、意外なことを語った。
　話を総合すると、当時教会附属の小学校で働いていたセム・オフンビは、何らかの理由（貧困とも言われるが、正確なところは現在も不明）で養育できなくなった父親に代わって、幼いカブルを ACK とともに育てたようである。「セム・コレ・オフンビは私を、キングズ・カレッジ・ブド[41]に入れてくれた。私がそこで4年生を終えるころ、学校に警察が募集にやってきた。当時はそういった方法で新人を募集していたのだ。私は入ることにして、警官になった。最後の役職は、副警視総監[42]だ」

41　King's College, Budo は、プロテスタント系の王立名門校。
42　正確には彼は、AACP: Assistant Acting Commissioner of Police Force in Uganda と言ったのだが、それは現在の AIG: Assistant Inspector General of Police に対応するという。

第 13 章　ある遺品整理の顛末

　いったん応ずるとなるとこの老人は実に協力的だった。ACK の履歴についても非常に詳しく語ってくれた。さすがに家族だけあって、年号こそあいまいだが細部にわたり確信をもって証言する。
　この段階で私は、彼の最初の職が半官半民のブケディ協同組合だったこと、それに続いて地方行政に身を投じ、アチョリ県の副弁務官、ランゴ県の副弁務官を経てアチョリ県の弁務官となったことを知った。
　履歴については、後に『ウガンダ官報』のマイクロフィルム[43]によって跡づけることができた。しかしながらマイクロフィルムに収録されていたのはオボテ政権までのものであり、アミン時代のものは参照できていない。この点はジョーゲンセンの『ウガンダ現代史』[44]によって補うことができた。
　今になってインタヴューを読み返してみると、ACK の最後の職を国防大臣だと、ほとんど親族と言ってよい関係にあるカブルですら信じていたのが印象に残る[45]。
　「『パドラ』という本の材料はセム・オフンビによって収集され、息子 ACK によって出版されたのだ。ACK はここパドラで初めて先を読むことができた人だ。ニイレンジャ・クランの人だ。私はいまニイレンジャ・クランのリーダーだが……ニイレンジャ・クランは常に先へ先へと人々をリードするクランで、他の追随を許さないのだ」と結んだ。
　翌 2002 年、インタヴュー資料の正誤をただしてもらおうとカブルを再び訪れた。カブルは留守だった。ムラゴ病院に入院しているという。
　11 月 3 日にゴドフリーに電話をかけたおり、カブルが亡くなり、自動車で遺体をムラゴから自宅へ搬送中であることを知った[46]。4 日にイキロキ儀礼（*yikiroki* 埋葬儀礼）が執り行われた。
　オティティ医師 Dr. John M. L. Otiti（1939-）[47]からの抗議の手紙を受け取ったのは、この埋葬儀礼の会場でのことである。カブル宛ての昨年のインタヴューの

43　Uganda Gazette 1958-1970, Microfilm, New York Public Library, 1939。慶應義塾大学三田メディアセンター、および国立民族学博物館蔵。
44　Jørgensen［1993］。
45　実際には、国防大臣ポストははじめの 3 年間だけである。
46　アドラでは、どこで亡くなろうと、遺体は搬送されて自宅の屋敷の片隅に埋葬するのが普通である。そうしないと、死霊 *juogi* の祟りを招くとも言われる。
47　Dr. John M. L. Otiti（1939-）は眼科医だが、アミン政権時にはムラゴ病院に勤務、アミンのたっての願いでアミン夫人メディナ Medina の侍医としてトリポリに随行したこともある［Kyemba 1977: 160］。

549

第 3 部

サマリを読んでのことであった。「セム・K・オフンビが、キソコでキャッサバ泥棒を殺したと言われている」と書かれた1節が、彼の逆鱗に触れたのだ。

私はうろたえて、オロー・オタバ老に相談した。オロー・オタバ老は、問題となった調査レポートの要約も読んでおり、「オクムのティポによりセム・K・オフンビが死んだと考える人もいる」との表現について、これはあり得ることだ、と述べていた人物である。

「君が書いた claim という表現は、妥当なものだと思う。まず大学のしかるべき地位にある人に相談し、もしそれでうまくいかなかったら法律家に相談するといい」との助言をもらった。

和解のために、オドイ＝タンガ Fred Odoi-Tanga と和解用の白い鶏をもってオティティ邸を訪れることになったのも、このオロー・オタバ老の助言にもとづいている。

和解したあとにオティティは言った。

　　……私の一家と、アシエップ Asiep（コヨ・クランに伝わる愛称の1つ）の家はひどく嫌われている。農作業で子供を使いたい家庭から拉致するような形で学校に無理にやっていたのだから。この噂も本当はモブ・ジャスティスで、子供たちが殺してしまったのを責任をとらされたということなのだと私は思っている。……

そのオティティは、カブルの埋葬儀礼に際しては墓を掘っていた。墓穴を掘る作業は本来は、ジョチェンビという特定クランのものが行うはずだったが、現在は形骸化して単なる単純労働となっている。しかし、親族が行うのは異例である。セム・コレ・オフンビが養父だったカブルは義理の兄に当たるはずだ。奇妙な光景だった。

警察でのながらくの仕事と TASO[48] トロロの初代議長でもあるカブルの生前の人望を反映して、数千もの人が集まった。警察官も数十人参列していた（写真86）。

アドラの「王」モーゼス・オウォリも弔辞を読んだ。「王」は 1998 年、アドラ・ユニオン[49] の選挙で選ばれたが、カブルはその最終的な候補者4人のうちの1人

---

[48] The AIDS Support Organization の略。1987 年ウガンダに設立。AIDS への感染予防と感染者およびその家族の QOL を向上させることを目的とする。

[49] もともとアドラは世襲でない首長が割拠していたようだが、文化振興団体の名目でユニ

550

第13章　ある遺品整理の顛末

写真86　埋葬前にカブルの遺体の前で遺族がその死を悼む

写真87　2010年現在のカブルの墓

写真88　カブルの墓碑銘

写真89　ミカ・オマラ（1919-2007）

だった。伝え聞くところによると、自分はもう高齢だから、他の候補者に入れるように「運動」したという。その身の引き際の潔さに人々はかえってカブルへの尊敬を新たにしたという。

カブルの墓碑には、「ニイレンジャ・クラン最初のクラン・リーダー」と刻まれている（写真87、88）。

Ⅶ　レヴランド・キャノン・ミカ・オマラ

無為に思えた「地域の偉人」のリストづくりだったが、往時を知る数多くの長老たちに会えたことは、この上もない収穫だった。中にはビルマ戦線で日本軍と戦った、という老人もいた。ほとんど視力を失っていたが、「当時の日本兵

オンを構成した。政府への陳情やさまざまな優遇を期待してのことである。

第3部

と文通がしたいからさがしておいてほしい」と私に頼んだ。約束を果たす前に彼も逝ったそうだ。

　数え切れない長老たちの中でもここでとくにとりあげねばならないのは、レヴランド・キャノン・ミカ・アンドリュー・オマラ（Reverend Canon Micah Andrew Omala　1919年3月19日～2007年3月31日）だろう。はじめからリストの筆頭にあがっていたのだが、しばらくの間は居所がつかめずにいた。しかし、2002年にヨナ・オコスの娘エディスを尋ねたときに、居所を知った。

　なにしろ、彼はセム・コレ・オフンビ、ACK双方の葬儀を執り行った人物なのだ。それだけではない。彼は『パドラ』のもとになる資料収集の中心メンバーの1人だったのである。

　彼の話では、資料収集をはじめたのはACK自身であり、彼とキャノン・ヨナ・オチョラ Canon Yona Ochola（出身はマウンド）、サウロ・オカド Saulo Okado（同ムランダ）、アンドレア・オボ・オゴラ Andrea Obbo Ogola（同パジュエンダ）、セバスチャン・オラッチ Sebastien Orach（同センダ）がそれを手伝ったという。この指摘は、セム・コレ・オフンビが先鞭をつけたものをACKが引き継いだというカブルの認識とも、ムランダのヤイロ老の認識とも齟齬をきたすものであった。

　カブルとヤイロ老はともにオフンビ家に近い立場であり、レヴランド・ミカ・オマラは依頼され実行した側である。こういうことではなかろうか。確かにセム・コレ・オフンビはそういった調査の構想を持っていた。しかしながら、それはまだじゅうぶんなかたちをとっておらず、ごく身近な者にしか知られずにいるうちに彼は世を去った[50]。レヴランド・ミカ・オマラは、ACKからの依頼で初めてそういった事業について知らされた。

　（ちょうどお前が今もっているようのものだ、と指さしながら）質問項目のようなものに沿って――クランの起源、音楽、信仰、双子儀礼、出産などの文化を調べてほしいという依頼だった。事実、これらは『パドラ』の章立てとほとんどずれはない。

　最初にこの依頼を受けた同僚ヨナ・オチョラは、レヴランド・キャノン・レーベン・オミエリ・オチョラの父であり、2002年現在は引退しているが、最近までキソコの大執事だった。調査仲間の1人アベデネゴは元大主教ヨナ・オコスの父オウォラ（洗礼名は失念したという）の兄弟である。

　ヨナ・オコスとACKはキソコ小学校で同窓だという。その後、大臣と主教、

50　FOMSでは、オボス＝オフンビは、アドラの歴史についての父の関心を引き継いだことを明言している。FOMS, p.3。

第 13 章　ある遺品整理の顛末

写真 90　ミカ・オマラの墓（2010 年現在）

写真 91　ミカ・オマラの墓碑銘

と立場は変わってもアドラを 1 つにしたいという希望は共通しており、常に親しい関係をたもった。

　細部は今となっては想像するしかないが、すでに地域に根をおろしたキリスト教徒の紐帯が『パドラ』のもとになる資料を効率的に集めることを可能にしたと言えそうだ。

　当地を訪れた白人宣教師についても聞いてみると、ヘンリー・マンジャシ Henry Manjasi、レヴランド・ランプレー、カラプラプター Karaprapter、エミー、ウィラ……など次から次へとここを訪れた白人の名に言及し、それぞれがどのような関心を持っていたか、どのような活動をしていたかを語った。予想していたことだが、Crazzolara の名はやはり挙がらなかった。これで、当初考えていた Crazzolara との関係についての仮説は否定された。

　また彼は、セム・コレ・オフンビの死因を住民がティポと考えていることにも言及し、実際に最期まで見舞った者としての立場から、「腹が異様に膨れていた。あれはキダダ kidada（毒）だ」[51] と断言した。彼の危篤は、ACK が入学したばかりのキングズ・カレッジ・ブドでの試験を控えていることを考えて、その最期まで伏せられていたという。

　ACK の死のことは今もよく覚えていると言う。彼がバスで移動中、アドラ語放送の番組が突如途絶えてアジョレ ajore（挽歌）が流れてきた。そのことで彼は ACK の死を悟った（写真 89、90、91）。

51　キダダについては第 2 章、第 3 章を参照。

553

第３部

VIII　アディオマという補助線

　調査が進むにつれてしだいに明らかになってくる ACK の履歴は、私に伝説上のブラの祭祀であり戦士でもあったマジャンガの像とだぶらせて考えるようになった。マジャンガは、アドラでは無敵だったが、KAR の銃器を携えた外来のガンダ人将軍、カクングルの前にはあっさり破れる運命である。しかももともとは異民族の出身であり、ある意味でトリックスター的なところがある。

　一説によると、ACK は、いつも予言者を連れていた。それはアリ・オボというテソ人であったといい、コーランを用いたイスラム式の占いで将来を読むことができた。マジャンガはブラの予言で戦略を立てたが、ACK は、その予言者の予言に従って身の振り方を決めていた、というのだ。

　このような、破滅の直前まで、繁栄の極にある物語の筋のようなものが、この地域の人生イメージにあるのかもしれない、と考えたのである。そのことは、極端な出世や権力の掌握を抑制し、財の蓄積を控えさせるモラルとなっているのかもしれない。また逆に、そのような行動には呪術的な罰則が下るはず、という地域住民のムードとも合致するように思えた。いまでも忘れられないのだが、9.11 でワールド・トレード・センターに 2 機目の飛行機が突っ込んだ様子を、私はトロロのクリスタル・ホテルの 1 階にあるレストランのテレビで見ていた。そこにいたほとんどのウガンダ人の反応は、私の予想を裏切るものだった。彼らは、アメリカが直面している困難を「当然の報い」と喜んでいるようなのだ。「繁栄はすぐに滅びにつながる」というような、アメリカのそれまでの繁栄に打ちこまれたくさび、ととらえているようだった。

　しかし、アディオマの存在を知ってから、アドラの人のなかにも、かつて栄光の繁栄を誇りながらも、ある時期がくるとひっそりと隠棲する、そういったモデルはありうる、と考えるようになった。ヨナ・オコスもある意味ではそれを体現したのだが、亡命生活を挟んだヨナ・オコスの活躍はそれほど単線的な出世ともみなしにくいし、亡命先のアメリカから帰った後も、引退後も、ある意味でその活動には政治臭が強く、第 6 章で紹介した「呪詛」のエピソードにもうかがえるように、あまりひっそり、という感じでもない。

　しかし、アディオマは本当にひっそりと隠棲していた。ナゴンゲラのトレーディング・センターで店番として洋服を売っていた。アディオマ・オコス Adioma Okoth（1932-2012）はナゴンゲラに生まれ、キソコ初等学校に 1943 年から

1947年に通ったという。ACK は、1942 年から 1947 年までキソコ初等学校に在籍しているから、ACK とほぼ同年だったはずである。彼はその後ニャカスラ高等学校に進み (1948-1953)、開校間もないナイロビのロイヤル・カレッジに進学した。ムバララ教員養成専門学校で 1 年間の教員養成コースを修了しないままに、乞われて 1955 年にンゴラ初等学校、キソコ初等学校、続いてブダカ初等学校で教鞭をとることになる。1961 年には、アメリカのアイオワにあるパーソンズ・カレッジに留学。学業にいそしむ傍ら、ニャカスラではボクシング部のキャプテンだったし、アイオワではアメリカン・フットボールやテニス、水泳など課外活動も活発に行った。

その後ロンドンで UNESCO に職を得る。ウガンダに帰国後、ウガンダ UNESCO 国内委員会の事務総長となる。ブラジルやパリなどでも勤務したが、東アジア転勤を嫌って退職、政府官僚へ転身した。当初まだ県に昇格していなかったキトグムの弁務官となり、半年後にグルに転勤となった。1967 年から 1973 年までは国防省にいたので、ACK とも 1971 年には同じ部署に勤めていたことになる。

驚くべきことに、彼はアミンのクーデターには一言も触れず、「1973 年に ACK の後を襲って就任した国防相次官が私の最高位の職であり、10 月に停年を迎えた。それからここ (ナゴンゲラ) で過ごしていたが、1979 年に再雇用の機会があり、情報省や住宅省で働いた」。

彼の話には、アミン政権 (1971-1979) の影はあまり感じられなかった。

ポールの話では、アディオマもかつてアミン時代に非常に広大な土地を接収されたという。「その時におとなしくしていたから生き延びて現在も悠々自適に暮らしているが、キャリアに任せて張り合っていたら、今頃 ACK と同じ土の中だ」という。

しかし、逆に言うと、アディオマのように「ほどほどの」出世や、ねたみを買わない程度の繁栄は、ありうることになる。

アディオマの学歴は、当時のアドラ人としては、比肩するもののない立派なものだ。ACK の学歴がキングズ・カレッジ・ブド卒で終わっていることを考えても、際立っていると言っていい。

「私の博士論文は、あとは最後の結論部分を書き上げて審査を残すのみだったのだが、怠惰のために結局学位取得には至らなかった。ただたんに怠惰のためだ。特に官僚になってから駄目だったね。マケレレにも行って最後を書き上げようとしたが、当時のマケレレはひどくてね。2 年のはずの修士に 5 年も 6 年も

第3部

かかっている連中ばかりだった。アメリカではそんなことはなかった。最近はマケレレもましになったようだが。私の娘の1人はイギリスのマンチェスターで博士課程に行っている。もうすぐ学位を取って帰ってくるはずだ」と顔をほころばせた。

IX　オフンビ邸と遺品

　私がはじめてニャマロゴのオフンビ邸を訪れることができたのは、2002年の10月9日、独立記念日のことだった。彼はパイナップルやにんにくをジンバブエなどに輸出する仕事をしており、その買付けで前日までアルアに行っていたとのことだった。アメリカでは航空機パイロットだったそうだ。

　応接間にはカブルの肖像が飾られていた（写真92）。彼は自室から、『ニュー・ヴィジョン New Vision』紙と並ぶ国内英字新聞、『モニター』Monitor 紙を持ってきた。そこには、ACK が巻き込まれた事件と回復を目指す、ここオフンビ家の特集記事が載っていた[52]（写真93）。

　寝室に戻ると、こんどは段ボール箱いっぱいの、冊子と文書を重そうに運んできた。それは、ACK の残した1956年、1972年、1973年、1975年分の日記と、外遊したときの2冊のアルバムだった。要人に訪問された側がそういったアルバムを作成して贈るのが外交慣例であるらしい。またファイルの中に束ねられた多くの文書。

　まめにつけられた日記には、盟友である元大主教ヨナ・オコス、アドラの「王」となっているモーゼス・オウォリ Moses Owori の名前や、オボテ政権時の閣僚だったジェームズ・オチョラの名前も見える。1956年の日記が最も几帳面で、アミン政権時代に入ると走り書きが多くなり、文字も乱れている。

　1956年11月8日の欄にはこう書かれていた。「フレッド・バーク氏とサウザール氏というヨーロッパ人がニャマロゴを訪問。ブダマ（アドラの別称）の歴史について。レヴランド・ヨナ・オコスらに伴われて。」下段のノート欄には、「フレッド・G・バーク氏とサウザール博士」と書き直されている。几帳面さが窺われる（写真91、92）。

　ともに高名なアフリカ研究者である。ACK が地域の歴史や文化について資料を集めていることを伝え聞いての訪問に違いなかった。

52　*The Monitor*, 2002年2月16日号、pp.24-25　および *Sunday Monitor*, 2002年2月17日号、pp.26-27。

第13章　ある遺品整理の顛末

写真92　応接間に飾られたカブルの肖像画

写真93　「モニター」紙の特集記事（右下はヨナ・オコス）

　この訪問前後に集めた資料が、冒頭に紹介した1957年1月マケレレで行われた報告につながったとみられる。タイプスクリプトは研究会の後サウザールがACKに送ったものだろう[53]。著書『パドラ』刊行以前のことである。ACKと研究者との交流がうかがわれる貴重な資料である。

　文書の中には非常に興味深いものが多かった。アミン時代のものも多かった[54]。

　私は、その中の1つの文書から、オボテ時代のACKが総理大臣室から、もとの共同組合などに移動を希望していたことを知った。その移動は実現していないから、慰留されたのだろう。

　ここで手を引いていれば、アディオマのような隠遁生活ができたかもしれないが、そうはならなかった。

　文書に書かれた理由は、父の死後立て続けに2人のオジを失い、母の健康状態がすぐれないので、トロロ県かムバレか、自宅近くの職場にかえてほしい、というものだった。日付はウガンダを揺るがした「ゴールド・スキャンダル」、あるいは「1966年危機」[55]とよばれる事件の直前、1965年12月であった。

53　バークはこの研究会で、「チーフの新しい役割——アドラの場合」と題する報告をしている。タイプスクリプトの書き込みを見る限り、オボス＝オフンビはプロテスタントとカトリックの対立を単純化したり、地方行政を無邪気に絶対視するバークの議論には賛成していない。

54　まず、この「遺品整理」のきっかけになったのはアルバムだったが、まめにつけられた日記も興味をそそるものだった。1度借り出してきて、スキャナーでそのほとんどを複写した。章末の別掲註②を参照。

55　「ゴールド・スキャンダル」とそれに続く「66年危機」については、「はじめに」の註12を参照。

557

第 3 部

写真 94 カブルの肖像

写真 95 ロンドン外遊中の ACK

写真 96 中央の人物は、当時のインド大統領

写真 97 ACK の墓

写真 98 モーシェ・ダヤンと ACK

写真 99 アミン大統領を乗せた専用ヘリコプターが着陸する様子

第13章　ある遺品整理の顛末

グワラグワラ村の噂でも、ACK 家では連続死があったことになっていたから、これで噂の裏がとれたことになる。

蛇に咬まれて死んだ人のこともゴドフリーはよく覚えていた。門の外で毒蛇に足を咬まれ、毒が体に回るのを防ごうと、人々が足を「パンみたいに」スライスしたのだという。結局助からなかった。オフンビ家とは縁もゆかりもない男だった。グワラグワラ村にまで伝わる過程でオフンビ家の事件であるかのように話がかわってしまっていたようである。

また、『東アフリカ紳士名鑑』[56]のゲラのコピーもファイルされていた。本書でFOMS の略号で用いている資料も、このときもらったものだ。

目を引いたのはアルバムに貼られた多くの写真だった。それはイギリス外遊とインド外遊のときのものだったが、そのなかの 1 枚には、アミンとともに大統領らしき人物と写っている写真もあった（写真96）。私はいまのところ、その容貌と時期から、当時のインド大統領ヴァーラハギリ・ヴェーンカタ・ギリ（Varahagiri Venkata Giri　在任は 1969-1974）であろうと考えている。おそらくイギリスのものも、当時の政府要人だろう（写真 95）。当時の国防大臣イアン・ギルモア（Ian Gilmour 1926-2007）の顔も見える。

後に借りだしたアルバムからは、エンテベ事件のときにアミンとの「友情」が買われて派遣される案もでたという、一般には手塚治虫のキャラクターのモデルとして有名な、イスラエルの国防大臣モーシェ・ダヤン[57]と一緒に写ったものも発見された（写真98）。1971 年 4 月 25 日、アミン大統領を乗せた専用ヘリがオフンビ家敷地に着陸する[58]さまが写った写真もあった（写真99）。

私はそれから数年間オフンビ邸に通い、遺族の協力のもとに、ここ 10 年間で ACK の残した 1956 年、1972 年、1973 年、1975 年分の日記と、外遊したときのアルバム 5 冊（外交慣例になっていたようだ）、16 ミリフィルムを 4 巻入手し、また紙のドキュメント・ウォレットに閉じられた文書を多数複写した。ほとんど遺品整理のようなことをしていたわけである。

56　Wilson［1963-1964］。

57　モーシェ・ダヤン（モーシュ・ダイアン、משה דיין, Moshe Dayan、1915 年 5 月 20 日～1981 年 10 月 16 日）。スティヴンソン［1976: 88-90］、オフェール［1976: 141-142］参照。

58　セレモニーのあとカンパラに帰ろうとしたがヘリは故障し、飛び立たなかった。アミンはやむなく自動車でカンパラに帰還している。この出来事が印象的だったために、村にはこのことがアミンのオボス＝オフンビへの疑いの源泉である、とする者もいるが、遺族の一人であるゴドフリーは、この後 2 度オフンビ家を訪れ、宿泊すらしていることを指摘し、その説を否定した。

第3部

X ACKの墓

オフンビ邸に隣接するチャペル裏に、ACKの墓は屹立している（写真97）。

アルファクサド・チャールズ・コレ・オボス＝オフンビ[59]。1932年7月12日にトロロ県トロロ市街地のはずれアグルルで生まれ、その日ムランダで受洗。オボスとは、「耕したばかりの畑で生まれた子」の意である（ランギ民族におけるオボテと同名）。キソコ初等学校 (1942-7)、ムバララ高校 (1948-50)、キングズ・カレッジ・ブド (1951-3)[60] を経てマケレレ・カレッジへの進学を希望していたが、父セム・コレ・オフンビの死によりそれを断念。エンテベの協同組合アシスタント・コース (1954) 修了後、ブケディ協同組合にアシスタント (1954-8)。ブケディ県弁務官室 (1958-60)。弁務官を補佐していたゼファニア・オチェンの助力を得て『パドラ』を出版したのはこのころである。エンテベのンサミジ地方行政職のコース修了後 (1960) に地方行政職に転じ (1961)、行政官 (1960) の資格取得後、アチョリ・ランゴ県の県副弁務官 (1961年1月30日付け)。アチョリ県弁務官 (1963、7月7日からはグル都市議会書記も兼任)。1962年の総選挙で大勝したウガンダ人民会議 (UPC: Uganda People's Congress) の党首で総理大臣となったオボテによって、独立 (1962年10月9日) 後の1963年12月10日には総理大臣室秘書官補佐、同上級秘書官補佐 (1964)。1964年からは4月27日付けで兼任の他方行政省地方監査官、8月20日付け、内閣書記官、9月1日付け、総理大臣室上級書記官長補佐長。総理大臣室書記官長 (1965)。国防省次官 (1971)。続くクーデター後のアミン政権成立で国防担当大臣 (1971)、国防大臣 (1971-1973)、財務大臣 (1974-1976、内務大臣と兼任)、内務大臣 (1974-1977) などを務め、大統領外遊時の大統領代行。

その間、妻のエリザベス・ミリカ・ナマゲンバとの間に、ルース・アプワ・ニャケチョ・オフンビ (Ruth Apuwa Nyakecho Ofumbi 1956-1958、2歳で夭折)、マイケル・ジョージ・スティーヴン・セム・オフンビ (Michael George Stephen Semu Ofumbi 1957-)、サミュエル・ロバート・オボ・オフンビ (Samuel Robert Obbo Ofumbi 1960-)、エスター・グレース・ニャゴリ・オフンビ (Esther Grace Nyagoli Ofumbi 1962-)、ゴドフリー・

59　Wilson [1963-1964: 87] に、*The Uganda Gazette*、*African Research Bulletin*、およびインタヴューによって得た資料を加えた。

60　現地では父親の死のため卒業も断念したとするフォークロアもあるが、これはのちの悪評から遡ったものであろう。Kayondo [2006: 95] に「OBOTH Arphaxad、1951年4A組入学、1954年6A組卒」との記載があるが、同書所収の出身者のうち「閣僚経験者」を挙げたリストからは漏れている。このことと卒業年に異同がある理由は不明。

560

第 13 章　ある遺品整理の顛末

ヨラム・オティティ・オボス＝オフンビ（Godfrey Yolamu Otiti Oboth-Ofumbi 1964-）、エリザベス・エヴリン・プリシキラ・オリャナ・オフンビ（Elizabeth Evelyn Pulisikira Olyana Ofumbi 1965-）、スーザン・サーラ・マンジェリ・アロウォ・オフンビ（Susan Sarah Manjeri Aliwo Ofumbi 1970-）、マーガレット・ジェーン・ナスワ・ニャディポ・オフンビ（Margaret Jane Naswa Nyadipo Ofumbi 1972-）の、3 男 5 女をもうけた[61]。

　彼の経歴は突然途絶える。

　1977 年 2 月 17 日午前 10 時、国営放送『ラジオ・ウガンダ』は、次のようなニュースを読んだ。「……政府スポークスマンは、鉱物水源大臣エリナヨ・オリエマ中尉、内務大臣チャールズ・オボス＝オフンビ氏、そしてウガンダ・ルワンダ・ブルンディ・ボガ＝ザイール大主教、ジャナニ・ルウム師の死去を哀悼の意をもって公にした。昨日カンパラで起こった自動車事故に巻き込まれたために亡くなった模様。3 人は、わが国を混乱に陥れる計画にかかわりがあるとして、モーゼス少佐の運転でカンパラ国際会議場から連行される途中だった。スポークスマンによると、3 人が逃亡を図ってモーゼス少佐に暴行を加えたことが事故につながったという。モーゼス少佐は病院に運ばれ現在意識不明の状態……」[62]。

　続報では、3 人が乗ったレンジ・ローバー（ナンバー UVW082）は、トヨタ・セリカ（UVS299）と衝突し、滑って横転。連れだされたときには 3 人は息絶えていたという。19 日には、『ヴォイス・オブ・ウガンダ』紙に、副大統領ムスタファ・アディリシ司令官による 3 人の死亡確認の報告が掲載された（資料 6）。

　Henry Kyemba によると、カッフェロ医師は検死を拒否したということである。カッフェロ医師はこの後数週間して亡くなったので、検死を断ったためにアミンに殺されたのだという噂が立った［Kyemba 1977: 191］。当時ムラゴ病院にいた、信頼できる筋に最近私が聞いたところによれば、結局医師による検死は行われなかった。検死に立ち会ったアドラ人がいるという。名をアチャンデリ・オクムという。このことは、アドラの地でオクムのティポの噂を再燃させる一因となったが、その点はまた改めて論じたい。

　「オリエマには、検死の結果、左側を中心に顔面左部分を含む頭蓋骨骨折が認められ、胸部および腹部の損傷が認められる。死因は、頭蓋骨骨折による外傷と内出血。ルウムは、両大腿、腹部、胸部、前額部の損傷、肝臓の外傷と著し

61　オボス＝オフンビ死後、6 女クレア・ロビナ・アウォリ・オフンビ（1977-）が誕生。
62　"Oryema, Ofumbi, Luwum Dead " *Voice of Uganda,* Thursday, February, 17, 1977, p.1, *African Research Bulletin*, Vol. 14, 1977-1978: 4329 A & B、Wooding & Barnett［1980: 102］。Colin Legum ［1976/ 01977: B380-381］。

い肺の損傷が認められた。死因は、肝臓および肺の機能不全。ACKは、鼻、両耳そして折れた左前腕部から出血が認められた。検死の結果、さらに中脳頭頂部の動脈より頭蓋内に出血があることがわかった……死因は脳内部の破損による頭蓋内出血」[63]。

多くの人びとはこの事故を偽装であると考えた[64]。『血塗られた国家──イディ・アミンの内幕──』の著者として有名な、アミン政権の元保健相Kyembaによれば、レンジ・ローバーはアミンの持ち物であり、セリカはアミン直属の諜報機関、国家調査局のものであるという[65]。アメリカ国連大使のアンドリュー・ヤングは即座に「暗殺だ」との声明を出し、ジェノヴァの国際法曹委員会（International Commission of Jurists）も「自動車事故で死んだなどというまやかしでは誰もごまかすことはできない」と述べた[66]。2月21日、ウガンダ教会初代大主教のレスリー・ブラウン博士は、大主教の両胸と口の中に弾痕を認めたという信頼に足る情報を持っている、と公式に発表している。

1977年2月16日（推定）ACK没。45歳だった。

ACKは、1977年2月19日、アミンが派遣した数多くの軍人たちの見張る中、父セム・コレ・オフンビを記念するチャペルの裏手に埋葬された。埋葬後も2ヶ月近く軍が駐留したことは、さまざまな臆測を喚起した。Kyembaならば即座に、弾痕を誰かに確認されないためだ、と言うだろう。ゴドフリーによれば、死の3週間前自宅で飲んでいたときに、「私が死んだらここに埋葬してほしい」と指し示した場所だという。あたかも自らティポとなり、オフンビ家を守ろうとしているかのようである[67]。

別掲註①
オボテ政権の閣僚としては、アレックス・オジェラ Alex Ojera 情報放送観光大臣は、反アミンのゲリラを指揮していた張本人だから別格としても、バジル・バタリンガヤ

---

63 " Post Mortem on Three Bodies," *Voice of Uganda*, February 19, 1977, Vol. II, No. 43, p. 1, 3; "Archbishop Luwm, Ministers Ofumbi and Oryema Murdered," *The Monitor*, February 16, 2002, pp. 24-25。

64 Kalyegira［1997: 30］、Kyemba［1977: 179-224］。

65 Kyemba［1977: 191］。

66 Norton-Taylor & Brenda Jones, "Outrage over 'murder' of Uganda Bishop," *The Guardian*, Friday, February, 18, 1977, p.12。

67 遺族もそうした認識を共有しているようだ、ということを指摘するにとどめる。

第 13 章　ある遺品整理の顚末

Basil Bataringaya 内務大臣（1972）、ウィリアム・カレマ William Kalema 商工業大臣（1972）、ジョシュア・ワコリ Joshua Wakholi 公共事業大臣（1972）、ジョン・カコンゲ John Kakonge 農業協同組合大臣（1972）、本書でも詳しく触れるジェームズ・オチョラ James Ochola 地方行政大臣（1972）などの名があがっている。また、公務員評議会の元評議員長アブドゥラ・アンユル Abdalla Anyuru は、後出の「カンガルー・トライアル」でオボテの檄文を読まされた人物であるが、彼も結局殺害されたとされる（1977）。また、オボテ時代の閣僚だったが、ムスリム振興会（NAAM: National Association of Advancement of Muslims）の指導者でもあったアル=ハッジ・シャバン・ンクトゥ Al-Hajji Shaban Nkutu（1973）などが注目される。

アミン政権の閣僚も、本書で集中的にあつかう内務大臣 ACK（1977）と、同時に殺害されたエリナヨ・オリエマ中将 Lt. Col. Erinayo Oryema（1977）の他、イェコスファティ・エングル Yekosfati Engur 元文化および開発大臣（1977）、マイケル・オンドガ中将 Lt. Col. Michael Ondoga 元外相（1974）などがリストに挙がっている。

また、国会議員アニル・クラーク Anil Clerk（1972）、元国会議員センベグヤ博士 Dr F. G. Sembeguya（1973）、地方行政官などからは、ブケディ県弁務官ムレケジ Mr Mulekezi（1972）、ランゴ県の地方行政官ベン・オティム Ben Otim（1972）、アチョリ県 Acholi District の行政秘書官シマヨ・ピーター・オリエム Simayo Peter Oryem（1972）、チバユングゥァ Mr Tibayungwa、アンコレ県の元事務局長ネケミア・バナヌカ Nekemia Bananuka（1972）。西ナイルおよびマディ議会の元議員マーティン・A・オケロ Martin A. Okello（1971）など。

軍関係では、事故で命を失ったオグワル中将 Lt. Col. Ogwal（1971）の他、ルジラ刑務所で殺害されたオボテ時代の軍司令官スレイマン・フセイン Brig. Suleiman Hussein（1971）、マーティン・ルバンガ Martin A. Rubanga 防衛省次官（1972）などの名が挙がっている。また、軍では、1971 年 3 月 8 日、Malire マリレ兵舎の房が爆発し 32 人の軍の将校が犠牲になった。1971 年 7 月には、ムバララ兵舎、モロトの兵舎でそれぞれ 167〜258 人、120 人の兵士が犠牲になり、ジンジャの反乱では約 400 人の兵士が、またマガンガ Magamaga の武器補給処の大虐殺では 50 人の兵士が犠牲となった。1972 年 1 月、ムトゥクラ Mutukula 刑務所では 245〜295 人の兵士が処刑された。

警察関係でも、警察局の副総監ダニエル・ンセケロ Daniel Nsekero（1977）、ピーター・オケタ Peter Oketta 刑務所の副所長（1972）、アフメド・オドゥカ Ahmed Oduka ウガンダ警察吹奏楽団長（1971）らが犠牲となっている。

法曹界からは、DP の党首であり最高裁判所長官ベネディクト・キワヌカ Benedicto Kiwanuka（1972）、法律家のパトリック・ルヒンダ Patrick Ruhinda（1972）。金融、商業関係では、ウガンダ銀行の総裁ジョセフ・ムビル Joseph M. Mubiru（1972）、産業裁判所の裁判所長であったマイケル・カグワ Michael Kagwa（1971）、カバレ Kabale のバークレイズ銀行頭取、スティーヴン・エパナウ Stephen Epanau（未詳）など、ウガンダ鉱業労働者協会代表ルワションゲ Mr. Rwamashonge、（1971）、東アフリカ郵便遠距離通信会社社長でインド、西ドイツ大使だったジョージ・カンバ George Kamba（1972）、東アフリカ鉄道関係者では、ヘンリー・ベルンガ Henry Berunga 東アフリカ鉄道のウガンダ担当責任者（1973）をはじめとし、ジョン・オケッチ＝オマラ John Okech-Omara（1973）アウワル・オウォル Auwar Owuor、トムサンゲ Mr Tomusange（1973）らが犠牲となった。商業および産業の国際議会の議長でウガンダ国民運動の創設者アウグスティン・カミヤ Augustine Kamya（1972）ほか、多数の実業家、商人の名前が挙がっている。また、病院関係者としては、ムラゴ病院のエビネ医師 Dr. George W. Ebine（1971）、マケレレ大学のヴィンセ

第 3 部

ント・ピム・エミル教授 Dr. Vincent Pim Emiru、マケレレ大学の歯学部長代行エドワード・キジト Dr Edward Kizito（1973）。宗教関係では、ジャナニ・ルウム Janani Luwum ウガンダ教会大主教（1977）が目を引く。ラファエル・セブグワウォ・アモーティ Raphael Sebugwawo Amooti は、産業裁判所の裁判長であるが、カトリック教会 100 周年組織委員会の委員長でもあった（1978）。ジャーナリズムでは、まず兵舎での虐殺を取材しようとしたアメリカ人 2 人、ニック・ストロー Nick Stroh とロバート・シードル Robert Siedle は、それぞれジャーナリストと大学の講師だった（1971）。ほかにジェームズ・ブウォギ James Bwogi ウガンダテレビ営業部長（1971）、カトリック系新聞『ムンノ』編集者のクレメント・キグンドゥ Father Clement Kiggundu（1973）、ジョン・セルワニコ John Serwaniko（1976）がいる。ジミー・パルマ Jimmy Parma は、『ヴォイス・オブ・ウガンダ』の写真家で、エンテベ事件で唯一殺害されたドーラ・ブロックの事件を調査したことが原因とされる（1976）。学術界ではフランク・カリムゾ Frank Kalimuzo マケレレ大学副総長（1972）の死はなにより衝撃だった。化学者のジェームズ・ブウェンボ James Buwembo（1972）はオボテの義兄弟でもあったので、そういった要素もあったに違いない。文化事業関連では、国民劇場の演出家バイロン・カワドワ Byron Kawadwa（1977）が犠牲となったのは、キリスト教迫害を描いたのが原因と見られる。

別掲註②
以下重要なものを列挙する。
1.「Who's Who in East Africa の原稿の写し」
　『東アフリカ紳士名鑑』のゲラのコピーもファイルされていた。もとの記載に加えて詳細な情報提供がされている。セルフ・プレゼンテーションへの意欲がうかがわれる。
2.「休暇申請 1965.06.09」
　1965 年 6 月 9 日付けで、首相官邸に出された休暇願。宛名は首相官邸。1965 年の 11 月からの 218 日間の長期休暇申請である。公務に就くようになってからたびたび休暇申請しているが認められていない。故郷の畑の手入れをしたいので、という主旨である。かなり強い調子で要求しているが、この希望は受け入れられなかったようである。
3.「首相官邸上級書記官長補佐役 の就任 1965.09.25」
　奇妙なことだが、私が調べた限りでは、『官報』には、65 年号が 64 年 9 月 1 日付けで principal assistant secretary、office of the prime minister との記載を最後に記録がない。先の希望が受け入れられていれば、この文書も書かれなかったに違いない。
4.「配置換え希望 1965.12.16」
　結局はこういった配属替えの人事はなく、オボテ大統領の下で彼はオボテの側近として出世していくのだが、この 2 通の書類は、彼がどうしてもこの時期に政府の中枢から離れようとしていたことを思わせる、ことによるとオチェンの告発を知っていたのではないかと考えることもできそうな、興味深い文書である。
5.「Kalimuzo の 1967 年 1 月 23 日から 14 日間の休暇 1967.1.19」
　第 1 次オボテ政権下で ACK が官僚として決定的な権力を掌握する経緯について語る文書である。ここでは、そのとき内閣官房長官だったフランク・カリムゾが登場する。彼は、1967 年 2 月 27 日からの休暇申請を出している。
6.「正式な代理任命の要請　1967.02.20」
　1 月 23 日からその職務を代行していた ACK は、書面で官房に問い合わせ、続けて代行する確認を取っている（2 月 20 日）。その後、カリムゾは 28 日間から 48 日間に休暇

の延長を申請し、それが認められたことが、3月3日付けの首相官邸秘書官ワコリ Wakholi の文書から知ることができる。同じ3月3日付けで、ACK の代行が全政務次官宛てに告知されている。これは ACK 自身の名義で行われた。

その後カリムゾが官房長官職に復職することはなかった。1967年の12月まで休暇を取るようにすすめるワコリ名義の3月29日付けの文書が残されている。この間に、彼が何らかの裁判に巻き込まれ、職場復帰を約束していた5月22日にはカバレの裁判所に出頭命令が出ていて復帰できないことを公式に報告するテレグラフのコピーも残っている。

7.「Kalimuzo の任務は有効、ACK は新憲法により代理のまま」

総理府政務次官ラキディ Lakidi 名義の1967年9月12日の文書では、1966年に改正された憲法のせいで、カリムゾをもとのポストに戻せるのは大統領だけだ、という告知が首相官邸秘書ワコリに対してなされている。その際に、カリムゾの職務怠慢も指摘されている。

要するに、これらの文書を総合すると、カリムゾ外しとも言える動きが首相官邸近辺で行われていたようである。またその写しが当事者の1人であり、結果的には1番の受益者である ACK の邸宅にファイルされていたことには、重要な意味がありそうである。

カリムゾはその直後、おそらくは東アフリカ大学の教員になったのであろう。1970年6月、大学に昇格したマケレレの副学長に就任した。1973年に在職のまま失踪。

第14章　福音を説くウィッチ

I　有刺鉄線の外から

　パドラのムランダ準郡コロブディを訪れる人は、おそらく誰でも、その場違いな光景に圧倒されることだろう。そこには、数基の、巨大な十字架が敷設された墓がある。サバンナのただ中に数基の巨大なコンクリートの十字架がそびえているのを見て、驚くに違いない。キャッサバやコーヒー、あるいはサトウキビ畑が広がっている地域の一角に、場違いなほど巨大な十字架がそびえている。現在では故障して修理した形跡もないが、かつては電飾までついていた巨大な十字架である。まわりには、同じく豪奢な大理石の墓がいくつか並んでいる（写真75、76）。

　そこから東の方角をのぞむと、数キロ離れたニャマロゴの丘の上には、異様な光景が広がっている。巨大な給水タンクと、2階建ての煉瓦造りの豪邸がそびえている。隣には同様に煉瓦造りのチャペルがある。近隣の人に聞くと、その巨大な墓は、もう亡くなった邸宅の主が建てた父親の墓だ、ということを渋々教えてくれた。チャペルにも父親の名が冠されているという。現在、その「館」には妻と遺族が住んでいる。このあたりはすべてその一家の土地なのだ。ムランダ準郡のコロブディからナブヨガ準郡のニャマロゴまで見渡す限りすべてがその一家の地所である、という（写真70、71、72、73）。

　注意してみると、何本もの電信柱に支えられて、トロロ市街地の方面から一直線に電線が引かれているのがわかる（正確にはパジュウェンダからだという）。

　現在は錆びてしまっているが、ところどころにこの広大な地所の周囲を囲んでいた有刺鉄線の跡が残っている。周囲は伝統的な小屋が多いので、有刺鉄線に囲まれたその近代的な建築群はとりわけ目立ってみえる。

　もっと近づいてみるとわかるのだが、実は敷地内にはヘリコプターや小型飛行機の離着陸が可能な滑走路と市街地のガソリンスタンド並の地下タンクを装備した給油施設、そして自動車も飛行機も修理できるガレージが備わっている

第3部

のである[1]。

　その一群の近代建造物は、言うまでもなく他を圧している。錆びついてはいるが、有刺鉄線に囲まれた5000エーカーの地所の外部には、茅葺きの屋根が並んでいるのとは対照的である。

　数年前に、あるアドラ人ミュージシャンによるミュージックヴィデオのロケにこの墓地が選ばれたことがあった。

　その歌は、「ソ・メ・キエリ tho me kiyer」（死は差別しない）という歌である。

Tho me! Tho me kiyer! Nyithindho mowan! Tho me kiyer! X 3

Jowotan tho me kiyer!

Tho me! Tho me kiyer! Nyithindho mowan! Tho me kiyer! X 3

Jowotan tho me kiyer! Tho rach!

Rast David ma oido amaro jye tho neko! Tho me kiyer!

Odoi Asooka oido amaro jye tho neko! Tho me kiyer!

Obbo Jackson oido amaro jye tho neko! Tho me kiyer! X 3

Tho me! Tho me kiyer! Nyithindho mowan! Tho me kiyer!

Jowotan tho me kiyer! Tho rach!!!

Tho me! Tho me kiyer! Nyithindho mowan! Tho me kiyer! X 3

Jowotan tho me kiyer!

Tho me! Tho me kiyer! Nyithindho mowan! Tho me kiyer! X 3

Jowotan tho me kiyer! Tho rach!

Obote mo'chako adhumi jye tho neko! Tho me kiyer!

Amin Dada ma' oido jijye jolworo jye tho neko! Tho me kiyer!

Sadam Hussein ma jijye jo woro! Jye tho me neko! Tho me kiyer! X 3

Tho rach!

Tho me! Tho me kiyer! Nyithindho mowan! Tho me kiyer! X 3

Jowotan tho me kiyer!

Tho me! Tho me kiyer! Nyithindho mowan! Tho me kiyer! X 3

Jowotan tho me kiyer! Tho rach!

Lucky Dube ma' oido ageno jye tho neko! Tho me kiyer!

Tho Onekoran Paulo Kafeero ma oido ageno! Tho me kiyer!

---

[1] このことを知った私の助手の1人は、不愉快そうに、現在の閣僚でも自宅にそこまでの施設を持っている人間はいない、とつぶやいた。

第14章　福音を説くウィッチ

Bob Maley ma'oido ageno jye tho neko! tho me kiyer! X 3
Jowotan tho me rach!
Tho me! Tho me kiyer! Nyithindho mowan! Tho me kiyer! X 3
Jowotan tho me kiyer!
Tho me! Tho me kiyer! Nyithindho mowan! Tho me kiyer! X 3
Jowotan tho me kiyer! Tho rach!
Oboth Ofumbi ma jijye jo lworo jye tho neko! Tho me kiyer!
Bishop Okoth Dhano pa'were jye tho neko! Tho me kiyer!
Odongo Abiriga ma oido ageno jye tho me neko! Tho me kiyer! X 3
Jowotan tho me rach!
Tho me! Tho me kiyer! Nyithindho mowan! Tho me kiyer! X 3

Nyithindho mowan!
Kinigi chemo ma oido ikano inyalo chamo tho me kiyer! Tho rach!
Pesa ma oido ikwoko inyalo oro tho me kiyer! Tho me rach!
Medho ma oido ikwoko inyalo madho tho me kiyer! Tho rach! X 3
Tho me! Tho me kiyer! Nyithindho mowan! Tho me kiyer!
Tho me! Tho me kiyer! Nyithindho mowan! Tho me kiyer!

死というものは差別をしない、兄弟よ、死は差別しない X3
友よ、死は悪である！
愛しいラスト・デヴィッド（キソコ出身のアドラ人ミュージシャン）にも死は告げられた。死は悪だ！　死は差別しない。
愛すべきオドイ・アソーカ（キレワ出身アドラ人の政治家）にも死は告げられた。死は悪だ！　しかし差別しない！
愛しのオボ・ジャクソン（アドラ語ラジオ放送「ロック・マンボー」のラジオ・パーソナリティ）も死を宣告された！　死は悪だ、しかし差別しない X3
死は差別しない！　兄弟よ！　死は差別しない！
友よ、死は差別しない！　死は悪である！！！
死は差別しない！　兄弟よ！　死は差別しない！ X3
友よ、死は差別しない！
友よ、死は差別しない！　死は悪である！
最初の政府をつくったオボテにも、死は告げられた！　死は差別しない！

第3部

誰もが恐れたアミン・ダダにも死は告げられた！　死は差別しない！
誰もが尊敬したサダム・フセインにも死は告げられた！　死は差別しない X3
死は悪である！
死は差別しない！　兄弟よ！　死は差別しない！
友よ、死は差別しない！　死は悪である！！！
死は差別しない！　兄弟よ！　死は差別しない！ X3
友よ、死は差別しない！
友よ、死は差別しない！　死は悪である！
信頼していたラッキー・デューベ（南アフリカのミュージシャン）にも、死は告げられた！　死は差別しない！
信頼していたパウロ・カッフェーロ（ムコノ出身のガンダ人ミュージシャン）にも死は告げられた！　死は差別しない！
信頼していたボブ・マーリーにも死は告げられた！　死は差別しない！ X3
友よ、死は差別しない！
死は差別しない！　兄弟よ！　死は差別しない！ X3
友よ、死は差別しない！　死は差別しない！　兄弟よ！　死は差別しない！ X3
友よ、死は差別しない！　死は悪である！
誰もが恐れ、富に耽溺したオボス＝オフンビ！　彼にも死は告げられた！　死は差別しない！
神の使徒、主教オコスにも死は告げられた！　死は差別しない！
信頼するオドンゴ・アビリガ（キソコに広大な土地を持つカクワの元軍人で、パドラでは有名な富豪）にも死は告げられた！　死は差別しない X3
友よ、死は悪だ！
死は差別しない！　兄弟よ！　死は差別しない！ X3
兄弟よ！
もし食べ物があるのなら、食べたほうがいい！　死は悪だ！
もし蓄えがあるのなら、生きているうちに使った方がいい！　死は悪だ！

　この歌詞には、前章でくわしく扱ったACKのことについて、「誰もが恐れ、富に耽溺したオボス＝オフンビ、彼にも死は告げられた！ *Oboth Ofumbi ma jijye jo lworo jye tho neko!*」と歌われていることは、記憶にとどめておいてよい。
　ロケ地となったこの屋敷と墓地はACKの屋敷であり、その墓石は、前章で紹

第 14 章　福音を説くウィッチ

介したその父、セム・K・オフンビのものであった（写真 76）。チャペルもセム・K・オフンビを顕彰するために息子 ACK によって建てられたもので、その礎石には、歌にも歌われたアミンと、当時の大主教エリカ・サビティ、そしてブケディ主教だったヨナ・オコスの礎石が置かれている（写真 72）。

　前章で紹介したように、1998 年ごろ、私は、自分が住み着いている村の何人かの長老に、20 キロほど離れたところに建っているあの「館」を訪れてみたい、と相談してみた。

　「決して行ってはいけない、ろくな死に方はしないから」と皆に引きとめられた。連続して変死した人が 3 人もいる、というのだ。1 人は蛇に咬まれた、という。蛇に咬まれて死ぬ、という死に方を彼らはきわめて不吉な兆しと考えているようだった。手回しよく私の「死に方」にまで配慮してくれる長老たちの言葉は、あたかも私が死ぬのは前提となっているかのようだった。かれらのその「館」に対する認識は、そのときには言語化されなかったが、あたかも「呪われた館」のようだった。

　その後「有刺鉄線の内側」に招かれて、連続死がこの屋敷にあったことも、屋敷の門前で蛇に咬まれて死んだ人が実際にいたことも事実だということが確認できたことは前章で見た通りである。ほんの小さな事実にいろいろな脚色がなされて雪だるま式に膨らんでいく。そうしてできた噂話は魅惑的だが、もともとの核になった事実は非常に平凡な、どこにでもある出来事だったりする。そういったこと自体は、私たちの社会でもよくあることである。

　この屋敷が不吉な噂に取り囲まれている理由にも、その風評の核になるいくつかの事実があるはずである。それぞれの核になる事実が「連続死」や「蛇に咬まれた男」のように、別のルートから裏付けがとれるものとは限らない。

　少なくとも「有刺鉄線の外側」からは、この屋敷をあたかも「呪われた館」であるかのように認識させている風評は、いくつかある。その 1 つは、この館の主だった ACK の父、セム・K・オフンビが、飢饉の折に、教会の畑でキャッサバを掘っていたオクムという男を殺した、という噂があるからである。

　これは現在のところ「噂」にすぎないが、それは、「有刺鉄線の内側」でも十分に認識されている噂である。私は、裁判記録などがないか、あちらこちらを当たったが、徒労に終わっている[2]。しかし、「内側」の複数の人物から、核とな

2　調査時にはエンテベの国立文書館には関連資料は発見できなかった。脱集権化政策により県に移管された文書は、建物の整備が追いつかず、利用できない状態が続いている。教会の文書館も当たったが、ムバレの教区の文書館にはないとのことであった。「有刺鉄

571

る「殺人」はあったという証言を得ることができた[3]。
　ACK の実弟のオティティ医師は、次のような見解だった。
「当時は、植民地統制下だから、もし父が「殺人の犯罪者」だったならば、絶対に刑罰から逃れ得たはずではないか」
「彼は、教会付属の学校の責任者だった。現在でもそうだが、「モブ・ジャスティス」ということがある。私は、学童がよってたかって私刑にした責任をとらされて教会を去ることになったのではないかと考えている」
　いずれも、「セム・K・オフンビ犯人説」は否定するが、殺人事件自体を否定するものではない。
　ニャマロゴの自邸では、親戚の中には、「彼はめちゃめちゃ短気だったからね」という発言をする者もあった。もっとも、この場合「彼」というのが、「セム・K・オフンビ」のことなのか、その息子「ACK」のことなのか、よくわからない部分での発言ではあったが。この発言の真意をその後確認しようとすると、周囲の遺族たちが「それ以上はちょっと」と制した。「これ以上はご遠慮ください」とのことだった。
　死んだのは、ラモギ・クランの「オクム」某ということである。当時「オクムを殺したキャッサバ」という歌が地域で流行し、歌われたということだ。ここで、「オクム」という名前が、双子に準ずる異常出産（生理が止まっていないのに妊娠した）にちなんでつけられた名前だということは、いちおう特筆しておく必要がある。何らかの神秘的な力が介在すると考える「可能性」が、少なくとも準備はされたことになる。またさらに、その子 ACK の検死に立ち会ったアドラ人も、おそらく、たまたま、アチャンデリ・オクムというアドラ人だった。事情を知る老人たちは、「オクムのティポ」を即座に連想したという。
　アチャンデリ・オクムは、その後、走行中自動車の窓から出していた肘を骨折。すれすれですれ違った対向車との接触事故であった。そしてその傷が悪化して死亡した。
　私たちなら「偶然」と呼ぶようなこうした奇妙な符合が、物語を紡ぎ出して

　　線の外側」の人々の中には、その記録は ACK が国内で権力掌握していた時期に抹消されたに違いないと考える人もいる。それでなくともアミン政権時に多くの重要資料が散逸しているのだ。もし、あるとすれば、ウガンダ国内よりはイギリスにある可能性が高いと考えている。
3　もちろん私の意図は、誰かを「犯罪者」にでっち上げたり、誰かの「犯罪」自体を暴き出そうということではない。後に触れるように、「名誉」にも関わることなので、調査は慎重に行われた。

第 14 章　福音を説くウィッチ

いく、ということもよくある話ではある。
　しかし勝手な「物語」は、それだけでは決して人々をとらえることがない。人々をとらえるのは、さまざまな出来事の網の目の中で紡ぎ出される筋書きのうちで、その「物語」を採用する当人にとってある意味で——それが何を意味するにせよ——「妥当性」が最も高いもののはずである。序章でみた例を再び想起したい。歴史家カーの著作から、「原因」概念を再考するために浜本［1989］がたくみに引いた「ロビンソン事件」である[4]。
　カーの説明によれば、それぞれ、運転手の酩酊状態、ブレーキの故障、ブラインド・コーナーといった要因のいずれか、あるいはすべてを複合的な事故の原因とすることには意味がある。しかし、「ロビンソンの煙草への欲求」を死の原因とすることには意味がないという。しかし、そういった主張がなされえないとはカーは主張していない。浜本［1989］は引用していないが、事実カーは、2 人の紳士を登場させる。

　　……われわれがこの実際問題を議論している部屋へ世に知られた紳士——お名前は申し上げますまい——が飛び込んできて、ロビンソンが煙草を切らさなかったら、彼は道路を横断しなかっただろうし、殺されなかったであろう、したがってロビンソンの煙草への欲求が彼の死の原因である、この原因を忘れた調査はすべて時間の浪費であり、そこから導き出された結論はすべて無意味であり無益である、と滔々たる雄弁をもってわれわれに向かって話し始めました……［カー 1962: 154］

「われわれは流れるような雄弁を辛うじて遮って、この二人の訪問者を鄭重に、しかし、力を込めて扉口へ押して行き、この人たちを二度と入れてはいけない、と門衛に命じて、われわれの調査を続けるでしょう」［1962: 154］とカーは続ける。
　ここで浜本［1989: 77-78］が指摘しようとすることの 1 つは、原因というものの選択性である。出来事の諸要素間のどの関係が有意味なのかを指定することによって、「出来事の経緯」「事のなりゆき」として語られる「物語」に意味ある物語としての骨格を与える「原因」を選び出しているのだと言うのである。この絶妙な引用に、別の角度からの論評を 1 つつけ加えるとすれば、私たちが歴

4　浜本［1989: 76］参照。

第３部

史家ではなく、また警察署に集まって原因を調査しているのでもない、ということである。このことは、事実認定に対する関心を最優先する必要はない、ということでもある。つまりカーのあげる２人の紳士に退場願わずに、その２人の紳士がどうしてそう考えることができるのか、どうしてそういうアブダクションを支持するのか、私はその「物語」を支える構造を知りたいと思う。浜本［1989: 77-78］が、常日頃からロビンソン氏に禁煙を勧めて彼の妻なら、「だから煙草をやめなさいとあれほど言っていたのに」という、私的で個人的な「物語」が成立する可能性を認めるとおりである。浜本［1989: 76］は「奇妙な」と言うが、果たしてそうだろうか。

ACK がアミンの手にかかって死んだ後、どのような「災因」が語られたのか、私はここでは、私的で個人的なものまで含めて、できるだけ多くの可能性を検討したいと思う。

有刺鉄線で隔てられた「有刺鉄線の内側」、つまり ACK の遺族とそれに親しい人々の立場にある程度寄り添って彼の生涯を考えてきたのが前章であるとすれば、ここでは、「有刺鉄線の外側」ではどのような「災因」がどのような語り口で語られるのか、つまりはどのような複数の「物語」がありうるのかを検討し、そのそれぞれに焦点を当てて、詳しく見ていきたい。

「有刺鉄線の内側」の彼らのほとんどが敬虔なキリスト教徒を自認しており、海外経験があったり、中央政府とつながりがあったりで、かなり広い視野からものごとをみるエリートたちだった。しかし、同じ出来事が、立場や視点を変えるとまったく違う様相を呈していること、あるいはまったく対立するかのような解釈を導くことがある、ということを私たちは経験則として知っている。しかも、少なくとも自意識としては「ニャパドラ」(アドラの流儀) から離脱した彼らの「災因論」や彼らが支持する「物語」は、私たちにも共有可能な範囲にとどまっていてもさほど不思議はないかもしれない。彼らにとって、ACK の死の「災因」は「政治的失策」とか「アミン」で十分なのかもしれない。事実、多くはそういった語彙で語られた。しかし、病で死んだオジの連続死に意味を見出し、門外で蛇に咬まれた男がたまたまいたことを契機にオフンビ家を「呪われた館」にしてしまう「有刺鉄線の外側」に出てみると、事態は急にちがってみえてくる。そこで語られる「物語」では、ACK の死は「ティポ」と「呪詛」の語彙で描写されるのである。

574

Ⅱ　ミカ・オマラの証言

　話は込み入っているので（本当は常にこの種の話は込み入っていると考えたほうが正しいと思うのだが）まず、おおざっぱなところからはじめよう。ACKの「災因」としてアドラの人々から持ち出されるのは、大きく分けて次の3つである。

1. 父の代からのティポ。父セム・K・オフンビの死もティポによっている。
2. コロブディ近辺のロリ・クランの長老による「呪詛」ないし邪術。
3. ジェームズ・オチョラのティポ。

　ACKの死は、ある意味では「必然だった。予言されていたのだ」とあるアドラ人は言う。自信満々に断言するわりにはその詳細になると口が重いのが常であった。私がこのトピックについて関心をもって調査をはじめた当初、アミンは、サウディ・アラビアに亡命中で沈黙を守っていたとはいえ、存命中だった。アミン政権のころの話は、ある意味でタブーだった。村には、アミンの配下だった者もいるし、アミンのサウディ・アラビアの連絡先を知っている、と吹聴する者もいた。アミンの魔手から逃れ亡命したヨナ・オコスにインタヴューした折にも、FOBA（Force Obote Back Again）という地下勢力が現在でも活動しており、ヨナ・オコスもその支持者であるという噂があった。

　しかし、中には、その際にも大いに言いたいことを言っていた人もいる。その1人がレヴランド・キャノン・ミカ・オマラである（写真89、90、91）。アミン時代に3度の逮捕歴があるが、「まったく平気」だそうである。「警察が、私と並んで政府転覆を企てたという容疑者のリストを見て、私は笑ってしまったよ。リストに挙がっていたのは、ほとんど無実の人間ばかりだ。それだけではなく、その「容疑者」のほとんどは、すでにこの世にいない人たちだった」。

　私は、レヴランドには3度に渡ってインタヴューを行っている。そのテキストを最初の出発点としてとりあげよう。

　《テキスト13-1》
　「セム・コレ・オフンビが停年を前にして教会を去らなければならなかった理由は3つある。
　　第1のものは、彼が独自に学校を設立したことだ。当時、すべての学校

第3部

は教会によって管理されることになっていて、個人の経営するものではなかった。そこで、教会から身を引き、自分で経営するように、と言われたわけだ（①）。

第2の問題は、セム・コレ・オフンビには、同僚のヨシア・オフンビとともに、キャッサバ泥棒を死に至らしめた事件があった。これは当然殺人事件として起訴され、立件されるはずだったが、大執事のヘンリー・マンジャシ Henry Manjasi（現在でも高校の名前として残っている）の擁護と尽力によって、教会の庭のキャッサバを守ったのだということで、大事にならずに免れた（②）。しかし、教会の中の地位まで守ることはできずに、解雇された。さすがに教会で殺人を犯した者が祈りを捧げるわけにはいかなかったのだ（③）。

第3の問題は、セム・コレ・オフンビは、Y・Y・オニャンゴの姉妹である女を第2夫人として迎えたということだ（④）。その女は、マカウァリ出身で、そこは殺されたキャッサバ泥棒の出身の村でもあった。しかもクランも同じラモギ・クランだった（⑤）。しばらくその教会の近くの村に第2夫人と住んでいて、コロブディに小屋を建てていた（⑥）。その小屋が完成しないうちに、彼はトロロ病院で死んだのだ（⑦）。遺体はコロブディに運ばれて埋葬された（⑧）。レヴランド・マリンガは、教会の戒律に違反して第2夫人を娶ったセム・コレ・オフンビのために葬式の祈りを捧げることを拒んだ（⑨）。オルウェニイ、サウロ、フェニカンシ、スワッガ、我々が、そのほかの数人の聖職者とともに葬儀を執り行い、埋葬したのだ（⑩）。多くの人が口々に言ったことを、私もそのまま引用するが「セム・コレ・オフンビは、トロロに執着があって、そこに行こうとしている」と言われた（⑪）。その真意はわからない。そう言っている人たちは、彼の死を喜んでいるようだった。しかし、死んでしまってどうやってトロロに行くというのだ。私にはよくわからない。いずれにせよ、普段はコロブディに住んでいなかったのだから、彼の葬儀の参列者はすごく少なくてほとんどクランのメンバーだけだった（⑫）。

さて、ACKの父親が死んだとき、彼はブドの学校で試験の最中だった。精神的な衝撃を与えて試験に悪い影響がでてはいけないと、ずっと父親の死については伏せられていた。すべての試験を受けて、休暇に帰ってきたときに初めて父の死を聞かされたのだ。成績は非常によく、マケレレ・カレッジに進学するはずだった。しかし、父を失った家族のことがあって、

第 14 章　福音を説くウィッチ

すすめられて就職して家族を扶養することにしたのである (⑬)。

　ACK は協同組合に就職し、そこで 2 年半働いた (⑭)。その次には、県に就職し、トロロの県弁務官事務所で、事務長として働いていた (⑮)。すぐに副弁務官に任命されてグルに行った (⑯)。そこでオボテの知己を得たのだ。オボテは、1962 年の独立に向けて UPC（Uganda People's Congress）を組織したところだった (⑰)。ウガンダが独立したとき、首相のオボテは、大統領よりも力があった。オボテは ACK をグルから呼び寄せ、国防省の次官に任命した (⑱)。軍には、1971 年にクーデターを起こすアミンがいたわけだ。アミンがクーデターを起こしたとき、アミンは ACK を国防相に任命した。その後いろいろな閣僚ポストを歴任したが、死んだときは内務大臣だった (⑲)。

　ある日、ACK がカンパラから帰ってきて、エリカ・サビティ大主教が自宅の隣の敷地に建築される聖ポール教会（セム・K・オフンビ記念チャペルの別名）の礎石を置きにくると言い、牧師の 1 人として私に招待状をくれた (⑳)。アミンも招かれていた。アミンもその式典にはチョッパー（ヘリコプター）であらわれた (㉑)。式典には本当にたくさんの種類の酒が出て、パイロットは飲み過ぎてしまい、フライト時刻になってもチョッパーを離陸させることができない (㉒)。大統領はやむなく車でトロロの飛行場まで行き、他のチョッパーでカンパラに戻った (㉓)。いつも通り、ACK がアミンを殺して政権を乗っ取ろうとして、パイロットにわざと大酒を飲ませたのだ、という噂が流れはじめた (㉔)。だいたい 9 ヶ月間ぐらいは、その噂でもちきりだった。ある日曜日、私が ACK の邸宅の聖ポール教会でお祈りをしていると、帰っていた ACK がその日にカンパラに戻ると言っていた (㉕)。それから 1 週間も経たないうちに、ACK がアミン殺害と政府転覆とを計画した容疑で逮捕されたと聞かされた。同じ日に、大主教ジャナニ・ルウム、エリナヨ・オリエマそして ACK が自動車事故で死んだというアナウンスがあったのだ (㉖)。次の日、そのころ私はパジュウェンダにいて、8 つの教会の責任者だったのだが、ACK の邸宅に向かっていく 3 台のローリーを目撃した (㉗)。正午ごろに ACK の遺体はトロロ飛行場に空輸され、そこからニャマロゴの邸宅へ搬送された (㉘)。私自身の目では遺体搬送の車両は見ていないが、「ラジオ・ウガンダ」のアドラ語プレゼンター、オチェン・アイエカ Ochieng Ayeka がラジオで「アジョレ」を流したので、彼の死を本当に確信した (㉙)。

第 3 部

その時の「アジョレ」の歌詞は今でも覚えている。

笑いがあった場所はいずこ
今は悲しみがあるだけ
籠には粉もなにもなく
牛の乳搾りもしない
勇ましい男も母親に続いて泣いた

この歌がラジオにかかったときには、誰か著名人が死んだときだ(㉚)。そして、埋葬の日のことは疑いなく覚えている。なにしろ、私と、レヴランド・ザカリア・オウォリ Rev. Zakaria Owor、それからもう 1 人の大執事ともう 1 人の信徒（名前は失念した）、われわれで埋葬式の祈りを捧げたのだ(㉛)。兵隊が屋敷の周りを囲んでいたので人々は恐れて参列しようとしない[5]。そこで、周辺住民がここの文化的な慣例に従って埋葬式に集まってもよいかということを知り合いの軍人を通して、司令官に尋ねた。司令官はどうぞご自由にということだったから、オドイ・マガジという人と一緒に車に乗ってナゴンゲラ、キソコ、トロロタウンと、参列しても問題はないと軍の許可が降りたことを知らせて回った(㉜)。それで参列者も集まってきたのである。」

【解説】
ここで、40 歳になったばかりの ACK の父親セム・K・オフンビが停年を待たずして教会を去らざるをえなくなった理由は、3 つ指摘される。

第 1 に、教会とは別の学校を設立したことである。前章でとりあげたカブルを含め数多くの孤児を引き取って育てていたという話も聞いている。そこで、教会から一線を引くように言われた、というのである(①)。

第 2 にあげられているのが、例のキャッサバ事件である。息子であるオティティ医師 Dr. John Otiti ですら、オクムという人間が死んだという事実は否定していない。マンジャシの弁護もあって実際の裁判や刑罰は免れたとされているが

---

[5] 当時アミン政権下では 20 人以上の集会が禁じられ、慣習にのっとったイキロキ（埋葬）は行うことができなかった。このことは、ACK がジェームズ・オチョラの埋葬儀礼が遺体なしで行われたときに出席していない理由でもあるだろうが、パドラでは埋葬式に出席しないのは重大な問題であり、当該の「死因」への関与を疑わせる出来事である。

第 14 章　福音を説くウィッチ

写真100　ACKOO と EMNOO というイニシアルが

(②)、教会でのポジションは守り切れなかったと言われている (③)。

　第3点が、結婚問題である。セム・K・オフンビは、第2夫人を娶ったというのだ (④)。これはオフンビ家はどうしても認めない事実であった。誰かに貸し出しているという ACK のトロロ・タウンの自邸の扉には、現在でも「ACKO-O」「EMNO-O」という金文字のレリーフが嵌め込まれている (写真100)。また、オティティ医師も、亡き妻を現在も深く愛し、その専用便せんには、「Georgina & John: Otiti Associates found in 1965」の文字が残されている。しかし、敬虔なキリスト教徒である彼らにとっては「第2夫人を娶った」ことが問題なのだろうが、第2夫人をもつこと自体はアドラにとってたいした問題ではない。アドラにとっての問題はむしろその出自なのだった。その女は、死んだオクムと同じ村の出身で、しかも同じラモギ・クランの出身であるという (⑤)。

　しばらく同棲生活をしていて、コロブディに屋敷を建築しはじめ (⑥)、その後ほどなくしてトロロ病院で病没したという (⑦)。遺体はコロブディに運んで埋葬されることになったが (⑧)、マリンガが埋葬儀礼を拒否したために (⑨)、ミカ・オマラ、サウロ・オカド、フェニカンシ、スワッガはじめ有志数人が埋葬儀礼を執行した (⑩)。この埋葬を執り行った1人であるサウロ・オカドは、前章で見たように、セム・K・オフンビの盟友だった。しかもセム・K・オフンビが埋葬されたコロブディのあるムランダ出身である。このことが後に息子 ACK の「災因」に関係をもつようになってくるが、それは後に改めて触れる。

　話者のミカ自身よくわからないままのようだが、死者が「トロロ」に執着している、と人々が語っていたことを回想する (⑪)。ACK の妻エリザベスによれば、ACK が生まれたのはトロロの近辺のアグルルであるという。当時そこにセム・K・オフンビは小屋をもっていたとエリザベスは語った。そこに帰りたいと

579

第3部

「死んだセムが執着している」というのは、キリスト者のミカ・オマラは無視できるかもしれないが、アドラではごくふつうの考え方だということである。

普段住んでいないところに埋葬されたので、彼の葬儀の参列者はわずかなクランのメンバーに限られていたという (⑫)。

ACKは学業優秀であり、親しい友人ヨナ・オコスの証言によれば、マケレレ大学神学部への進学を望んでいた。しかし父の死 (1950.4.3) は、ACKの学問を断念させるのに十分だった。キングズ・カレッジ・ブド卒業後 (1951-1953)、エンテベの協同組合アシスタント・コース (1954) を経て協同組合への就職を決めた (1954) (⑬)。当時ブケディ協同組合には、同じくニイレンジャ・クランから出世街道まっしぐらのジェームズ・オチョラがいた。このことが、この人事にプラスに働いたであろうことは、想像に難くない。事実、数人の長老からそれを裏づける証言を得ている。ACKはそこでの勤務は2年半とミカは言うが (⑭)、実際には4年間はそこでアシスタントを務めている。ブケディ県弁務官室に転じるのは1958年のことで、そのときにはオチョラは、2年間の留学を挟んでこの組合長だった。県弁務官室 (1958-1960) ではチーフのゼファニア・オチェンの下だったが、オチェンはかつて父セム・K・オフンビがキソコ小学校教師だったときの校長だった。詳細な役職名は伝わっていない (⑮)。

オチェンが「ルウェニ・アビロ」と呼ばれる暴動で吊し上げられている一方で、ACKは再びエンテベでンサミジ地方行政職のコースを修了している。副弁務官職ははじめアチョリ県、ランゴ県の副弁務官、続いてアチョリ県の弁務官に任命される (⑯)。そこで独立を睨んでUPCを結党したばかりのオボテの知己を得た (⑰)。このとき、オチョラは独立準備のための立法審議会委員 (1961)。独立時は民主党 (DP) から南ブケディ選挙区から立候補し、国会議員、天然自然省次官となった。このあたりがパドラでのオチョラとACKの評価の分かれ目の契機の1つとなっている。オチョラは、常に選挙で地元の支持を得て信任されていくのである。彼の地位は「エレクテッド・オフィス」である。

一方、独立選挙で大勝したUPCから首相となったオボテの力で、ACKは中央政府の官僚として抜擢される。ミカ・オマラは中央政府の官僚としてのキャリアはずいぶん省略したが、その間基本的には常にオボテの側近だった。ACKは「アポインテッド・オフィス」つまり任命で職位を上げていくのである。

ミカ・オマラが言及する国防省次官となったのは1971年のことである (⑱)。実は、ミカ・オマラのテキストは非常に珍しい部類に属する。というのも、パドラでACKのキャリアについて聞き取りをする場合、多くの場合、内閣書記官

をあげる例がアミン政権の国防大臣に次いで多いのである。このことも任命制の同職の、しかも政治家というよりは官僚のイメージが非常に強いことのあらわれであろう。

実弟のオティティ医師は言う。

「あなたのサマリには、ACKのことを政治家politicianと表現されているが、私にはそのことにも違和感を感じる。アミン政権がクーデターによって成立したとき、官僚から多くの人材がそのまま大臣に登用された。私の兄もその1人だ。彼は、ある意味では、生涯官僚だったのだと私は考えている」

しかしながら、アミン政権の国防大臣という記憶は、トロロにルボンギ兵舎を誘致したこともあって人々に非常に強い印象を残している。死んだときも国防大臣だと信じているアドラ人も少なくない中で、内務大臣（しかも兼任なしの）と語ったミカ・オマラは、非常に正確な情報をもっていたと言っていい[19]。

体験談として、セム・K・オフンビ記念チャペルの記念式典に招待されたことを回想する[20]。その際には、当時の大主教エリカ・サビティも大統領アミンも招待されていた。アミンは、チョッパー（ヘリコプター）で参列した[21]（写真99）。式典は1972年の12月31日に行われている。

これはオフンビ邸に写真を含め詳細な資料が残っている。式典のためのプログラムは、政府印刷局によって印刷されたものが現存している（FOMSとして第12章で引用）。興味深いことに、この印刷物には、当日の模様が印刷されている。これは、当日の式典のプログラムとして印刷されたものではなく、事後に、当日の模様を印刷したものなのである。ACKは、『パドラ』の印刷や『東アフリカ人名録』によって印刷物の力をよく知っていた。自己の提示の仕方の一環として印刷したものだと言うことができそうである［Kaplan 2003］。

この式典でパイロットが飲み過ぎたことを、参列者はよく記憶しており、人にも語ったようである。このことを、アミンがACKを殺害したきっかけの1つである、と考えるアドラ人が少なくないことを、ここで思いおこしておいてもいいかもしれない。つまり、アミンのパイロットにアルコールをたくさん飲ませるなどの小細工をすることで、アミン殺害計画を謀ったという説がある、ということである。ゴドフリーはこの説については、その後も2回にわたってアミンがニャマロゴのACKの邸宅に宿泊していることなどを例にとり、「現実的でない」と退けている。私も、アミンの身になにか起こったとして、あまりに目撃者が多すぎるし、疑いが即座にかかる、という点でこの説は蓋然性が低い、とは思う。ただし、この説の存在はここでは別のこと、つまりACKが「大統領」

第3部

への野心をもっていたとアドラ人が考えていることの証左としては有効であろう。事実、「ACKがアミンを殺して政権を乗っ取ろうとして、パイロットにわざと大酒を飲ませたのだ」との噂は、9ヶ月間、パドラ中を席巻していたという (㉔)。

その後、聖ポール教会での礼拝にニャマロゴにはミカ・オマラはしばしば通っていたらしい。死の1週間足らず前にも、直接面会している (㉕)。おそらくはラジオで事件のアナウンスを聞き (㉖)、遺体搬送の車両は見ていないものの、ニャマロゴの方面に走って行く3台のローリーを目撃したという (㉗)。そのローリーには大勢の軍人が乗っていたはずである。後から聞いたことだと思うが、遺体はトロロに空輸され、そこからニャマロゴに搬送されたという (㉘)[6]。「ラジオ・ウガンダ」に流れる「アジョレ」は、ミカ・オマラにその死を実感させた (㉙)。

『ヴォイス・オブ・ウガンダ』紙に埋葬の記事が残っている。「事故犠牲者埋葬される」と題するその記事は、1977年2月19日土曜日、3人の遺体がそれぞれの故地、つまり、オリエマは西アチョリ、ACKはブケディのトロロから約20マイル離れた自宅、ルウムは東アチョリの自宅に埋葬された。搬送費用を含め経費は政府によってまかなわれ、遺族は政府の配慮について感謝の念を表明している、と政府関係筋からの公表として報じられている[7]。

ラジオ・ウガンダのアドラ語放送で「アジョレ」が流され、そのことで著名人が死んだことが知らされた (㉚)。

ACKの親友であり、本来埋葬の式典を主宰すべきブケディ大主教のヨナ・オコスは、ナイル・マンションの「カンガルー軍事裁判」に出席していた。大主教だけがアミンに呼び戻されたあと、姿を消し不在だった (そのまま亡命)。新聞でも兵器の出所、オボテとの兵器の受け渡しのチャンネルとして名指しで糾弾されていたのだから、ある意味で当然のことである。

ブシアには、通りの片側がケニア領というところがある。彼はそこから、ジャングルを通ってナイロビの教会からAACC (All Africa Conference of Churches) のつてを頼り、リベリア経由でアメリカのヴァージニアの聖ジェームス教会に逃げたという。セム・K・オフンビの埋葬のときとは全く違った理由で、有志による埋葬式となった (㉛)。軍の知人を介して司令官に許可をとり、軍を恐れて参列し

---

[6] ACK敷地内にも飛行場があるので、直接ニャマロゴに着陸できたはずだとも思われるが、このあたりの事実関係は軍に関係したことでもあり、なかなか詳細を特定することが難しい。

[7] "Accident Victims Buried," *Voice of Uganda*, Monday, 21, February, 1977。

ない市民を説得してまわったという (32)。

Ⅲ　オクムのティポとセム・K・オフンビのチェン

1　何が問題となるのか

このミカ・オマラの「テキスト」の随所に、おそらくはアドラ人は「ティポ」の介入する「物語」を見てしまう。「テキスト」には、セム・K・オフンビとACKと2世代にわたる関わりが述べられているので、それぞれに分けて考察しよう。

「テキスト」のセム・K・オフンビ存命中の箇所、前半部に関する限り、以下の点がとくに問題になるだろう。

1. セム・K・オフンビが直接手を下したにせよ、そうでなかったにせよ、オクムは「殺された。」したがって、セム・K・オフンビの属するニイレンジャとラモギはクウォル kwor 関係（殺人などによって発生する敵対的忌避関係）にあったはずである。本来は時期を待って和解のための妥結点を見いだし、ティポを祓い、唯一の解決手段である「骨囁り」を行うべきである。
2. セム・K・オフンビは、ラモギ・クランの女性を第2夫人に娶った。このことが事実なのかどうか、ミカ・オマラの証言だけでは判断しにくいが、聞いた話に類する噂がたったのは確かであろう。正式な結婚は難しかったであろうということは容易に推測がつく。正式な結婚には花嫁代償の授受が行われるはずであるが、現在確認できるACKのスピーチ（すでに紹介した）をみても、そういった財産をもっていたとは考えにくい。それだけではなく、クウォル関係にあるのだから、結婚どころか酒食をともにするわけにはいかなかったはずである。このルールを守らないものは「ジャジュウォキ」である[8]。
3. セム・K・オフンビは、自分の屋敷ではなく自分の父の屋敷に葬られた。このことは、セム・K・オフンビが子孫に祟ることに正当性を与えている。ACKに何か「災い」が起こったら、ジャシエシがそのことに言及するのは

---

[8] ここで、「ルスワ」を無視したキリスト教徒に対するアドラたちの冷たい視線を思いおこそう（第7章Ⅱ6）。キリスト教の論理で「ニャパドラ」（アドラ流）を無視することはしばしばあったはずであるが、当事者はよくても、そういった行為が周囲から逸脱とみなされ「ジャジュウォキ」のレッテルを貼られる事例は枚挙に違いない。

第 3 部

論理的必然である。実際に、ACK がキソコの土地を接収あるいは買い上げようとした、という証言をいくつか得ている。ただし、キソコの長老の 1 人で、マケレレ大学歴史学科で教鞭を執るオドイ＝タンガの父タンガは語気を強めて語った。「私たちは殺人者の子孫とは一緒には住みたくないので強く拒否したのだ」

　ティポが遺体を発見した人を含めかなり広い範囲につきまとうと考えられているということについては、第 5 章でみた通りである。ティポを祓うには、「骨囓り」を行うしかない。「骨囓り」はこの場合、犠牲者を出したラモギ・クランと、ニイレンジャ・クランとの間で行われるべきであるが、通常、殺人の「和解」に持ち込むまでには時間がかかる。それまではクウォル関係が継続しており、ニイレンジャとラモギは忌避関係にあるはずである[9]。
　ところが、キリスト教徒であるセム・K・オフンビは、「骨囓り」を行うどころか、そのクウォル関係にあるクランに属すランギの女と結婚してしまったという。ミカ・オマラと埋葬儀礼の執行を拒否したアサナシオ・マリンガが問題にしているのは、キリスト教徒としての「第 2 夫人」の存在であるが、アドラの大方の関心はおそらくそこにはない。むしろ、セム・K・オフンビの一連の行動は、クウォル関係の無視と、しかもそのクランとの縁組みという、慣例を全く無視した無軌道な行いであり、突っ込みどころが満載のテキストなのである。
　一説によれば、セム・K・オフンビは当初オクムのティポには自覚的で、ティポを寄せつけないための「イエン・ティポ」を腰から吊るしていたという。しかしやがて、「キリスト教への帰依が本格的になるにつれて」それをやめ、それが命取りになったという。
　実は、ミカ・オマラは、セム・K・オフンビの死の直前、病室に彼を見舞っている。
　「アドラ人たちは、セムはティポのせいで死んだと言うのだが、私はそれには同意しない。というのも、病院で彼を見たときその腹部が肥大していたからだ。これはキダダに特徴的な症状だ。本当にひどく腫れ上がっていた。カッフェロ医師が治療していた。私はそこにいて、見ていたのだ。だから私は人々には同意しない。だが、パドラ人は全て、彼が殺した男と同じラモギ・クランの女と結婚したためにティポに殺されたのだと考えている。しかし、私は病院で彼を

---

[9] このニイレンジャとラモギのクウォル関係の問題は世代を超えて問題となる。後に再度確認することになるが、ACK の盟友ヨナ・オコスはラモギ・クランの出身である。

みとったものとして言うが、あれは毒殺だ。」

また、国防省次官としてACKの後任だったアディオマは、以下のように言う。

> 「アドラの人々が、セム・K・オフンビがオクムを殺した事件を、息子のACKの死にまで結びつけて考えることがある、ということは私も知っている。しかし、それは、私に言わせれば、間違っている。なぜなら、私はセム・K・オフンビと一緒にオクムを殺した人間を知っているが、その中には、わずか数年前まで生きていた者もいる。オフンビ・ヨシアは90年代まで生きていたし、オチェン・クレメントは2年前まで生きていた。泥棒が殺されたのは1943年のことだ。どれだけ時間が経っていると思っているのだ。セム・K・オフンビも確かに教会を去って数年で死んだが、病気を患ってのことだと私は聞いているがね」

2　セム・K・オフンビの埋葬

さらに、これは多くのアドラ人に見過ごされていることで、キリスト教徒であるミカ・オマラ自身も意識的にか無意識にか、やや軽視していることだが、セム・K・オフンビはアドラの慣習に反して、自分の屋敷に埋葬されなかった。

ACKは、セム・K・オフンビ記念チャペルの式典で次のようにスピーチしている。

> ……（彼の死を知らせる）テレグラムを受けとって、私はわけがわからなくなりました。というのも、その日の朝早くに弟たちからの父が快方に向かっているとの手紙を受けとったばかりだったのですから。私は学校を出て、1951年4月5日の夕方の列車に乗り、キソコに4月6日、金曜日の朝着きました。そこにつくと、私は父が、私たちの小屋のあるキソコではなく、コロブディの祖父の屋敷に埋葬されたことを知らされました。私はすぐにそこを発って、コロブディの墓に参ることにしました。私がそこにつくと、男のためには3日間行われている喪の儀礼の最中で、長老たちから後継者が選ばれるところでした。母も弟たちもとても緊張していました。私たちには、その祖父の土地に、小屋もなければ、食べ物も、お金もなかったからです。しかしなんとか儀式は終わり、長子であるところから、私が後継者に選ばれたのです。これは、慣習法に則ったものであり、また父の遺志

第3部

でもありました[10]……。

　実際には、ムシカ（後継者）はオケチョ・ラロ Okecho Laro であったという。当然の話である。キングズ・カレッジ・ブドに入学したての若者を後継者に立てるのは、どう考えても無謀であろう[11]。「ニャパドラ」つまり「アドラ流」に考えると、ルンジョ・ダコの話が出てきてもおかしくはない。しかし教会を追われたとはいえ、敬虔なプロテスタントとみなされていたオフンビ家が、そういった選択をするとは考えにくい。

　ACKでなくとも、慣例に反して父の遺体が祖父の屋敷に埋葬されたのは、驚きであろう。パドラでは、死んだ後に遺体および死霊を故人が生前住んでいた屋敷に連れ戻すのがそのチェン（祟り）の発生を回避するために重要な用件の1つであることは、第5章で繰り返し確認してきた。そのルールを破ってまで、セム・K・オフンビは父親の屋敷に埋葬されたのである。「オクムのティポ」に隠れてこのことは見落とされがちであるが、セム・K・オフンビの死霊が祟ってもおかしくない事態なのである。

Ⅳ　コロブディのロリ・クラン

1　墓の建て替えとチャペルの建造

　「テキスト」の後半部で、ミカ・オマラは、ACKのキャリアについて触れ、当時の大主教エリカ・サビティとアミンを招いて行われたセム・K・オフンビ記念チャペルの定礎式について回想している。この荘厳なチャペルはなぜ建造されたのだろうか。「有刺鉄線の内側」の論理は、キリスト教への強い信仰心である。しかし「外側」は、そうはみなさなかった。これをキリスト教という外来の「力」を用いた、ティポへの対抗呪術とみなしたのである。

　たびたび建て替えられたセム・K・オフンビの墓と、そこに敷設された他を圧倒する高さ3メートルほどの巨大な十字架は、「異常性」「個別性」を視覚に訴えるのに十分な存在感を誇示している。

10　FOMS, p.4。
11　もしもACKがムシカならば、最低限、後見人（ムクザ）が立てられたであろう。オケチョ・ラロは教師。後のACKの葬儀に際しては、オケチョ・ラロがムクザであり、オケウォはオケチョ・オボ Okecho Obbo だったが、実際には弟のジョン・オティティと義理の兄であるカブルが後見人の役割を果たした。私がはじめてオフンビ邸を訪れたときには応接間にはカブルの肖像が飾ってあった。

第14章 福音を説くウィッチ

　これらの墓の建て替えは、「オケロ」儀礼の開催を契機にしている。その儀礼のコンポーネントは、「ニャパドラ」のものとキリスト教のものとの折衷であったろう。この形態は、現在もほとんどのアドラ人の葬送儀礼に共通するものではあるが、大統領がヘリコプターで参列し、軍隊が動員されたその儀礼の規模は、現在の予想を大きく超えるものだったと推測できる。儀礼に参列した人々は、おそらく度肝を抜かれたことであろう。

　現在でも葬式の参列者は多いほうがいいとされ、借りてでも自動車で参列する財力があるものはそうするのが礼儀にかなっていると考えられている。数十人、あるいは数百人を越える軍人を従え、メルセデス・ベンツをはじめとする高級車が数十台乗り付けられた儀礼がいかに壮大で豪奢なものだったのかは、現在残っている写真やヴィデオ・フィルムからも容易に想像がつく[12]。

　多くの場合、墓の修繕、改築は死者からの要望を受けて行われる。つまり、チェンとしての「病」や「不幸」である。繰り返すが、実際にオフンビ家には、ACKのオジの連続死があった。そのことからセム・K・オフンビのチェン、そしてその対策としての墓の建て替え、という一連の流れは、アドラ人ならば誰でも連想する自然な流れであることは、本書をここまで読み進めてきた読者には、無理なく理解がなされるに違いない。

　それに加えて、セム・K・オフンビの名を冠したチャペルの建造は、人々を大いに驚かせた。生前は教会およびその付属学校で働いていたとはいえ、教会での職位は信徒奉事師にすぎず、それほど高いわけではない。しかも停年を待たずに教会を追われているのである。「聖人」ならともかく、そのような「1個人」しかもその当人が生前残した財産を教会に寄付して建てられるわけではない。

　その経費は、おそらくは、「ガバメンティ *gavamenti*」（政府）というよくわからないものから出ていて、それはルボンギに先頃誘致されたルボンギ兵舎と出所は同じである。とするならば、換喩的に「軍」への恐れがオフンビ家への恐れに直結しても、まったく不思議はないとも思えるのである。

　しかも自邸に隣接させたチャペルは、異様でもあった。「ニャパドラ」では、目的はどうあれ、小屋に仕掛ける「ヤーシ」は、最も一般的な呪術の1つである。また、ヘリコプターの発着、整備、給油ができ、給水タンクが備えられ、電気まで直接発電所から供給されるオフンビ家の邸宅は、当時の最先端の建造物であった。

12　もっとも、いくつか現存する儀礼の写真や映像のどれが「オケロ」儀礼のもので、どれがそうではないのかは特定が難しい。

第 3 部

　建て替えられた父の巨大な墓、自邸に隣接した巨大なチャペル、そして場違いなほど近代的な自宅。このすべてのものの「異常性」が、ティポやチェンを恐れたための対抗呪術として解釈された。

　　「オフンビ家は、確かに熱心なキリスト教徒ばかりらしい。あまり熱心でない私には、よくわからないがね。ただ、あの墓の大きさは、普通では考えられない。キリスト教のスタンダードでもない。ナミレンベ（プロテスタント）でも、ルバガ（カトリック）でもどちらでもいいが、そこに眠る大主教や、各地の聖人の墓だって、あんな大きな十字架が設置されてはいない。また、聖人でもないのにそれを記念してチャペルを建てるというのも、あまりないことなのではないかな。そもそも、セム・K・オフンビは、停年を待たずに教会から追い出された身だというのに。あの家の信心は、ティポの力を恐れてのものだと聞いているよ。要するにティポの力を、キリスト教の力で防ごうというわけだ。要するにやっていることはジャシエシ *jathieth* と変わらない。いや、自分の財産や利益のためにそういった能力を用いるジャジュウォキ *jajwok* だ、と言っていいのかもしれないな」

　あるアドラ人の証言である。このような「ジャジュウォキだ」との噂が流れたのは当然のことである。
　アリ・オボ Ali Obbo[13] というジャシエシを身近においたことも、こうした噂に拍車をかけることになった。彼はカルウォック Karwok・クランのテソ人で、薬草師であり、コーランを用いた占いも行っていたという。「有刺鉄線の内側」では、UCI（Uganda Cement Industry）で働いていたので、ACK ともつきあいがあった「友人」だというが、周囲はそうはみなかった。これらの「対抗呪術」は、またいずれも予想もできない経費がかかる。ACK のめざましい出世なしには実現不可能である。それらはジャシエシであるアリの何らかの呪術の賜であると考えたのであった。
　ところで、セム・K・オフンビの墓があるコロブディは、祖父の土地であり、自邸とチャペルの丘はニャマロゴにある。この間の広大な土地を、ACK が購入し、広大な敷地に有刺鉄線を張ったのは、1960 年代の終わりか、あるいは 70 年代入ってすぐのことだとされている。

13　生年未詳、1984 年 1 月 20 日没。埋葬は同月 23 日、と墓石にある。

第14章　福音を説くウィッチ

写真101　牛を引き倒して供犠しようとする　　写真102　供犠を見まもるACK

　ミカ・オマラは言う。
「ACKが国防省の次官だったときのことだと聞いている。ACKは、父の墓があるコロブディと自邸のあるニャマロゴの間の土地を購入した、という。いわゆる立ち退き料を支払ったのかどうかは伝わっていない。しかし、あるとき、強制的にもともとそこに住んでいた人たちを立ち退かせたということは事実のようだ。土地の地主の中には、サウロ・オカドのように、コロブディからムランダまで約3キロ膝で歩いて逃れた者もいるし、背中を殴られ、ムバレ病院に搬送されて一命をとりとめた者もいる。追放された人々の多くはロリ・クランの者であった。ロリ・クランは邪術が得意なことで知られているから、異教徒たちは、ACKはそのために死んだのだとか言うのだろう。」
　皮肉なことに、ACKの著書には、次のような記述がある。「彼らロリ・クランの人々はもともとニャマロゴに住んでいたが、のちにコロブディに居住地を拡大した。コロブディには、彼らが供犠を行うオヤリンゴマ・ロックがある」[Oboth-Ofumbi 1960: 58-60]。
　サウロ・オカドという名前は、ここにはじめて登場するものではない。彼は、ミカ・オマラ、マウンドのキャノン・ヨナ・オチョラ、アンドレア・パジュエンダのオボ・オゴラ、センダのセバスチャン・オラッチとともに、『パドラ』のもとになる資料収集の中心メンバーの1人だとも目される人物である。『パドラ』のための調査が父の代の事業だったとしても、ACKの代になってからのことであったとしても、サウロ・オカドが父セム・K・オフンビの親友に類する存在だったということは、当時の教会仲間が口をそろえて言うことである。しかも、その死に際しては、マリンガが拒否したため有志数人で行うことになった埋葬儀礼の執行者にもなっているのである。父の友人に対して、また父の埋葬儀礼を

第 3 部

執行した恩人に対して、もしミカ・オマラが述べたような仕打ちをしたということが事実なら、現在のアドラ人の感覚でも、仁義にもとる行為であり、「ジャジュウォキ」のそれである。

ニャマロゴとコロブディ、そこを結ぶ土地が買い上げられた 1960 年代の終わりには、「呪われた館」というイメージはすでに定着していた。その広大な敷地の中に、遙か「有刺鉄線の外側」からうかがうことしかできない、見慣れない、あるいは新しいキリスト教的なものはすべて、ティポに対する対抗呪術であるという考えももはや定着してしまっていた。

コロブディとニャマロゴをつなぐ土地の接収をめぐるロリ・クランやサウロ・オカドとの諍いは、このイメージにもう 1 つ重苦しいイメージを付着させている。すなわち、ロリ・クランの邪術あるいは「呪詛」のイメージである。

2　土地問題とロリ・クランとのクウォル関係

しかし、一方で、ロリ・クランとのもめごとは土地問題以前からのものである、とする考え方もある。

「ここコロブディに拠点を置くクランは、ベンド Bendo、ビランガ Biranga、アモリ・パ・オラミ Amori pa Olami、オルワ・ルシ Oruwa Lusi、アラパ Arapa、ニイレンジャ Niirenja、アゴヤ Agoya、アモリ・カセデ Amor-Kasede、そしてロリがいる。ロリ・クランとニイレンジャ・クラン、とくにコレ一族との軋轢には非常に長い歴史がある」とニイレンジャ・クランの長老は語る。

「われわれはロリ・クランの人間とは一緒に食事もしないことになっている。病の床に伏していても見舞いに行ってはならない決まりだ。万が一、ロリ・クランの病人の小屋をわれらオボ＝コレの子孫が訪問したら、その病人は即死するだろう。たまたま 1 人で迷い込んだりしても駄目だ。その病人は即座に死亡する」

いわゆるクウォル関係である。オボ＝コレ、つまりセム・K・オフンビの父親の世代に言及するということは、この関係はかなり長く続いたものなのかもしれない。とすると、ことは ACK の世代になっての土地問題だけではなさそうである。逆に、その交際の理由が教会関係であったにせよ、『パドラ』のための調査だったにせよ、親しくつきあっていたとされるセム・K・オフンビがクウォル関係をないがしろにし、タブー侵犯していたのかもしれないのだ。

クウォル関係がオボ＝コレ時代からだったとしよう。もしそうなら、その関係にありながら、ミカ・オマラの証言によれば、おそらくはキリスト教の文脈

第14章　福音を説くウィッチ

で「ニャパドラ」のクウォル関係を無視して、交際していたことになる。それはおそらく、何らかの厄災の種と見なされうる。あるいは、オボ＝コレ時代から次のセム・K・オフンビの世代まではクウォル関係は存在せず、ACKの代になって土地問題をめぐって発生したとしよう。それは第1に父の世代に親しくしていた友人を裏切る行為であり、第2にクランの祭祀場であるクヌの剥奪をめぐる問題でもあるから、いずれの意味でも「呪詛」(ラム lam,)や祟りを招きうる。現在オフンビ家とコロブディ近隣に拠点を置くロリ・クランとの関係は、こうしたいくつもの「呪詛」や祟りの可能性が想定できる、泥沼の様相を呈しているのである。

「いったい誰の希望で、この土地を買い取って、近隣住民を追い払ったのですか」という私の質問に、「有刺鉄線の内側」でエリザベス・ミリカ・ナマゲンバは、「自分の要望である」と答えた。1つの理解しやすい理由は、彼女が1969年にイスラエルのカノット農業高校 Kanot Agriculture Highschool で学んだ大規模農場というシステムの移植をこころみたことにある。小規模地主がひしめき合っているコロブディやニャマロゴでは、そのままでは実現は難しかった。その周囲の広大な土地を手に入れて、学んだ農業、酪農、そしてフィッシュ・ポンドにおける魚の養殖を試したかった。

ただし、それ以外の要素もあった。現在でもわずかな語彙のアドラ語しか操れないこのニョレ人は、敷地内に無遠慮に入ってくるアドラ人は、恐怖以外の何物でもなかった、と述懐する。事実、彼女は本格的に大規模農業を学ぶ前に、夫に近隣住民を排除するように進言したことを認めている。

また、現存する邸宅などに加え、残された映像や写真を見ると驚くのだが、時代や地域にそぐわないようなオフンビ家の度外れた財産は、守るのも大変であったろう[14]。彼ら一家は、近代的な銃器を備えた膨大な数のアスカリを抱えていたという。国防大臣のときには当然だが、その広大な敷地は武装した軍人であふれた。その光景が「有刺鉄線」の外側の人々に恐怖を植えつけたことは想像に難くない。ACKは、1人で家を守る、そうしたエリザベスを気遣って、不法侵入にはことのほか厳しかった。

ACKのトロロ・タウンの自邸の扉に嵌め込まれている「ACKO-O」「EMNO-O」という金文字のレリーフに象徴されるように（写真100）、ACKは、「家族」を非

14　第3章で紹介したような「盗み」の被害を回避する呪術も施していたのかもしれないが、そのことはよくはわからない。しかし、どちらにせよ、「有刺鉄線の外側」からは、機能面での同一性から、同じものと認識されていたという。

第3部

常に大切にしたが、これも当時のアドラでは少し「異常」なところがあった。内部と外部の線引きがリジッドなのである。その点は多くの孤児を引き取って育てていた父親のセム・K・オフンビとも違っていた。

またこれとは別に、多くの人が口にすることだが、短気で吝嗇でもあったようだ。

当時パドラでは、こんな歌が流行した。

deli meno nyanya
deli kiru topi deli meno lowo
deli meno nyanya
deli kiru topi deli meno lowo
ki chiemo iyengi amakonyi kodi top
kimedhi meri kimedhi meri kimedhi meri amakonyi kodi topi
kineko gweno perin imiyi jageri jageri bino ywakini……

その体はトマト
その体は腐ってその体が土にかえるのもあっという間
その体はトマト
その体は腐ってその体が土にかえるのもあっという間
満足するまで食べたなら　腐るのも早くなる
酔っ払うまで飲んだなら　飲んだなら　腐るのも早くなる
もしあなたが鶏をしめていくらか隣人に分け与えたならば　その人があなたを悼みもしようが

言うまでもないが、「トマトの体」とはACKのことである。土地を奪われ、蹂躙されていた近隣住民が彼の破滅を願って流行させた「呪詛」歌であることは周知の事実である。

「予言者の力を借りて、政府での地位が上昇するに従って、地域住民との関係が悪化した。あまりに自己中心的で野心的だったからである。とりわけ、屋敷のまわりの土地を銃を突きつけて接収したこと、父と親しくしていた人物やカソリックの神父を追放したことは、住民の怒りに火をつけた。彼が生きているときは皆彼を呪っていたし、彼が死んだとき、皆ハッピーだったのだ」

現在、地位も名誉もある長老たちの証言である。

592

第14章　福音を説くウィッチ

　ACKと遠縁にあたるグワラグワラのオシンデ・アキソフェルは、かつてニャマロゴの自宅に招かれたときのことをよく覚えていると言う。

>　「彼は親戚である私には非常に親切で、その広大な敷地のなかを案内してくれました。その途中、ちょうど白蟻が飛び立つ季節で、大量に空に飛び立とうとする白蟻を近隣の男たちが集まって、我先に捕らえているのに出会いました。ACKは、それを見つけて男たちを怒鳴りつけ、「ここは私の土地だから、その白蟻は私のものである。まず、出て行ってもらおう。それから捕まえた白蟻は残らずおいていけ」と言いました。私は驚きました。大変な剣幕だったので男たちはやむなくそのようにしましたが、それは近隣の人々の恨みは買ったでしょうね。男たちは白蟻をおいていきましたが、別に彼は、それも食べるわけではないのです」

　ミカ・オマラの発言が、歯切れが悪いものになっているとおり、コロブディからニャマロゴに渡る広大な敷地を手に入れるにあたって、それがどれほど正当なものであったのかは、議論の余地がある。噂の「核となる事実」として、その点については、私もかなり調査をしたが、よくはわからなかった。しかし、これまでの前提から考えると、土地の持ち主に何らかのかたちで金銭は渡っているように思われる。しかし、彼らには、それが「立ち退き」までを要求するものであることは、十分な説明が行われず、理解もされていなかったのではないか、というのが私の現在の仮説である。先にほのめかしたように、クヌのような例外はあるが、ある一定範囲の敷地から完全に物理的に人間や家屋を排除するという発想は、パドラにはあまりなかったし、また現在でも薄いのである[15]。

---

[15] 身近な体験をひとつ紹介しよう。グワラグワラの私の宿舎で「「ジャジュウォキ」が出た」という噂が流れたことがある。ある朝宿舎のトイレに「青い液体」が流れていたのだ。その棟に宿泊していたのは私だけだったから、その棟に併設されたトイレも当時は私しか使っていなかった。何ということはない。私が前日に街のスーパーマーケットで購入した便器の洗浄剤だった。それを見慣れないオシンデが「キダダ」と誤認したのである。次の問題は、いったい誰がその洗浄剤をばらまいたか、である。昼間ならいざ知らず、夜中にいかなる意図をもって誰が敷地に侵入したのか、ということだった。助手のマイケルは興奮して「返り討ちにしてやる」と息巻いていた。宗教学専攻の彼は、内心キダダやジャジュウォキを恐れている。あっけなく犯人はあがった。近隣の少年だった。宿舎の土地は、その少年の一家から購入したものだったのだ。少年は、その売買の意味は表面上はわかっているが、まだ「我が家」気分で出入りしていたのだ、という。それだ

第3部

　私の調査助手の1人ポール・オウォラは、私がこの問題について見解を求めると、以下のような文章を書いてくれた。そのまま引用しよう。

　　「パドラでは、土地というのは、個々人の富の源泉として、生産のもっとも大切な手段の1つである。際限なくそれをほしがる人間がいるので、さまざまな紛争の火種となってきた。妻や子供がたくさんいると豊かに見える、それとちょうど同じことである。西ブダマは、北と南、2つの郡からなっているが、相対的に狭いので、多くのアドラ人がブソガやブガンダ、あるいはマシンディまで、肥沃な土地を求めて移住しようとした。かつてはアドラ人は、土地を売買する、ということは考えてもみなかったし、その手順についてもわかっておらず、うまくいくことは少なかったと思われる。というのも、それは慣習的に所有されるものであるし、父や祖父などから受け継ぐものであって、売買する場合でも、学費やその他でとっさに現金が特に必要なばあいに親戚同士での、多くは一時的な売買が想定されていたに過ぎない。現在でもかなりの抵抗感があるのだから、ましてや過去の話であれば、部外者に売買することは全く想定されていなかったと考えられる。

　　ACKが70年代に、近隣の人々からかなり無理をして土地を買い取ったことは、近隣住民の反感を買ったとしても当然である。人々は祖先とのつながりに執着があるはずで、基本的には祖先から受け継いだ土地から立ち去るということは、私の常識的感覚からいっても考えにくい。本当のアドラ人なら、父や祖父の埋葬されている土地を売って別のところに移住するということは、考えられないことである。実際、肥沃な土地を求めてブソガや別の地域に移住した人々も、私の知る限り、例外なく祖先を埋葬した土地は保持したままである。

　　また、もう1つ、アドラ人は、「臍の緒」をそうした土地に埋める習慣があり、そのことが土地に対する執着を強めているという側面もある。……ACKは、当時としては妥当な額を支払ったのかもしれないが、地域住民には、強要され接収された、という印象が依然として残っていることは、調

けでは便器の洗浄液をぶちまけた理由はわからないが、これだけは言える。現在でも、他人の敷地に入ったくらいで問題になることはそうそうないと。しかし、話を聞くと、ACKの場合は、軍人だったにせよアスカリだったにせよ、物理的な暴力を用いて強制排除したことが伝えられているのである。

査の過程で間違いない。改めてその額の妥当性や売買の過程の実態が再調査されてもいいとは思う。

　もう1つ、私が記憶していることとして、キソコでACKの父セム・K・オフンビが教会で働いていたときに、多くの孤児を育てるために借りていた屋敷の持ち主に会ったことがある。セム・K・オフンビは件のスキャンダルでキソコを離れ、もとの所有者に土地を返却していた。ACKは、大人になってから、その土地を欲しいと言ってきたというのだ。持ち主は断ったが、このことからもACKは土地というかたちで非常に多くの富をほしがる傾向があったようだ、という印象は持っている」

　最後の部分については、私の解釈はポールの考えとは若干強調点が違っている。ACKの「非常に多くの富をほしがる傾向」と彼の呼ぶ特徴については疑問の余地がないように思われるが、キソコの土地を望んだ理由についてである。ここでは、確たる確証がないし、確認もむずかしいのだが、思い出してほしい。セム・K・オフンビは祖父の土地に埋葬されたのである。ACKはそれを気にしていたのではないだろうか。セム・K・オフンビの墓を建て替えするときに、キソコに埋葬したいと考えたのではないか、というのが私の考えである。また、ミカ・オマラが語った、土地住民が言うセム・K・オフンビは「トロロに執着している」という謎めいた言葉の意味も、そのことと関係があるのではないだろうか。つまり、オジの連続死や何らかの不幸に直面し、セム・K・オフンビが祖父の土地に埋葬されていることが瑕疵であると考えて、生前セム・K・オフンビの屋敷のあったとされるキソコに少なくとも何らかの儀礼を施そうとしたのではないだろうか。トロロ市街地の外れ、アグルルにもセム・K・オフンビの屋敷はあった。ACKが何らかの働きかけをしたかどうかはわからない。ただ、近隣住民にとっては、セム・K・オフンビが正常に埋葬されるとすれば、そこは候補の1つであると認識されていたはずである。ならば、ミカ・オマラが不満げに教えてくれた噂——セム・K・オフンビはトロロに帰りたがっている——というのは、そのことを意味しているのではなかろうか。

　話をもどそう。ポールの文書からも見るように、アドラ人は、現在でも祖先からの土地に執着を持っている。また売買も一般的ではないようである。

　加えて、土地所有者の敷地からのよそ者の物理的な排除は、パドラでは現在でも、ごく一部の人間だけが保持する発想であるとみなされている。ありていに言えば、コロニアル、あるいはポストコロニアル・エリートとでも言おうか、

ごく限られた富裕層である。そうした人々の屋敷の周囲には、有刺鉄線やコンクリートの壁がそびえ、塀の上には壊れた瓶のガラスを設置して侵入者を排除する。こうした厳密な意味での乗り越えがたい境界は、逆に内部にあるもの、内部で起こっていることへの想像力を大いに刺激したし、現在でも刺激し続けている。

塀の中のACKや家族がキリスト教に熱心になればなるほど、また、膨大になった土地などの財産を守ろうとして近代的な警備を充実させればさせるほど、塀の外での想像力は限定された材料を手がかりに、たくましく働かされたにちがいない。それらの宗教儀礼や警備も、塀の外の住民には、ティポと「呪詛」の恐怖に脅えて呪術的な自衛手段を講じ、度外れた栄華を実現しようとする呪術的な企画に余念がないように見られてしまうのである。

アドラとニョレの民族紛争は長く、しかも「呪詛」の章（第6章）でみたとおり、異民族の間では例外的に強力な「呪詛」の力を持っているとみなされていた。ニョレ人のウガンダ教会ブケディ教区の大執事アサナシオ・マリンガは、その在職中アドラ人を決して教会の要職にはつけなかった。彼は公言していたという。「かつてわれわれは、棍棒や槍を持って戦った。現在は、こうした教会のポストをめぐって、その戦いが続いているのだ。」こうして「有刺鉄線の外側」では、マリンガ同様「呪詛」の力をもったACKの妻が、秘密の呪術を行う広大な祭場が想像されていたのである。

ACKとセム・K・オフンビは、同じ年齢で死んだ、という噂がある。これは、本来は正確ではない。セム・K・オフンビの出生記録はないが、FOMSによれば、1904年。亡くなったのは1951年の4月3日。47歳であった。一方ACKは1932年7月12日生まれで1977年2月16日死亡だから、満44歳での死亡である。しかし、問題はおそらくそこにはない。父セム・K・オフンビは、1946年の終わりに停年を待たずして教会を辞した。それから4年後に病を得て亡くなった。息子ACKは現職の大臣のまま亡くなった。符合するのは、余力を残して死んだという部分ぐらいである。

しかし、そのわずかな共通点が、アドラの地域史の文脈では、クロノロジーを越えて、しばしば両者を混同する結果を生んでいる。前章で扱った『パドラ』の資料収集の実際の発案者がどちらだったのかも含め、両者を直接知らない者たちにとっては、両者を厳密に区別することなしにイメージだけが膨らんでいく。再度、オジの連続死と蛇に咬まれた男の例を想起しよう。つまり、事実は、想像力の核になるが、事実にたちもどって検証ができない、あるいはそうした

第 14 章　福音を説くウィッチ

写真 103　遺品となったベンツ

作業の必要がない場合、それぞれをつなぎ合わせることに人は躊躇しない、ということである。

　私は、「和崎春日」という人物に対して「洋一さん」とずっと以前になくなったその人の父の名で呼びかける事例に何度も遭遇している。呼びかけたのは父親の存命中からの親友と言っていい人物だった。身近な人でもそうなのである。ましてや、滅多に会わない人物だったら、どうであろうか。ACK は、（おそらくは毒殺を恐れて）近隣住民と一緒に酒を飲むことはなかったし、実在者としてのイメージを補正する機会をもたなかった。

　彼ら「有刺鉄線の外側」にいる人が接することのできる具体的な実在としての ACK は、早朝に眼前を通り過ぎる車上の人にすぎなかった。彼の顔はよく知らない、と言う人は多い。新聞記事で顔写真を見たことがあるだけ、と言う者もいる。ただし、彼の乗っていた、ナゴンゲラ通りを砂煙をまきあげて猛スピードで通り過ぎていった車のことは、みんなよく覚えている。

　「ムバレの南ブケディに勤めていたころは、通称 BSA という黒い大きなオートバイに乗っていた。後にグルに職を得たときにプジョー 403 に乗り換えた。その後メルセデス・ベンツ 190、ベンツ 250、ベンツ 280SE と、次第に高級車に乗り換えた。」(写真 103、107) 別に車マニアでもない、自身で自動車を運転したこともないごく普通の村人の観察である。

　また、「有刺鉄線の外側」であっても、「内側」への独自の回路をもつカブルやヨナ・オコス、あるいはアシエップの屋敷には、その不思議な「力」がトリクルダウンしていることは、「外側」からも十分観察可能だった。メルセデス・ベンツなどの高級車や、当時最新のアメリカ製の高性能トラクター、インターナショナル・トラクター 744 などは、その「ジャジュウォキ」との取引の結果と

597

第 3 部
して、実在的なリアリティを塀の外側で誇示するのであった。

V　もう1人のティポ

1　時事を歌い込む

パドラで現在もよく歌われる歌で、政治家たちの名前が歌い込まれた歌がある。それは次のような歌である。

>……*Amin Dada, Oboth-Ofumbi, Hey, Hey*
>*nyeko piny ongoye gima kadhi de bei*
>*Oboth-ofumbi, Amin Dada, Hey, Hey*
>*nyeko piny ongoye gima kadhi de be*
>*okelo barracks, Hey, kelo meno, Hey, ikelo kwo ababa ongoye gima kadhi ni be*
>*Oboth-Ofumbi kodi Amin Dada, Hey*
>*nyeko piny ongoye gima kadhi ni be*
>*Ochola Ondoa, Hey, Hey*
>*igheto ri wani waparini wamari onyo pama wapoyi*
>*baba*
>*Ochola Ondoa*
>*wa pari baba*
>*Hey*
>*Ochola Ondoa*
>*Hey*
>*Ababa onyo wa pari baba*
>*Hey*
>*Ochola Ondoa*
>*Hey*
>*Ai baba wa pari baba*
>*Oboth-Ofumbi, Hey, Amin Dada, Hey, Oh, baba, ongoye gima kadhi*
>*kada ma ber*
>*ilaro lowo , Hey, Oh, baba, ingati loyo, Oboth-Ofumbi, Hey, Amin Dada, Hey, Oh, baba, ni be*
>*Oboth-Ofumbi, Hey, Amin Dada, Hey, Oh, baba ongoye gima kadhi ni be*

第 14 章　福音を説くウィッチ

ilaro lowo, Hey
ababa ongoye ingati loyo Hey ababa
Oboth-Ofumbi, Hey, ingati goyo kitabo ma Padhola
Hey, ababa meno ma ber rani
Oboth-Ofumbi
Hey, afwoyini ma
ndiko kitabo amin ani
Hey
ababa ongoye gima kadhi nibe
Ochola Ondoa
Hey
ababa igheto awaliro onyo pama wa poyi baba
Ochola Ondoa
Hey
ababa igheto dwaliro onyo pama wa poyi baba
Ochola Ondoa
Hey
wafwoyi baba iyiko piny me
igheto ri wani dwaliro ma Mulanda wala pakini
ababa nani
igheto ri wani dwaliro ma Mulanda
onyo pama wafwonyibaba
dwaliro Kosoko
Ochola igheto ababa nana onyo wafuwoyi baba
dwaliro Nagongera wafuwoyi baba omera, Ochola gi Japadhola je, Ochola odongi,
Tororo
gipi iringo igero
Oboth-Ofumbi, Hey, Amin Dada ongoye gima wothi baba
ikelo barraks okwali wani
ongoye gima kadhi ni be ……

……アミン・ダダ、オボス＝オフンビ、ヘイ、ヘイ
何も起こりはしなかった、まったく

第3部

　　　オボス＝オフンビ、アミン・ダダ、ヘイ、ヘイ
　　　何も起こりはしなかった、まったく
　　　ただこの地域がだめになっただけ
　　　彼は兵舎を誘致した
　　　お前は盗賊を連れてきた
　　　お父さん、それだけさ
　　　他に何も起こってはいない
　　　アミン・ダダとオボス＝オフンビ、ただこの地域がだめになっただけ
　　　オチョラ・オンドア、ヘイヘイ
　　　私たちのために建ててくれた
　　　私たちはいつもあなたのことを考える
　　　あなたをいとおしむ
　　　お父さん
　　　オチョラ・オンドア
　　　あなたのことを考える
　　　お父さん
　　　ヘイ、ヘイ
　　　オチョラ・オンドア
　　　お父さん
　　　あなたを思う
　　　オボス＝オフンビ、アミン・ダダ、ヘイ、ヘイ
　　　お父さん
　　　何も起こりはしなかった、まったく
　　　結構なことだよ
　　　お前は土地を奪った
　　　父よ
　　　とても上手にね
　　　オボス＝オフンビ、アミン・ダダ、ヘイ、ヘイ
　　　お父さん
　　　何も起こりはしなかった、まったく
　　　結構なことだ
　　　お前は土地と父親のことで努力した
　　　誰もお前ほど努力しやしない

第14章　福音を説くウィッチ

そうしたのはお前
ヘイ
お父さん
オボス＝オフンビ、ヘイ
お前はパドラの本を書いた
ヘイ
お父さん
それはよいことだ
オボス＝オフンビ、ヘイ
本を書いてくれてありがとう
兄弟よ
ヘイ
お父さん
何も起こりはしない、何も起こりはしない
オチョラ・オンドア
ヘイ
お父さん
病院を立ててくれた
あなたを私たちはいつも思い出す
オチョラ・オンドア
ヘイ
ありがとう
お父さん
この地域を発展させてくれた
ムランダに診療所を建てた
誇りに思います
ヘイ
お父さん
キソコにも診療所を建てた
オチョラ
あなたが建てた
お父さん
感謝します

第3部

>ナゴンゲラの診療所をありがとう
>ヘイ
>わが兄弟オチョラそしてジョパドラすべて
>オチョラは生まれ変わるだろう
>トロロの街はすべてあなたがつくった……
>オボス＝オフンビ
>ヘイ
>アミン・ダダ
>何も動きはしなかった
>お父さん
>兵舎が誘致されてわれわれは搾取された
>何も起こりはしなかった……

　非常に正確に事実を叙述した歌だと言える。ACK について歌われることどものほとんどは現実にあったことの忠実な描写である。
　「兵舎を誘致した」「土地と父親のことで努力した」「パドラの本を書いた」などは、いずれも議論の余地のないことである。一方で価値判断がふくまれた「この地域がだめになった」「盗賊を連れてきた」「土地を奪った」といったくだりは、「塀の内側」では認めにくいことだろうが、「塀の外側」からの主観としては大いにありうるということはすでに確認してきた[16]。
　ここで注目したいのは、ACK と、彼が大臣だったときに大統領であった「アミン」が並列されているのは当然として、もう1人の人物、つまり「オチョラ・オンドア」のことである。なぜなら、オチョラは、アドラでは ACK を死に至らしめた「もう1人のティポ」とされているからである。
　歌のなかでは、ACK について、パドラについての本を書いたこと、土地を「上手に」奪ったこと、「父親のことで努力した」ことが指摘され、結果として自分の家族には手厚いし、知性はあるが、周囲から土地を搾取するなどの点が批判的に描かれている。

16　本来は、他の件からの類推で、兵舎の誘致によって地域住民が被った具体的被害があることが想像されるが、これまでの調査では明らかになっていない。一方では、ルボンギ（アドラ語で「泥棒」）という名のこの地域はかつて泥棒や殺人の温床となっており、とくに夜間の通行が危険視されていたが、兵舎が誘致されたために治安が改善されたとの証言もある。アミン政権時に行方不明になった何人かの人物のネガティヴな印象も残存している。

「父親のことで努力した」というのは、父親の墓を少なくとも2度大きなものに建て替えており、最後には父親を顕彰するチャペルまで建てたことを指すのだろう。土地云々について真偽のほどは議論の余地があるが、その他のことはすべて事実にもとづいている。

一方、「オチョラ・オンドア」によって診療所がムランダ、キソコ、ナゴンゲラに設けられて地域が発展したことが讃えられ、地域の人々が彼を慕い続けていることをうかがい知ることができる。

何度も登場するミカ・オマラは、「オチョラを知っていますか」という私の質問に、いらだちを隠さず、次のように答えた。

「ア、ア！（否定の感嘆詞：馬鹿言ってるんじゃない、という含み）知ってるかって？アドラ人すべてが今日に至るまで悼み、そして明日も喪に服す、そんなただ1人の人物だ、そんな人物はオチョラ！ 彼しかいない、彼だけだ……人々をだめにするのは何かわかるか。それは多分、なんと言ったらいいか、宗教的な理由で人々に隔たりをつくることだ。彼はここ、パドラの発展のため政府に与えられた義務を忠実に果たした。……オチョラが帰ってきてパドラを1つにしたから宗教的な差などというものは問題とならなくなったのだ」

2　ジェームズ・オチョラのティポ

(1) ニイレンジャの2人

いったいオチョラとはどういった人物だったのか。ジェームズ・サイラス・マリロ・オンドア・オチョラ（James Silas Malilo Ondoa Ochola, 1924- c1972）[17]は、記録によれば「1924年ブダマ生まれ」とされている。同じ資料にACKは「1932年ブケディ県ムランダ生まれ」と記載している。年齢はACKよりも8歳年上である。

このオチョラの出生地記述には、かなり時代背景と配慮が感じられる。「ブダマ」というのは、序章にみたように、1938年にできた概念である。「ダマ」自体は他称民族名であるとはいえ、西ブダマは現在の「パドラ」に理念上一致する。先のミカ・オマラのインタヴューにみるような、オチョラの後の評価を考えると非常に感慨深いものがある。

彼はACKと同じニイレンジャ・クランの出身で、クランの中でもオチュウォ＝コレ Ochwo Kole を始祖とする系譜が辿れるはずの、非常に近しい関係であった。ただし、オチョラの名前でわかるのだが、ルンジョ・ダコ（寡婦相続）の結

17　*Who's Who in East Africa*, E. G. Wilson (ed.) 1966, Nairobi: Marco, pp. 87-8。

第 3 部

図 3　ニイレンジャ・クラン関係図──ACK とオチョラとの系譜関係

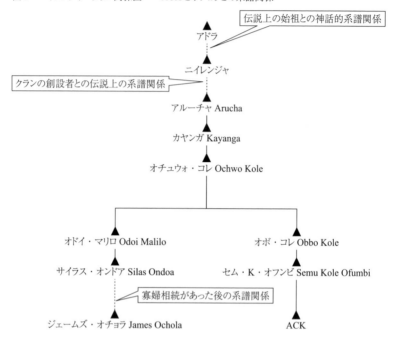

果生まれた子供である。父サイラス・オンドア Silas Ondoa がオチョラの母を相続した結果生まれた子供だった[18]。

　ニャパドラの因習の多くを否定し、1 人の妻をこよなく愛する ACK が、この慣習の結果生まれたオチョラに対してある程度の侮りの感情を持っていた、との証言はいくつかある。また、オチョラが 4 人の妻を娶っていることに対しても、終生批判的だった。

　妻を乗せた飛行機が無事エンテベに着いたという知らせが電報で届くと、その隅に「オールマイティ・ゴッド」への感謝の言葉を書き込み、日記に何よりも優先的に家族の、それも 1 番に妻の誕生日を書きつける ACK には、オチョラの結婚生活は「未開」なあるいは「野蛮な」ものにみえたのかもしれない。

　現在は、その系譜関係は判然としない。1 つの原因は、「構造的健忘症」とよばれるように 3 世代以上を遡って祖先を記憶する慣習がないことによる。事実、

18　一説によると亡父はコーネリア・オヨー Koneria Oyoo。

第14章　福音を説くウィッチ

図4　ニイレンジャ・クラン関係図——ACKとオチョラとの系譜関係

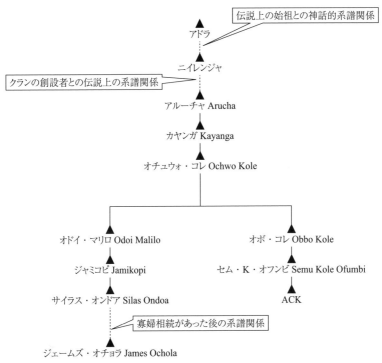

ACKの兄弟の1人は、「われわれはオボ＝コレ Obbo-Kole より昔に遡って考える習慣はない」と明言した。

　しかし、もう1つは、このオチョラの子孫たちとACKの子孫たちが、いわゆるクウォル関係となっており、お互いが自由に交流する環境が整っていないことによる[19]。現在まで知り得たところによると、両者の関係はおおよそ図3あるいは図4のようにとらえられる。父オンドア、祖父マリロのいずれがACKの祖父オボ＝コレと同世代であるかにより、実際の系譜関係は変わってくるが、ここでは実際の系譜関係はともかく「類別関係」として親族関係であることを確認するにとどめる。アドラ語では、FBSはオメーラであり、B「兄弟」と同じで

19　現在、状況はかなり改善しており、ゴドフリーとオチョラの息子マーティン・オチョラとは、オボテの人権問題の裁判を共同で行うなどの作業を通じ、ある程度は関係を保っているようである。ただし、一定の緊張関係にあるのはある意味で当然であろう。

605

ある。従って世代的には同世代となる。FBSSはウォダンとなり、世代的には1世代下の「息子」となる。FBはオミン・ババであり、1世代上の尊敬の対象となる。実際には祖父ないし曾祖父を通じての関係であるからこれらよりは遠い関係だが、同じコロニアル／ポストコロニアル・エリートとしては、お互いに非常に親密感を感じていたことは疑いをいれない。年の差はあったとはいえ、ときにはそれがライヴァル関係に発展したこともあったにちがいない。

オチョラは生前ACKのことを英語では「アンクル」と呼んでいたという。現在でも、親族関係が不明確なときに、(実際の系譜上はオジではないのは明確でも)「アンクル」あるいは「オミン・ババ」と呼んで敬意をあらわす例がある。しかし、これが、親族関係以外に力関係を表現する別の手段があらわれてからのことなのか、かなり前からの習慣なのかは、よくわからない。

(2) カトリックとプロテスタント／選挙と任命

父の代からのプロテスタントであるACKとは異なり、オチョラはカトリックだった。存命中の妹が熱心なカトリック信者であることを考えると、親世代からのことかもしれない。ナゴンゲラにいた宣教師ウィルマン神父 Fr. Willman に見いだされ、侍祭役として重用され、その奨学金を得て、ナゴンゲラでの初等教育を経て、カトリックの名門、聖ピーターズ・コレッジ、聖メリーズ・コレッジ、キスビ (1944-1945) を卒業した。

ウガンダ東部州の会計官 (1946-1947)、労働監査官 (1948-1953)、ブケディ県議会議員 (1949-1951) をつとめたあと、南ブケディ協同組合会長 (1954-59)。この間1955年から56年にはローボロー・カレッジに私費留学している。ACKの父、セム・K・オフンビの死は1951年だから、その時には県議会にいたはずである。さらにACKが南ブケディ協同組合に職を得る際には、多少なりともオチョラの尽力があったと考えるのが自然であろう。長老のなかには直截に「オチョラのコネクション」を公言する者もいた。

この間ACKは、南ブケディ協同組合での仕事の傍ら、資格を取って地方行政に転じる。1961年1月からはアチョリ・ランゴの県副弁務官、1963年にはアチョリ県弁務官という、地方行政としては最高位にまでのぼりつめていた。この弁務官時代に、地方を遊説して歩いていたオボテに会ったことが、ACKの運命を変えた。「オボテ」と「オボス」は、同じ含意をもつ名前である。雨期のはじめの最初の雨後、シコクビエの種蒔きのために1度大地に鋤入れをしたころに生まれるとこの名前がつけられる。「同じ名前をもつ者は同じ運命をたどる」と

いう信念がある程度まで共有されていた彼らが、大いに意気投合したであろうことは、容易に推察がつく。

ここまでACKは、常に資格をとって職位をのぼっていくスタイルだった。一方のオチョラは選挙に強く、カトリック信者を中心とした安定した支持基盤があり、あらゆる職を「選挙」で選ばれて付託されている。そこがACKと対照的であるということは、すでに述べたとおりである。

1961年に、独立準備委員会でもある立法審議会議員となったのも、ある意味では必然であった。特に県の行政に不満を持ち、1960年に「ルウェニ・アビロ（棍棒を携えた戦い）」という暴動で、直接にプロテスタントのゼファニア・オチェンらの強権政治に「ノー」を突きつけたばかりである。オチェン行政で周辺部に追いやられていたニャポロらカトリック、つまり旧勢力は、こぞって民主党（Democratic Party: DP）とオチョラに投票したのである。1961年の郡選挙においては、直接選挙で選ばれた議員のうちで、プロテスタントは3人に過ぎず、ムスリムは1人だった。残りの30人はカトリックだった。30人の議員のうちたった3人しかカトリックの議員がいなかった1956年の状況を考えると、「ルウェニ・アビロ」はまさに「政治革命」であった［Yokana 1993: 161］。

1960年暴動後にトロロが県として独立し、ムバレからトロロへの県の中心が移管されることに対してもオチョラがある程度関与していたらしい。その後、実質的な管理体制を整備したのも、地方行政相のオチョラだったとの評判である。現在もトロロ・タウンのかなりの土地を一族が所有していると言われている。

1961年の総選挙では、DPが圧勝し、ベネディクト・キワヌカ首相のもとで組閣がなされたが、これはブガンダ王国政府がボイコットした上でのことであり、暫定的なものにすぎなかった。当時の焦点は、多数派のブガンダ王国の動きと、それによって大いに左右されるはずの独立後の展開であった。

1961年6月になって、イギリス政府の任命した調査委員会が大きな譲歩をした。ブガンダの独立は認めないが、その代わりにブガンダに連邦の地位を認め、ウガンダに出す議員の選出基準をブガンダ議会にある程度任せる決定をした。その結果、1962年10月9日にウガンダは独立することが決定され、KY（カバカ・イェッカ Kabaka Yekka「カバカ（ガンダ王）あるのみ」の意）党が生まれたのである。これは、ブガンダ王国議会とUPCの協定のもとに行われたというのが現在では定説とされている。

オチョラは、1962年4月の独立総選挙時には、DPより南東ブケディ選挙区から国会議員となり、DPでは、党の副院内幹事であった。独立最初のオボテ内閣

では、入閣を逃し、天然資源省次官となるが (1963)、圧倒的な UPC と KY 連立政権のなかで、DP のなかでの自身の方向性について行き詰まりを感じていた。あるインタヴューによると、オボテが直接オチョラに、「アドラ語で」(おそらくランギ語が正しいのだろうが、アドラ語話者にはそう解釈されても不思議はない)「DP にいても時間の無駄だから、離党して移ってこないか。そうすればゆくゆくは閣僚ポストを用意する」と誘ったのだとの証言もある。

また、ある長老は、当時オチョラがこのような愚痴をこぼしていたのを覚えている。

「このまま DP にいては、やりたいことができない。皆さんの期待を一時的に裏切ることになるかもしれない」

オチョラは、1965 年、ミルトン・オボテ (Apolo Milton Obote 1924-2005) 率いる UPC へ移籍した。オチョラが覚悟していたとおり、地元ではカトリックの旧支持者たちから猛烈な批判を浴びた。しかし、オチョラの読み通り、あるいはオボテの言葉通り、中央政府では着実に重要ポストを歴任することになり、独立後のオボテ首相の下で情報・放送・観光副大臣、また新憲法制定後のオボテ大統領の下で公共事業大臣 (1966) を歴任した。

とくに 1967 年の内閣改造で地方行政大臣となってからの活躍はめざましく、トロロの市街地の行政ブロックに大規模な整備を施したほか、ブギリ、アパッチなど国立病院、パドラにはムランダ、キソコ、ナゴンゲラ 3 箇所に診療所を設置した。現在でも、22 の診療所はすべてオチョラが何らかのかたちで貢献したものとされている。またシワには「ジェームズ・オチョラ記念中等学校」が設立され、現在でも運営されている。

パドラで定着している ACK のイメージがアミンの「国防相」としてのそれなら、オチョラのイメージはオボテの「地方行政相」であり、現在のパドラでオチョラのそれ以前の職名を知るものはきわめて限定される。場合によっては大臣名は出ず、むしろ協同組合会長にまで遡るであろう。

これらの事業はいずれもソ連の技術経済援助を得てのこととされる。この間、DP に属していたときに熱狂的な支持層を持ち、UPC 移籍に批判的だった一部地域では、診療所の設立に対する妨害があった。しかし、オチョラは、カトリック、プロテスタント、そして、ニョレやテソなど異民族が多い地域に対しても、分け隔てなく診療所設立のため尽力したようだ。私の助手であるポールに言わせると「地方行政大臣の仕事はそういうものだ。たんに職務に忠実だっただけ。別にそんなに神格化する意味はない」とのことだが、この地域でのオチョラの

高評価の一因は、ここにある。

　クーデターの直前には、オボテの抜擢によってACKも内閣秘書官など中央政府の要職を歴任していたから、首相官邸や大統領府で直接顔を合わせる機会も多かったと思われる。前章で見たACKの66年危機直前の転任願いについても、オチョラには相談していた可能性が高い。ACKが転任先にあげていたのは、自らの古巣でもあるが、かつてオチョラが長を務めていた協同組合だった。

　(3) オチョラの失踪

　1971年のアミン大統領のクーデターによって公職を離れていたオチョラが、トロロ郵便局の前で行方不明になったのは、1972年9月のことだった。この時代のエリートも、現在のエリートと同じく、公職をもっていてもサイドビジネスには余念がなかった。オチョラはバス会社を経営しており、その日も商売仲間のオウィノ・アントニオ Owino Antonio という人物と一緒だったと言われている。アントニオの妻はオチョラがシワに建てた学校の教師だった。アントニオはオチョラが大臣時代、政府の資金でソ連に軍事の研究に派遣されていたことがあったともいう[20]。アントニオも同時期に失踪し、行方がわかっていない。またその月の21日、DP時代の盟友で当時最高裁判所長官だったベネディクト・キワヌカが逮捕され、そのまま消息を絶った。オウィノの友人であったナブヨガの元警察官、サロモン・オランドは回顧する。

　　　……「前大統領の閣僚だった人物とつきあうのは危ないよ。アミンは恐ろしい男だから、慎んだほうがいいんじゃないか。私もカンパラでさんざんひどい目にあったのだ」
　　オウィノは、「サロモン、それはお前さんが臆病なだけだ」と言った。
　　オウィノのジンジャ通りの屋敷でそういったやりとりがあったのが土曜日、翌日にはオチョラともども、オウィノは消息を絶った。
　　オチョラは郵便局に手紙を出しに行ったか、私書箱をチェックしに行ったのか、とにかくオウィノと郵便局のある場所へ足を運んだらしい。突如軍人たちがたくさんあらわれて銃を突きつけ、オチョラに車の鍵を手放せと命じた。それでオチョラをオチョラの乗ってきた車に押し込んだ。座席

---

[20] もしそうならば、アミンの手下の狙いもあながち間違ってはいなかったのかもしれない。SRBの暗躍は1976年ころからとされているので、この間の活動は軍のものと考えるのが、一般的である。

第3部

にはオウィノがいたから、オウィノはさながら車のシートだ。とにかくそのまま車に押し込められ、軍人の運転で彼らはどこかに連れ去られてしまったのだ。それから現在に至るまで、彼らを見たものはいないし、死んでいるとしてもどこに埋められているのか、誰も知らない。それが、日曜日の午前10時ごろのことだ。

その後オボテが帰ってきて第2次オボテ政権が成立したときに、棺を仕立てて写真か何かをそれに納め埋葬した。オウィノにも同じようなことをした……

郵便局は、現在ではマラキシ・ロードという通り沿いにある。マラキシ・ロードは、ルボンギ兵舎に向かうナゴンゲラ・ロードからラウンド・アバウトを経て直結している。

オチョラが「亡命の準備を始めていたのは、本当だ」という。実際に「所有していたバスを、ムスリムのカリム・バスという会社の社長に売却したのをはじめ、いくつかの国内の財産を売却して国外に土地などを購入しはじめていた」と、息子のピーター・オチョラ Peter Ochola は語った。

当時、ACK はアミン大統領側近として、国防大臣として入閣していた。言うまでもなく軍の最高責任者である。

オチョラの妹オコス・ンディラ夫人 Mrs. Okoth Ndira によれば、「私たちは ACK を「おじさま」(uncle) と呼んでいました。兄がいなくなってすぐに、その「おじさま」から電話がありました。オチョラが身柄確保されていることは自分も把握している、と言っていたそうです」

この間の事情を語るミカ・オマラとオコス・ンディラ夫人のテキストを検討しよう。

《テキスト13－2》
「アントニオはその日に殺されたが、オチョラが殺されたのは3日後のことだと聞いている（①）。郵便局の前で逮捕されて、兵舎に連れ込まれた。オチョラの体は切り刻まれて、南京袋に詰め込まれ（②）、オチョラ所有のベンツに乗せられて（③）、噂ではトロロの兵舎の飛行場に埋まっているということだ（④）。彼が埋められているところにはスピア・グラスが植えられているという（⑤）。ACK が殺したとかいう噂話をしたりするのを私は知っているが、騙されてはいけない（⑥）。先ほど言った通り、まず、セム・K・

第 14 章　福音を説くウィッチ

オフンビの死因はティポではない。キダダだ（⑦）。そしてさらに、異教徒たちは、セム・K・オフンビの子 ACK もティポのために死んだ、と言うだろうが、それは違う（⑧）。本当のことを話してやろう。アミンが台頭してきたとき、ACK は国防大臣で、オチョラは（オボテ政権の）地方行政相だった。2 人とも同じニイレンジャ・クラン出身だ。ケニアに亡命しようとしたオチョラに ACK は、「自分は国防大臣なのだから、逮捕することもできるぞ」と言った（⑨）。数日後オチョラは逮捕されてルボンギ兵舎で殺され、密かに飛行場に埋められた（⑩）。亡命して逃げ延びようとした兄弟をふみとどまらせ、そうさせなかったわけだ（⑪）。それはたしかに ACK が守ってやれなかったという面がある。見殺しにした、ということはできるかもしれない（⑫）。しかし、彼の死に責任があるか、というと話は微妙になってくるだろう（⑬）。人は、オチョラに次いで ACK が死んだのは、オチョラの血が、ジュオギが、「兄弟よ、お前が亡命を止めなければ、私は死なずにすんだろうに」とオフンビを呼んでいるのだ、というのだが（⑭）、キリスト教徒である私は、それは信じてはいない（⑮）。」

1973 年アミン大統領が公表した 85 人の失踪者リストには「行方不明。国内にはおらず、行く先を知る者は誰もいない。」とある［Seftel 1994: 122］。遺族は、この発表で、あきらめたという。
　オチョラの妹、オコス・ンディラ夫人はこのアミンの発表を聞いてオチョラの死を確認したと語る。

《テキスト 13 − 3》
　「私たちは、それを聞いてあきらめたわ。私たちは、遺体がなかったけれども、埋葬式を行いました（⑯）。私たちは、死んだ者の霊が戻ってきて話すのを信じているし（⑰）、実際それが起こったのです（⑱）。
　ある日、アミンがトロロのルボンギ兵舎を訪れたことがありました。そのころトロロの兵舎の飛行場は機能していました。私の夫がそこで働いていたので、私も出かけたのです（⑲）。兵舎の門の前にきたところで私は意識を失い、死んだ兄の姿を見ました（⑳）。気づいたら私の車は門に激突していて、横転してしまっていました。門衛が私の夫を呼んでくれて、私は夫に連れられて家に帰ったのです（㉑）。たくさんの人たちが兄と同時に殺され、同じ場所に埋められたと言います。それを見たと言う人もいます

611

第3部

(㉒)。証人もいるので、裁判にしようともしたのですが、結局実現しませんでした。あのとき、いったい誰がアミンを訴えることができたでしょう (㉓)。

あるときアミンが国内の行方不明者リストを読み上げたことがありました。その中に兄の名前もありました。そのときに私は兄の運命を悟ったのです (㉔)。

オボテが帰ってきてからかつての閣僚である兄にお悔やみを言いにきたことはあります (㉕)。そのときもたいしたことはしませんでした。ただ、遺体が見つからないときに「墓を測る」measure the grave よくある方法の1つで、バナナの茎かなんかを棺に入れたのではなかったかしら (㉖)。あと、兄が埋められているとされる飛行場の土 (㉗)、それから遺影、そんなものを埋めてセメントの墓をつくっただけだと思います (㉘)(写真104)。

Q：そこに ACK は参列しましたか？

A：いるはずはないわ。オボテが帰ってきたときには、彼ももうこの世にはいなかったのですから (㉙)。

そう言えば、ACK が死んだときも、不思議なことが起こりました。すでに兄が失踪してから5年も経っていました。兄を殺したのは ACK の命令だとか、そういう噂は流れていましたが (㉚)、私は参列しようとしていたのです (㉛)。でも、まず用意していたペサ・マ・カリエリ（香典のようなもの。第10、第11、第12章参照）がつむじ風にあおられてどこかに消えてしまいました。いくら探してもないのです。仕方がないので別にあつらえて持って行こうとしました (㉜)。突然気分が悪くなって、引き返すことになりました。こういうとき、異教徒は、ヤモの仕業と言うのですよ (㉝)。私はカトリック教徒ですが、あれは兄の霊が私の参列を押しとどめたのだと信じています (㉞)。また、オゲン・アウグスティノ Ogen Augustino という人物がいます。この人は KAR で戦ったこともあるベテラン軍人ですが、ACK の指示でオチョラの亡命を押しとどめたと言われている人です。この人も ACK の埋葬に参列しようとしましたが、参列できませんでした。道に迷ってしまったそうです (㉟)。ご存じのようにニャマロゴまでの道行きは単純で、迷うことなどないのですが。」

【解説】
このようにオチョラの死の経緯は、目撃者もおり、かなり具体的に知られている。オチョラがアントニオに遅れること3日後に殺されたとか (①)、オチョ

第14章　福音を説くウィッチ

ラ所有のベンツに乗せられていったとか（③）、遺体を切り刻んで南京袋に詰めたとか（②）、飛行場に埋め（④）（⑩）、その場所にはスピア・グラスが植わっているとか（⑤）、非常に具体的である。これらは、兵舎の内部の人物の証言だ、とミカ・オマラは言う。当然だが兵舎内部にも教会があり、そのミサを執行している教会関係者とのつながりで得た情報だということだ。オコス・ンディラ夫人のいう「証人」（㉒）と同一人物かもしれないし、複数いるのかもしれない。いずれにせよ、いくらかの証言は得られているわけである。

　ミカ・オマラは、本書でいう「塀の外」「有刺鉄線の外側」の人々の論理も、みごとに代弁してくれている。つまり、「塀の外」では、セム・K・オフンビの死も、ACK の死も、（ここでは語られていないがキソコで殺されたキャッサバ泥棒オクムの）ティポのせいである、と考えるわけだ。事実、第5章でみたように、「殺人事件」という前提がある以上、「何かあるのではないか」と身構えてしまうのは当然かもしれない。「骨囓り」が行われてはじめて、そのティポのことを忘れることができる。その意味では「ルンベ」が終わってはじめて死者のチェンのことを忘れることができるのと構造的には似ている。

　しかし、キリスト教徒であるセム・K・オフンビが、「骨囓り」をやるはずがない。ここで、キリスト教の教義と「ニャパドラ」は理論上のコンフリクトに直面する。キリスト教への改宗が、第6章（Ⅱ3「呪詛」の状況（3）ジャラーミ jalami が死んだら）でみたように、「ジャラーミの死によって浄められる方法が失われた「呪詛」」を祓うために「駆け込み寺」のように用いられる場合があるが、この場合には、その逆に「浄める正しい手段は知っているのに、それができない」というブレーキ役になってしまっているのである。

　同じような例はいくつかある。例えば、私が実際に会った、霊に憑依されてしまった男の場合、ジャシエシに連れて行き、儀礼を行いさえすれば問題は解決する、と少なくとも周囲の人々はみていた。しかし、その男の弟は地方行政である程度責任ある立場で、教会の役員もしている世間体から、「それはできない」と言うのである。

　ミカ・オマラは教会の牧師である。セム・K・オフンビの死はキダダであり（⑦）、ACK の死もティポではない（⑧）、騙されてはいけない（⑥）、というわけだ。

　ここで、ミカ・オマラは、ACK が国防大臣としてオチョラに何事かを語った、それは事実だ、と言う。それが国防大臣としての職務に関わることであれば、「逮捕できるぞ」でも（⑨）（別の人が語るように）「守ってあげられるぞ」でも同じであろう。いずれにせよ、軍人によってさらわれ、軍の兵舎内が事件現場となった

613

第 3 部

のならば、最高責任者である「国防大臣」ACK の責任であるのはある意味では当然のことではないか。組織が正常に機能していればそうだが、「軍事機密」でがんじがらめになっている軍隊の内部は、外部からはまったくわからない。

　1968 年、大統領オボテから、軍の財政規模を監査院を通じて尋ねられた国防相次官の ACK は、「それは機密ですので、大統領といえど開示することはできません」と答えたという [21]。

　今では当初からアミンとの密約があったかと思わせるようなエピソードだが、当時のウガンダの軍の 1 つの性格を端的に物語るエピソードでもある。もう 1 つは、アミン政権の軍隊はそれに輪をかけて秘密のヴェールに包まれていることである。それは本論のテーマをこえているが、すでにいくつもの書籍、論文、ドキュメンタリーがこのアミン時代の「異常性」を明らかにしようと世に出されてきた。しかし、新資料が出ても謎がまた深まる泥沼のようなところがある。

　また、ACK の立場に目を転じてみると、オチョラに亡命されてしまうと、ACK の立場が危うくなることも確かであろう。「逃がしたのではないか」ということになるからだ。ミカ・オマラはこのあたりのことをふくんだ上で、「亡命を止めた」(⑪)「守ってやれなかった」とし、「見殺しにした」とは言いながらも (⑫)、直接の原因ではないと考えている (⑬)。しかも、オチョラに続いて ACK がアミンに殺されたことには、オチョラの霊をもちだすことを否定している (⑭、⑮)。

　一方、オコス・ンディラはカトリック信者である。死霊の存在を信じているし (⑰)、そのチェンを鎮めるため (という言い方はしないが) 埋葬も行っている (⑯)。実際にオチョラの霊に遭遇している (⑱)。1 回目は、アミンがルボンギ兵舎を訪れたときだった (⑲)。そこに働いていた夫に会うために車で兵舎に向かい、まさに門に到着というときに意識を失って事故を起こしたという。その時にオチョラのヴィジョンを見た、というものである (⑳)。夫に連れられて帰宅した (㉑)。たくさんの人がオチョラと同時に殺され、同じ場所に埋められた、その目撃者もいるという (㉒)。しかし、裁判にしようとしても相手がアミンではどうしようもなかった (㉓)。

　2 回目の霊との遭遇は、ACK の死に際してのことである。当時すでにオチョラの死は ACK のせいである、との噂はあった (㉚)。しかし、親族なので出席しようとペサ・マ・カリエリを用意していた (㉛)。それが不思議なことにつむじ風に吹き飛ばされてどこかへいってしまう (㉜)。仕方なく別にまた用意して

21　Dickie & Rake [1973: 559-560]、クーデター後に国防大臣としてクーデター以前の 3 倍、2 万人の兵力を持つと発表した。

614

第 14 章 福音を説くウィッチ

ACKの家を目指すが、今度は気分が悪くなってしまう。「ニャパドラ」では、これらはいわゆる「ヤモ」であるが (㉝)、オコス・ンディラ夫人は、それをオチョラが参列を望んでいないものととらえた (㉞)。また、オチョラに亡命を思いとどまらせた軍人オゲンも「道に迷って」(㉟) ACKの葬儀に参列はできなかった。

これらの霊との遭遇を総合して、オコス・ンディラは、オチョラの死に「ACKに責任あり」とのメッセージととらえている。

アミンが行方不明者リストを公開したとき、それにオチョラの名があったことで、オチョラの死を悟った (㉔)。

1979年にアミン政権が倒れて第2次オボテ政権が成立、オボテがかつての閣僚だったオチョラの墓参に訪れた (㉕)。その際には、いわゆる「墓を測る」方法で、バナナの茎 (㉖) や飛行場の砂 (㉗)、遺影を棺に納めたという。(別のインタヴューでは、ジャシエシが、適切な場所を探して薬を用いて土を採取した、とも言われている。)そのときにつくったセメントの墓石は現在もポチョワ Pochowa のオチョラ宅にはあるが、当然のこと、死亡日時は刻まれていない (㉘)。この儀礼が行われたときには、すでにACKは土の下だったので参列できるはずはない (㉙)。

テキストとそれ以外の資料をもとにして考えると、噂はさておき、核となる事実とそれに付随する一般的な説明は、以下の通りである。

1. 1972年9月某日、オチョラは失踪した。オチョラには、9月21日に逮捕され、おそらくは殺されたベネディクト・キワヌカ[22]とも深い接点があったし、オボテ政権の閣僚だったから、抹殺される条件は十分満たしている。理由には事欠かない。
2. 当時の国防大臣はACKだった。従って軍人はすべて形式上はACKの配下である。ただし、オボテの憲法改正以来、大統領に全権力が集中しており、アミン政権下ではますますそうだった。
3. 1971年の4月25日にアミンはセム・K・オフンビのルンベ儀礼に参加している。1972年8月4日には、アジア人追放のスピーチをしたが、これはトロロのルボンギ兵舎でのことである。ACKも随行している。また同年、12

---

[22] キワヌカ殺害の原因は諸説ある。たとえば、アジア人の遺棄していった物件のうち、アミンがほしがっていた店を購入して所有していたというものや、最高裁判所所長として軍が不法に交流していたイギリス人の釈放を命令したという説がある。オボテとアミン追放について合意に達したという証拠をアミンがつかんだのだという説もある[Martin 1974: 211-212]。2年間に、オボテの閣僚20人のうち、8人が殺され、4人が亡命した。オチョラもこのうちの1人として考えられることが多い[Martin 1974: 217]。

615

第3部

月31日にはセム・K・オフンビ記念チャペルの除幕式に参加している。その際には、オチョラはすでに行方不明だったはずである。一方で、タンザニア国境からのゲリラ侵攻は1972年9月17日である。
4. オチョラの遺体は見つかっていない。

(4) 呪詛されるエリートと祝福されるエリート

このように、オチョラの死も、ほとんどが「アミン」政権下での時事問題で説明がついてしまうことばかりだが、すでに「オクム」の「ティポ」の「物語」が発動してしまっている「有刺鉄線の外側」においては、すべてがその流れで考えられた。少なくとも、そういった社会関係の綾の中で考える人々がいた。

とくに、すべて選挙で支持を得て出世していくオチョラに対し、「資格」という（少なくともパドラにはなかった）マジックと、オボテの「大統領任命」というマジックのおかげでのし上がるACKの出世街道は不透明であり、すべてがアリ・オボというジャシエシの呪術のおかげであると考える人も多かったという。また、ACKは家族を非常に大切にした。その反面、家族の外部には非常に冷淡だったという。すでに指摘したように吝嗇の指摘もある。しかも、あたかも、公のものを着服したかのような風説まである。その際にもかならずオチョラと対比して語られるのである。

「オチョラはその生涯を地域の人々のために尽くし、私的な財産をも使い果たしたから、自分の住んでいた村には小さな小屋しかない（写真105）。一方でACKはバラック建設の建材や費用を流用して、ニャマロゴの邸宅を建造し、その父の墓を巨大なものに建て替えた上に、自宅の脇にセム・K・オフンビ記念礼拝堂を建造するなどした。そのお屋敷には送電線も街から一直線に通っている。オチョラのつくったムランダの診療所を素通りしてね。人々は彼に懇願したそうだ。『診療所に電気を通してください。ほんの5メートル延長してくれさえすれば、それが可能なのだから。そしてその力をあなたはお持ちなのですから』と。そうしたら、答えはこうだ。『ノー。私の家まで一直線に引くのだ。』」

ニャマロゴの自宅、その父の墓、そして父を記念する礼拝堂の建造費用と、そこに繋がる送電線の費用の出所について、多くの人は不思議に思っていた。しかし、どんな不思議なことでも、出所は同じ「ガバメンティ」なのだから同じに違いないとも思っていたのである。特に送電線の設置に当たっては、地元の住民への慈悲の薄い態度が強調された。

それに対比して私財を投げうって地域住民のために尽くしたオチョラの質素

第 14 章　福音を説くウィッチ

写真 104　オチョラの墓

写真 105　オチョラの屋敷

なイメージが強調されたが、この点について、私の助手ポールは冷静な分析を崩さない。

「確かに ACK の屋敷は破格の豪華さで、「異常」だが、オチョラの小屋も、当時としては小さな小屋ではないし、トロロの町と首都カンパラ、ナイロビ、モンバサなどにオチョラも大きな邸宅を構えていた。また、バス会社も運営していたのだ。しかも ACK は妻は 1 人だが、オチョラには 4 人いる。オチョラの財力を過小評価してはならない」

このような目に見える財産や消費活動の印象が非常に強いことは事実であろう。そのことは、彼の車についての地元住民の観察眼について論じた箇所ですでに触れた。しかも、この時代に、またトロロ市街地から 20 キロ以上離れたこのニャマロゴの村の「有刺鉄線」に囲まれた 1 区画だけ（広大ではあるが）、深夜にも毎夜のように明かりがこうこうとともっていたとすると、それが「サバト」や「カヴン」(中世の魔女たちのパーティーあるいは組織) を連想させるような不気味さをもっていただろうことは容易に想像がつく[23]。

また、オチョラと ACK とでは、相対的な露出度も違っていた。オチョラは、トロロに戻っても街の邸宅にいて、滅多にトロロの村には戻らなかったようである。4 人いる妻のもとを忙しく転々としていた。複数の妻を近代的生活のなかで維持するのは、想像以上に難しいのだ。一方 ACK は頻繁にアミンをトロロに招き、派手なパーティを内輪で開いていたし、また自身も頻繁にトロロの自邸に帰った。

23　現在のトロロ市街地でも、夜 8 時を過ぎるとクリスタル・ホテルの周辺のみがこうこうと明かりがともっているだけで、真っ暗となる。周辺は 1 種の別世界のような印象を与える。

617

第3部

　また、アミン政権の「国防大臣」というイメージと、独立の希望の残っていたオボテ政権の「地方行政大臣」という対照的なイメージは、そのまま呪詛されるエリートと祝福されるエリートと言いなおしてもさしつかえがないほどである。これは、それぞれの個人的な背景を反映して、パドラの歴史の中でのプロテスタントとカトリックの対立を映し出しているとも言える。
　ある長老（ニャポロ・クラン）は、UPCの移籍すら無視して次のように言う。
　「マーティン・ルーサー（ルターのこと）の追随者たちは、オチョラが大臣になって不愉快だった。それは、オチョラがカトリックのDPの議員だったからだ。キリストは、ペテロを後継者として残した。その系統の者が代々その教えを伝えていたのだが、1515年、宣教師ルーサーがそこから分かれて自分の系統をつくりだした。ようするにその系列に属する者がオチョラがその系列の者ではないことがわかった、それで殺そうとしたのだ」
　この長老の意見は、やや極端だが、決して少なくはないカトリック側の考え方を反映している。
　なによりも、議論の余地がない厳然たる事実として、オチョラの遺体は見つかっていない。これに「塀の外側」での一般的見解をつけ加えれば、次のようになろう。つまり、オチョラはティポのままである。あるいはチェンをもたらす可能性がある。そういった場合には、遺体があった場所の土を持ち帰って埋葬すればよい、との儀礼的な対処の可能性についての説明は、第5章で紹介した。しかも、儀礼は第2次オボテ政権成立後に執行されたようだ。ただし、この場合には、ジャシエシが、儀礼を行ったとはいえ、遺体を確認したわけではない。実際にどこに埋められているのかは、わからないままなのだ。その儀礼がどの程度有効なのかということにも議論は分かれることだろう。
　なによりも、アドラのティポの概念は、死者本人に対する儀礼では完結せず、常に「骨嚙り」という2つの集団の和解をもたらす儀礼の執行と、それによる「クウォル関係」の解消をもって解決としていたことを思いおこせば、この儀礼のみでティポの問題を解決と考えるのは早計であることは自明である。
　現存するACKの日記には、はじめ、9月10日（日曜日）定礎式の予定が書き込まれ、それが後に消されている。どの程度ACKがオチョラの逮捕を事前、途中経過、あるいは事後に知っていたのかは今となってはわからない。
　オチョラの失踪に際して、ACKのとった冷淡な態度は、アミン政権時の閣僚としては、仕方がなかっただろうし、当然のことだったかもしれない。事実1972年9月、閣僚にアミンはこう言い放ったそうだ。「どのような著名人であっ

ても安全ではない」[Kyemba 1977: 116]。

しかし、オチョラの失踪は、「有刺鉄線の外側」には、これまでのオクムのティポに加えて新しい疑惑を生じさせた。1つは、オチョラのティポがその犠牲を求めているかもしれないというものであり、これは、ますますこの一族の「呪われた」イメージに拍車をかけることになった。

もう1つは、ACKの側のオチョラとの関係に対する不敬とそこから発生する「呪詛」である。かれらは、お互いに「アンクル」と呼びあっていた。オチョラのほうが、実際には年長である。国家での序列がどうあれ、オジには敬意を払うべきであるのに、ACKはオチョラの死はほとんど無視して、自分のこと、つまりはセム・K・オフンビ記念チャペルの定礎式（1972年12月31日）に集中した。

この一連のチャペル建立にACKが熱意を注げば注ぐほど、人々が「ティポ」や「呪詛」に対する対抗呪術への情熱と見なしたことは、文脈から見ると自然なことである。さまざまな式典でACKが、セム・K・オフンビの福音伝道者としての業績を讃え、スピーチで「福音」に言及すればするほど、それは対抗呪術の呪文とさえ受けとられたのである。

Ⅵ　ACKの死

1　ACKの埋葬とその受け止め方

1977年2月17日、ACKが死んだことは、新聞とラジオでたちまちのうちに伝えられた。ニャマロゴのACKの自宅は悲嘆に暮れた。ゴドフリーは回顧する。

「今でも最後に父をみたときのことをよく覚えている。それは、エンテベ空港のVIPラウンジで私たち家族を見送る際のことだ。私たち家族は、東アフリカ航空の飛行機でナイロビに向かおうとしていた。父は私たちを飛行機まで見送ると、周りを取りかこむ一群の背広姿の男たちと一緒に歩いて行った。そのときの彼の黒いスーツを今でも思い出す。父が亡くなる2週間ほどまえのことだった」

埋葬に際して、直接彼の遺体を目撃した遺族の1人は、検死で言及されている腕の骨折とともに、頭部が「柔らかかった」と証言している。

直接遺体に接することのなかった遺族以外の人々、あるいはもっと若い世代の近隣住民は、現在では氾濫するドキュメンタリーや映画の影響であろう、ときには「見てきたような」描写で語ってくれることがある。

中には「アミンに直接銃殺された」とか、「銃口を口に突っ込まれて死んだ」

第3部

とか、あるいは「スレッジ・ハンマーで頭部を殴打されて死んだ」などと語る人もいる。それぞれ、アミンを題材にしたドキュメンタリーの書籍や映像（とくに "Amin: Rise and Fall" の影響はつよいようだ）とに想像力を膨らませた結果、事実としてはACKではなくジャナニ・ルウムのケースに当てはまるもの（前2者）、1979年にアミンがカンパラを明けわたした後のナカセロの様子を描いた写真集に掲載されたものなどが、混同されて認識されているとみられる。実際には今もって死の具体的詳細は知られていない。また2006年にアミンがサウディ・アラビアで死去してからは、このことを詳細に検証する手立ても、意味もなくなってしまったかのようにみえる。

　Askgaard［1974］、Afolabi［1977-78］、Jamison［1978, 1992］やKleinschmidt［1983］のように、いくつものアミンに焦点を当てた文献目録が出版され、いまやアミン政権についての周辺情報は氾濫していると言ってもよい。

　とくに本書でもたびたび引用している、アミン政権で保健大臣をつとめていたHenry Kyemba（1939-）が亡命直後に著した『血塗られた国家――イディ・アミンの内幕』[24] に描かれたオカルト的光景は、記号としての「アミン」を非常に厚い神秘のヴェールに包まれた「魔人」にしてしまった。

　ACKの生前のイメージすら、そうした死後のメディアの報道に影響されているのでは、と考えさせられるところもある。たとえば、パドラでは、「ACKはトリックスターだった」の他に「ACKはエンクウェ enkwe だった」とわざわざガンダ語を用いて表現されることがある。アドラ語にもリエクリエク riekriek という「トリックスター」と訳される語があるのだが、その語を用いると「その狡猾さや形式ばった理屈っぽさがこぼれ落ちてしまう」というのである。しかし、ACKの死を報じるカトリック系新聞『ムンノ』（Munno）の見出しには、「エンクウェ・ザ・オボテ・ザンジュッドワ」Enkwe za Obote zanjuddwa（「オボテの謀略が明るみに」）の文字が躍る（資料5）。確証はないが、この流用だったのではないか、という印象がぬぐえない。この場合、「内通者」とか密命を帯びたエージェントというような意味合いであろう。

　悲しみに包まれる「有刺鉄線の内側」とはまたも対照的に、メディアをつうじて大々的に報じられたACKの死は、「有刺鉄線の外側」では当然のことと受け止められ、また歓迎された。以上に見てきたように、少なく見積もっても「オ

24　Kyemba［1977］（キエンバ［1977］）、Wiedeman［1976］（ヴィーデマン［1977］）、Wooding & Barnett［1980］（ウォーディングとバーネット［1981］）など参照。またルウムの伝記としてFord［1978］がある。

620

第 14 章　福音を説くウィッチ

クムのティポ」「セム・K・オフンビのチェン」「近隣住民の「呪詛」」「ロリ・クランの「呪詛」」「オチョラのティポ」など、「外側」からみれば説明の資源には事欠かない。場合によってはいく通りもの説明がなされうるのだった。

　その間、ACK に随行していたジャシエシ、アリ・オボはどうしたのか。

　「おそらくは何らかの対抗呪術をしたのだろうが、それは届かなかったのだろう」というのが一般の解釈だった。

　何しろ、アミン自体が、希有の呪術師然とした男なのだ。「夢で神に命令された」との理由でアジア人を追放してしまう。また、自分の息子をコンゴ川の畔で殺して煮詰めて自分の「力」を得た、との噂もあった。もっとも、その息子がぴんぴんして現れたので、メディアの暴走であったことが後になってわかったが。インタヴューにこたえて「自分の死に方をすでに知っている」などと答える映像が現在でも残っている。政治的判断や自分の死期さえ神からの託宣を得て事細かに知っている[25]と公言したこともある。アリ・オボの力が及ばなかったとしても、それは別に不思議なことでもなかったのだ。

　実際には、アミン政権はまだ続くことになるので、人々の解放感はそのまま現実にはつながらない、つかの間のものでしかなかった。

　しかし、それでも、アミン政権以降の息苦しい雰囲気は、パドラでは ACK の死と共に終わるかのように思われた。それほど、パドラでは、アミン政権は ACK とともにあった。人々の解放感は、たとえば、次のような歌となって歌われた。近隣住民の非常に悪意がこもった歌だが、そこには、「有刺鉄線の外側」にいた彼らがいかにアミン政権で苦しんできたのかを物語るとともに、「有刺鉄線の内側」の遺族の悲しみも、如実に描き出していると言える。

　　……*Uuu wi! Uuu wi! Uuu wi! wi! wi! wi!*
　　chipa Oboth oywak gi Ligwara!
　　Jume! chipa Oboth oywak gi Ligwara!
　　eeeh! eeeh! eeeh! eeeaa! Ligwara oneko chworan!
　　chipa Oboth oywak gi Ligwara!
　　ni kere chworan oido okano thwol ibute!
　　eeeh! eeeh! eeeh! eeeaa!

25　*Speeches by His Excellency The President Idi Amin Dada. Entebbe: Government Printer* 1973、ブローダ［1976］、映像資料として *General Idi Amin Dada: A Self Portrait,* Barbet Schroeder, Criterion Collection, 2002。

第3部

Ligwara oneko chworan!
Oboth-Ofumbi dhako pere ywak yobute!
chipa Oboth oywak gi Ligwara!
ni Ligwara oneko chworan kichar!
eeeh! eeeh! eeeh! eeeaa!
Ligwara oneko chworan kichar!
chipa Oboth oywak gi Ligwara!
chipa Oboth oywak gi Ligwara!
Ligwara oneko chworan machai!
eeeh! eeeh! eeeh! eeeaa!
Ligwara oneko chworan kachar!
chipa Oboth oywak gi Ligwara!
chipa Oboth oywak kir gi Dhomwa ni Ligwara"ayitire wamwe wange!"
eeeh! eeeh! eeeh! eeeaa!
Ligwara oneko chworan machai!
dhano mobino jye wacho ni ino bedi nedi
woo! wee! nyathi mowan?!
ino bedi nedi kole nyathi mowan?!
"kere jarachune kilogi!"
eeeh! eeeh! eeeh! eeeaa!
Ligwara oneko chworan machai!
ano bedi nedi kole nyath mowan?!
mama ano bedi nedi kole nyath mowan?!
kole wagoyo buli loka me ngata ywor wan?!
thwol ochodho chworan!
Ligwara! Ligwara!
to dhako ywak ni woo! wee! woo! wee! uuwi! uuwi! wi! wi! wi!
Ligwara oneko chworan machai!
eeeh! eeeh! eeeh! eeeaa!
Ligwara oneko chworan kichar!...

　……ウウウウィ！　ウウウウィ！　ウウウウィ！　ウィ！　ウィ！ウィ！

第14章　福音を説くウィッチ

写真106　音楽につられ「人間ではない」という仮面も出現

オボスの妻はルグバラのせいで泣き叫んだ
悲しみのあまり彼女は泣いた
ルグバラが夫を殺してしまったから
　エーエ！　エーエ！　エーエ！　エーア！
ルグバラが私の夫を殺してしまった！
オボスの妻は泣く「夫は蛇と一緒にいるのよ」
　エーエ！　エーエ！　エーエ！　エーア！
ルグバラが私の夫を殺してしまった！
オボス＝オフンビの妻は亡骸のそばで泣いた！
オボスの妻は泣いた
ルグバラが怒って私の夫を殺してしまった！
　エーエ！　エーエ！　エーエ！　エーア！
ルグバラが怒って私の夫を殺した！
オボスの妻はルグバラのせいで泣き叫んだ
悲しみのあまり彼女は泣いた
ルグバラが夫を殺してしまったから
　エーエ！　エーエ！　エーエ！　エーア！
ルグバラが怒って私の夫を殺してしまった！
　オボスの妻は夫を悼んでニョレ語で泣いた「彼は私の夫を殺してしまったのです」
　エーエ！　エーエ！　エーエ！　エーア！
ルグバラがとうとう私の夫を殺してしまった！

第3部

　　弔問客のだれもが、私がこれからどうしたらいいかと聞くだろう！
　　ウォー！　ウィー！　大切な妹よ！
　　「ねたみぶかい人たちはいつも他人が栄えるのを見ると足を引っ張るものだ」
　　エーエ！　エーエ！　エーエ！　エーア！
　　ルグバラが私の夫を殺してしまった！
　　私はこれからどうしたらいいの、兄弟たちよ、姉妹たちよ、彼女は叫んだ
　　ほんとうにこれからどうしたらいいの？
　　だれか助けてと太鼓が打ち鳴らされる［が、誰も助けには来ない］
　　蛇が夫を殺した！
　　ルグバラ！　ルグバラ！
　　彼女は泣く、ウォー！　ウィー！　ウォー！　ウィー！　ウウウウィ！　ウウウウィ！　ウィ！　ウィ！　ウィ！
　　ルグバラがとうとう私の夫を殺してしまった！
　　エーエ！　エーエ！　エーエ！　エーア！　ルグバラが私の夫を殺してしまった！……

　また、より直截に、ACKの死を言祝ぐ歌も伝えられている。

　　……*Ajali ajali thono okadho!*
　　Oboth-Ofumbi ee!
　　Inori nono ongoye kada gima timi ni nywe! ...

　　……おいおい雄牛が立ち去ったぞ
　　オボス＝オフンビのことだ、エー
　　お前は意味もなくうぬぼれている。もうニウェー（聞き取りにくいほどの小さな音の擬態語）という音を立てることさえないのに……

　あるいは、教訓めいた歌にACKの事績を歌い込んだもの。こういったものに、「有刺鉄線の外側」でのACKの死の受け止め方が見てとれる。

　　……*Oboth-Ofumbi ipakere ni iwonpesa*

第 14 章　福音を説くウィッチ

kole gino amokwakere kadho ilowo
kole gino idojo ilowo iweyo
Oboth-Ofumbi iwacho ni iwon maali kole gino amokwakere kadho ilowo
kole gino idojo ilowp iweyo
Oboth-Ofumbi ipakere ni iwon lowo!
kole gino ikadho iweyo
Oboth-Ofumbi ikethere laro lowo
kole gino ji okadho oweyo
Oboth-Ofumbi ikethere laro maali
kole gino ji okadho oweyo
banjalo akero owoma katongo
banjalo akero owoma katongo ✕ 6
banjalo matani owoma katongo ✕ 6
Oboth-Ofumbi cham kada banjalo matari
banjalo akero owoma katongo……

　……オボス＝オフンビ、お前はすべての金が自分のものだとうぬぼれている
　でもお前が最初に土になった
　お前は土になり、すべてあとに残された
　オボス＝オフンビ、お前はあらゆる富は自分のものだと言った
　でも最初に土に帰ってしまった
　お前は最初に墓に入ってあとにすべて残された
　オボス＝オフンビ、お前は、その土地は自分のものだといった！
　お前は逝ってしまい、すべてがあとに残された
　オボス＝オフンビ、お前は人々の土地を奪うために努力した
　多くは無駄におわり、土地はそのまま残された
　白い豆はキャッサバにかけるとうまい ✕ 6
　白い豆はキャッサバにかけるとうまい ✕ 6
　オボス＝オフンビよ、お前も白い豆を味わうといい
　キャッサバにかけた白い豆はとてもうまいから……［注：キャッサバと白い豆は、土になってしまったオボス＝オフンビを喩えたものとされる］

625

第 3 部

「有刺鉄線の内側」の人々は国外に逃げ出す算段を整えはじめた。実際、財産を守るためと称して、数ヶ月もアミン配下の軍人が数十人規模で ACK の墓を包囲していたのだ。

ACK の遺族は続々と亡命した。息子のマイケルは極秘でパスポートをとってきてゴドフリーに学校で密かに渡し、一緒に国を逃げ出した。

2 「有刺鉄線の外側」で現在も続く噂

アメリカに亡命したゴドフリー・オボス=オフンビは、航空関係の学校を卒業した。ボーイング機を操縦するパイロットとして就職し、アフロ=アメリカンの女性と結婚して子供も 2 人もうけたが、離婚。同じ航空関係の学校を卒業後、ロスアンジェルス国際空港での仕事に生きがいを感じてアメリカに骨をうずめる気でいる長兄マイケルに代わり、1996 年に正式なオフンビ家のムシカとして帰国することになった。

妻のエリザベスは国内にとどまり、ニャマロゴにずっといた。1986 年にムセベニ政権が成立したときに、ACK の時代の財産を認めてもらうよう手紙を出し、それも認められた。カンパラとトロロ・タウン、そしてモンバサ、ナイロビにある家は賃貸に出している。ゴドフリーが帰ってきてからは、ずいぶん気が楽になったようだ。ゴドフリーは、オジのオティティと相談して、かつては機能していたサトウキビから砂糖を精製する工場を再建しようと努力している。

ACK の弟のオティティ医師は、ウガンダを離れず、カンパラで眼科のクリニックを開いている。ニャマロゴの ACK の屋敷の向かいにもオティティの小屋はあるが、そこには全く戻らず、フォート・ポータルに農場を購入して将来はそこに埋葬されるつもりでいるようだ。

2013 年 8 月 22 日にはアミンの息子サロンゴ・ジャファール・アミン Ssalongo Jaffar Amin（1966-）が、ニャマロゴを訪問した。現地では、アミンと ACK の「骨囓り」にきたのだ、と評判となった。2014 年 9 月 18 日には、ゴドフリーはムセベニ大統領の招きで、ムセベニが主催したオリエマの再埋葬儀式[26]に出席した。2015 年の大統領の訪問については、本書冒頭で紹介した通りである。現在ではアミン時代のドキュメンタリー映像の撮影が進んでいるといわれ、ゴドフリーも協力しているようである。

ウガンダ現代史でも有名な事件の犠牲者となった ACK の家族も、それぞれ日

---

26 軍のビニルシートには血糊がついていたとゴドフリーは語る。

第14章　福音を説くウィッチ

写真107　ACKの息子ゴドフリー

常を取り戻してきている。

　しかし、「有刺鉄線の外側」では、こうした状況は違う風景に見えているようだ。たとえば、1996年にウガンダに帰国したゴドフリーについて、あるアドラ人は以下のように言う。

　「彼は危険だ。ティポが彼をつけねらっているのだ。亡命もティポから逃れるためだったのだろうが、なぜ帰ってきたのだろうか。結婚していないのは当然だ。もし結婚して子供でもできたら大変なことになる。」

　アメリカでの離婚歴や、子供がいることなどを知ると、「ティポのせいで離婚したのだ」。

　また、オティティ医師が、あまりニャマロゴにあらわれないことや、フォート・ポータルに農園を経営していることについても、以下のように言う。

　「オティティはティポのことをわかっているから、逃げているのだ。キソコには絶対に近づけないし、ニャマロゴにも近づかないのはそのためだ。西のほうに農場を購入しているのも、ティポから逃れるためなのだ。」

　また、オティティ医師の妻は、もう10年以上前に亡くなっているが、政府の許可をとり、エンバーミングを施してカンパラの自宅に保管しているという。このこともアドラ人からみれば、チェンの種とみなされよう。

　そして土地問題で何かとトラブルの種となっている現存の人物を批判する歌にも、ACKは依然として歌い込まれてしまう。

　　　……chandi mako jo ka nyath peren otho!
　　　ochoko par mama atim ded?!
　　　nyath par mama atim ned?!

627

第3部

nyath mowan atim ned?!
Oboth oyawak swa!
chandi par mama atim ned janger paran atim ned?!
wach paran amajo kidho gime ijuom!
ochoko par mama atim ned?!
nyath par mama atim ned?!
wach me tek swa!
wotomeran!
tho oneko jadwong mamalala!
aaah! aaah! aaah!
Ojem goyo lelo!
ni "my mother I am dying!"
Hullo! sister! sister! brother! brother!
this man is killing me!
killing me for nothing!
am only one person in my father's home
now I am going to die for nothing
Ojem is crying!
amama! mama! wodan same
nyithidho jo kwayo gine dhok!
mon donjo jo kulo gine pii
jodongo jo madho gine kongo!
awodan, nyath paran achiel ga achiel
aah mama! aah mama! wodan!
Oboth-Ofumbi otho swa!
Oboth-Ofumbi oywak swa!
same mielo odong athidha athidha tho oneko jadwong mamalala
miel odong athidha athidha lowo neko jo swa!
nyithindho mowan ma jo soma
laro lowo rach swa
ani awacho riwin, laro lowp rach swa!
jo mosoma! wacho riwin!
kir wi mayi ji lowo, banja mere tek swa, kir were kichwak rin banja mere

第14章 福音を説くウィッチ

lowo omiyo Oboth oywak swa!
wod par mama atim ned?!
ŋaŋo paran atim ned?!
nythidho paran atim ned?!
lowo paran atim ned?!
jopadhola wadan ja ŋaŋo rach
woo jo ŋaŋo jo rach
tho oneko jadwong mamalala!
mama! mama! wodan! Oboth-Ofumbi oywak aywak swa!
same miel mit adhika adhika tho oneko wodan malala
Oboth oywak aywaka swa!
nythidho paran aweyo riŋa?!
ŋaŋo paran aweyo riŋa?!
dhako paran aweyo riŋa?!
motoka paran aweyo riŋa?!
otii paran aweyo riŋa?!
pesa paran aweyo riŋa?!
to sano laro lowo rach!!
Oboth-Ofumbi ipakere ni iwoni pesa?!
kole eno! eno! iweyo woko pesa!
Oboth-Ofumbi ipakere ni iwoni lowo!
kole eno! eno! iweyo woko lowo?!...

　……息子が死んで貧困がおまえをとらえるだろう
　いちばん下の子はまだお腹の中だというのに
　どうしよう?!
　母よ、息子よ、さあどうしよう?!
　兄弟よ、どうしたらいい?!
　オボスは泣きくれた！　母よ、一体どうしよう?!
　隣人よ、どうしたらいいというのだ?!　井戸に水を汲みに行く道行き、陰口を叩く人たちよ
　末の子よ、どうしよう?!
　兄弟よ、どうしたらいい?!

第３部

　　本当に出口がない！
　　兄弟よ！
　　死がかの傍若無人なジェントルマンを連れ去った！　アーア！　アーア！　アー！
　　オジェムは泣く、レロと！
　　「母よ、私は死にそうだ！」
　　Hullo! sister! sister! brother! brother!
　　this man is killing me!
　　killing me for nothing!
　　am only one person in my father's home
　　now I am going to die for nothing
　　Ojem is crying!［教育を受けたエリートに対する皮肉の意味でわざと下手な英語の歌詞が入っている］
　　アマーマ！　母よ！［利益を受けた親戚が嬉し泣き］
　　あちこちで息子の陰口を叩く奴らがいる
　　老人が地酒を飲むときの水を汲みに行くときでさえ、彼を話題に
　　ああ！　息子よ！　あーあ、母よ！［泣きながら］息子よ！
　　オボス＝オフンビは、本当に死んだ！
　　オボス＝オフンビは、本当に泣いた！
　　さあ、いま、私達は嬉しくて踊る
　　死がかの傍若無人なジェントルマンを連れ去った！
　　私達はもう、遠慮なく踊りを楽しむことができる
　　奴らは土地のために死ななければならなかったのだ
　　学のある兄弟たちよ！
　　土地を奪うために知恵をめぐらせるなんて、悪いやつだ
　　言っておくが、人の土地を奪うために計略をめぐらせるなんて本当に悪いことだ！
　　学のある人たちよ！
　　教えてやろう、友人から土地を奪うなんて、とんでもない犯罪だ、神だって決して許しはしないだろう［オボス＝オフンビがキリスト教の熱心な信者であることに対する皮肉］
　　見ろ、結局土地がもとで、オボスは泣きをみた！
　　兄弟よ、どうすればいい？！

誰のために富を残せばいいというのだ?!
誰に子供たちを託せばいいというのだ?!
誰に土地を残せばいいというのだ?!
アドラの同胞、金持ちの友人よ、おまえは、悪いやつだ
死がかの鼻持ちならない傍若無人なジェントルマンを葬り去った!
母よ！　母よ！　息子よ！
オボス＝オフンビは、本当に泣いた！
いまこそ私達は、楽しく踊ることができる
死がかの鼻持ちならない傍若無人な息子を葬り去った!
本当の本当に、オボス＝オフンビは泣いた！
子供たちを誰に託せばいいのだ?!
財産を誰に残せばいいというのだ?!
妻を誰に託せばいいのだ?!
自動車は誰に残せばいいのだ?!
屋敷を誰に残せばいいのだ?!
金を誰に残せばいいのだ?!
しかし、土地を奪ってはいけない
オボス＝オフンビ、おまえは金を持っていると威張っていたね
でも、エノ、エノ！　それを全部残していったんじゃないか！
オボス＝オフンビ、　おまえは大地主だといって威張っていたよね！
だけど、エノ、エノ、死んだあとまで持って行けやしないだろう?!……

　ACKが亡くなったときに、確かに1番下の娘クレアは、エリザベスのお腹の中にいた。そういった屋敷の内部事情にもある程度通じていながら歌い込まれた歌詞には、底冷えのする悪意を感じるが、一方でオフンビ家を見る周囲の目の厳しさのあらわれでもあろう。また本書では便宜上分けた「有刺鉄線の内側」と「有刺鉄線の外側」とは、けっして断絶してはいないこと、また切り離すこともできないことが、このことでもよくわかるのである。

VII　結論

　現在でも疑いなく、ACKはパドラ出身で歴史上、世俗的な意味では最も出世した人物である。

第 3 部

　アミン大統領の大統領代行もつとめた近代国家の代表的人物は、当然強力な嫉妬の対象である。現在の大統領ムセベニも、ここで言う「有刺鉄線の外側」の噂レヴェルでは、選挙の際には、強力な呪術師を帯同しているとされている。匿名性のほとんどない権力者は、呪術的な攻撃にさらされやすいのである。近代的な国家の元首や近代国家のエリート政治家が、「伝統」に分類されがちな呪術を使用したり、その対象となる、という現象については、たとえば Bayart の描くアフリカ現代史を知るものにとっては、ある程度、常識的見解として受け入れられよう［Bayart 1993, 2005］。Geschiere［2003］は、近代的な制度、特に政治のなかでウィッチクラフト、ソーサリー、あるいはオカルト・フォースが普及していることを、新聞等を見れば例示する必要もないこととして前提し、Bayart［2005］(Geschiere が引用するのは仏語原書だが、本書では英語版を参照) について以下のように述べる。

> ……ウィッチクラフトに非常に熱心で、自身の権力の維持と対抗勢力に対する攻撃にあらゆる種類の「専門家」を重用していたセク・トゥーレ Sékou Touré や、マチュー・ケレク Mathieu Kerekou、あるいはジャン・ベデル・ボカサ Jean Bedel Bokassa のような指導者たちだけではなく、フェリックス・ウフエ゠ボワニ Félix Houphouët-Boigny やタボ・ムベキ Thabo Mbeki といった、もっと一般的には尊敬を集めている人物たちもまた、ウィッチクラフトの言説と実践と自身の関連を維持しているというのが妥当だと見なしていたり、見なしている、ということを示したことが衝撃的だったのである。……［Geschiere 2003: 159］

　また、Ciekawy は、ケニアの国家ヘゲモニーの中から 5 つの特徴を示すウィッチクラフト技術を見いだしているが、その 5 つの中には、政治過程で誰かに「ウィッチ」の烙印を押すことも含めている[27]［Ciekawy 1998］。
　ACK がティポや「呪詛」の噂から逃れられないのは、この文脈からも、ある意味で当然であるとしても、このような個人としてのエリートが、それぞれいっ

27　5 つの特徴とは、「1. アフリカの宗教と文化を悪魔化するようなコロニアルな言説を、法律として成文化したものとして構築すること、2. 地域におけるアフリカの宗教と文化を管理し、取り締まること、3. 普通の人を巻き込んで、国家についての言説を有害な呪術と関係したものとして扱うこと、4. 普通の人間、政治家、そして国家官僚により共有される有害な呪術についての道徳的な言説の創造、5. 国家の政治過程の中で「ウィッチ」の烙印を押すことである。」［Ciekawy 2006: 127］

たいいかなる経緯で、どのように、そうした観念に結びつけて考えられるのか、その実態についても、近代国家の文脈からだけではなく、その人物が立ち上がってきた地域の文脈に即して詳しく記述しておく必要があるとかねてから考えていた。

その根拠のうち、1つは理論的なもので、もう1つは民族誌的なものである。1980年代以降の、Geschiere［1997］らに代表されるモダニティ論の通説によれば、こうした人物はそもそもウィッチクラフトの標的になるはずだという論調がある。それは、マルクス主義的な階級闘争論と必然的に呼応して、遅れた、それまでは伝統的と見なされていたウィッチクラフトを階級闘争のツールとして読みかえることを可能にする。

たとえば、Fisiy & Geschiere［2001］は、次のように書く。

> ……事実、カメルーンのこの地域にはよく言われていることがあった。それは、綺麗な近代的な家の前には、恐れも知らず地元に家を建てたエリートたちの終の棲家となった墓石が並んでいる、彼らは、すぐにその成功を妬んだ親族に殺されてしまったということだ……［Fisiy & Geschiere 2001: 236］[28]

もちろん、この噂を誰もが真に受けていると考えるわけではないし、この引用元の議論の骨子からすれば、枝葉に属する風聞についての記述とみなして片付けることができるかもしれない。しかし、本当だろうか。あまりに単純すぎないだろうか。確かに一般論としては、出世する人は嫉みを喚起しやすく、「呪詛」やジャジュウォキの標的になりやすいのは事実だろう。しかし、出世する人々が、そんなに一様に「呪詛」の対象になるとは思えなかった。この間盛り上がりをみせていた「妖術研究」は、一方でアフリカの「主体」の回復を謳いつつも、1歩間違えると非常に単純な階級論に陥ってしまいはしないだろうか。

本書で私は、より具体的な「個人」、具体的な「事実」への関心をそのまま文

28　もちろん、個々の民族誌については、ここでは単純化がある。たとえばGeschiere［1997］は、同じカメルーンでもチーフダムの存在する地域ではウィッチクラフトは、チーフにコントロールされているなどの地域差がある点を報告する。そういった例に端的にみられるように、われわれが詳細な民族誌を持っていないわけではない。私のここでの強調点は、ある意味で凡庸で、エリート自体に関心を向けること、またそのエリートの個々の実態としての個別性を認めつつ記述する、というBond & Ciekawy［2001: 12-16］で「アフリカ」に対して行うべき認識のスローガンとして掲げられたものばかりである。

第3部

章に反映させることにした。西洋由来のものがウィッチクラフトの対象になったり、その文脈の中で用いられたりしていると、驚いたりして立ち止まってしまいがちである。しかし、落ち着こう。1つ1つ、具体的な事実に即して、どの要素がそのような評価を招いたのかを検討する必要性があるのである。

　実際、すでに明らかになっていることがある。綿密に聞き取りを続けるにつれ、その調査過程でもある程度予想していたことではあるが、この地域のエリートすべての人生が、こうした神秘的な概念で彩られるわけでも、その死に対して祟りなどのネガティヴな説明がなされるわけでもない。むしろ、ACKに、例外的なほどにこれらの要素が集中していたのだった。

　残念だが、ACKの評判は、家族など一部の関係者を除くと、総じて芳しくない。本章でみてきたように、そのことにはある程度の理由がある。しかし、コロニアル／ポストコロニアル、あるいは近代的なエリートは妬まれるのでどんなエリートもウィッチクラフトの対象になる、と考えるのは単純化のそしりを免れないし、第1、実態に即していない。

　私は、前章において、いわゆるエリートであっても、神秘的な噂を身にまとうことがない例があること、あるいはまた、数は少ないがアディオマのように、UNESCOなど国際的な舞台でも中央政府でも表舞台で一時期は華々しく活躍しながらも、ごく普通にリタイアして農民に戻る例があることを紹介した。この例を通じて、しばしば「不可逆的」な反応のようにとらえられる近代化やポストコロニアルな社会変化に対して地域社会がその出来事を柔軟に吸収し、穏便と言っていいような接し方で接している例も認めることができた。また、同じく神秘的な語彙で語るにしても、全く異なった描かれ方をする人物もいるということ、そして、妖術の物語で語られるエリートにもそれぞれの「個別性」があるのだということも、「群像」として示してきたつもりである。

　オボテ政権で大臣を務めたジェームズ・オチョラは、アミン政権時に行方不明になり、一説によるとトロロのルボンギ兵舎の飛行場に埋められていると言われている。一見するとACKと同じような条件を満たしているはずの彼については、ACKのようなティポや「呪詛」の噂はない。わずかに親族によってそのヴィジョンの経験が語られたり、説明のつかない奇跡が紹介されるだけである。

　また、宗教の世界で頂点に上り詰めたヨナ・オコスについても、襟を取り外して弁護士を「呪詛」したという事例が報告され、あるいは密かにジャシエシに通っていたのだなどという通俗的な噂はあるものの、ACKの死因に対して注がれるような情念をもって語られる霊的な噂はほとんどない。

このように、コロニアル、あるいはポストコロニアル・エリートとこうした妖術の噂との結びつきには、それぞれ個別性があったのだ。考えてみれば、当然のことである。さらに私は、これらの「災因」の特定のプロセスは「物語」であり、「アブダクション」だと論じてきた。そして、それらが、見る者の立場によって違う「物語」の筋をたどる可能性と異なるアブダクションが成立しうる、ということも見てきた。だとすると、Fisiy & Geschiere [2001] のとりあげる、「エリートは出身地に立派な邸宅を建てたとたんに妬みに駆られた親族に妖術をかけられて死ぬ」という風聞は、カメルーンの1地域に関する限り、また特定の立場から見る限り、おそらくは正しいアブダクションでありうる。しかし、そこから、「近代」「資本主義」「格差増大」について語ったときには、それが誰にとっての「物語」で、誰にとっての「アブダクション」なのか、さっぱりわからなくなってくる。カメルーンの住民が「近代」や「資本主義」「格差」について実感的に論じているとは思えない。論じているとすれば、それらの多くは新聞その他のメディアの受け売りではないだろうか。少なくとも私はウガンダで、「独立」や「ポストコロニアル状況」、あるいは「資本主義の浸透」や「経済格差」を、目前の困窮状況（困窮しているとして）の「原因」として語る人に出会ったことがない。それらは実感を伴わない「経験から遠い」［ギアーツ 1991: 100-101］概念だ。

　私たちは、「戦後民主主義」や「自民党政権」と身近な自分の給料の少なさ／多さとを結びつけて語ることは可能ではある。そしてそれは一面の真理であろう。「戦後民主主義」や長らく続く「自民党政権」とまったく無関係な「給料の額」ではありえないからである。しかし、誰も異論を差し挟まないかもしれないが、同時に、誰も納得させはしない「あたりまえ」の話でしかない。

　そういう意味では、近代化と脱植民地化そしてアパルトヘイトからの脱却に伴う「千年紀資本主義」の浸透による貧富の格差と階級間格差の拡大が、妖術の質を変え、暴力的な事件の温床となっているという仮説も同様に、2つの立場から批判されうる。1つは、このような「アブダクション」は、研究者によってなされたものにすぎなくて、人々を十分に納得させられるものなのかどうか、もう1つは、これらの概念は抽象的すぎて妖術自体のその場での意味を全く説明できていない、というものである。

　また、民族誌的には、なぜACKの死に関して数ある「災因」の中からティポと「呪詛」が選ばれるのか。このことについても個別の文脈があるはずで、それは丁寧に解きほぐさなければならなかった。そうでなければ、平板な階級論

第3部

を克服できないと考えたのである。

　いいかえると本書の課題は、第1に、直感的に「単純すぎる」と考えたFisiy & Geschiere［2001］を下敷きにしたモデルに、民族誌的事実で反証を提出すること、そして第2に、ティポと「呪詛」という少なくとも2つの「災因」をもって実際に解釈されることの多いACKの死因が、いったいいかなる文脈でそのようになっているのかを解明することにあった。

　エリートたちが「オカルト」の格好の餌食になることは、しばしば示唆されている。しかし、分析の対象が具体的個人になることによる困難については、一連の調査で私も身をもって体験している。以下は、ACKの弟である、ジョン・オティティ医師から受け取った手紙の1部である。

　……あなたの論文にはきわめて深刻な名誉毀損につながる可能性が含まれております。私の父親を無慈悲な殺人者として記述することは、たんに迷惑であるだけではなく、犯罪である可能性が高いと思われます。私は本件を追求するつもりです。まず第1に、私の亡くなった兄のバイオグラフィーとの関係が私には全くわかりません。第2に、これは1942年の植民地時代のことですので「誰1人として」殺人罪から免れ得たはずはなかったのです。この作り話 fabricatoin あるいは物語 narrative──あなたがどんな用語がお好きだとしても──をどなたから聞いたとしても、これは名誉毀損です。……

　問題になったのは、以下の一文である。

　　……人々は、セム・K・オフンビが、飢饉の時にキャッサバを盗んだオクムという人物を殺害したと言う。セム・K・オフンビが教会を去らなければならなかったのもそのせいだと言う。また、彼が若くして死んだのは、オクムのティポに憑かれて死んだのだ、という噂がある……

　マケレレ大学のオドイ=タンガ博士 Dr. Odoi Tanga とともにオティティ邸を和解のための「白い鶏」を持って訪れたのが、昨日のことのようである。すでにこの件についての和解は成立しているが、本書のどこかの部分がまた怒りを買う可能性は依然として非常に高い割合、である。これでもまだ記載を控えているところがある。今後ねばりづよく公開範囲を交渉していくつもりである。

　近年「個人情報保護」の観点から、調査資料を公開する際にアルファベット

や仮名を用いることが増えてきた。しかし、私は別のところでも書いたように[梅屋 2012b]、少なくともお互いに対面状況で聞いた話は、事情が許す限り、話者の名前を出す交渉をするべきだと考えている。そしてできれば読めるかたちで成果品を還元するべきだ。最初からイニシャルで書いてことたれりとする1部の研究者たちは、イニシャルで書いたインタヴューにもとづく成果品を果してインフォーマントたちに送っているのだろうか、と私はあやしんでいる。長島 [2004b] が指摘するように、「自分の名は悪いことをしててもはっきり書いてほしいという」[長島 2004b: 198] 社会もある。自分だけ安全圏にいながら、同時代ときちんと切り結ぶ議論はできるはずもない。また、この場合には公人でかつ故人であるから、なおさらことはやっかいだが、常日頃そのように言いつづけている私には粘り強い交渉を遺族とすることしかできない。

　本書で見てきたとおり、ポストコロニアル・エリートの現地での認識は、さまざまである。また、セム・K・オフンビに端を発する「ティポ」の物語と、キリスト教受容の過程で、「ニャパドラ」(アドラ流の)儀礼的処置を行うことを回避してきたことは、「ティポ」や「呪詛」の噂を強化する方向に働いた。そうした意味では、「ティポ」にしろ「呪詛」にしろ、一見すると体系の1部を形成しているかのようにみえる。しかし、興味深いことは、その体系は一貫しているわけでも閉じているわけでもなくて、常に新しい現象の登場に直面して、柔軟に対応する「網の目」のように張り巡らされていたことである。いったんこの「網の目」に捕らわれてしまうと、内部の因果関係でその多くが説明されてしまう。しかし、網は閉じてはおらず、あちらこちらにほころびのようなものがあって、そのほころびの部分に位置している分には、さほどの影響はない。しかもときにはそのほころびの部分から、体系の中心にはとりこめそうもないものを絡め取っていく。そういった奇妙な体系なのだ。

　体系の周囲、あるいは外壁のそれぞれの部分はここで「災因論」とか「物語」論と呼んできた、出来事のセットでできている。その体系に絡みとられた主体は、その中で問いを発することができたり、できなかったりするし、「アブダクション」に類する推論や解釈を行うことができたり、できなかったりするし、できた場合にでもそれに満足したり、不満だったりする。そうした解釈に対する不満が募っているときに、より有効に思えるような新しい外来の説明が与えられると、その説明に主体は表面上飛び移るように見えるかもしれない。しかし、主体はそれが醸成されたもともとの体系と切り離されたわけではないので、また、新しいように思える外来の説明にもそれが由来する土壌というか、依っ

て立つ別の体系と無縁ではないために、もともとの説明や解釈と全くあるいはどこか違っていたりする。この場合には、アドラのコスモロジーとキリスト教とがそのように絡み合っているのである。私たちがACKが建てた「十字架」を見て、既視感とともにどこか違うと感じるのは、そうしたところからきているのであろう。

たとえば、この体系に一貫性を求めるとすれば、ACKの「ティポ」のことも考えなければならないだろう。状況から考えて、ACKの死に最も直接的な関与をしているのはアミンである。しかし、アミンが2006年にこの世を去ったとき、それが「ACKのティポ」だという噂は全く起きなかった。「アミン」はいまのところ体系の網の目の外にいるのだ。ゴドフリーとジャファール・アミンとの「骨囓り」は、べつにティポの被害を受けたジャファール・アミンが駆け込んできたためではない[29]。

また、ヨナ・オコスほど突出してキリスト教という「新しい宗教」の世界で指導的立場に立つと、もはやこうした噂の体系では多少説明をしにくいのかもしれない。というのは、ヨナ・オコスはラモギ・クランの出身なのである。ニイレンジャとラモギは「オクム」の1件以来「クウォル」関係にあるのだから、本当はあんなに親しくしていてもらっては困るのである。ことによると、かつての長老の中には苦々しく思っている者がいたのかもしれない。しかし、私の調査ではそういった情報は得られなかった。

それでは、いつまでも外部のままかというと、それはわからない。彼らには縁がなかったはずのものの中でも、もう体系の中に取り込んでしまっているものもある。ことによると、キリスト教を取り込んでしまう過程で、第9章で紹介した聖霊派教会などは出現したと見ることができるのかもしれない。

私は「有刺鉄線の外側」の噂に乗って、エリート叩きをするつもりは全くない[30]。「ACKはアミンに殺された」で十分な理由であるはずなのに、どうして「有

---

[29] ただし、ジャファール・アミン訪問の噂を聞いた者の中に、きっとアミンの一族に不幸があったにちがいない、という推測を示した者はいた。ただし、アミン一家は、彼らにとっては遠すぎる存在であり、なにかその不幸の兆候を発見してその推論の正しさを主張することはきわめて難しい。そのため、この推論は個人的な一過性のもので終わったようである。

[30] 人類学を周辺的な階級闘争の理論と考えるマルクス主義的な人類学者の姿勢を疑問視し、資本主義世界システムとその周辺性の問題を直視しつつ、イデオロギー的に硬直しない形で人類学の反省的な知的な発展の可能性に賭ける van Binsbergen [2003: 75-91] の問題設定は重要である。

第 14 章　福音を説くウィッチ

写真108　写真のACKの隣のアミンの写った
部分を家族が破りとった跡

刺鉄線の外側」ではこうした噂がはびこるのか、その状況を詳細に検討してみたかっただけである。その結果、ティポや「呪詛」の観念を、単に階級ではなく、具体的な人物の行為との関係で解明し、また周囲の人々がその行為を観察し、評価した結果として、ある程度描くことができたのではないかとも考えている。

課題は山積しており、未消化の資料も多いのだが、どこかで一応の区切りはつけなければならない。ACKとの出会いは、1997年から始まった私の現地調査の2年目、1999年のことだったから、20年近くの歳月がはやくも流れてしまったことになるが、まず、はじめの区切りをひとまずここでつけることにする。

総括

Ⅰ　序

　さて、果たして本書では何が明らかになり、残された課題は何なのだろうか。最終章としてあらためてそのことを総括し、確認することにしたい。まず、序章では、「災因論」という問題構成を手がかりにして、「災因論」をとりまく3つのコンテキストのうち、「災因論批判」を中心にとりあげて問題の所在を明らかにした。そこでは、理論的な展開を求めようとする合理論者たちと対峙して、徹底的に経験論的な立場に固執する「災因論」の提唱者の立場を確認した。また、その「災因論」批判と同時に立ち上がってきた「物語」論について理論的立場を概観し、「災因論」と「物語」論とが、アルフレッド・ジェルの議論とも響き合う部分があることを見てきた。同時に、「災因論」批判のいくつかは、「アブダクション」の概念を導入することで、無効化されることも指摘した。

　つづいて、調査地である「パドラ」、本書の扱う対象である「アドラ」について先行研究のレヴューも含めて概観した。また、本書で多用されるテキストの概念について先行研究における取り扱いについて概観するとともに本書におけるテキストの取り扱いについての方針を示した。

　第1部では、「テキスト」の資料を整理し、解説を個別に加える作業を継続してきた。ここでは、妖術・邪術や、ウィザードリー、ウィッチ・ドクターなどといった、現地で流通する概念も含めて、既存の観念のカテゴリーの中に早計に分類することはできるだけせずに、抽象的な「災因」として分類する作業を通じて、その概念を用いて描き出される宇宙論あるいは世界観を描き出すことを目的とした。

　第2部として、第10章、第11章、第12章では葬送儀礼にまつわる部分を集中的に扱い、まずはじめにテキストで概観をつかんだあとに、具体的な観察記録にもとづいた儀礼の描写を行うこととした。

　第3部では、ACKの事例——パドラでは誰一人として知らない者のない代表

的な事例——をいくつかの「災因」が集約したものととらえ、その歴史的、政治的な綾も含めて、事例をとりまく現地での「災因論」を立体的に記述することをめざした。とくにここでは、「有刺鉄線の内部」と「有刺鉄線の外部」をコントラストとして位置づけ、同じ出来事が立場によっていかに異なって解釈されるのか、その実態解明にとりくんだつもりである。

以下やや詳しくふりかえろう。

第1章では、パドラのトゥォ tuwo を構成する代表的な 88 の種類とその対処法の紹介を通じて、アドラ人の認識するトゥォ tuwo の一端を概観することにつとめた。その結果、同じミレルワと呼ばれる医療従事者の中で、「ムズング（白人）の」と形容される医療に関わるいわゆる「近代的」なものと、「ニャパドラ」と言われる土着のものとが、分かちがたく併存し絡み合っている実態を端的に紹介した [Bayart 1993, 2005]。それぞれは、独立要素として抽出することが非常に難しい織物のように絡み合っている状況の中で、特定の症状についてはジュウォギ（霊）に帰される例がきわめて多いが、その特定の症状としかるべき「災因」との結びつきはきわめて柔軟あるいは脆弱なもので、いかようにでも解釈できる可能性があり、そこでは、医療従事者、長老、あるいはミレルワなどの一部の権威者による判定が「災因」の特定に果たしている役割が指摘された。これらはいずれも、調査地の人々をとりまく「病」の認識と対処について、概観するための作業であった。

Ⅱ 「災因論」の予備的検討

第2章においては「テキスト」を主な資料として、「災因」の検討を行った。1人の人物から得たインタヴューの録音資料を細かく検討する作業を通じて、ジュウォギ、ティポ、アイラ、そして「呪詛」という観念と、それらにもとづくアドラの災因論についていくつかの論点を抽出した。それは、(1) あらゆる死にはその背後に「不幸」があるということ、しかもそれが (2) ジュウォギによって引き起こされていること、(3) そのジュウォギは、誰かに加害するためにも、あるいは問題を解消するためにも「専門家」によって操作可能であること、(4) 屋敷の外部で死んだ人間は不幸の原因になりうるので、特別の配慮を払い、正常化する必要があること、(5) 死者は生者と同じく妬みをもち、要求をしてくる存在であり、それに応えて儀礼をしないと不幸がもたらされること、(6) 何者かに殺害された人間は、ティポとして殺害した加害者や関係者に不幸をもたらすこ

と、それを解消するには「骨囓りの儀礼」を行う必要があること、(7) 毒を用いるのはジャジュウォキの仕業であること、(8)「呪詛」は、年長者に対する不敬行為が生じたときに、年長者によって行われ、不幸をもたらす。それを解決するためには、年長者の納得と「浄めの儀礼」と「骨囓りの儀礼」が必要であること、などである。

しかしながら、それぞれの概念は排他的な意味領域の境界を形成せず、意味領域をゆるやかに共有していること、症状からどの観念を災因として選び採るかという診断の基準もあいまいであること、また「専門家」や占いなどの技法が介在した場合に特定される他は、それぞれの解釈者の判断によって別な「災因」が選ばれることを確認した。しかも、1人の話者の中においても、相互の観念は関係あるものとして結びあわされる必要はなく、ある特定の観念を用いた解釈が失敗したときだけ、別の観念が持ち出されることがある。「災因」は、それぞれ独立して語られる傾向があり、相互関係として一貫した閉じた体系を形作っているわけではない。それらの観念の帰結であるはずの不幸や死という現象が似通ったものであるのに、別な解釈がそれぞれありうることを指摘した。それらは、1つ1つの「災因」との関係でつじつまが合っていればよく、全体として首尾一貫してはいない、ということでもある。

これらのことは、この分野の先鞭をつけた Evans-Pritchard [1937] の次のような議論をアドラの資料によって追認したことになる。つまり、ザンデの呪術の記述が整合性を欠いていることを認め、それがザンデの呪術そのものの反映であり、体系を構成していない、つながりのない別々の行動であると述べたこと、さらに、諸概念は博物館の陳列品のように並べられたときに矛盾して見えるだけで、人々がそれらを活用しているのを見るときには非論理的であるとか無批判だとは言えないということである。

III ジャジュウォキとジャミギンバ

第3章では、ジャジュウォキという、アドラで頻出する概念を検討した。この語の意味領域の一方の極として、反社会的なジャジュウォキが想定される。仮にこれを「ウィッチとしてのジャジュウォキ」とし、「ナイト・ダンサーのジャジュウォキ」と対応させる。

前者は、他人に毒を盛ったり、邪術をかけて他人の畑を不毛にしたり、死霊を使役したりする、反社会的存在である。これは人々の捕獲、あるいは拷問の

643

対象となる反社会的存在である。後者は、「性癖」や「病」として本人の意思にかかわらず継承してしまったり、あまつさえ、他人の意図でそのようにされてしまう「ナイト・ダンサー」である。ずいぶん性格は異なるが、同じ「ジャジュウォキ」の語彙で呼ばれる。

　ジャジュウォキの観念についてつきつめて考えていくと、いつも循環論に陥ることになる。この観念は、「ウィッチとしてのジャジュウォキ」について論じていても、知らないうちに、「ナイト・ダンサーのジャジュウォキ」の意味内容に依存するような考え方が出現してしまう。さらに、「ウィッチとしてのジャジュウォキ」によって行われた加害行為の結果起こる症状は「呪詛」によってもたらされるものと区別がつかない。このことは現地の人々も認めるところである。また、「夜裸で外に出たがる」というその行動は、ティダ tida、カルンバ kalumba、ブラ bura、ミセウェ misewe など精神疾患の症状の１つとしても一般的な行動でもある。夜間外で踊っている、という外形上の行為だけではそれが「ナイト・ダンサーとしてのジャジュウォキ」なのか、はたまたしかじかの精神疾患ゆえのことであるのか、傍目には区別はつけられない、ということでもある。

　ジャシエシにより明晰な判定が与えられた後でなければ、「ジャジュウォキ」がどうかの判断はできず、多様な解釈がありうることになる。このことは、この観念がさまざまな新規な未知の現象や出来事を包含するのに、非常に効果的に機能することを可能にしている。ナイト・ダンサーについて話していたらいつのまにかウィッチについての話になっていた、ということもよくある話である。

　「ジャジュウォキ」は、このような、典型的なインデックス性が顕著にあらわれる概念であることをテキストの解析により確認した。

　第４章では、「災因」に直結するわけではないが、「ジャジュウォキ」と同じようによく存在論の議論の俎上にあげられる観念として「ジャミギンバ」を分析し、以下の要点を得た。つまり、(1)「ジャミギンバ」とよばれるカテゴリーの人間の存在は疑う余地がない。クランがあるのだし、有名なジャミギンバが何人もいる。ワン・コス（「雨の目」）も実在する。ジャミギンバの能力の有無、ワン・コスの効力、薬の有無について、議論は錯綜してくる。(2) 能力があると考えるものは実際に目撃した経験がある場合が多い。キリスト教の影響とエリートの態度により、かなりの影響を受けている。過去にはそうした能力やそれにもとづく現象があったが、現代は廃れたあるいは忘れ去られたと考える傾向と、詐欺的商法であると考える傾向とがある。(3) 特定のクランに継承されるが、オケ

644

ウォを介してどのクランにも流出しうる。能力や薬が売買できるという考え方もあり、ひとたび誰かの所有物になった「ワン・コス」の所有権の移動も、比較的自由に考えられている。(4) 降雨は、農耕を営む社会にとっては、死活問題であるから、地域社会との関係によって、自衛したり、配慮したり、他人への攻撃に使ったり、とさまざまであることを報告した上で、地域社会とうまくいかない場合には拷問にかけられたりする。その方法は、落花生や煎った胡麻のペーストを無理矢理食べさせる、というもので、咽の渇きに耐えかねて水を欲するところから、雨を強制的に発生させようというメタフォリカルな拷問方式が知られている。(5) ミギンビロという決められた場所で、すりつぶした薬草と水を入れた壺にストローを入れて息を吸ったり、吹き込んだりして、壺のなかに発生する泡を雲にみたてた方法について報告した。(6) ワン・コスは、壺ないし瓢箪あるいは蟻塚に納める。本来の入手方法は召命型だが、売買などで所有権が移動する。正当な所有者は存在し適切な所有者の手元にあることが望まれる。

ジャジュウォキにせよジャミギンバにせよ、こういった人間がごく普通に存在するかもしれないという認識、同じ集団の中の他者の持つ能力や実践の可能性の幅を高く見積もり、拡大していることは確かである。目の前の人が、雨や雹を、あるいは雷を自由に操ることができるかもしれない、あるいは売買でその能力を手に入れられるかもしれない、場合によっては、依頼を受けて誰かの報復に荷担するかもしれない、というような認識が、社会に一定の秩序と緊張を与えることを指摘した。

社会の周縁、あるいは構成員に根本的にほかの人間とは異なる能力や手段を持っている人間がいるかもしれないという仮定、その想像力が隣人に与えるイメージは、この社会の理念上の共同体の境界にある種の輪郭を与えているとの結論を得た。

Ⅳ　ティポと「呪詛」、そしてルスワ

第5章では「ティポ」、第6章では「「呪詛」」、そして第7章では「ルスワ」についてのテキストをそれぞれ検討した。

まず、第5章では、民族誌的には以下の要点が抽出された。(1) ジュオギは自然死による死霊、ティポは殺人による死霊であること。(2) ティポは、殺人の加害者に目標を設定して攻撃を仕掛ける。この攻撃は長期にわたる。ティポの標

的は、基本的には殺人の主犯、遺体の第1発見者だが、情報を流した共犯や、意図せず殺人の状況をつくってしまった人間も含む。加害者のはじめに入った小屋や加害者の食物を通じてティポの標的は「伝染」する。(3) 薬を用いて標的をずらしたり、誤って標的にされることを薬草や儀礼で回避したり、意図的に誰かに送りつけることも可能である。(4) ティポの攻撃を受けた被害者の症状はAIDSと同じである。孫の世代から病に冒され、死んでいく。犠牲者となったティポの持ち主と同じ性である。不運もティポのせいとみなされる。(5) 外部にティポの影響力を排除しようと儀礼的に追いやった。もはや子供をつくらない世代の長老にのみ伝授されていた対抗薬もあったが、その知識は失われた。対抗薬は強力で、それを使った者の子供を必ず死に至らしめたために、引退世代の長老に口承されていた。(6) 時間の経過でチェンとなる。戦死者のみチェンと呼ぶともいう。(7) 葬儀で必要とされる手続きを踏まないと、霊の攻撃を受ける。これをムウォンジョという。キリスト教徒の死者も祟るのである。ティポもチェンも見えない空気のようなものである。不幸の出来事が先行し、遡及的に見いだされる。(8) 目標が特定の要求に応える必要がある。遺棄された遺体を「返す」理由も同じで、対処できるように、どこの誰か判別するわけである。(9)「骨囓り」儀礼という和解儀礼が唯一その攻撃から逃れる方法である（葬式や埋葬儀礼の完遂など、殺人の犠牲者の葬送との関連が乏しいという特徴をもつ）。

　ティポのせいでおこるとされる「症状」は、医療機関にかかればAIDSだと言われるだろうし、「梅毒」や「淋病」と診断されるかもしれない。ジャシエシなら、「呪詛」や「ルスワ」の結果もたらされた症状であると言うだろう。それにティポの攻撃の標的となる範囲は広いから、知らず識らずのうちにティポの犠牲になったと判定された人々も、半信半疑のままでも、何らかの手を打つ。

　犯人ではなくても「とばっちり」がありえて、誤爆もよくある。本来「ティポの攻撃である」という診断に肯定的に確信が持てるのは、「殺人事件」の加害者その人だけだ。反面、「ティポの攻撃ではない」ということを証明するのは不可能である。心当たりが全くなくても、ティポの可能性は否定できない。「孫の世代に最初にあらわれる」ということは、歴史上の近隣民族との紛争を考慮すると、自分の先祖が「殺人者ではない」可能性はゼロに近い。この観念は、あずかり知らない人間の不可知の次元に根拠を求め、その解釈の網の目を歴史的世界そして神話的世界にまで遡らせることで、結果的にその真理値を高めることとなっている。

　ランギにもティポという語はあるが、アドラのティポという観念とは大きく

異なっている。アドラのティポの特徴は、「殺人」という事件に特化している点である。ランギのティポには魂の安寧をはかって祖先になってもらう、という転換可能性が認められるが、アドラのティポにはそうした「無害なもの」「祖先の霊」などへ変化する可能性が希薄である。ティポとチェンとの同質性、あるいは前者から後者への変質などの前後関係は認識されているが、それもあいまいである。アドラの「骨嚙り」の儀礼は、殺人の犠牲者の死霊に対する追悼や祭祀にあたるような儀礼的処理の側面を欠き、たんなる利害関係者間同士の賠償に終わっている。

ランギには、カヨ・チャゴ kayo chago 儀礼とよばれる、「骨嚙り」と訳すことができる儀礼があり、テソにもエコニョコイットという「骨嚙り」と訳せる儀礼が報告されている。ランギのそれは広義の結婚儀礼の一環で、妻を正式に屋敷の構成員として迎える機能を持つ。社会の部外者を社会に編入するための1つのプロセスとして理解される。テソの「骨齧りの儀礼」は、結婚して子どもを3人以上生み、1年以上経った女を社会的に承認する機能がある。儀礼の機能としては、屋敷に妻を迎えるという点でランギとテソが類縁関係にあり、言語的にはランギとアドラが類似している。このように、アドラでの「骨嚙り」儀礼は「殺人」によるティポの祟りからの攻撃の回避と併せて被害者側との賠償と和解、通常の社交の回復といった機能に特化している点が特徴的であることを指摘した。

第6章では「呪詛」の民族誌的特徴として以下の諸点を指摘した。(1)「呪詛」は年長者の権利、あるいは社会的な懲罰といった側面を持ち、「呪詛」をかけた側に正当性がある。かけられるほうが全面的に悪い。基本的には、母方父方を問わず、祖父、祖母とオジ、オバがジャラーミとなる。(2)「呪詛」の力の根拠は血のつながりに求められる。親の「呪詛」は効かないと考えられているが、実の親は、オジなどを利用して「呪詛」、ルスワを利用して「呪詛」をかける。(3)ジャラーミとなるのは、オジ、オバが多い。兄弟の息子が典型的な被害者となる。とくに「アゴヤの牛」という、花嫁代償の分配の分け前にもあらわれてくるように、社会関係の中でも焦点化されている関係であると言える。(4) 呪文には、結婚生活、生殖関係の不備を願うものが多く、望ましくない未来を口にすると実現する。(5) 呪文には、祖先の個別の名前を呼び出して行うものがあり、同じようにそれを解くには名前を呼ぶ必要がある。(6) オイに対する嫉妬から、あるいは誤解から「呪詛」をかけられる。前者はやむをえないのでその怒りを解くべきだとされる。(7) 症状としては、酒浸りになる、仕事がうまくいかなく

なる、女たらしになる、財産を失う、「裸で出歩くようになる」など多岐にわたる。「不幸」も招く。(8)「呪詛」の効き目は、ティポのように対象を追って追跡する性質のものではなく、遠く離れると効き目は弱まる。(9)「浄めの儀礼」を行う際には、過ちに対して、お詫びと賠償で和解に対する合意形成がなされる。「呪詛」された者の父親が介入し、クランや長老が儀礼の執行を促す。クランの手続きは裁判のそれに準ずる。(10)「浄めの儀礼」は、以下の手順で行われる。①ジャラーミの小屋の戸口で行われる。決められた地点から戸口まで跪いたまま歩くことを要求される例もある。②供犠し、その血をコンゴ、すり胡麻ペーストと混ぜて振りかける。③水を屋根から流し、したたってきた水を受けてジャラーミの手ずから男なら3回、女なら4回飲む。ジャラーミも飲むという報告もある。④解呪の呪文を唱える。一般的には、すでに口から出た言葉を取り消し、祝福を述べる。⑤共食、共飲。「骨囓り」の要素を取り入れ、同じ皿で同じ骨付き肉を囓る方法を折衷することもあるが、それは解呪よりもその後の人間関係を考慮して和解を強調するケースに多い。⑥ジャラーミから犠牲者は雛をもらう。この雛が無事育つかどうかで儀礼の成功が占われる。⑦振り返らずに帰宅する。振り返ってしまったら儀礼は無効となる。⑧解呪の実感はすぐにあらわれる。(11) ジャラーミが解呪せずに死んだ場合に行う「浄めの儀礼」は①遺体の掌に水をくんでそれを飲む。②墓の表面をバナナの茎で叩く。③葬式で指名されたムシカに代理してもらう。④キリスト教に改宗する。(12) ルンジョ・ダコは、花嫁代償なしで嫁がもらえるので人気があるが、クランの同意を得ないと「呪詛」を招き、大変なことになる。一方でこの相続をめぐって正当ではない「呪詛」が用いられたこともある。(13) 祖母の「呪詛」は、孫娘の胸の成長に関わるものが多い。(14)「呪詛」は何らかのかたちで霊と関わりがあるのだと認識されているようだが、祖先とのつながりが不明瞭なことがある。また、悪霊と結託したたちの悪い「呪詛」もある。(15) 長老が蟻塚に供犠を約束し、縄をおくやり方がある。縄は「呪詛」の証となる。(16) ブラ信仰の拠点であるニャキリガのテウォでも「呪詛」は行われ、キリスト教の牧師も「呪詛」を行った例が実例とともに知られている。キリスト教も「呪詛」と無縁ではないと考えられている。(17) 異民族ではニョレの「呪詛」は効き目があるとされている。(18) 稀に、祝福のためにラムが行われることもある。

　「呪詛」の効果とされる領域は広範に渡る。すべて他の原因でも説明はつくはずの、およそ不幸と呼べる経験はすべて「呪詛」のせいにされうる。災いの経験から遡って解釈され、「呪詛」だと思い当たるように結論づけられるケースが

非常に多い。原則的には、効果があるのは血縁のみと言いながらも、ルスワやジュウォギなどほかの観念と関係しつつ、幅広い範囲の現象を包摂している。

本人の自覚がなくともジャラーミにされてしまったら「浄めの儀礼」を不承不承でもやらないわけにはいかない。その後のことは、「呪詛」の存在と「浄めの儀礼」を前提に認識される。「浄めの儀礼」の開催という社会的事実が、社会的にこの信仰システムの再生産に一役買っている。

キリスト教によってウェレやジュウォギは打撃を受けたが、「呪詛」はその影響をさほど受けていないようだ。聖書の記述と矛盾しないということもあるが、公式的、社会的な規範やその違反に対する罰則としての側面がより強く、内面的な信仰の変化とは無関係に維持されてきた、との考え方も可能である。

システムの内部にいる者にとっては疑いの余地はないが、外部にあってはその限りではない、という認識が、何よりもパドラの人間にも共有されているのは特筆する必要があるだろう。そのような分析的思考があってなお、これらの「災因」は人間を呪縛していくのである。

アドラのラムは、年長者から年少者への懲罰的な正当呪術としての「呪詛」という意味合いに特化している。正当ではあるが、個人の生活や生命を破滅に追い込みかねない、攻撃的な意味をもっている。「祝福」にあたる例はあることはあるが、少ない。「供儀すること」の語根に「ラム」が残っている。

比較を通じて言えるのは、「東ナイル」的な兆候が、アドラのラムには備わっているということ、アドラは東ナイル系のテソから「ガト」の語彙を輸入しなかったが、「アキラム」（南テソ）にかなり似た意味領域に「ラム」の語を展開させたということだ。そのようにしてアドラのラムはその意味を「呪詛」に特化して発達させたもののようだとの推測に到達した。

第7章ではルスワの概念を検討した。ルスワはニョウォモ・ワトという、インセスト・タブーを侵犯して親族との性交渉により発生するものと、近親者の裸形や性器などを目撃してしまうという「不適切」な行動から発生するものとがある。これには事故も含まれる。父母やオジ、オバのベッドで寝たり、セックスしたり、ということもルスワとみなされる。

「実の親子間では「呪詛」は効果がない」という原則があるので、父や母にはない「呪詛」の「力」の代替としても用いられた。「呪詛」の事例に含めたものの中にも、〈クランの「呪詛」〉、あるいは〈ニャパドラの「呪詛」〉という「呪詛」と見なしうるものもあった。

ルスワを祓うのは、「燃やす」儀礼を行うことだが、薬を探す者は多い。薬は

実在するとされるが、用いれば死人が出るともいう。

「ルスワを燃やす」儀礼は、沼地にバナナの葉と「乾いた」木材で建てた小さな小屋にルスワを犯した2人を裸にして押し込むことからはじめられる。薬草で体を浄め、小屋には火が放たれる。ルスワを犯した者は異なった方角に向かい、男は3回、女は4回ひっぱたかれながら、決められた場所まで逃げる。2人をクランの人間は囃し立て、追い立てる。羊が供犠され、コンゴとともに出席者により共食される。クランのメンバーほとんどが関わる公式的な儀式である。

ルスワになった者の症状は、一般的には、「「呪詛」と同じ」「AIDS患者のようだ」と言われる。何もできなくなり、思考能力がなくなる。身体的に弱々しくなって性的能力も生殖能力もなくなる。髪が抜け落ち、変色する。皮膚がひび割れ、はがれ落ち、色が黄色くなり、斑点も出て、最終的には発狂するという。発狂の典型は夜間に外に出て走りまわることだから、「ジャジュウォキ」のようになってしまっているわけである。

「ルスワ」に特有のものは何ひとつないと言ってよい。すべての症状の説明が「呪詛」「ジャジュウォキ」「ティポ」のそれぞれに当てはめられることができる。ティポの薬とルスワを祓う薬の作り方も共通であるとのことであった。

このように、それぞれの概念がインデックス性をもつことは当然としても、それらが相互乗り入れ可能なかたちで相互依存して成立しているものであることが改めて示された。

Ⅴ 概念によって事例を語る

第8章では、これまでにとりあげた概念が登場するある程度まとまった事例を1つ1つ検討した。その作業を通じて、一般論としての行動規範などが「原則」として存在する一方で、それに反する現象も認識されていること、その際に、原則が間違っているのではないか、と原則を精緻化する方向よりも、(当たり前だが)当座の問題解決あるいは改善のために「細則」の設置、例外を容認する方向に解釈者としての人々の舵が切られる様態について検討した。

また、事例の中で語られる不幸の経験についての叙述にさほどの特徴がないことを再確認した。「漠然とした不調」、「金失い」、「酒浸り」、「暴力」、「子供ができなくなる」、「義理の親族に対する敬意を欠いた言動」など、現象に対する叙述は、平板でつかみどころのないものとなっており、「説明」のために選ばれてい

る「災因」との結びつきは必然的なものとはなっていない。

　それぞれの経験自体は代替不可能な、一回性のものであるはずだが、コミュニケーションを破綻なく行うためには、共約不可能性の部分をある程度捨て、既存のカテゴリーにのっとった説明をしたほうが、よほど事情の「異常性」「特殊性」「個別性」は理解されやすくなる。既存のカテゴリーを用いた上でのそこからのわずかな逸脱に「異常性」「特殊性」「個別性」の理解をある意味では賭けているのだと分析した。

　事例をそれぞれ検討する作業を通じて、「出来事」についての描写の平板さとは対照的に、これまで概説してきた観念が一定の時間軸のもとに「出来事」の集積として立体的に立ち上がってくるようにも思われた。たとえば、「「呪詛」は親子関係を基礎にしているので、子供がいないと「呪詛」には効き目がない」という原則は常に耳にするが、事例の中では、ひとたび「不妊とオジを馬鹿にした」オイが登場すると、そのオイの失礼さ加減の前に原則は無視され、「呪詛」の対象になって当然、というような語り口となってくる。

　母親が子供にかける「呪詛」は効かないと言いながらも、母と娘、双方とも性の対象にする輩に対しては、当然「呪詛」の効き目があるもののように語られる（この場合には「クランの」とか「ニャパドラの」とかの形容がなされるであろう）。いくつもの観念が、原則がうやむやになったり、同時にいくつもの概念の複合となったりしながら、一連の「不幸」を解釈するのに貢献していることもある。こうしたプロセスには、かなりの程度占いを代表とする施術師による診断が特権的位置にあることは事実である。しかし、その場合でも、クライアントに「思い当たる節」があることが重要性をもっているようなのだ。

　「災因」の同定作業のうち、「災いの出来事」が先行しており、そこから遡って「災因」に到達するためにさまざまな可能性を考えた解釈を行うのだ、と認識がたびたび示唆された。このことを踏まえて、私が提示したのは、所与の現象と「災因」の適用可能性に関して相当程度の自由な解釈を行う人間像である。自由な解釈を行う人間像があってこそ、解釈のコンビネーションが一定の型のなかにとりこまれていくことの意味がより重いものとなることを示唆した。

　確かに、不幸の出来事と特定の「災因」が当然の因果関係のようなかたちで結びつけられる事例は数多くあるが、その側面をあまりに強調しすぎると、手持ちのさまざまな「災因」から自由度のかなり高いかたちで解釈を繰り広げる彼ら独自のやりかたと、「災因」の変形と流用と接合という彼らの思考の柔軟性をとらえそこなってしまう可能性があるからである。

Ⅵ　聖霊派キリスト教

　第9章では、パドラでも勢力を伸ばしている聖霊派キリスト教宗教家たちの認識する「災因論」について検討した。キリスト教の多くは、こうした土着の「災因」を無視するか、「子供の宗教」として排撃してきたのだが、聖霊派キリスト教会は、むしろ積極的に「ニャパドラ」の土着の「災因」と取り組んでいるように見える。(1) 彼らは儀礼のシンプルさを主張する（「聖書」と「祈り」のみを用いた「ヴィジョン」によると強調する）。しかし、例外はあり、悪魔祓いも行う。(2) 基本的な「呪詛」の解呪コンポーネントは、「「呪詛」を浄める」儀礼とあまりかわらない。「水と油」を用いるとニャパドラの「浄め」と外形的な行為としても似てくる。病とされがちな「憑依」は肯定的に「ヴィジョン」として読みかえられている。「ヴィジョン」でさまざまな病に対する処方箋が伝えられる。対象の多くはシココ、キダダなど「ニャパドラ」の「災因」である。(3)「天使」と「聖霊の力」で「ヴィジョン」を通じて見るのは「草の抜き方」（「ニャパドラの」治療方法と同じ）である。(4) ラブキは、「基本的には不要」だが、教会のためには「治ったらお礼」すればよいとの考え方は共通しているし、受け取ったら「力」は失われるとの考え方も彼らの間で共通している。ジャシエシと違うのはこのあたりだが、前払いではなく、額が安いというほどの違いしかないようにも思われる。(5) 人間は本来無垢なのだが、霊的な成長がうまくいかないために「霊」を刺激して「不幸」を呼び込んでいるとの考えを主張している。(6) きわめて重い病を克服した例、「ヴィジョン」というより「夢」で「予言」も行う例がある。離婚、母と同居など、ニャパドラの慣習からすると「ジャジュウォキ」とされそうな生活形態である。(7) アドラでは夢の観念は非常に重要である。正夢の観念もあり、死霊との回路とも考えられている。とくに「夢」と「ヴィジョン」との区別が明確でないところを、かなり体系的にすべてヴィジョンとみなし、神の意図を読み解く点に、アドラに支持される基盤があるように思われる。

　このように、彼らは、ニャパドラの「災因」を相手にしない既存のキリスト教の受け皿となって勢力を伸ばしているのだった。ジャシエシを否定しながらも結局はニャパドラの「災因」の解決にこたえることで同じ役割を担っている。彼らがその教会や「神の力」の根拠を語るときの論理基盤はすべてアドラの「災因論」である。とくに離婚したりして落ち着かない、あるいは「子供の夭折」などは、「「呪詛」の結果」と見なされてもおかしくない。かつてならチョウォ・

ラミの対象であっただろう人物が、その条件を逆転させて、「奇跡」として肯定的に提示することに成功しているとも言える。

　否定形で語られる彼らの描くアドラの文化は、当該文化の本質を浮かび上がらせる結果になったと考えられる。ポジとネガのたとえを例に出すまでもなく、アドラ文化の本質を鋭く突いている。

　このように、第2章の話者とは立場の若干異なる特定個人との対話を詳しく見ていくことで、これまで見てきた観念についての見解が、彼らにいかに理解されているのか、またそれが、その概念を共有していない外部の人間に対してどのように語られるのかを検討した。ここで確認したのは、他の諸社会と同じく、アドラ社会も決して一枚岩ではないということでもある。

Ⅶ　葬儀のテキストと実態

　第2部のテーマは、「葬儀」である。第10章、第11章、第12章では、葬儀のプロセスと実態を中心に、インタヴューと観察記録をもとに、検討した。

　第10章では、テキストを通じて葬送儀礼の一部について一連の流れを確認した。実際には儀礼の現場は雑然としており、またそれぞれに大きな差異が認められる。その要点を抽出することは非常に困難なものであるという認識が前提にある。(1) 儀礼のなかでオケウォの示す特権的地位は明確であった。それはまさに「すべての紛争や病を収束させることのできる唯一の存在」であり、「多くの危険を潜在的に持っている儀礼に際して招聘され、儀礼の執行を補助するのである」というものであった。埋葬儀礼は言うまでもなく、「ワンゴ・ルスワ」でもオケウォの果たす役割は顕著であった。(2) コンゴを共に飲むことが儀礼の節目に組み込まれていて、性格の違うコンゴが供されるプロセスを経て、死の事実が受容されていく。そのすべてがオケウォによって取り仕切られた。コンゴを醸す財力がないものは、儀礼を正しく執行することができないということで、切実な問題として提示された。(3) 死者が女でもムシカとムクザが任命されるということは、父系社会であるアドラにとっては、妻の死を契機として妻方のクランの政治経済的介入を可能とすることになる。これを構造的脆弱性に結びつけないためには、方策の1つとして寡婦相続と寡夫相続が推奨された。(4) オケウォが受け取った鶏や灰には、死の不幸が呪的に封じ込められていると考えられている。

　一連の葬儀のプロセスを追っていくなかで、オケウォの儀礼的特権は、アド

ラの儀礼文化を検討する上で非常に重要な、避けて通れない論点であることが改めて確認された。

第11章と第12章では、自身の観察記録にもとづいて実際の埋葬儀礼を描写するかたちをとった。第11章では、あるポストコロニアル・エリートの埋葬儀礼の次第を詳細に記述することで、パドラにおける埋葬儀礼の典型を描き出そうとした。ここには、キリスト教と伝統的な儀礼に加えて、民族ユニオンという新しい発明を取り込んだ形の、死者の社会関係が表出していた。

第12章では、村で行われた埋葬儀礼に、他の儀礼への参加で得た民族誌的な情報を追加して埋葬儀礼を立体的に描写するようにつとめた。また、この章では、「問題飲酒」の実態について報告した。数多く見聞きしてきた死の中でも印象的だったオポウォの死と、オポウォを死に至らしめたとされる「飲酒」との関係を手がかりとして、オポウォ、オドウェ、バジル、アディン4人の人物について素描した。

観察可能な実態として、現在グワラグワラにいるエリートの多くは朝から酒浸りであった。彼らが飲み続ける理由は、エリートへの妬みから発する妖術の犠牲になることを恐れてのことかもしれないし、蔓延するHIVの発病を恐れてのことかもしれない。プライドにかなうふさわしい仕事がないことからくる現実逃避かもしれない。しかし、周囲からは、彼らが酒浸りになること自体が、妖術や「呪詛」の効果と見られてしまっていた。

新しく知られるようになった病や新しい社会問題が「呪詛」などの言葉で語られること自体は、珍しいことではない。こうした不治の病のイメージとその対処行動は、近代化がアフリカ諸社会にもたらした邪術の効果を顕在化させるものなのである。近代化こそが邪術だったというわけだ。植民地運営のために移植された教育システムの中で出口がなくなったエリートたちの問題も、「問題飲酒」も、——AIDSもエボラ出血熱も——、やっかいなことは、ある「災因」がそれ自体で完結しておらず、必ず別のやっかいな問題と絡み合っていることである。

以上、第1部、第2部では、主にテキスト資料と観察記録を中心にして「災因」（第1部）と「葬儀」（第2部）を直接検討してきた。とりあげられた事例は、概念を検討するための実例としての位置づけであったと言ってよい。

総括

Ⅷ　ACK の事例から

　第3部では、それまでの「概念」の理解や描写に専心してきた手法とは異なり、具体的な歴史的事実に取り組もうとした。ここでは、事例を検討するためにそれまで紹介されてきた死霊や呪詛といった概念についての考え方が用いられた。これまで概説し、検討してきた概念を使って、事実をいかに記述できるのか、そのことを考えてみたかったのである。

　もう1つの目的は、「妖術のモダニティ」をめぐる議論に対する民族誌的な反証を提出することにあった。

　私は、序章で、近年の妖術研究の理論的な弱点について、以下のように述べた。

　(1) 妖術を不平等の拡大など特定の社会状況だけに関連づけて説明しようとする点、(2) 資本主義の浸透に伴う格差拡大が妖術の増殖の原因であるという因果関係の証明の不足、(3) 妖術が喚起するはずの個人の不幸の解釈を考慮せずにひとしなみに一枚岩の1つの階層としてのみ現地の人々を取り扱い、さらに教会内部の儀礼など特殊事例に対象を絞っている点、(4) 植民地化と脱植民地化以前があたかも閉鎖された伝統文化の純粋培養であるかのようにみて、それ以前の異種混交を過小評価している点、などである。

　第3部は、これらの問題点に理論で答えるのではなく、民族誌で答えようとしたものでもある。ここで通底する問いは、簡略化して言えば、「アミンに政治的な理由で殺害された」という「災因」で多くの人が納得するはずのアミンの側近だった人物、ACK の死という歴史的事実に対し、なぜアドラ人は納得しないのか、ということである。そしてそれに代わってアドラの人々が語るアドラにとって納得できるローカルな「災因論」の実態を描き出すことだった。

　そのための準備段階として、第13章では、ACK を巡る調査の経緯と、地域史を支えた長老たちとの対話を紹介した。ACK の「遺品整理」の経緯を描くことで、ACK が生きた背景となるパドラのコロニアル、およびポストコロニアル経験を素描しようとしたのである。ACK の著書の成立過程についての関心を補助線として、この地域の長老たちを訪ね歩いた痕跡のいくつかを書き残しておくもくろみだった。しかし、より大きな目的は、ティポ、「呪詛」、ジャシエシそしてジャジュウォキなど、これまで検討してきた概念の多くが特定の個人に集約して語

られている特異な例についての事例研究のための地ならしである。

　アミン政権時の無秩序状態では、誰が殺されてもおかしくはなかったが、ACK は前大統領オボテの右腕でもあったし、「ゴールド・スキャンダル」以降のアミンの悪行にすべて事務上の責任者として通暁していたし、アミンが天敵としたオボテ元大統領と同じルオ系民族だったし、アミンが敵視していた熱心なキリスト教徒だった。さらには、エンテベ空港の「サンダーボルト作戦」でアミンに苦汁をなめさせたイスラエルとは非常に親密なルートを持っていた。ACK がアミンに殺される要素は数え切れないほどあり、「思い当たる節」はやまほどあった。また、パドラという地域的文脈に絞っても、同じクラン出身でオボテ政権での閣僚オチョラも失踪していたし、義兄に当たるカブルも失脚していた。

　彼の死の背景となる政治的な状況や経過は、新聞報道その他で、パドラでも十分に知られていた。実行犯が誰なのかは今となってはよくわからないが、ほとんどのウガンダ人にとっては、彼の突然の死に結びついた「災因」は、「アミンによる抹殺」で説明がついてしまっているはずなのである。多くのウガンダ人にとっては（殺害現場を見たわけでも、証拠があるわけでもないからまさにそう呼ぶのがふさわしいのだが）そういった「アブダクション」で十分説得的だったのだ。

　しかし、多くのアドラ人にとっては状況が違っていた。彼らは、上にあげた「思い当たる節」にはほとんど目もくれなかった。彼らはパドラで 1940 年代に起こった殺人事件や、ACK の 60 年代から 70 年代の事績から「災因」を導き出した。なによりも、ACK の死は予言されたものであり、当然のこととして受け入れられたのである。そのような「アブダクション」を導く前提はいったい何だったのだろうか。

　そうした問いを受けて、第 14 章では、パドラ出身で歴史上、世俗的な意味では最も出世した人物である ACK の死について、いったいどのような噂が「災因」として語られ、それにどのような宇宙論的合理性があるのかを検討した。その背景には、第 1 部で検討した「ティポ」「呪詛」「祟り」などの観念が絡み合っていたことが確認された。大きく分けると、現地の「有刺鉄線の外側」で語られる「災因」は、(1) 父の代からのティポ。(2) コロブディ近辺のロリ・クランの長老による呪詛ないし邪術。(3) ジェームズ・オチョラのティポ、であった。しかもそうした災因論的説明も、セム・K・オフンビが通常あるべき埋葬場所に埋葬されなかったことで祟る可能性があること、セム・K・オフンビがクウォル関係を無視して婚姻関係を結んだことなど、複数の「災因」が解釈の中では持ち出されう

総括

る(アブダクトされうる)ような状況があったこと、ACKがニョレの女と結婚したことと、彼女の希望による周辺の土地の買い占めと接収がもともとアドラがニョレに対して持っている「呪詛」イメージを増幅させたことなどが指摘された。しかもそれらの多くの「物語生成装置」を発動させる環境が、一家があるいは、そうした観念が「災因」であるとアブダクトさせるような要素が、キリスト教徒であることや、土地などの売買に関する近代的な認識をもつことなどに由来していることを示した。これらを示すことで、私も、噂の「原因」をアブダクトしたわけである。これらについて見ていく限りにおいては、まさに、モダニティによって「災因」が付与されたと言ってよい。しかし、誤解してはならないのは、こうしたモダニティと「災因」との絡み合いが、決して自動的なものでも必然的なものでもないということである。ACKの同時代に活躍したエリートのすべての人生が、こうした神秘的な概念で彩られるわけでも、その死に対して祟りなどのネガティヴな説明がなされるわけでもないということをみても、それは明白である。

エリートが相対的に妬まれる種を持っているのは事実であるし、実際そのために妖術の犠牲になることは、ある程度までは想定の範囲である。現在の大統領ムセベニも、噂レヴェルでは、選挙の際には、強力な呪術師を帯同しているとされている。匿名性のほとんどない権力者は、呪術的な攻撃にさらされやすい。近代的な国家の元首や近代国家のエリート政治家が呪術を使用し、あるいは呪術の対象となるという現象は、それほど突飛なことではなく、ある種のアフリカ政治に対する常識的見解ではある。

その意味で、アミン大統領の大統領代行もつとめた近代国家の代表的人物であるACKが周囲からは強力な嫉妬の対象であっただろうということは間違いなかった。ACKがティポや「呪詛」の噂から逃れられないのは、この文脈からも当然である。しかし、ACKという特定の具体的エリートが、いったいいかなる経緯で、どのように、そうした観念に結びつけて考えられるのか。その実態について、たんに近代国家の成立やその内部における立身出世という文脈からだけではなく、その人物が立ち上がってきた地域の文脈に即して詳しく記述しておかなければ、それは単純な階級論に終わってしまう。近年の妖術研究は、こぞってアフリカの「主体」の回復を謳うけれども、こうした固着した「近代観」「コロニアル/ポストコロニアル観」「エリート観」「階級観」にもとづいて立論してしまう可能性や、その結果として単純な階級論として妖術のイメージや噂をそのモデルの中に安易に回収してしまう可能性、そして実際には多様なかたち

657

で「近代」「コロニアル」など多くの状況に対峙する現地の人々の姿を「一枚岩」的なものとして見てしまう可能性をはらんでいる。そうした陥穽を回避するためには、おそらくは「必殺技」はない。まずは記述レヴェルで、より具体的な「個人」、具体的な「事実」の細部への関心を研ぎ澄ませ、見聞きしたことをそのままに描き出す努力をするしかないのではないだろうか。

　西洋由来のものがウィッチクラフトの対象になったり、その文脈の中で用いられたりしていると、驚いて立ち止まってしまいがちだが、具体的な事実に即して、どの要素がそのような評価を招いたのかを検討する必要性があると考えたのである。ACKと同じく社会的に出世した人々が、どのようにとらえられているのか、それを見ることによって明らかになるだろう。そう考えて、私は、ACKを取り囲んでいた地域における同時代の大立者たちのライフを浮き彫りにしようと、細かな民族誌的資料とバイオグラフィーをひたすら集めることにしたのである。当たり前の話だが、著名人たちはメディアに載る「顔」を持っている一方で具体的な身体をともなった人間でもある。そうした人と人との関係のなかで醸し出され、醸成される「関係性」が「災因」の特定や物語の生成に関して無関係でないことは、明白である。

　また、数ある「災因」の中でACKにつきまとうのがなぜティポと「呪詛」なのか。1つは、パドラでこの「災因」がきわめて一般的であることの証左でもあるが、このことについても個別の文脈があるはずであると考え、それを丁寧に解きほぐそうとしてみた。そうでなければ、平板な階級論を克服することなどできないと考えたのである。こうした階級論は、個々のこまかな事例に関心がある者にとっては、間違い探しは容易だが、1つの社会を見渡すグランドデザインを提供しやすいため、私たちはともするとその誘惑に抗しきれなくなってしまう。その個々の例は本論で記述したので、ここでは繰り返さない。

　そして、私は、いわゆるエリートであっても、神秘的な噂を身にまとうことがない例があること、数は少ないが国際的な舞台でも中央政府でも表舞台で一時期華々しく活躍しながらもごく普通にリタイアして農民に戻る例があることを確認した。この例を通じて、近代化やポストコロニアルな社会変化に対する地域社会の柔軟性も認めることができた。同じ神秘的な語彙で語るにしても、全く異なった描かれ方をする人物がいるということ、そして、妖術の物語で語られるエリートにもそれぞれの「個別性」があるのだということを、断片的ではあるが、随所で示したつもりである。それが説得的なものになっているかどうかの判断は読者にゆだねたい。

総括

　オボテ政権で大臣を務めたジェームズ・オチョラは、一見すると（アミンに殺されるところまで）、ACKと同じような条件を満たしている。彼については、ティポや「呪詛」の噂は一切ない。また、宗教の世界で大主教まで上り詰めたヨナ・オコスについても、「呪詛」したという事例が報告され、あるいは密かにジャジュエシに通っていたのだなどという噂が流通するだけで、ACKの死因に対して注がれるような情念をもって語られる噂はほとんどない。さらにアディオマは、UNESCOで働き、ACKの後任として国防相次官に任命されるという輝かしいキャリアを持ちながら、私が出会ったときにはただの「古着屋のおやじ」だった。尊敬はされていたが、ただのコモン・マンだった。彼はコロニアル／ポストコロニアルにも踊らされず、実直に生き、そして死んだ。彼には一切の妖術の噂はない。彼の親友の1人はジャジュウォキである、との噂はあったが。エリートでもこのような生き方もあるのである。

　このように、コロニアル、あるいはポストコロニアル・エリートと妖術の噂との結びつきには、それぞれ個別性があったのだ。

　セム・K・オフンビに端を発する「ティポ」の物語と、キリスト教受容の過程で、オフンビ家の人々がどうしても行うことを回避してきた「ニャパドラ」(アドラ流の) 儀礼的処置は、「ティポ」や「呪詛」の噂を強化する方向に働いた。また、一時期からその地所を取り囲むように設置した「有刺鉄線」は、外部からの直接交渉を断ち、ますます「有刺鉄線の外部」の人々の想像力をたくましくし、1度できはじめた「ティポ」や「呪詛」など既存の解釈をエスカレートさせる方向に向かった。彼らは、ACKと相互交渉をすることはほとんどなく、ただ砂埃を巻き上げて走って行く車を眺めながら、そのイメージを「外部」で作り上げていった。彼らが入手できる情報、埋葬場所や目にする巨大な十字架などの建造物、そういったものはすべてウィッチのそれと見なされたが、それにはそれなりの文脈があったのである。そして「内部」と「外部」との直接の接触経験が少ないところに、その補正の機会はなかった。そしてその「内部」と「外部」を象徴的に隔てていた「有刺鉄線の塀」は、近代的な土地所有の観念、私有財産の観念とともに出現したものではある。おそらくは完全に隔てられてしまったら、「ティポ」や「呪詛」の想像力を発揮することも難しかっただろう。過去の記憶、あるいは近親者などの出入りその他いくつもの契機があって、「内部」と「外部」は切断されているわけではなかったのである。

おわりに

　「ティポ」にしろ「呪詛」にしろ、これらの「災因」は一見すると、あるいは遠目には、何か体系の一部を形成しているかのようにみえる。しかし、繰り返し述べたように、その体系は一貫しているわけでも、閉じているわけでもなくて、新しい現象の登場に直面しても、常に柔軟に対応する蜘蛛の巣の「網の目」のように張り巡らされていたのであった。いったんこの「網の目」に捕らわれてしまうと、内部にあった既存の「因果関係」でその多くが説明されてしまう。しかし、蜘蛛の巣だから、隙間はたくさんあいていて、その隙間をすっと通り抜けることもあるに違いない。網は閉じてはおらず、あちらこちらにほころびのようなものがあって、そのほころびの部分に位置していたり、軌道をもっているものに対しては、さほどの影響はない。しかもときには、そのほころびの部分から、体系の中心にはとりこめそうもないものでも次第に絡め取っていこうとする。この特徴があればこそ、新しい現象が登場してもその説明力を保ちうるのだろうと思われる。

　災いを認識した個人に焦点を絞ると、災いの原因は何であろうか、どうしたらそれが解決するであろうか、とその原因を追及し、対処しようとする「災因論」の世界がある。ACK と彼をとりまく遺族たちは、そうした問いを常につきつけられていたであろう。ことによると ACK 自身も、父の死、そして最初の子供を失った際、さらには続けて家族を襲ったオジの連続死に、そうした問いを立て、父の霊、オクムの霊をその原因としてアブダクトしたのかもしれない。また、その解決策としてキリスト教への帰依を選んだものでもあろう。その意味では、パドラにおけるキリスト教伝道の第 2 世代である ACK に用意された「物語」の筋は、父も殉じたキリスト教から大きく隔たったものではありえなかった。しかしそこでの対処は、キリスト教本来のかたちから大いにずれた、度外れた大きさの十字架や個人崇拝的な父を記念するチャペル建立も含まれていた。

　また ACK の周囲の人々から見れば、ACK がウガンダの保護領化と独立という一連の近代化の波に乗ってなじみのない役職——県弁務官とか内閣秘書官とか——を歴任するという事実を前にして、その異常性と不可知性を、ジャシエシの管理する領域に投げ捨て、予言者の「力」がそれらの現象の原因であるとの推論を成立させた、ということでもあるだろう。巨大なチャペルや屋敷は、嫌でも何かを連想させる。自分たちの力が及ばない何らかの「力」ではあるが、

総括

やがては滅びるべき特殊な力である。

　どのような結びつき方で——仮に「原因」と「結果」に代表されるような2つの経験のドメインが結びついたとしても、1度結びついてしまった以上は、「物語化」され、解釈者の独立した考えを受け付けがたいブラックボックスと化していく可能性を帯びている。そして、ひとたび「物語」となったそれは、他の認識の土台にさえなってしまっているために、「物語」に参入した者が容易にそこから逃れ得ないような粘性を示しているのである。それが「蜘蛛の巣」の横糸である。ここに捕らわれたものはその「物語」に呪縛されていく。しかし、その脇に、粘性のない縦糸も張り巡らされているのである。その縦糸をつかんだ者は、うまくいけば、その「物語」から逃れ出ることができるかもしれない。しかし、逃れた先にまた別の「蜘蛛の巣」が待っているということも、人類についてまわるアイロニーとしてありそうなことである。

　エヴァンズ＝プリチャードが、ザンデでの生活で託宣にもとづいて暮らしていた、との記述を最初に目にしたときは驚いたものだが、いまや私も調査をすすめていくなかで、ティポ、「呪詛」などいくつかの観念をもちいた「アブダクション」が可能になり、本書で扱った「災因」に関する説明の多くについて共感的になってきている。彼らの日常生活の多くは、別に「謎めいたり」［近藤2007］しないのだ。調査を手伝ってくれたマイケルやポールも、調査を通じて、年齢相応のアドラではなくて、老人のうまく言葉にはできない「論理」がよく理解できるようになってきた、と口をそろえる。直感的に不吉だ、とかよくない、と感じることの多くが、本書で扱ったような「霊」との対処などのいくつかのルールで説明できることがあるのである。われわれのなかで形成された「アブダクション」を、その都度長老たちの解釈とつきあわせて確認すると、ときにそれは間違っており、考えすぎのことも、情報不足のために間違った論理の筋道をたどっていることもあるが、次第に的中率はあがってきているようである。贔屓目にみると、私たちの「アブダクション」の仕方が次第に現地に共有されるものになってきているのだ。

　殺人事件に遭った「遺体」が放置されていたら、「ただではすまない」わけであり、しかるべき手順でしかるべき場所に埋葬してやらないといけないのである。たとえば、「ティポを連れ戻す」ためにクウァンゴ・ティポ・モ・ケル *kwango tipo mo kel* という儀礼が行われなければならないことも、もうわかっている。第8章の事例7を採録したときなどは、解呪の方法を教えて喜ばれたほどである。十分に彼らにとってもリーズナブルだったわけだ（ただし、残念なことに

その後に問題が解決されたかどうかはわかっていない)。

「土地」についての執着の仕方についても、きわめて実感的なかたちで認識することができるようになってきた。第 12 章でポールの口からその一端が示されているが、あらためてその 1 例を示そう。ポールのレポートでは省略した部分に以下の文言がある。

> ……ブドゥダ Bududa で最近あった出来事である。頻繁に地滑りに悩まされる住民に対し政府は西部のブニョロに代替の土地を用意した。危険な場所には居住が禁止され、移住を促された。いったんはそうしたのだが、ほとんどの住民は結局帰ってきて何度も起こる地滑りでその都度多数の犠牲者を出している。この理由は、祖先が埋葬されている、臍の緒が埋まっているなどの理由でその土地への愛着や執着があるためであると考えられる。……

アドラのやや北東部にあるエルゴン山の中腹に、ブドゥダ Bududa という土砂崩れが頻発する場所がある。

事の発端は 2010 年 3 月 1 日のことだった。300 人以上が死亡し、数百人が行方不明という地滑りが起こった。生き埋めになった人々の生存は絶望視された。政府は、当然のことだが、危険な土地に再び住まないよう勧告し、代替地を用意した。人口密度の高い東部には適当な移住地を提供できず、政府はウガンダ西部ブニョロのキリャンドンゴ Kiryandongo に移住地を指定した。ところが、ひとたび移住したほとんどの住民がさほどの時間も経たないうちにブドゥダに帰り、危険な土地に再移住したのである。

続いて 2011 年 3 月 2 日、3 つの村が土砂崩れで埋没し、365 人が生き埋め、圧死した。92 人の遺体が掘り出されたが、生き埋めになった者はまだみつかっていない。事件はこれで終わらない。2012 年 6 月 25 日、今度は 4 つの村が土砂に流されて埋没し、2013 年 8 月 10 日には 5 つの村が埋没した。これはいったいどういうことであろう。

一応表向きは、移住先のブニョロの食料や水に対する不満ということになっている。この地域の人々のマジョリティは、アドラではないので、具体的にどうした「しかるべき手続き」がありえるのか、ないのか、それはわからない。政府関係者は首をかしげていたが、私とマイケルとポールには直感的になにかをアブダクトしていた。おそらくは彼らなりの「論理」があるのだ。

総括

　マイケルが普段つとめている事務所はエルゴンの近隣にある。そのマイケルが集めてきた情報によれば、食料や水の問題はやはり建前だった。実際には、生き埋めにされた者を残して移住するわけにはいかない、という気持ちが大きかった。また、自らそこに埋葬されるのだと考えている者、埋葬された死者と墓の問題、あるいは埋葬された臍の緒の問題など、この世の「論理」ではない「論理」でもとの村に戻っていたのだ。ポールのレポートはそれを受けて書かれたものである。

　本書の流れに沿って言えば、アドラなら、まず、遺体がみつからないことを問題視するはずである。埋葬しないと、チェンのままだ（アドラでは本書でみてきたように、ここまで明確にティポ→チェン→祀りあげ→祖霊という流れにはなっていないので、これはランギ的な「論理」だが）。せめてバナナの茎と一緒に、遺体のありかの土を埋葬しなければ、そしてルンベまで執行しなければ、チェンはムウォンジョを繰り返すばかりだ。

　また、もっとわかりやすいが、あまり報道されていない大きな問題として「割礼」の問題がある。この地域に住む民族、ギス Gisu は、割礼を行うが、それをとどこおりなく執行するためにはそれなりのトポス、文脈が必要とされるのである。

　もう少しじっくり調べれば、本書でみてきたような、数十年あるいは数百年の間に醸成された、人の営みによって構築された関係性の網の目が見えてくるに違いない。危険や被害がわかりやすい自然災害であっても、土地から切り離し、別なところに住まわせるのは容易ではない。外部には理解できない「論理」の束。私が本書で扱ってきたのは、そうした「論理」の網の目である。しかもこれは、網の目になってはじめて機能する「論理」だから、それぞれの「原因」と「結果」の1対だけをとりだしてもあまり意味がない。そういった意味でも、「原因」にせよ「結果」にせよ、あるカテゴリーの範囲での要素の切り離しや取り出しが大前提である（ごく普通の意味での西洋的な「論理的」）「因果関係」と並べて「非・原因性」を語ることは、不適当だったと言える。

　こうした「論理」を「論理」と呼ばない、といった立場からの批判に対しては、私は十分にこたえたつもりであった。春日［2004: 377］の言うとおり、アブダクションの代価が「実り豊かさ」と引き替えの「確実性の減少」であるならば、もともと「不確実」な、裏付けをとることができない「宇宙論」や「哲学」の研究からそれを排除することは、適切でも現実的でもない。

　これは、現地での体験的な状況から判断しても全く同じ結論に到達する。そ

663

れは、彼らの「哲学」「宇宙論」自体がじゅうぶんにアブダクティヴだからでもある。「オクムのティポ」は、セム・K・オフンビ、ACK、その他大勢の死や病の「原因」としてアブダクトされる。しかし、それぞれの事象には、「オクムのティポ」以外にも、埋葬の失敗、クヌの祭祀場の侵犯によるクランの「呪詛」ないし祖霊の祟り、ジャジュウォキなど、「思い当たる節」がたくさんある。措定される「結果」が複数あるだけではない。想定される「原因」も、数え切れないほど「思い当たる」のである。それらは、「原則」の束につきあわされ、観察されない部分も含めて推論される、きわめて豊かなアブダクションのアリーナだったのである。

　1人の人間の死、という現象は、他者のそれとは置き換え不可能な現象だが、かならず誰にでもふりかかるという意味では最もありふれた現象である。そうしたありふれた現象に対して、ありうる複数の物語の筋の中から、いかに特定の筋を選び出し、関連づけていくか。本書は、そうしたさまざまな要素と絡み合いながら紡ぎ出されていく解釈という営みを追っていきながら描こうとする試みだった。

　それは、別の語彙で言えば、人の営みが構築してきた関係性の中で生きる人々が厄災に直面したとき、どのような「原因」をアブダクトしているのか、その際に、ありえたはずのほかの可能性がどのように後景に退いて、どんなアブダクションが前景に押しだされるのか、それらを記述しようとする営みであった。それもまた、1つのアブダクションと呼ばれるのにふさわしい作業だったことは、間違いのないところであろう。

　今更言うまでもないことだが、優れた民族誌は、つねに深い洞察に裏づけられている。Evans-Pritchard [1937] は、以下のように書いている。

> 　……私はずっと、アザンデ人の信念が包括的に考察され、状況と社会的関係性のなかで解釈されたときには整合性があることを強調してきた。私はまた、彼らの信念が状況に応じて可塑的であることも示してきたつもりである。それらは一体的な観念の構造物をなしているわけではなく、諸概念がゆるやかに結合したものである。書き手がそれらを1冊の本のなかにもちこんで、ひとつの概念体系としてしめそうとすると、その欠陥や矛盾はとたんに明らかとなる。実際の生活の場においては、それらはけっして全体として機能することはなく、部分として機能するのである。個人はある状況におかれたとき、自分に都合のよい信念だけを利用し、異なった状

況であれば利用したであろうその他の要素を無視する。そのため、ひとつの出来事は、人によっていくつもの異なった、そして矛盾する信念を呼び起こすことになるのである。……

アザンデの諸観念は、生命のない博物館の陳列品のように並べられたときに矛盾してみえるだけである。個人がそれらを活用しているのをわれわれが見るとき、神秘的であるように思われるかも知れないが、それらの活用が非論理的であるとか、無批判だとさえもいえない。私はアザンデ人と同じようにザンデの諸観念を使ってなんの不都合もなかった。イディオムをいったん習得してしまえば、あとは簡単である。なぜなら、私たちの社会で、ひとつの常識的な概念が他の常識的概念に論理的に（reasonably）つながっているように、ザンデランドではひとつの神秘的概念は他の神秘的概念と論理的につながっているからである。……［Evans-Pritchard 1937: 540-541］

私は長島［2004a］のように、民族誌に（人類学）「理論は有害」［長島 2004a: 536］と言い切る自信はないが、このような記述を見ると、よい民族誌の記述は息長く残り、しかもくみ取るべき意味には限りがないように思われる。「理論」と呼ばれるものの浮き沈みを思うと、とりわけそう思う。それだからと言うわけではないが、私は理論的な部分よりも、できるだけ詳細な記述を残すことに腐心したつもりである。「テキスト」を多用した理由もそこにある。しかし、理論的なものがないわけではない（理論を全く持たない、などということは不可能である）。序章とこの総括を除くほとんどの部分、つまり民族誌的記述の部分では、理論的な語彙はほとんど用いることはなかったが、最終的な構成自体は「物語論」や「アート・ネクサス」論を経由してきたからこそ思い描くことのできる世界像であることはまちがいがない。そこまでに至る前半部分の「災因」の記述は、それらの理論化の誘惑から距離をとったものだった。ある意味では、長い長い前置きだったとも言える。しかし、その迂遠な記述なしには、第3部の「災因」が、相互に関係した絡み合いを描くことはできなかったであろう。理論に距離をとって記述し、その意味を「理論」で考える。民族誌にとって「理論」とは、そうしたあり方でもかまわないのではないかというのが、現在の私の考え方である。実際、理論家であり民族誌家である例をジェルも含め、シャープな理論的分析をする際にはきまって他人の書いた民族誌をもちいるものであることは私たちもよく知っている。これは、恣意の混入を避ける狙いもあるだろ

うが、一定の距離を保ちにくい、というような事情があるようにも思われる。
　冒頭で述べたように、本書では、私はまず、資料整理の方法としての「災因論」の可能性を検討してきたつもりだった。この方法は、ほかの方法と並べて比較検討した上で、自由に選択したものではない。そういった側面もあるにはあるが、ある意味では、さまざまな縁があって自然に私が絡みとられてしまったものだ。アドラがアドラ流の「災因論」に絡みとられているのと、そのアドラを分析する私が、「災因論」や「物語」論、「アブダクション」に絡みとられているのと、本質的にはあまり変わらないようにも思える。この枠組みでなかったら、フィールドで住み込む場所から、資料の収集方法や調査方法、また質問の仕方から現地の人との関わり方、果ては村での酒の飲み方まで大いに違ったものになっていただろう。本書では、「災因論」と「物語論」そして「アブダクション」それぞれの概念の強みを生かすよう、自由に用いてそれぞれの親和性を確かめてみた。本書は、そうしたやりかたで「パドラ」の宇宙論を「アブダクション」しようとし、「パドラ」を描こうとする最初の試みであった。

あとがき

　本書は一橋大学に提出した博士論文をもとにしたものである。原題は、「ジュウォギ jwogi、ジャジュウォキ jajwok、ティポ tipo、そしてラム lam の観念 —— ウガンダ東部パドラ Padhola における「災因論」の民族誌的研究」(社141号) である。2015年3月11日に学位授与された (社会学)。本書にまとめるにあたり、追調査での新資料を追加したほか、審査の過程でのコメントを生かし、大幅な加筆修正を行った。

　本書のあとに私に残された今後のテーマや課題は、本書のなかでも明示的なものがいくつかあるが、最後にあらためて今後の課題について、若干書いておきたい。

　第1は「双子」の問題である。本書の随所に「双子」の重要性を示唆する描写や表現が出てくる。本書では、私はその問題を直接検討することも、その問題を抽象度を高めて考察することも直接的にはしていないが、アフリカの「災因論」を語るときの「双子」の重要性を再認識したかたちとなった。将来、集中的に分析すべきテーマとして、今後の課題の1つとして挙げておきたいと思う。

　もう1つは、ミレルワとしてのジャシエシにもっと密着した資料が得られてしかるべきところだったが、本書ではそれは限定的なものになった。本書の資料からも十分うかがい知ることができるであろうが、あまりジャシエシとは深い関係を保てなかった。だいたいのジャシエシはサミア語を母語とし、エキセントリックなライフスタイルで、私の調査では十分なアプローチができなかったのである。こういったもっともらしい事情もないわけではないが、やはり私はシャーマニズム研究者ではなかったのだ、と遅まきながら気づかされた (周知のように、アフリカ研究では「シャーマン」の語彙はほとんど使わない)。この問題の深刻さは本書をまとめる段階になって改めて気づいたことであるが、本当に悔やまれる部分である。それは私の調査者としての限界であろう。しかし、調査者はフィールドとともに年をとる。私の場合、年齢を重ねることが非常に良い方向に向かっていると感じる。もはやムゼー (長老) として図々しさも身につきは

じめ、中年となった今は20代の若いころとは異なった対象社会、「パドラ」への参入方法ができそうだ。これもまた今後に期待することにしよう。

かつて和崎洋一は、一方的にものごとを乞われる「ニペ」から、相談を含む「シーダ」、相互に雑談する「オンゲア」、こちらからも頼みごとをすることができる「オンバ」、そして共同体の決定にまで参加できる「シャウリ」といった5段階にわけて表現したことがある［和崎　1977］。これは「対話」が一方的な段階から、双方向へ開かれた次元へと発展するさまをみごとに言い当てているものだと思う。どの段階なのか、など自分ではわからない。またそういうものでもなかろう。行程表を思わせるようなものとは相容れないように思われる。手段的なものばかりで調査地との関係はできているわけではない。調査、というより現地との関係が長期にわたった今、それ以外のことのほうがもっと多い。

第3に、本書で「呪詛」として述べた、年長者による年少者の非礼その他を規制する制裁装置については、よりいっそう展開する必要があると感じている。最後にアイディアだけ述べるなら、私は、ウガンダの近隣の民族と比べたときに、アドラのいわゆる「妖術信仰」が地味でおとなしく、統制された印象を感じさせることをずっと不思議に思っていた。また、「呪詛」に対する信仰は、その他の観念にひき比べても非常に根強いようにも思われた。「呪詛」については、類似観念が「聖書」にもあることもあって、教会からの弾圧はさほど経験しなかったようである。とすると、この「呪詛」の持っている社会統制機能が、アドラのなかでの妖術がらみのある程度の歯止めになっていたのではないだろうか。このことは「呪詛」の観念を共有する西ナイル、東ナイルの諸民族が、近隣バントゥほどには、人間供犠（human sacrifice）（日本ふうに言えば人身御供）など社会問題としてのオカルト暴力事件についての報告が多発しないという観察結果と平仄が合う。この問題は、今後、近隣民族との比較研究、そして「ウィッチクラフト法」の成立とその受容という別のテーマへの展開可能性を示唆するものであるかもしれないと考え、その調査を少しずつではあるが開始している。

本書の一部で、過去に出版された拙稿を改稿して用いた部分がある。また、学位授与されてから学位論文にもとづいて公表された論文もある。これらの論文の草稿にコメントくださった方々、そして、これらの論文を査読して改善策を提示してくださった方々にお礼申し上げる。

「起源伝承から『棍棒を携えた闘い』まで――ウガンダ・パドラにおける歴史と

あとがき

記憶」宮家準編『民俗宗教の地平』春秋社、413-431頁、1999年3月（序章　Ⅱ　2「アドラというひとびと」）

「ウガンダ・パドラにおける『災因論』—現地語（Dhopadhola）資料対訳編」『人間情報学研究』第14巻、31-42頁、2009年3月（序章　Ⅲ　2「テキスト」、Appendix I）

「ウガンダ東部アドラ民族における okewo の儀礼的特権—現地語（Dhopadhola）資料対訳編」『人間情報学研究』第19号、9-28頁、2014年3月（序章　Ⅲ　2「テキスト」、Appendix I）

「ウガンダ東部パドラにおけるトゥォ tuwo の観念—病いのカテゴリー88とその処方」『国際文化学研究』第46号、1-28頁、神戸大学大学院国際文化学研究科紀要、2016年7月（第1章「トゥォ tuwo— 病いのカテゴリー」）

「ウガンダ・パドラにおける『災因論』—jwogi、tipo、ayira、lam の観念を中心として」『人間情報学研究』第13巻、131-59頁、2008年3月（第2章「災因論」）

「ウガンダ東部パドラにおけるティポ tipo の観念」『人間情報学研究』第22号、29-59頁、2017年3月（第5章「ティポ tipo の観念」）

「ウガンダ東部パドラにおける「災因論」の民族誌—死霊と憑依、毒そして呪詛の観念（Ⅰ）」（協力：マイケル・オロカ＝オボとポール・オウォラ）『国際文化学研究』第47号、25-49頁、神戸大学国際文化学研究科紀要、2016年12月および「ウガンダ東部パドラにおける「災因論」の民族誌—死霊と憑依、毒そして呪詛の観念（Ⅱ）」（協力：マイケル・オロカ＝オボとポール・オウォラ）『国際文化学研究』第48号、77-109頁、神戸大学国際文化学研究科紀要、2017年7月（第8章「12の事例の検討と分析」）

「「伝統」を逆照射する—ウガンダ東部パドラにおける聖霊派キリスト教会の指導者たち」（協力：ポール・オウォラとマイケル・オロカ＝オボ）『近代』第115巻、1-43頁、2016年12月（第9章「聖霊派教会の指導者たちとの対話」）

「葬送儀礼についての語り—ウガンダ東部・アドラ民族におけるオケウォの儀

礼的特権」鈴木正崇編『森羅万象のささやき―民俗宗教研究の諸相』風響社、375-396 頁、2015 年 3 月（第 10 章「葬儀の語られ方」）

「あるポストコロニアル・エリートの死―ウガンダ東部パドラにおける埋葬儀礼の記録」『近代』第 116 号、1-74 頁、2017 年 9 月（第 11 章「あるポストコロニアル・エリートの死」）

「酒に憑かれた男たち―ウガンダ・パドラにおける『問題飲酒』と妖術の民族誌」『人間情報学研究』第 12 巻、17-40 頁、2007 年 3 月、及び「酒に憑かれた男たち―ウガンダ・アドラ民族における酒と妖術の民族誌」中野麻衣子・深田淳太郎編『人＝間の人類学 ― 内的な関心の発展と誤読』はる書房、15-34 頁、2010 年 3 月（第 12 章「葬儀の実際」）

「ある遺品整理の顛末―ウガンダ東部トロロ県 A・C・K・オボス＝オフンビの場合」『国立歴史民俗博物館研究報告』169 集、国立歴史民俗博物館、209-240 頁、2011 年 11 月（第 13 章「ある遺品整理の顛末」）

「ふたりの調査助手との饗宴（コンヴィヴィアリティ）―ウガンダ・アドラ民族の世界観を探る」椎野若菜・白石壮一郎編『フィールドに入る』100 万人のフィールドワーカーシリーズ第 1 巻、158-181 頁、2014 年 6 月、古今書院（Appendix III）

本書の刊行は平成 29 年度日本学術振興会科学研究費補助金研究成果公開促進費（学術図書）（課題番号 17HP5119）によるものである。本書のもとになる現地調査および、その資料の整理が可能になったのは、以下の資金のおかげである。記して関連諸機関に感謝したい。

「東アフリカにおける災因論―『問題飲酒』を手がかりとして」平成 8～9 年度文部省科学研究費補助金特別研究員奨励費（受付番号 5519）、文部科学省、「東アフリカにおける『民族』アイデンティティの形成史―ナイル系ジョパドラ社会を中心として」平成 13 年度笹川科学研究助成金（研究番号 13-054）、財団法人日本科学協会、「環ヴィクトリア湖畔ナイル系諸『民族』の生成と失敗した戦略―A.C.K. オボス＝オフンビの生涯についての語りを通してみた微視的研究」平成 14～16 年度文部科学省科学研究費補助金特別研究員奨励費（受付番号 11166）、文部科学省、「ウガンダ・アミン政権下における『大主教殺害事件』を巡る occult

あとがき

的言説の研究」平成 18 〜 20 年度科学研究費補助金（若手研究（B）、課題番号 18720245）、日本学術振興会、「水界に培われた生活知にかんする社会学的研究——ウガンダ・アルバート湖岸漁村と三重県熊野市漁村の国際交流による漁労文化の共有と編成」(研究共同者、2008 〜 2010 年度トヨタ財団研究助成プログラム、研究代表者：田原範子四天王寺大学教授、助成番号 D08-R-0256)、トヨタ財団、「現代アフリカにおける独裁者の虚像と実像に関する民族学的研究」(平成 22 〜 24 年度科学研究費補助金（研究分担者、基盤研究（B）、研究代表者：阿久津昌三信州大学教授)、日本学術振興会、「ウガンダ・アルバート湖岸の漁村に生成する共同性——移動と漁労に住まう人びと」平成 22 〜 25 年度科学研究費補助金（連携研究者、基盤研究（B）、研究代表者：田原範子四天王寺大学教授)、日本学術振興会、「ケニア海岸地方のスピリチュアリティおよび宗教性に関する人類学的国際学術研究」平成 23 年度〜平成 28 年度科学研究費補助金（研究協力者、基盤研究（A）、課題番号 23242055、研究代表者：慶田勝彦熊本大学教授)、日本学術振興会、「アフリカ妖術研究の理論を検証する——ウガンダの事例にもとづく微視的分析」平成 24 年度〜 26 年度科学研究費補助金（基盤研究（C）課題番号 24520912)、日本学術振興会、「「悪」として取り締まられる妖術、「悪」を取り締まる「呪詛」の人類学的研究」平成 27 年度〜平成 29 年度科学研究費補助金（研究代表者、基盤研究（C）、課題番号 15K03042)、日本学術振興会、「アフリカン・シティズンシップの解明——ウガンダ社会の動態とシティズンシップの関連性」平成 28 年度〜平成 31 年度科学研究費補助金（研究分担者、基盤研究（B）、課題番号 16H05664、研究代表者：波佐間逸博長崎大学准教授)、日本学術振興会。

　調査を開始してから、非常識なほど長い時間がかかってしまったので、本書を書き上げるまでにお世話になった方の数は多く、とてもすべては書ききれない。

　まず、自己満足にすぎないが、「何をしにきたんだ、こいつは」と多分今でも思っているはずのアドラの人々に感謝したい。とくに 1997 年からの現地調査で、ともにングリやムウェンゲ、コンゴの壺を囲んだ、飲み仲間たちに感謝しよう。30 年間の間にほとんどはこの世を去ってしまったが、彼らの霊にもこの本を捧げたいと思う。*Wey ater silwany me fouyo bachere parani, megani, wutumin ani, nyimerani, wotani gi nyir parani, tiyirok kodani munyo anitye ikisoma parani. Afouyo win swa.*

　調査助手マイケル・オロカ・オボ Michael Oloka-Obbo、ポール・オウォラ Paul Owora と出会うことがなかったら、本書の完成はあり得なかった。ありがとう。

671

また、調査基地となった、グワラグワラでの保護者とも言える、ラファエル・オウォリ教授とその妻マリー・ニャケチョ・オウォリに感謝する。次から次へと起こるトラブルのたびに、彼らが適切な助言をくれたことで、それぞれが深刻化することを免れた。アディン・フランシス、オシンデ・アキソフェル、アマリ・マクリナ、ワンデラ・メルキセデク、ジョセフ・オマディア、アレックス・オコンゴらにも感謝する。本文でも登場しているが、故人となったバジル・オケチョ、オウォリ・オダカにも多くを負っている。全員は挙げられないが、長老であった故シルヴェスター・オロー・オタバ、故レヴランド・キャノン・ミカ・オマラ、故エドワード・オボスをはじめとする、本書に登場する情報提供者にお礼の言葉を申し上げないわけにはいかない。本書は皆さんとのおしゃべりがなければ書くことができなかった。本文中ではシンボリックに「有刺鉄線」の内側と表現したニャマロゴでは、ACK の遺族であるゴドフリー・オティティ・ヨラム・オボス＝オフンビ、エリザベス・ミリカ・ナマゲンバの協力がなければ、本書の核となる議論はまったく構想できなかった。また本書に多数の貴重な写真を提供いただいたことにも衷心よりお礼を申し上げたい。また、本書の内容は意に沿わないかもしれないが、オボス＝オフンビの実弟である、ジョン・オティティ教授にも謝意を表したいと思う。

　私が人類学の道に足を踏み入れたのは、慶應義塾大学文学部に在籍中に当時非常勤講師だった吉田禎吾教授（東京大学名誉教授）の謦咳に触れてのことである。当時大学院の博士課程に在籍していた中西裕二氏（日本女子大学教授）のすすめもあって、大学院の授業にもお邪魔した。たぶん 1990 年のことだったが、現在でもそれが私の研究の原点であることにはかわりない。

　学部では鈴木正崇教授（慶應義塾大学名誉教授）のゼミで、人類学、民俗学、宗教学を学んだ。また慶應義塾大学大学院社会学研究科修士課程では宮家準教授（慶應義塾大学名誉教授）と鈴木正崇教授の指導のもとで文化人類学の研究をすすめることができた。当時は時代ものんびりしているところがあり、「自分がおもしろいと思うことを研究すればよい」という自由な雰囲気で研究できたことは非常に大きな財産である。もっとも、そのことも未熟な私の身勝手な考えだった可能性は否定できないが、当時の仲間が人類学だけではなく民俗学、社会学、地域研究、（変わったところでは詩人）など多様な分野に身を置いていることからも、その研究環境の自由度の高さは裏付けられているようにも思われる。

　同じとき、慶應の学部や大学院に出講していた波平恵美子お茶の水女子大学名誉教授、阿部年晴埼玉大学名誉教授、小松和彦国際日本文化研究センター教

あとがき

授、和崎春日中部大学教授、渡邊欣雄國學院大学教授、渡辺公三立命館大学教授、真島一郎東京外国語大学教授からも、非常に多くのものを学ばせていただいた。それ以外にも白川琢磨教授（福岡大学）など有形無形のお世話になっている先達たちが数多い。阿久津昌三教授（信州大学）は、前述の科研費を得た研究活動を通じて、私の執筆を励まし応援してくれた。

そののち、より東アフリカに特化した研究を深めるために一橋大学大学院社会学研究科博士後期課程に進学し、長島信弘教授（一橋大学名誉教授、中部大学名誉教授）、内堀基光教授（放送大学教授、一橋大学名誉教授）、浜本満教授（九州大学教授、一橋大学名誉教授）の指導を得た。浜本満教授には、日本学術振興会特別研究員（DC2、PD）としての指導教員として集中的な指導を受けた。その期待に当時は応えられなかった。ことによると、「逃げた」との印象をお持ちかもしれない。事実そういった面もあった。長島教授には、JICAプロジェクトの一員に加えていただいたりして（結果として私はお荷物となり、プロジェクトの成果には貢献できなかった）、大きな影響を受けた。その影響は本書にも色濃く認められるに違いない。長島教授には、驚いたことに、最終試験に臨席いただいた。このお2人が大きな壁として私の前に立ちふさがっていると同時に、道しるべであり、尽きない励ましの源でもあることは、本書をお読みになった方々には自明のこととなっていることだろうと思う。

1998年、ウガンダで縁あって出会った松田素二京都大学教授、河合香吏東京外国語大学教授と過ごした時間が、短かったけれど印象的だった。吉田昌夫教授には、学術的なことだけではなく、歴史の証人としてもウガンダ現代史をいろいろ教えていただいた。年齢が近い仲間として、平川智章さん、椎野若菜さん（東京外国語大学准教授）、白石壮一郎さん（弘前大学専任講師）、平田浩司さん、波佐間逸博さん（長崎大学准教授）、森口岳さん（東洋大学他講師）、大門碧さん（京都大学）、川口博子さん（京都大学大学院）などと一緒に過ごしたウガンダでの日々は、大いに楽しいものとして想起される。それ以外にも、栗本英世大阪大学教授、太田至京都大学教授、慶田勝彦熊本大学教授など、刺激を受けた研究者の数は列挙しきれない。

マケレレ大学では、エドワード・キルミラ教授（人文社会科学学群長）、オドイ・タンガ博士（現 the National Resistance Movement (NRM) 選挙管理委員会議長）、ジェーン・アルオ講師にお世話になった。とくにエドワードは、毎回私の研究に対して貴重なコメントをくれる重要かつ親切なメンターである。

2000年に私が精神を病んで倒れ、緊急帰国したとき、JICAと当時の在ウガン

ダ日本国大使館の方々に大変なご迷惑をかけた。当時の公使だった飯田吉輝公使夫妻、渡邊元治書記官、野田敏勝書記官はじめとする大使館の方々には、当事者の方々にしかわからない、また口にもしにくいような大変なご苦労をおかけすることになった。もはやどのようなかたちでもお返しのしようもないのだが、ここに改めてのお詫びとお礼を記すのは、私の義務であると思う。

2005年に私を偶然拾ってくれた最初の職場である東北学院大学の津上誠教授、佐久間政広教授、佐々木俊三教授、伊藤春樹教授には、2009年の神戸大学への転出に際してもご迷惑をおかけしたが、理解を示していただいた。

現在の職場の同僚であった神戸大学の吉岡政徳教授（神戸大学名誉教授）、また同僚である柴田佳子教授、岡田浩樹教授、窪田幸子教授、齋藤剛准教授には、有形無形の励ましとプレッシャーをいただいた。

本書のもととなった学位論文の審査を引き受けてくださった岡崎彰一橋大学教授（当時）は、事前の想像を超えるきめ細かさで私の執筆を励ましてくださった。また同じく審査に当たってくださった春日直樹教授、足羽與志子教授は、論文に丁寧に目を通してくださり、的確な質問と今後につながる豊かなコメントをくださった。いただいたコメントのなかには研究姿勢に関わる大きな指摘も多い。簡単なことではないが、生かしていかなければいけないと切に思う。風響社の石井雅さんには、まだ大学院生のころから折に触れ気にかけていただいていた。いまはもうたぶんない、新宿の『龍馬』という居酒屋でごちそうになった夜のことは忘れられない。今回も出版まで一連のことで数年にわたりお世話になった。

もちろん、言うまでもなく、本書の欠点はお世話になった諸先達や友人・知人に帰せられるものではなく、すべて私の責任である。以上に挙げたように、多くの錚々たる、と言ってよい方々にお世話になりながら、改めなければならないことばかり思い当たるのは、忸怩たるものがあるが、その未熟さをいつか克服したいものだ。自分の限界も身にしみるほどよくわかった作業だった。

最後にごく私的なことにも触れさせていただきたい。

2014年7月の終わりに突然この世を去った原田しげ子さんには、カンパラ滞在中に大変お世話になった。ちょうど今年だけは、この本のもとになる学位論文のまとめのために会えそうもない、という連絡をしたばかりだった。1997年以降、毎年夏には必ず会っていたのだ。とくに調査のはじめのトラブルが多かった時期にお世話になった鉄本一義さん、合田嘉之さん、笹岡雄一さんにもお礼を申し上げたい。

あとがき

　本書のもととなる博士論文執筆が山場にさしかかっていた2014年7月はじめ、父義實が逝った。その数ヶ月前、「貴様の博士論文はまだ書けないのか」という内容の電話を調査先の気仙沼市で受けたことをよく覚えている。それが多分音声として聞いた最後の言葉となった。父に博士論文もこの本も見せることはかなわなかった。見せても「調子に乗るな」とか文句を言ったに違いないが。

　最後に、あまりに身内に過ぎるが、本書執筆時にさまざまな点で理解を示してくれ、身近で支えてくれた研究仲間でもある家族、田原範子と年若い友人、田原弦喜に謝意を示すことをお許しいただきたいと思う。うまくいかないときも、あなたがたの存在が支えだった。ありがとう。

2018年2月1日　鶴甲にて

附錄

Appendix I
第 2 章と第 10 章で扱ったテキストのアドラ語版

第 2 章のテキスト[1]

1 霊（*jwogi*）

……An pama achowo oro piero awichiel.

Jomani jotyeko tho aka joman fuodi jonitye. Jo jotho nger tho mupokere opokere paka, silimi, two twilo, musuja, tho amwora, tho ayira, tho jwogi, tho aneka, tho amwora jwogi, dhano odere ithol, tho tiyo, tho lihera, tho neko, tho paro, tho lami.Q1: Ango makelo tho me jye?

A1: Tho amwora, bedo ri lifuoli ma dhano nitye gine. Paka lifuol muchakere choni.

Q2: Lifuoli no bedo paka ango? Kosa ango ma kelo lifuoli no?

A2: Gima kello lifuoli me bedo paka Bura, Jwogi ma mito Achowa pecho, Dhano kosa ji majo tho chon aka fuodi Lumbe pajo ko nyali timo. Odoko nyalo bedo ni ipecho no nitye iye tipo.

Q3: Inyalo botho kosa gengo nedi lifuoli me?

A3: Igeto udi adeki mathindho thindho. Udi no igeto kodi yien okango aka i umo kodi lumi achil. Idier udi no ichomo iye tong manitye gi lewe lewe aryo, gwendi bende ithumo to ikiro remo mere i udi no. Iwiyi udi no ichomo yer Gwendi ma o thumi kenyo. Bedo gwendi adeki, kodi diegi aryo. Diel achiel imiyo jathieth(jayath), achiel ichamo kenyo. Diel ma ochami kenyo, ringo mere kidoki gine pecho. kongo bende ikelo. Ikiro kwong ji, man imadho kodi kenyo. Gime jye itimo ka ilwongo dhoki jwok mi geto rigo Bura. Mararyo, jwogi man bende inyalo dhiro adhira wok wok to neko dhano.

Q4: Jwogi ma idhiro me idhiro nedi?

A4: Ngat ma dhiro jwogi me kidho pa jathieth me makuro jwogi pecho pere. Jathieth me

---

[1] このテキストは専門的な言語学的なチェックを経たものではないことを付言しておく。表記方法は、ネイティヴである助手の書いたままであり、改善の余地は少なくない。

附録

amadhiro jwogi kama oori ye to neko dhano.

Q5: Jwogi adhira me ibotho nedi?

A5: Ngata odhiri rigo jwogi bende nyalo kidho pa jathieth mani bende ma nyalo nwango atonga mu dhiri iye jwogi rigo. Jathieth nyalo mako jwogino to wango kosa dok gine to timo yath ma botho ngata oido two jwogi. Jothieth me meni pajo bende pokere. Jo megi jotek loyo wadi gini man ma ka jo tyeko mako woko jwogi to jomiyo yath magengo jwogi man dwoko pecho no.

Ka obedo jwogi paka apa ngata otho woko aka kodwok pecho, bende inyalo kelo lifuoli aka ichowo ama, ikelo jayath ama omo go woko kama opondo iiye.Ka iyengo otte kano ywoyo yath adwoka munyo lwongo nyingi pa ngata otho no. Ka onwango to mako to ketho iya agono to tero i ot mugeti ri jatho no. Ka otundi iot ikidho ityendi siro kama otweyi iye nyath gweno machol. Itedo kwon gi ringo, gweno bende ithumo to itedo to ichamo gi iioti kenyo. Kongo bende ikelo to ikiro i ot kenyo. Ka obedo jichwo, iyawa Agono moryewi no kandelo adeki orumo to ka Dhako chowo ndelo pere angwen to nyaka bende iyawo.

Q6: To kinen oyawi agono no mafuodi ndelo no korumo, ango manyalo bedo?

A6: Jwoki doko nyalo ngwech woko to kadho idudi aka ripere d oko wo omi chien.

Ka oedo lifuol ma wok kwong lumbe, (chowo liel) mafuodi kotimi, Iripere timo aka bedo ama, jupecho jye ju chokere munyo Musika ma pecho ama telo jo. To joyiko gigipiny je ma mitere kodi ndelo ma chowo liel no. Gigipinyi me bedo paka, dhiang ma thwon (Male bull) me michowo gine liel pa jachwo, to ka obedo liel pa dhano madhako, ikelo dhiang ma nyakusi. Diel ripo bedo ma muworo ri jachwo, kodi gweno. Ka obedo jachwo wodi gweno to ka obedo dhako, mini gweno. To ka obedo apa nyathi, ichowo gi diel gi gweno.

Ijie, kali ma kongo kodi kwon ripo bedo. kongo idwoyo ngeri adeki, matanga, ma rusiro / judongo, kodi ma ji jye.

Ka kongo me je ochiek, matanga imadho ma tichi abich[2] othieno ma yawo lumbe, matipini wijo imadho i mukaga othieno ma i lamondo wodho gine jwogi pa jatho woko. Konge maluwo kwonge me jye kimedi aka ma Sabiti imondo jiengo ayiga mani woko idie dipo, nyimi dhioti me bende kikowere gine kamani. Jowendo nyaka jobino kodi konge pajo gi gweno, ringo, moko kwoni to itimo mbaga ma chowe, ichiemo,

---

2 　字義どおりには「5番目の仕事」、つまり金曜日のこと。

680

medho to ikedhere. Yawere mere[3], ikedho oti pa jatho. Meno chowo liel orumo.

Q7: Diel ma muworo me itimo nedi?

A7: Diel ma muworo me itweyo ityendi dero kano muworo pa jatho jomadho kongo ma nende omiyi jo. Igoyo rijo fumbo kodi tongoli aka jomielo. Idier miel no ama muworo pa jatho kwale to kidho yudho diel to chako ngwech gine. Yongeyi go ka, jopecho pa jatho gi wade pere joringo munyo joriemo dhano mobedo muworo pa jatho moyudho diel no ka jotingo ludhe ma goyo jal meno ma oyudho diel. Ka omaki go, igoyo go ka iwacho rigo ni "Wawinji rin bende". Ka ngati meno moyudho diel me tyende obedo mateki to both to kanende tyende konyalo konyo go matek igoyo go matek swa.

Q8: Ja muworo timo nedi diel no?

A8: Dok gine to thumo ot chamo aka doko kidwoki kenyo chuka Lumbe rumo.

Q9: Irango diel me ikwale akwala gine?

A9: I Kwale akwala gine ma botho kwo rupiri ni iyindira aka muworo perin otyeko tho amumiyo ji jogoyin, jolamere yo ngeyini ibende itho.

Q10: Jadwongi nende iluwo kwong jwogi paka bende inyalo kelo tho pa dhano to jwogi me neko jo nedi?

A10: Wan Padhola wayeyo ni jimawani ma jotho fuodi jo kwo kodi wan riameno ka wachayo jwogi pajo jo bende jo moja nyalo mwonjo dhano/nyatoro to joneko.

Q11: Ngeri chayi ango manyalo kelo jwogi neko dhano no?

A11: Marapena, bedo abeda chowo liel (lumbe), Kunyo kaliel pa ngato tho meno oweyi aweya ameno ma kugoyi simiti[4], kosa ogoyi simiti ikaliel man man to iweyo megi makonyali goyo simiti. Jwogi me luwo aluwa woki kwong ngata omako go wogi. Kabedi konyalo luwo, inyalo kidho pa Jathieth ka imito ngeyo nger jwogi me. Ka otiek ngeyo, itimo gima jwogi ooro jo timo to rumachen mere to ngato bedo maber.

2 *tipo*

Tho amwora odoko nyalo bedo i pecho manitye tipo.

Q12: Tipo me bino nedi?

A12: Tipo me nyalo luwo dhano munyo ngato won amuneko nyawote.
Tipo me nyalo bedo ma onek dhano kabothin kosa ma nende iwotho gine to ineko go.

---

3 tich achiel「第1の仕事」、月曜日を指す。曜日の名は大文字で始めるものもいるが、それも英語に合わせてのことであり、ここでは小文字でイニシアルを記す。

4 cement の転訛、墓をセメントで固めること。

附録

Q13: Inyalo chowo nedi tipo me?

A13: Tipo me ikwanyo pecho gi rombo macholi kodi gweno macholi to itero isaa no yogeri pangata oneki kosa ma ineko.

Dwoko tipo me bedo wori, ka owoki dwoko, jono meno ma jowoki timo tich me jokingiyi isa yochien kama jowoki iiye kosa yongeyigin.

Q14: Ka abedo ni tipo me ochowi aka fuodi ngata tipo timo go ko nyalo bero. Ango man ma inyalo timo?

A14: Inyalo kidho pa jathieth ma timo yath ma gengo tipo dwoko bothin kosa both dhano perin manitye kodi tipo.

3 毒 (*ayira*)

Q15: Jadwong, to nende itito ye ran ni nitye ngeri tho ma ilwongo ni tho ayira. Tho ayira me bino kosa bedo nedi?

A15: Tho ayira me bino ingeri me, me bedo kunyo dhano moro omiyo nyawote yathi ma rachi maneko go/dhano omwonyo kosa ochamo to donjo iiye. Gimarach me inyalo miyo go/dhano moro jye ichiemo, imedho kosa ipii amadha.

Q16: Yath marach maneko jo me bedo paka ango?

A16: Yath marach me nyalo bedo tyendi yath moro, deli kwong ogwang kosa ringo ogwang kosa bende nyalo bedo ringo winyo moro.

Tyendi yath marach paka kwiri, ringo winyo paka mbuluku kodi agaki, ringo ogwang paka ochulu.

Q17: Ango ma miyo dhano yiro nyawote?

A17: Marapena, nyalo bedo dakirok kosa iger, nyeko padhano gi nyawote kodi paro marachi kwong nyawotin. Joman inyalo nyewo anyiewa jo ma yiro wadi jo.

Q18: Ayira me inyalo botho nedi?

A18: Inyalo botho ka jatwo okwaki go pa ja taak ma timo yath to ngoki/ingoko woko yath no, kosa inyalo dyewo woko yath ma nitye iiye/iiyin. Ayira man bende nitye mabothere paka kidada kodi ringo mbuluku. Ayira mani bende nitye ma dhano chomo yath ityendi nyawote kosa jowo lowo ma tyendi nyawote, mani chomo yath idhi ot kasa indelo man bende iketho ikomi padhano munyo mito nike nyawote otho. Meno ilwongoni jajwok.

4 「呪詛」(*lam*)

A19:.Lami bedo ama, bedo munyo dhano gimoro mwonjo amwonja go pa jwogi. Ngat meno makidho tho no taro atara wange munyo kirini.

Q20: Ango makelo lami?

A20: Wok kwong chay mamakere kodi yeti. Mararyo kwero miyo nerin kosa wayin gima go mito bothin. Doko nyalo bedo ka dhaw obedo idier wutumere kosa nyimere ma pecho. Ngata achiel muwinjo nge nyalo lamo nyathi nyawote. Gikipiny agoya ka nyiri onywomere bende kelo lami ka kunyali miyo go diel kosa dhiang.

Q21: Nga ma beri omiy go diel kosa dhiang?

A21: Marapena, bedo omin in ma winywolere gine iripo miyo go dhiang ka nyarini onywomere. Marario, bedo neri nyako, omin min nyako mu nywomi bende iripo miyo go dhiang. Maradeki, Wayi nyako no bende iripo miyo go diel ka nyako onywomere. Ka omiyi go diel wachi moro jye ngoye to kako omiyi go diel, go nyalo lamo nyako no munywomere to rumachen mere to bedo gi chandirok inywomirok pere kosa nyalo neko go kosa nyathi pere. Marangwen, nyamin yokimere nyalo bende lamo go ka komiyi go diel agoya.

Q22: Diel agoya me woki kune?

A22: Diel agoya kosa dhiang wok kwomi lim ma onywomi gine nyako no. Tho man manyalo bedo pa lami wok kwong giradha jo.

Q23: Giradha jo me ayango?

A23: Giradha jo bedo diel kosa rombo ma nyathi manyako mutyeko nywomere woki gine pecho pere to tero ri adhamere. Adhamere thumo to chamo gine mbaga pere ma nywol.

Q24: Ka gime kuteri, Ango matimere?

A24: Ka nyathi manyako munywomere kutero, nyalo chiero go nywol kosa kada ka onywol, nyalo neko nyithindho pere.

Q25: Nithindho manyiri kende ama inyalo lamo jo?

A25: Bee to kiri nyithindho mayachi bende inyalo lamo jo. Nyithindho ma yachi bende inyalo lamo jo ka bedi nende jobedo kodi timi pajo marach ma onyutho chayi iwangi jome, omin bamere, wayime/wayere mere, nyamin/nyimin yokimere, neri mere/neyere mere kwari mere/kwarere mere odoko irumaditi mere ka ochayo ngat moro jye matelo go kosa ngat meno mobedo pa janywol pere. Ngeri lami no kelo tho pecho. Chay no bedo paka, yeto jomo kwani jo malo no kosa goyo jo, thwono jo gimoro ka okwayi go.

Q26: Meno kende anger chay ma nyalo kelo lami ri nyathi ma jiyachi?

A26: Chay man doko manyalo kelo lami ri nyathi ma jiyachi angeri chay me, marapena, kanende nyathi ma jayachi pa silwany marachi ka omako dhako pa neri mere to loko

683

paka dhako pere, mako wayi mere, mako chipa omin bamere, mako nyamin yokimere kosa mako adhamere bende kobedo gimaber. Riameno, ngeri chay me jie kelo lam ma woki iye tho. Giman madoko nyalo kelo lami aya kinen ni jiyachi omako okewo pere kosa nyakewi mere.

Q27: Lami me won aya ango?

A27: Lami obedo wach ma ikwayo gine ri ngat meno motimo gima rach nwango teko.

Q28: Lami ilamere nedi?

A28: Lami ilamere kinyoro munyo ngati ma lamini wotho kinyoro ka luwere munyo kwayo rin nwango teko. Lami man bedo ama, jalami kidho iwiyi kalieli kinyoro to nindo tarotaro, man jalami lunyo nanga pere mapinyi(okutu/oselo) pere to kidho gine iwiyiriete motho, jalami man wodho tong maliendi ngato otho choni to kidho chomo iwiyiriete, jalami man nyutho nyathi pere kinyoro pere. Gikipinyi mukwanere malo no jye woki iye tho.

Q29: Lami inyalo botho nedi?

A29: Lami ibotho gi chuli munyo ngati ma ilamo miyo ngat meno malamo go gimoro mago mito to iyiko go to bothi.

Q30: Chuli me ichulere nedi?

A30: Chuli me ichulere munyo jodongo ma pecho, junono jobedo to jofuonjo ngat molami gi jalami ni kula no kosa kite no joweyi aka doko ikirowey omedere.

Q31: Iyiko ngato meno ma olami nedi?

A31: Ngati meno ma olami go iyiko munyo jalami miyo madho pii ipari chinge, ikiro kwonge kongo to mako rigo nyathi gweno.

Q32: Yikiroki me iyikere kune?

A32: Yikiroki me iyikere inyimi dho oti pa jalami munyo ngati meno molami bedo munyo wiro diengeye ri dhooti pa jalami. Ka ngati meno molami oayi idho oti pa jalami, doki pecho pere makoneno yo ngeye, ka go ongiyo chieni meno nyutho ni fwodi lami koyikere......

Appendix

第 10 章のテキスト [5]

1 死の知らせ

Q0: Ango matimere kadhano otho?

A0: Marapena, ka dhano otho irieyo go, ilwoko to iruko rigo nanga pere maber, igoyo nduri to iriemo buli. Okewo tingo kasiki ma moko mach woko. Imiyo go gweno ma goyo ikasiki no.

2 埋葬儀礼

Q1: Buli gi nduri me igoyo rango?

A1: Gikipinyi me je igoyo manyutho ji ni dhano otho. I piny Padhola ka, ka dhano otho maromo oro apar kodi aboro kadho malo meno itero jo je ikabedo pa jodongo riameno dhano meno motho ripo tieko ndelo aryo i oti pere to nyaka iyiko go.

To ka inen jatho no maromo oro achiel tundo oro apar nga abiryo meno ikwano go ikifo pa nyathi riameno ripo ni wotyiek ndelo achiel kende to iyiko. Ka hongo matho me otundo wade pa jatho jokelo sukini matari mayiko gine go. Ori monywomo kenyo nnyiewo suka gi bulangiti. Yachi gi nyiri majonigi pecho ma jatho oweyo, joyiko junywoli pajo gi diel kosa gi dhiang. Ka jatho obedo majachwo, nyimini kosa wutimini joyiko go gi diel kosa ggi dhiang. Ka jatho oweyo dhaing bende ithumo iliende.

I piny Padhola ka wanitye gi nonini pyero abich nga aryo, nonini me jonigi kula mupokere opekere makada paka yikirok kotundo kisi nono wiyi ngiyo thenge mopokere opokere makada ka ipyielo jo iburi, chwo ipyielo jo ichingi jo marachami aka moni iyielo jo ichingi jo marachuchi.

Nonini megi wiyi jo ngiyo yo podho chieng aka man yo woki chieng, man jongiyo samia. Giranena paka nono koyi katandi ma wiyi jo ngiyo yo podho chieng, Nono Biranga owinyi ma wiyi jo ngiyo yu malo kodi Nono Gemi……

3 「リエド」儀礼

……Jopadhola jonitye kodi gima ilwongo ni liedo

Q2: Liedo obedo ango?

---

5 Q0、A0、Q12(0)、A12(0) は、本論では省略してある。

附錄

A2: Ipinyi Padhola ka, ka dhano otho, itero hongo maromo ndelo adeki kosa angwen ma kulwokere. Wegi pecho kodi wade pa jatho jie jo tyeko hongo no je mafwodi jokolwokere. Cheng me je kidho ama;
Kanende jatho obedo jachwo, ityeko ndelo adeki to, ka obedo dhako bende ityeko ndelo angwen mafwodi kulwokere. I pinyi Padhola ka, ka dhano otho, iparo ni obedo lifuoli moro amomiyo ji jokonjo buru kosa lowo iwiyi jo munyo ikwongere gi yamo muneko ngato.

Amomiyo indelo ma pido, mafuodi ju nono gi jogeri jie joko bino, jupecho wegi jo kidho lwoko woko chilo gi buru mukwongi gine yamo muneko jatho munyu ikonjo itipin wiyijo indelo ma yikiroki.

Ka otyeki lwoko woko chilo madeli kwong gi wichi jo, okewo ma jayachi kosa ma nyako nwango kamweso to jolielo woko jomapecho no majowoki lwoki ma wiyi jo je inyalo nyara kosa ichido woko je.

Jopadhola jo nigi yeyo ni dhano ka otho to iyiko piny, yeri wiye ama telo oyi meno ama omiyo bende jolielo wiyi jo. Aka meno ama ilwongo ni ndelo ma liedo.

Q3: Gikipinyi ango ma itimo indelo meno ma iliedo iiye?

A3: indelo me ma iliedo iiye, jupecho jie jokidho isaa lwok munyo okewo kwango jo karagono jo jie jowero wer ma nono pa jatho. Ka hongo otundo munyo joma jowoki lwoki jodwoko pecho pa jatho, ingwecho angwecha aka iwero ka igoyo buli.

I hongo meno ama okewo ma'pecho no tingo pii ma lwoko ji meno majokonwango silwanyi makidho lwoki kodi isaa majodong pecho. Okewo bende tingo luthi maluwo gine jomowoki lwoki me je majotelo go aka go won dong chen. Tundo pecho, jono meno manende jowoki isaa lwoki joripo thoko oti pa jatho ka obedo jachwo didki to ka dhako dingwen. Ka ithoko oti no, okewo ripo kuro jomowoki lwoki no je kodi idho oti pajatho. Woki kenyo, idonjo ka iwero weri ma nono pa jatho.

I hongo meno sawano okewo manende oweyi go chien yopecho kome otieko thumo gweno gi oti,obudho gi oti to tedo chiemo no matera bedo kwon. Gweno kodi ringo dhiang kodi I aka kotundo ichamo mere bende je ichamo kodi I oti to rumachen mere ka otyeki chamo chemo mere, boke kiri gi choking mere je kiwodhi isawa no.

Ka otyeki chamo chemo no, jomanende jodonjo iot je jowoki to jokidho yowiy jatho (kaliel) meno akama ibedo pinyi to ilielo iye wiyi ji je manende jolwokere kodi jono meno jie monwango jokengi majokokidho lwoki isaa……

4 後継者と後見人

......Ka liedo ma wiyi ji jie orumo,wegi pecho matera bedo jonono makennyo kodi jogger medo kodi jupa ochi jatho jobedo pinyi to jachako luwo kwong gima okello tho. Idier luwo no, itito tiendi tho ngeri mochakere gine woki itwo tundo isawa machowe matho. Kameno fuodi madere, idier luwo no ama imedere kunyo itito hongo pere ma go ochowo ipinyi ka, gigipinyi pere mago oweyo paka lowo,dhako kosa chwore, nyithindho, dhoki pere kodi gi man man. Kenyo iyero nyathi pere achiel ama iketho (musika) ngati ma lunjo lim ma jatho oweyo. Musika pa jatho ma jichwo benede bedo jichwo kosa ka obedo madhako bende bedo dhako.

Q4: ka obedo ni ngati ma ku nywomo kosa kunywomere " musika" pere woki kune?

A4: ka ngat meno mafuodi kunywomere kosa kunywomo, musika pere iketho omin kinen obedo jayachi kosa nyamin go ka inen obedo dhako.

Ka ineni obedo ngata onwango otyeko nywomi aka ongoye gi nyathi, Musika pere iketho naythi pa omini jatho no.

Ka obedo ngat meno monwango tyeko nywomere aka ongoye kodi naythi, musika pere iketho nyathi pa nyamin kosa apa omini go.

Ka inen obedo jachwo mutyeko nywomi to onywolo nyiri kende kende Musika pere iketho nyathi pa omini jatho ma obedo jayachi.

Ka inen obedo dhako bende ka onywomere to nywolo yachi kende kende, iketho nyathi pa nyieke.

Q5: Ka obedo ni jatho ongoye kodi nyathi, omin kosa kiri gi nyamin go Musika pere bedo nga?

A5: Jonono joyero janono achiel to bedo misika ma pecho no.

Q6: (Musika) Jalunji limi pa jatho iketho nedi?

A6: Ngati meno ma ileketho Musika imiyo go komiI ma nyathukithuki majatho oweyo to bedo iiye. Imiyo go tong pa jatho, ludhe, abiro, kwot gi gigipiny mani mani ma jatho onwango oro to weyo. Go imiyo go *meni* ma kuro gigipinyi me je inyingi jatho. Gikipinyi me jie okewo ama miyo go ka onyo kwongo go ni oluwi aluwa kula pa jatho iwangi junono.

Q7: irango iketho Musika?

A7:Musika iketho ma kuro limi ma jatho oweyo kodi chuli banjini ma jatho ka ineni onwango banjini moro go oweyo chien odoko bende kibanja banjin pa jatho ka ineni onwango nitye ngata go banja go woko ipiny ka mafuodi jokwo.

687

附録

Musika bende ripo nywom ri yach ma jatho oweyo jo kodi poko jo lowo.

Q8: Musika kende ama nyalo kuro limi ma jatho oweyo?

A8: Musika kende kinyali kuro limi pa jatho kwanyo woko go bedo gi jakonyi pere milwongo ni (mukuza).

Q9: jakonyi pa Musika me a'nga?

A9: Jakonyi pa Musika nyalo bedo omini jatho kosa nyamini jatho ka obedo dhako

Q10: Tichi pa jakonyi me aya ango?

A10: Tichi pere riwo paro gi Musika kanyavhiel to timo gimotire matiro pecho pa jatho. Ja konyi me bende nyalo lunjo dhako pa jatho ka kuro nyithindho ma jatho oweyo ma thindho. Mukuza bende kuro lowo ka ineni nyithindho pa jatho fuodi jothindho.

Mukuza bende iketho go ihongo meno ma iketho iiye musika to kende go kimiyi go komi meno ma nyathukithuki gi tongi pa jatho.

Musika gi mukuza jie imiyo okewo kwongo jo to imiyo jo pesa moro mathin kunyo iwacho ri jo ni; "Jowonyali oro pesa me manyiewo gine gimoro makuro pecho no." Aka okewo ka otyeko kwongo jodongo aryo me je, Janono achiel bende imiyo go meni ma lamo/kwongo okewo gi miyo go pesa munyo wacho rigo ni; "Kidhi inyiewi gweno makuro jopa neyini ka jobino yokoro."

Ka kwongi orumo, okewo kwanyo Musika kodi Mukuza to rwako jo kidho chamo chiemo ioti pa jatho. Ka hongo no otundo, jomodongi woko jie gipi bende imiyo jo chiemo to ichamo mbaga to ikedhere.

Jono meno ma jobedo juma pecho, kosa wade pa jatho kutho jodongi ye chien ma hongo mandelo manoki noki maromo sabiti achiel kosa aryo kunyo jokuro kaliel chuka itimo kongo ma jowo buru mafuodi inindo aninda woko.

(Kuro kongo kasiki) – Okewo ma timo tichi ma liedo imako rigo gweno kosa ka gweno ongoye imiyo go pesa maromo nyiewo gweno.

Q11: Ango manyalo bedo ka bedi ni okewo kumiyi go gweno kosa pesa?

A11: Ka bedi ni kunyali miyo okewo mutiyo no gweno kosa pesa, meno miyo go lifuoli ka odoki pecho ngeri lifuoli no bende nyalo mieno go……

5 「喪」(pido) の禁忌

Q12(0): Meno kende agima timere ka dhano otho?

A12(0): Padhola ka dhano otho, gigipinyi man man nitye ma kitim; Paka furi kifuri chukka imadho kongo ma pigi wangijo kosa mwenge ma pigi wngijo kosa dichieng megi katichi omore, ireyo tanga ilewi kweri (kwe) to ji jochachoko furi ka yikirok orumo.

Q12: Tanga me obedo ango?

A12: Tanga me obedo kaali ma kuchiel ama irego to iwiro ilewi kweri mayeyo ji kidho chako tich indelo pajo.

Q13: Irango kifuri ka dhano otho chukka itimo tanga?

A13: Yochien watieko luwo kwong dhano ma otho paka bedo achile kwong dhano ma pecho, riameno jupecho jo winjo gi remi kengi dhano pajo achiel. Amumiyo jo kikidhi indelo timo tichi moro je.

Kifuri kende ama kifuri ka dhano otho, to dhok bende kinyiedhi. Ka dhok jo nywol, ma nyithindhi gin fuodi thindho, igonyo nyithindhi rochi to jo dhoth nono. Gime timere chukka ichowo yikirok.

Q14: Irango kinyendhi dhoki ka dhano otho?

A14: I hongo ma dhano otho pecho, thwolo ma kidho nyiedho ngoye doko siem je ongoye. I Padhola nitye nono paka Jopanyirenja, jotero dhiang paka kwer pajo aka riameno jo kinyiedhi dhok kadhano otho paka kwer.

Gigikipiny mani bedo paka yweyo oti ma oriey iye jatho kodi udi mani jie chukka indelo ma liedo.

Indelo ma liedo no okewo ama yweyo udi, diedipo kiri gi fumbirin. Udi, diedipo kiri gi fumbirin be kiyweyi rupiri ongoye kony ma lonyo. Ngatini kiruki, Nangini kiwiri, ji jokilwokere aka meno je ma timo kweri ma nya'padhola.

I Padhola odoko nitye gigipiny man ma timere paka donjo I udi paka nyathi ma jayachi ka ido otieko nywomo bende kidonj iot pere chukka iliedo kiri gi dhako pere kidhire bothe chiengin ka janywol pere otho.

Onyo nyathi ma nyako bende mutieko nywomirok ka janywoli pere otho bende kidok pecho pere chukka dwoko mukola. Kada ka go okidho pecho pere kidonji iot themi ka lanindo, Nindo ifumbiro.

Q15: dwoko mukola me ango?

A15: Dwoko Mukola me bedo ama; Nyathi ma nyako mmunywomere kidho pecho pere to tedo kwon gi ringo kodi gweno to tingo chiemo mu chiek ka tero yo thugini chiemo no.

Chiemo me ichamo idier oti pa jatho no. Dichieng megi ka nyatth ma nyako me nyalo dwoyo kiri kongo bende tingo tero to imadho yo thugin koro.

689

附録

　　Ka nyathi manyako mu nywomere bori tingo moko pere gi gweno to nyiewo ringo to tedo yo thugin koro.

Q16: Jadwong nende iwacho kwong kongo kosa mwenge ma pigi wangi jo. Gime timere nedi?

A16: Mwenge ma pigi wangi jo me bedo mwenge midhingo ka hongo moro machieki otieko kadho chukka yiki jatho ri jodongo gi monidongo ni jowomadhi machowo ywaki. I madho gi atonga ni chiengino oido waywaki onyo pama ywaki otieko rumo. Wiyi ji wowili gi jatho rupiri otyeko kadho onyo chaki kisangala.

　　Mwenge me ka ochieki imondo madho go odikin mangich. Ka ikidho jyengo mwenge, igalagasa ma nyutho chako kisangala.

　　Ka ineni matooke ongoye madhingo mwenge me, idwoyo kongo ma bende imadho gi atonga achiel paka mwenge.

　　Ka mwenge kosa kongo me otyieko chieki, ikiro mani ikalieli, mani iwiro ilaki kwe ma ifuro gine ma ketho ranyuthi ma yeyo ji chako furi kosa tichi indelini pajo.

Q17: Irango siyo Mwenge kosa Thingi kongo ikiro I kaliel?

A17: Jopadhola jo nigi yeyo ni ka ji pajo otho fwodi jono jobedo gijo to joma kwo jokineni amomiyo mwenge me kosa kongo me ikiro ma miyo jo bende jochaki kisangala gi joma kwo.

Q18: Irango Mwenge kosa Kongo me imondo madho odikin mangich?

A18: Mwenge kosa kongo me imondo madho odikin rupiri paka nyoro ji jodongjo nindo gi gutti kodi paro ma remi, aka Mwenge kosa kongo me obedo machako kisangala amimiyo imondo gine odikin ngeyi dhano jie ochaki ndelo manyien gi kisangala.

　　Mararyo, odikini no ama nwango ji manyoro jonindo ikalieli fuodi joko ayi jokedhhere.

Q19: Kongo kosa Mwenge ma pigi wang jo me nga matimo?

A19: kongo me jopecho kodi jogger jo chokere kanyachiel to joyiko ngeri ma dwoyo. Kongo kosa mwenge ka joyere to joyero ndelo ma madho.

　　Okewo tongo matooke ka obedi mwenge me kosa chielo moko kiri gi dwoyo kongo. Ka mwenge ochiel, okewo ama twomo; to ketho riji amadha. Ka obedi kongo, okewo ama muro pii to jiengo kongo ri ji. Medho me jie imadho idier diodipo odikin.

　　Ka medho me ma pigi wang jo otyiek madho, kenyo iyeyo jii kidho indelo timo tichi pajo. Nyiri munyuwomere bende iyeyo jo dok pechini pajo……

6 「灰を集める」儀礼

Q20: nende iwacho kwong wach ma jowo buru, gime bedo nedi

A20: jowo buru me bedo ama; kadhano otho, imoko mach idie dipo ma ji bedo ka jo oyo ka jo kuro kaliel. Mach me bedo a oya. Kitedi gine / iye.

Ka dhano otho iye, okewo won ama omo yen muthwo idudi to moko mach indelo meno madhano otho iiye.

Indelo meno ma otyek yikirok, imiyo okewo gweno to goyo ikasiki no to bulo imach no to chamo. Nger gweno me jopecho jokicham. Mach me ibedo ka I oyo tundo indir ma ila jowo woko.

Ka ndiri otundo ma jowo mach kosa buru, okewo bako moko. Ka moko ochiek to ichielo to idwoyo kongo. Ka kongo ochiek, ichako madho worn dir maditi bedo I mukaga aka ma sabiti imondo wodho woko daki no to doko ijiengo kongo man ma jodongo inyimi dhout pa jatho to imadho.

Indelo ma sabiti no ama jogger gi wade jo bino kodi kongo pajo to bende jo jiengo to jomadho. I hongo no ineko diel kosa dhiang to ichamo mbaga.

Q21: Kongo ma neko mach me idwoyo kune?

A21: Paka lumbe, kongo ma neko mach bende idwoyo ayigini adeki jie iot pa jatho.

Q22: Ka ijowo buru itimo nedi?

A22: Buru ma ijowo me bedo buru ma kasiki ma ido ioyo idier dio dipo pa jatho.

Ma mukaga wor ijiengo kongo mma dio ot, kongo me imadho yawo piny ma ndelo ma sabiti to imedho kano ji wero gi kisangala. Mafuodi piny kuchoti (keko), okewo jowo woko buru idier dio dipo kiri gi yien ma yido ti liel to kidho konjo woko bor gi pecho idudi to dwoko to wodho woko dak ma nyoro ojiengi wor to konjo woko thingi.

Okewo wodho dak kongo man manyien to jiengo inyimi dho o tidier dio dipo. Kongo me imadho gi kenyo ma kikow chukka rumo. Okewo bende jiengo kongo pere ikama nende ojowo iye buru gi nyathi gweno pere bende imiyo ma kisewila go.

Mafuodi jogger jokochokere, okewo yweyo ot kiri gi dier dio dipo jie. Ka ji otieko chokere okewo jiengo rigo kongo to jo madho. Munyo tichi pere bedo muro pii kodi konjo I kongo. Ka medho me orumo, meno otiek jowo buru nyaka jupecho jo donjo I udi pajo nindo gi chiego thigo gi ma udi man mani ma dier dio dipo no.

Q23: Irango ijowo buru?

A23: Yado chon ma judongo, buru oyido kijow aweya kenyo to mukula won mol gine chukka rumo.

691

附録

To pama buru ijowo rupiri itero paka yuk ma kocho dier dio dipo, ber okonji woko aka ji jo mito ni wiyi jo owili kodi ngat ma otho.

Q24: ka bedi ni nyathi mathin otho mach bende imoko aka ijowo buru?

A24: Jopadhola jo tero ni nyathi mathin ka otho sawa man kinyali moko moko mach rupir itero paka malaika (fuodi kotegino) riameno kiri ywaki bende samani kiywaki be.

Riameno buru ongoye ma ijowo rupiri go fwodi onwango ongoye gi chain pa jono meno ma jotegino; riameno lumbe bende kinyal timo piri ot bende ongoye. Ka otieki yiko jatho no meno kende akare.

Q25: Irango ot pa jatho I chiego ka otieki jowo buru?

A25: Ot pa jatho ma otyeko nywom kosa mutyeiko nywomere ki chiegi ka fuodi ngata achiel kwo to inyalo chiego ka ji aryo jie jo tyeiko tho. Ka oyido nyithindho nitye mathindho to jobedo pa wade.

To ka ji aryo jie jo tyeko tho, oti ichiego munyo jupadhola juworo jwogi me iyawo jo kosa iwodho jo woko to jokadho bothi wadi gini munyo oti pa jatho ikedho woko……

Appendix II
アドラ・ユニオン（Adhola Union）、Tieng Adhola
に登録されているクラン一覧

1. ロリ・ムスグヤ Loli musuguya
2. ニイレンジャ・チャック・チェウォ Niirenja-chak-chewo
3. ラモギ・ワンゴロ Ramogi-Wangolo
4. ベンド・ゴリア Bendo-Goria
5. コヨ・アララ Koyo-Arara
6. デ・ムブルク Dde-Mbuluku
7. ジエップ Jiep
8. ニャケノ Nyakeno
9. ナミ Nami
10. パゴヤ Pagoya
11. コッチ Koch
12. パレメラ Palemera
13. パニャングウェ Panyangwe
14. コイ＝カタンディ Koi-Katandi
15. コイ＝パワンガラ Koi-Pa' Wangara
16. アモ＝ムグル・カヨロ Amo-Mugulu Kayoro
17. アモリ＝カセデ Amor-Kasede
18. アモリ＝パセニャ Amor-Pasenya
19. アモリ＝ポラミ Amor-Polami
20. アモリ＝ティキディエギ Amor-Tikidiegi
21. アモリ＝ポリアング Amor-Poriang
22. キジュワラ＝ウォダクゥイヨ Kijwala-Wodakwoyo
23. アモリ＝カグル・アドゥンド Amor-Kagulu Adundo
24. ビランガ＝ニャコンゴ Biranga-Nyakongo
25. ビランガーオウィニイ Biranga-Owinyi

附録

26. ゲンベ Gembe
27. モリワ＝グマ＝マラソンギ Moriwa-Guma-Malasongi
28. モリワ＝スレ Moriwa-Sule
29. ニャポロ＝オランギ、オリゴ、ニャフォンド Nyapolo-Orangi, Oligo, Nyafwondo
30. ニャポロ＝オグレ Nyapolo-Ogule
31. オジライ・ディブウォロ、パラキ Ojilai Dibworo, Paraki
32. オジライ・ディブウォロ Ojilai Dibworo
33. ジョロモレ Jolomole
34. オルワ＝ラパ Oruwa-Lapa
35. オルワ＝デンバ Oruwa-Demba
36. オルワ＝ルシ Oruwa-Lusi
37. ラクウゥリ Lakwari
38. ジョパラガンギ Joparagangi
39. クプケシ Kapukesi
40. カソワ Kathowa
41. ジョパムウォリ Jopamwoli
42. バシギニイ Basiginyi
43. バセンゼ Basenze
44. バグング Bagungu
45. バダカ Badaka
46. カルウォック Karwok
47. カテケコ Katekeko
48. ララカ Raraka
49. バラゴ（ジョウィレゴ）Balago(Jowilego)
50. ンガーヤ Ngaya
51. バケンゲ（ジョウィケンゲ）Bakenge(Jowikenge)
52. カボサン Kabosan
53. ゲミ Gem（ゲミは、2006年になって認定された）

Appendix III
2人の調査助手との饗宴

1　夜道でスタックした夜

　殴り合いが始まるのではないか、と助手席にいた日本人同行者は身を縮めていた。彼はウガンダははじめてだ。雨上がりの夜道でスタックしたランドクルーザーを大勢で押してくれた酔っ払いの1人が、私たちが謝礼を払わず逃げるのではと、空いていた窓から手を突っ込んでランドクルーザーのエンジンを切った。このことが運転手のデヴィッドを怒らせているのだった。デヴィッドとは、たぶん10年来のつきあいだ。

　道半ばになってデヴィッドが告白したことなのだが、そのランドクルーザーはバッテリーに深刻な問題を抱えていた。1度エンジンを切ったら他のバッテリーの助けを借りないとエンジンがかからない。相手は酔った勢いで高額な謝金を要求し、デヴィッドも立ち往生の責任はエンジンを切った村人にある、とゆずらない。平行線の怒鳴りあいが続いていた。デヴィッドはガンダ人なので、英語での口げんかである。自動車のバッテリーが切れているので、ヘッドライトがつかない。エンジングリルには、暗くなりかかってきたときに途中のトレーディングセンターで購入したキャンプ用蛍光灯ランプがくくりつけられているが、ほとんど用をなしていない。ほぼ真っ暗闇での口論。道端の茂みに目をやると、蛍がクリスマスツリーのようにぴかぴか光っている。

　私は携帯のわずかな明かりを頼りに、そのもめごとを平然と眺めていたらしい。後から聞くとそのことは同行者をかなり驚かせたらしい。だが、私はまず、酔っているとはいえ、ウガンダの人々がこういった場合に短絡的に暴力に訴えることがほとんどないことを知っていた。それと、私は待っていたのだ、先ほど村においてある車ですぐに迎えに来る、と言っていたから、まもなく着くはずである。私が全幅の信頼を置いている現地調査での「守護神」とも言える、私の調査助手たちである。30キロほど先の「我が家」で私の帰りを待っていたはずの彼らと、携帯ですでに連絡はついていた。

　果たして、まもなくすると湿った滑りやすい泥道を注意深い運転でセダンが

695

附録

接近してきた。調査助手は、酔った村人の群衆の中から自分の遠い親族を発見するや、それをまず無理矢理味方につけ、それを手掛かりに和解点をまとめ上げ、まだ不満そうな酔っぱらいたちをてきぱきとさばいて、私にも適切な指示をした（要するに「謝金」の額と支払い相手をこまかく指定した）。結局自動車は翌日まで近くの屋敷地においておくことにし、いたずらをされないよう、見張りを雇って車内に泊まり込ませることにした。パワーウインドーも閉じないのだ。遅くはなったが助手の運転で、その夜は「我が家」に帰り着くことができた。

* * *

　2通の発表原稿が、いま私の手元にある。ポール・オウォラとマイケル・オロカ・オボという2人の調査助手が書いたものだ[6]。ナイロビにある、日本学術振興会研究連絡センターで開催された国際ワークショップ[7]で発表するためにつくった原稿である。ポールは前日のバイク事故のため（軽傷だったが）、予定していた長距離バスでのナイロビ入りを直前で断念した。私も参加予定だったが、パスポート紛失という考えられないトラブルのため、出席できなかった。結局、実際にワークショップで報告したのはマイケル1人だった。

　遠慮のない表現はあるものの、私とのおおむね良好な関係が描かれているので自己宣伝のようで、私は紹介するのを当初躊躇した。しかし、そのことを当人たちに相談すると私のそうした逡巡は助手たちには奇妙にみえるらしい。「悪いことをしていても、それを誰がしていることか、広く知られることはいいことだ、とわれわれは考えているのです」とFacebookでつぶやいている。「トランスパレンシー」(透明性)、「アカウンタビリティ」(説明責任)という語彙をこの文脈で用いるのはどうかとも思うが、それもまたかれらの立ち位置なのかもしれない。ここではその原稿を引用しながら、私と調査助手たちの調査の様子を描き出してみたいと思う[8]。

2　続く失敗

　よくもわるくも私の調査の多くは偶然に支配されていた。ウガンダの村でアドラ民族を調査することは決めていたが、細かいことはまったく決めていなかった。

　フィールドワークの方法論については、村に入るかどうかに大きく左右され

6　Owora［2016］、Oloka-Obbo［2016］として後日出版された。
7　Approaches and Methodologies of Field Research in Africa、2011年9月1日〜2日。
8　助手たちの論文は池内梨紗氏（神戸大学大学院）に訳してもらった。

ることは多くの先輩たちの体験談から想像していた。こんなことはこれから調査を始める研究者たちにはおすすめできないが、まったく無策な状態だった。現地情報はほとんどなかった。外務省アフリカ二課に電話してたずねると、在留邦人は3名、大使館は1997年に仮に設置されるが、業務開始はもっと後になるとのこと、「大丈夫ですか」と心配された。

　最初の研究計画は、「アルコール依存症」「アルコーリズム」というラベルに替えて、社会的に相対的な「問題飲酒」という概念を提唱する研究に触発されたものだった。現象および言説としての「問題飲酒」と、アフリカ宗教研究の分野で知られていた「災因論」[9]の考え方を無理に接合した不格好なものだった。

　ウガンダに渡航し、首都カンパラのマケレレ大学に到着しても、何も決まってはいなかった。

　研究計画に研究対象として書いた「精神科医」や「施設」もウガンダでは一般的ではないことにすぐに気づいた。現在ではまた別のやり方があると思うが、最初の調査で医学の専門領域でフィールドワークをすることは現実問題として難しかった。日本医療機関における調査でもそうだろうが、それなりの専門的コネクションと手続きが必要とされるからだ[10]。仮にうまくいったとしても、主に都市にいる専門家たちを相手に調査することを中心的課題に据えることが必要で、当初の計画からずいぶん異なったものになってしまう。「村に住む」ことを最初からドグマ的な前提にしていた私にとって、それは困ったことだった。

＊　＊　＊

　エヴァンズ＝プリチャードの『アザンデ人の世界』のような民族誌をいつか書きたい。そのころからの私の夢である。民族誌は、ある特定の集団の親族関係から生業や経済活動、政治体系、法体系、宗教、芸術などを含む全体を描き出そうとする報告書だが、『アザンデ人の世界』は、西欧的には「非合理」と考えられていた妖術の観念を切り口としてアザンデ人の世界観を描き出していた。そこには、妖術がいかにその社会のなかで実用的に機能しているかが活き活きと丹念に書き綴られている。彼の報告は、哲学者たちを巻き込んで、西洋的「合理性」が通文化的に真かどうか、あるいは相対的なものなのかを見直す「合理性論争」を誘発した。

　「妖術」とか、政府向けの研究計画に書いたら「嫌われるで」と言ったのはスーダンを研究している先達のコメント。日本にいたときにもらったコメントだっ

9　長島［1983］。本書29頁「序章」註1を参照。
10　波平・道信［2005］。

附録

た。村に住みこむことは決めていたので、「妖術」と書かずに研究計画を書き直さなければならなかった。調査許可を申請するための研究計画書は、マケレレ大学のゲストハウスに何日かこもって仕上げたものだった。社会調査研究所を通して書類を申請したが、毎日なしのつぶてであった。

　2週間ほど催促に通ったが、まったく動く気配がない。研究所の帰りに寄ったバーで1人の紳士に出会ったことで、私の住む場所はとんとん拍子に決まった。調査許可も、驚いたことにすぐに下りた。それは、住み込むことになった小屋の主が、たまたま政府の科学技術評議会の副議長だったことと大いに関係があると思われる。

　しかし、最初の調査は、健康を害して失敗。4ヶ月で帰国した。約半年後に再開はしたものの、人間関係もふくめて環境に適応するのがやっとで、方針がまったく立たない状態だった。

　調査前の予想はある程度当たっていた。「問題飲酒」を起こしてしまうのも村落社会の論理では妖術・邪術、死霊の祟りなどだった。医療費が払えない、ということもあるが、むしろ妖術の論理が徹底されていて、「問題飲酒」はおろか「アルコール依存症」というラベルもふくめ、近代医療の出る幕はほとんどなかった。予想外なほど、彼らは精神的な理由で病院には行かないのだった。それは、村落社会の論理では内心その原因と治療方法は自明だったからだ。ところが表面上、村の人々の態度は対照的だった。WHOやUNICEF、世界銀行など援助機関の調査に慣れた彼らは、生活改善と迷信撲滅に熱心だった。少なくとも表向きはそうみえた。妖術に代表される村落社会の論理が表立って語られることはなく、「妖術はもうない。あれは昔の迷信だ」と口を揃えた。現在も実際に行われている伝統的な埋葬の手続きについて尋ねても、「次第にわかるようになるさ」と言うばかりでインタヴューに応じてくれない。たまに応じてくれると、とんでもない破格の謝金を要求するのが常だった。1999年に日本学術振興会の特別研究員の資格が失効し、研究費が底をつくまではおよそ出口がみえないままだった。[11]

　一時帰国したときの先達の言葉に結構縛られていたと今になって思う。ある先達が、「言語がある程度できるからといって助手を雇用しないのはよくない」と助言をくれた。「エリートはやめておけ」とも。だから大学関係者に紹介してもらうことは考えていなかった。そのときの助手は村ではいちばん英語ができ

11　この研究のブレークスルーについては、梅屋［2005］。

る程度のほどほどのエリート。だから彼の目は村を見ていなかった。関心がそもそもないのだから調査にもさほど協力的だったとは言えない。

　研究費がつきても、村に暮らし始めて丸1年経つころには適応には成功していた。ようやく快適に生活できるようになってきたところだったので、そのタイミングで帰国して他日を期すのはいやだった。何とかウガンダでの滞在を長期化させようと、かなり無理をして長島信弘教授がプロジェクト・リーダーをしていたJICAの「貧困研究」のプロジェクトに関わらせてもらうことになった。それは従来の特定の指標をもちいた数量的な調査ではなく「貧困」を地域ごとに様態の異なるものと考えてその実態を解明しようとする質的な研究だった。自分でたてた研究計画ではないとはいえ、チャレンジングなこの計画で大いに気負っていたものだったが、しかしなんとそれも失敗。今度は精神を病んでの中途帰国で、かなり深刻な事態だった[12]。

3　再起を期して

　JICAのプロジェクトには貢献できず、足をひっぱった格好となったが、私は多くのことを学んだ。そのうちの1つがインタヴューの録音を書き起こしてテキストとして起こす作業を調査の中心に据えることであった。日本で調査をしていたときにはそうした方法を重視していたのに[13]、なぜかウガンダでその作業に着手はしていなかった。自分はこの分野の素人なのだと言い聞かせるあまり自らリセットしてしまったのかもしれない。先人たちもこぞってテキスト作成の重要性を訴えていた。

　私の現地語の能力では、正確な逐語的な録音の書きおこしには無理がある。どうしても現地語のできる調査助手が必要だった。そのころにJICAで長島教授の調査助手の紹介で出会ったのが、ポールである。名門マケレレ大学の卒業生だから、スーパーエリート。「エリートはやめとけ」という先達の助言は無視することになる。それまで3人ほどの村人に手伝ってもらったがいずれも長続きしなかった。

　以降毎日の調査が助手との議論になった。それが私の調査を大きく特徴づけた。彼の専攻は社会学・開発学・経営学。その後、ポールの紹介で、同じマケレレ大学の社会学出身で社会学・地理学・宗教学を専門とするマイケルが調査

12　このあたりについてもっと詳しく知りたい向きは、以下の文献を参照されたい。梅屋［1998a,1998b, 2005, 2007b, 2011b］。

13　梅屋・浦野・中西［2001］。

附録

チームに加わった。調査がシステマティックに進むようになり、書きおこしと翻訳の量が膨大になってきた。数えてみると長短あわせて調査助手は合計 8 人を数えた。調査基地には最大で 4 名の調査助手が同居していたことがある。

ここからは、民族誌家らしく、先の発表原稿を適宜引用しながら私たちの調査を再現してみよう。厳密な引用をした部分で、ポールの原稿からのものには P、マイケルからの部分には M の記号を付すことにする。

4　調査助手との出会いと関係の深化

この私たちの出会いは、ポールたちにはどう見えていたのか。ポールは次のように書いている。

> 「マケレレ大学の社会科学部と研究協力を実施していた JICA のスタッフから、日本人の博士課程学生と仕事をしないかという打診があった。私が、その学生が研究対象としているトロロ県を中心に住んでいるアドラ民族出身で大学在籍時に社会学を専攻していたからである。彼はウガンダ科学技術評議会、そして大統領執務室からの調査許可を持っていた。
> 　始めのころは、初対面でもあり、私たちの間には信頼と言えるものはほとんどなかった。共に働くにつれて親密さは増していき、いまでは、メールのやりとりをしたり、互いにいろいろなことを知らせあったり、わからないことをたずねたり、といったやりとりをするようにまでなった。仕事ばかりではない。プライヴェートな生活に関する冗談も言い合った。私は自分の宗教生活について話した。その人は当初、私にカトリックに共感的であると言っていたが[14]、後には日本の伝統的な宗教に関する写真を数多くもってきてくれた[15]。」[P]

日本の祭りの写真にあんなに関心を示すとは思わなかった。また、ここでは触れられていないが、日本の音楽にも興味は示したが彼らの趣味にはあわなかったらしい。

自分が知りたいこと（かれらの文化や伝統）については貪欲に根掘り葉掘り聞く

14　私は、職場も含めると、現在まで計 12 年間ミッションスクールで過ごした。そのうち 8 年間はカトリック・ミッションだった。

15　当時学生を引率して合宿を張っていた恐山例大祭や、遠野祭り、青葉祭り、竹駒神社の祭典など仙台を中心とした東北の祭りのものだろうと思われる。

くせに、彼らが知りたいことに対し、あまり貢献していなかった点に気づき、反省したものだ。
　一方マイケルも、つぎのように関係の深化について言及した。

> 「当初、私たちの関係は研究に限られたものだった。宿舎でも私たちは少し距離を置いて暮らしていた。日本人はアフリカ人の調査助手を信用しないと考えてもいた。しかし、現在の私たちは研究を成功に導くために互いに助言を求め合う兄弟や仲間のようなものである。」[M]

　もっとも、当時の彼らには就職口がなかったので、調査助手の仕事について経済的な意味を第1に見出していたのは事実である。
　「毎回ウガンダを訪れるたびにわれわれを雇って謝金を支払ってくれたので、やりがいがあった。大学は卒業したものの定職には就いていなかったので、資金的にも生計を立てていく助けとなった」[P] と、ポールもそのことは大いに恩に着ているようだ。
　しかし、調査助手のつとめについて、マイケルは次のように書いている。ここにはたんなる経済的なものを越えた何かがふくまれているように思われる。私が彼らを「守護神」と呼ぶゆえんでもある。まったく偶然のことだが、私は実にいい調査助手に恵まれた。調査助手にもマニュアルがあるとすれば、それはきっとこんなふうになるに違いない。

> 「研究者はとかく誤解されやすい。私はウメヤ氏を地元の地方行政官たちと、私たちが住むことになっていた村の長老たちに紹介した。そして出身者として、文化的規範や習慣、言語を教える役割を担った。特にコミュニティの人々と調査で関わり、彼らから得られた情報を翻訳するのが私の重要な役目だった。当時から現在に至るまで、彼にとって私は村での案内役である。その土地の出身者である調査助手は研究の成功や情報の信頼性、そして研究者の安全のためにきわめて重要で、「門番」のような立ち位置にいる。オピニオンリーダーによる介入や扇動があったときなどは、調査の正当性を現地の人にもわかるように説明してデータを適切に守らないと、集めたデータを台なしにされかねないことがあるからである。」[M]

附録

5 調査範囲の拡大

　1997 年に最初の調査をはじめたとき、私は運転免許を持っておらず、自動車の運転もできなかった。JICA プロジェクトに参加していたときにも、運転手としての働きを期待していた長島教授はかなりがっかりしていたようだった。長島教授の調査方法を実地に観察することにより、私は大いに刺激を受け、広域調査（といっても私の調査地での移動はせいぜい数十キロの範囲内だが）の有効性について考えさせられた。運転免許を取得したのは、2001 年のことだった。

>　「私たちはこの調査研究を、トロロ県西ブダマ郡のすべての準郡にわたって実施した。選挙区としては、ブダマ北選挙区とブダマ南選挙区にあたる地域である。彼は、すでに人類学では一般的な、質的な性格の調査研究の代表的な方法のひとつである参与観察を採用し、人々と共に生活して、文化や慣習を学びながら、研究に取り組んでいた。質的な側面を重視したアプローチを用いたこの方法をもちいると、質的研究の目的、研究者の役割、研究の段階、そしてデータ分析の方法が明示的であれ暗示的にであれ、あらわれるものだ。」[P]

　ポールは、調査範囲が拡大したことと調査方法が充実したのは、社会学者である自分と出会ったからだ、と胸を張る。

>　「社会学を知っている私と出会って、ずいぶん変わったところもある。私は、社会学を学んだ者として、研究成果を完全なものにし、成果を意義深いものにしようと、この研究プロジェクトに、スノーボール抽出法による、キー・インフォーマントへのインタヴュー、FGD（Focused Group Discussion）つまり特定の話題についてグループで議論する方法を導入した。
>　方法論も変わり、サンプリングなどもするようになって、調査対象となる話者の範囲は広がっていき、アドラ民族全体をカヴァーするほどになった。このことは、はじめ自転車を用いていた彼が自動車を使用して移動するようになったことにも大きく関係しているが、ガソリン代や車両借り上げ費などの出費が増大したことも事実であった。調査助手に対する報酬もかさむので、より多くの研究経費を獲得できればもっとよかっただろう。
>　ヴォイスレコーダーを用いてインタヴューを録音し、ノートに書きおこした。調査が進むにつれて、調査の対象や項目は見なおされ、よりよいも

のに改善された。テープの録音からミニディスク、VHS ヴィデオ、そしてデジタルヴィデオカメラへと、時間を経るごとに機材はかわった。」[P]

ただし、映像やこうした記録媒体など、現地で見慣れない調査機材が、調査の中でコンフリクトを生んだこともある。「私たちの調査が政府の犯罪調査と関係しているのではないかという疑いを話者たちに持たせてしまった。特に質問が厳しい質問だったときには、こうしたことがあった。たとえば、「他人を殺害してしまったときに、その争いごとを文化的に調停するにはどうするのですか」[16] などと聞かれると、ヴィデオがまわっている最中にはとくにこたえにくいし、説明しにくいものだ。それが、犯罪者の犯罪を立件する証拠として使われるのではないかと考えられたのである。」[M]

それだけではなく、機材の使用方法をめぐって口論になったことは何度かある。村では貴重だったテープレコーダー用のアルカリ乾電池をミュージックテープを聴くことで「浪費」(私から見ると) するので、あらかじめそれを見込んで町で余計に仕入れておく必要があった。デジタルヴィデオのバッテリーの録画可能時間を事前に正確に伝えなかったために録画途中でバッテリーが切れて撮影が継続できなくなり、叱責されたこともある。しかし、象徴的なのは、ポールがよく覚えているという 1 件である。

> 「私は 1 つ覚えていることがある。チームのメンバーの 1 人で、アーサーという、自分を国際的人物と自負する男がいた。彼は許可を得ずに勝手に車両を使った。これは当然こちらが悪かったのだが、そのことに対して、彼は激高したのだ。私はウメヤが大変腹を立て、ほとんど青白くなって怒っていたのを思い出す。」[P]

要するに、自分の出身の村の親族に、こんな上等な自動車の運転を任されるぐらいの大物なんだぞ、おれは」と自慢しに帰っていたわけだ。彼らに写真やヴィデオの撮影を任せると、どうしても自動車を被写体に選ぼうとする傾向がある。

今でも、車両の使用権についての考え方や、ガソリンの「節約」という考え方については、ときどき「あれっ」と思わされるような出来事がある。彼らと

---

16 アドラには、殺人などの深刻な敵対関係を解消するために「骨齧り」という和解儀礼が知られている。本論での議論を参照のこと。

附録

共通理解を構築するのは難しい。

6 方法論についての葛藤と調査の実態

　非常に困ったことだったが、エスノグラフィーの方法は当時のウガンダの教育・研究の現場ではまったく存在していなかった。多くの社会学者はWHOや世界銀行、国連などの国際機関の委託調査を行う関係上、テーマにも偏りがあり、方法論についても数量的方法が幅をきかせていた。特定の政策を推しすすめるアリバイとして数値がどうしても必要だからである。

　また、マケレレ大学出身の彼らは、いわばスーパーエリートでしかも地元出身だから、内容はすぐにチャート式に理解できてしまう。私の最初の仕事は、彼らにいかに語りのコンテンツを要約せずに、ディテールを残したまま逐語的に書きおこす、ということの意味を理解してもらうことだった。

　マイケルに言わせると、次のようなかたちで調査は進められた。長くなるが、われわれの調査の雰囲気をよく伝えていると思われるのでそのまま引用する。

　　「調査を通して私たちは多くの話者にインタヴューをした。特に60歳以上の高齢者を、ジェンダーをある程度考慮に入れながらインタヴューした。何年間も継続して行ったので、私が知っている他の研究者に比べたら、数が多い。ときには同じ話者のもとを何回も訪れて、「オロカ＝オボ、お前はまた同じことを聞きにきたのか」と言われてあきれられることもあった。こうした出来事から、研究対象とするコミュニティ内の話者の目には、私たちが関心を抱いているものは単調でつまらないものとして映っていることがわかる。一方で私から見ても、すでに知っている内容であり、聞いている時間を長く感じてしまうような同じ回答には飽き飽きすることもあった。

　　私たちの行うインタヴューはあまり構造化されたものではなかった。私たちが尋ねる質問は、回答者の話す内容によって変化した。中には忍耐強さと調査技術を必要とする回答もあった。彼は臨機応変にインフォーマントに聞くトピックを変えていくこともあった。例えば、あるときフィールドへと向かう途中、ビルマで日本軍と戦った高齢の男性（第2次世界大戦を経験した）と会った。そうした出来事は彼の研究テーマと直接関連のあるものではなかったが、興味を持っていたようである。

　　収集されたデータはアドラ語（Dhopadhola）に書きおこされた後、英語に

訳された。ウメヤ氏は、調べた内容を要約することを嫌った。研究を行うフィールドから得られた情報はすべて、インタヴュー中に行われた質問を含む形式で1つ1つ記録された。そして彼は書きおこされ、翻訳された情報を読み込み、それらから鍵となるアドラ語の概念を取り出してわからないところを尋ねた。宿舎に戻ったあとで、彼が私にいろいろ尋ねるのが通例だったので、調査助手である私も話者はどのようなことを語ったのかを十分に理解していなければならなかった。

現地の言語であるアドラ語の学習に関して言えば、ウメヤ氏は、この研究テーマを理解するにあたって、その基礎になるのが文化的概念であることを強調していた。現地語は文化理解の鍵となる概念であった。研究対象とする人々が持つ規範や伝統といったものを理解するため、言語と語彙を学ぶことは研究の目標を達成するために不可欠である、とたびたび強調した。

ウメヤ氏は私たちが研究対象とするコミュニティが行う伝統のある文化的な行事に認められて参加し、先代の大主教であるヨナ・オコス（Yona Okoth）からオコス・ヤコボ（Okoth Yakobo）という名を授けられており[17]、コミュニティの多くの人々からその名で知られていた。実際にアドラ民族の文化行事にも積極的に参加していた。たとえば、埋葬と最終葬送儀礼、双子儀礼、神への感謝を捧げる収穫祭などである。このことは、コミュニティのなかで関係を深め、「現地人」(アドラ人）として認知されることにもつながった。

ウメヤ氏、つまりオコス・ヤコボの調査方法論は、マケレレ大学の社会学部や多くのアフリカの大学において重視されている手法とは大きく異なっていた。社会学の分析は主として統計に基づくものであるべきとされていたが、ヤコボの行う調査においてはそうではなかった。彼の行う調査研究は量的研究の理論的枠組みに拠るものではなくて、質的研究のそれだった。

彼が関心を持つトピックも、多くの社会科学者が取り扱うものとは大きく異なっていた。一般的には、HIV/AIDS、貧困、経済成長や環境問題といった現代的かつ新しいテーマを多くの社会学者たちは取り扱っている。

私たちは、例えば妖術や雨乞い、呪詛、アドラ民族の文脈における不幸

---

[17] これは正確ではない。オコスの名を授けられたのは「アドラ」すなわちモーゼス・オウォリからであり、ヤコボの名前はマリー・ニャケチョ・オウォリによる命名である。

附録

といった伝統的な行事や思想に関する情報の収集を行った。こうしたものの中には関連し合っているものもあった。1度、村で有名な雨乞い師を訪ねたとき、その人物は雹を伴う嵐や雷で私たちを殺害すると宣言したことがあった。彼は、そのようなインタヴューを行う私たちに対して、調査許可の正当性を問いただすとともに腹のすわり具合を試したのである。ご存じのとおり、雨乞い師たちは通常、干ばつの季節には拷問に掛けられ、民衆からリンチされ、殺害される者もいる。最終的に私たちは助けてくれるよう願ってその場は引き上げたが、ヤコボの指示で、日を改めて再び訪れなければならなかった。私は人生を危険にさらすような問題に集中したくはなかったのだが。

しかしながら、私たちはこの男と話をして、なんとか信頼関係を構築し、秘密を条件に情報を聞き出すことに成功した。

ある特定の問題にかんして長い間関係を維持すると、信頼関係をつくりあげることができ、自由に開かれた環境で話し合うことができるようになることに私は気づいた。観察していると、状況や事態、背景やその環境における当事者の行動のどちらかまたはその両方を深く理解することができるものである。」[M]

信頼関係に関わる最後の部分は、ここではインフォーマントと調査チームについて述べていることだが、そのまま調査者と調査助手についても当てはまることだろう。

7　トラブルとその克服

トラブルはないにこしたことはないが、やはりいくつかあった。それを克服することができれば、その経験が連帯感や信頼感を強めることは確かである。

「私たちは移動する際に、悪路やパンクに悩まされ、泥道でスタックしたりしたこともある。彼を「白人」(ムズング) とみると車を押してくれた人々は高額な謝金を請求した。

あるとき、研究対象となっている人物の兄弟が、彼ら一族に対する住民感情が記載された研究要旨を読んで私たちに怒りを抱き、告訴するという警告をしてきたことがあった（その資料の要旨は彼が送ったものだった）。そのときはマケレレ大学の歴史学の教授の1人につきそわれて面会に行き、誤解

を解いた。これは幸いうまくいき、その問題はひとまずおいて研究を続行することになった。戦略的な意味からも、影響力のある人々との関係維持は大切なことだと痛感させられた。」[P]

いわゆる、個人的援助要請も数え切れなかった。日本アフリカ学会でもシンポジウムが開催され、議論されたが、ひっきりなしに訪れるこうした要請は、当然私たちのもとにも求められた[18]。

「私たちが宿舎とした建物の近くに住む人々は、頻繁に彼を訪れて援助を求め、自分たちの悩みを打ち明けて経済的支援を求めた。外国人は多くの資産を持っており、この地域の人々の貧困などは解決できるくらい金銭的に安定しているという考えからである。宿舎に隣接するゲストハウスや地域の学習センターの管理をしている人に追い返された人もいる。」[P]

自分たちのことには言及してはいないが、私は何度か、財産管理とか調査助手の面接をして採用権があるのはマイケルなのだ、ということにして理不尽な要求の矛先をかわしたこともある。実際彼らの同意なしに調査チームに誰かを入れることはできないことも事実だった。

8　調査助手の得るもの

さて、すでに述べたいわゆる「謝金」以外にも、ポールは私の調査で被った恩恵をあげている。

「彼は一般の組織、「関係各位」あてに、一緒に働いたこと、どのような視点でどれぐらい関わったかを説明する「推薦状」を帰国前にはいつも書いてくれた。これは他の組織で調査助手をしたりする機会を得るのに役立った。個人的には、2002年にバークレー銀行に私が口座を開設する際にこの推薦状が役だった。その口座は私が大卒後最初に開設した口座で、現在も私の勤務先からの給与振込先にしている口座である。」[P]

18　『特別フォーラム「無心の壁―アフリカ人の個人的援助要請とのしのぎあい：その意味を探ろう」』日本アフリカ学会第41回学術大会（於：中部大学, 2004年5月30日）、長島 [2006: 171-182]。

附録

　一般に、銀行口座は10万円相当のデポジットを支払わないと開設できなかった時代だから、それに相当する信用が「元JICA専門家」という肩書きにはあったと言うことだろうか。思えば牧歌的な時代である。現在の職場（ワールド・ヴィジョン）に職を得るに当たってこの「推薦状」が神通力を発揮したかどうかわからないが、とりあえずそのときにも「推薦状」を書いたことは覚えている。
　しかし、こうしたことにもまして私が意識的に大切にしているのは、いまウガンダのアカデミック・シーンでは（余裕もなくて）無視されているエスノグラフィーの技法とその要点を、へたくそであっても私なりに彼らに伝えることと、（おこがましいが）自分たちの文化に対する「担い手」としての意識を研ぎ澄ます機会としてもらいたい、ということである。とくに後者の関心は、日本の地域振興や地域福祉などの分野の専門家と協働しながら私の中で明確化してきたものである。現在の職場でも、ローカルな実態把握にはエスノグラフィーの手法が生かされている、と思いたい。今回原稿を読んで、両者とも理念としてはしっかり伝わっていたことがわかり、私は大変うれしかった。だから私はナイロビのシンポジウムにも自信を持って送り出すことができたのである。

　　「調査助手として、研究者の指示に従って調査業務を遂行しながら、私は調査の経験を手に入れることができた。助手としてしっかりした質の水準に従って調査方法を考案し、データを解析し、それを書類にまとめ、人前で発表できるようにできなければならない。私はそれらの経験と技術をヤコボとの調査で手に入れた。
　　また、私は、図らずして自分自身の文化の価値、規範、伝統について学ぶことができた。私はそれまで他のアドラ民族出身のエリートと同じく、それらをあたりまえだと思っていて、まじめに考えたことはなかった。
　　1人の日本人と一緒に暮らして仕事をした経験は、もし他の日本人と将来共同研究をする機会があるとすれば、生かされるべき下準備となるだろう。」[M]

　彼らは時折、日本で学位を取りたい、と口にする。本心はエスノグラフィーよりも開発だろうから、私は直接の力にはなれそうにないが、見守っていこうとは考えている。

Appendix

9　得がたい異文化体験

　ポールは、技術的なものはむしろ自分が教えたぐらいの自負を持っているので、それよりも異文化体験の重要性を得がたい自分の財産としてあげている。

　　「今日私は、いくつかの価値ある異文化体験を経験して、考え方がかわってきた。前よりもよりいっそう、オープンな感じになってきた。ウメヤとの関係で4人の日本人と出会った経験もあって、以前よりもうまく人々に対応できるようになったと自覚している。現在では、世界中のプログラム担当職員たちとやりとりをし、異なる文化の人々とつきあっているが、していいこと、してはいけないことがはっきりとわかる。私は海外に旅行してもカルチャー・ショックとは無縁である。

　　最近カンボジアを訪れたときには、私は旅行者の注目の的だった。黒人が4人しか出席していない国際会議で、アヌビスヒヒを見ているような感覚なのだろうか、多くの人が私と一緒に写真に収まりたがり、アフリカの象やライオンのことをたずねた。プノン・ペンにいる多くの運転手は運転速度を落としながら私をちらりと見て、内心でいろいろと思案しているようだった。私は怒らなかった。ただ、自分の故郷（ウガンダ）で一緒に行動したウメヤを村の人々がどのような目で見ていたか、思い出しただけである。」[P]

10　経験を積んだ助手たちからの提言

　さて、調査の現場で現在私が目指すべきだと考えているのは、調査資料の蓄積はもちろんのことであるが、経済的な立場とか、調査者か調査助手か、という立場を越えて、相互浸透するようなコミュニケーションのコンヴィヴィアリティ（宴）を成立させることなのだが、そのことも充分に伝わっていたようである。もはやレトリックではなく調査に行くと、彼らがリーダーシップをとって計画を立ててくれる。すでに経験を積んだ調査者である。実際、私はマイケルのことをいつしか「シニア・リサーチャー」と呼び、彼は相対的な仕事量としてはデスクワークより食事や買い物、そして自動車の運転を担当することの多くなった私を冗談めかして「マネージャー」と呼ぶこともある。

　報告原稿には、「シニア・リサーチャー」から与えられた宿題もいくつかある。調査者に対してと調査助手双方に対して、彼らは経験者としての提言を述べている。

709

附録

　「通常、研究者たちはコミュニティに対して還元することを忘れてしまいがちである。インフォーマントにより提供された知識は、コミュニティにとってあたりまえのことも多い。研究者が還元に乗り気でないのは当然で、研究成果として改めて報告されても、コミュニティの人々がそれに感謝したり、高い価値を認めることはほとんどないからである。しかし、コミュニティに成果を還元することは、かならずあるはずの情報の間違いを修正する機会となる。調査助手も自分の文化と伝統だからすべて知っているという考え方でいると、観察が選択的になったり、不正確になったりすることがあるから警戒しないといけない。
　話者の言っていることを過度に一般化すると、データが台なしになってしまうこともありうる。自分の主観が入りすぎた理解や、まだ十分でないまま調査を終了してしまうことにも十分注意するべきであろう。」[M]

こんなことを言われると安易な一般化はできなくなる。
ポールの一言はもっときつい。早く書け、と言うのである。

　「彼がウガンダで研究をはじめてから大金を投じて行われた研究の成果が、日本の人々にどのようなかたちで紹介されるのであろうか、私は現在でも大いに注目しているのである。」[P]

　寡作の私には、ポールの小言は耳が痛いが、このようなコンヴィヴィアリティを構築できたことは、ある意味でどんな調査資料よりも貴重なようにも思える。ほとんどのことは偶然に支配されてのことではあるが。
　思い返してしみじみ思うのは、フィールドワークは地道な正攻法しかない、ということと、なにより大切なのは「誠意」だ、ということ。月並みだがあらためて繰り返す意味がある教訓だ。

参照文献

欧文文献

Abe, Toshiharu
- 1981 The Concept of Chira and Doch among The Luo of Kenya: Transition, Deviation and Misfortune. In *Themes in Socio-Cultural Ideas and Behaviour among the Six Ethnic Groups of Kenya: The Visukha, The Iteso, The Gusii, The Kipsigis the Luo and the Kamba.* Nagashima Nobuhiro (ed.), pp.125-139, Tokyo: Hitotsubashi University.

Adhola, Pinto O.
- 2010 Bridewealth in Tororo, Uganda. Department of Sociology, Princeton University, unpublished B.A. Thesis.

Adong, J & J. Lakareber
- 2009 *Lwo- English Dictionary.* Kampala: Fountain Publishers.

Afolabi, M. O.
- 1977-1978 President Idi Amin Dada of Uganda: A Bibliography, *Current Bibliography on African Affairs* 10 (4): 309-327.

Ashforth, Adam
- 2000 *Madumo: A Man Bewitched. Chicago.* The University of Chicago Press.
- 2001 On Living in a World with Witches. Everyday Epistemology and Spiritual Insecurity in a Modern African city(Soweto). In *Magical Interpretation, Material Realities: Modernity, Witchcraft and the Occult in Postcolonial Afric*a. Moor, H. and Todd Sanders (eds.), pp.206-225, London: Routledge.
- 2002 An Epidemic of Witchcraft?: The Implication of AIDS for the Post-Apartheid State. *African Studies* 61(1): 121-43.
- 2005 *Witchcraft, Violence and Democracy in South Africa.* Chicago: University of Chicago Press.

Askgaad, P. V.
- 1974 A Bibliography on Amin's Uganda. *Ufahamu* 5 (1): 104-124.

Atkinson, Ronald R.
- 2010（1994）*The Roots of Ethnicity: The Origin of the Acholi of Uganda Before 1800.* Kampala: Fountain Publishers.

Auslander, M.
- 1993 "Open The Wombs!" the Symbolic Politics of Modern Ngoni Witchhunting. In *Modernity and Its Malcontents: Ritual Power in Postcolonial Africa.* Commaroff, J. & J. L.

附録

  Commaroff (eds.), Chicago: University of Chicago Press.
Banton, M.(ed.)
  1965 *Anthropological Approaches to the Study of Religion*. London: Tavistock.
Bastian, M.L.
  1993 Bloodhounds Who Have No Friends: Witchcraft and Locality in the Nigerian Popular Press. In *Modernity and Its Malcontents: Ritual Power in Postcolonial Africa*. Commaroff, J. & J. L. Commaroff (eds.), pp.129-166, Chicago: University of Chicago Press.
Bayart, Jean-François,
  1993 *The State in Africa: The Politics of the Belly*. London: Longman.
  2005 *The Illusion of Cultural Identity*. Chicago: The University of Chicago Press.
Beattie, Jhon
  1965 *Understanding an African Kingdom: Bunyoro*. New York: Holf, Rinehart and Winston.
Behrend, Heike
  1999 *Alice Lakwena and the Holy Spirits: War in Northern Uganda 1985-97,* Trans. Mitch Cohn, Oxford: James Curny.
Beidelman, T. O.
  1971 *Translation of Culture: Essays to E. E. Evans-Pritchard*. London: Tavistock.
p'Bitek Okot,
  1971 *The Religion of the Central Luo*. Nairobi: Kenya Literature Bureau.
The Bible Society of Uganda
  2002 *Chikirok Manyien: The New Testament in Dhopadhola*. Kampala: The Bible Society of Uganda
Bjerke, Svein
  1981 *Religion and Misfortune: The Bacwezi Complex and the Other Spirit Cults of the Zinza of Northwestern Tanzania*. Oslo: Universitetsforlaget.
Bond, G. C. & Diane M. Ciekawy
  2001 *Witchcraft Dialogues: Anthropological and Philosophical Exchanges*. Athens: Ohio University Press.
Bryan, M.A. & A.N.Tucker
  1948 *Nilotic and Nilo-Hamitic Language of Africa*. London: Oxford University Press.
  1956 *The Non- Bantu Languages of North-Eastern Africa*. London: Oxford University Press.
Burke, Fred
  1957 The New Role of the Chief with Special Reference to the Jopadhola. paper presented at East African Institute for Social Research, Kampala, Conference in January 1957.
Butt, A.
  1952 *The Nilotes of Sudan and Uganda, Ethnographic Survey of Africa*. London: Stone & Cox Ltd.

参照文献

Cannon, W. B.
  1942 'Voodoo' Death. *American Anthropologist* (N.S.) 44: 169–181.
Ciekawy, Diane
  1998 Witchcraft in Statecraft: Five Technologies of Power in Colonial and Postcolonial Coastal Kenya, *African Studies Review* 41 (3): 119-141.
  2006 Polititians, Party Politics and the Control of Harmful Magic: Witchfinding and Moral Entrepreneurship during the Independence Era in Coastal Kenya, In *The Power of Occult in Modern Africa: Continuity and Innovation in the Renewal of African Cosmologies*. James Kienan (ed.), pp. 126-152. Berlin: LIT Verlag.
Ciekawy Diane & Peter Geschiere
  1998 Containing Witchcraft: Conflicting Scenerios in Postcolonial Africa. *African Studies Review* 41(3):1-14.
Clammer, J.
  1984 Approaches to Ethnographic Research. In *Ethnographic Research: A Guide to General Conduct*. Roy Ellen (ed.), pp.63-85, London: Academic Press.
Cohen, D.W.
  1968 (1974) The River- Lake Nilotes: 15th to 19th Century. *Zamani: A Survey of East African History.* B.A.Ogot & J. A. Kieran (eds.) pp.142-157, East African publishing House.
Cohen, D. W. & Atieno Odhiambo
  1992 *Burying SM: The Politics of Knowledge and the Sociology of Power in Africa*. London: James Currey.
Colin Legum
  1976/1977 *Uganda, Africa Contemporary Record*. London: Africa Research Ltd. Vol. 9, 1976/77, pp. B380-1.
Comaroff, J. & John Comaroff
  1993 *Modernity and Its Malcontents: Ritual and Power in Postcolonial Africa*. Chicago: Chicago University Press.
  1999 Occult Economies and the Violence of Abstraction: Notes from the Southern African Postcolony. *American Ethnologist* 26: 279-303.
  2001 *Millennial Capitalism and the Culture of Neo-liberalism*. Durham & Lomdon: Duke University Press.
A Committee of the Royal Anthropological Institution of Great Britain and Ireland
  1971 *Notes and Queries on Anthropology*. Sixth Edition. Revised and Rewritten, London: Routledge & Kegan Paul.
Crapanzano, Vincent
  1980 *Tuhami: Portrait of a Moroccan*.Chicago: University of Chicago Press.
Crazzolara, Joseph Pasquale
  1950 *The Lwoo Part I, Lwoo Migrations*. Verona: Museum Combonianum.

附録

    1951   *The Lwoo Part II, Lwoo Traditions*. Verona: Museum Combonianum.
    1954   *The Lwoo Part III, Lwoo Clans*. Verona: Museum Combonianum.
Curley, R. T.
    1973   *Elders Shades and Women: Ceremonial Change in Lango, Uganda*. Berkeley and Los Angels: California University Press.
Dickie, John & Alan Rake,
    1973   *Who's Who in Africa: The Political, Military and Business Leaders of Africa*. London: African Buyer & Trader.
Douglas, Mary
    1966   *Purity and Danger: An Analysis of the Concepts of Pollution and Taboo*. London: Routledge & Kegan Paul.
    1999   Sorcery Accusation Unleased: the Lele Revisited, 1987. *Africa* 68：177-193.
Driberg, J. H.
    1923   *The Lango: A Nilotic Tribe of Uganda*. London: Adelphi Terrace.
    1936   The Secular Aspect of Ancestor-Worship in Africa. Supplement to *the Journal of the Royal African Society* 35(138): 1-21.
Dwyer, Kevin
    1982   *Morroccan Dialogues: Anthropology in Question*. Baltimore: The Johns Hopkins University Press.
Eco, Umberto
    1976   *A Theory of Semantics*. Bloomington: Indiana University Press.
Evans-Pritchard, E. E.
    1929   The Morphology and Function of Magic: A Comparative Study of Trobriand and Zande Ritual and Spells. *American Anthropologist* 31: 619-641.
    1937 (2000)   *Witchcraft Oracle and Magic among Azande*. Oxford: Clarendon Press.（『アザンデ人の世界—妖術・託宣・呪術』向井元子訳、みすず書房、2001年）。
    1956   *Nuer Religion*. Oxford: Clarendon Press.
    1967   *Zande Trickster*. Oxford: Clarendon Press.
Favret Saada, Jeanne
    1980   *Deadly Words: Witchcraft in the Bocage*. Cambridge: Cambridge University Press.
Fisiy, F. and Peter Geschiere
    2001   Witchcraft, Development and Paranoia in Cameroon: Interactions between Popular, Academic and State Discourse. In *Magical Interpretation, Material Realities: Modernity, Witchcraft and the Occult in Postcolonial Africa*. Moor, H. and Todd Sanders (eds.), pp.226-246, London: Routledge.
Flikke, Rune
    2006   Embodying the Occult : Religious Experiences and Ritual Practices in Urban Zulu Zionism. In *The Power of the Occult in Modern Africa: Continuity and Innovation in the Renewal of African Cosmologies*. James Kiernan(ed.), pp.206-240, Berlin: LIT Verlag.

参照文献

Ford, M.
 1978 *Janani: The Making of a Martyr.* London: Marshall, Morgan & Scott Publications Ltd.
Fountain Publishers
 2005 *Uganda Districts: Information Handbook.* Kampala: Fountain Publishers.
Gale, Hubert Philip
 1959 *Uganda and the Mill Hill Fathers.* London: Macmillan & Co. Limited.
Garfinkel, Harold
 1967 *Studies in Ethnomethodology.* Englewood Cliffs: Prentice Hall.
Geertz, C.
 1965 Religion as a Cultural System In *Anthropological Approaches to the Study of Religion.* Banton (ed.), London: Tavistock.
Gell, Alfred
 1974 Understanding the Occult. *Radical Philosophy* 9：17-26.
 1977 Magic, Perfume, Dream. In *Symbols and Sentiments: Cross-Cultural Studies in Symbolism.* I. M. Lewis (ed.), London: Academic Press.
 1998 *Art and Agency: An Anthropological Theory.* Clarendon: Oxford University Press.
Geschiere, P.
 1997 *The Modernity of Witchcraft: Politics and the Occult in Postcolonial Africa.* Trans. Peter Geschiere and Janet Roitman. Charlottesville: University Press of Virginia.
 2003 On Witch Doctors and Spin Doctors: The Role of "Experts" in African and American Politics, In *Magic and Modernity: Interfaces of Revelation and Concealment.* Meyer, B & Peter Pels (eds.), pp.159-182, Stanford: Stanford University Press.
Geschiere, Peter, Birgit Meyer &Peter Pels(eds.)
 2008 *Readings in Modernity in Africa.* Oxford: James Currey.
Giddens, Anthony
 1979 *Central Problems in Social Theory: Action, Structure and Contradiction in Social Analysis.* London: Macmillan Press.
Gluckman, Max (ed.)
 1972 *The Allocation of Responsibility.* Manchester: Manchester University Press.
Gluckman, M & F. Eggan
 1965 Introduction, In *Anthropological Approaches to the Study of Religion.* Banton(ed.), London: Tavistock.
Gordon, R. G. Jr. (ed.)
 2005 Ethnologue: Languages of the World, Fifteenth Edition, Dallas, Tex.: SIL International. (http://www.ethnologue.com/ 2006 年 10 月 18 日参照)
Greenberg, J.H.
 1963 *The Languages of Africa.* Publication of the Indiana University Research Center in Anthropology, Folklore, and Linguistics 25. Indiana University, Mouton.
Gruber, J.W.

附錄

    1967   Horatio Hale and the Development of American Anthropology. *Proceedings of the American Philosophical Society* 111: 5-37.
    1970   Ethnographic Salvage and the Shaping of Anthropology. *American Anthropologist* (N.S.) 73 (6): 1289-1299.

Hartshorne, Charles & Paul Weiss
    1934   *Collected Papers of Charles Sanders Peirce, Vol. V & VI.* Cambridge: The Belknap Press of Harvard University Press.

Hayley, T. T. S.
    1940   The Power Concept in Lango Religion. *Uganda Journal* 7(3): 98-122.
    1947   *The Anatomy of Lango Religion and Groups.* Cambridge: Cambridge University Press.

Heath, D. B.
    1987   A Decade of Development in Anthropological Study of Alcohol Use, 1970-1980. In *Constructive Drinking: Perspectives on Drinking from Anthropology.* Douglas, M. (ed.), pp. 16–69, Cambridge: Cambridge University Press.

Henare, A. Martin Holbraad & Sari Wastell (ed.)
    2007   *Thinking Through Things: Theorising Artefacts Ethnograohically.* London: Routledge.

Hewlett, B. S. and Richard P. Amola
    2003   Cultural Contexts of Ebola in Northern Uganda. *Emerging Infectious Diseases* 9 (10): 1242-8.

Hobley, C. W.,
    1902   *Eastern Uganda, an Ethnological Survey.* Anthrop. Inst., Occasional Papers I. London.

Hollis, M. & S. Lukes (eds.)
    1982   *Ratinality and Relativism.* Oxford: Blackwell.

Horton, Robbin & Ruth Finnegan (eds.)
    1973   *Modes of Thought: Essays on thinking in Western and non-Western Societies.* London: Farber.

Ingham, Kenneth
    1994   *Obote: A political Biography.* London: Routledge.

Jamison, M .
    1978   Idi Amin Dada of Uganda: A Selected Bibliography. *Bulletin of Bibliography and Magazine Notes* 35 (3): 105-115.
    1992   *Idi Amin and Uganda: An Annotated Bibliography.* Westport: Greenwood Press.

Jørgensen, Jan Jelmert
    1981   *Uganda: A Modern History.* London: Croom Helm Ltd.

Kalyegira,Timothy N.(ed.)
    1997   *The Uganda Almanac & Record Book.* First Edition. Monitor publication Ltd.

Kamau J. & A. Cameron
    1979   *Lust to Kill: The Rise and Fall of Idi Amin.* London: Corgi.

Kapferer, B.

参照文献

2002 *Beyond Rationalism: Rethinking Magic, Witchcraft and Sorcery.* New York: Berghahn Books.

Kaplan, Martha,
 2003 The Magical Power of the (Printed) Word. In *Magic and Modernity: Interfaces of Revelation and Concealment.* Birgit Meyer & Peter Geschiere (eds.), pp.183-199. Stanford: Stanford University Press.

Karp, Ivan
 1978 *Fields of Change among the Iteso of Kenya.* London: Routledge & Kegan Paul.

Kayondo, E.
 2006 *Who is Who from Budo 1906-2006.* Kampala: New Vision Printing and Publishing Corporation.

Kiernan, James
 2006 *The Power of the Occult in Modern Africa: Continuity and Innovation in the Renewal of African Cosmologies.* Berlin: LIT Verlag.

Kitching, Arthur Leonard,
 1912 *On the Backwaters of the Nile: Studies of Some Child Races of Central Africa.* London: T. Fisher Unwin.

Kleinschmidt, H.
 1983 *Amin Collection: Bibliographical Catalogue of Materials Relevant to the History of Uganda under the Military Government of Idi Amin Dada.* Heiderberg: P. Kivouvou-Verlag, Editions Bantoues.

Kokwaro, J. O.
 1972 *Luo-English Botanical Dictionary.* Kampala: East African Publishing House.

Kokwaro, J. O. & Timothy Johns
 1998 *Luo Biological Dictionary.* Kampala: East African Educational Publishers Ltd.

Köhler, Oswin,
 1955 *Geschichite der Enforschung der nilotischen Sprachen.* Berlin: Afrika und Übersee. Beiheft 28.Ü.

Kustenbauder, Matthew
 2009 Believing in the Black Messiah: The Legio Maria Church in an African Christian Landscape. Nova Religio: *The Journal of Alternative and Emergent Religions* 13 (1): 11-40.

Kyemba, Henry
 1977 *A State of Blood: Inside Story of Idi Amin.* Kampala: Fountain Publishers.

Laidlaw, J.
 2010 Agency and Responsibility: Perhaps You Can Have Too Much of a Good Thing. *Ordinary Ethics: Anthropology, Language, and Action.* Michael Lambek(ed.), pp.143-164, New York: Fordham University Press

Langlands, B.W.

附錄

　　1971　The Population Geography of Bukedi District. Occasional Paper 27. Department of Geography, Makerere University, mimeo.

Lawoko, Apollo WodOkello

　　2000　*The Dungeons of Nakasero*. Stockholm: Författares Bokmaskin.

Leach, James

　　2007　Differention and Encompassment: A Critique of Alfred Gell's Theory of the Abduction of Creativity.In *Thinking Through Things: Theorising Artefacts Ethnograohically*. Henare, A. Martin Holbraad & Sari Wastell (ed.), pp.167-188, London: Routledge.

Lewis, Ioan M. (ed.)

　　1977　*Symbols and Sentiments: Cross-Cultural Studies in Symbolism*. London: Academic Press.

Lewis, M. Paul (ed.)

　　2009　*Ethnologue: Languages of the World*. Sixteenth Edition. Dallas. Tex.: SIL International.

Lienhardt, G.

　　1961　*Divinity and Experience: The Religion of the Dinka*. Oxford: Clarendon Press.

Lloyd, Geoffrey E. R.

　　1990　*Demystifying mentalities*. Cambridge: Cambridge University Press.

Low, D. A.

　　1965　Uganda: The Establishment of the Protectorate 1894-1919. In *History of East Africa* Vol. 2. Harlow, V. & E. M. Chilver (eds.), pp. 57-120. Oxford: Clarendon Press.

Malinowski, B.

　　1922　*Argonauts of the Western Pacific: An Account of Native Enterprise and Adventure in the Archipelagoes of Melanesian New Guinea*. London: Routledge & Kegan Paul.

Marshall, Mac (ed.)

　　1979　*Beliefs, Behaviors, and Alcoholic Beverages: a Cross Cultural Survey*. Ann Arbor. MI. University of Michigan Press.

Martin, David

　　1974　*General Amin*. London: Faber & Faber

Masquelier, A.

　　1993　Narratives of Power, Images of Wealth: The Ritual Economy of Bori in the Market.In *Modernity and Its Malcontents: Ritual Power in Postcolonial Africa*. Commaroff, J. & J. L. Commaroff (eds.), pp.3-33, Chicago: University of Chicago Press.

Mbiti, J. S.

　　1969　*African Religion and Philosophy*.London: Heinemann Educational Books Ltd.

McHugh, P.

　　1968　*Defining the Situation*. New York: Bobbs-Merrill.

Meyer, Birgit & Peter Pels (eds.)

　　2003　*Magic and Modernity: Interfaces of Revelation and Concealment*. Stanford: Stanford

参照文献

University Press
McDonald, M. (ed.)
   1994 *Gender, Drink and Drugs*. Oxford: Berg.
Middleton, John
   1960 *Lugbara Religion*. London: Oxford University Press.
Middleton, J. and E. H. Winter (eds.)
   1963 *Witchcraft and Sorcery in East Africa*. London: Routledge & Kegan Paul.
Mills, Martin A.
   2013 The Opposite of Witchcraft: Evans-Pritchard and the Problem of the Person. *Journal of the Royal Anthropological Institute* (N.S.)19：18-33.
Moerman, Michael
   1988 *Talking Culture: Ethnography and Conversation Analysis*. Philadelphia: University of Pennsylvania Press.
Mogensen H. O.
   2002 The Resilience of Juok: Confronting Suffering in Eastern Uganda. *Africa* 72: 420-436.
Moor, H. and Todd Sanders (eds.)
   2001 *Magical Interpretation, Material Realities: Modernity, Witchcraft and the Occult in Postcolonial Africa*. London: Routledge.
Morley, Peter
   1978 Culture and the Cognitive World of Traditional Medical Beliefs: Some Preliminary Consideration. In *Culture & Curing: Anthropological Perspectives on Traditional Medical Beliefs and Practices*. Peter Morley & Roy Wallis (eds.), pp.1-18, London: Peter Owen.
Niehaus, Isak
   2006 Perversion of Power: Witchcraft and the Sexuality of Evil in the South African Lowveld. In *The Power of the occult in Modern Africa: Continuity and Innovation in the Renewal of African Cosmologies*. James Kiernan(ed.), pp.75-111, Berlin: LIT Verlag.
Obillo, O. R.
   2000 A History of Conflict between Christianity and Traditional Religious Practices in Padhola, Tororo District, 1900-1962, B. A. Thesis, Dept. Educ. (ITEK), Makerere University, Kampala. mimeo.
Oboth-Ofumbi, Arphaxad Charles Kole
   1960 *Padhola: History and Customs of the Jopadhola*. Nairobi, Kampala & Dares Salaam: Eagle Press.
Ocholla-Ayayo, A.B.C.
   1976 *Traditional Ideology and Ethics among the Southern Luo*. Scandinavian Institute of African Studies. Uppsala.
   1980 *The Luo Culture*. Wiesbaden: Franz Steiner Verlag GmbH.

附録

Odonga, Alexander ,
 2005 *Lwo-English Dictionary*. Kampala: Fountain Publishers.

Odoi-Tanga, F.
 1992 A History of Cotton Production in Padhola County of Eastern Uganda: 1925-1990, M. A. Thesis. Dept. of History, Makerere University, Kampala. mimeo.

Ofcansky, T. P.
 1996 *Uganda: Tarnished Pearl of Africa*. Oxford: Westview Press.

Ogot, Bethwell Allan
 1961 The Concept of Jok. *African Studies* 20 (1): 123-130.
 1967a *History of Southern Luo, Vol.I, Migration and Settlement*. Nairobi: East African Publishing House.
 1967b Traditional Religion and Precolonial History of Africa: The Example of Padhola. *Uganda Journal* 31 (1): 111-116.
 1972 On the Making of a Sanctuary: Being Some Thoughts on the History of Religion in Padhola. In *The Historical Study of African Religion: With Special Reference to East Africa and Central Africa*. I.N.Kimambo &T.O. Ranger (eds.), pp.122-135, London: Heinemann.

Okazaki, A.
 1984 Living Together with 'Bad Things': The Persistence of Gamk Notions of Mystical Agents, In *Sudan Sahel Studies I*. Tomikawa, M. (ed.), ILCAA.
 1986 Man's Shadow and Man of Shadow: Gamk Experience of the Self and the Dead, In *Sudan Sahel Studies, II*. Tomikawa, M. (ed.), ILCAA.

Oloka-Obbo, Michael
 2016 Differences of the Methodologies and Findings: An Overview. In *Re-Finding African Locat Assets and City Environments: Governance, Research and Reflexivity*, Shiino, Wakana, Soichiro Shiraishi and Tom Ondicho (eds.), pp.95-99, Tokyo and Nairobi: JSPS & ILCAA.

Onen, P. M. O
 2000 *The Diary of an Obedient Servant during Misrule*. Kampala: The New Vision Printing & Publishing Corporation.

Othieno, T.
 1967 An Economic Study of Peasant Farming in Two Areas in Bukedi District, Uganda, unpublished M. Sc. Thesis, Makerere University College, Kampala.

Otunu, Olara
 2015 *Archbishop Janani Luwum: The Life and Witness of a 20th Century Martyr*. Kampala: Fountain Publishers

Overing, Joanna(ed.)
 1985 *Reason and Morality*. London: Tavistock.

Owor, M.

参照文献

    2009 Making International Sentencing Relevant in the Domestic Context: Lessons from Uganda. Ph. D. Diss. University of Bristol, mimeo.
    2011 Teaching Cybercrime in the Post Graduate Bar Course in Uganda. *African Journal of Crime and Criminal Justice* 2: 79 -94.
    2012 Creating an Independent Traditional Court: A Study of Jopadhola Clan Courts in Uganda. *Journal of African Law* 56: 215-242.

Owora, Paul
    2016 Ugandan Sociologists Met a Japanese Anthropologist: Experience of the Decade. In *Re-Finding African Locat Assets and City Environments: Governance, Research and Reflexivity*, Shiino, Wakana, Soichiro Shiraishi and Tom Ondicho (eds.), pp.101-103, Tokyo and Nairobi: JSPS & ILCAA.

Owori, Samuel F.
    1996 The Koyo Clan of Padhola, Tororo, Uganda. unpublished, mimeo.

Packard, R. M.
    1970 Significance of Neighbourhoods for the Collection of the Oral History in Padhola. *Uganda Journal* 34 (2): 147-162.

Pirouet, M. Louise
    1995 *Historical Dictionary of Uganda*. African Historical Dictionaries, No. 64. London: The Scarecrow Press.

Radin, P.
    1965 (1933) *The Method and Theory of Ethnology: An Essay in Criticism*. New York and London: Basic Books.

Ranger, T.
    2007 Scotland Yard in the Bush: Medicine Murders, Child Witches and the Construction of the Occult: A Literature Review. *Africa* 77(2)：272-283.

Robbins, M.
    1977 Problem-Drinking and the Integration of Alcohol in Rural Buganda. *Medical Anthropology* 1(3).1-24.

Room R.
    1985 Alcohol and Ethnography: A Case of Problem Deflation? *Current Anthropology* 25(2): 169-191.

Schwartz, Nancy,
    1989 World without End: The Meaning and Movements in the History, Narratives, and Tongue-Speech of Legio Maria of African Church Mission among Luo of Kenya. Ph. D. dissertation. Princeton University.
    2000 Active Dead or Alive: Some Kenyan Views about the Agency of Luo and Luyia Women Pre-and Post-Mortem. *Journal of Religion in Africa* 30 (4): 433-467.
    2005 Dreaming in Color: Anti-Essentialism in Legio Maria Dream Narratives. *Journal of Religion in Africa* 35 (2): 159-196.

附録

Seftel, Adam (ed.)
    1994   *Uganda: The Rise and Fall of Idi Amin, from the Pages of Drum*. Pretoria: Sigma Press.

Seligman, C.G.& B.Z. Seligman
    1932   *The Pagan Tribes of Nilotic Sudan*. London: G.Routledge & Sons. Ltd.

Sharman A. & L.Anderson
    1967   Drums in Padhola. *Uganda Journal* 31 (2): 191-199.

Sharman, A.
    1969   Social and Economic Aspects of Nutrition in Padhola, Bukedi District, Uganda, Ph. D. Diss. University of London.

Southall, Aidan,
    1957   Padhola: Comparative Social Structure, The paper presented at the conference, East African Institute of Social Research, January,1957, unpublished, mimeo.
    2004（1956）*Alur Society: A Study in Process and Types of Domination*. Münster: LIT Verlag.

Sutton, J. R. G.
    1968（1974）The Settlement of East Africa. In *Zamani: A Survey of East African History*. B.A.Ogot & J. A. Kieran (eds.), pp.69-99, Nairobi: East African publishing House.

Tahara, N.
    2012   Preparing Myel Agwara for Cezario Oungi Unu: An Overview of the First and Second Meetings. *Shitennoji University Bulletin* 53: 387-406.

Tambiah, Stanley Jeyaraja,
    1985   *Culture, Thought, and Social Action: An Anthropological Perspective*. Cambridge: Harvard University Press.
    1990   *Magic, Science, Religion, and the Scope of Rationality*. Cambridge: Cambridge University Press.

Thomas, H. B.
    1939   Capax Imperii: The Story of Semei Kakunguru. *Uganda Journal* 6 (3): 125-136.

Tieng Adhola（Adhola Union）
    n.d.   The Constitution of Tieng Adhola. mimeo.

Turner, Victor
    1957   *Schism and Continueity in an African Society*. Manchester: Manchester University Press.

Twaddle, Michael
    1993   *Kakungulu and the Creation of Uganda*. London: James Curry.

Uganda Bureau of Statics and International Livestock Research Institute
    2003 & 2004   *Where are the Poor?: Mapping Patterns of Well-Being in Uganda*. Nairobi: The Regal Press.

Uganda Bureau of Statistics

参照文献

 2006 The 2002 Uganda Population and Housing Census, Population Composition. Kampala: Uganda Bureau of Statistics.

Urry, J.
 1984 A History of Field Methods. In *Ethnographic Research: A Guide to General Conduct*. Roy Ellen (ed.), pp.35-61, London: Academic Press.

van Binsbergen, Wim
 2003 *Intercultural Encounters: African and Anthropological Lessons towards a Philosophy of Interculturality.* Münster: LIT Verlag.

Vansina, J. R.Mauny&L.V.Thomas (eds.)
 1964 *The Historian in Tropical Africa*. London, Oxford University.

Vincent, Joan
 1971 *African Elite: The Big Men of a Small Town*. New York : Columbia University Press.
 1982 *Teso in Transformation*. Berkeley and Los Angeles: University of California Press.

Wallman, S. (ed.)
 1996 *Kampala Women Getting By: Wellbeing in the Time of Aids*. Kampala: Fountain Publishers.

Walusimbi, L.
 1996 The Future of the Minority Languages in Uganda, Makerere Papers in Languages and Linguistics. *Journal of the Institute of Languages of Makerere University* 1(3): 43-49.

Werbner, R.
 2004 *Reasonable Radicals and Citizenship in Botswana: the Public Anthropology of Kalanga Elites.* Bloomington: Indiana University Press.

Werner, O. & G. M. Shoepfle
 1987a *Systematic Fieldwork, Vol.1, Foundations of Ethnography and Interviewing*. London: Sage.
 1987b *Systematic Fieldwork, Vol.2, Ethnographic Analysis and Data Management*. London: Sage.

Whyte, Susan Reynolds
 1973 Social Implications of the Interpretation of Misfortune in Bunyole. Ph.D.Diss. University of Washington, mimeo.
 1997 *Questioning Misfortune: The Pragmatics of Uncertainty in Eastern Uganda*. Cambridge: Cambridge University Press.

Whyte, Michael Anthony
 1974 The Ideology of Descent in Bunyole. Ph.D.Diss.University of Washington, mimeo.

Wiedeman, E.
 1976 *Idi Amin: Ein Held von Afrika?* Wien: Paul Zsolnay Verlag Gesellschaft m.b.H.

Willis, J.
 2002 *Potent Brews: A Social History of Alcohol in East Africa*. Oxford: James Curry.

Wilson, E. G.(ed.)

附録

 1963-1964 *Who's Who in East Africa.* Nairobi: Marco Surveys.
Wilson, Brian R.(ed.)
 1970 *Rationality.* Oxford: Blackwell.
Wooding, D & R. Barnett
 1980 *Uganda Holocaust.* Michigan: Zondervan Publising House.
Yokana, Ogola
 1993 The Bukedi Riots of 1960 with Special Reference to Padhola: A Study of Peasant Uprising against Colonial Rule, M. A. Thesis, Dept. of History, Faculty of Arts, Makerere University, mimeo
Zeitlyn, David E.
 1989 Mambila Divination. *Cambridge Anthropology* 12：21-51。
 1990 Professor Garfinkel Visits the Soothsayers: Ethnomethodology and Mambila Divination. *Man*（*n.s.*）25（4）：654-666。

日本語文献

阿部 年晴
 1979 「ケニア・ルオ社会における jachien について」『アフリカ研究』第 18 号：58-70。
 1983 「ルオ社会の災因論における死者と妖術＝邪術」長島 信弘（編）『ケニアの六社会における死霊と邪術―災因論研究の視点から』『一橋論叢』Vol. 90（5）：616-631。
 1989 「憑依と人間観―西ケニア・ルオ族の調査ノートから」『文化人類学 6：特集シャーマニズムの現在』アカデミア出版会：214-5。
 1997 「日常生活の中の呪術―文化人類学における呪術研究の課題」『民族學研究』62（3）：342-359。
 2007 「後背地から…」『呪術化するモダニティ―現代アフリカの宗教的実践から』阿部 年晴・小田 亮・近藤 英俊（編）、349-390、風響社。
阿部 年晴・小田 亮・近藤 英俊編
 2007 『呪術化するモダニティ―現代アフリカの宗教的実践から』風響社。
池上 良正
 2003 『死者の救済史―供養と憑依の宗教学』角川書店。
石井 美保
 2007 『精霊たちのフロンティア―ガーナ南部の開拓移民社会における〈超常現象〉の民族誌』世界思想社。
梅屋 潔
 1994 「『化かされる』という経験（こと）―あるいは人類学的実践についての覚書き」『慶應義塾大学大学院社会学研究科紀要』第 38 号：81-92。
 1995 「「象徴」概念は「合理的」に埋葬されうるか？―新潟県佐渡郡の貉信仰から」『民族學研究』59（4）：357-358。

参照文献

1998a 「人が死ぬわけ《死んだものとのつきあい方―ウガンダ・ジョパドラの場合（上）》」『Sogi（葬儀）』44号、表現社：73-76。
1998b 「葬式の意味《死んだものとのつきあい方―ウガンダ・ジョパドラの場合（下）》」『Sogi（葬儀）』45号、表現社：73-76。
1999 「起源伝承から『棍棒を携えた闘い』まで―ウガンダ・パドラにおける歴史と記憶」『民俗宗教の地平』宮家準（編）、413-431、春秋社。
2001a 「幕と壁の向こう」『日本アフリカ学会会報』第32号：14-17。
2001b 「序」『憑依と呪いのエスノグラフィー』梅屋潔・浦野茂・中西裕二、1-7、岩田書院。
2002 「民族誌家と現地協力者―ウガンダ東部パドラにおける Crazzolara とオフンビ親子の場合」『哲学』107集、慶應義塾大学三田哲学会：233-260。
2005 「グローバル化と他者」『文化人類学のレッスン―フィールドからの出発』奥野克巳・花渕馨也（編）、235-58、学陽書房。
2007a 「酒に憑かれた男たち―ウガンダ・パドラにおける『問題飲酒』と妖術の民族誌」『人間情報学研究』第12巻、東北学院大学人間情報学研究所：17-40。
2007b 「アチョワ事件簿―あるいは『テソ民族誌』異聞」『アリーナ』第4号、中部大学国際人間学研究所編：328-46。
2008 「ウガンダ・パドラにおける『災因論』―$jwogi$, $tipo$, $ayira$, lam の観念を中心として」『人間情報学研究』第13巻、東北学院大学人間情報学研究所：131-59。
2009 「ウガンダ・パドラにおける『災因論』―現地語（Dhopadhola）資料対訳編」『人間情報学研究』第14巻、東北学院大学人間情報学研究所：31-42。
2010a 「佐渡ムジナと私、そして追悼レヴィ＝ストロース―「構造主義」からの落ちこぼれの証言」『比較日本文化研究』14：56-74。
2010b 「酒に憑かれた男たち―ウガンダ・アドラ民族における酒と妖術の民族誌」『人＝間の人類学―内的な関心の発展と誤読』（中野麻衣子・深田淳太郎編著）15-34、はる書房。
2011a 「ある遺品整理の顛末―ウガンダ東部トロロ県 A・C・K・オボス＝オフンビの場合」『国立歴史民俗博物館研究報告』169集、国立歴史民俗博物館：209-240。
2011b 「グローバル化と他者」『文化人類学のレッスン―フィールドからの出発［増補版］』奥野克巳・花渕馨也（編）、233-256、学陽書房。
2012a 「元祖ツイッター、渡邊欣雄さんのつぶやきとあしあと」『アリーナ』第15号、中部大学、495-504、風媒社。
2012b 「遠くから私が気仙沼にこだわるいくつかの理由―「ドキュメント」のひとつとして」『震災学』1：249-278。
2013 「東アフリカの「怪談」？―ウガンダ東部アドラ民族の場合」Synodos: Academic Journalism, 2013.08.29 [http://synodos.jp/international/5369]
2014 「「物語論」から「象徴論」、そして「アート・ネクサス」へ？―「憑きもの」

725

附録

およひ民俗宗教理解のために」『現代民俗学研究』6：3-24。
  2015 「葬送儀礼についての語り―ウガンダ東部・アドラ民族におけるオケウオの儀礼的特権」『森羅万象のささやき―民俗宗教研究の諸相』鈴木 正崇（編）、375-396、風響社。

梅屋 潔・浦野 茂・中西 裕二
  2001 『憑依と呪いのエスノグラフィー』岩田書院。

ヴィーデマン、E.
  1977 『アミン大統領』芳仲 和夫訳、朝日新聞社。

エーコ、ウンベルト
  1980 『記号論1』池上 嘉彦訳、岩波書店。

エヴァンズ＝プリチャード、E. E.
  1978 『ヌアー族』向井 元子訳、岩波書店。
  1982 『ヌアー族の宗教』向井 元子訳、岩波書店。

大場 千景
  2013 『無文字社会における歴史の生成と記憶の技法―口頭年代史を継承するエチオピア南部ボラナ社会』清水弘文堂書房。

オフェール、エフーダ
  1976 『エンテベ電撃作戦』大藪 春彦訳、講談社。

小川 さやか
  2007 「批評：ドキュメンタリー映画『ダーウィンの悪夢』の舞台から」『アフリカレポート』第45号、アジア経済研究所：44-48。

オグデン、C. I. リチャーズ
  1951（1923）『意味の意味』石橋 幸太郎訳、刀江書院。

奥野 克巳
  2004 『精霊の仕業と人の仕業―ボルネオ島カリス社会における災い解釈と対処法』春風社。

小田 亮
  1989 「「名付けること」と「娶ること」―ケニア・アバクリアの「死者」をめぐる災因論の一側面」『民族學研究』54（1）：1-16。

カー、E. H.
  1962 『歴史とは何か』清水 幾太郎訳、岩波書店。

掛谷 誠
  1983 「コメント」（「シンポジウム：病いのシンボリズム」）『民族學研究』48（3）：368-369。

加藤 泰・浜本 満
  1982 「妖術現象理解の新展開についての試論」『東京大学教養学部人文科学科紀要・文化人類学研究報告』3：55-93。

春日 直樹
  2004 「いまなぜ歴史か―序にかえて」『文化人類學（旧民族學研究）』69（3）：373-

385。
　2011　「人類学の静かな革命―いわゆる存在論的転換」『現実批判の人類学―新世代のエスノグラフィへ』春日 直樹編、9-31、世界思想社。
春日 直樹（編）
　2011　『現実批判の人類学―新世代のエスノグラフィへ』世界思想社。
ギアーツ、クリフォード
　1991　『ローカル・ノレッジ―解釈人類学論集』梶原 景昭・小泉 潤二・山下 晋司・山下 淑美訳、岩波書店。
キエンバ、ヘンリー
　1977　『大虐殺―アミンの恐るべき素顔』青木 榮一訳、二見書房。
ギンズブルグ、カルロ
　1986　『ベナンダンティ―16-17世紀における悪魔崇拝と農耕儀礼』竹山 博英訳、せりか書房。
久保 明教
　2011　「世界を創作＝認識する―ブルーノ・ラトゥール×アルフレッド・ジェル」『現実批判の人類学―新世代のエスノグラフィへ』春日 直樹編、34-53、世界思想社。
クレイン、J. G. & M. V. アグロシーノ
　1994　『人類学フィールドワーク入門』江口 信清訳、昭和堂。
クリフォード、ジェイムズ & ジョージ・マーカス
　1996　『文化を書く』春日 直樹・和邇 悦子・足羽 與志子・橋本 和也・多和田 裕司・西川 麦子訳、紀伊國屋書店。
栗本 英世
　1987　「雨と紛争―ナイル系パリ社会における首長殺しの事例研究」『国立民族学博物館研究報告』11（1）：103-161。
　1988　「ナイル系パリ族における*jwok*の観念―『超人間的力』の民俗認識」『民族學研究』52（4）：271-298。
　1991　「フィールドワークの経験と民族誌を書くこと―自省的考察」『文化を読む―フィールドとテクストのあいだ』谷 泰（編）、18-45、人文書院。
黒川 正剛
　2001　「歴史学におけるwitchcraft概念と翻訳の問題について」『桃山歴史・地理』36：3-19。
　2002　「魔女」『文化人類学最新述語100』綾部 恒雄（編）、182-183、弘文堂。
小松 和彦
　1972　「つきもの―人類学からの一つの視点」『情念の世界（日本人の宗教第1巻）』田丸徳善・村岡 空・宮田 登編、109-184、佼成出版社。
　1979　「憑きもの」『信仰（講座日本の民俗第7巻）』櫻井 德太郎編、144-169、有精堂。
近藤 英俊
　2007　「瞬間を生きる個の謎、謎めくアフリカ現代」『呪術化するモダニティ―現代アフリカの宗教的実践から』阿部 年晴・小田 亮・近藤 英俊編、19-110、風響社。

附録

佐々木 宏幹・村武 精一
    1994　『宗教人類学―宗教文化を解読する』新曜社。

塩月 亮子
    1993　「沖縄の死霊観―中国・韓国との災因論的比較研究」『南島史学』41：34-50。

嶋田 義仁
    2001　「悪や不幸をどのように説明するか―災因論からみたイスラーム、キリスト教、仏教の比較のこころみ」『宗教哲学研究』20：92-102。

シャルボニエ、ジョルジュ
    1970　『レヴィ=ストロースとの対話』多田 智満子訳、みすず書房。

末継 吉間
    1976　『ウガンダ―その国土と市場』科学新聞社出版局。

菅原 和孝
    1998　『会話の人類学　ブッシュマンの生活世界（Ⅱ）』京都大学学術出版会。
    2015　『狩り狩られる経験の現象学―ブッシュマンの感応と変身』京都大学学術出版会。

スティブンソン、ウィリアム
    1976　『エンテベの90分―奇跡の人質救出作戦』北詰 洋一訳、サンケイ出版。

スペルベル、ダン
    1979　『象徴表現とはなにか――一般象徴表現論の試み』菅野 盾樹訳、紀伊國屋書店。
    1982　『人類学とはなにか―その知的枠組みを問う』菅野 盾樹訳、紀伊國屋書店。

関 一敏・大塚 和夫（編）
    2004　『宗教人類学入門』弘文堂。

出口 顯
    2007　「E＝Pを読み直す―オカルトエコノミー論を越えて」『呪術化するモダニティ―現代アフリカの宗教的実践から』阿部 年晴・小田 亮・近藤 英俊編、151-178、風響社。

長島 信弘
    1972a　「脱穀場を清掃する」儀礼―ウガンダ、北部テソ社会におけるエタレ儀礼」『季刊人類学』第3巻第4号：38-94。
    1972b　『テソ民族誌―その世界観の探求』中央公論社。
    1975　「セメイ・L・カクングル―そのガンダ王国時代」『一橋論叢』73（4）：354-373。
    1982　「「解説」エヴァンズ＝プリチャード」『ヌアー族の宗教』向井 元子訳、533-542、岩波書店。
    1983a　「序」長島 信弘（編）「ケニアの六社会における死霊と邪術―災因論研究の視点から」『一橋論叢』Vol. 90（5）：593-598。
    1983b　「ケニアのテソ社会における病い―占いからみた症状と病因を中心として」『民族學研究』48（3）：323-335。
    1987　『死と病の民族誌―ケニア・テソ族の災因論』岩波書店。

1995　「オウム事件と現代社会」『へるめす』第 56 号：50-58。
　　2004a　「長島 信弘（1937-）『死と病の民族誌―ケニア・テソ族の災因論』岩波書店、1987」『文化人類学文献事典』小松 和彦・田中 雅一・谷 泰・原 毅彦・渡辺 公三（編）、535-6、弘文堂。
　　2004b　「自著を語る―『テソ民族誌―その世界観の探求』」『アリーナ』創刊号、中部大学国際人間学研究所（編）：197-199。
　　2006　「アフリカ人の個人的援助要請の意味を探る」『貿易風』（中部大学国際関係学部論集（1））：171-182。
　　2007　「文化は悪魔―ウガンダ・イテソ民族における新ペンテコステ・カリスマ派キリスト教」『アリーナ』第 4 号、中部大学国際人間学研究所（編）：181-189。
　　2008　「近藤 英俊・小田 亮・阿部 年晴編『呪術化するモダニティ―現代アフリカの宗教的実践から』（風響社、2007 年）その 1」『貿易風』中部大学国際関係学部、3：290-303。

波平 恵美子
　　1982　「医療人類学」『医療人類学』祖父江 孝男編、19-84、至文堂。

波平 恵美子・道信 良子
　　2005　『質的研究 Step by Step―すぐれた論文作成をめざして』医学書院。

野口 裕二
　　1996　『アルコホリズムの社会学―アディクションと近代』日本評論社。
　　2002　『物語としてのケア―ナラティヴ・アプローチの世界へ』医学書院。

野口 裕二（編）
　　2009　『ナラティヴ・アプローチ』勁草書房。

野田 正彰
　　1983　「コメント」（「シンポジウム：病いのシンボリズム」）『民族學研究』48（3）：371-373。

浜本 満
　　1983　「卜占（divination）と解釈」『儀礼と象徴―文化人類学的考察』21-46、九州大学出版会。
　　1985　「文化相対主義の代価」『理想』627：105-121。
　　1989　「不幸の出来事―不幸の語りにおける「原因」と「非・原因」『異文化の解読』吉田 禎吾（編）、55-92、平河出版社。
　　1990　「キマコとしての症状―ケニヤ・ドゥルマにおける病気経験の階層性について」『病むことの文化―医療人類学のフロンティア』波平 恵美子（編）、36-66、海鳴社。
　　1993　「ドゥルマの占いにおける説明のモード」『民族學研究』58（1）：1-24。
　　2001　『秩序の方法―ケニア海岸地方の日常生活における儀礼的実践と語り』弘文堂。
　　2014　『信念の呪縛―ケニア海岸地方ドゥルマ社会における妖術の民族誌』九州大学出版会。

速水 保孝

附録

  1954 『憑きもの持ち迷信―その歴史的考察』柏林書房。
  1976 『出雲の迷信―「狐持ち」迷信の民俗と謎』學生社。
稗田 乃
  1993 「言語の歴史と民族の歴史―ルオ語の話し手の場合」『アフリカ研究―人・ことば・文化』 赤坂 賢・日野 舜也・宮本 正興編、110-123、世界思想社。
平川 智章
  2000 「ジョパドラ」『世界民族事典』綾部 恒雄監修、323、弘文堂。
平田 浩司
  2000 「パゾラ」『世界民族事典』綾部 恒雄監修、511、弘文堂。
平野 智佳子
  2013 「北部準州アボリジニ社会における「先住民」「非先住民」関係の構図―「問題飲酒」に関する人類学的研究の展開」『文化人類学（旧民族學研究）』78 (2): 265-277。
ブローダ、J.
  1976 「独裁と奇行に生きるアフリカの暴れん坊」『PLAYBOY』（日本版第 15 号）9 月号：100-102、198-202。
マーカス、ジョージ・E. & マイケル・M. J. フィッシャー
  1989 『文化批判としての人類学―人間科学における実験的試み』永渕 康之訳、紀伊國屋書店。
マートン、ロバート・K.
  1961 『社会理論と社会構造』森 東吾他訳、384-397、みすず書房。
馬淵 東一
  1937 「イヴァンズ・プリチャード「アザンデ族の妖術、託宣及び呪術」」『民族學研究』3 (3)：95-114。
  1970 「解説 妖術をめぐる人間関係」ルーシー・メアー『妖術 ― 紛争・疑惑・呪詛の世界』馬淵 東一・喜多村 正訳、286-294、平凡社。
マリノフスキ、B.
  2010 『西太平洋の遠洋航海者―メラネシアのニュー・ギニア諸島における住民たちの事業と冒険の報告』増田 義郎訳、講談社。
溝口 大助
  2004 「近代における妖術研究の展開―アフリカにおける市場経済化と妖術現象を中心に」『社会人類学年報』30：187-202。
ムビティ、ジョン・S.
  1970 『アフリカの宗教と哲学』大森 元吉訳、法政大学出版局。
宮家 準
  1985 「病の記号論―修験道の病因論」『社会生活の場面と人間』245-266、慶應通信。
吉田 禎吾
  1965 『未開民族を探る―失われゆく世界』社会思想社。
  1970 『呪術―その現代に生きる機能』講談社。

1972　『日本の憑きもの―社会人類学的考察』中央公論社。
　　　1985　「構造分析と経験主義」『現代思想』13（4）：93-101。
米盛 裕二
　　　1981　『パースの記号学』勁草書房。
　　　2007　『アブダクション―仮説と発見の論理』勁草書房。
米山 俊直
　　　1965　「未開人の思惟（その1）―アフリカの農耕社会におけるウィッチクラフトの論理」『甲南文学会論集』27：87-101。
リーチ、エドマンド
　　　1985　『リーチ社会人類学案内』長島 信弘訳、岩波書店。
リーンハート、G.
　　　1967（1964）『社会人類学』増田 義郎・長島 信弘訳、岩波書店。
　　　1970（1956）「未開人の思考様式」『人類学入門』エヴァンズ＝プリチャード、レイモンド・ファース他著、吉田 禎吾訳、163-180、弘文堂。
ルイス、オスカー
　　　1970　『貧困の文化―五つの家族』高山 智博訳、新潮社。
レヴィ＝ストロース、クロード
　　　1970　『人種と歴史』荒川 幾男訳、みすず書房。
　　　1972　『構造人類学』荒川幾男・生末敬三・川田順造・佐々木明・田島節夫訳、みすず書房。
　　　1976　『野生の思考』大橋 保夫訳、みすず書房。
　　　1990　『やきもち焼きの土器つくり』渡辺公三訳、みすず書房。
和崎 洋一
　　　1977　『スワヒリの世界にて』日本放送出版協会。
渡辺 公三
　　　1981　「病の「語り」分析へ向けてのスケッチ―カメルーン南部サンメリマにおける予備調査報告及び見通し」『リトルワールド年報』4：1-29。
　　　1983　「病いはいかに語られるか―二つの事例による」『民族學研究』48（3）：336-348。
　　　1984　「病いと象徴」『象徴人類学』青木 保編、165-179、至文堂。
　　　1993　「人類学における「原因」「因果性」という語の使用について・断章」『族』21：49-61。

新聞記事

Boston Globe、1993年7月22日、p.10。
Chicago Tribune、1993年8月17日、p.4。
Daily Monitor、2015年7月27日、'Museveni honors former minister.'
The Guardian、1977年2月18日、p.12、'Outrage over 'murder' of Uganda Bishop.'（Norton-Taylor & Brenda Jones）

731

附録

Munno、1977 年 2 月 17 日号、'Baminista babiri ne Ssabalabirizi baakwatiddwa.'
Munno、1977 年 2 月 18 日号、'Muzeeyi Kenyatta ne Dr. Nyerere bayitiddwa mu Uganda.'
Sunday Monitor、2002 年 2 月 17 日、pp.26-27、'Idi Amin Murders Ex-bosom Friend CharlesOboth-Ofumbi.'
Sunday Monitor、2015 年 7 月 10 日、'Losing my husband in the Amin era and life after.'
Sunday Monitor、2015 年 7 月 26 日、'Oboth Ofumbi's nine days as acting president.'
The Monitor、2002 年 2 月 16 日号、pp.24-25、'Archbishop Luwum, Ministers Ofumbi and Oryema Murdered.'
The New Vision、1998 年 9 月 16 日、'Japadhola to elect King.'
The New Vision、1998 年 10 月 26 日、'Adhola Leader Names Cabinet.'
The New Vision、2015 年 7 月 27 日、'Musevani hails slain minister.'
Voice of Uganda、1977 年 2 月 15 日、'Obote Back to Old Tactics Again: Arms Found Near Archipishop's House.'
Voice of Uganda、1977 年 2 月 17 日、'Obote's plan exposed: henchmen whould murder people.'
Voice of Uganda、1977 年 2 月 19 日、'Post Mortem on Three Bodies.'
Voice of Uganda、1977 年 2 月 21 日、'Accident Victims Buried.'
朝日新聞、1977 年 2 月 18 日（金）、7 面「「大統領転覆計画」の大主教ら交通事故死 — ウガンダで発表」
朝日新聞、1977 年 2 月 19 日（土）、7 面「ウガンダの「事故死」暗殺と批判 — ヤング米国連大使」
朝日新聞、1977 年 2 月 20 日（日）、7 面「英が全面調査要求 — ウガンダの大司教死亡」

その他資料

Africa Research Bulletin; Political Social and Cultural Series, London: Africa Research Ltd. Vol. 14, 1977-8, p. 4329 A & B.
The Form and Order of Memorial Service of Semu K. Ofumbi at Korobudi, Mulanda and The Service for the Consecration Dedication and Blessing of Semu K. Ofumbi Memorial Chapel St. Paul's Church, Nyamalogo, Mulanda, n.d. Entebbe: Government Printer.
Grimshaw, Rev. E, MSS. Grimshaw (original). Mill Hill Mission.
Mill Hill SJA, Winter Qr, 1913.
TOCIDA
2006　*TOCIDA News Letter,* November, 2006
Republic of Uganda
1973
Speeches by His Excellency The President Idi Amin Dada. Entebbe: Government Printer.
1958-1970
Uganda Gazette Vol.LI~LXIII
共同訳聖書実行委員会

2005 『聖書』新共同訳、日本聖書協会。

映像作品
General Idi Amin Aada: A Self Portrait, Barbet Schroeder, Criterion Collection, 2002.
『ダーウィンの悪夢』(*Darwin's Nightmare*) フーベルト・ザウパー監督・製作、オーストリア・ベルギー・フランス・カナダ・フィンランド・スウェーデン作品、ビターズ・エンド配給、2004年。
『食人大統領アミン』(*Amin: Rise and Fall*) シャラド・パテル監督・製作、イギリス作品、20世紀フォックス配給、1982年。
『特攻サンダーボルト作戦』(*Raid on Entebbe*) アーヴィン・カーシュナー監督、アメリカ作品、エドガー・J・シェリック・アソシエーツ・20世紀フォックステレビジョン製作、NBC・日本ヘラルド映画配給、1977年。

基本用語リスト

このリストは、本書で頻出する語彙を集めたものである。近似的な日本語訳を付してある。

ア

アジョレ *ajore*　挽歌。
イエン *yien*　薬。
イキロキ *yikiroki*　埋葬（儀礼）。
ウェレ・オティム *were othim*　ブッシュの神霊。
ウェレ・マ・ディオディポ *were ma diodipo*　屋敷の神霊。
ウェレ・マ・ワンカッチ *were ma wangkach*　門の神霊。
ウォド・ルート *wodho rut*　「双子を連れ出す」儀礼。

カ

カヨ・チョコ *kayo choko*　「骨齧りの儀礼」骨つきの肉を共食することで敵対関係の解消を確認する和解儀礼。
カリエリ *kalieli*　葬送儀礼。字義通りには遺体に関わること。
キダダ *kidada*　毒。
クウァヨ・チャック *kwayo chak*　告白。
クウォル関係 *kwor*　おもに殺人により発生した敵対関係。
クウォン *kwong*　シコクビエの練りパン。地域の主食である。
クヌ *kunu*　クランの祭祀社。
クワヨ *kwayo*　祈り。
コンゴ *kongo*　シコクビエからつくられる自家製の醸造酒。英語ではしばしば beer と表記される。

サ

シエシ *thieth*　予言。
ジャイイド *jayido*　ナイト・ダンサー、邪術師。
ジャシエシ *jathieth*　占い師、とくに霊に関わること、将来を予言（シエシ *thieth*）する施術師に限らず、広く用いられる。
ジャジュウォキ *jajwok*　ナイト・ダンサー、邪術師、毒を盛る人など。社会的規範を守らない人間。
ジャミギンバ *jamigimba*　降雨師。

735

附録

ジャラーミ jalami 　「呪詛」をかける者。
ジュウォギ jwogi 　死霊。
ジョウォ・ブル jowo buru 　灰を集める（葬式の一段階）。
ジョチェンベ jochembe 　遺体埋葬人。
ジョンディジョ jondijo 　楽団。

タ

チト chitho 　寡婦。
チュリロック chulirok 　賠償。
チョウィロキ chowiroki 　祓いの儀礼。
チョウォ・ラミ chowo lami 　「『呪詛』を浄める」。
ディアン・アゴヤ dhiang agoya 　花嫁代償のオジの取り分の牛。
ティポ tipo 　死霊とくに殺害されたものの霊。
テウォ tewo 　ブラの祭場の岩穴。
テケ teke 　打楽器。
トウォ tuwo 　病気。
トンゴリ tongol 　弦楽器。

ナ

ニウォム nywom 　花嫁代償。
ニャキリガ nyakiriga 　ブラ祭祀の祭場。
ニョウォモ・ワト nywomo wat 　インセスト的性関係。
ニンディ・カリエリ nindi kalieli 　夜とぎ。
ネコ・カシック neko kasik 　丸太の火を消す（葬式の一段階）。
ノノ nono 　クラン。

ハ

フド・イエン fudho yien 　（呪術の治療のために）「草」を引き抜く。
ブラ bura 　憑依霊信仰、憑依に症状の似た病。
ブリ buli 　人の死を知らせる特別なドラム。胴が短い。
フンボ fumbo 　ロングドラム。
ペー pee 　雹。
ペチョ pecho 　屋敷、家、ホーム。

マ

ミレルワ mileruwa 　（広く）治療者。近代医療の医師も、ジャシエシも含む。
ムウェンゲ mwenge 　バナナからつくられる自家製の醸造酒。
ムウォンジョ mwonjo 　死霊の祟り。
ムクザ mukuza 　後見人。

ムシカ *musika*　　後継者。
メニロック *menyirok*　　（しばしば神秘的な含意をもつ）ビジョン。
メン *men*　　聖霊の力。

ヤ

ヤーシ・ニャパドラ *yath nyapadhola*　　パドラの「薬」。「ニャパドラ」は、「パドラ由来の／生まれの」の意。
ヤーシ *yath*　　植物。
ヤウォ・ルート *yawo rut*　　双子を開く儀礼。
ヤモ *yamo*　　幽霊、風。

ラ

ラブキ *rabuki*　　（占い師の）手付け金。
ラミロキ *lamirok*　　「供犠」。
ラム *lam*　　「呪詛」。年長者への礼を年少者が失した場合に年長者が不満を口にすることで発動する神秘的懲罰力。
リエド儀礼 *liedo*　　（別名ピド *pido*）服喪期間とその終了とともに髪を剃ること。
リエル *liel*　　遺体。
リフォリ *lifuol*　　不幸。
ルスワ *luswa*　　インセストと性的タブーなどによる災いに脆弱な状態。
ルンジョ・ダコ *lunjo dhako*　　妻を相続すること。
ルンジョ・チソ *lunjo chitho*　　寡婦相続。
ルンベ *lumbe*　　最終葬送儀礼。

ワ

ワン・コス *wang koth*　　雨の目、ジャミギンバの雨を降らす力の源泉。
ワンゴ・ルスワ *wango luswa*　　ルスワを燃やす儀礼。

ン

ングリ *nguli*　　蒸留酒。コンゴやムウェンゲを材料とし、ドラム缶などで蒸留する。
ンドゥリ *nduri*　　死を知らせるユーヤレイション。

写真と図、資料一覧

写真 1　ACK とアミン、イスラエル空軍とも蜜月だった　*2*
写真 2　蜜月時代、アミンの後方は Henry Kyemba　*2*
写真 3　ヒースロー空港に政府専用機で降り立つ ACK　*3*
写真 4　「アドラ」を選出する選挙で演説するオロー・オタバ　*84*
写真 5　アドラ選挙にてモーゼス・オウォリ当選の瞬間　*84*
写真 6　モーゼス・オウォリとオロー・オタバ（左端）　*85*
写真 7　絵はがきとなったモーゼス・オウォリ　*85*
写真 8　一般の屋敷のワンカッチ（門）の脇にある社　*90*
写真 9　ブラの祭場ニャキリガ、クランごとの祭祀小屋　*90*
写真 10　ニャキリガの岩穴、テウォ　*91*
写真 11　ブラに供犠された鶏の羽　*91*
写真 12　トロロの市街地。客を待つボダボダ（バイクタクシー）も見える　*99*
写真 13　トロロ市街とグワラグワラを結ぶナゴンゲラ通り　*99*
写真 14　グワラグワラ村のトレーディング・センター　*102*
写真 15　グワラグワラの調査基地　右端はアディン・フランシス　*102*
写真 16　露店を開いて干し魚を売る女たち　グワラグワラ　*102*
写真 17　キオスクでは、様々なものが販売される　*102*
写真 18　トレーディング・センターに市が立つ　*102*
写真 19　インタヴューを行う　手前がマイケル、奥はポール　*103*
写真 20　インタヴューを行う　キソコにて　*103*
写真 21　近所のブッシュであつめられた薬草（1）　*146*
写真 22　近所のブッシュであつめられた薬草（2）　*146*
写真 23　ムルスワ　*146*
写真 24　ムルスワの枝を持つオシンデ・アキソフェル　*146*
写真 25　足の皮膚に疾患を抱えた老人　*146*
写真 26　伝統医の免許（1）　*157*
写真 27　伝統医の免許（2）　*157*
写真 28　グワラグワラ在住の施術師の一家　*157*
写真 29　施術のようすを模する施術師たち　*157*
写真 30　グワラグワラ在住の施術師の一家　*157*
写真 31　施術師の占いの儀礼　*157*
写真 32　施術師の儀礼小屋の柱　*159*
写真 33　施術のようすを演じる施術師（グワラグワラ）　*159*
写真 34　酔って歌い踊る（チャモクウォック村）　*159*
写真 35　ルンベ儀礼でコンゴを飲む人々　*195*
写真 36　コンゴをストローで飲む　*195*
写真 37　儀礼のために山羊の頭を頭上にささげる　*401*
写真 38　ブリを鳴らす　*419*
写真 39　ピド喪をしるしづける丸太（カシック）　*419*
写真 40　集まってくる参列者（手前に丸太も見える）　*419*
写真 41　酒を飲んで歌を演奏する　*422*
写真 42　ンダラという楽器を演奏する　*422*

附録

写真43　時事を歌い込んだ歌を演奏する楽団　422
写真44　遺体を守る遺族の女性たち　422
写真45　「最後の敬意」を表するため遺体と対面する　422
写真46　アジョレを演奏する楽団（ジョンディジョ）　422
写真47　泣き悲しみながらも撮影のために道を空ける遺族　424
写真48　アジョレを踊る　424
写真49　出棺のとき　424
写真50　準備された墓穴　424
写真51　泥酔して歌い踊る（チャムクウォック村）　489
写真52　地酒は空き瓶やペットボトルを単位に売られる　489
写真53　臨時に記帳所が開設される　491
写真54　「オポウォのようになるな」と演説するムロコレ　493
写真55　バナナの葉を身にまといアジョレを踊り歌う親族　493
写真56　別の葬儀での出棺　498
写真57　コンパウンドに引き出すこともある　498
写真58　棺を前にミサとスピーチが行われる　498
写真59　参列者は一掴みずつ棺に土をかぶせる　498
写真60　墓穴の前で讃美歌を歌う　498
写真61　墓穴に運ぶ　500
写真62　最後の別れに讃美歌を歌う　500
写真63　参列者は一掴みずつ土塊を投げる　500
写真64　一般の墓標　500
写真65　墓石の上で記念写真を撮影する遺族　500
写真66　ACKのIDカード　520
写真67　オチョラ失踪の年の日記　520
写真68　オボテ（左から2人目）とACK（左から4人目）　533
写真69　サウザールらの名前が書かれた部分の日記　533
写真70　サバンナに聳えたつ現在のACKの屋敷　536
写真71　邸宅に隣接するセム・K・オフンビ記念チャペル　536
写真72　チャペルの壁に白いタイルが貼られているのはアミンの置いた礎石　536
写真73　チャペルの内部　536
写真74　セム・K・オフンビ（左から2人目）左はACK　537
写真75　1976年に建て替えられたオボ・コレの墓　537
写真76　1976年に建て替えられたセム・K・オフンビの墓標　541
写真77　1971年に建て替えられたセム・K・オフンビの墓　541
写真78　フンボにあわせて踊る　541
写真79　ルンベ儀礼には厳重な警備体制で臨んだ　541
写真80　ルンベ儀礼の様子を伝える写真　541
写真81　ACK（左から4人目スーツ姿）とアミン大統領（同6人目軍服姿の人物）　541
写真82　2001年現在のゼファニア・オチェン（1904-1964）の墓　545
写真83　2010年現在のゼファニア・オチェンの墓　545
写真84　カブル（1927年11月24日-2002年11月2日）　547
写真85　ナブヨガのチーフの血を引くオロー・オタバ親子　547
写真86　埋葬前にカブルの遺体の前で遺族がその死を悼む　551
写真87　2010年現在のカブルの墓　551
写真88　カブルの墓碑銘　551
写真89　ミカ・オマラ（1919-2007）　551
写真90　ミカ・オマラの墓（2010年現在）　553
写真91　ミカ・オマラの墓碑銘　553
写真92　応接間に飾られたカブルの肖像画　557
写真93　「モニター」紙の特集記事（右下はヨナ・オコス）　557
写真94　カブルの肖像　558
写真95　ロンドン外遊中のACK　558
写真96　中央の人物は、当時のインド大統領　558
写真97　ACKの墓　558
写真98　モーシェ・ダヤンとACK　558
写真99　アミン大統領を乗せた専用ヘリコ

写真と図、資料一覧

プターが着陸する様子　*558*
写真100　ACKOOとEMNOOというイニシアルが　*579*
写真101　牛を引き倒して供犠しようとする　*589*
写真102　供犠を見まもるACK　*589*
写真103　遺品となったベンツ　*597*
写真104　オチョラの墓　*617*
写真105　オチョラの屋敷　*617*
写真106　音楽につられ「人間ではない」という仮面も出現　*623*
写真107　ACKの息子ゴドフリー　*627*
写真108　写真のACKの隣のアミンの写った部分を家族が破りとった跡　*639*

地図1　アフリカ大陸とウガンダ共和国（筆者作成）　*30*
地図2　ウガンダ共和国とトロロ県（筆者作成）　*31*
地図3　ルオ系民族の南下移住経路　出所：Cohen［1968: 144］　*75*
地図4　アドラ民族の移住プロセスの再構成　出所：Ogot［1972: 123］　*95*
地図5　調査地「パドラ」（キソコ準郡）（筆者作成）　*98*

図1　「病因論」の図式　*36*
図2　「災因論」と「福因論」　*36*
図3　ニイレンジャ・クラン関係図——ACKとオチョラとの系譜関係　*604*
図4　ニイレンジャ・クラン関係図——ACKとオチョラとの系譜関係　*605*

資料1　*The Voice of Uganda*　1977年2月15日付、大主教の家とトロロのヨナ・オコスの自宅から兵器が発見されたことを報ずる（情報元はアミン）(1)　*525*
資料2　*The Voice of Uganda*　1977年2月15日付、大主教の家とトロロのヨナ・オコスの自宅から兵器が発見されたことを報ずる（情報元はアミン）(2)　*526*
資料3　*The Voice of Uganda*　1977年2月17日付。カンガルー軍事裁判の模様（1）　*527*
資料4　*The Voice of Uganda*　1977年2月17日、カンガルー軍事裁判の模様（2）　*528*
資料5　*Munno*（カトリック系新聞）　1977年2月18日付。　*529*
資料6　*The Voice of Uganda*　1977年2月19日付。3人の検死結果の発表　*530*

741

索引

●事項●

ア

アート・ネクサス　51-53, 55, 665
アイラ　13, 137, 153, 154, 168, 175, 176, 179, 521, 642
アイロニー　661
アキラム　333, 649
アクター　34, 63-65
悪魔祓い　387, 407, 411, 652
悪霊　154, 155, 160-162, 287, 288, 330, 393, 501, 648
アゴヤの牛　296, 329, 376, 647
アゴヤの山羊　170
アザンデ　34, 60, 270, 509, 664, 665, 697
足跡　168, 195-197, 200, 201, 217, 218
アジュウォキ　125, 127
アジョン　156, 491
アジョレ　189, 421, 435, 438, 451, 455, 493-495, 499, 553, 577, 578, 582
与えられるべき牛　170, 296, 306-308
アチェロ　451, 496
アチョリ　3, 5, 6, 8, 12, 37, 74, 76, 83, 99, 123, 125, 191, 243, 246, 247, 258, 271, 277, 448, 522-524, 531, 549, 560, 563, 580, 582, 606
アテロ　222
アドラ語　3, 13, 15, 41, 72, 77, 78, 93, 101, 103, 113, 117, 124, 127, 129, 141, 147, 153, 172, 179, 216, 271, 280, 303, 407, 439-441, 464, 466, 468, 491, 494, 532, 534, 553, 569, 577, 582, 591, 602, 605, 608, 620, 679, 704, 705
アパッチ　7, 608
アパルトヘイト　37, 635

アブダクション　12, 15, 43, 49, 52, 53, 55, 56, 63-66, 68, 71, 115, 386, 574, 635, 637, 641, 656, 661, 663, 664, 666
アフリカ歴史学　68, 93, 110
雨乞い　236, 705, 706
網の目　11, 15, 270, 342, 573, 637, 638, 646, 660, 663
蟻塚　127, 171, 175, 196, 199, 228, 230, 233, 234, 240, 291, 293, 330, 645, 648
アルル　40, 73, 74, 76, 96, 204, 243
イエン　255, 256, 259, 344, 345, 348, 390, 392, 544, 584
イキロキ　417, 418, 434, 490, 539, 549, 578
異常出産　193, 196, 198, 572
異常性　45, 178, 384, 586, 588, 614, 651, 660
イスラエル　467, 520, 523, 531, 559, 591, 656
遺品　14, 428, 519, 532, 556, 557, 559, 655, 670
イフォリ　67, 260
医療　15, 42, 60, 64, 124-129, 131, 132, 134-137, 139, 144, 147, 150, 160, 182, 185, 269, 378, 379, 487, 642, 646, 697, 698
因果　1, 39, 42, 43, 51, 57-59, 61, 62, 65, 67, 71, 177, 386, 637, 651, 655, 660, 663
——関係　1, 39, 57, 58, 65, 67, 71, 386, 637, 651, 655, 660, 663
——論　42, 51, 61, 62
インセスト・タブー　13, 335, 348, 649
姻族　223, 233, 234, 285, 286, 335, 337-339, 346-348, 373, 374, 382, 420, 421, 427, 441, 445, 449-451, 456, 460, 464, 465, 467, 486, 496, 502
インデックス性　46, 221, 351, 644, 650
インフォーマント　9, 69, 103-105, 107, 108, 510, 637, 702, 704, 706, 710
ウィッチクラフト　9, 33, 34, 66, 193-197, 217, 219, 270, 279, 280, 286, 632-634, 658,

743

附録

668

ウィッチ・ドクター　*182, 183, 187, 641*
ウェレ　*78, 79, 84, 86, 88-92, 94, 162, 163, 174, 199, 256, 315, 316, 321, 322, 331, 358, 373, 374, 380, 391, 399, 403, 405, 410, 411, 442, 445, 446, 492, 537, 539, 544, 649*
ウェレ・オティム　*89, 92, 358*
ウェレ・マ・ディオディポ　*89, 358*
ウェレ・マ・ワンカッチ　*89, 358*
ヴェロナ　*86, 92*
ウォダン　*304, 606*
ウォド・ルート　*221, 400*
宇　宙　*29, 33, 56, 153, 192, 402, 641, 656, 663, 664, 666*
──論　*29, 33, 56, 153, 641, 656, 663, 664, 666*
エイジメイト　*154, 158, 160, 164, 434, 544*
衛生学　*144, 223*
エージェンシー　*51-53, 55*
エージェント　*2, 9, 67, 116, 169, 192, 245, 620*
エコニョコイット　*167, 274, 647*
エサシ棒　*273*
エスノメソドロジー　*44, 46, 48, 109, 351*
エスノメソドロジスト　*46, 47, 384*
エチャチ　*272*
エトゴ　*225*
エボラ　*514, 515, 654*
エリート　*9, 11, 14, 15, 38, 112, 239, 304, 437, 484-486, 512-515, 535, 536, 543, 546, 574, 595, 606, 609, 616, 618, 630, 632-638, 644, 654, 657-659, 670, 698, 699, 704, 708*
演繹　*43, 55, 169*
エンクウェ　*620*
エンテベ　*3, 182, 463, 470, 520, 524, 543, 545, 559, 560, 564, 571, 580, 604, 619, 656*
オイ　*84, 284, 291, 293, 294, 300, 314, 329, 338, 365, 366, 367, 371, 385, 388, 397, 418, 437, 647, 651*
オカルト　*9-11, 39, 51, 66, 245, 620, 632, 636, 668*
オケウォ　*14, 221, 222, 229, 230, 239, 273, 274, 338, 341, 343, 417, 418, 420, 421, 424-437, 586, 644, 653, 669*
オケロ　*198, 258, 417, 418, 440, 441, 502, 542, 563, 587*
オシト　*134, 136, 144, 148*

オディ・ニール　*203, 223*
オバ　*142, 170, 171, 173-175, 281, 283, 285, 286, 293, 296, 297, 300, 306, 307, 314, 324, 328, 336-340, 347-349, 363-365, 372, 396, 398, 400, 647, 649*
オモア　*77, 79, 80, 81*
オミーア　*77, 80*
オリ　*337, 348, 374, 382, 421*
オリエンタリズム　*41*
怨霊　*245, 246*

カ

階級論　*39, 633, 635, 657, 658*
解釈学　*48*
解呪　*13, 175, 177, 210, 211, 247, 268, 282, 283, 289, 293, 300-302, 304-308, 311-313, 315, 316, 319, 322-324, 329, 330, 344, 371, 375-377, 380, 381, 393, 397, 401, 402, 411, 648, 652, 661*
会話分析　*47, 48, 109, 115, 116*
閣僚　*3, 6-8, 445, 446, 464, 466-468, 470-472, 475, 519-524, 528, 531-533, 546, 556, 560, 562, 563, 568, 577, 608, 609, 612, 615, 618, 656*
カクワ　*4, 522, 570*
葛藤　*43, 45, 93, 169, 704*
割礼　*663*
ガト　*280, 333, 649*
カトリック　*86-88, 92, 205, 258, 326, 327, 358, 361, 373, 375, 387, 389, 390, 394, 405, 429, 473, 475, 483, 501, 510, 522, 535, 544, 547, 557, 564, 588, 606-608, 612, 614, 618, 620, 700*
寡婦　*308-312, 426, 436, 473, 603, 653*
──相続　*308, 311, 312, 436, 603, 653*
雷　*193, 227, 228, 229, 233, 238, 240, 241, 645, 706*
カメルーン　*38, 46, 633, 635*
カリエリ　*417, 420, 421, 492, 612, 614*
カルンバ　*126, 140, 145, 200, 201, 220, 644*
カヨ・チャゴ　*167, 271, 272, 345, 647*
カヨ・チョコ　*167, 176, 177, 247, 266, 271, 282, 320, 363*
カヨ・チョゴ　*274*
カンガルー軍事裁判　*328, 524, 582*
乾期　*235, 236, 352*

744

索引

官僚　　　437, 460, 467-470, 555, 564, 580, 581, 632
犠牲獣　　140, 155, 164, 167, 272, 417
キダダ　　67, 132, 140, 147, 148, 168, 177, 179, 195, 196, 389, 390, 394, 412, 553, 584, 593, 611, 613, 652
帰納　　43, 56
機能　　11, 14, 45, 54, 55, 60, 86, 97, 100, 111, 169, 182, 220, 224, 247, 271, 274, 275, 322, 444, 446, 452, 466, 514, 562, 591, 611, 614, 626, 644, 647, 663, 664, 668, 697
規範　　14, 293, 295, 331, 335, 348, 351, 374, 382, 481, 491, 649, 650, 701, 705, 708
共約不可能性　　383, 384, 651
浄めの儀礼　　177, 181, 214, 222, 248, 249, 262, 265, 280, 289, 304, 313, 314, 320-322, 329-332, 336, 342, 344, 354, 362-365, 367, 371, 380, 381, 402, 643, 648, 649
キングズ・アフリカン・ライフルズ　　82
キングズ・カレッジ・ブド　　2, 3, 548, 553, 555, 560, 580, 586
近代化　　11, 37, 39, 40, 45, 63, 150, 151, 213, 514, 515, 634, 635, 654, 658, 660
近代性　　37, 40, 44, 514
クウァヨ・チャック　　319
クウェル　　271, 400
クウォル　　247, 267, 268, 583, 584, 590, 591, 605, 618, 638, 656
クウォン　　74, 89, 141, 188, 204, 222, 253, 254, 273, 282, 375, 425
クヌ　　85, 90, 91, 94, 96, 380, 381, 444, 591, 593, 664
蜘蛛の巣　　11, 63-65, 128, 149, 660, 661
クライアント　　46, 127, 134, 135, 179, 180, 289, 455, 651
クラン・コート　　14, 335
クラン・ヘッド　　439, 442, 445-448, 469, 471, 472, 486
クラン・リーダー　　81, 83, 111, 112, 160, 256, 266, 267, 282, 284, 310, 311, 318, 319, 354, 362-364, 367, 380, 381, 421, 423, 427, 429, 439-444, 446, 448, 461, 499, 551
グローバル　　38, 70
グワラグワラ　　15, 100, 101, 103, 123, 124, 163, 168, 169, 325, 327, 328, 367, 372, 438, 488, 491, 507, 512, 514, 533-537, 539, 559, 593, 654, 672

クワル・ノノ　　86, 444
クワヨ　　390, 398
経験主義　　59, 62, 71
経験論　　641
警察　　5, 58, 59, 85, 97, 369, 371, 437, 438, 449, 457, 460, 462, 466, 467, 469, 470, 473, 475, 480, 485, 486, 508, 519, 521, 522, 528, 548, 550, 563, 574, 575, 609
形式論理　　48
継承　　32, 84, 107, 202, 203, 218, 225, 229-231, 233, 234, 236, 239, 305, 312, 377, 446, 644
警備員　　200, 202, 210, 211, 409, 438, 493
系譜　　37, 107, 204, 205, 294, 304, 314, 315, 338, 603, 604-606
ケウォ　　14, 221, 222, 229, 230, 239, 273, 274, 338, 341, 343, 417, 418, 420, 421, 424-437, 586, 644, 653, 669
血縁　　38, 125, 154, 203, 249, 252, 285, 294, 297, 302, 330, 335, 447, 528, 649
ケニア・ルオ　　72-74, 78, 93, 94, 96, 111, 166, 172, 173, 193, 245, 280, 331-333, 491
言説　　15, 16, 44, 57, 59, 60, 63, 65, 69, 104, 105, 108, 114, 162, 164, 169, 387, 632, 670, 697
権力関係　　68, 70, 275
後景　　53, 54, 57, 58, 63, 664
後景に退く　　53, 54, 57
構成説　　61, 62, 69
構造　　11, 34, 39, 41, 42, 45, 52, 64, 70, 83, 96, 108, 109, 178, 289, 370, 436, 475, 574, 604, 613, 653, 664, 704
構築　　15, 44, 46, 61, 114, 117, 267, 455, 467, 632, 663, 664, 704, 706, 710
口頭伝承　　68, 77, 82, 85, 88, 93, 94, 96, 109, 110, 114, 270, 335, 492
拷問　　13, 205, 206, 218, 219, 225-228, 230, 232-236, 240, 643, 645, 706
合理主義　　59, 62, 71
合理性論争　　41, 697
合理的　　67, 71, 117, 521
効力　　165, 216, 238, 239, 253, 284, 285, 287, 291, 294, 322-324, 346, 365, 374, 382, 509, 644
合理論　　641
コード　　42, 525
ゴールド・スキャンダル　　7, 531, 557, 656

745

附録

語根　　　13, 74, 97, 99, 191, 193, 194, 280, 331-333, 335, 649
コスモロジー　　　29, 32, 33, 35, 43, 44, 56, 61, 638
個別性　　　45, 384, 586, 633-635, 651, 658, 659
胡麻　　　136, 139, 204, 226, 230, 234, 236, 240, 272, 313, 314, 329, 645, 648
ゴマス　　　187, 290, 293, 437, 508
胡麻ペースト　　　329, 648
コミュニケーション　　　46, 48, 90, 197, 221, 252, 379, 384, 391, 395, 405, 651, 709
ゴロ・チョゴ　　　245
コロニアル　　　9, 11, 14, 39-41, 112, 124, 144, 233, 259, 270, 437, 484-486, 532, 545, 595, 606, 632, 634, 635, 637, 654, 655, 657-670
コロブディ　　　539, 540, 543, 567, 575, 576, 579, 585, 586, 588-591, 593, 656
コンゴ・マ・ルシロ　　　435
コンテキスト　　　15, 37, 39, 41, 43, 46, 48, 51, 57, 58, 64, 117, 351, 352, 532, 641
ゴンボロラ　　　86, 88, 97, 289, 362, 444

サ

災因論　　　1, 9, 11-14, 16, 29, 30, 32,-37, 40-45, 49-52, 54, 55, 57, 59-63, 65-69, 71, 112, 153, 160, 175, 385, 386, 412, 519, 574, 637, 641, 642, 652, 655, 656, 660, 666, 667, 669, 670, 697
サイドストーリー　　　10, 11
酒浸り　　　329, 365-367, 383, 384, 514, 647, 650, 654
サザ　　　86, 88, 97, 289, 444, 543
殺人事件　　　6, 10, 166, 167, 176, 247, 249, 252, 256, 260, 261, 270, 572, 576, 613, 646, 656, 661
ザンデ　　　34, 60, 179, 270, 509, 643, 661, 664, 665, 697
死因　　　7, 10, 35, 86, 128, 158, 160, 166, 168, 354, 444, 467, 504, 546, 553, 561, 562, 578, 634, 636, 659
シココ　　　388-392, 394, 395, 412, 505, 506, 652
嫉妬　　　39, 40, 44, 127, 164, 169, 245, 287, 295-297, 329, 632, 647, 657
ジャイド　　　66, 195, 284, 286, 287
社会的事実　　　62, 331, 384, 649
社会的相互行為　　　114
ジャキソコ　　　86, 444
ジャゴンボロラ　　　86, 362, 444
謝罪　　　315, 322, 366, 367
ジャサザ　　　86, 444
邪術　　　32-34, 37, 51, 52, 66, 81, 127, 130, 132, 137, 172, 173, 175, 176, 196, 197, 202, 206, 215-217, 219, 248, 279, 280, 303, 304, 341, 356, 357, 359-361, 389, 501, 505, 513-515, 575, 589, 590, 641, 643, 654, 656, 698
ジャチェン　　　245
ジャミギンバ　　　13, 118, 225-241, 314, 505, 643-645
ジャムルカ　　　86, 362, 444
ジャヤーシ　　　214, 216, 222, 226, 340, 343, 345, 348, 360-362
ジャラーミ　　　13, 277, 280, 283, 284, 287, 289, 304-306, 308, 314, 316, 319, 322, 328-331, 364, 365, 367, 370, 371, 376, 382, 383, 613, 647, 648, 649
謝礼　　　217, 342, 357, 394, 417, 512, 695
ジュウォギ　　　13, 67, 89-91, 96, 133-137, 143, 145, 147, 150, 151, 153, 154, 160, 161, 163, 166, 167, 175-177, 179-181, 194, 214, 216, 248, 255, 256, 259-263, 268, 330, 331, 352, 399, 409, 494, 642, 649, 667
ジュウォク　　　89, 160, 161, 191, 193, 204, 241
集合表象　　　32, 62
ジュオク　　　12, 96, 191, 193
祝福　　　170-173, 175, 177, 273, 282, 284, 320, 322, 329-332, 342, 397, 400, 401, 423, 428, 429, 431, 454, 455, 482, 616, 618, 648, 649
守護霊　　　180, 181, 289
主体　　　47, 63, 65, 265, 277, 280, 293, 299, 314, 338, 348, 394, 400, 403, 484, 633, 637, 657
——性　　　63, 65
主知主義的　　　62
呪文　　　106, 162, 283, 289, 290, 292, 293, 297, 298, 313, 315, 316, 319, 322, 329, 346, 347, 371, 418, 509, 619, 647, 648
ジョウォ・ブル　　　159, 352, 418, 432, 433, 434, 501
ジョチェンベ　　　96
症状　　　35, 56, 124, 126, 128, 129, 131, 134, 135, 137, 140, 143, 151, 169, 173, 177, 181, 195, 196, 200, 201, 219, 220, 253, 254, 256,

746

索引

269, 270, 302, 329, 339, 340, 349, 360, 361, 376, 384, 385, 393, 454, 584, 642, 643, 644, 646, 647, 650
象徴　7-9, 15, 42, 142-144, 178, 266, 316, 380, 417, 425, 432, 502, 504, 519, 540, 591, 659, 703
召命　14, 164, 203, 240, 403, 406, 412, 645
召命型　203, 240, 645
ジョク　12, 81, 89, 96, 166, 191-193, 196, 223, 244, 245, 273, 402, 514
——の力　192, 193, 244
——・ブラ　81
食餌療法　149
植民地化　37-41, 98, 124, 513, 514, 635, 655
ジョマロ　89
所有　111, 239, 240, 368, 540, 594, 595, 607, 610, 612, 615, 645, 659
所有権　239, 240, 645
ジョンディジョ　421, 438, 499
事例素　12, 351, 355-358, 360, 362, 365, 367, 371-377, 379, 381-383
白蟻　228, 230, 240, 292, 593
信仰　31, 39, 40, 44, 45, 60, 65, 81, 88, 90-92, 112, 198, 199, 203, 239, 324, 330, 331, 345, 346, 387, 391, 395, 398, 404, 406, 411, 421, 431, 482, 483, 485, 506, 552, 586, 648, 649, 668
親族関係　38, 294, 296, 297, 314, 338, 605, 606, 697
シンバ　203, 223, 224
臣民　461, 472, 475, 484
神話　104, 271, 646
——的世界　271, 646
推論　43, 51, 53-57, 63, 64, 117, 254, 280, 323, 637, 638, 660, 664
筋　15, 39, 48, 53-55, 57, 58, 63-66, 71, 138, 169, 297, 344, 351, 364, 463, 491, 554, 561, 573, 582, 635, 660, 661, 664
すり胡麻ペースト　329, 648
政治　2, 6, 7, 9, 38, 53, 54, 83, 86, 92, 96, 104, 112, 234, 327, 436, 448, 468, 484, 523, 528, 532, 539, 554, 569, 574, 581, 598, 607, 621, 636, 642, 653, 655-657, 697
聖書　72, 88, 246, 248, 312, 331, 346, 347, 389-395, 405-407, 411, 466, 472, 478, 480, 500, 501, 506, 649, 652, 668
精神疾患　201, 220, 644

性癖　13, 199-202, 218, 644
聖霊　14, 246, 258, 259, 344, 386-396, 399, 403-408, 412, 476, 478, 483, 638, 652, 669
——の力　389-396, 412, 652
——教会　387, 389, 393, 395, 396, 399, 403
——派教会　14, 344, 386-388, 408, 638, 669
世界観　9, 12, 14, 56, 71, 103, 112, 192, 244, 641, 670, 697
正当性　10, 42, 178, 179, 267, 279, 289, 296, 306, 311, 312, 314, 316, 328, 400, 504, 583, 647, 701, 706
施術師　15, 64, 103, 126, 128, 135, 139-141, 143, 147, 150, 155, 156, 160, 161, 163-165, 167, 199, 214, 215, 282, 283, 298, 339, 340, 342, 344, 353, 359, 385, 542, 651
説明体系　29, 60, 61, 62, 514
前景化　57, 64
戦死者　257-259, 269, 410, 646
選択　63-65, 68, 70, 108, 480, 484, 573, 586, 666, 710
千年紀資本主義　37, 39, 635
ソーサリー　34, 279, 632
葬式　68, 73, 86, 156, 163, 221, 257, 259, 265, 269, 284, 330, 352, 354, 356, 357, 371, 418, 425, 437, 444, 486, 489, 490, 576, 578, 582, 587, 611, 646, 648
相互行為　61, 62, 114
相互主観的　62, 69
葬送　14, 66, 154, 156, 159, 160, 163, 164, 176, 178, 225, 244, 245, 267, 269, 354, 356, 382, 417, 420, 432, 433, 435-437, 485, 503, 504, 587, 641, 646, 653, 669, 705
相続　207, 284, 304, 308-312, 330, 357, 426-428, 436, 447, 476, 503, 603, 604, 648, 653
ソガ　83, 94, 132, 235, 236, 303, 430, 448, 521, 594
祖先　31, 89, 96, 112, 155, 161, 164, 188, 198, 199, 229, 243-246, 255, 256, 259, 271, 287-290, 293, 316, 321-323, 329, 330, 332, 342, 377, 380, 409, 412, 503, 594, 595, 604, 647, 648, 662
ソフト　59, 60
祖霊　60, 158, 159, 160, 164, 165, 542, 543, 663, 664
存在論　13, 227, 238, 644

747

附録

タ

ターク　　　388, 389, 392, 395, 505, 506
対抗呪術　　　254, 586, 588, 590, 619, 621
対抗薬　　　269, 646
大主教殺人事件　　　6
対　話　　　14, 69-71, 119, 163, 192, 238, 253, 254, 355, 387, 388, 413, 653, 655, 668, 669
堕胎　　　379-383
祟　り　　　2, 154, 164, 165, 167, 191, 211, 221, 245, 251, 258, 262, 265, 266, 274, 310, 356, 381, 418, 420, 434, 502, 537, 538, 542, 543, 549, 586, 591, 634, 647, 656, 657, 664, 698
脱植民地化　　　37-40, 513, 514, 635, 655
ダマ　　　76, 77, 80, 99, 544, 556, 603
魂　　　165, 166, 193, 243, 244, 250, 262, 263, 271, 392, 395, 417, 456, 459, 461, 465, 494, 502, 647
タンガ　　　156, 158, 375, 376, 429-431, 550, 584, 636, 673
チェトゴの山羊　　　170, 268
チェン　　　181, 193, 244-248, 250, 252, 257, 258, 262, 263, 265, 269, 271, 409, 410, 580, 585-588, 613, 614, 618, 621, 627, 646, 647, 663
チャモクウォック　　　488, 490, 513
チョウォ・ラミ　　　174, 314, 319, 322, 329, 411, 412, 652
チョウォ・ルスワ　　　341, 343, 348
秩序　　　9, 29, 42, 86, 162, 176, 178, 241, 290, 293, 444, 521, 645, 656
チト　　　426
チュリロック　　　282, 283
チョウィロキ　　　86, 177, 314, 335, 363, 380, 444
調停　　　289, 306, 319, 370, 510, 703
懲罰　　　285, 286, 295, 328, 332, 647, 649
憑きもの　　　39, 60
壺　　　127, 129, 137, 141, 142, 156, 184, 188, 196, 197, 223, 226, 227, 231, 232, 235-237, 240, 268, 273, 292, 342, 343, 359, 434, 435, 488, 490, 491, 502, 504, 505, 507, 645, 671
ディアン・アゴヤ　　　170
ディスクール　　　69
ティダ　　　126, 140, 200, 201, 220, 644
デイリー・モニター　　　4, 5

テウォ　　　81, 90, 91, 162, 323, 324, 325, 330, 380, 648
テケ　　　139, 148, 158, 417, 421, 438, 494, 694
テソ　　　33,-35, 37, 61, 69, 74, 77-83, 91, 93, 96, 98, 99, 103, 156, 167, 172, 173, 257, 259, 273, 274, 279, 280, 333, 413, 421, 438, 448, 466, 468, 491, 554, 588, 608, 647, 649
哲学　　　30-33, 36, 51, 56, 244, 347, 402, 481, 663, 664, 697
掌　　　282, 283, 288-290, 293, 300-302, 304-308, 313, 314, 316-319, 321, 322, 329, 330, 364, 365, 370, 371, 554, 564, 572, 648
天使　　　387, 389-395, 412, 413, 478, 652
トウォ　　　13, 123-127, 129, 131-133, 136, 137, 140, 143, 147, 150, 160, 227, 271, 423, 455, 642, 669
特殊性　　　173, 384, 651
ドラム（雑誌）　　　523
トランスクリプション　　　113, 153
トリックスター　　　107, 554, 620
取引　　　140, 183, 305, 356, 369, 597
トンゴリ　　　158, 159, 421, 438, 494

ナ

ナイト・ダンサー　　　66, 178, 194-196, 199-213, 218-221, 505, 643, 644
ナイル系　　　7, 12, 73, 74, 89, 154, 166, 191, 280, 333, 649, 670
ニイレンジャ　　　83, 423, 430, 439, 440, 442, 443, 445-454, 462, 469, 471, 472, 474-476, 482, 483, 485, 486, 528, 532, 539, 540, 549, 551, 580, 583, 584, 590, 603, 611, 638, 693
ニウォム　　　170, 187
西ナイル　　　4, 12, 73, 74, 96, 115, 172, 173, 191, 204, 280, 331-333, 522, 563, 668
日常生活　　　38, 52, 59, 67, 109, 123, 124, 277, 328, 351, 661
ニャキリガ　　　90, 91, 323, 330, 380, 648
ニャクワル　　　304
ニャパドラ　　　15, 147, 150, 223, 336, 348, 386, 402, 412, 413, 438, 574, 583, 586, 587, 591, 604, 613, 615, 637, 642, 649, 651, 652, 659
ニャポロ　　　78, 82, 84, 87, 88, 94, 233, 423, 448, 544, 607, 618, 694
ニャマロゴ　　　356, 358, 360, 467, 533, 535,

748

索引

536, 539, 546, 556, 567, 572, 577, 581, 582, 588-591, 593, 612, 616, 617, 619, 626, 627, 672
ニャムケシ　129, 134, 135, 148
ニョウォモ・ワト　335, 336, 338, 341, 348, 349, 649
ニョレ　10, 76, 77, 79, 87, 91, 94, 142, 207, 226, 232, 233, 240, 256, 257, 259, 296, 297, 325, 330, 532, 591, 596, 608, 623, 648, 657
ニンディ・カリエリ　421
ヌアー　29, 31, 173, 331, 332
ヌエル　73, 74, 172, 244, 331
ネコ・カシック　159, 433, 501
ネコ・マッチ　352, 433
妬み　164, 168, 169, 176, 186, 191, 284, 506, 514, 635, 642, 654
ノノ　85, 86, 298, 338, 421, 444, 492
呪い　54, 172, 214, 215, 217, 219, 286, 301, 390, 392, 395

ハ

灰　127, 128, 133, 136, 138, 149, 194, 196, 208, 210, 211, 218, 221-224, 352, 354, 424-426, 428, 429, 432-436, 481, 501, 502, 505, 653, 691
バイアス　34, 35
バイオグラフィー　9, 636, 658
売春婦　286
賠償　78, 267, 271, 274, 282, 283, 314-316, 319, 320, 322, 329, 335, 364, 401, 647, 648
梅毒　131, 136, 145, 148, 174, 182, 269, 646
売買　10, 13, 37, 229, 230, 239-241, 258, 593, 594, 595, 645, 657
発狂　154, 214, 216, 299, 340, 349, 356, 357, 359, 377, 379, 383, 396, 650
バナナ　74, 76, 100, 127, 129, 131, 133, 138, 149, 159, 169, 201, 205, 206, 212, 213, 217, 228, 238, 261, 263-266, 282, 304, 305, 318, 330, 341, 343, 348, 371, 417, 420, 421, 425, 426, 429, 434, 489, 493, 502, 507-509, 544, 612, 615, 648, 650, 663
花嫁代償　76, 78, 112, 118, 142, 143, 170, 175, 187, 188, 295, 296, 301, 306, 307, 309-312, 319, 329, 330, 375, 376, 403, 419, 426-428, 583, 647, 648
バハル・エル・ガゼル　76

反社会性　169, 178, 202, 217
反社会的　66, 178, 193, 196, 202, 217, 505, 506, 643, 644
バントゥ　31, 74, 76, 87, 88, 92, 93, 132, 141, 182, 187, 217, 444, 485, 499, 531, 668
ビート　244, 332
比較民族誌　12, 13, 37, 191, 247, 273, 280, 351, 485
東ナイル　173, 332, 333, 649, 668
ビジョン　412
ビド　218, 267, 354, 418, 426, 428, 429, 502
秘密　7, 174, 183, 197, 205, 206, 208, 211, 212, 219, 221, 222, 318, 325, 373, 375, 376, 505, 522, 596, 614, 706
雹　193, 227-230, 238, 240, 241, 505, 645, 706
豹　81, 142, 179, 184, 193, 199, 207, 212, 213, 241, 251, 363, 409
憑依　38, 39, 45, 126, 127, 140, 177, 195, 197, 258, 289, 352, 353, 355, 356, 358, 384, 385, 387, 389, 393, 394, 397, 411, 412, 504, 613, 652, 669
──霊　45, 127, 140, 177, 394
病因　29, 35, 36, 124, 135, 144, 145, 150
──論　29, 35, 124, 144, 145
瓢箪　140, 142, 155, 156, 180, 227, 232-234, 240, 257, 259, 272, 288, 320, 418, 504
貧困　15, 73, 118, 136, 153, 164, 330, 365, 367, 372, 378, 379, 383, 502, 508, 548, 629, 699, 705, 707
フィールドワーク　9, 14, 38, 51, 62, 66, 69, 105, 108, 109, 116, 328, 696, 697, 710
不衛生　132, 133, 137, 139, 144, 305
不可視性　660
ブギリ　100, 182, 608
福因論　33, 34, 35, 54
復讐　165, 169, 204, 246, 247, 248, 251, 253, 261, 267, 279, 497
ブケディ　3, 86, 96, 98, 99, 226, 327, 478, 479, 484, 524, 545, 547, 549, 560, 563, 571, 580, 582, 596, 597, 603, 606, 607
不幸の出来事　45, 48, 56, 57, 60, 269, 283, 341, 384, 386, 646, 651
不作　60, 222, 223, 299
双子　93, 142, 180, 196-199, 221, 222, 223, 241, 309, 399, 400, 403, 413, 436, 538, 552, 572, 667, 705

749

附録

フド・イエン　390, 392
ブドゥダ　662
プニイ　129, 130, 138, 148, 225
ブニョロ　182, 662
不妊　174, 175, 182, 184, 299, 315, 330, 366, 374, 385, 651
不能　169, 174, 176, 383
部分的真実　68, 70
ブラ　79, 81, 90, 91, 127, 154, 155, 162, 177, 200, 201, 220, 324, 330, 358-360, 554, 644, 648
ブラックボックス　64, 661
ブリ　126, 130, 133, 335, 389-391, 417, 418, 420, 487, 488, 497, 499, 509
プロット　64, 65
プロテスタント　15, 86-88, 92, 361, 393, 405, 429, 473, 475, 483, 484, 486, 500, 501, 510, 522, 535, 537, 548, 557, 586, 588, 606, 607, 608, 618
分水嶺　65, 66, 515
フンボ　158, 159, 417, 420, 421, 438, 487, 494
ペースト　234, 236, 240, 313, 314, 329, 645, 648
ペサ・マ・カリエリ　421, 612, 614
臍の緒　198, 268, 492, 594, 662, 663
ペチョ　85, 123, 154, 155, 176, 180, 200
ベンゲ　270
捕獲　182, 208-213, 217, 218, 219, 234, 643
ト占　46, 48, 192, 384
　　──師　192
ポスト・アパルトヘイト　37
ポストコロニアル　9, 11, 14, 39-41, 124, 437, 484-486, 532, 595, 606, 634, 635, 637, 654, 655, 657-659, 670
蛍　89, 358-360, 383, 487, 695
骨囓り　175, 247, 256, 266-269, 271, 273, 274, 282, 283, 320, 322, 329, 363-365, 506, 583, 584, 613, 618, 626, 638, 643, 646-648
　　──の儀礼　643
ポリフォニー　69

マ

マアサイ　74, 79
マイェンベ　132, 141, 187
マギラ　188, 223

マブゴ　421, 442, 492
マラヤ　286
マング　270
マンチェスター学派　44
マナ　55, 60, 263, 442, 491
丸太　209, 264, 354, 418, 420, 426, 432, 433, 434
ミウォロ　158, 164, 434, 436
ミギンビロ　231, 239, 240, 645
ミグンバ　174
ミセウェ　126, 140, 200, 201, 220, 644
南ブケディ協同組合　606
ミル・ヒル・ミッション　86, 92
ミレルワ　15, 124, 126, 150, 151, 153, 386, 642, 667
民族誌批判　68
民俗宗教　48, 114, 454, 669, 670
ムウェンゲ　76, 138, 142, 169, 188, 201, 232, 264, 265, 318, 319, 429, 431, 432, 434, 489, 501, 671
ムウォンジョ　262-266, 269, 354, 399, 420, 434, 646, 663
ムジナ　63, 64
ムクザ　427-429, 436, 447, 586, 653
ムシカ　282, 304, 305, 306, 330, 371, 427-429, 436, 447, 586, 626, 648, 653
ムズング　124, 150, 180, 386, 642, 706
ムトンゴレ　97
ムネヌワ　233, 234, 373, 374
ムブルク　132, 168, 423, 693
ムラゴ　8, 437, 452, 453, 457, 512, 545, 548, 549, 561, 563
ムランダ　2, 88, 149, 237, 258, 259, 327, 391, 430, 446, 473, 539, 547, 552, 560, 567, 579, 589, 601, 603, 608, 616
ムルカ　86, 87, 97, 362, 444, 538
ムルスワ　126, 130, 134-136, 147
ムロゴ　183-187
ムロコレ　264, 266, 344, 345, 493, 507
メタフォリカル　164, 240, 645
メッセージ　70, 164, 165, 203, 222, 351, 358, 383, 408, 410, 412, 420, 455, 458, 459, 488, 615
メニロック　389, 409
喪　218, 244, 260, 265, 267, 354, 425, 426, 429-431, 433, 435, 445, 447, 450, 482, 484, 485, 487, 497, 585, 603, 688

索引

モニ　*421, 492*
モニター　*4, 5, 182, 556*
モダニティ　*9, 10, 14, 37, 38, 513, 633, 655, 657*
モブ・ジャスティス　*209, 211, 504, 550, 572*
物語
　──生成装置　*53, 657*
　──の筋　*15, 57, 554, 664*
　──論　*12, 44, 46, 48, 50, 52, 55, 62, 63, 65, 67, 68, 71, 665, 666*
問題飲酒　*513, 515, 654, 670, 697, 698*

ヤ

ヤーシ　*132, 136, 147, 150, 174, 196, 198, 214, 216, 222, 226, 248, 255, 339-341, 343-345, 348, 353, 360-362, 390, 587*
　──・ニャパドラ　*147, 150*
　──・ルスワ　*339-341, 343-345*
　──・ルート　*198, 222*
ヤウォ・ルート　*196*
厄災　*86, 245, 248, 250, 298, 299, 320, 323, 336, 340, 390, 394, 444, 503, 591, 664*
ヤモ　*141, 245, 260, 353-355, 392, 612, 615*
有刺鉄線　*11, 15, 567, 568, 571, 574, 586, 588, 590, 591, 596, 597, 613, 616, 617, 619-621, 624, 626, 627, 631, 632, 638, 642, 656, 659, 672*
ユーヤレイション　*252, 256, 268, 272, 273, 418, 420, 431, 447, 487, 488*
夢　*14, 162, 166, 193, 199, 211, 244, 245, 260, 305, 306, 346, 347, 387, 399, 402-412, 509, 546, 621, 652, 697*
妖術　*10, 31-35, 37-40, 44, 45, 48, 51, 52, 60, 65, 112, 175, 215, 279, 280, 426, 504, 505, 513-515, 633,-635, 641, 654, 655, 657-659, 668, 670, 671, 697, 698, 705*
　──の近代性　*37, 40, 44, 514*

ラ

ライティング・カルチャー　*69, 70*
　──・ショック　*69*
ラジオ・ウガンダ　*561, 577, 582*
落花生　*100, 195, 226, 230, 234, 236, 240, 360, 361, 645*

羅生門　*59*
ラブキ　*179, 180, 355, 357, 359, 360, 362, 394, 405, 412, 652*
ラミロキ　*155, 280, 332*
ランギ　*2, 7, 8, 12, 13, 37, 74, 83, 96, 125, 166, 167, 172, 173, 192, 196, 225, 243-246, 251, 259, 261, 271, 272, 274, 280, 331-333, 402, 423, 448, 522-524, 531, 560, 584, 608, 646, 647, 663, 694*
リアリティ　*9, 44, 45, 61, 62, 69, 109, 114, 117, 287, 328, 598*
リエド　*355, 418, 423-426, 428, 430, 432, 434, 447, 467, 500, 501, 685*
リエル　*156, 231, 420*
リフオリ　*125, 155, 176, 179, 291, 346, 396*
リフレキシヴィティ　*46*
両義性　*43, 515*
理論　*12, 29, 33, 34, 36, 39, 41, 43-46, 49-52, 55, 57, 61, 67-69, 107, 117, 173, 174, 247, 263, 351, 382, 613, 633, 638, 641, 655, 665, 671, 705*
淋病　*131, 133, 134, 143, 145, 148, 182, 269, 646*
ルウェニ・アビロ　*545, 580, 607*
ルウォト　*83, 448*
ルオ　*4, 8, 72-74, 76, 78, 93, 94, 96, 111, 166, 172, 173, 191, 193, 199, 243, 245, 271, 277, 280, 331-333, 491, 656, 673*
ルグバラ　*4, 522, 623, 624*
ルスワ　*13, 86, 126, 130, 134-136, 147, 175, 178, 221, 270, 287, 293, 314, 315, 328, 330, 335-349, 373-375, 385, 398, 402, 413, 436, 444, 583, 645-647, 649, 650, 653*
ルンジョ・ダコ　*308, 309, 311, 330, 503, 586, 603, 648*
ルンジョ・チソ　*308-310, 503*
ルンベ　*141, 159, 163-165, 180, 238, 265, 266, 352, 354-357, 382, 399, 402, 436, 502-504, 542, 613, 615, 663*
霊魂　*165, 193, 244, 250, 502*
レガリア　*429, 475*
レジオ・マリア教会　*387, 403, 404, 406*
録音資料　*9, 16, 101, 113, 114, 117, 153, 175, 194, 206, 437, 485, 642*
ロリ　*84, 94, 423, 448, 575, 586, 589-591, 621, 656, 693*
論理　*15, 41, 43, 46, 48, 49, 61, 62, 67, 71,*

751

附録

113, 114, 163, 166, 178, 179, 193, 263, 396, 400, 402, 412, 413, 511, 583, 584, 586, 613, 643, 652, 661, 662, 663, 665, 698

ワ

災い　29, 33, 36, 43, 45, 63, 64, 66, 153, 250, 262, 263, 265, 281, 302, 322, 324, 330, 342, 345, 385, 386, 398, 477, 515, 583, 648, 651, 660
──の出来事　43, 385, 651
和解　167, 267, 268, 269, 274, 288, 289, 299, 302, 305, 314, 319-322, 329, 339, 363, 364, 370, 372, 401, 402, 506, 550, 583, 584, 618, 636, 646-648, 696, 703
ワラギ　168, 488, 489, 490, 507
ワン・コス　13, 231, 232, 233, 234, 238-240, 644, 645
ワンゴ・ルスワ　336, 341, 348, 398, 402, 436, 653

ングリ　86, 132, 325, 489-491, 501, 507, 511, 513, 671, 695
ンゲル・マ・チョウォ・ラミ　319, 322, 329
ンドゥリ　256, 418, 487, 488

***

achero　495, 496
ajwoki　125, 127, 169, 504, 506
AIC (African Instituted/Initiated Church)　387
AIDS　84, 128, 129, 137, 145, 150, 154, 246, 253, 254, 258, 269, 339, 340, 342, 343, 349, 440, 441, 449, 455, 456, 459, 461, 490, 514, 515, 550, 646, 650, 654, 705
ajong　156, 491
athero　222
ayira　13, 154, 168, 176, 179, 669, 679, 682
Badama　76, 540
Bantu　93
Basoga　83, 448
biit　244
buli　391, 417, 418, 420, 487, 496, 497, 622, 685, 686

bura　79, 81, 90, 127, 141, 154, 155, 177, 200, 201, 220, 233, 358, 644
chamo kwok　488
chien　181, 189, 245, 248, 250, 309, 409, 496, 543, 577, 680, 682, 684, 685, 686, 687, 688, 689, 690
chowirok(i)　86, 177, 314, 335, 363, 380, 444,
chowo lami　174, 314, 319, 322, 411
chowo luswa　341
chyen　245
cien　244
curse　172, 277, 279, 332
Daily Monitor　4, 5, 6
Dhopadhola　3, 72, 669, 704
diel agoya　170, 683
diel chetugo　170
Edward Charles Owor Kaburu　83, 448
echach　272
emormor　83, 448
enkwe　620
etogo　225
fumbo　158, 420, 438, 487, 494, 681
fudho yien　390, 392
golo chogo　245
gomasu　437
gombolola　86, 88, 97, 362, 444
HSM (Holy Spirit Movement)　258, 259
inter-subjective　62
jachien　245
jagombolola　86, 362, 444
jayido　66, 284, 286, 287
jathieth　15, 91, 155, 163, 176, 177, 214, 588, 679, 680, 682
jajwok　13, 66, 168, 169, 176, 178, 191, 194, 196, 197, 286, 426, 504, 588, 667, 682
jakisoko　86, 444
jalami　277, 278, 280, 283, 284, 287, 289, 304, 305, 316, 319, 613, 684
jamigimba　13, 225, 227, 505
jamuluka　86, 362, 444
jasaza　86, 444
jayath　214, 340, 679, 680
jochembe　96
jok　12, 81, 89, 161, 166, 191, 192, 246, 273, 277, 514, 682, 685-692
jok bura　81
jomalo　89

752

索引

jondijo   *421, 438, 499*
jowo buru   *159, 352, 418, 432, 435, 501, 688, 691, 692*
juok   *12, 161, 191-193*
jwogi   *13, 67, 89, 133, 153, 154, 160, 163, 176, 179, 248, 299, 399, 504, 667, 669, 679-682, 692*
jwok   *13, 66, 89, 90, 125, 127, 160, 161, 168, 169, 176, 178, 191, 194, 196, 197, 204, 222, 286, 353, 390, 417, 426, 504, 506, 588, 667, 679, 682*
kalieli   *417, 421, 492, 690*
kalumba   *126, 140, 200, 201, 220, 644*
KAR (King's African Rifles)   *4, 5, 82, 554, 612*
kayo chago   *167, 271, 647*
kayo choko   *167, 176, 177, 247, 266, 363*
kayo cogo   *274*
kidada   *67, 140, 168, 177, 179, 389, 390, 553, 682*
King's College, Budo   *548*
kongo   *76, 90, 103, 156, 189, 226, 228, 434, 435, 628, 679, 680, 681, 684, 688-691, 693*
kongo ma rusiro   *435*
kunu   *85, 90, 94, 444*
kwar(a)   *86, 94, 101, 126, 130, 155, 173, 285, 286, 304, 310, 338, 444, 546, 683, 694*
kwar nono   *86, 444*
kwayo   *89, 162, 319, 390, 398, 628, 684*
kwayo chak   *319, 398*
kwer   *133, 168, 192, 243, 271, 400, 430, 683, 689*
kwon   *74, 253, 254, 425, 494, 495, 679-684, 686-691*
kwor   *142, 247, 267, 583*
lam   *8, 13, 153-155, 169, 172, 176-179, 181, 195, 197, 219, 221, 277-279, 331, 397, 504, 591, 667, 669, 682-684*
lamirok   *155, 280, 332*
Langi   *74, 96*
LC (Local Council)   *97, 101, 169, 405, 407, 439-441, 443, 451, 453, 454, 456, 457, 461, 462, 463, 466, 490, 492, 505*
liedo   *418, 423, 500, 685-689*
liel(i)   *156, 231, 417, 420, 421, 492, 680, 681, 684, 686, 688, 690, 691*
lifuol(i)   *125, 155, 176, 179, 291, 346, 380,*   *396, 679, 680, 686, 688*
lumbe   *141, 155, 159, 163, 176, 399, 417, 502, 542, 680, 681, 691, 692*
lunjo chitho   *310, 503*
lunjo dhako   *308, 309, 503, 688*
Luo   *73, 74, 93*
luri   *139, 174, 366, 367, 382*
luswa   *13, 126, 130, 147, 221, 293, 335, 336, 340, 341, 344, 398*
Lwenyi Abiro   *545*
Maasai   *74, 79*
mabugo   *421, 442, 492*
magira   *188, 223*
mangu   *270*
mayembe   *132, 141, 187*
mbuluku   *168, 682*
men   *389, 392, 404, 405*
menyirok   *389, 409*
migimbiro   *231*
migumba   *174*
mileruwa   *15, 124, 150, 151, 153*
misewe   *126, 140, 200, 201, 220, 644*
miworo   *434*
moni   *101, 278, 421, 440, 447, 492, 685, 690*
Monitor   *4-6, 508, 556, 562*
mukuza   *427, 428, 447, 688*
muluka   *86, 97, 362, 444, 538*
muluswa   *126, 130, 147*
mulogo   *183*
mulokole   *493*
munenuwa   *233, 373*
musika   *282, 304, 427, 447, 687, 688*
mutongole   *97*
muworo   *154, 158, 680, 681*
mwenge   *76, 169, 201, 264, 489, 501, 688, 690*
mwonjo   *248, 262, 354, 399, 420, 434, 681, 682*
nduri   *256, 418, 487, 488, 685*
neko kasik   *159, 433, 501*
neko mach   *352, 691*
nger ma chowo lami   *319, 322*
nguli   *132, 489*
nono   *85, 86, 298, 309, 310, 338, 421, 444, 492, 624, 684-689*
nyakiriga   *90*
nyakwar   *304, 338*

753

附録

nyamukesi　　129, 134, 148
nyapadhola　　15, 147, 150, 223
nywom　　142, 170, 174, 187, 309, 335, 336, 683, 685, 687, 689, 690, 692
nywomo wat　　335, 336
New Vision　　4, 83, 448, 508, 556
nindi kalieli　　421
odi nyir　　203
okelo　　278, 417, 502, 542, 598, 685
okewo　　338, 418, 437, 669, 684, 686-691
Omiia　　80
Omoa　　79
ori　　4, 83, 87, 101, 130, 132, 137, 173, 187, 188, 229, 285, 290, 335, 337, 374, 382, 421, 448, 449, 472, 492, 495, 496, 533, 537, 544, 556, 590, 624, 680, 681, 682, 686, 689, 690, 693, 694
osito　　134, 148
Padhola　　72, 93, 533, 534, 599, 667, 681, 685, 686, 688, 689
pecho　　85, 123, 154, 155, 176, 180, 200, 679, 680-691
pee　　87, 228, 229, 621
pesa ma kalieli　　421
pesa ma kika　　442, 492
pido　　218, 267, 418, 686, 688
power　　245, 540
punyi　　129, 130, 148
rabuki　　179, 357, 359
rwot　　83, 448
RDC (Resident District Commissioner)　　7, 440, 451, 453, 454, 456, 457, 460, 462, 464, 466, 467
saza　　86, 88, 97, 444, 543
sikoko　　388, 390, 505, 506
simba　　203, 224
sorcery　　32, 51, 172, 176, 216, 249, 261, 279, 280

tanga　　156, 429, 680, 689
TASO (The AIDS Support Organization)　　84, 449, 455, 456, 459, 460, 461, 466, 469, 470, 486, 550
tewo　　81, 90, 162
thieth　　15, 91, 155, 163, 176, 177, 214, 215, 353, 407, 588, 679-682
tida　　126, 140, 200, 201, 220, 644
tipo　　8, 13, 153-155, 165, 167, 176, 179, 196, 197, 243, 248-250, 255, 257, 265, 398, 519, 661, 667, 669, 679, 681, 682
tongol　　97, 158, 421, 438, 494, 681
tuwo　　13, 123-129, 131-133, 136, 137, 143, 147, 150, 160, 642, 669
ululation　　418, 487
UPC (Uganda People's Congress)　　3-5, 7, 226, 521, 539, 560, 577, 580, 607, 608, 618
wang koth　　231, 232
wango luswa　　336, 341, 398
waragi　　168, 489
were　　78, 79, 86, 88, 89, 162, 173, 174, 199, 290, 358, 373, 380, 391, 399, 403, 405, 492, 497, 540, 569, 628, 680, 681, 684
were othim　　89, 358
were ma diodipo　　89, 358
were ma wangkach　　89
wodan　　304, 628, 629
yamo　　141, 245, 392, 494, 495, 497, 686
yath　　101, 132, 136, 147, 150, 173, 174, 196, 198, 214, 222, 248, 255, 278, 339, 340, 344, 353, 390, 397, 419, 494, 509, 622, 627, 628, 679, 680, 682-685, 687-692
yath luswa　　340, 344
yath nyapadhola　　147, 150
yath rut　　198, 222
yawo rut　　196
yien　　255, 344, 390, 392, 679, 690, 691
yikiroki　　418, 434, 490, 539, 549, 686

索引

●人名●

ア

アディオマ・オコス　532, 554
アディン・フランシス　103, 153, 491, 509, 672
阿部年晴　40, 42, 96, 166, 167, 172, 245, 246, 280, 332, 672
アミン（イディ・アミン・ダダ）　2-8, 84, 85, 142, 209, 221, 266, 326, 327, 328, 372, 411, 449, 454, 467, 470, 519-525, 528, 531-533, 535, 542, 546, 547, 549, 555-557, 559-563, 570-572, 574, 575, 577, 578, 581, 582, 586, 599, 600, 602, 608-612, 614-621, 626, 632, 634, 638, 655-657, 659, 670
アリ・オボ　531, 554, 588, 616, 621
エヴァンズ=プリチャード、E.E.　30, 32, 36, 44, 60, 505, 661, 697
エーコ、ウンベルト　43, 52
エドワード・オウォリ・カブル　83, 448, 450
エリア・ンスブガ　82
エリザベス、ミリカ・ナマゲンバ　3, 467, 531, 560, 561, 579, 591, 626, 631, 672
オウィニィ　77, 78, 420
オウォリ、モーゼス　83-86, 267, 441, 444, 448, 449, 471, 472, 474-476, 550, 556, 705
オクム　198, 344, 345, 538, 550, 561, 571, 572, 578, 579, 583, 584, 585, 586, 613, 616, 619, 620, 636, 638, 660, 664
オクルット、デヴィッド　546
オクワレ、ファビアン L　546
オゴット　74
オシンデ、アキソフェル　103, 126, 198, 534, 593, 672
オチェン（ゼファニア・オチェン・オブル）　3, 88, 543-545, 560, 564, 580, 607
オチェン、ダウディ　8
オチョラ、ジェームズ・サイラス・マリロ・オンドア　308, 312, 528, 543, 552, 556, 563, 575, 578, 580, 589-621, 634, 656, 659
オティティ、ジョン M. L.　3, 16, 270, 437, 451-454, 463, 467, 540, 549, 550, 560, 572, 578, 579, 581, 586, 626, 627, 636, 672

オティンガ・オニャンゴ・トニャ　103
オドウェ　507-509, 512, 513, 654
オトゥヌ　7
オポウォ・ジョン・マーティン　492
オボス=オフンビ、アルファクサド・チャールズ・コレ　3, 5, 16, 437, 454, 467, 470, 532, 534, 543, 546, 552, 557, 559-561, 570, 599-602, 626, 670, 672
オボテ、アポロ・ミルトン　2-8, 226, 258, 326, 327, 521-524, 528, 539, 542, 549, 556, 557, 560, 562-564, 569, 577, 580, 582, 605-612, 614-616, 618, 620, 634, 656, 659
オマディア、ジョセフ　103, 125, 150, 153, 179, 180, 491, 492, 501, 539, 672
オマラ、レヴランド・キャノン・ミカ・アンドリュー　82, 179, 180, 198, 543, 551, 552, 563, 575, 579-586, 589, 590, 593, 595, 603, 610, 613, 614, 672
オリエマ、エリナヨ　5-7, 327, 519-521, 523, 524, 561, 563, 577, 582, 626
オロー・オタバ　82, 550, 672
オロー・マジャンガ　82, 87

カ

カクングル、セメイ　82, 86, 99, 289, 423, 554
春日直樹　51, 52, 55, 56, 597, 663, 673, 674
カッフェロ　561, 584
カブル（ウィルバーフォース・チャールズ・エドワード・カブル・オウォリ）　83, 84, 437-440, 442, 443, 445-468, 472-476, 479-482, 484-486, 528, 539, 547-552, 556, 578, 586, 597, 656
ウィルバーフォース・チャールズ・エドワード・カブル・オウォリ　437
カーリー　280
カリムゾ、フランク　522, 564, 565
キセカ、ヴィンセント　103, 104
キワヌカ、ベネディクト　82, 83, 184, 522, 563, 607, 609, 615
久保明教　52, 53, 57
クラッツォララ　92, 534
クラパンザーノ　69
クラマー　107, 108, 115, 117
グリーンバーグ　74, 333
クリフォード　68, 70

755

附録

ケイ・アドロア　5, 519
ゴドフリー（ゴドフリー・ヨラム・オティティ・オボス＝オフンビ）　3, 5, 16, 437, 438, 452, 453, 531, 546, 548, 549, 559, 560, 562, 581, 605, 619, 626, 627, 638, 672
小松和彦　60, 672

サ

サウザール、エイダン　534, 556, 557
サウロ・オカド　543, 552, 579, 589, 590
ジェル、アルフレッド　51-53, 55, 547, 626, 641, 665
シャーマン、アン　166, 203, 667
ジョーンズ　58
菅原和孝　116
スペルベル、ダン　42, 51, 67
セム・K・オフンビ（セム・コレ・オフンビ）　3, 454, 537, 538, 540, 542-545, 548, 550, 552, 553, 560, 562, 575, 576, 571, 572, 575, 577-592, 595, 596, 606, 610, 611, 613, 615, 616, 619, 621, 636, 637, 656, 659, 664

タ

ダヤン、モーシェ　531, 559
タンガ、オドイ　156, 158, 375, 376, 429-431, 550, 584, 636, 673
チェンバ、ヘンリー　3
チョンベ、モイーズ　7
出口顯　38, 70, 140, 204, 515, 524, 630, 654, 698
ドワヤー　69

ナ

長島信弘　15, 29, 32-36, 42, 43, 59, 61, 62, 69, 77, 82, 96, 99, 156, 160, 167, 170, 172, 173, 273, 274, 279, 280, 331, 332, 413, 505, 637, 665, 673, 697, 699, 702, 707
ニエレレ　521
ニャジュリャ　78, 79

ハ

パース、チャールズ・サンダース　43, 52, 55, 543

バジル・オケチョ　487, 490, 509, 535, 672
浜本満　29, 33, 39, 40, 43-46, 48-50, 57-59, 61, 62, 65, 109, 124, 215, 351, 384, 386, 573, 574, 673
ファヴレ＝サアダ　69
ヘイリー　280
ヘンリー・マンジャシ　553, 576
ポール・オウォラ　103, 149, 437, 489, 594, 669, 671, 696

マ

マイケル・オロカ＝オボ　103, 669
マーカス＆フィッシャー　68, 69, 70
マジャンガ　41, 77, 81-84, 87, 91, 142, 162, 232, 233, 240, 324, 448, 554
馬淵東一　32, 33, 60
マリノフスキー、ブロニスロウ　60, 105, 106, 107
マリンガ、アサナシオ　87, 88, 226, 297, 325-328, 532, 543, 576, 579, 584, 589, 596
ムセベニ、ヨウェリ・カグタ　2, 5, 41, 97, 258, 327, 626, 632, 657
ムテサⅡ　4, 8, 542

ヤ

ヨナ・オコス　6, 326-328, 520, 522, 524, 547, 548, 552, 554, 556, 571, 575, 580, 582, 584, 597, 634, 638, 659, 705
ヨナ・オチョラ、キャノン　543, 552, 589

ラ

ラヴィン　520, 531
ラクウェナ、アリス　246, 258, 391, 392, 395
ラディン　107
ラトゥール　51
ランプレー、レヴランド　87, 537, 544, 553
リーチ、エドマンド　33, 34
リーンハート　60, 170
ルウム、ジャナニ　5, 6, 7, 327, 519, 520, 523, 524, 561, 564, 577, 582, 620
レヴィ＝ストロース　41
ロビンソン　58, 573, 574

756

ワ

渡辺公三　　29, 42, 43, 51-53, 55, 59, 125, 673
渡邊欣雄　　69, 673, 674
ワンデラ・メルキセデク　　103, 124, 125, 487, 672
ンゴーリ　　77, 78, 79, 80
ンディラ、オコス　　182, 610, 611, 613, 614, 615

***

ACK (Arphaxad Charles Kole Oboth-Ofumbi)　　2, 4-12, 14-16, 270, 327, 411, 519-524, 528, 531-537, 539, 540, 543, 546-549, 552-557, 559, 560, 562-565, 570-572, 574-597, 602-621, 624, 626, 627, 631, 632, 634-636, 638, 639, 641, 655- 660, 664, 672
Ading Fransis　　103
Adioma Okoth　　413, 532, 554
Ali Obbo　　588
Amin　　4, 5, 84, 568, 598, 599, 620, 621, 626
Atkinson　　74
Basil　　563
Bayart　　124, 150, 632, 642
Clammer　　107, 108, 109
Commaroff & Commaroff　　12, 37
Crapanzano, Vincent　　69
Crazzolara　　72, 73, 77, 82, 92, 93, 335, 534, 535, 543, 547, 553
Curley　　96, 166, 167, 173, 225, 243, 245, 271, 272, 274, 275, 280, 332
Dayan, Moshe　　559
Douglas, Mary　　37, 215, 513
Driberg　　96, 166, 225, 243-245, 251, 271, 272, 274, 275, 412
Dwyer, Kevin　　69
Elithabeth Mirika Namagemba　　3
Evans-Pritchard, E.E.　　34, 60, 178, 179, 244, 505, 509, 643, 664, 665
Favret-Saada, Jeanne　　69
Garfinkel, Harold　　46
Gell, Alfred　　51-53
Geschiere　　12, 37, 38, 514, 632, 633, 635, 636
Godfrey (Godfrey Yolamu Otiti Oboth-Ofumbi)　　3, 437, 561
Greenberg　　73, 74
Hayley　　96, 166, 167, 172, 173, 192, 193, 196, 225, 243-247, 261, 271-275, 280, 332, 345, 402, 412
Jones　　562
Kaburu (Wilberforce Charles Edward Kaburu Owor)　　83, 437, 448
Kakungulu, Semei Lwakilenzi　　82
Kalimzo, Frank　　522
Kay Adroa　　519
Kisseka, Vincent　　103
Kiwanuka, Benedicto　　82, 83, 522, 563
Kyemba, Henry　　3, 520-525, 528, 531, 549, 561, 562, 619, 620
Lakwena, Alice　　258
Leach, Bruno　　52
Lienhardt, Edmund Ronald　　96, 118, 172, 178, 191, 192, 245, 332, 505
Luwum, Janani Jakaliya　　5, 6, 519, 561, 564
Majanga　　82, 84, 87, 91, 233
Malinga, Asanasiyo N.　　87, 226
Malinowski, Bronislaw Kasper　　105, 106
Manjasi, Henry　　553, 576
Michael Oloka Obbo　　103
Moerman　　116
Mogensen　　96, 160, 161, 191, 192
Museveni, Yoweri Kaguta　　2, 4, 6
Mutesa II　　4
Ndira, Okoth　　610
Nsubuga, Eria　　82
Nyajurya　　78
Nyerere, Julius Kambarage　　328, 521
Obote, Apolo Milton　　3, 327, 328, 521, 568, 575, 608, 620
Oboth-Ofumbi, Arphaxad Charles Kole　　2, 3, 5, 77, 78, 82, 93, 423, 430, 437, 439, 454, 533, 540, 561, 589, 598, 599, 621, 624, 625, 628, 629
Ocheng (Zefania Ocheng Oburu)　　8, 88
Ochola, James Silas Malilo Ondoa　　528, 552, 563, 598, 599, 603, 610
Ocholla-Ayayo　　74, 96, 193, 194, 333, 389
Odoi-Tanga, Fred　　82, 89, 550
Ogot　　73, 76, 78, 79, 88-91, 94, 110, 111, 112, 270, 430, 533
Okumu　　198, 344, 538

附録

Oloo Majanga　　82, 87
Oloo Otaba　　82
Omadia, Josef　　103
Omala, Reverend Canon Micah Andrew　　82, 552
Opowo　　492, 494, 496, 497, 501
Oryema, Erinayo Wilson　　5, 519, 561, 562, 563
Osinde Akisofer　　103
Otinga, Onyango Tonya　　103
Otiti, John M. L.　　3, 437, 452, 540, 549, 561, 578, 579
Owiny　　189, 380, 420, 693
Owor, Maureen　　7, 83, 86, 89, 103, 289, 335, 336, 437, 438, 440, 444, 446, 448, 462, 470, 472, 544, 556, 578, 671, 696
Owori, Moses　　83, 448, 472, 544, 556
Packard　　94
Paul Owora　　103, 437, 671
Peirce, Charles Sanders　　43
Radin　　107
Rampley, Rev.　　87
Saulo Okado　　552
Semu Kole Ofumbi　　537
Sharman　　96, 435, 436
Southall (Aidan Southall)　　40, 77, 78, 79, 82, 96, 243, 534
Aidan Southall　　534
Sutton, J. R. G.　　73, 74
Tsombe, Moise Kapenda　　7
Urry　　106, 107, 109
Vansina　　94, 110
Wandera Melchisdek　　103
Yona Ochola, Canon　　552
Yona Okoth　　327, 705
Zeitlyn　　46, 47, 48

758

著者紹介

梅屋　潔（うめや　きよし）
1969 年、静岡市生まれ。
1995 年、慶應義塾大学大学院社会学研究科修士課程修了、2002 年、一橋大学大学院社会学研究科博士後期課程単位取得退学。博士（社会学）。日本学術振興会特別研究員（平成 8 年度 DC2　1996-1998、平成 14 年度 PD　2002-2005、一橋大学）、JICA 国際協力事業団専門家（1999-2000）、ウガンダ・マケレレ大学社会調査研究所研究員（1997-2000）、マケレレ大学社会科学部客員研究員（1999-2000）、東北学院大学教養学部助教授、准教授（2005-2009）、神戸大学大学院国際文化学研究科准教授（2009-2016）を経て、現在、神戸大学大学院国際文化学研究科教授。国際人間科学部教授併任。

〈主な著書・論文〉
共著書に『憑依と呪いのエスノグラフィー』（中西裕二、浦野茂との共著、岩田書院、2001 年 10 月）、『新版　文化人類学のレッスン─フィールドからの出発』（シンジルトとの共編著、学陽書房、2017 年 2 月）、論文に、「ウガンダ・パドラにおける『災因論』─*jwogi*、*tipo*、*ayira*、*lam* の観念を中心として」『人間情報学研究』第 13 巻、131-59 頁、2008 年 3 月、「酒に憑かれた男たち─ウガンダ・アドラ民族における酒と妖術の民族誌」『人＝間の人類学─内的な関心の発展と誤読』（中野麻衣子・深田淳太郎編著）15-34 頁、2010 年 3 月、「その年も、「お年とり」は行われた─気仙沼市鹿折地区浪板および小々汐の年越し行事にみる「祈り」」『無形文化が被災するということ─東日本大震災と宮城県沿岸部地域社会の民俗誌』新泉社、16-28 頁、2014 年 1 月、「数百年後の年中行事を占う小径（こみち）」『季刊民族学』148 号、46-55 頁、2014 年 4 月、「「見えない世界」と交渉する作法─アフリカのウィッチクラフトと、フランシス・B・ニャムンジョの思想」『思想』、岩波書店、86-98 頁、2017 年 7 月、など。

福音を説くウィッチ　ウガンダ・パドラにおける「災因論」の民族誌

2018 年 2 月 10 日　印刷
2018 年 2 月 20 日　発行

著　者　梅屋　潔
発行者　石井　雅
発行所　株式会社　風響社

東京都北区田端 4-14-9　（〒 114-0014）
TEL 03（3828）9249　振替 00110-0-553554
印刷　モリモト印刷

Printed in Japan 2018 © K.Umeya　　　　ISBN987-4-89489-244-6　C3039